# HISTOIRE DE LA PAPAUTÉ

• APPROCHES •

**Responsable de la collection**
*Jean-Michel Espitallier*

OUVRAGES PARUS

**1.** *Qu'est-ce que la féodalité ?* F.-L. Ganshof.
**2.-3.** *Initiation à l'archéologie de la France*, René Joffroy et Andrée Thénot.
T. I : Préhistoire et Protohistoire.
T. II : Gallo-romain et Mérovingien.
**4.-5.** *Histoire du paysage français*, Jean-Robert Pitte.
T. I : Le sacré : de la préhistoire au XV$^{e}$ siècle.
T. II : Le profane : du XV$^{e}$ siècle à nos jours.
**6.** *Initiation à l'histoire de la France*, Pierre Goubert.
**7.** *De la mer et de sa stratégie*, Philippe Masson.
**8.** *Histoire de la Rome antique*, Lucien Jerphagnon.
**9.** *Qu'est-ce que la noblesse ?* Alain Texier.
**10.-11.-12.** *Histoire de la pensée.*
T. I : Antiquité et Moyen Âge, Lucien Jerphagnon.
T. II : Renaissance et siècle des Lumières, Jean-Louis Dumas.
T. III : Temps modernes, Jean-Louis Dumas.
**13.** *La France et les Français outre-mer*, Robert et Marianne Cornevin.
**14.** *Une guerre totale, 1939-1945*, Philippe Masson.
**15.** *Histoire des élites en France du XVI$^{e}$ au XX$^{e}$ siècle*, sous la direction de Guy Chaussinand-Nogaret.
**16.** *La Marine française et la guerre, 1939-1945*, Philippe Masson.
**17.** *Le Divin César. Étude sur le pouvoir impérial à Rome*, Lucien Jerphagnon.
**18.** *Histoire de la police française*, Georges Carrot.
**19.** *Vues sur la piraterie*, sous la direction de Gérard A. Jaeger.
**20.** *Histoire de la sorcellerie en Occident*, Colette Arnould.
**21.** *Histoire de l'anarchisme*, Jean Préposiet.
**22.** *De Gaulle et l'Europe*, Pierre Maillard.
**23.** *Histoire de la Papauté*, sous la direction d'Yves-Marie Hilaire

*Sous la direction de*

YVES-MARIE HILAIRE

# HISTOIRE DE LA PAPAUTÉ

## 2000 ans de mission et de tribulations

*Cartes, annexes, index, bibliographie*

*Préface du cardinal Poupard*

TALLANDIER

## Les auteurs

**Olivier Chaline**. Ancien élève de l'ENS, maître de conférence d'histoire moderne à l'École Normale Supérieure.

**Bertrand Fauvarque**. Agrégé d'histoire. Chargé de cours à l'Institut catholique de Lille.

**Patrick Henriet**. Maître de conférence d'histoire médiévale à l'université de Paris-IV Sorbonne.

**Yves-Marie Hilaire**. Professeur d'histoire contemporaine à l'université Charles-de-Gaulle, Lille-III.

**Michel Perrin**. Ancien élève de l'ENS. Maître de conférence d'histoire ancienne à l'université d'Artois.

**Francis Rapp**. Membre de l'Institut. Professeur émérite d'histoire médiévale à l'université de Strasbourg-II.

**Michel Rouche**. Professeur d'histoire médiévale à l'université de Paris-IV Sorbonne.


25, boulevard Malesherbes
75008 Paris
ISBN : 2-235-02127-1

*À la mémoire de*
*Charles Pietri*

# Sommaire

# *Préface*

Voici quelques années, avec Charles Pietri, j'avais projeté une *Histoire de la Papauté*, que sa mort prématurée l'a empêché d'entreprendre. Yves-Marie Hilaire a repris le projet, et avec une remarquable célérité doublée d'une efficience exemplaire, l'a mené à bien, avec le concours de deux historiens chevronnés et de quatre jeunes docteurs en Histoire.

Le résultat de leurs travaux conjugués est là entre nos mains, et je souhaite que de nombreux lecteurs en bénéficient. Au seuil du IIIe millénaire, ces deux mille ans de Papauté se présentent à nous, en effet, avec une continuité qui nourrit la méditation des croyants et alimente la réflexion des historiens.

À la fois héritière de la romanité antique et de la nouveauté chrétienne, la Papauté émerge dans l'histoire comme une institution singulière qui s'affirme, au milieu des avatars séculaires, comme une entité à la fois religieuse et spirituelle, morale et culturelle, économique et politique. Lieu de pouvoirs inextricablement emmêlés durant plus d'un millénaire conflictuel, l'affirmation de la puissance ne va pas sans contestations, luttes et schismes où l'émergence du fait national se conjugue avec l'affirmation de l'identité culturelle et la revendication de l'indépendance doctrinale.

Le successeur de Pierre, après avoir victorieusement surmonté le défi de César et bénéficié de la paix de Constantin, affirme son autorité morale de *Defensor Civitatis* et la monarchie pontificale domine les siècles de chrétienté jusqu'aux avatars conjugués de la Renaissance et de la Réforme.

Après la longue lutte du sacerdoce et de l'empire, la crise révolutionnaire, la chute du pouvoir temporel avec la perte des États pontificaux, la Papauté restaurée, contestée et admirée retrouve dans les temps modernes toute sa dimension évangélique. Ramenée à l'humilité temporelle de ses origines pétriniennes, la Papauté se trouve aujourd'hui dans sa minuscule et quasi symbolique souveraineté temporelle, selon l'expression du pape Paul VI devant les Nations-Unies à New York le 4 octobre 1965, avec le minimum nécessaire pour exercer en toute liberté sa mission spirituelle. Avec son successeur Jean-Paul II et ce pontificat hors du commun qui nous achemine vers le III^e^ millénaire, la Papauté, désormais aussi loin de Constantin que de Charlemagne, de Garibaldi que de Mussolini, affirme sa véritable grandeur toute spirituelle, démunie de tout appareil de puissance, mais nourrie de la foi au Christ qui est espérance en l'œuvre du Rédempteur.

De Pierre le Galiléen à Jean-Paul II le Cracovien, le mystère du ministère pétrinien s'est chargé du poids d'une histoire tragique, qui a divisé l'héritage de l'Évangile, par la déchirure millénaire de l'Orient orthodoxe et la rupture séculaire de l'Occident protestant. Malgré les fractures, la Papauté, marquée par les vicissitudes de cette longue histoire, demeure au seuil du nouveau millénaire roc inébranlable de foi chrétienne, et ciment d'unité catholique. Le volume que j'ai la joie de préfacer nous montre à travers l'histoire l'attestation d'un principe, l'affirmation d'une vitalité et la promesse d'une continuité. Pierre angulaire et pierre d'achoppement, la Papauté en charge d'unité demeure en nos temps divisés signe de contradiction dans l'exercice de son ministère de communion au service de la mission.

Devenue rapidement le centre de la vie des nations chrétiennes, la Papauté, loin de sombrer avec la disparition de la *Respublica christiana*, n'a cessé de consolider, nonobstant quelques éclipses dues aux tournants de l'Histoire et aux avatars des luttes politiques européennes, sa position unique de référence religieuse et morale du monde. Hier mêlée de près aux aléas des alliances et des conflits politiques, elle est devenue, à la faveur de son dépouillement temporel, la référence majeure de tous ceux, catholiques ou non, qui sont épris de justice et de paix, au-delà des limites étroites des frontières culturelles et politiques. Elle est devenue au fil des siècles un repère sûr pour tous les hommes de bonne volonté, et elle demeure, à l'aube du XXI^e^ siècle, la conscience de l'humanité.

La Papauté a pu apparaître à certaines époques très liée à l'Italie. Comment en aurait-il été autrement ? C'est un grand Italien contemporain, le cardinal Domenico Tardini, secrétaire d'État de Jean XXIII, qui affirmait en connaissance de cause : « L'Église doit être gouvernée *romanamente e non italianamente.* » Héritière de saint Pierre et de la romanité, la Papauté s'est progressivement insérée dans le monde européen, et avec elle l'ensemble de l'Église. Héritière de la romanité, la Papauté a donné une impulsion telle au continent européen, qu'à la chute de l'empire romain, elle assura avec ses cohortes de moines épris d'absolu et de valeurs pérennes la transmission du patrimoine culturel de l'Antiquité, menacé par les invasions barbares. De l'Italie à l'Occident et à l'*orbis christianus*, ces zones d'extension de la *potestas* papale identifiées par Monseigneur Batiffol, les auteurs de ces pages nous font revivre le développement progressif de la sphère d'influence des évêques de Rome, et suivre pas à pas le déploiement du ministère pétrinien, non point en suivant un programme préétabli de « conquête » à partir de Rome, mais tissé au jour le jour par les demandes réitérées des évêques sollicitant l'intervention du successeur de Pierre reconnu de façon ininterrompue comme la référence permanente et le recours suprême de toute l'Église.

Saint Léon-le-Grand occupe une place de choix dans ces pages. Lorsque je songe à ce grand pape, je revois, dans la basilique Saint-Pierre au Vatican, le magnifique et imposant bas-relief dû au talent de l'Algarde : saint Léon arrête Attila, le « fléau de Dieu » et s'impose non seulement comme le *Defensor Civitatis*, mais comme le défenseur de la civilisation. Inséré comme aucun autre dans « le politique » en un moment-clé de l'histoire, saint Léon ne se laisse jamais enfermer dans la sphère étroite de ce que nous appelons aujourd'hui l'État. La Cité terrestre, fragile et passagère, n'obscurcit jamais l'ample panorama de l'*Ecclesia universalis*. « Lorsqu'il s'agit d'accomplir le devoir de ma charge, je découvre que je suis à la fois faible et lâche. Cependant, j'ai pour moi l'intercession inlassable du Prêtre éternel qui n'a pas abandonné la garde de son troupeau bien-aimé. C'est aussi en vertu de cette assistance fondamentale et éternelle que j'ai reçu la garantie de l'assistance de l'apôtre Pierre, qui n'abandonne certainement pas son œuvre. Et le fondement solide, sur lequel s'élève toute la hauteur de l'Église, ne se lasse pas de supporter la masse du temple qui repose sur lui » (Sermon pour son anniversaire épiscopal).

Ce livre arrive à point nommé, l'année où la France célèbre le 1 500e anniversaire du baptême de Clovis. Il rappelle ou il révèle aux lecteurs comment l'Europe, et la France au premier chef, est née de la mission évangélisatrice. L'unité créée par les missions valut à plusieurs papes de recevoir le titre de « père de l'Europe ». Dans cet espace nouveau, tous ont le regard tourné vers Rome, où le pèlerinage à la tombe des apôtres Pierre et Paul donne une nouvelle signification aux antiques voies romaines, les transformant en artères vitales et en chemins de foi. Avec les missions, l'Évangile pénètre toutes les sociétés et crée un monde nouveau dont la Papauté est sans conteste le phare et le point de ralliement.

Portée par Grégoire VII à son sommet, la « monarchie pastorale » traverse diverses périodes d'éclipses, dont le grand schisme. La crise de la Papauté démontre par la négative le rôle unique de l'institution. Le prestige du siège de Pierre, illustré par des saints, affaibli par des pusillanimes et des pécheurs, trouve dans les saints et les saintes, saint Bernard, sainte Catherine de Sienne, un appui et un stimulant. Garante de l'unité, la Papauté n'en est pas moins contestée. Signe de contradiction parce qu'elle rappelle à tous la voie du Royaume, elle devient sujet de contestation entre les familles romaines, entre les souverains tentés d'une mainmise susceptible de servir leurs desseins. Incomprise, combattue, persécutée, la Papauté traverse les siècles. Dépouillée peu à peu de sa puissance temporelle, contestée et affaiblie par les drames de la rupture avec l'Orient et de la Réforme protestante, elle retrouve la liberté de l'Évangile et gagne en prestige ce qu'elle perd en puissance trop humaine. Le renouveau extraordinaire né de la Réforme catholique en témoigne avec éloquence et renoue avec le grand élan missionnaire qui pénètre les cœurs, les sociétés, renouvelle la vie entière de l'Église, du siège de Pierre à la plus humble paroisse de campagne, et communique un nouvel élan aux missions lointaines.

Affrontée aux Lumières et à l'émergence d'une société nouvelle, difficile à cerner dans un halo croissant d'incertitudes et de contestation de valeurs considérées – à juste titre – comme universelles et pérennes, la Papauté n'en poursuit pas moins, avec des bonheurs divers, sa mission, avec pour seuls objectifs la conservation du dépôt de la foi et la sauvegarde des catholiques menacés par les persécutions. Restaurée dans ses droits, contestée par les politiques du moment, spoliée dans ses biens, la Papauté de Pie IX et Léon XIII suscite l'admiration, non seulement des catholiques, mais aussi de tous ceux qui ont compris le rôle unique et irremplaçable du « blanc veilleur » qui, tel la vigie d'un navire, dénonce les écueils et entraîne l'humanité vers la haute mer.

Artisan de l'unité, le pape affronte, en communion avec tous les hommes, sans distinction de culture, de race ou de religion, les conflits, les violences et les guerres. Protecteur des nations et des minorités culturelles et sociales, il se fait défenseur des pauvres et dénonce les nationalismes étroits et assassins. Protecteur et soutien des faibles, il dénonce avec vigueur les systèmes et les régimes qui écrasent l'homme. Promoteur de la paix et de la justice sociale, il ne craint pas de dénoncer les fauteurs de violence et d'injustice.

Cette *Histoire de la Papauté* n'est ni une apologie ni une présentation partisane de la Papauté, c'est vraiment une *Histoire* accessible à tous et solidement documentée de deux millénaires. Car à travers l'*Histoire de la Papauté*, c'est l'histoire du monde qui s'offre à nous, avec ses heures de gloire et de peine, ses ombres et ses lumières. Et surtout, cette *Histoire* nous fait prendre conscience qu'elle continue et que, chacun à notre place, nous en sommes les acteurs. À la veille du Grand Jubilé de l'An 2000, ces pages nous invitent à la sérénité et à l'engagement. Les croyants comprendront mieux la nouvelle évangélisation à laquelle la Papauté les appelle, tous en retireront une vision renouvelée et stimulante, en saisissant la juste signification de la Papauté et de son histoire.

Les Éditions Tallandier, bien inspirées par le Professeur Jerphagnon, nous donnent sous l'impulsion de Jean-Michel Espitallier, leur directeur littéraire, ce beau volume de l'*Histoire de la Papauté*, remarquablement dirigé par le Professeur Hilaire. Ce sera désormais une référence sûre, un instrument de réflexion et une source d'inspiration, tant il est vrai que la continuité de ces deux millénaires d'histoire trouve dans cet ouvrage une illustration singulière exceptionnelle.

Rome, le 22 février 1996,
en la fête de la Chaire de saint Pierre.

Paul Cardinal Poupard,
Président du Conseil Pontifical de la Culture.

*Introduction*

# Deux mille ans de Papauté

« Rome ne se douta guère, le jour où Pierre y mit le pied, que le pauvre Syrien qui venait d'entrer dans ses murs prenait possession d'elle pour des siècles. » Cette observation d'Ernest Renan illustre à la fois la pérennité du siège de Pierre, sa romanité et la discrétion de ses commencements. La Papauté est issue de la primauté du siège de Pierre. Elle veut être la préfiguration de la Cité de Dieu au service de l'évangélisation de l'humanité, mais elle est aussi une institution insérée dans un territoire prestigieux, l'*Urbs*, la Ville éternelle, et une autorité qui s'exerce sur des êtres humains et se définit elle-même comme un pouvoir de service.

Comment cette Papauté, apparue subrepticement à Rome au milieu du premier siècle de notre ère, est-elle parvenue à durer depuis près de deux mille ans ? En effet, malgré les vicissitudes d'une histoire fort tourmentée – la Papauté apparaissant comme un enjeu de pouvoir –, l'institution pontificale demeure à travers les âges. De saint Pierre à Jean-Paul II, le siège apostolique est occupé à certains moments par de grandes figures ou de véritables saints mais aussi à d'autres par des personnages orgueilleux et intrigants, voire débauchés et sans scrupules. Tandis que les premiers incarnent à la fois la continuité et l'adaptation aux temps de l'institution pontificale, les seconds ne parviennent jamais à la compromettre durablement. Il s'avère donc indispensable d'évoquer les aspects successifs de la Papauté à travers différentes séries de papes qui correspondent chacune à l'originalité d'une époque. Cette observation sérielle permettra de découvrir les césures, de mieux repérer les inflexions, mais aussi de saisir la continuité fondamentale de l'institution.

Charles Pietri, professeur à l'Université de Paris IV-Sorbonne et directeur de l'École française de Rome, avait projeté ce livre. Sa disparition prématurée a retardé son élaboration. Encouragé par le cardinal Paul Poupard, j'ai repris ce projet, et, ma compétence se limitant aux deux derniers siècles, j'ai cherché des collaborateurs pour les autres périodes. Deux spécialistes du Moyen Âge, avec lesquels j'avais déjà travaillé, Francis Rapp, professeur émérite à l'Université de Strasbourg II, membre de l'Institut, et Michel Rouche, professeur à l'Université de Paris IV-Sorbonne, m'ont apporté leur concours et m'ont aidé à compléter l'équipe avec la participation de quatre jeunes docteurs en histoire, Michel Perrin, Bertrand Fauvarque, Patrick Henriet et Olivier Chaline, issus de cette nouvelle génération de chercheurs qui représentent l'avenir en histoire religieuse.

Sans prétendre percer tous les « secrets du Vatican » qui ont toujours intrigué les publicistes, sans disposer de toutes les « clefs de saint Pierre », nous souhaitons présenter ici une histoire qui a été largement renouvelée ces dernières années, notamment par les importants travaux où se sont illustrés les chercheurs de l'École française de Rome guidés par Charles Pietri, Philippe Levillain et Philippe Boutry.

*Yves-Marie HILAIRE,*
*Université de Lille III*

*Première partie*

# La Papauté héritière de saint Pierre et de la romanité
## (Des origines à 604 ap. J.-C.)

**Michel-Yves Perrin**

# I

# Aux origines du « Siège apostolique » (jusqu'en 311) *

Au visiteur qui pénètre dans la basilique du Vatican, un 29 juin, s'offre un spectacle singulier. Une fois à l'orée de la croisée du transept, sur sa droite, tout contre l'un des quatre piliers massifs qui soutiennent la coupole, il observera la célèbre statue en bronze de la fin du *Duecento*-début *Trecento* figurant saint Pierre sur sa chaire ; elle porte tiare, chape, gants, anneau, croix, étole... S'il éprouve peut-être quelque difficulté à nommer précisément chacun de ces ornements, il n'hésitera nullement à les identifier comme pontificaux ; et sans doute conclura-t-il qu'en ce jour les cérémoniaires de la basilique ont jugé opportun de donner la clef de la scénographie grandiose constituée par la Confession, l'autel à baldaquin qui la surmonte et l'inscription en deux langues, grec et latin qui, plus haut, court à la base du tambour de la coupole : *Tu es Petrus et super hanc petram aedificabo ecclesiam meam et tibi dabo claves regni caelorum...* L'immédiateté de la vision entend ici manifester par-delà les siècles la linéarité d'une histoire qui unit le pêcheur de Galilée à ses successeurs dans la charge pontificale. De Pierre, premier pape, enterré ici, au pape glorieusement régnant qui, à la verticale de la tombe présumée de l'apôtre, célèbre le sacrifice eucharistique, une succession, une légitimité, un fondement sont donnés à voir. Autrement dit, ce qui est ici mis en scène est l'une des représentations qu'aujourd'hui encore cette institution, qu'à partir du XIe siècle on a commencé à désigner sous le nom de « Papauté », veut proposer de ses origines, de son histoire, de ses fonctions, pouvoirs et prérogatives, à Rome, dans *l'orbis christianus* et dans le monde.

* L'auteur remercie vivement pour leur amicale sollicitude Béatrice Caseau, Philippe Bernard, Christophe Giros et Jean-Louis Haquette.

À l'évidence, au naturel et à la simplicité de la représentation, l'historien du christianisme doit préférer l'analyse des *corsi e ricorsi* [1] d'un processus pluri-séculaire qui aboutit à une telle cristallisation idéologique. Il lui faut donner à comprendre l'éclosion et le développement, précoces dans la communauté chrétienne de Rome, et sans aucun parallèle identifiable en quelque autre communauté que ce soit, d'une conscience de soi, d'une autoreprésentation très singulières. Elle est fondée sur la conviction qu'en vertu de son origine apostolique, la tradition dont l'Église romaine se considère comme la dépositaire et l'interprète autorisés, est la tradition apostolique par excellence, et partant, lui confère la responsabilité d'être, en faveur de l'ensemble des Églises, un centre privilégié de référence pour la régulation de l'unité ecclésiale. Dans l'émergence et l'expression de cette conviction, dans la constitution, parallèlement, d'un patrimoine d'arguments, de thèmes, d'images destinés à l'étayer, la défendre et la promouvoir, dans sa mise en œuvre également, au gré des circonstances et de la vie des Églises, par les pasteurs qui président à l'Église de la Ville, enfin dans le procès de sa réception plus ou moins aisée ou difficile par les autres communautés chrétiennes, les trois premiers siècles jouèrent un rôle décisif. Si les évêques gaulois et italiens, réunis en Arles à l'été 314 pour un synode destiné à démêler les affaires pendantes des Églises d'Afrique, purent excuser l'absence de leur homologue romain, en invoquant l'impossibilité dans laquelle il se trouvait « de s'éloigner de ces lieux où siègent à demeure les apôtres et où leur sang témoigne en permanence de la gloire de Dieu », c'est parce que trois cents ans ou presque de présence chrétienne à Rome s'étaient accompagnés de la promotion puissante et multiforme de la conviction têtue que l'apostolicité était la note caractéristique par excellence de la communauté romaine et qu'elle pouvait la revendiquer comme telle face à toutes les autres Églises, en Occident comme en Orient. Libère, qui fut évêque de Rome de 352 à 366, pourra alors employer le premier, pour désigner le siège

1. *Corsi e ricorsi :* « tours et retours » (expression empruntée aux philosophes italiens Giambattista Vico et Benedetto Croce, et employée ici, à la suite de Henri Irénée Marrou et Charles Pietri, sans référence à une philosophie de l'histoire déterminée).

romain, la formule promise à une rapide fortune de « Siège apostolique » *(Sedes apostolica).*

Pour écrire cette histoire des origines qui conduira le lecteur jusqu'à la veille du jour où la faveur d'un prince qui fait désormais profession de christianisme, Constantin, bouleversera les conditions de vie de l'Église romaine et de sa mission, la documentation disponible, tout particulièrement aux premier et deuxième siècles, est rare et fort lacunaire, semée d'incertitudes et d'ellipses : ainsi les responsables de l'Église de Rome durant cette dernière période ne sont au mieux pour nous que de simples noms, la biographie que leur prête au début du VIe siècle le rédacteur du *Liber Pontificalis* ne méritant pas créance. De plus, ces sources ne peuvent faire l'objet d'une analyse historique qu'au terme d'un long et complexe travail de réappropriation. En effet, des siècles de polémique ont abouti à leur regroupement en florilèges destinés à étayer ou à réfuter les thèses de traités relatifs à la primauté pontificale. Par là même, ces sources furent soumises à de multiples distorsions herméneutiques, après avoir été convoquées en faveur d'interprétations dont la séduisante systématicité ne résulte que de l'application d'une grille de lecture théologique préétablie ou d'un excès de juridisme qui n'en est souvent que l'un des biais. C'est dans l'unité d'une histoire du christianisme attentive au jeu indissociable des discours et pratiques ecclésiales (évolution intérieure de chaque Église, et avant tout celle de Rome, transformations des relations entre les diverses Églises, rapports des Églises aux mutations politiques, sociales et culturelles) que l'historien peut tenter de présenter l'épure d'un développement.

## L'ÉGLISE ROMAINE ET LA TRADITION APOSTOLIQUE

### *Le souvenir des apôtres Pierre et Paul*

Dans la lettre de correction fraternelle qu'à la fin du premier siècle, « l'Église de Dieu en séjour à Rome » adresse, par l'entremise de Clément, à « l'Église de Dieu en séjour à Corinthe » pour l'exhorter à mettre fin à ses divisions, la parénèse, après avoir emprunté, pour dénoncer les méfaits de la jalousie, aux « exemples antiques » (Caïn et Abel, Jacob et Ésaü, etc.), se tourne vers « les athlètes tout proches de nous » :

« Considérons les valeureux apôtres. Pierre, qui par suite d'une jalousie injuste a supporté tant de souffrances – non pas une ou deux ! – et qui après avoir rendu ainsi témoignage s'en est allé au séjour de gloire qui lui était dû. Par suite de la jalousie et de la discorde, Paul a montré le prix réservé à la constance. Chargé sept fois de chaînes, exilé, lapidé, devenu un héraut en Orient et en Occident, il a reçu la renommée éclatante que lui méritait sa foi. Après avoir enseigné la justice au monde entier et atteint les bornes de l'Occident, il rendit témoignage devant les gouvernants ; c'est ainsi qu'il quitta le monde et s'en alla au séjour de sainteté – illustre modèle de constance ! » (*Lettre de Clément de Rome aux Corinthiens* V, 3-7).

Pierre et Paul, « les colonnes les plus élevées », ouvrent ici la commémoration de la foule des martyrs romains anonymes. Ignace d'Antioche (*Ad Romanos* IV, 3), au début du deuxième siècle, puis Denys de Corinthe (cité par Eusèbe de Césarée, *Histoire ecclésiastique* II, XXV, 8), quelques décennies plus tard, corroborent l'association du souvenir des deux apôtres à l'Église de Rome. Aux environs de 200, le romain Gaius va plus loin et « peut montrer les trophées des apôtres. Si tu veux aller au Vatican ou sur la route d'Ostie, tu trouveras les trophées de ceux qui ont fondé cette Église » (Eusèbe, *HE* II, XXV, 7). Quel que soit le sens exact à attribuer au mot « trophée », ce dernier témoignage vaut pour l'inscription de la mémoire du dernier combat de Pierre, à l'égal de celui de Paul, dans la topographie romaine. Si la Confession de Saint-Paul-hors-les-murs dans son état antérieur à la Paix de l'Église n'a pas été explorée depuis une reconnaissance très superficielle effectuée au lendemain du grand incendie de 1823, les dégagements opérés dans les années 1940 sous le pavement des Grottes Vaticanes, alentour la Confession pétrinienne, ont conduit à mettre en évidence un édicule assignable à la fin du deuxième siècle que l'on a généralement identifié au « trophée de Gaius » et que les Romains du IVe siècle tenaient assurément pour servir d'écrin à la tombe de Pierre. L'interprétation des vestiges antérieurs à ce petit monument est des plus controversées, si bien que la prudence commande de se limiter aux conclusions précédentes.

L'arrivée des deux apôtres dans la capitale de l'Empire romain n'avait fait qu'y suivre la première proclamation du kérygme chrétien. En effet, en 41 ou 49, l'empereur

Claude, par une mesure qui n'avait rien d'exceptionnel pour la période, expulsa de la Ville « les Juifs qui excitaient des troubles à l'instigation de Chrestus » (Suétone, *Vie de Claude* XXV, 4). Si l'on suit l'opinion des savants qui voient dans ce passage une allusion à la prédication chrétienne, on pourra alors conclure que dès cette date « l'Évangile du Christ Jésus » avait atteint la cité romaine. En tout cas, Paul, dans la longue et difficile lettre qu'il adresse aux chrétiens de Rome entre 55 et 58, salue en finale par leur nom vingt-six frères et sœurs dans le Christ (chiffre record pour la correspondance paulinienne), dont certains lui sont apparentés, ainsi que des chrétiens anonymes, tels ceux appartenant aux maisons d'Aristobule et de Narcisse : l'Église a donc bien été plantée dans la Ville. Ni lui ni Pierre n'en sont pourtant à l'origine, puisque l'épître, envoyée très probablement depuis Corinthe, ne mentionne nullement Kephas (Pierre). C'est dans la nombreuse, active et très mobile communauté juive installée à Rome depuis le deuxième siècle avant l'ère commune que la greffe chrétienne a d'abord pris : un certain nombre de ces premiers convertis l'ont sans doute été à la faveur d'un voyage en Orient. Mais l'absence ou presque, pour cette période, de toute information précise relative à l'organisation et à la vie sociale, religieuse et culturelle de la diaspora romaine d'une part, le caractère très « intemporel » de l'épître de Paul d'autre part, qui retravaille le thème des rapports entre les Juifs et les chrétiens des Nations déjà mis en œuvre dans la *Lettre aux Galates,* ne permettent guère de cerner les traits de cette communauté romaine dont l'apôtre loue la foi « célèbre dans le monde entier », à l'image de celle des Thessaloniciens, et qu'il désire ardemment visiter *(Romains* I, 8-15 ; *I Th* 1, 8).

Ce sera chose faite au plus tard au tout début des années 60 lorsque Paul, prisonnier, est conduit auprès de l'empereur. Luc *(Actes* XXVIII, 30-31) précise que l'apôtre « vécut ainsi deux années entières à ses frais et qu'il recevait tous ceux qui venaient le trouver, proclamant le Règne de Dieu et enseignant ce qui concerne le Seigneur Jésus Christ avec une entière assurance et sans entraves ». Sur l'activité déployée par Paul à Rome, les renseignements sûrs se limitent à ce dernier chapitre des *Actes,* sauf à considérer, hypothèse avancée par un certain nombre d'exégètes, que les « Épîtres de la captivité », ou du moins une partie d'entre elles, ont été rédigées en la Ville. L'apôtre gagna-t-il la péninsule ibérique, comme il en confiait le projet à ses correspondants romains ? Reprit-il ses voyages en Orient, comme le suggèrent les *Épîtres pastorales* ? Nul ne peut l'affirmer avec certitude. Dès le deuxième siècle circuleront, dans les chrétientés orientales, des récits hagiographiques prompts à inventer certains détails du séjour romain de Paul. Pierre sera également le sujet de tels romans qui le verront, sur les rives du Tibre, défié par Simon le magicien. On ignore à quel moment il parvint à Rome. Il y écrivit, ou plus exactement sans doute, inspira la première lettre placée sous son nom, adressée à des chrétiens d'Asie Mineure, et qui, dans une tonalité proche à certains égards de *l'Épître aux Romains,* s'attache à préciser les fondements et le contenu de la vie dans le Christ. Peut-être Marc recueillit-il à ce moment-là de la bouche de Pierre les souvenirs qu'il utilisa pour composer son évangile. Une chose demeure sûre : Pierre subit le martyre à Rome, tout comme Paul, à une date très probablement comprise entre le grand incendie de la Ville en 64, dont Néron attribua la responsabilité aux chrétiens qu'il condamna, en grand nombre, à être crucifiés et transformés en torches vivantes pour éclairer ses jardins, et, au plus tard, la mort de l'empereur en 68. À cette date, « l'exécrable superstition » que stigmatise Tacite *(Annales* XV, 44, 2-4), est désormais repérée dans sa spécificité, du moins à Rome, tout comme à Antioche. Des traditions ultérieures préciseront que Pierre, par humilité, a choisi d'être crucifié la tête en bas, tandis que Paul a été décapité. En 258 est attestée, pour la première fois, un 29 juin, la célébration commune du martyre des deux apôtres associés le même jour dans le témoignage suprême.

Si donc Pierre et Paul n'ont pas fondé, au sens strict de la chronologie, l'Église romaine, ils y ont à coup sûr « annoncé l'Évangile » jusqu'au sang versé *(Romains* I, 15), et c'est cette fondation-là que Gaius et la mémoire romaine ont retenue.

### *Tradition apostolique et succession apostolique*

« Les apôtres ont reçu pour nous la bonne nouvelle par le Seigneur Jésus Christ ; Jésus, le Christ, a été envoyé par Dieu. Donc le Christ vient de Dieu, les apôtres viennent du Christ ; les deux choses sont sorties en bel ordre de la volonté de Dieu. Ils ont donc reçu des instructions et, remplis de certitude par la résurrection de notre Seigneur Jésus Christ, affermis par la parole de Dieu, avec la pleine certitude de l'Esprit Saint, ils sont partis annoncer la bonne nouvelle que le royaume de Dieu allait venir. Ils prêchaient dans les campagnes et dans les villes et ils en établissaient les prémices, ils les éprouvaient par l'Esprit, afin d'en faire les épiscopes et les diacres des futurs croyants (...) Ayant reçu une connaissance parfaite de l'avenir, ils établirent ceux dont il a été question plus haut, et posèrent ensuite comme règle qu'après la mort de ces derniers, d'autres hommes éprouvés leur succéderaient dans leur office » (Clément de Rome, *Lettre aux Corinthiens* XLII, 1-4 et XLIV, 2).

Nul document à la fin du premier siècle, plus que la lettre de l'Église de Rome à celle de Corinthe, n'exprime avec autant de force la conviction de la nécessité et de la réalité d'une continuité dans la conservation et la transmission de la tradition confiée aux apôtres. Cette « théologie de la *Paradosis* [1] » (Charles Pietri), qu'illustre également, hors de la sphère romaine, par exemple, la *Première épître à Timothée (I Tim* VI, 14ss), va de pair avec une réflexion portant sur la structuration ministérielle de chaque communauté chrétienne. Les responsables des Églises doivent bénéficier directement ou indirectement de l'investiture apostolique afin d'être capables d'assurer une succession valide. On notera en passant que les *Pastorales*, comme les *Actes* lucaniens ou la lettre romaine, placent Paul sur le même plan que les Douze choisis par le Christ.

À l'unité d'un principe largement reçu et diffusé répond la diversité de ses actualisations. En effet, pour autant que le permet une documentation très éclatée, répartie sur plus d'un demi-siècle, et qui ne s'embarrasse pas de précision dans le choix des mots ni même dans leur usage, les premières communautés chrétiennes adoptèrent des modes d'organisation très variés, ainsi qu'en témoigne la correspondance paulinienne. Pour Rome, l'apôtre évoque, sans expliciter davantage, différents dons accordés par grâce aux chrétiens : « Est-ce le don de prophétie ? Qu'on l'exerce en accord avec la foi. L'un a-t-il le don du service ? Qu'il serve. L'autre celui d'enseigner ? Qu'il enseigne. Tel autre celui d'exhorter ? Qu'il exhorte. Que celui qui donne le

1. *Paradosis* : « Tradition ».

fasse sans calcul, celui qui préside, avec zèle, celui qui exerce la miséricorde, avec joie *(Rom* XII, 7-8). La *Première épître aux Corinthiens* (XII, 28ss) fait mention, après les apôtres, de prophètes et de docteurs, tandis que la *Lettre aux Philippiens* (I, 1) salue des épiscopes et des diacres. Les *Pastorales* attestent des efforts pour préciser les fonctions et les obligations des serviteurs des Églises, établir des ministres permanents et spécialiser leurs tâches. D'autres sources, à la fin du siècle ou au début du suivant, telles la *Didachê* vraisemblablement pour la zone syro-palestinienne, ou l'*Épître aux Hébreux* pour une communauté anonyme qui pourrait être celle de Rome, témoignent du même processus. En tout cas, la lettre de l'Église de Rome à celle de Corinthe fait connaître, pour la communauté grecque, des presbytres, des Anciens auxquels sont dues obéissance et soumission et qui exercent une *episkopê,* ou ministère de surveillance, tandis qu'à Rome, elle distingue des épiscopes et des diacres, dont, au prix d'une correction d'un verset d'Isaïe (LX, 17), elle souligne l'ancrage dans la tradition biblique : « il est en effet écrit quelque part : "J'établirai leurs épiscopes dans la justice et leurs diacres dans la foi" » (XLII, 5). Par ailleurs, ce document instaure une remarquable analogie entre la hiérarchie des lévites et l'organisation ecclésiastique ; il établit une comparaison frappante entre la discipline qui régit les armées romaines et le sens de l'ordre et de l'obéissance requis des chrétiens à l'égard des chefs de leurs communautés.

Au bilan, dans cette indéniable évolution, selon des modalités variées, vers une structuration plus ferme des ministères au service des différentes communautés chrétiennes, on constate la permanence d'instances collégiales dont les membres sont considérés comme les dépositaires des traditions des apôtres. Or la correspondance d'Ignace d'Antioche, si du moins l'on fait sienne l'hypothèse de l'unité d'un corpus rédigé au début du IIe siècle, témoigne pour l'émergence d'une clarification fondamentale de l'organisation ecclésiastique. En effet, dans les lettres que, sur la route qui le mène à Rome pour y subir le martyre, Ignace envoie à différentes Églises d'Asie Mineure, il ne cesse d'exhorter les chrétiens à l'unité et de recommander à tous la soumission à l'épiscope qui « tient la place de Dieu lui-même » : la collégialité a fait place ici à l'unicité de l'évêque qui préside à une communauté hiérarchisée, dotée de presbytres, que l'on peut désormais nommer plus simplement « prêtres », et de diacres. Cette évolution n'a, à l'évidence, pas encore touché Rome : en effet, dans la lettre qu'il destine à la communauté de la Ville pour la dissuader d'intervenir en sa faveur auprès des autorités, Ignace ne mentionne à aucun moment l'évêque, alors qu'il ne manque pas de l'évoquer dans chacune de ses autres missives. Dans la première moitié du deuxième siècle, une œuvre à situer sans doute dans la mouvance romaine, le *Pasteur* attribué à Hermas, qui connaîtra une large diffusion dans tout *l'orbis christianus* antique, semble attester le maintien d'une structure collégiale dans l'Église de Rome, puisqu'elle n'évoque que des groupes de ministres : presbytres, épiscopes, docteurs, diacres.

Dans cet ouvrage, peut-être composite, qui emprunte à l'apocalyptique et à la littérature sapientielle juives pour présenter une ardente invitation à la pénitence, et dont il ne convient pas de solliciter par trop le témoignage pour le sujet ici envisagé, le visionnaire met en scène l'édification « d'une grande tour bâtie sur les eaux avec de brillantes pierres carrées » qui représente l'Église (*Vision* III) : les pierres qui entrent dans la construction figurent successivement « les apôtres, les épiscopes, les docteurs, les diacres, qui ont marché selon la sainteté de Dieu et qui ont exercé leur ministère d'épiscope, de docteur, de diacre avec pureté et sainteté », les martyrs, les chrétiens fidèles en tout « aux commandements du Seigneur », les néophytes, les pénitents enfin. Les pierres brisées et rejetées loin de la tour symbolisent les hypocrites, ceux qui n'ont pas persévéré dans la foi, les rancuniers, ceux qui n'ont pas rompu tout lien avec l'iniquité, ceux que les richesses de ce monde ont conduit à l'apostasie lors de l'épreuve ; enfin plus loin encore, ceux qui, sous diverses formes, se sont écartés de la « voie de la vérité ». Cette vision grandiose, qui met bien en évidence la thématique de la structuration apostolique et hiérarchique de l'Église, a trouvé sans doute quelque écho, puisque, dans la première moitié du IIIe siècle, la voûte d'un hypogée englobé plus tard dans les catacombes de Saint-Janvier à Naples, a reçu une décoration inspirée très vraisemblablement de ce passage du *Pasteur* ou d'une autre section de l'œuvre, la *Similitude* IX, qui présente, sous une autre forme, la construction de l'Église-Tour.

### *Listes épiscopales et polémiques doctrinales*

S'il n'est pas possible de cerner avec précision l'émergence à Rome de l'épiscopat unique, et ses modalités, le presbytre Irénée, un disciple de Polycarpe de Smyrne établi dans la vallée du Rhône, donne, vers 180, dans sa *Dénonciation et réfutation de la gnose au nom menteur* (III, 3, 3), un témoignage clair : « Après avoir fondé et édifié l'Église, les bienheureux apôtres (Pierre et Paul) remirent à Lin la charge de l'épiscopat ; c'est de ce Lin que Paul fait mention dans les épîtres à Timothée. Anaclet lui succède. Après lui, en troisième lieu à partir des apôtres, l'épiscopat échoit à Clément. Il avait vu les apôtres eux-mêmes et avait été en relation avec eux : leur prédication résonnait encore à ses oreilles et leur tradition était encore devant ses yeux. Il n'était d'ailleurs pas le seul, car il restait à cette époque beaucoup de gens qui avaient été instruits par les apôtres. (...) À ce Clément succède Évariste ; à Évariste, Alexandre ; puis, le sixième à partir des apôtres, Xyste est établi ; après lui, Télesphore, qui rendit glorieusement témoignage ; ensuite Hygin ; ensuite Pie ; après lui, Anicet ; Sôter ayant succédé à Anicet, c'est maintenant Éleuthère qui, en douzième lieu à partir des apôtres, détient la fonction de l'épiscopat. »

Dans la tâche de dresser la liste des titulaires successifs de *l'episkopê* à Rome, Irénée avait été très probablement précédé par Hégésippe, un oriental, qui après être passé par Corinthe et avoir cherché à établir, pour la communauté de cette cité, « la succession de la vérité », s'installa à demeure dans la Ville dans le troisième quart du IIe siècle, et peut-être par Justin, philosophe chrétien originaire de Samarie qui séjourna à Rome au milieu du même siècle et y rédigea une apologie du christianisme adressée à l'empereur Antonin le Pieux avant d'y subir le martyre. Tout porte donc à situer l'apparition du monoépiscopat au sein de l'Église romaine, dans la première moitié du IIe siècle, et très probablement à l'extrême fin de cette période.

Surgit alors une légitime interrogation sur l'interprétation qu'il convient de donner à la mention par Irénée d'une chaîne ininterrompue d'évêques romains depuis Pierre et Paul. Si l'on peut imaginer, sans preuve aucune, que le collège des responsables de la communauté romaine comporta dès l'origine une sorte de *primus inter pares* qui aurait été reconnu comme un protoévêque – Jacques, « le frère du Seigneur », n'agit-il pas comme le représentant et le chef de la première Église de Jérusalem ? –, le témoignage, vers 200, de l'Africain Tertullien *(De praescriptione haereticorum* XXXII, 2) qui fait succéder Clément immédiatement à Pierre, atteste les hésitations et les tâtonnements qui entourèrent la constitution d'une histoire des origines de l'épiscopat unique à Rome. Jérôme n'écrit-il pas *(De viris illustribus* XV, 1) que beaucoup d'Occidentaux croient que Clément succéda à Pierre ?

Ces incertitudes résultent sans doute du contexte même qui environna les premières élaborations d'une liste « épiscopale ». Elles s'inscrivent en effet dans le cadre de polémiques doctrinales opposant membres de la « Grande Église », comme le païen Celse peut la dénommer vers 180, et adhérents de groupes exclus de son sein ou se situant à ses marges, tels les multiples théologiens tenus pour appartenir à la nébuleuse gnostique. Or Rome fut, au deuxième siècle et au début du troisième, l'un des principaux théâtres de ces affrontements. De même en effet que la capitale de l'Empire attirait à elle rhéteurs et philosophes désireux de faire carrière, maîtres juifs venus visiter la diaspora nombreuse établie dans la Ville, de même affluaient vers elle intellectuels chrétiens ou prédicateurs itinérants principalement originaires de la Méditerranée orientale, d'autant que la langue dominante de la communauté romaine était encore le grec. C'est ainsi que Rome accueillit, outre Justin et Hégésippe, l'Égyptien Valentin, le Syrien Cerdon, Marcion de Sinope sur la mer Noire, Théodote de Byzance, Praxéas de l'Asie Mineure, et bien d'autres encore. Pour dénoncer les erreurs et la fourberie – à leurs yeux du moins –, de leurs adversaires doctrinaux, certains théologiens de la Grande Église choisirent, à partir du milieu du deuxième siècle environ, à Rome particulièrement, de mettre en valeur la continuité de la tradition apostolique dont témoignerait en leur faveur la succession régulière et institutionnalisée de l'épiscopat, qu'ils pourraient alors faire valoir contre les traditions secrètes des gnostiques, par exemple. Tertullien s'écrie ainsi à leur adresse : « Montrez l'origine de vos Églises ; déroulez la série de vos évêques se succédant depuis l'origine, de telle manière que le premier évêque ait eu comme garant et prédécesseur l'un des apôtres ou l'un des hommes apostoliques restés jusqu'au bout en communion avec les apôtres. Car c'est ainsi que les Églises apostoliques présentent leurs fastes » *(De praescriptione haereticorum* XXXVI, 1). Le défi pouvait ne pas rester sans réponse, et Ptolémée, un disciple de Valentin, déclare à sa correspondante Flora, que c'est « la tradition des apôtres, une tradition que nous aussi, nous avons reçue par voie de succession, qu'elle aura été jugée digne de connaître » (*Lettre à Flora* VII, 9).

Empruntant aux « représentations juives appliquant à la transmission des charges spirituelles la notion hellénistique de "succession", telle qu'elle est définie par les *Successions de philosophes* » (Alain Le Boulluec), Irénée entendait ainsi opposer, comme sans doute avant lui Hégésippe, une succession *(diadochê)* de la vérité à une succession de l'erreur. Dès lors il convenait d'établir, pour chaque Église importante, une liste des docteurs autorisés qui depuis les apôtres, avaient tenu, sans faiblir, l'enseignement reçu. Les modalités de ce travail, qui s'appuya sur une rétrojection de l'épiscopat unique dans le passé le plus lointain de la chrétienté romaine, nous sont inconnues. L'exemple de Clément, auquel une tradition, attestée pour la première fois vers 170 par Denys de Corinthe, attribuait la rédaction de la fameuse lettre adressée au nom de l'Église de Rome à celle de Corinthe, et qu'auréolait un prestige tout apostolique, autorise à penser que l'on puisa dans la mémoire de la communauté de la Ville pour identifier les responsables de l'Église, qui, plus que d'autres, dans les premiers temps, avaient été jugés les témoins fidèles de la tradition des apôtres. Au début du IIIe siècle, les premiers computistes chrétiens, tels Sextus Julius Africanus, un hiérosolymitain chargé par l'empereur Alexandre Sévère du soin d'une bibliothèque proche du Panthéon, ou l'énigmatique Hippolyte, dotèrent probablement la liste épiscopale romaine de repères temporels, si bien qu'Eusèbe de Césarée put présenter, presque un siècle plus tard, dans sa *Chronique* connue dans sa totalité seulement par la version latine de Jérôme et une traduction arménienne, une chronologie des évêques romains. Il est impossible d'évaluer précisément le crédit qu'il convient d'accorder à ce comput, particulièrement pour les premiers noms de la liste, d'autant que les indications chronologiques données par Eusèbe dans son *Histoire ecclésiastique* diffèrent souvent de celles portées dans sa *Chronique*, dont les deux versions présentent par ailleurs des divergences.

En 354, un recueil de divers documents chronographiques, rassemblés et illustrés pour un chrétien romain du nom de Valentin par le célèbre calligraphe Furius Dionysius Philocalus, contient un catalogue des évêques de Rome, connu sous le nom de *Catalogue libérien,* qui est pourvu de repères chronologiques fort précieux [1]. Si cette liste présente des désaccords avec les calendriers eusébiens, elle s'accorde avec l'historien ecclésiastique sur les noms et l'ordre des évêques romains – hormis le doublet Clet/Anaclet, et la position d'Anicet mentionné avant Pie –, mais surtout place Pierre seul au commencement de la succession épiscopale. Alors qu'Irénée considérait encore Pierre et Paul comme fondateurs et édificateurs de l'Église romaine, habilitant ensemble Lin dans la charge de *l'episkopê,* Tertullien déjà, puis d'autres après lui, n'évoquèrent plus que Pierre. Pour expliquer cette élimination ou cet oubli de Paul, on est réduit aux conjectures. Damien Van den Eynde a proposé d'y voir le contrecoup de l'association du texte de *Matthieu* XVI, 18-19, *Tu es Petrus,* à l'idée de succession apostolique, attestée, pour la première fois, dans des documents du IIIe siècle [2] : « Les évêques se considèrent comme les successeurs, non seulement des apôtres qui fondèrent leurs Églises, mais encore de Pierre. Il est probable que l'utilisation de ce passage scripturaire a déterminé aussi une évolution dans le concept de la succession romaine. » Le *Catalogue libérien* va même jusqu'à faire de Pierre le premier évêque de la Ville, inaugurant ou presque une tradition qui ne sera reçue que lentement, avec difficultés et réserves, en Orient comme en Occident. De ce développement décisif témoignent encore aujourd'hui la liste des papes présentée en tête de *l'Annuario Pontificio,* aussi bien

1. C'est sur la base d'une analyse détaillée du *Catatogue libérien* que les critiques ont pu parvenir à la conclusion que la première date sûre de la chronologie des évêques romains est celle de la fin de l'épiscopat de Pontien en 235.

2. Au début du IIIe siècle, Tertullien *(De pudicitia* XXI, 9-10) accuse son évêque de s'appuyer illégitimement sur *Mt* XVI, 18-19 pour assouplir la discipline pénitentielle. Ce premier témoignage est suivi de bien d'autres : ainsi Cyprien (*Ep* XXXIII, 1) cite *Mt* XVI, 18-19 et commente : « De là découle, à travers la série des temps et des successions, l'élection des évêques et l'organisation de l'Église : l'Église repose sur les évêques et toute sa conduite obéit à la direction de ces mêmes chefs. » Voir aussi *Ep* XLIII, 5, 2 et LXXV, 16, 1.

que la différence de traitement réservé aux deux apôtres par les cérémoniaires pontificaux au jour de leur *natalis* commun, le 29 juin : nulle statue de Paul, dans la basilique de l'*Ostiense*, n'est habilitée à porter la tiare... Si, au IIIe siècle, la diffusion du nom « Pierre » presque exclusivement limitée, en Occident, aux chrétiens de la Ville, témoigne pour la vénération dont à Rome est entouré l'apôtre [1], Paul n'est pas pour autant délaissé, puisque, sous un auvent proche de la Via Appia, à quelques kilomètres de la Ville, au lieu-dit *Ad Catacumbas*, en un site attaché à la mémoire de Pierre et de Paul, des visiteurs ont laissé, dans la seconde moitié du IIIe siècle et le début du suivant, plus de deux cents graffiti invoquant l'intercession des deux apôtres ; et il n'est pas rare que Paul y précède Pierre.

Ainsi l'orchestration de la notion de tradition apostolique, à laquelle l'Église romaine prit une part si décisive, non seulement atteste le rôle de « grand laboratoire » (George La Piana) qu'elle joua, à titre d'objet ou de sujet, dans le développement de l'ecclésiologie de la Grande Église, mais plus encore est au service de l'affirmation, au gré des sollicitations et des événements, de son autorité, entendue d'abord, au sens latin, comme « un pouvoir d'authentifier et d'accroître la portée d'un témoignage » (Charles Pietri), ici celui des apôtres.

## L'AUTORITÉ DE L'ÉGLISE ROMAINE

### *Le prestige de la communauté romaine*

Si Clément d'Alexandrie (*Stromates* IV, 17), vers 200, confère à l'auteur de la lettre de l'Église de Rome à celle de Corinthe, le titre d'apôtre, il ne témoigne pas seulement pour le rayonnement d'un écrit qui très tôt fut lu dans les Églises et considéré à l'égal des Écritures, même s'il fut finalement exclu du canon, mais il manifeste le caractère tout apostolique de l'autorité qui émane de ce texte de circonstance dont on ignore s'il répondit à une quelconque sollicitation. Irénée, et bien d'autres, en furent également

1. Le nom « Paul » étant l'un des *cognomina* romains les plus courants, il est impossible de tirer quelque conclusion que ce soit de sa fréquence.

frappés, comme le lecteur moderne qui compare ce texte aux témoins parvenus jusqu'à nous des lettres échangées entre Églises au deuxième siècle [1]. On ne sait s'il le faut attribuer à la seule personnalité du rédacteur de la missive, ou également à l'Église au nom de laquelle il s'exprime.

Du prestige de cette communauté, Ignace d'Antioche, au début du deuxième siècle, se fait l'écho : dans la lettre qu'il lui adresse, il multiplie à son égard les épithètes louangeuses qu'il a coutume de décerner à foison aux Églises auxquelles il écrit, et lui attribue, entre autres, le titre « tout spirituel » (Charles Pietri) de « celle qui préside à la charité », et fait mémoire de l'enseignement donné à cette Église par Pierre et Paul.

À la fin du deuxième siècle, Irénée, dans un texte sur lequel la critique s'est exercée d'abondance *(Adversus haereses* III, 3, 2), manifeste avec éclat l'importance de cette tradition romaine. En effet, lorsque désireux d'opposer aux « imaginations délirantes » des gnostiques, la vérité de l'enseignement apostolique tenu partout par toutes les Églises, il en désigne le canal privilégié dans la succession épiscopale, attestée depuis les apôtres, en chaque communauté, c'est l'Église de Rome qu'il choisit comme exemple central pour sa démonstration, car, c'est avec « cette Église très grande, très ancienne et connue de tous, que les deux très glorieux apôtres Pierre et Paul fondèrent et établirent à Rome », qu'« en raison de son origine plus excellente – autre traduction, "de son autorité plus forte" –, doit nécessairement s'accorder toute Église, c'est-à-dire les fidèles de partout, elle en qui toujours, au bénéfice de ces gens de partout – la traduction de ce membre de phrase est difficile et controversée –, a été conservée la tradition qui vient des apôtres ». L'enthousiasme du polémiste, de l'apologète et du théologien a besoin cependant d'être tempéré : si l'apostolicité de la chrétienté romaine est absolument incontestée, l'autorité qu'elle prétend en retirer est plus diversement appréciée.

1. À des fins de comparaison, on aimerait connaître les lettres d'exhortation que Denys de Corinthe adressa aux Églises de Sparte, d'Athènes, de Nicomédie, etc. (Eusèbe, *HE* IV, 23).

### *Premières manifestations de l'autorité romaine et premières résistances*

Quand Denys, l'évêque de Corinthe, fait mémoire, vers 170, dans sa réponse à une lettre (perdue) de la communauté romaine et de son chef Sôter, des marques tangibles de la sollicitude traditionnelle de l'Église de la Ville en faveur de la sienne, et de bien d'autres communautés en proie à l'affliction – il évoque des chrétiens envoyés aux mines –, il n'en rappelle pas moins, dans un autre fragment préservé par Eusèbe (*HE* II, XXV, 8), les liens qui unissent « les deux plantations faites par Pierre et par Paul, celle des Romains et celle des Corinthiens. Car tous deux ont planté dans notre Corinthe et nous ont semblablement instruits ; et semblablement, après avoir enseigné ensemble en Italie, ils ont rendu témoignage dans le même temps ». On ne sait s'il ne faut pas entendre derrière cette profession d'unanimité une discrète protestation contre les prétentions que trahit l'intervention romaine. Si en Occident Rome peut seule revendiquer l'accès direct à la tradition apostolique, ce que Tertullien affirme hautement (*De praescriptione haereticorum* XXXVI, 2-4), il en va bien autrement en Orient où nombre de communautés, telle Corinthe, sont en mesure de se prévaloir d'une fondation due à un apôtre. Peut-être faut-il voir là la source de l'insistance avec laquelle l'Église romaine prit soin de souligner qu'elle était celle du martyre de Pierre comme de Paul, dont il était loisible de voir les monuments.

En tout cas, étant donné la manière très englobante dont était souvent conçue à cette époque la notion de « tradition apostolique » qui subsumait aussi bien la règle de foi que, pour reprendre des catégories modernes, ce qu'on estimerait aujourd'hui relever de la discipline ecclésiastique, il pouvait arriver que des différences de pratique entre deux Églises fussent perçues comme des désaccords fondamentaux menaçant l'unité du legs des apôtres, comme en témoignent, à quelques décennies d'intervalle, les attitudes contrastées des évêques romains Anicet et Victor à propos des usages des communautés d'Asie Mineure relatifs à la fête de Pâques. Au milieu du IIe siècle, Polycarpe de Smyrne, en visite à Rome, s'entretint avec Anicet des observances divergentes de leurs Églises respectives en cette matière et dans d'autres. Si l'interprétation des termes exacts de ce désaccord demeure disputée, la conclusion de leur rencontre est claire : « Anicet ne pouvait pas persuader Polycarpe de ne pas observer ce qu'avec Jean, le disciple de Notre Seigneur, et les autres apôtres avec lesquels il avait vécu, il avait toujours observé ; et Polycarpe de son côté ne persuada pas Anicet de garder l'observance ; car il disait qu'il fallait retenir la coutume des presbytres antérieurs à lui. Et les choses étant ainsi, ils communièrent l'un avec l'autre, et à l'église Anicet céda l'eucharistie à Polycarpe, évidemment par déférence. Ils se séparèrent l'un de l'autre dans la paix » (Eusèbe, *HE*, V, XXIV, 16-17). À la fin du siècle, les choses se passèrent tout différemment. Des adversaires de l'évêque d'Éphèse, Polycrate, sollicitèrent Victor sous le motif qu'il suivait l'usage « quartodéciman » qui consistait à fêter Pâques le 14 Nisan, au même jour que la Pâque juive, tandis qu'eux-mêmes, comme les Romains, la fêtaient un dimanche. La question agitait un peu partout les communautés chrétiennes, et divers synodes – ce fut l'une des premières apparitions de ce type de réunions –, furent tenus. Victor réunit une assemblée à Rome qui condamna les pratiques quartodécimanes et rompit la communion avec ceux qui ne se ralliaient pas à l'usage romain. Si les documents émanés de l'évêque de la Ville ne nous sont pas parvenus, une lettre de Polycrate rend vraisemblablement bien compte du type d'arguments qui furent échangés de part et d'autre. Elle mérite d'être citée avec quelque longueur :

« Nous célébrons donc scrupuleusement le jour, sans rien retrancher, sans rien ajouter. En effet, c'est en Asie que reposent de grands astres, qui ressusciteront au jour de la parousie du Seigneur, quand il viendra des cieux avec gloire et recherchera tous les saints : Philippe, un des douze apôtres, qui repose à Hiérapolis avec ses deux filles qui ont vieilli dans la virginité, et son autre fille, qui a vécu dans l'Esprit saint, repose à Éphèse ; et encore Jean, qui a reposé sur la poitrine du Seigneur, qui a été prêtre et a porté la lame d'or, martyr et didascale : celui-ci repose à Éphèse ; et aussi Polycarpe de Smyrne, évêque et martyr, qui repose à Smyrne ; et Thraséas d'Euménie, évêque et martyr (...) Tous ceux-là ont gardé le quatorzième jour de Pâques, selon l'Évangile, ne faisant aucune transgression, mais se conformant à la règle de foi. Et moi-même aussi, le plus petit de tous, Polycrate, je vis selon la tradition de ceux de ma famille, dont j'ai suivi certains. Sept de mes parents ont été évêques et moi je suis le huitième ; et toujours mes parents ont gardé le jour où le peuple s'abstenait de pain fermenté. Pour moi donc, frère, j'ai soixante-cinq ans dans le Seigneur ; j'ai été en relation avec les frères du monde entier ; j'ai parcouru toute la Sainte Écriture. Je ne suis pas effrayé par ceux qui cherchent à m'émouvoir, car de plus grands que moi ont dit : "Il vaut mieux obéir à Dieu qu'aux hommes". »

L'argumentation énumère ainsi les garants d'une tradition : apôtres – Polycrate confond l'apôtre Philippe avec le diacre du même nom mentionné dans les *Actes* –, évêques, martyrs, vierges, parents, famille, pour trouver sa conclusion dans la mention de l'âge, synonyme de sagesse et de fidélité, de la communion ecclésiale et de l'Écriture. Toutes les sources susceptibles de légitimer une observance ecclésiale sont ici produites. Au-delà des circonstances, l'épisode lui-même et son épilogue sont riches d'enseignement pour la mesure de l'autorité que l'Église romaine et son évêque prétendent détenir et pour l'évaluation du poids que d'autres communautés consentent à lui reconnaître. « Au vrai, Rome essaie, sans succès cette fois, de défendre une conception de la tradition apostolique et ecclésiale qu'elle professera avec une fermeté croissante au IIIe siècle : l'unité de la foi et de l'Église s'accommode mal des diversités et elle suppose, plus ou moins, l'unité de la discipline » (Charles Pietri).

### *Affirmations de la primauté romaine et contestations*

Dans l'attitude de Victor frappent l'exclusivité qu'il paraît attacher à la tradition romaine, qui n'est que l'autre nom, à ses yeux, de la tradition apostolique, et la vigueur avec laquelle il entend l'imposer. Si la personnalité de cet évêque peut sans doute être mise en avant pour expliquer ce radicalisme, d'autres documents témoignent, pour les décennies qui suivent, de cette souveraine prétention de l'Église de la Ville. Il suffit de lire la lettre (transmise par Cyprien, *Ep* 8) que, pendant la vacance du siège romain consécutive au martyre de Fabien, le 20 janvier 250, les prêtres et les diacres de cette communauté adressent à Cyprien, l'évêque de Carthage, pour mesurer le degré d'affirmation de soi auquel elle est parvenue : sur un ton hautain, ce ne sont que réprimandes à peine déguisées pour le malheureux prélat qui a choisi de fuir la persécution et d'abandonner son peuple. Il est rappelé sans ménagement à ses devoirs de pasteur, tandis que sont évoquées la peur de Dieu et les peines éternelles qu'encourt le chrétien infidèle à son devoir. À la suite de la courte réponse de Cyprien s'étonnant d'avoir reçu une telle missive dépourvue de la mention de l'expéditeur – comme d'ailleurs de celle des destinataires –, et s'interrogeant sur son authenticité, les clercs romains adoptèrent une attitude plus modeste et donnèrent acte au Carthaginois de son souhait de les voir agir « moins comme juges que comme partenaires de ses résolutions » (Cyprien, *Ep* XXX, 1, 2). Ils approuvaient sa politique de fermeté sans excès, « fidèle à la discipline de l'Évangile », vis-à-vis des *lapsi* [1], et précisaient que l'Église romaine n'arrêterait sa position définitive que lorsqu'un nouvel évêque aurait été élu, et une large consultation communautaire pratiquée. Dès lors, une coopération faite d'échanges et de conseils mutuels tendit à s'instaurer entre Rome et Carthage.

De surcroît, le schisme qui déchira la communauté romaine à l'occasion de l'élection du successeur de Fabien, au printemps 251, et mit aux prises Corneille et Novatien à propos de la question des *lapsi,* contraignit les deux adversaires à choisir un profil bas, et à rechercher le soutien du plus grand nombre d'évêques possible. Ce ne furent plus les Romains, comme cela était souvent le cas, à être sollicités par les parties en conflit au sein d'une Église donnée, désireuses d'obtenir l'appui d'une communauté prestigieuse et influente : ainsi, vers 200, Praxéas, débarquant d'Asie Mineure à Rome, s'était employé à convaincre l'évêque romain de retirer sa communion aux montanistes. Au début des années 230, Démétrios d'Alexandrie avait communiqué à la communauté romaine ainsi qu'à d'autres Églises importantes, la sentence portée contre Origène. Un synode romain l'approuva, si bien que le théologien alexandrin, qui s'était déjà auparavant rendu en Occident « pour voir la très ancienne Église des Romains », jugea utile d'écrire à l'évêque Fabien (236-250) pour se défendre

1. *Lapsi :* chrétiens ayant apostasié lors des persécutions et demandant leur pardon afin d'être réintégrés dans l'Église.

des accusations émises contre lui. De même un évêque espagnol, Basilide de Leon-Astorga, déposé, en même temps que Martial de Merida, par un synode local sous le motif d'avoir obtenu des certificats de sacrifice lors de la persécution de Dèce, se rendra à Rome auprès de son collègue Étienne Ier (254-257) pour obtenir des lettres de communion ; il faudra que l'épiscopat ibérique s'adresse au concile des évêques d'Afrique qui confirmera la déposition prononcée, et que Cyprien communique la sentence à Rome, pour qu'Étienne, semble-t-il, abandonne les deux espagnols. À la fin des années 250, des chrétiens d'Égypte dénonceront Denys d'Alexandrie à son homonyme de Rome en lui imputant l'erreur d'avoir mis en péril l'unité de la divinité dans une lettre destinée à combattre des théologiens promouvant une doctrine trinitaire modaliste. L'évêque alexandrin devra préciser ses thèses afin de conserver la communion romaine.

### *Cyprien de Carthage et Étienne de Rome*

Dans l'affaire du schisme romain, Corneille et Novatien sont réduits à envoyer des messagers un peu partout, en Gaule, en Afrique, en Syrie, ou en Égypte. Cyprien demande de plus amples informations avant de se prononcer en faveur de l'un ou de l'autre, et finalement donne sa communion à Corneille afin de constituer un front commun contre les rigoristes. Le débat ouvert en Occident gagne toute la Méditerranée chrétienne : Denys d'Alexandrie s'allie au siège romain pour tenter de fléchir Fabius d'Antioche, et, un synode réuni dans cette ville, à la mort de ce dernier, condamne Novatien et ses partisans. Jamais jusqu'alors autant que dans ces années, du moins dans l'état de notre documentation, les Églises chrétiennes, confrontées à l'épreuve et aux divisions, n'avaient manifesté, sur une si large échelle, une telle faculté d'échanges épistolaires et de réunions synodales. Dans cet ensemble, Rome jouait sa partition *mezza voce*. La question de la réintégration, dans la Grande Église, des chrétiens baptisés par les schismatiques lui permit de hausser la voix. La tradition romaine, identique à celle des Églises de Palestine ou d'Égypte, voulait qu'ils ne fussent point rebaptisés, mais que simplement on leur imposât les mains. En Afrique, comme en Syrie ou en Asie Mineure, le baptême devait être réitéré. Le débat qui s'engagea en Maurétanie conduisit des conciles carthaginois successifs, en 255 et en 256, à réaffirmer la tradition africaine, et Cyprien communiqua, pièces à l'appui, à Étienne, l'évêque romain, les décisions de ces assemblées. La réaction romaine fut des plus vigoureuses. Étienne prétendit imposer la tradition de son Église à toutes les autres sous peine de rupture de la communion, alors que Cyprien expliquait que « chaque évêque a la liberté dans l'administration de son Église sauf à rendre compte de sa conduite au Seigneur » (*Ep* LXXII, 3, 2), ou plus fermement encore, devant des évêques africains réunis en concile le 1er septembre 256 : « Personne d'entre nous ne se constitue en évêque des évêques, ni ne réduit ses collègues à l'obéissance par la terreur ou la tyrannie » (*Sententiae episcoporum numero LXXXVII de haereticis baptizandis*, préambule).

La position d'Étienne ne nous est connue qu'indirectement : Firmilien, évêque de Césarée en Cappadoce, violemment hostile au Romain, écrit que ce dernier, « si fier de son siège épiscopal, réclame pour sa personne la succession de Pierre, l'apôtre sur lequel ont été établis les fondements de l'Église » (transmise par Cyprien, *Ep* LXXV, 17). À cette accusation de vouloir monopoliser le *Tu es Petrus* au seul profit du siège de la Ville, répond, en une lettre de Cyprien, une allusion à la dispute d'Antioche qui mit aux prises Pierre et Paul, et que le Carthaginois commente en ces termes : « Pierre, que le Seigneur a choisi le premier et sur lequel il a bâti son Église, se trouvant par la suite en désaccord avec Paul à propos de la circoncision, ne fit aucune revendication insolente ou arrogante au point de dire qu'il avait la primauté (*primatus*) » (*Ep* LXXII, 3, 1). Le mot est lâché : jamais depuis Victor, l'autoaffirmation de Rome n'avait été aussi forte. Les réactions furent nombreuses au fil d'un débat qui embrasa de nouveau tout l'*orbis christianus* antique : alors que Denys d'Alexandrie multiplie les tentatives de médiation entre les adversaires, en un rôle qu'Irénée avait déjà joué entre Victor et les quartodécimans, Firmilien se déchaîne contre Étienne qu'il traite de « Judas », et accuse d'invoquer à tort la tradition apostolique : « Que les gens de Rome n'observent pas en tout la tradition originelle, et allèguent en vain l'autorité des apôtres, c'est ce que l'on peut constater. On aperçoit chez eux des divergences au sujet du moment de Pâques, ainsi qu'à propos de mainte autre observance religieuse, et leurs pratiques ne sont pas toutes exactement les mêmes que celles observées à Jérusalem. C'est comme cela dans bien d'autres provinces : beaucoup de choses varient avec la diversité des lieux et des personnes, sans que pour cette raison on se soit jamais éloigné de la paix et de l'unité de l'Église catholique » (*Ep* LXXV, 6, 1) [1].

De son côté, Cyprien révise très vraisemblablement l'ouvrage sur l'*Unité de l'Église*, qu'il avait rédigé, en 251, dans le feu de la première controverse sur les *lapsi* et des prodromes du schisme rigoriste. Dans la version initiale, le Carthaginois faisait l'éloge de l'unité en mettant en évidence la primauté (*primatus*) conférée à Pierre. C'est ainsi qu'il commentait *Mt* XVI, 18-19 et *Jn* XXI, 17 : « Sur (Pierre) il bâtit l'Église, à lui il confie le soin de paître ses brebis. Quoiqu'il donne à tous les apôtres un pouvoir pareil, néanmoins il n'établit qu'une seule chaire et en vertu de son autorité il organise l'origine et la raison d'être de l'unité. Les autres apôtres aussi étaient ce qu'était Pierre, mais à Pierre est donnée la primauté : ainsi est montré qu'il n'y a qu'une Église et qu'une chaire. Tous les apôtres sont certes pasteurs, mais un seul troupeau est signalé, que conduisent au pâturage tous les apôtres en un accord unanime. Quiconque ne se tient pas à cette unité de Pierre, croit-il se tenir dans la foi ? Quiconque déserte la chaire de Pierre, sur lequel est fondée l'Église, se flatte-t-il d'être dans l'Église ? »

Cette exaltation sans précédent du rôle de Pierre comme garant de l'unité apostolique et ecclésiale devenait gênante pour Cyprien, quelques années plus tard, lorsque Étienne prétendit arguer de la primauté pétrinienne pour légitimer son action. Il faut dire que Cyprien, dans sa correspondance avec le siège romain, usait assez souvent pour le désigner, de l'expression *Cathedra Petri*, « la chaire de Pierre », au sens du « magistère épiscopal, fondé par Pierre à Rome et transmis jusqu'à ce jour par les successions épiscopales » (Charles Pietri). Or cette formule de courtoisie, qui déférait

1. Une argumentation voisine avait été développée de manière plus radicale par des adversaires doctrinaux de Zéphyrin (199 ?-217 ?) et de ses successeurs immédiats : ils n'hésitaient pas à affirmer que « tous les anciens et les apôtres eux-mêmes avaient reçu par tradition et enseigné ce qu'ils disaient maintenant, et que la vérité de la prédication avait été conservée jusqu'aux temps de Victor, qui était le treizième évêque de Rome à partir de Pierre, mais qu'à partir de son successeur Zéphyrin, la vérité avait été adultérée » (Eusèbe, *HE* V, XXVIII 3).

à l'affirmation romaine de la pétrinité de l'Église de la Ville, pouvait évoquer tout aussi bien, chez Cyprien comme dans le fragment qui vient d'être cité du *De unitate*, l'enseignement de l'apôtre, et plus largement la tradition apostolique. La polysémie de l'expression était donc dangereuse, car il était possible de construire sur elle un système ecclésiologique qui faisait de l'épiscopat romain le dépositaire et l'interprète par excellence, sinon exclusifs, de la tradition des apôtres. Si Cyprien reconnaissait que Rome était chronologiquement à la source de l'unité du collège épiscopal, du moins en Occident, puisque c'est d'elle « qu'était venue la prédication qui constitue dans toutes les chrétientés la tradition de foi » (Charles Pietri), cette mémoire des origines chrétiennes ne signifiait pas pour autant la ratification de toutes les prétentions romaines. C'est pourquoi le Carthaginois modifia le passage incriminé du *De unitate*, en supprimant toute allusion à la primauté de Pierre. Étienne rompit la communion avec Cyprien et les autres évêques partisans de ses thèses, et s'attira ce trait de Firmilien : « Vous avez pensé excommunier tout le monde, et c'est vous seul que vous avez excommunié » (*Ep* LXXV, 24, 2). Le martyre d'Étienne, le 2 août 257, que suivit celui de Cyprien, le 14 septembre 258, apaisa sans doute la controverse.

Ce riche dossier, qu'il n'a été possible de présenter ici que très succinctement, prouve à l'envi la nécessité d'une approche toute empirique de la question de « la primauté du siège romain » qui ne s'évalue et ne se pèse qu'à proportion des circonstances. Une intervention impériale exceptionnelle clôt ces premiers siècles des relations connues entre la communauté romaine et les autres Églises. En 268 sans doute, un concile réuni à Antioche avait condamné et déposé Paul de Samosate, puis envoyé sa lettre synodale à Maximos d'Alexandrie, pour l'Orient et, pour l'Occident, à Denys de Rome, cité en premier, qui lui avait donné son accord. Devant le refus obstiné de l'évêque d'Antioche, par ailleurs partie prenante dans les luttes politiques locales, de quitter son siège, les évêques voisins font alors appel à l'empereur Aurélien qui décide que la « maison de l'Église » doit revenir « à ceux qui sont en relation épistolaire – autrement dit, en communion –, avec les évêques d'Italie et l'évêque de la ville de Rome » (Eusèbe, *HE* VII, XXX, 19). En ce dernier épisode, l'Église romaine capitalise sans doute les fruits de son aura apostolique tout comme ceux de sa pérégrination dans la capitale de l'Empire. Mais quand bien même l'on ne douterait guère que si, par hypothèse, « Pierre et Paul étaient morts à Lydda, ce n'est pas à l'évêque de Lydda qu'auraient recouru les autres Églises » (P. Nautin), l'on ne peut manquer d'observer que jamais l'argument politique n'entre explicitement en ligne de compte pour légitimer les prérogatives de l'Église romaine, ou l'appel à son soutien ou son arbitrage. Ce qu'entérine aussi bien Aurélien, c'est la visibilité que la communauté romaine et son évêque, comme bien d'autres chrétientés, ont acquise au cours du IIIe siècle.

### L'ÉVÊQUE DE ROME ET SON ÉGLISE AU IIIe SIÈCLE

S'il faut abandonner à la légende les indications biographiques concernant la période antérieure à leur accession à l'épiscopat, que le *Liber Pontificalis* prétend donner sur les évêques de Rome des trois premiers siècles, force est de constater qu'un seul, Calixte Ier (217 ?-222 ?), présente pour nous un visage quelque peu consistant. C'est à travers cette figure en clair-obscur que l'on peut tenter de percevoir les traits de l'Église de Rome au IIIe siècle. Encore convient-il de préciser dès l'abord que les renseignements que nous possédons à son sujet proviennent d'une source qui lui est violemment hostile, la *Réfutation de toutes les hérésies*, œuvre d'un compétiteur et adversaire doctrinal à l'identité mystérieuse, traditionnellement identifié au martyr Hippolyte de Rome.

Calixte donne l'exemple d'une éclatante mobilité sociale. En effet, esclave chrétien d'un certain Carpophore, un affranchi impérial, lui-même sans doute chrétien, il reçut de son maître un pécule qu'il fit fructifier en exerçant le métier de changeur-banquier, sous le règne de Commode (180-192). Les dépôts confiés par des veuves ou des chrétiens, et peut-être également des juifs, affluèrent. Mais, au bout d'un moment, Calixte cessa de les restituer à ses clients. Faillite ou escroquerie ? Toujours est-il qu'il chercha à s'enfuir, fut rattrapé, emprisonné par son maître, jusqu'au jour où, élargi sur l'intercession de membres de la communauté chrétienne, il fut acculé à rembourser ses dettes. Incapable d'y parvenir, il se rendit dans une synagogue, un jour de Shabbat (peut-être pour y relancer quelques-uns de ses débiteurs, comme le suggère Jean Andreau), fit du scandale, si bien que le préfet de la Ville, Fuscianus, en fonction entre 185 et 189, le fit flageller avant de l'expédier aux mines de Sardaigne. Il retrouva là d'autres chrétiens condamnés eux aussi aux travaux forcés. Or l'évêque Victor communiqua – sur sa demande, précise Hippolyte –, la liste des chrétiens relégués en Sardaigne à Marcia Aurelia Ceionia Demetrias, concubine de l'empereur, qui avait des sympathies chrétiennes. Cette dernière obtint leur grâce, et Callixte réussit à en bénéficier. De retour en Italie, il séjourna d'abord à Anzio « aux frais de l'Église », puis, le successeur de Victor, Zéphyrin (199 ?-217 ?), après l'avoir vraisemblablement fait diacre, « le préposa au *koimêtêrion* ».

Ce terme, dont c'est l'une des toutes premières attestations, et qui signifie « dortoir », sert à désigner, dans le discours chrétien, tout comme son équivalent latin *coemeterium*, tantôt une tombe individuelle, tantôt, comme ici, une sépulture collective qu'en l'occurrence les archéologues ont identifiée avec l'*area prima* de l'actuelle catacombe de Calixte. Quel que soit son statut juridique exact au regard des lois de l'Empire, la communauté romaine se dotait ainsi, comme d'autres Églises, d'aires funéraires propres à faciliter l'ensevelissement des pauvres morts en son sein. La générosité de riches particuliers permit la multiplication de ces « cimetières », si bien que l'administration impériale, en 257, dans le cadre des mesures prises contre les chrétiens, pourra décider de leur confiscation.

Le soin des morts n'était que l'une des activités charitables qui, sous la direction de Calixte ou de ses successeurs, mobilisaient l'Église romaine à l'égal des autres communautés chrétiennes. Il lui fallait en effet, non seulement envoyer des secours aux Églises affligées – et l'on sait le zèle qu'elle y mettait, fussent-elles aussi éloignées que l'Égypte ou la Cappadoce –, mais avant tout s'occuper de la subsistance des pauvres et des veuves. Une lettre de Corneille (*HE* VI, XLIII, 11) montre, pour le milieu du IIIe siècle, l'ampleur de la tâche : ce ne sont pas moins de «1 500 veuves et indigents que la grâce et la philanthropie du Maître nourrissent tous ». L'évêque précise également que l'Église de la Ville comprend, à cette date, « 46 prêtres, 7 diacres, 7 sous-diacres, 42 acolytes, 52 exorcistes, lecteurs et portiers ». Clercs, veuves et indigents forment ainsi « un groupe au moins aussi nombreux que la plus importante corporation de la Ville. Ils représentent un ensemble énorme dans une ville où les collèges religieux et les associations funéraires comptent en moyenne quelques douzaines de membres, non quelques centaines » (Peter Brown). Sur la base de ces données numériques, on a pu estimer la taille de l'Église de Rome en ce milieu du siècle, avec les lourdes incertitudes liées à ce type d'évaluation, à environ 30 000 membres, pour une population totale de la Ville que Richard Krautheimer apprécie aux alentours de huit cent mille habitants. Le *Catalogue libérien* attribue à l'évêque Fabien (236-250) la distribution aux diacres, afin de faciliter l'assistance, de régions ecclésiastiques, qui, au nombre de sept, n'ont sans doute en fait été créées qu'à la fin du IIIe siècle-début IVe siècle, ainsi que de nombreuses constructions dans les cimetières. La mission romaine s'appuie donc à Rome, d'une part, – et c'est là une grande originalité –, sur une subdivision du territoire urbain en districts, et d'autre part, sur un clergé nombreux et hiérarchisé. Si l'on ne peut plus guère utiliser sans risque, pour le théâtre romain, les données fournies par la *Tradition apostolique*, attribuée à Hippolyte de Rome, telle que Dom Botte a cru être en mesure de la reconstituer, tant cette restitution est sujette à controverse, la lettre de Corneille n'en témoigne pas moins pour l'existence d'un cursus clérical développé qu'aux dires de Cyprien Corneille lui-même avait gravi étape par étape.

Après s'être occupé du « cimetière » et avoir servi de conseiller à Zéphyrin – pour le pire, selon Hippolyte –, Calixte devint évêque. Si nous ignorons les modalités précises de l'élection épiscopale à Rome avant la Paix de l'Église, les évocations que font respectivement Eusèbe (*HE* VI, XXIX, 2-4) et Cyprien (*Ep* LV, 8, 4) des désignations de Fabien et de Corneille, permettent d'en discerner les grandes lignes ; elles ne semblent guère s'écarter du tableau plus achevé que l'œuvre de Cyprien autorise à tracer pour l'Afrique. « Le peuple fidèle est présent pour assurer le caractère public du choix de façon à écarter éventuellement des indignes ; avec le clergé local, il apporte son *suffragium* ou le refuse, par la manifestation collective de son approbation ou de son hostilité » (Luce Pietri). Diverses candidatures sont proposées et examinées : l'important est d'obtenir l'accord unanime de l'ensemble de la communauté chrétienne, qui est perçu comme le signe de la volonté divine. En cas de désaccords persistants, la majorité l'emporte, au risque d'un schisme,... à moins que le Ciel ne fasse connaître son dessein : Eusèbe rapporte que Fabien fut désigné par une colombe qui vint se poser sur sa tête. La présence d'évêques de passage ou venus en voisins – ils étaient au nombre de seize lors de la consécration de Corneille –, conforte le consensus communautaire. Le nouvel évêque informait sans doute de son élection les titulaires des sièges importants afin de s'assurer leur communion, ce qui était particulièrement utile en cas d'élections disputées, comme le prouve le cas de Corneille et Novatien.

Calixte, une fois élu, dut faire face à l'hostilité d'Hippolyte et de ses partisans. Sans entrer dans le détail d'une matière toujours complexe et controversée, il faut savoir que leur affrontement portait aussi bien sur des questions de théologie trinitaire au sens large – Hippolyte accusant l'évêque d'être un hérésiarque –, que sur des points de discipline ecclésiastique relatifs, entre autres, aux conditions d'admission à la pénitence ou aux unions non reconnues par le droit romain comme de véritables mariages et qui liaient des personnes de statuts sociaux par trop inégaux. Les mêmes problèmes étaient agités à la même époque à Carthage comme en témoigne Tertullien.

L'évêque était dès cette époque un personnage important. Les sarcasmes qu'Origène délivre à l'encontre des prélats des grandes villes en sont l'un des signes : « Parfois nous surpassons en orgueil les mauvais princes de ce monde ; et peu s'en faut que nous nous donnions des gardes du corps comme les rois. Nous sommes terribles, inabordables, surtout pour les pauvres. Quand on arrive jusqu'à nous et qu'on nous adresse une requête, nous sommes plus insolents que ne le sont les tyrans et les princes cruels pour les suppliants. Voilà ce qu'on peut voir dans maintes Églises renommées, surtout celles des plus grandes villes » (*Comm. in Mat.* XVI, 8). La célébrité de l'évêque attirait sur lui l'attention du pouvoir romain, et en cas de mesures antichrétiennes locales ou généralisées, il était souvent l'un des premiers frappés. Cyprien put écrire que l'empereur Dèce « aurait plutôt supporté et accepté d'apprendre qu'un prince rival se soulevait contre lui que de voir établi à Rome un évêque de Dieu » (*Ep* LV, 9, 1). Ainsi Calixte mourut, semble-t-il, au cours d'une émotion populaire au Trastevere, qui prit les chrétiens pour cible : il aurait été défenestré, jeté dans un puits et lapidé. L'Église romaine paya, au cours du IIIe siècle, un lourd tribut aux « persécutions » : près de la moitié de ses évêques moururent martyrs ou confesseurs. Calixte fut enterré, à la hâte, au pied de l'escalier donnant accès à la catacombe de Calépode sur la Via Aurelia. C'est à ce jour le premier évêque de Rome dont on ait retrouvé la tombe. Par la suite, tous les chefs de l'Église romaine, de Pontien († 235) à Eutychien († 283), furent, à l'exception de Corneille, ensevelis dans une même chambre funéraire de l'*area prima* de la catacombe de Calixte. La succession apostolique incarnée en ces évêques trouva ici une forme de sobre scénographie que ne connurent ni leurs prédécesseurs, dont on ignore, pour tous ou presque, le lieu de sépulture, ni leurs successeurs qui délaissèrent la fameuse « crypte des papes » pour des sépultures de plus en plus dispersées, avant que Léon le Grand († 461) n'inaugure la tradition de la sépulture pontificale à Saint-Pierre. Elle ne souffrira pratiquement aucune entorse entre Gélase Ier († 496) et Anastase III († 913).

# II

# L'essor du « Siège apostolique » dans l'Empire chrétien de Miltiade à Sixte III (311-440)

Au lendemain de sa victoire sur son rival Maxence qui périt noyé le 28 octobre 312 dans les eaux du Tibre, à quelques kilomètres au nord de Rome, à la hauteur du pont Milvius, Constantin, au rapport d'Eusèbe de Césarée (*HE* IX, IX, 10-11), « ordonne de placer le trophée de la passion salutaire dans la main de sa propre statue, et tandis que les artisans la dressent, tenant dans sa main droite le signe sauveur, à l'endroit le plus fréquenté par les Romains, il donne l'ordre de graver, dans la langue des Romains, cette inscription : "Par ce signe salutaire, par cette véritable preuve de courage, j'ai délivré notre ville que j'ai sauvée du joug du tyran ; et de plus j'ai rétabli le Sénat et le peuple des Romains dans leur ancienne illustration et splendeur, après les avoir libérés." » Cette fière proclamation, et plus encore, la statue colossale du nouveau maître de l'Occident brandissant, au Forum, une hampe cruciforme sur laquelle était fixé l'étendard de la victoire orné du chrisme [1], symbolisent le nouveau cours que prennent alors les relations entre le pouvoir impérial et les Églises chrétiennes, occidentales d'abord, puis orientales à partir de l'automne 324. Reconnaissance officielle, collation de droits divers et importants, dons et évergésies multiples infléchissent profondément le statut et la situation du christianisme dans l'Empire. L'Église romaine et son évêque sont les premiers bénéficiaires de cette « nouvelle donne ».

La persécution déclenchée par l'empereur Dioclétien et ses collègues en février 303 avait, à ses débuts, durement touché la communauté romaine : des fidèles et des clercs

1. Chrisme : symbole formé des deux premières lettres grecques entrecroisées du mot ΧΡΙΣΤΟΣ (Christ).

subirent le martyre. Un schisme éclata à propos de la question des *lapsi*, et l'évêque Marcellin laissa un souvenir mêlé que reflètent les silences et les divergences des sources à son égard : il aurait livré les livres saints aux autorités impériales. Selon toute vraisemblance, les archives de l'Église romaine furent détruites en cette occasion, comme cela est sûrement attesté pour bien d'autres communautés. Il faut voir là probablement la cause principale de l'absence presque générale de documentation pour la période dite de la « Petite paix de l'Église », alors que ces âges obscurs furent à l'évidence décisifs pour l'affermissement de la présence chrétienne dans le monde romain : ainsi l'Église de Rome s'enfonce dans l'obscurité au début des années 270 pour n'en ressortir qu'à la faveur de la persécution. Désormais, les sources se font de plus en plus abondantes, si bien que l'on sera contraint ici, en suivant les pas de Charles Pietri et de sa monumentale *Roma christiana*, de n'envisager que les aspects les plus remarquables d'une période charnière où se noue le destin de la Papauté.

À la contribution exceptionnelle qu'à Rome le prince apporte à l'établissement matériel de la communauté chrétienne, alors même que dès 313 il quitte la Ville, accompagné des principaux organes de l'administration centrale, pour s'établir d'abord à Trèves et entériner ainsi définitivement la décapitalisation de la « cité royale » inaugurée par Dioclétien, s'ajoute le rôle nouveau que l'empereur chrétien est amené à jouer dans la régulation de l'unité ecclésiale. Dès lors, les équilibres traditionnels entre les grands sièges épiscopaux, les procédures coutumières de résolution des conflits ecclésiaux, les jeux d'influence ordinaires des grandes Églises, et plus largement la vie quotidienne des communautés connaissent des mutations nombreuses, et voient le jour des configurations inusitées, au gré des circonstances, des difficultés et des crises. À cette phase d'intense expérimentation « le Siège de Pierre » participe pleinement.

## LA « NOUVELLE DONNE » CONSTANTINIENNE (312-366)

### *Révolution édilitaire et première ébauche de la Rome chrétienne*

Avant 324 très vraisemblablement, Constantin offrit à l'évêque de la Ville, au prix de travaux de nivellement considérables, un édifice spécifiquement construit pour abriter les réunions liturgiques de la communauté romaine assemblée autour de son pasteur. Il s'agissait en fait d'un véritable complexe cultuel situé dans la cité, au sud-est, à proximité immédiate du mur d'Aurélien, sur des terrains anciennement occupés par les casernements des *Equites singulares Augusti*, corps de troupe de la garde impériale dissous très probablement après la bataille du Pont Milvius. L'ensemble du Latran comprenait d'abord une salle de réunion à cinq nefs de plan basilical, pourvue d'un « faux transept » et d'une abside à son extrémité occidentale, de près de cent mètres de long sur plus de la moitié de large, dont la basilique actuelle, malgré de multiples remaniements, donne une assez bonne idée. Eclairée par la claire-voie de la nef médiane à la toiture exhaussée, cette réalisation grandiose brillait de tous les feux des ors, des marbres, des mosaïques et des bois précieux que l'impérial commanditaire avait dépensés à profusion, et auxquels il avait adjoint, au témoignage du *Liber pontificalis*, de superbes œuvres d'art. L'accompagnaient un baptistère de forme circulaire, dont la dédicace intervint probablement le jour de la fête de Pierre et Paul, et, dans le voisinage, la résidence épiscopale, dont on ignore tout pour cette époque. Les chartes de fondation, conservées plus ou moins intactes dans le *Liber pontificalis*, témoignent du souci de l'empereur de doter la basilique de tout un service de vases précieux et d'objets destinés à la liturgie, de lustres, de candélabres et de métrètes propres à contenir l'huile des lampes, tandis que les revenus de divers domaines, principalement en Italie, étaient affectés à l'entretien du complexe cultuel.

Quelle que soit la part respective que prirent dans la conception du projet, l'empereur, qui finança l'édifice, et l'évêque, qui en définit l'usage, la *Basilica constantiniana*, comme l'appellent certains textes, donnait pour la première fois à l'évêque de Rome la possibilité de rassembler en un seul lieu tout le peuple fidèle. Jusque-là en effet, il n'existait très vraisemblablement que des lieux de réunion précaires, aménagés, moyennant de légères réfections, dans des maisons ou d'autres locaux [1]. On ignore tout de cette topogra-

1. Un seul exemple de ces « maisons des chrétiens » a été identifié à ce jour, à Doura Europos, sur le Moyen Euphrate.

phie de la Rome chrétienne *intra muros* avant la Paix de l'Église, et aucun argument archéologique irréfutable, à Rome comme ailleurs, n'a pu être exhibé pour prouver une quelconque continuité entre lieu de réunion domestique des chrétiens et édifice de culte postérieur, même si la probabilité n'en est pas nulle. La cathédrale constantinienne était située, il faut le noter, « à la limite de la ville, dans une zone de demeures aristocratiques et de villas-parcs, en dehors des zones d'habitation proprement dites, et loin du centre monumental des bâtiments officiels et des temples païens » (L. Reekmans), comme si l'établissement chrétien répugnait encore à affronter directement le cœur indissolublement civique et religieux de l'agglomération antique.

Si l'empereur borna son intervention à l'intérieur de la Ville au complexe du Latran et à une église, Santa Croce in Gerusalemme, destinée au palais d'Hélène, l'impératrice-mère, les évêques, encouragés sans doute par l'exemple impérial et stimulés également par la fièvre édilitaire qui, au même moment, tendait à saisir tout l'*orbis christianus* dans le monde romain, se lancèrent dans la construction de lieux de réunion secondaires pour les assemblées eucharistiques. Grâce aux dons des fidèles et aux évergésies de riches bienfaiteurs, que favorise la législation impériale simplifiant les dispositions testamentaires des particuliers en faveur des Églises et d'elles seules, et constituant les communautés chrétiennes en personnes morales sous la direction des évêques, Sylvestre Ier (314-335), sur l'Esquilin (S. Martino ai Monti), Marc (336) près de la grande artère qu'est la *Via Lata* (S. Marco), Jules Ier (337-352) au Trastevere (S. Maria) et à proximité du Forum de Trajan, Libère (352-366) sur l'Esquilin encore, dans le voisinage de l'actuelle S. Maria Maggiore, font œuvre de bâtisseurs. Si ces nouvelles constructions permettent de mieux servir les besoins de la pastorale, il ne faut discerner dans leur multiplication aucune création planifiée : l'intrication du parcellaire, les disponibilités fluctuantes du trésor de l'Église, les jeux du prestige et de la surenchère liés à l'évergétisme chrétien, dont témoigne au Champ de Mars l'église *in Lucinis* (S. Lorenzo in Lucina), déjouent en cette matière tout calcul par trop prémédité.

À ces prodromes d'une implantation monumentale chrétienne au sein de la Ville répond, dans les nécropoles situées aux portes de la cité, l'efflorescence des sanctuaires auprès des tombes des martyrs. C'est là que le processus de christianisation de l'*Urbs* fut sans doute le plus saisissant aux yeux des contemporains, et le plus activement mis en œuvre. Constantin s'y engagea avec ardeur et fit édifier, en une série de variations architecturales, de somptueuses basiliques, l'une au Vatican pour servir d'écrin à la sépulture présumée de Pierre, l'autre, peut-être, sur la route d'Ostie pour Paul, une autre probablement sur la *Via Appia* en un lieu attaché à la mémoire de Pierre et de Paul (S. Sebastiano). Sur la *Via Labicana*, jouxtant une grande catacombe (Marcellin-et-Pierre), s'éleva une basilique flanquée d'un mausolée que Constantin destina sans doute, dans un premier temps, à sa propre sépulture. Des membres de la famille de l'empereur suivirent son exemple, l'une afin de pouvoir reposer auprès d'Agnès, l'autre pour honorer Laurent. Au bilan, l'œuvre impériale rendait hommage à la vénération traditionnelle de l'Église de Rome pour ses martyrs – la communauté romaine s'efforçait avec un zèle inégalé de préserver leurs tombes de l'oubli –, et tressait autour de la Ville une couronne de sanctuaires. Ainsi aux jours anniversaires de la naissance au ciel des « athlètes de la foi », qu'un premier férial, attesté par la *Depositio martyrum* insérée dans le *Calendrier de 354*, compte au nombre d'une trentaine, la foule des fidèles pouvait converger auprès des tombes des principaux saints romains, et être accueillie dans de spacieux édifices. Dans les profondeurs des catacombes, les évêques commencèrent à favoriser l'aménagement des abords des sépultures des martyrs, avant que Damase (366-384) n'entreprenne une œuvre d'une ampleur et d'une cohérence sans pareilles, pour rechercher et monumentaliser les tombes saintes, avec le souci constant de faciliter l'accès des fidèles et, le cas échéant, les inhumations privilégiées auprès de ces « morts très spéciaux » (P. Brown) : chambres funéraires, galeries, escaliers sont creusés, élargis ou régularisés ; des *retro sanctos* sont créés. En surface, quelques mausolées ainsi que des basiliques sont érigés pour servir d'écrins aux précieux restes. Enfin, partout, les compositions versifiées de l'évêque, gravées dans le marbre par les soins de Philocalus, honorent la mémoire des martyrs.

Ainsi en la Ville comme à ses abords, l'impulsion constantinienne et les initiatives locales contribuent à la mise en place d'un cadre matériel propre à favoriser le renouvellement de la pastorale de l'évêque et de son clergé. Si, sur les sept régions ecclésiastiques, la moitié seulement possède, au milieu du IVe siècle, au moins un édifice de culte nouvellement construit, ces secteurs privilégiés, que sont le Trastevere, le Champ de Mars ou l'Esquilin, s'affirment sans nul doute comme des pôles de développement exemplaires de la mission chrétienne dans la Ville. Au Latran, « l'espace basilical accentue le style communautaire des célébrations, en permettant très matériellement les déploiements d'une participation collective. (...) Les zones extérieures les plus sombres paraissent réservées aux catéchumènes, renvoyés lorsque s'achève la liturgie de l'instruction, tandis que la voie centrale sert aux grandes processions pour l'entrée, l'offertoire ou la communion. Les fidèles apportent à chacune des sept tables d'offrandes, situées dans le "faux transept", et tenues par les diacres, le pain déposé sur l'une des sept patènes offertes par Constantin et le vin destiné à l'un des sept calices, ainsi que les autres produits de la collecte. Tout près de la basilique, le baptistère donne un cadre communautaire à l'engagement chrétien. Le rituel n'est pas modifié, ni même l'organisation de la préparation. Mais le dernier stade de cette instruction, l'examen des candidats, se déroule en présence du peuple réuni dans la basilique. (...). On ne mesure pas assez l'effet pastoral ou même apologétique qu'implique cette socialisation du rituel » (Charles Pietri).

À la Noël, dès l'achèvement de la basilique, après 354, l'évêque rassemble le peuple au Vatican. Une telle localisation de la fête de l'incarnation du Sauveur, née à Rome et attestée pour la première fois au début du IVe siècle, illustre tout un effort missionnaire qui s'efforce de conjuguer christianisation du temps et christianisation de l'espace. Si le choix de la date du 25 décembre ne doit sans doute rien, en son principe, au désir de détourner les fidèles de la fête païenne du solstice d'hiver, mais repose plutôt sur un calcul autonome intervenu au cours du IIIe siècle, il ne s'inscrit pas moins dans le contexte plus général de la constitution d'un calendrier liturgique où la chrétienté romaine entend concurrencer le système des réjouissances païennes. Ainsi, au beau milieu des jeux Apollinaires, le 10 juillet, les chrétiens de Rome sont invités à quitter la Ville pour gagner le *suburbium* et célébrer, en divers endroits, le martyre des sept fils de Félicité. C'est de cet entrelacement des hommes, des temps et des lieux que naît la Rome chrétienne.

### *L'empereur et le « Siège apostolique » : de la sollicitation de l'arbitrage épiscopal à la tentation césaropapiste*

• Les expériences du schisme africain

Le premier don sans doute qu'en 313 Constantin fit à l'évêque de Rome fut, au Latran, la *domus Faustae.* L'attribution à Miltiade (310/311-314) de cette résidence impériale qui devait devenir, supputе-t-on, la résidence épiscopale, était le fruit des circonstances : un schisme qui trouvait son origine dans la dernière persécution et dont les tenants et aboutissants étaient passablement complexes, déchirait l'Église d'Afrique, opposant Caecilianus, l'évêque de Carthage nouvellement élu, à ses détracteurs. Or « du moment que l'État attribue protection et exempte les clercs des *munera* (charges) municipaux, il doit faire connaître ceux auxquels il reconnaît un statut privilégié et par conséquent disposer de quelques critères sûrs pour définir l'Église légitime. Ainsi s'ébauchaient, très pragmatiquement, des procédures qui entraînèrent l'intervention du prince dans les affaires de l'Église » (Charles Pietri). Constantin reconnut Caecilianus et les clercs en communion avec lui ; leurs adversaires protestèrent et sollicitèrent le jugement de l'empereur qui, selon une pratique judiciaire bien attestée, décida de déléguer l'affaire. Son choix se porta sur l'évêque de Rome et trois prélats gaulois, ses assesseurs, qu'il chargea d'instruire la plainte et de rendre justice. C'est ainsi que la *domus Faustae* fut assignée à l'évêque romain.

Miltiade accepta le rôle qui lui était confié mais se hâta de modifier la composition de la commission afin de transformer ce tribunal arbitral en véritable concile romain ; il fit venir à cet effet une quinzaine d'évêques italiens, et ainsi « régla lui-même la pratique de sa collaboration, en maintenant la liberté de la délibération ecclésiastique » (Ch. Pietri). Au mois d'octobre 313, les prélats se prononcèrent en faveur de Caecilianus. Devant les récriminations des perdants, et donc l'échec de l'arbitrage romain, Constantin se résolut à mettre en place une procédure nouvelle : il convoqua de son propre chef, dans la « petite Rome des Gaules », Arles, en août 314, un synode d'évêques occidentaux, qu'il fit véhiculer par la poste de l'Empire. Ce fut le premier *Reichskonzil*, le premier « concile impérial », selon la dénomination d'Édouard Schwartz. Silvestre, nouvellement élu, argua qu'il ne pouvait quitter le siège des apôtres, et délégua deux prêtres et deux diacres. Une telle attitude inaugurait ce qui allait être la pratique constante des évêques romains aux IVe et Ve siècles : le refus de participer en personne aux synodes réunis par l'empereur chrétien.

Le concile d'Arles confirma les décisions romaines et communiqua avec déférence à Silvestre le résultat de ses débats, le chargeant de le faire connaître aux Églises, car « il représentait de plus vastes régions ». Sollicité en appel, Constantin, en novembre 316, s'appliqua à trancher tout seul le litige, sans évoquer en quoi que ce soit le jugement des évêques, et lava Caecilianus de toutes les accusations portées contre lui. Cette première participation de l'empereur à la régulation de l'unité de l'Église, qui en ses débuts, l'avait vu reconnaître, à l'exemple de son prédécesseur Aurélien, l'éminence du siège romain, se soldait par l'aveu de l'incapacité des instances ecclésiales traditionnelles à résoudre la querelle africaine. L'Orient allait offrir à Constantin le même enseignement.

• Le « concile impérial » de Nicée

Dès le lendemain de sa victoire sur son rival Licinius (automne 324), l'empereur chrétien avait découvert les déchirements des chrétientés orientales, partagées entre partisans d'Alexandre, l'évêque d'Alexandrie, et soutiens d'Arius, l'un de ses prêtres, qu'il avait excommunié pour une prédication jugée « hérétique ». Constantin résolut d'appliquer la même procédure qu'en Arles en 314. Il n'est pas inutile de s'enquérir des sentiments qui, en cette affaire, animent toute son action, tels que les fait connaître une lettre qu'il adressa aux deux adversaires : « Le Dieu qui me seconde dans mes entreprises et qui conserve toutes choses m'est témoin qu'une double pensée a inspiré mes travaux. Je voulais tout d'abord amener tous les peuples à concevoir la divinité sur un seul et même type. Je me proposais, de plus, de rendre à l'Empire malade son ancienne vigueur. (...). J'étais convaincu que, si j'arrivais à mettre les hommes d'accord sur le culte de la divinité, la piété des individus aurait sur la marche des affaires publiques un contrecoup heureux (Eusèbe, *Vie de Constantin* II, 64).

Tel fut l'un des principaux buts du concile impérial réuni à Nicée en 325, qui devait rassembler les évêques de tout l'Empire. Silvestre se contenta de déléguer deux prêtres sans relief, montrant suffisamment par là les réticences fondamentales que lui inspirait l'initiative constantinienne. Les pères conciliaires, presque exclusivement orientaux, à l'exception de quelques prélats venus d'Occident, dont l'influent Ossius de Cordoue, conseiller de l'empereur et probable président du concile, légiférèrent, en invoquant à deux reprises l'usage romain. À propos de la fixation de la date de Pâques, toujours source de désaccords entre les communautés chrétiennes, et particulièrement entre Rome, représentant en l'occurrence l'Occident, et Alexandrie, l'une des plus importantes Églises orientales, Constantin pesa pour que partout fussent abolies les computations liées à la Pâque juive et que le principe d'une date unique pour tout l'Empire fût adopté : on exhorta les computistes romains et alexandrins à rechercher un accord. En vain, puisque dès 326, un écart de calendrier est observable.

Plus significativement, le canon VI de Nicée déclarait : « Que les anciennes coutumes établies en Égypte, en Libye et en Pentapole continuent de prévaloir, c'est-à-dire que l'évêque d'Alexandrie conserve son pouvoir sur toutes ces provinces, puisqu'il existe pour l'évêque de Rome cette pratique coutumière. On doit pareillement sauvegarder les privilèges des Églises établies à Antioche et dans les autres provinces. » Ce texte est riche d'enseignements. En effet il atteste, du point de vue de l'organisation de la Grande Église, « le travail de groupement qui n'a cessé de se produire au sein des communautés chrétiennes. Certaines Églises ont émergé au-dessus des autres, les ont dominées, les ont entraînées dans leur orbite. Il s'est établi des centres d'attraction » (J. Turmel). Le parallèle dressé entre Rome et Alexandrie éclaire ce que les sources du IIIe siècle laissaient entrevoir : l'évêque romain exerce sur ses collègues d'Italie et des îles adjacentes une autorité très forte, dont les manifestations sont multiples. Ainsi Corneille avait lui-même donné un successeur à deux des trois évêques consécrateurs de Novatien, excommuniés par un concile romain et sans doute titulaires de sièges proches de Rome. De même le synode romain est ordinairement composé d'évêques italiens requis d'y participer, et la fondation des divers évêchés du Latium (une dizaine au début du IVe siècle) est « sûrement à mettre au compte de l'activité évangélisatrice des évêques de Rome et de leur volonté de donner aux communautés proches de la Ville un encadrement qui leur soit propre » (Luce Pietri). Plus loin, l'influence privilégiée de

Rome s'étend jusqu'à la Gaule ; si Faustinus de Lyon et d'autres prélats gaulois s'étaient adressés à Cyprien de Carthage et à Étienne de Rome à propos du cas de Marcien, l'évêque rigoriste d'Arles, le Carthaginois écrivit au Romain pour lui suggérer les termes de la solution qu'il devait prescrire à leurs correspondants communs, et reconnaissait par là même l'appartenance de la Gaule à la mouvance romaine.

Ainsi dans le temps même où ils accommodent plus fermement la géographie ecclésiastique à la géographie politique de l'Empire, en hiérarchisant les sièges épiscopaux à l'intérieur d'une même province civile, avec l'institution de métropolitains, tout particulièrement en Orient, les Pères de Nicée préservent les primautés régionales qu'exercent traditionnellement quelques grands sièges et qui dérogent au nouveau système d'organisation. Pour cette clause de sauvegarde, Rome sert d'exemple.

• L'affaire « Athanase d'Alexandrie » et l'intervention de Rome dans la crise arienne

Le concile impérial de 325 échoua dans ces efforts pour résoudre la crise arienne. Certes Constantin mit la force publique au service des décisions de l'assemblée : Arius et quelques-uns de ses partisans irréductibles furent exilés. Initiée en Afrique une décennie plus tôt, cette politique coercitive illustrait la déclaration d'intention que l'empereur avait envoyée à Alexandrie dès son arrivée en Orient ; le prince est si convaincu de l'étroite solidarité qui lie l'unité de l'Empire et l'unité de l'Église que toute menace contre cette dernière est perçue comme une atteinte à la première, si bien que la loi de l'État en vient à ratifier les exclusions et les anathèmes votés par les assemblées conciliaires et à mettre à exécution, dans son ordre, les dépositions prononcées. Dès lors l'avènement de l'Empire chrétien « donne un style nouveau aux conflits ecclésiastiques (...). (Les partis rivaux) s'efforcent désormais de placer auprès du prince un homme de confiance, cherchant le plus souvent à gagner à leur cause l'évêque de la résidence palatine, susceptible d'être un médiateur efficace (...). (Apparaît) ainsi un nouveau type de prélat, engagé dans les intrigues de la cour, attentif à rechercher appuis et influences. (D'autre part, les partis rivaux), appuyés sur des réseaux de théologiens, sont contraints d'élaborer une stratégie globale : pour assurer la victoire de leur théologie, il leur faut gagner les sièges épiscopaux importants et rassembler un grand nombre d'évêques. Finalement, à chaque succès, le parti vainqueur dépose les plus marquants de ses adversaires. Jusqu'alors, l'Église n'avait guère connu ces purges organisées par des chrétiens contre d'autres chrétiens » (Charles Pietri).

Le siège romain put, semble-t-il, se tenir à l'écart de tels jeux théologico-politico-ecclésiastiques jusqu'à la mort de Constantin en 337. Sans doute la décapitalisation de Rome avait-elle favorisé un tel détachement. La partition de l'Empire, intervenue entre les fils de l'empereur défunt, allait conduire l'évêque de la Ville à mesurer très directement le nouvel état de choses. En effet en 338, Eusèbe de Nicomédie, un prélat de cour bien introduit auprès de l'empereur d'Orient et adepte de thèses arianisantes, ainsi que tout un groupe important d'évêques alliés, envoyèrent une ambassade auprès de Jules, leur collègue romain. Ils sollicitaient sa communion pour un dénommé Pistos, leur candidat à l'épiscopat contre Athanase d'Alexandrie, leur irréductible adversaire, qu'ils avaient réussi à faire déposer en 335 par un concile réuni à Tyr, puis exiler à Trèves, avant qu'à la faveur des nouveaux règnes, ce dernier ne puisse rejoindre son siège. L'arrivée à Rome d'une ambassade rivale expédiée par Athanase conduisit Jules, qui se voulait, en la matière, un arbitre et un conciliateur, à improviser une solution pour trancher l'affaire, et, en une formule imitée de la pratique des tribunaux civils, à proposer la réunion d'un concile au lieu choisi par l'accusé, en l'occurrence, Athanase. Avant même que cette assemblée ait pu se tenir, les événements se précipitent : le prince oriental, Constance II, fait expulser Athanase de sa ville, le contraignant à se réfugier à Rome où le rejoignent, cette même année 339, des moines d'Égypte et d'autres prélats orientaux en butte aux mêmes adversaires. Dans un premier temps, Jules décide à qui accorder sa communion, puis, l'ayant donnée aux réfugiés, convoque un concile à Rome, l'endroit élu par Athanase.

Les Eusébiens, comme Jules les appelle, refusèrent de participer au synode ; ils arguèrent, ainsi qu'on peut reconstituer leur missive, de la longueur du voyage, des menaces de la guerre sur le front perse, mais surtout soulignèrent le fait que « Jules avait eu tort d'écrire en son nom propre à l'Orient et de ne pas adresser sa lettre à tous les évêques. Son langage laissait à désirer. Sans doute, l'Église romaine est le siège des apôtres. Mais, tout de même, c'est d'Orient que lui a été apportée la doctrine de la foi. De plus, en acceptant Athanase dans sa communion, Jules a foulé aux pieds la décision du concile de Tyr (...). On consent à lui pardonner s'il revient à résipiscence, s'il cesse de faire cause commune avec les prélats déposés par les conciles d'Orient. Sinon il sera traité comme les autres. Jadis l'Orient a accepté la sentence portée en Occident contre Novatien ; l'Occident, de son côté, s'est incliné devant l'arrêt promulgué contre Paul de Samosate. Pourquoi donc Jules s'élèverait-il contre les décisions prises, soit à Tyr, soit dans les autres conciles d'Orient ? » (J. Turmel). Bref, pour les Orientaux, dans l'affaire « Athanase », l'évêque romain s'est posé, au mépris de la régionalisation des juridictions ecclésiastiques entérinée à Nicée, en juge d'appel, au-dessus des synodes. Rome, en revanche, estimait n'avoir fait que suivre l'antique coutume qui voulait que l'unité ecclésiale « s'établît dans les manifestations concrètes de la fraternité collégiale par l'échange de lettres de communion. (...). Cette première intervention romaine accuse évidemment l'opposition entre deux ecclésiologies » (Ch. Pietri) : le rappel de la priorité de l'Orient sur l'Occident dans la réception et la diffusion de la foi chrétienne s'oppose implicitement à la conviction romaine de la primauté du « Siège apostolique », et la dichotomie Orient/Occident esquisse une « ecclésiologie de la *partitio imperii* » [1].

Le concile romain conclut à la nullité de l'élection du remplaçant d'Athanase. Le fossé s'élargissait entre une forte majorité d'évêques orientaux et le siège romain, d'autant que Jules profita de l'envoi de la synodale, pour rédiger à l'adresse des Eusébiens une forte lettre qui s'efforçait de légitimer a posteriori son action : « il fallait nous écrire à nous tous ; de cette manière, nous aurions tous prononcé la sentence que demandait la justice. Les accusés étaient, en

1. L'éloge de Pierre et de Paul que Damase a composé pour la basilique *ad catacumbas* apparaît comme une réponse différée aux affirmations eusébiennes : « Ici d'abord ont demeuré ces saints : tu dois le savoir, toi qui cherches les noms de Pierre et de Paul. Ces disciples, l'Orient les a envoyés – nous le reconnaissons volontiers. Mais c'est par le mérite du sang, en suivant le Christ à travers les étoiles qu'ils ont gagné la voûte de l'éther et le royaume des justes : Rome plus que toute autre a donc mérité de les revendiquer comme des citoyens à elle. »

effet, des évêques ; les Églises en souffrance n'étaient pas du commun, mais bien des Églises fondées par les apôtres eux-mêmes. Pourquoi ne nous a-t-on rien écrit, surtout en ce qui concerne Alexandrie ? Ignorez-vous que la coutume est de nous écrire d'abord à nous, pour qu'on décide ici selon ce que requiert la justice ? Si donc quelque charge pesait sur l'évêque de cette ville, il fallait en écrire à notre Église » (transmis par Athanase, *Apologie contre les Ariens*, 21). L'exaltation des liens privilégiés unissant le « Siège apostolique » à celui de Marc l'évangéliste, l'interprète de Pierre, assimilé à un apôtre, ne sert ici qu'à souligner l'opposition des deux ecclésiologies.

Sur les instances des différentes parties qui espéraient chacune l'emporter, les deux empereurs, l'occidental Constant et l'oriental Constance, décidèrent de réunir un concile à Sardique, l'actuelle Sofia, pour tenter de régler la crise. Parallèlement celle-ci prenait une coloration théologique nettement accentuée. Les démêlés autour du siège d'Alexandrie, les rivalités épiscopales, avaient pu jusque-là dissimuler quelque peu les enjeux proprement doctrinaux des affrontements. L'élaboration, en 341, à Antioche, d'un nouveau symbole de foi, qui constituait un désaveu du *Credo* de Nicée, relança le débat théologique. À Sardique, en 343, Occidentaux et Orientaux siégèrent séparément et s'excommunièrent mutuellement. Le concile occidental rédigea un symbole de foi pronicéen et s'efforça de donner une base juridique à l'exercice de la primauté romaine : les canons III à V érigeaient l'évêque romain en juge d'appel supérieur aux sentences synodales, et, s'inspirant des procédures du droit impérial, prévoyaient les modalités de son intervention. Dans l'immédiat, toute cette législation n'eut guère d'importance, et les années suivantes virent l'effacement relatif du siège romain qui se contenta d'envoyer des légats à des conciles réunis en Italie du Nord, près de la résidence impériale de Milan, pour s'occuper du cas de quelques évêques occidentaux hostiles au *Credo* de Nicée, tandis qu'Athanase avait regagné l'Orient en 346.

• Libère et le césaropapisme de Constance

L'assassinat de Constant en 350 et la défaite de l'usurpateur Magnence en 353 permirent à Constance II de réunir entre ses mains tout l'empire de Constantin. Désormais les évêques occidentaux allaient pouvoir éprouver les rigueurs de la politique d'unité religieuse que le nouvel empereur, favorable aux adversaires de Nicée, avait déjà expérimentée en Orient. Une série de conciles, tenus sur l'ordre du prince, en Arles en 353, puis à Milan en 355, enfin à Béziers en 356, scandèrent la mise au pas de l'épiscopat occidental. Tandis que la majorité des évêques se soumettaient aux volontés impériales, et qu'en 353, les légats romains eux-mêmes les ratifiaient, au grand dam de Libère, les opposants irréductibles étaient successivement déposés et exilés, tels Denys de Milan, Eusèbe de Verceil, Lucifer de Cagliari, Rhodanius de Toulouse, Hilaire de Poitiers. « L'évêque du Siège apostolique », qui en 354, écrivait à Constance qu'il « souhaitait garder intacte cette foi transmise à travers la succession de tant d'évêques, dont plusieurs furent martyrs », et qu'il « ne s'agissait pas seulement de l'affaire Athanase, mais que bien d'autres choses étaient en jeu », se retrouva bientôt complètement isolé. Constance avait déjà nommé des prélats orientaux et arianisants aux sièges de Milan, de Civitavecchia et peut-être de Naples. Il ne restait plus à « l'évêque des évêques », comme l'appela par dérision Lucifer de Cagliari, qu'à régler le cas de Libère : les tentatives de corruption ayant échoué, il se résolut à le faire enlever de force et déporter en Thrace, lui donnant comme successeur l'archidiacre Félix. Au cours de son exil, l'évêque romain, brisé par les avanies subies et désireux de retrouver son siège, multiplia les abandons : après avoir souscrit à la condamnation d'Athanase, il signa une première formule de foi, « un document, assez ambigu, dans ses virtualités multiples, pour permettre les restrictions mentales » (Ch. Pietri), puis une seconde, qui rejetait le « consubstantiel » nicéen. À ce moment-là, dans la seconde moitié de 358, Constance jugea bon de renvoyer en Occident son prisonnier. L'accueil du peuple de Rome fut enthousiaste ; les acclamations « Un Dieu, un Christ, un évêque » fusèrent, et le Sénat de la Ville, pour la première fois à notre connaissance, intervint dans les affaires de l'Église, en rendant public son avis. Félix s'enfuit. Hilaire de Poitiers commenta : « On ne sait si Constance commit un plus grand crime en exilant Libère ou en le renvoyant de nouveau à Rome » (*Contre Constance*, 11). Manifestement, les prélats occidentaux considéraient que Libère était désormais privé de l'autorité traditionnellement reconnue à l'évêque romain. À partir de mai 359, le concile impérial de

Rimini se tint sans lui et sans ses légats : le Romain assista de loin à la palinodie des Occidentaux qui, après avoir, en une première session, proclamé leur attachement à la foi de Nicée, se hâtèrent, à une écrasante majorité, de souscrire à l'un des symboles de foi arianisants, dont Constance favorisait la multiplication, au gré des révolutions de palais affectant les clans épiscopaux en faveur à la cour, et dans la quête frénétique, et toujours déçue, d'une formule d'union susceptible d'assurer l'unité religieuse de l'Empire.

Après la mort de Constance II (novembre 361), « l'évêque du Siège apostolique » tenta de reprendre l'initiative en envoyant à tous les évêques italiens une lettre où il recommandait l'indulgence pour les signataires de la formule de Rimini, à condition qu'ils anathématisent Arius et marquent leur attachement à Nicée. La dernière intervention connue de Libère concerna l'accueil, en 365 ou 366, d'une délégation d'évêques orientaux, opposés à l'arianisme officiel, qui, profitant d'une nouvelle partition de l'Empire, essayait d'utiliser le Romain comme médiateur, afin de gagner l'appui du prince occidental. Le Romain réunit un synode, fit souscrire à ses visiteurs, en guise de test d'orthodoxie, le *Credo* de Nicée, « cette foi qui contient la vérité dans sa perfection et qui ferme la bouche de la multitude des hérétiques et les met en déroute ». La foi de Nicée était désormais pleinement intégrée au patrimoine de la tradition romaine, aux côtés du symbole de foi baptismal de l'Église de la Ville. Libère mourut le 24 septembre 366.

### *La geste de Pierre et la mission romaine*

Ce premier demi-siècle de la Paix de l'Église montre, au fil des circonstances, grandes ou petites, un processus complexe d'accommodation de l'Église romaine à l'Empire chrétien en cours de formation : un patrimoine d'expériences, de coutumes, de discours, est en voie de constitution. Les décennies suivantes, d'une grande richesse événementielle, verront le déploiement multiforme, au service du renouvellement de l'affirmation de la primauté romaine, de toutes ces potentialités. Leur inventaire serait gravement incomplet, si l'on omettait un riche répertoire d'images, qui joue sur un vaste ensemble d'harmoniques liées au thème de la pétrinité du siège romain, et qui témoigne silencieusement pour l'affermissement d'une conviction ecclésiologique.

Dès l'origine ou presque, dans la première moitié du IIIe siècle, les *cubicula* (chambres funéraires) des catacombes romaines avaient été l'un des tout premiers creusets d'une invention appelée à constituer une véritable révolution culturelle : des artisans anonymes, au service de commanditaires privés, également inconnus, élaboraient les premières créations d'une iconographie à sujets bibliques, et plus largement d'inspiration chrétienne. Il suffit de citer les scènes du cycle de Jonas, ou Moïse frappant le rocher afin d'en faire jaillir l'eau pour le peuple de l'Exode. Dès l'extrême fin du siècle, l'imagerie chrétienne investissait en force les parois des sarcophages historiés avant de gagner les murs des nouveaux édifices de culte. Or, dans la première moitié du IVe siècle, l'observateur discerne l'émergence d'un certain nombre de représentations mettant nettement en scène Pierre, dont la figure prend des traits de plus en plus aisément identifiables (chevelure drue, barbe courte, visage rude), comme le prouvent les figurations du reniement de l'apôtre, où un coq sépare généralement le Christ de Pierre. Une telle scène est sans doute le reflet de toute une pastorale de la pénitence élaborée au fil des polémiques contre les rigoristes. D'autres images établissent un parallèle manifeste entre Moïse et l'apôtre ; ainsi dans la scène du frappement du rocher, le patriarche a de plus en plus les traits de Pierre qui abreuve des soldats. S'esquisse alors, entre les deux personnages, un lien typologique qui fait de l'apôtre, à l'image de Moïse, le chef d'un peuple nouveau, en pérégrination vers la source du Salut. Une autre représentation figure Pierre encadré par des soldats qui le tiennent fermement, tandis qu'il s'avance, résolu, avec le geste de l'orateur. Plutôt qu'une évocation de l'arrestation de l'apôtre, il faut probablement y voir, avec Charles Pietri, une mise en scène, à visée typologique, des résistances rencontrées par la prédication apostolique, à l'exemple des conflits qui se sont élevés entre Moïse et les Hébreux lors de l'Exode.

Un peu plus tard apparaissent des images représentant Pierre, tenant un rouleau ou un livre, et assis sur un rocher, à l'abri d'un arbre, tandis que l'entourent des soldats, dépourvus de toute hostilité à son égard. Charles Pietri a pu proposer d'interpréter cette scène comme une évocation de l'engagement chrétien : à l'image des soldats de l'Empire qui prêtent serment, lors de leur enrôlement, en répétant une formule qui leur est lue, le chrétien, par la reddition du symbole de foi, lors des scrutins baptismaux, s'engage dans « la milice du Christ ». Pierre occupe la fonction de docteur de la foi, comme le souligne par ailleurs, le 22 février, la fête romaine de la *Cathedra Petri*. Ne figure-t-il pas dans la proximité immédiate du Christ, sur ces représentations traditionnelles du Maître entouré d'un groupe d'apôtres, desquels il commence à se détacher en compagnie de Paul qui, un peu plus tardivement, acquiert lui aussi une identité iconographique, celle du philosophe avec sa calvitie prononcée, une barbe en pointe et un visage pâle et émacié ? Toute cette efflorescence d'images, que ne vient gloser à cette époque nul récit légendaire, et qui se diffusent bientôt hors de Rome, en Espagne ou en Arles, même si leur durée de vie n'est que de quelques décennies, atteste, au-delà de la vénération dont sont entourés Pierre et Paul, la représentation qu'en ces premiers temps de l'Empire chrétien l'Église de la Ville se fait de son origine et de sa mission au service de la conversion de l'*Urbs*. Dans la seconde moitié du IV^e siècle, le thème de la concorde des deux apôtres viendra enrichir ce répertoire iconographique attaché à célébrer les sources de la communauté romaine, pour triompher, au début du siècle suivant, à Sainte-Sabine ou à Sainte-Marie-Majeure, dans de vastes compositions illustrant l'unité de l'Église de la circoncision et de l'Église de la gentilité, que symbolisent Pierre et Paul.

## AFFIRMATION DE LA PAPAUTÉ (366-440)

### *La Rome chrétienne : un modèle missionnaire*

L'épiscopat de Damase I^er (366-384) marque une forte inflexion dans l'essor du « Siège apostolique ». Le nouvel évêque inaugura sa charge dans le sang ; tandis qu'il faisait appel au préfet de la Ville pour éloigner son rival, Ursinus, ses partisans, des gens du cirque, des fossoyeurs et toute une foule armée de gourdins, massacrèrent plus d'une bonne centaine des fidèles de son concurrent, rassemblés dans l'une des basiliques de l'*Urbs*. Les séquelles de cette affaire devaient empoisonner durablement les dix-huit années de son épiscopat. Ce premier accès significatif de violence entre chrétiens, dont Rome fut le théâtre, et que l'Afrique, par exemple, avait déjà connu, s'inscrit dans l'avènement de la Rome chrétienne ; l'élection épiscopale est devenue un enjeu possible pour les émotions populaires, et l'évêque, un personnage de tout premier plan. Il suffit de lire les notations que l'historien païen Ammien Marcellin (*Histoires*, XXVII, 3, 14) développe en marge de ces événements : « Je ne conteste pas pour ma part, quand je considère le caractère ostentatoire de la vie romaine, que ceux à qui cette dignité (l'épiscopat) fait envie, doivent, pour réaliser leurs vœux, jouer dans leurs querelles de toute la force de leurs poumons ; en effet, lorsqu'ils auront atteint leur but, ils auront la certitude d'être enrichis par les offrandes des matrones, de paraître en public assis dans des voitures, vêtus avec recherche, et de faire préparer d'abondants festins, au point de surpasser dans leurs banquets la table des rois [1]. »

Cette puissance de l'évêque romain demande à être plus exactement mesurée. Si le très riche sénateur païen, Vettius Agorius Praetextatus, pouvait répondre à Damase le pressant de se convertir : « Faites-moi évêque de Rome et sur le champ, je serai chrétien », le patrimoine de l'Église de la Ville était loin d'avoir encore atteint des dimensions considérables. Au milieu du IVe siècle, le revenu annuel tiré des biens de l'Église devait avoisiner, selon Charles Pietri, les 30 000 *solidi*, alors que les moins fortunés des sénateurs romains jouissaient d'une rente comprise entre 70 000 et 100 000 *solidi*. Et encore l'évêque ne peut-il disposer librement de ces sommes, puisque les chartes de fondation des grandes basiliques impériales, tout comme celles des autres édifices de culte, fixent de plus en plus précisément leur destination. C'est qu'à partir de Damase les constructions se multiplient à un rythme croissant : vers 430, la Ville compte une vingtaine de *tituli* (titres), c'est-à-dire d'églises urbaines auxquelles est attaché un clergé permanent. Damase en a dédié trois ; Innocent Ier (402-418), peut-être sept. L'élan est freiné durant une vingtaine d'années par le contrecoup du siège, puis du sac, que le Goth Alaric fit subir à la cité en 408-410, qui, pour la première fois depuis Libère, vit

1. Ammien poursuit : « Ces gens-là pourraient être réellement bienheureux si, méprisant la grandeur de la cité derrière laquelle ils dissimulent leurs vices, ils vivaient à l'imitation de certains évêques provinciaux, que la simplicité d'une nourriture et d'une boisson très frugales, une modestie sensible jusque dans l'habillement et les regards tournés vers le sol, recommandent à l'éternelle divinité et à ses adorateurs véritables comme des hommes purs et vénérables. »

l'évêque abandonner Rome, pour se joindre à une ambassade sénatoriale dépêchée à Ravenne afin de quérir de l'aide ; mais Sixte III (432-440) reprend le flambeau du constructeur et, sur l'Esquilin, dédie à la Vierge une superbe basilique, Sainte-Marie-Majeure. Auprès des tombes saintes, dans le *suburbium*, la fièvre édilitaire ne connaît pas non plus de répit, à proportion de l'afflux croissant des pèlerins ; Jérôme n'écrit-il pas que « la Ville a changé d'adresse » (*Ep* CVII, 1), puisque les foules romaines délaissent le Capitole pour les sépultures des martyrs ? On a dit l'œuvre essentielle de Damase. Ses successeurs poursuivent la tâche. Les princes, Théodose I et ses fils, renouent avec la tradition de l'évergétisme impérial en la Ville et font reconstruire, en plus grand, la basilique qui honorait la tombe de Paul, afin qu'elle soit digne de rivaliser avec celle du Vatican. L'élégance, et souvent le luxe, de toutes ces constructions ou rénovations accompagnent l'évolution de la liturgie romaine, qui emprunte de plus en plus au rituel aulique, et ils contrastent avec la sobriété, sinon la pauvreté, des premiers édifices urbains nés, avant l'épiscopat de Damase, de l'activité épiscopale ou des libéralités privées.

Ce nouveau style architectural témoigne pour les progrès de la christianisation de l'aristocratie romaine, dont les évergésies de plus en plus abondantes, contribuent, directement ou indirectement, à l'édification de ces nouvelles églises. Même si les évêques de Rome sont issus le plus souvent, à cette époque, de familles de clercs romains ou italiens, et qu'il faille attendre vraisemblablement l'année 483 et l'élection de Félix III pour voir un membre de l'ordre sénatorial accéder au siège de Pierre, alors que dès la fin du IVe siècle ou le début du suivant, Milan ou Bologne ont connu une telle accession, on peut observer, dès ce moment, « une osmose intellectuelle croissante » (Ch. Pietri) entre cercles aristocratiques et milieux cléricaux. L'activité du prêtre Jérôme, tout à la fois « secrétaire » de Damase, entre 382 et 384, et conseiller spirituel d'éminentes représentantes de la noblesse romaine gagnées à l'idéal ascétique, illustre ces liens de proximité. Leurs effets se mesurent avec éclat, lorsqu'en 404, pour obtenir le soutien de l'évêque romain, une aristocratie chrétienne amie se mobilise en faveur de Jean Chrysostome, que l'arbitraire impérial et les intrigues alexandrines ont chassé de son siège de Constantinople. La crise pélagienne, à partir de 414-415, est également l'occasion de ces jeux de solidarité aristocratique qui, parfois, perturbent l'élection épiscopale, comme en 419, où l'archidiacre Eulalius s'oppose au prêtre Boniface, si bien que l'empereur Honorius est contraint de confier à l'évêque de Spolète le soin de présider les fêtes pascales romaines, avant qu'un faux-pas des partisans d'Eulalius ne conduise le prince à donner des ordres au préfet de la Ville pour imposer Boniface. C'est à cette occasion que l'évêque d'Ostie est attesté pour la première fois comme consécrateur principal de son collègue romain.

Si une telle évolution des équilibres sociologiques de la communauté chrétienne n'est aucunement circonscrite à Rome, la Ville se singularise entre les grandes métropoles – Constantinople, Antioche, Alexandrie, Carthage –, par le rare degré d'organisation et de coordination qu'y atteint la mission chrétienne. Assurément il ne faut pas imaginer une opération continue de quadrillage systématique de l'*Urbs*, de conversion au christianisme, quartier après quartier, de la population de la Ville, pensée et planifiée par les évêques romains qui en dirigeraient l'exécution. Certes, à partir de Damase, et de manière répétée, l'évêque sollicite le pouvoir impérial pour faire expulser de Rome les communautés chrétiennes dissidentes, mais cela n'a rien d'exceptionnel pour l'époque, d'autant qu'il fait preuve d'une grande réserve à l'égard de toute attitude d'hostilité par trop violente envers les cultes traditionnels ; ainsi c'est Ambroise, l'évêque de Milan, et non, Damase, qui mène la lutte contre une majorité de sénateurs, pour s'opposer au rétablissement de l'autel de la déesse Victoire dans la curie sénatoriale. De même l'historien païen Zosime (*Histoire nouvelle* V, 41) n'hésite pas à écrire que, lors du siège de Rome par Alaric, Innocent, « plaçant le salut de la Ville avant sa propre opinion », permit que l'on exécutât secrètement les sacrifices traditionnels prévus par les Livres Sibyllins ; « mais personne n'osa assister aux cérémonies selon l'usage ancestral » (les sacrifices païens avaient été interdits dans tout l'Empire depuis 391-392).

C'est en effet moins par des succès spectaculaires, remportés de haute lutte sur les polythéistes de la Ville, que par une pastorale très adroitement et très pragmatiquement mise en œuvre, que les évêques romains mènent une action dont nombre de contemporains jugent la réussite exemplaire. Ainsi, au début du v<sup>e</sup> siècle, il ne se trouve pas de point de la cité situé à plus de quelques centaines de mètres d'une église titulaire. Doté de deux, et bientôt de trois prêtres, chacun de ces édifices de culte constitue un pôle régional pour la mission chrétienne ; le baptême peut éventuellement y être administré ; la collecte des dons, effectuée ; l'aumône, distribuée. Peu à peu – l'évolution sera achevée à la fin du ve siècle –, les titres s'insèrent dans l'antique système des sept régions ecclésiastiques. « Il manque encore au *titulus* pour être une paroisse, la définition d'un ressort géographique et aussi l'attache obligatoire des fidèles » (Ch. Pietri). L'évêque manifeste la communion entre tous ces centres de la liturgie et de la vie chrétiennes dans l'*Urbs*, en envoyant, chaque dimanche, dans chaque *titulus*, une parcelle des espèces consacrées (le *fermentum*). L'organisation romaine impressionne l'historien, qui ne trouve point d'équivalent, dans l'*orbis christianus* contemporain, à une telle structuration de l'espace chrétien. « Modèle unique ou prototype que celui de Rome ? La question peut être posée à propos du parallèle approximatif fourni par Carthage où existaient sûrement six régions ecclésiastiques, pourvues comme les sept régions romaines, d'un clergé propre » (Jean Guyon). Si l'évêque d'Alexandrie put mériter, à cette époque, le surnom de « pharaon », tant son pouvoir était grand sur le monde égyptien et son influence importante en Orient, l'évêque de Rome ne le lui cédait en rien, aussi bien dans l'inventivité de sa pastorale que dans l'expression de la primauté romaine.

*Nouvelle affirmation de la primauté romaine*

Là aussi l'épiscopat de Damase constitue un tournant, ne serait-ce que par l'inflation des documents parvenus jusqu'à nous, qui engage à ne retenir ici que l'épure d'une évolution, dessinée au fil d'événements d'une grande complexité, mais qui permettent l'examen de l'affirmation et de l'exercice de la primauté, selon les trois zones de la *potestas* papale qu'avait isolées Mgr Batiffol : l'Italie, l'Occident, l'*orbis christianus* essentiellement oriental. Encore convient-il de préciser, dès l'abord, avec Charles Pietri, qu'on « ne cherchera pas à décrire la montée de l'autorité papale, en y relevant le programme calculé d'une conquête de pouvoir et d'influence, comme si le siège romain avait fait pour l'unité de la catholicité ce que la Prusse réalisa concrètement pour forger le Reich allemand ». C'est au travers des *corsi e ricorsi* des interventions de l'évêque romain, aussi bien que des sollicitations et des réactions des communautés provinciales, en un jeu subtil des discours et des pratiques, que s'exprime la primauté romaine.

• Le pape de Rome et l'Italie chrétienne

Pour assurer son autorité sur une région qui se situe traditionnellement dans une mouvance extrêmement proche de Rome, et plus largement, pour évoquer régulièrement les questions pendantes de toute l'Église, Damase rénove l'institution du concile romain et inaugure la pratique d'inviter les prélats italiens pour une réunion annuelle tenue au jour anniversaire de la consécration de l'évêque de la Ville. « Un règlement strict emprunte aux pratiques des assemblées civiles et codifie le déroulement de la session : publicité de la séance, lecture devant l'assemblée de tout l'*instrumentum* judiciaire, examen des témoins ou audition des légats. D'autres Églises empruntent au droit public. Mais à Rome, après la relation et le débat, le pape prononce seul la sentence, saluée par des acclamations et promulguée par une synodale. Les assistants, évêques italiens, prêtres, diacres, tiennent auprès d'un juge unique le rôle que jouent les *consiliarii* (conseillers) auprès du préfet » (Ch. Pietri). Ainsi entre 368 et 378, ces réunions ponctuent la politique de reconquête menée par Rome contre les bastions de l'arianisme en Italie. Si l'assemblée synodale de 378 proclame l'autonomie de la juridiction ecclésiastique, elle n'en appelle pas moins à l'empereur et aux autorités de l'État pour l'exécution des décisions conciliaires, entérinant ainsi, même si elle la subordonne au prononcé de l'autorité spirituelle, l'intervention impériale dans les affaires de l'Église. L'accommodation de la communauté romaine aux moeurs de l'Empire chrétien ne l'éloigne plus guère de la pratique des autres Églises : les groupes de dissidents, on l'a dit, commencent à l'éprouver [1]. Le rescrit *Ordinariorum* délivré par Gratien en 382 ne fait d'ailleurs que répondre à la proclamation de 378 : l'empereur dispose que le pape de Rome,

1. Mais en 385 ou 386, Sirice s'associe aux protestations d'une bonne part de l'épiscopat occidental contre l'exécution, sur les ordres de l'usurpateur Maxime, de l'évêque d'Avila, Priscillien, accusé d'hérésie. C'est la première fois qu'un « hérétique » est puni de mort.

assisté de cinq ou sept assesseurs, est le juge des métropolitains, tandis que les évêques des sièges non métropolitains éloignés de la Ville sont soumis à la juridiction du métropolitain ou du concile provincial. En fait, un tel dispositif ne sera jamais mis en œuvre qu'en Italie. Si, en 386, un concile romain prescrit « qu'à l'insu du Siège apostolique, personne n'ait l'audace d'ordonner un évêque », les événements se chargent de montrer combien, même en Italie, l'essor de la primauté romaine dépend de la conjoncture politico-ecclésiastique. Ainsi le prestige, l'autorité et la proximité immédiate du pouvoir impérial, dont jouit Ambroise, évêque de Milan entre 374 et 397, lui permettent de régler le sort des derniers sièges ariens d'Illyricum sans faire appel à Rome, et même d'intervenir jusqu'en Campanie, une région directement soumise à Rome. Quand bien même Innocent envoie, en 416, à l'évêque de Gubbio, un code de la discipline liturgique romaine pour faire pièce à l'influence milanaise, le pape Zosime (417-418) voit dix-huit évêques italiens, regroupés autour de Julien d'Éclane, refuser la *tractoria* par laquelle il condamne finalement les thèses pélagiennes. Si, à partir de 425, l'autorité de l'évêque romain recommence à s'exercer avec éclat sur toute la péninsule italienne, on mesure combien en ces matières le pragmatisme est de mise.

- Essor et limites du « patriarcat » occidental : la promotion de la discipline romaine

Quand bien même le terme de « patriarche », employé pour désigner un évêque « muni de prérogatives d'honneur et de juridiction supérieures à celles des prélats et des métropolites de la circonscription ecclésiastique placée sous sa direction » (V. Peri), n'apparaît et ne s'affirme dans le lexique des autorités de l'État, comme de l'Église, qu'à partir du milieu du v<sup>e</sup> siècle, la réalité d'une telle primauté régionale, pourvu qu'on la conçoive sans juridisme aucun, lui est bien antérieure.

**La Gaule.** On a dit les liens privilégiés que le siège romain entretient traditionnellement avec la Gaule. Si l'on suit l'hypothèse d'Edmont-Charles Babut, qui attribue à Damase la lettre *Ad Gallos*, le dernier tiers du IV<sup>e</sup> siècle voit une affirmation très nette de l'autorité romaine sur ces régions. En réponse à une consultation d'évêques gaulois, le pape de Rome envoie un véritable mémoire sur la discipline romaine relative principalement au sacerdoce et à ses obligations morales et spirituelles. Si ce texte, en insistant, par exemple, sur l'obligation de continence des clercs majeurs, témoigne qu'aux yeux de l'évêque de la Ville, « le statut clérical repose sur une distinction spirituelle », et s'il manifeste la volonté de « confier à une élite la responsabilité de la mission au moment où la conversion devient un phénomène de masse » (Ch. Pietri), son intérêt réside plus encore dans la place très singulière qu'il tient dans l'histoire des actes de l'évêque de la Ville. En effet il s'agit de la première « décrétale » connue : sous ce terme, les canonistes médiévaux désigneront « toute réponse donnée par le pape à une question qui lui a été posée, soit par une personne privée, soit, plus souvent, par une instance ecclésiastique » (J. Gaudemet) ; c'est l'équivalent des rescrits impériaux. De plus, ce document atteste les premiers développements d'une chancellerie papale : l'évêque de Rome dispose désormais d'un corps de notaires « codifiant les sentences sur le modèle des prononcés anciens, conservés dans les archives, et assurant la continuité d'un style juridique et du droit ecclésiastique » (Ch. Pietri). Une première collection canonique romaine, recueil d'actes conciliaires et de lettres, est élaborée probablement sous Damase. Toute cette activité notariale s'inscrit dans la promotion d'une véritable « théologie du droit » ; non seulement les arguments juridiques sont peu à peu hiérarchisés (Bible, Pères conciliaires, autorités, arguments de raison, coutume), mais chacune de ces sources du droit est référée à l'unique tradition apostolique, dont l'Église romaine se présente comme la seule dépositaire et interprète autorisée, et cela en vertu du legs de Pierre qu'elle a préservé intact. L'iconographie offre en la Ville, au même moment, un reflet de cette conviction dans les scènes dites de la *Traditio legis* : le Christ, entouré de Pierre et de Paul, et parfois d'autres apôtres, tient dans sa main le rouleau ou le livre de la Loi nouvelle, qu'il fait lire à Pierre, ainsi désigné comme le témoin par excellence de l'enseignement du Maître [1]. Dès lors, Damase peut écrire, en une formule qui sonne comme un proche écho, malgré les décennies, des proclamations de Victor ou d'Étienne : « La discipline apostolique a disposé

1. Sur des sarcophages produits à Ravenne, au Ve siècle, c'est Paul, et non Pierre, qui est le témoin privilégié.

qu'unique devait être la confession de foi des évêques de l'Église catholique. Si donc unique est la foi, unique doit également demeurer la tradition. Si unique est la tradition, les Églises doivent toutes tenir la même discipline. Certes, diverses sont les régions où les Églises sont établies, mais par le monde entier, en raison de l'unité de la foi, unique est l'Église appelée catholique » (*Ep. ad Gallos* II, 9).

Cette déclaration, que les évêques de la Ville ne cesseront de reprendre en d'infinies modulations et paraphrases, exprime le souci fondamental qui commande la diffusion et l'imposition très larges que Rome entend opérer de sa discipline. En témoignent le tome qu'en 385 Sirice expédie à Himère de Tarragone ou ceux qu'Innocent envoie, en 404, à Victrice de Rouen, et, l'année suivante, à Exupère de Toulouse. La lettre à Decentius de Gubbio, en 416, en éclairera nettement l'inspiration : « Si ceux qui ont part au sacerdoce étaient décidés à garder dans leur intégrité les institutions de l'Église telles qu'elles ont été transmises par les bienheureux apôtres, il n'y aurait aucune divergence, aucune variation dans la teneur des rites et des prières liturgiques. Mais dès lors que, pour chacun, ce n'est plus la tradition, mais son propre jugement qui devient la règle à observer, il s'ensuit qu'apparaissent des différences dans les divers lieux ou Églises en matière de discipline ou de liturgie ; et cela devient un scandale pour le peuple. (...) Ce qui a été transmis à l'Église romaine par Pierre, le premier des apôtres, et qui a été conservé jusqu'à maintenant (...), c'est cela qui doit être observé par tous, sans que rien ne soit ajouté ou introduit qui manque de cette autorité, ou prétende recevoir d'ailleurs son modèle. D'autant qu'il est clair que, dans toute l'Italie, les Gaules, les Espagnes, l'Afrique, la Sicile et les îles disséminées entre ces pays, personne n'a fondé d'Église, sinon ceux à qui le vénérable apôtre Pierre ou ses successeurs ont conféré le sacerdoce. »

Quand bien même la géographie d'un « patriarcat » occidental est ainsi dessinée, il reste à examiner l'accueil fait aux prétentions romaines. Là encore tout est affaire de circonstances et de traditions régionales. Si des évêques gaulois ont, dans les années 390, recours à Ambroise de Milan pour régler leurs différends, au début du Ve siècle, l'évêque d'Arles, devenue résidence du préfet du prétoire des Gaules, s'adresse à Rome, afin de faire triompher ses prétentions au titre de métropolitain, sinon de vicaire du pape de Rome, en arguant de la prétendue fondation de son Église par un envoyé de la Ville, Trophime. Zosime lui accorde une oreille bienveillante, au moment où les invasions barbares tendent à disloquer l'Occident romain, mais, du même coup, s'attire l'hostilité des titulaires des sièges de Marseille, Narbonne ou Vienne. Les évêques romains n'auront de cesse de régler ce conflit en faveur de l'évêché qui, au moment présent, leur apparaît le mieux à même d'être le relais de l'autorité romaine en Gaule, et peut-être plus loin, puisque Célestin I^er^ (422-432) aurait dépêché une mission gauloise dans les îles britanniques.

**La péninsule ibérique.** Si la péninsule ibérique entretient des relations traditionnelles avec Rome, et si elle est la destinataire d'une déclaration souveraine de la primauté romaine sous l'épiscopat de Sirice, on observera qu'en un peu plus d'un demi-siècle, on ne connaît que deux lettres romaines relatives à l'Espagne : « les liens (...) paraissent distendus. Peut-être parce que le primat romain ne peut s'exercer concrètement que dans une situation d'équilibre fragile. La conjoncture politique y joue son rôle, en favorisant les relations interecclésiales dans l'unité impériale ou au contraire en les paralysant, lorsque les chrétientés occidentales (à partir du début du V^e^ siècle), sont emportées dans la tourmente des invasions barbares. Mais surtout les Églises locales ne recherchent le secours romain que dans la nécessité, lorsque, par un jeu complexe d'influences, la Papauté paraît la plus capable d'exercer une autorité dont on reconnaît spontanément le prestige sans chercher à en bénéficier gratuitement » (Ch. Pietri).

**L'Afrique.** Dans l'Occident chrétien contemporain, l'Afrique constitue une région à part. En effet, jusqu'aux dernières décennies du IV^e^ siècle, elle vit repliée sur elle-même, en proie à la crise donatiste, dont le concile d'Arles, en 314, avait traité des prodromes. Le développement des controverses ecclésiologiques entre les deux Églises, qui revendiquent chacune la catholicité comme critère d'authenticité, amènent les protagonistes du débat à regarder vers Rome. Si Parménien, l'évêque donatiste de Carthage, peut déclarer que son Église est véritablement universelle, parce qu'elle a des représentants à Rome, Optat de Milev lui répond, au livre II de son traité antidonatiste, que seuls les « catholiques » sont en communion avec l'Église universelle, puisqu'ils sont reconnus par les communautés orientales auxquelles Paul a écrit, celles d'Asie Mineure auxquelles Jean, dans l'*Apocalypse*, s'est adressé et par l'Église apostolique de la Ville. Dès lors, les « catholiques » sont amenés à resserrer les liens avec les grandes Églises transmarines, mais « en consultant les sièges italiens (Rome et Milan), l'Église africaine n'aliène guère sa liberté » (Ch. Pietri). D'où des relations en dents de scie marquées par des phases d'appel au soutien romain (393-408), et d'autres « d'isolationnisme » (408-416). La crise pélagienne permet de renouer avec Rome, mais derrière les fleurs d'une rhétorique qui célèbre la « source » romaine plus abondante que le « ruisseau » africain, Augustin d'Hippone, Aurelius de Carthage et leurs collègues mettent en œuvre une « ecclésiologie de circonstances », qui n'entend pas revenir sur la tradition synodale des communautés africaines : « le primat romain est limité à approuver et à accroître (...) le poids des sentences prises par les conciles africains » (Pietri).

Les défaillances et les palinodies de Zosime, l'évêque de la Ville, dans la question de la grâce, qui entraînent l'intervention de l'empereur Honorius, désavouant sur le fond l'évêque romain, sont jugées sévèrement en Afrique ; et quand le pape de Rome justifie l'accueil favorable donné à l'appel du prêtre Apiarius contre son évêque qui l'avait excommunié, en prétendant s'appuyer sur les canons de Nicée, alors qu'il s'agit en fait de ceux de Sardique, confondus à Rome avec les dispositions du concile de 325, les évêques africains déclarent n'accepter que provisoirement les références romaines, et chargent Aurelius de Carthage d'enquêter auprès des grands sièges orientaux pour vérifier leur authenticité. Dans le même temps, le *Codex canonum Ecclesiae Africanae* s'attache à démontrer qu'il existe dans l'Église de nombreuses traditions et disciplines, et pas seulement celle que s'efforce d'imposer le siège de Pierre. L'exclusivisme romain apparaît ici dans toute sa singularité : un Ambroise ou un Augustin ne juge pas utile de remédier aux diversités d'usages entre les Églises. Quant au constantinopolitain Socrate (*Histoire ecclésiastique* V, 22), au milieu du Ve siècle, il les considère comme de simples écarts de coutumes que chaque Église s'efforce de justifier, en en faisant remonter l'origine à un apôtre ; il ajoute ironiquement qu'aucune n'a jamais été en mesure d'en fournir les preuves.

**L'Orient et le primat romain.** L'ambassade accueillie par Libère en 365 ou 366 manifestait le rôle de recours que des évêques, victimes des clans épiscopaux en faveur auprès du prince oriental, recherchaient, en temps de partition de l'Empire, auprès de l'évêque de Rome, considéré comme un médiateur efficace pour gagner l'appui de l'Auguste occidental. Cette tentative se révéla être sans suite durable. À partir de 371/372, Basile de Césarée, agissant en mentor d'un groupe de prélats et de théologiens opposés à l'arianisme officiel, et de plus en plus persécutés, décida de reprendre contact avec Rome et l'Occident, par l'intermédiaire d'Athanase : « la seule voie de secours pour nos Églises est que les évêques d'Occident consentent à s'entendre avec nous. Ah ! S'ils voulaient montrer pour ceux qui résident dans les parties de la terre que nous habitons, le zèle qu'ils déployèrent pour un ou deux Occidentaux convaincus d'opinion perverse ! » (*Ep* 66). Le chemin de l'entente fut escarpé. Basile tentait de négocier l'union de tous les antiariens, que de multiples incompréhensions, rivalités et rancunes divisaient farouchement, et réclamait inlassablement la tenue d'un concile. Alors qu'il s'adressait à tous les évêques d'Occident, seul Damase lui répondit, au nom de tous, en exigeant, suivant la coutume romaine, l'adhésion préalable à une confession de foi précise. Le Cappadocien n'a pas de mots assez durs pour dénoncer la hauteur et les prétentions de l'évêque romain, et souligner les quiproquos dus à la diversité de langue, en ces temps où les derniers textes en langue grecque achèvent, au plus tard, de disparaître de la liturgie romaine, adaptée ainsi à une communauté presque totalement latinisée.

Un premier pas est franchi en 377 ou 378, lorsqu'un synode romain, auquel assiste le successeur d'Athanase, Pierre d'Alexandrie, exilé en la Ville depuis son élection, clarifie les relations de l'Église romaine avec les divers partis antiariens et élabore une véritable « charte de l'orthodoxie nicéenne », sous forme d'une longue énumération d'erreurs doctrinales : « ce concile théologisa comme jamais on ne l'avait fait à Rome » (Ch. Pietri). Cette synthèse d'une grande acuité théologique et parfaitement mise à jour connut immédiatement un grand retentissement, au point de mériter de passer à la postérité sous le nom de *Tome de Damase*, comme on parlera plus tard du *Tome de Léon*.

L'arrivée au pouvoir en Orient, en 379, d'un prince nicéen originaire d'Occident, Théodose, facilita le ralliement des orientaux antiariens aux thèses romaines, et l'empereur put publier, le 27 février 380, un édit enjoignant à tous ses sujets de « vivre dans la religion que le divin Pierre a transmise aux Romains (...), celle que manifestement suit le pontife Damase et l'évêque Pierre d'Alexandrie » (*Code théodosien* XVI, 1, 2). « Les deux parties de l'Empire avaient été divisées sur la théologie trinitaire pendant plus d'un demi-siècle. Théodose réussit à imposer comme un signe de l'union, la communion romaine. (...) Pour la première fois, un texte officiel reconnaît la valeur exemplaire de la communion romaine et surtout sa raison d'être ; il déclare la primauté que la tradition apostolique confère à Rome », primauté qui « n'implique pas une juridiction, mais la prérogative (...), le droit d'être interrogé en premier sur la foi, et de définir en premier les conditions de la communion ecclésiale » (Ch. Pietri).

Ce succès sans précédent de l'autorité théologique du pape de Rome ne fut pas suivi par une égale réussite dans la reconnaissance de la primauté romaine. Le concile que Théodose convoque à Constantinople, en 381, pour remettre de l'ordre dans les Églises orientales après la tourmente arienne, se réunit à l'insu de l'évêque romain et manifeste l'indépendance retrouvée des Orientaux. Il lie plus fermement la géographie ecclésiastique aux grandes circonscriptions administratives, et tout particulièrement, le canon III dispose que « l'évêque de Constantinople doit avoir la primauté d'honneur après l'évêque de Rome, parce que Constantinople est la nouvelle Rome ». Le siège établi dans la nouvelle capitale orientale, que Constantin inaugura en 330, obtenait, au sein de la hiérarchie des quelques grandes Églises reconnues comme les centres privilégiés de l'unité ecclésiale, la deuxième place, devant Alexandrie ou Antioche, alors même qu'il s'agissait d'un évêché dépourvu de toute tradition apostolique, et que son titulaire n'avait originellement même pas le rang de métropolitain. Une telle promotion sur la base de critères purement politiques ne pouvait être plus contraire aux principes d'apostolicité défendus par le « Siège apostolique » : les évêques romains refuseront jusqu'au VIII^e^ siècle d'utiliser l'expression « Nouvelle Rome ». Un concile réuni en la Ville, l'année suivante, se chargea de souligner l'opposition romaine, en développant un « court traité d'ecclésiologie sur les sièges apostoliques » (Ch. Pietri), qui culminait dans l'affirmation que la hiérarchie des Églises n'était pas le reflet de la géographie politique et qu'elle n'était pas liée aux décisions conciliaires : c'est la pétrinité des Églises d'Alexandrie, fondée par Marc, le disciple de Pierre, et d'Antioche, « premier siège épiscopal de l'apôtre », qui assure leur préséance sur Constantinople. Tandis qu'elle appuyait le rang du Siège apostolique sur *Mt* XVI, 18, l'assemblée prétendait régler, au grand dam des Orientaux, les divisions de la communauté antiochienne. Le silence s'installa alors entre l'Orient et Rome.

Les péripéties de la lutte désormais ouverte entre le siège d'Alexandrie et celui de Constantinople pour la suprématie en Orient contribuèrent à le lever. En effet, l'alliance romaine, après l'alliance impériale, fut sollicitée par les deux parties, au moins pour s'assurer la neutralité, sinon le soutien du siège occidental qui s'engage toujours avec précaution. Une première joute avait vu, en 381, Grégoire de Nazianze, éphémère évêque de la capitale orientale, s'effacer finalement devant Timothée d'Alexandrie, le correspondant privilégié de Rome en Orient. L'affrontement entre Jean Chrysostome et Théophile d'Alexandrie, à partir de 403, entraîna l'afflux dans la Ville de partisans exilés de l'évêque de Constantinople, tandis qu'une aristocratie chrétienne amie, on l'a dit, mettait tout en œuvre pour obtenir l'engagement du pape de Rome et du prince occidental, au nom de la liberté de l'Église. Un concile romain, réuni en 405 à l'imitation des précédents de 340 et 382, excommunia les principaux adversaires de Jean. La communion fut rompue entre Rome d'une part, et Alexandrie, Antioche et Constantinople, d'autre part, pendant une petite décennie. L'affaire permit à l'évêque de Thessalonique de se dégager de l'emprise constantinopolitaine, en se rangeant aux côtés de Rome. En 412, Innocent érigea le même prélat en vicaire du pape de Rome pour l'Illyricum oriental, avant qu'en 422, l'institution ne fût étendue à toutes les provinces balkaniques, du Danube à la Grèce et de la Macédoine à l'Épire. En ces terres de partage entre l'Orient et l'Occident, l'évêque romain disposait d'un délégué attitré, placé en intermédiaire entre les métropolitains et lui-même [1]. La tâche ne devait guère s'avérer facile, ni l'institution durable.

En 430, le pape d'Alexandrie, Cyrille, réussit à entraîner

1. Le « vicaire du Siège apostolique » reçoit les pouvoirs de convoquer des synodes régionaux et de contrôler les relations des métropolitains des provinces de l'Illyricum avec les autres Églises : il juge les causes que lui défèrent les métropolitains, et apprécie celles qui ressortissent au tribunal romain.

son collègue romain, Célestin, dans la guerre d'influence qu'il mène contre Nestorius, l'évêque constantinopolitain, en déployant une « ecclésiologie de circonstances » (Ch. Pietri) toute dévote, en paroles, envers le primat romain. Quand bien même il allait être acclamé par les évêques orientaux comme « un nouveau Paul », l'évêque de la Ville illustrait alors la forte sentence de Mgr Duchesne : « Rome est le lieu du gouvernement, non la patrie de la théologie ou le paradis de la mystique. » Célestin donna comme mission aux légats qu'il dépêcha au concile impérial d'Éphèse, en 431, de régler en tout leur attitude sur celle de l'alexandrin, perçu comme une autorité de référence en matière doctrinale. L'un des délégués du pape de Rome put faire dans l'assemblée cette déclaration tonitruante : « Il n'y a de doute pour personne, ou plus exactement il est connu de tous les siècles, que le saint et très bienheureux Pierre, le chef et la tête des Apôtres, le fondement de l'Église catholique, a reçu de Notre Seigneur Jésus-Christ, Sauveur et Rédempteur du genre humain, les clés du royaume et qu'il lui a été donné tout pouvoir de lier et de délier les péchés. Pierre jusqu'à maintenant et toujours vit et juge en ses successeurs. » À défaut de la ratification de ce manifeste de la primauté romaine, les Pères conciliaires désignèrent le siège romain sous l'appellation de « Siège apostolique – ce fut l'une des premières fois en Orient –, et les légats romains participèrent à la remise en ordre des évêchés orientaux, au point de donner un titulaire à Constantinople. Même si Rome fut, par la suite, tenue à l'écart de la pacification entraînée par la formule d'union de 433, les *Histoires ecclésiastiques* de Socrate, Sozomène et Théodoret de Cyr témoignent, dans leur relecture du passé, du prestige atteint en Orient par le siège romain.

Au bilan, « dans cet empire chrétien, les recours de l'Occident, alors que s'active la mission, ceux de l'Orient alors que s'établit un premier césaropapisme, se rencontrent pour créer une Papauté nouvelle » (Ch. Pietri). Dans le même temps, la correspondance romaine mutiplie les déclarations enflammées célébrant la primauté de l'Église de la Ville et justifiant son intervention au nom « du soin de toutes les Églises » (*II Co* XI, 29), dont elle dit porter la responsabilité. L'exaltation de la figure de Pierre va de pair avec l'identification du pape de Rome à l'apôtre fondateur : en ses successeurs, Pierre perpétue sa présence. De cette affirmation, Léon le Grand (440-461) devait faire le mot d'ordre de son pontificat.

# III

# Affirmation de la Papauté de Léon le Grand à Grégoire le Grand (440-604)

Le 19 août 440 Sixte III mourut. L'archidiacre Léon, le chef du collège des sept diacres romains, se trouvait alors en Gaule pour une mission de bons offices visant à apaiser le différend surgi entre deux très hauts fonctionnaires de l'Empire, Aetius, le maître des deux milices, et Albinus, probablement alors préfet du prétoire des Gaules. La cour de Ravenne avait sans doute dépêché le second personnage de l'Église de la Ville, un ecclésiastique d'une grande notoriété, rompu aux négociations, afin de restaurer au plus vite la paix entre deux hommes dont dépendait, pour une bonne part, l'efficacité de la lutte contre les « barbares ». L'affaire était d'importance : Aetius avait réussi à contenir les ardeurs des Wisigoths, établis comme fédérés en Aquitaine depuis 417, celles des Francs et des Alamans qui s'agitaient dans le Nord et l'Est ; il avait envoyé des troupes contre les révoltes qui touchaient l'Ouest, tandis que les îles britanniques perdues et les réfugiés affluant, l'Armorique se soulevait ; enfin, sur le Rhin, il avait vaincu les Burgondes qui, en 443, allaient être installés dans le Jura et sur le plateau suisse. Hors de Gaule, la situation était non moins inquiétante : sur le Danube, les Huns multipliaient les incursions contre l'Illyricum, et les Ostrogoths bougeaient en Thrace. De la péninsule ibérique, les Suèves dominaient le Nord-Ouest, et s'efforçaient de contrôler la totalité. Les Vandales avaient fini par s'emparer de Carthage en 439, et contrôlaient les régions les plus riches et les plus romanisées de l'Afrique du Nord, menaçant la Sicile et les îles. Valentinien III, l'empereur de Ravenne, avait passé l'hiver à Rome, veillant au renforcement des murailles ; il appelait à l'aide, une fois encore, Théodose II, le prince oriental.

Ce fut dans un tel contexte qu'une délégation de clercs et de laïcs unanimes vint inviter Léon à regagner au plus vite la Ville : le 29 septembre, il était consacré comme le successeur de Sixte III. Dans cet Occident où l'Empire s'effritait, l'instabilité politique devenait chronique, et une nouvelle organisation territoriale voyait le jour, le pape de Rome était appelé à affronter de multiples défis. Plus que jamais, l'exercice de son ministère fut soumis au jeu des circonstances : les *corsi e ricorsi* de la domination impériale en Méditerranée occidentale, les multiples remodelages de la géographie politique, les alternances de périodes de paix, régionale ou générale, et de temps de désordres ou de confusion, le maintien ou la rupture des communications entre les Églises, les attitudes variées que les souverains des nouveaux royaumes adoptèrent à l'égard des communautés « catholiques », tout cela infléchit notablement les modalités et les champs d'intervention du « Siège apostolique ». Ainsi, en 447, Turibius, l'évêque d'Astorga, en Galice, pouvait déplorer que « les malheurs du temps » empêchent de réunir des conciles et de diffuser leurs décisions. En Afrique, la situation était pire : les Vandales, ralliés à l'arianisme, s'engagèrent presque immédiatement dans une « tentative de dislocation de l'Église catholique, de loin la plus nombreuse, en frappant son encadrement : plus que les accès de violence relativement brefs de chacun des souverains, c'est la continuité de leur politique antiépiscopale, caractérisée par des exils prolongés et répétés, et surtout l'interdiction d'ordonner de nouveaux évêques, qui a affecté la vie de l'Église catholique africaine » (Y. Modéran). Lui étaient ainsi appliquées des mesures assez semblables à celles qui, dans l'Empire, frappaient les communautés dissidentes, en particulier ariennes, si bien que presque jusqu'à la reconquête byzantine des années 530, les liens entre Rome et les « provinces transmarines » se réduisirent quasi exclusivement à l'accueil de réfugiés africains.

Avec la Gaule du Sud, les relations furent maintenues et Léon, ainsi que ses successeurs, déployèrent d'intenses efforts pour canaliser, au mieux des intérêts du « Siège apostolique », les prétentions hégémoniques, déjà anciennes, des évêques d'Arles. Si Léon s'oppose durement, et à plusieurs reprises, à l'entreprenant Hilaire (430-449), requérant pour l'occasion l'appui de Valentinien III, le pape Hilaire (461-468) érigera, sans grand succès, en 462, l'évêque arlésien en « vicaire du Siège apostolique ». Quant au vicariat de Thessalonique, il entre en déclin : la difficulté des communications, la montée des revendications des métropolitains des diverses provinces des Balkans, l'absence du vicaire aux conciles d'Éphèse de 449 et de Chalcédoine en 451, contribuent à donner à l'influence romaine sur ces régions des formes nouvelles, plus tributaires des relations nouées avec chacun des métropolitains. Tel est le visage tourmenté du « patriarcat » occidental qui s'offrait à Léon et à ses successeurs immédiats.

Augustin, dans la *Cité de Dieu*, avait tenté avec vigueur, au lendemain du sac de Rome de 410, de tirer les leçons de l'événement et des temps nouveaux qui s'ouvraient : il y prenait le contre-pied de toute une *Reichstheologie* traditionnelle, une lecture théologique de l'Empire, qui visait à établir un lien providentiel entre l'avènement de l'Alliance nouvelle et l'établissement de la paix romaine. Pour l'évêque d'Hippone, « la christianisation de l'Empire romain était un phénomène aussi bien accidentel que réversible : l'Empire n'était plus envisagé comme l'instrument choisi par Dieu pour sauver les hommes ; il n'était pas non plus un obstacle placé par Satan pour l'en empêcher. (...). Il était théologiquement neutre » (R. Markus). Quelle que pût être l'admiration de Léon pour Augustin, il était loin de se rallier aux vues du maître défunt. Moins d'un an après son élection, il expliquait aux fidèles rassemblés lors de la fête de Pierre et Paul : « Pour que l'effet de cette grâce indicible (l'Incarnation) se répandît à travers le monde entier, la divine Providence prépara l'Empire romain qui, en s'accroissant, étendit tellement ses limites que tous les peuples de l'univers en vinrent à être voisins et à se toucher. En effet, il convenait souverainement à l'œuvre issue du décret divin que de nombreux royaumes fussent confédérés sous un seul pouvoir et qu'une prédication universelle trouvât des peuples facilement accessibles parce qu'assujettis au gouvernement d'une seule cité » (*Sermon* LXXXII, 2). Romain, Léon l'était viscéralement, au point, non seulement de se faire le chantre inégalé de la *Roma christiana*, mais plus encore peut-être, selon l'hypothèse de Claude Lepelley, de vouloir transformer la « citadelle de l'Empire Romain » en une « cité de Dieu ».

## LÉON LE GRAND (440-461) : L'ÉCLAT DU « SIÈGE APOSTOLIQUE »

### *Conversion de la Ville et romanité de l'Église*

« Là où la mort des premiers parmi les Apôtres a été entourée de gloire, là aussi la joie doit être la plus haute au jour de leur martyre. Ces hommes, en effet, sont ceux par qui l'Évangile du Christ a brillé pour toi, ô Rome ; et toi qui étais maîtresse d'erreur, tu es devenue par eux disciple de la vérité ! Ce sont eux tes saints pères et tes vrais pasteurs, qui, pour t'intégrer au royaume céleste, t'ont bien mieux et plus heureusement fondée que ceux par l'initiative de qui ont été posées les premières assises de tes murs, l'un deux, celui qui t'a donné ton nom, t'ayant même souillée du meurtre de son frère ! Ce sont eux qui t'ont promue à une telle gloire que, nation sainte, peuple choisi, cité sacerdotale et royale, devenue grâce au siège sacré du bienheureux Pierre la tête de l'univers, tu règnes sur un plus vaste empire par le moyen de la religion céleste que tu ne le fis par celui de la suprématie terrestre » (*Sermon* LXXXII, 1).

Dans cette relecture chrétienne du passé de la Ville, Léon va plus loin qu'un Ambroise de Milan ou un Prudence [1] : Pierre et Paul n'ont pas seulement sanctifié la cité « maîtresse du monde » ; nouveaux Romulus et Remus, ils l'ont véritablement renouvelée, refondée, si bien qu'ils ont inauguré pour elle et ses habitants une ère nouvelle. Dès lors, Rome doit se conformer aux promesses de son baptême, et Léon s'y emploie avec une rare énergie, lui qui écrit en 451 au nouvel empereur, Marcien, que « l'Esprit de Dieu fortifiant la concorde entre les princes chrétiens, une double confiance se renforce dans le monde entier : le progrès de la charité et de la foi a rendu invincible la puissance des armes de l'un et de l'autre, de telle sorte que, Dieu ayant été rendu propice par une louange vraiment une, sont détruites du même coup l'erreur des hérétiques et l'hostilité des barbares » (*Ep* LXXXII, 1). Contre les premiers, il poursuit avec vigueur la politique de ses prédécesseurs : ainsi en 443, à la

1. Prudence : poète ibérique (348-après 405) qui, dans le *Peristephanon* ou le *Contre Symmaque*, se livre à un éloge dithyrambique de la Rome chrétienne.

faveur d'un scandale, usant des larges prérogatives que le droit romain reconnaît traditionnellement à l'accusateur, il mène l'enquête sur les activités des Manichéens en la Ville, convoque un tribunal formé des évêques présents à Rome, de prêtres et de notables chrétiens, et fait comparaître les sectateurs de Mani qu'il invite à dénoncer leurs pratiques et leurs coreligionnaires. Le Sénat prend le relais et fait brûler les livres des « hérétiques » tandis que ceux qui refusent d'abandonner leurs « erreurs », sont chassés de l'*Urbs*. Léon prolonge son action, en envoyant une lettre circulaire aux principales Églises occidentales pour les inciter à faire de même, et l'empereur s'appuie sur les révélations romaines pour sévir une nouvelle fois contre les Manichéens.

Face aux « barbares », l'évêque se comporte, comme tant d'autres de ses collègues en ces temps d'incertitude, en médiateur et en représentant de la cité. Ainsi en 452, en compagnie de deux sénateurs, il part en ambassade au-devant d'Attila, le roi des Huns, pour tenter, avec succès d'ailleurs, de le dissuader de marcher sur « la cité éternelle », mais, trois ans plus tard, il ne peut éviter que les troupes de Genséric, le monarque vandale, ne mettent Rome au pillage, pendant deux semaines ; tout au plus obtient-il que les Romains soient autorisés à quitter auparavant la Ville. De ses concitoyens qui ont, dans une écrasante majorité, reçu le baptême, il s'efforce d'entretenir la conversion : alors que ses prédécesseurs étaient renommés pour ne pas prêcher, ou du moins, fort rarement, il met à profit les principaux temps forts du calendrier liturgique romain pour assurer une prédication. Ainsi lors des jeûnes des Quatre-Temps [1] ou du Carême, il exhorte les fidèles au soin des pauvres et à l'aumône. Presque la moitié des sermons conservés évoque ce thème : l'évêque n'est-il pas, en chaque cité, comme le disait Basile de Césarée, « le patron des pauvres » ? Plus généralement, Léon est sans doute « l'un des premiers hommes d'Église à être conscient de l'importance de la christianisation du temps civique » (R. Markus) : il n'a de cesse d'unifier le rythme des dévotions privées, insistant sans relâche sur le caractère communautaire de la vie chrétienne, que la solennisation de plus en plus marquée de la liturgie de

1. Quatre-Temps : temps de trois jours (mercredi, vendredi, samedi) de pénitence et de jeûne observés en mars, juin, septembre, décembre.

Rome, comme d'ailleurs de la plupart des Églises à la même époque, met particulièrement en valeur. L'un de ses successeurs, Félix III (483-492) ou Gélase Ier (492-496), cherchera à parachever l'œuvre entreprise, en tentant d'éliminer la célébration des Lupercales [1], l'une des dernières manifestations du vieux calendrier civique jusque-là tolérée.

Si les malheurs des temps ont sans doute empêché Léon d'être un grand bâtisseur, il fit construire un monastère près de Saint-Pierre du Vatican, probablement le second établissement monastique aménagé à Rome, attestant par là les progrès, timides, du monachisme dans la Ville. Il restaura également Saint-Paul-hors-les murs endommagée par la foudre ou un tremblement de terre. Peut-être fut-ce lors de ces travaux qu'une série de médaillons à l'effigie de chacun des évêques de Rome depuis Pierre, représentés en buste, sans nimbe, avec indication de leur nom et de la durée de leur épiscopat, fut disposée juste au-dessus de l'arcature de la nef centrale, sur la plinthe figurée en dessous des scènes de l'Ancien et du Nouveau Testament qui décoraient le mur de la claire-voie. La même décoration est attestée dans la basilique du Vatican. S'il faut attribuer cette liste épiscopale figurée à l'activité de Léon, Rome serait sans doute la première Église dans l'*orbis christianus* antique à avoir donné une telle illustration à la succession apostolique, et il ne serait pas indifférent, comme le notait Jean-Charles Picard après Lucien De Bruyne, que le portrait de Léon le Grand se trouvât situé à une place d'honneur, le premier juste à gauche en entrant dans la basilique de l'*Ostiense*, tandis que l'image de Pierre était placée sur la paroi droite, à l'extrémité de la nef proche de l'autel. Ainsi un lien privilégié aurait été intentionnellement établi entre les deux évêques dont les effigies s'opposaient diagonalement.

Cette hypothèse n'a rien d'invraisemblable lorsque l'on sait la vénération dont Léon entoura Pierre : il fut le premier pape de Rome, on l'a dit, à se faire enterrer au Vatican. Mais plus encore, il a développé, en sa correspondance comme

1. Très ancienne fête romaine célébrée à la fin de l'hiver en vue d'assurer la fertilité des champs et des femmes. Son rituel comportait notamment une course de prêtres (les Luperques) et de magistrats, qui, dénudés et vêtus de peaux de boucs, traversaient la Ville, en frappant avec des lanières de cuir tous ceux qu'ils rencontraient sur leur passage. À Constantinople, les Lupercales seront encore célébrées au Xe siècle.

en sa prédication, une véritable mystique pétrinienne au service de la primauté romaine. Dans cette glorification du premier évêque de l'*Urbs*, qui laisse Paul dans l'obscurité ou presque, Léon retravaille tous les thèmes que ses prédécesseurs avaient esquissés avec plus ou moins de netteté, et leur donne une ampleur inégalée. Pierre est véritablement le roc sur lequel l'Église a été fondée. Il est le « prince des apôtres », car il a reçu du Christ une autorité personnelle et unique qui le distingue des autres membres du collège des Douze. « Chez les bienheureux apôtres, bien qu'ils fussent égaux en honneur, il y avait une distinction de pouvoir. Bien qu'ils fussent tous choisis, un seul était mis à la tête des autres » (*Ep* XIV, 11). « Dans sa bienveillance, Dieu a accordé à cet homme une grande et admirable participation à sa puissance ; et, s'il a voulu que les autres chefs aient avec lui quelque chose de commun, il n'a jamais donné que par lui ce qu'il n'a pas refusé aux autres » (*Sermon* IV, 2). Autrement dit, Léon, faisant fond sur tous les passages scripturaires où le Christ accorde une attention ou un traitement privilégié à Pierre, place ce dernier en position d'intermédiaire entre le Maître et les autres disciples dans la collation des prérogatives apostoliques. Or, Pierre perpétue sa présence à travers ses successeurs : « Si, même de nos jours, il est quelque chose que nous fassions bien, quelque chose dont nous décidions bien, il faut le rapporter à l'action, au gouvernement de celui à qui il a été dit : “Toi donc, quand tu seras revenu, affermis tes frères” (*Jn* XXI, 17) », car « tout cela est le fait du travail et des mérites de celui dont, en son siège, le pouvoir continue à vivre, l'autorité à se manifester » (*Sermons* IV, 4 et III, 3). « Lors donc que nous vous faisons entendre nos exhortations, croyez que c'est celui-là même dont nous remplissons les fonctions qui vous parle ; c'est en effet, animé de ses propres sentiments que nous vous avertissons et ce n'est rien d'autre que ce qu'il a enseigné que nous vous prêchons » (*Sermon* III, 4).

Pour asseoir cette identification entre l'évêque de Rome et Pierre, Léon met en œuvre une thématique juridique : il est l'héritier légitime de l'apôtre. Or « l'un des principes fondamentaux du droit romain de la succession est celui de la continuité juridique entre le défunt et l'héritier. (...) La personne du défunt est comme présente et vivante en son héritier qui possède la totalité de ses droits et exerce tous ses pouvoirs » (Ph. MacShane). Dès lors, « qui sera assez ignorant ou assez envieux pour mésestimer la gloire de saint Pierre et croire qu'il y ait des portions de l'Église qui échappent à la sollicitude de son gouvernement et ne s'accroissent pas grâce à lui ? » (*Sermon* V, 4). Ainsi Léon peut remercier les évêques venus s'associer à la célébration de l'anniversaire de sa consécration épiscopale, en les félicitant de s'assembler autour de celui « qu'ils savent être non seulement l'évêque de ce siège, mais encore le primat de tous les évêques » (*Sermon* III, 4). Jamais la primauté romaine n'avait été exprimée avec une telle force et une telle conviction, et cela au moment même où les temps se font plus difficiles pour son exercice [1]. Il s'ensuit une véritable romanité de l'Église, que Léon expose en ces termes à l'évêque de Thessalonique : « Il est une différence entre les évêques. De peur que chacun ne revendique tout pour soi, il est stipulé par une importante disposition (canons de Nicée) que dans chaque province soient préposés certains dont les décisions doivent prévaloir parmi leurs frères. Certains autres encore doivent assumer une plus grande responsabilité dans les villes majeures, et par eux le souci de l'Église universelle doit converger sur l'unique chaire de Pierre et rien ne doit jamais être en désaccord avec son gouvernement » (*Ep* XIV, 11).

*Léon le Grand et les Églises d'Orient :*
*un triomphe de la théologie romaine ?*

Qu'il était bien « le gouvernail de l'Église universelle » : Léon s'employa, durant tout son épiscopat, malgré les difficultés du temps, à le manifester avec insistance. En Gaule, on l'a dit, il n'eut de cesse de contrer les prétentions d'Hilaire d'Arles et obtint de Valentinien III, en 445, un rescrit aux prescriptions éloquentes : « Puisque la primauté du Siège apostolique se trouve fondée sur les mérites de saint Pierre, prince du corps vénérable des évêques, sur la dignité de la ville de Rome ainsi que sur l'autorité d'un saint concile (Nicée-Sardique), que personne n'ait la présomption de porter atteinte, en quoi que ce soit, à l'autorité de ce siège : la paix des Églises ne sera partout assurée que si, dans son universalité, l'Église reconnaît son chef. (...) Que

1. On notera que les mentions des « malheurs du temps » sont très rares dans l'œuvre de Léon.

tout ce que l'autorité du Siège apostolique a décrété ou décrétera soit tenu par les évêques de Gaule et des autres provinces comme une loi, de telle sorte que si un évêque est cité devant le tribunal du pontife romain et s'il néglige de s'y rendre, il soit forcé à comparaître par le gouverneur de la province » (Valentinien III, *Novelle* XVII).

Plus qu'en Occident, c'est face aux Églises de l'Orient que les circonstances amenèrent Léon à tenter d'exercer pleinement les droits qu'il revendiquait pour la primauté romaine. Déjà en 444, à l'évêque d'Alexandrie, Dioscore, qui lui annonçait son élection, il répondait qu'il convenait que l'Église de Marc suivît la tradition et les usages romains : « Puisque le très bienheureux Pierre reçut la primauté apostolique du Seigneur et que l'Église romaine persévère dans les traditions qu'il a établies, c'est à tort que l'on croirait que son saint disciple, Marc, aurait formulé des décrets qui différaient de ce qu'on lui avait transmis. Car l'unique esprit du maître et du disciple provint de la même source de grâce, et celui qui fut consacré ne pouvait transmettre autre chose que ce qu'il avait reçu de celui qui l'avait consacré. Nous ne pouvons donc permettre ni des divergences entre nous qui confessons être unis dans un seul corps et une seule foi, ni l'impression que le maître ait institué une chose et le disciple une autre » (*Ep* IX *praef*). Pour la première fois sans doute, un évêque de Rome s'efforçait ainsi d'imposer les traditions romaines à une communauté orientale.

À la fin de 448, Eutychès, l'abbé d'un monastère de Constantinople, écrivit à Léon, ainsi qu'aux titulaires d'autres sièges importants, tels Alexandrie, Jérusalem, Thessalonique, ou Ravenne, pour solliciter leur appui contre son évêque, Flavien, et les autres prélats qui entouraient l'empereur, car ils l'accusaient, à tort selon lui, d'hérésie. Ainsi commençait une crise décisive dans l'histoire du monde chrétien, dont les multiples développements ne cessèrent d'occuper l'attention des évêques de Rome. Tandis que Léon attendait de plus amples informations avant de se prononcer, Eutychès parvint à gagner le soutien de Théodose II, qui décida de convoquer un concile pour faire réhabiliter le moine et déposer Flavien et ses partisans, auxquels était imputé le crime de tenir les thèses de Nestorius, condamnées en 431, et de rejeter ainsi la doctrine de Cyrille d'Alexandrie, le « père » du concile d'Éphèse. L'évêque de Constantinople se tourna alors vers Rome. Or, Léon s'était intéressé naguère aux enjeux proprement théologiques de la querelle nestorienne. Le 13 juillet 449, il confia à ses délégués au concile impérial une lettre destinée à Flavien. Cette correspondance était une véritable synthèse doctrinale où Léon faisait son miel de toute la tradition théologique occidentale en matière de christologie, attentive à présenter de manière parfaitement équilibrée les rapports entre la divinité et l'humanité dans la personne du Christ. Le *Tome à Flavien* condamnait fermement les thèses d'Eutychès, accusé de méconnaître l'humanité dans le Christ. Or Dioscore, l'évêque d'Alexandrie, avait pris parti en faveur du moine constantinopolitain.

Le concile impérial s'ouvrit en août 449 à Éphèse. Dioscore présida avec une poigne de fer aux débats. Il empêcha, malgré ses demandes réitérées, l'évêque Julien, un oriental, membre de la légation romaine, et homme de confiance de Léon, de donner lecture de la lettre à Flavien. L'assemblée réhabilita Eutychès et déposa Flavien et ses partisans, dont Ibas d'Édesse et Théodoret de Cyr. Aux protestations des représentants de Léon, l'Alexandrin répondit par la force : une escouade de soldats, de moines et autres « gros bras » traditionnellement attachés à l'évêque d'Alexandrie, fit irruption dans la salle de réunion. Le diacre romain Hilaire, futur successeur de Léon, réussit à regagner la Ville, porteur d'un appel au secours de Flavien, qui mourut bientôt des suites des mauvais traitements subis. Le « Siège apostolique » venait d'essuyer un cuisant revers.

Dès le mois d'octobre, Léon réunit un concile pour condamner le « brigandage » d'Éphèse. Il multiplia les lettres à l'adresse des empereurs, du clergé, du peuple et des moines de la capitale orientale, sans succès. Il réclamait un nouveau concile, réuni en Italie. La mort de Flavien avait remisé au second plan toute question de personne : désormais Léon se battait pour le *Tome*. Alors qu'il venait de dépêcher une ambassade en Orient, Théodose II mourut subitement, le 28 juillet 450, d'une chute de cheval. Lui succéda Pulchérie qui se hâta de choisir le Thrace Marcien comme mari et empereur. Or, l'impératrice avait été l'un des plus fervents soutiens de Flavien. Dès lors, le *Tome* de Léon, traduit en grec, fut reconnu par un synode constantinopolitain, et Flavien, réhabilité, tandis que Marcien s'employait à réunir une nouvelle assemblée, non pas en Italie, mais en Orient. Le concile impérial s'ouvrit à Chalcédoine, en octobre 451 ; le *Tome à Flavien* y fut acclamé aux cris de « Pierre a parlé par la bouche de Léon », et il servit de base à l'élaboration de la formule de foi conciliaire : « À la suite des saints Pères, nous enseignons donc tous unanimement à confesser un seul et même Fils, notre Seigneur Jésus-Christ, le même parfait en divinité et parfait en humanité, le même vraiment Dieu et vraiment homme, composé d'une âme raisonnable et d'un corps, consubstantiel au Père selon la divinité, consubstantiel à nous selon l'humanité, « en tout semblable à nous sauf le péché, (...) que nous devons reconnaître en deux natures, sans confusion, sans changement, sans division, sans séparation. La différence des natures n'est nullement supprimée par leur union, mais plutôt les propriétés de chacune sont sauvegardées et réunies en une seule personne et une seule hypostase. Il n'est ni partagé, ni divisé en deux personnes, mais il est un seul et même Fils unique, Dieu, Verbe, Seigneur, Jésus-Christ. » Ce succès sans précédent de la théologie romaine illustrait aux yeux de Léon le rôle de vigilance doctrinale et de bastion de l'orthodoxie qui incombait au siège romain. Sur proposition de ses représentants, Dioscore fut déposé et excommunié avant d'être envoyé en exil. Un tournant s'amorçait dans les relations traditionnelles entre Rome et Alexandrie : des liens privilégiés tendaient à se dénouer.

Le triomphe romain fut tempéré par l'adoption, au cours d'une séance ne réunissant que les évêques orientaux, d'un canon, le vingt-huitième, qui s'efforçait de légitimer le pouvoir traditionnel exercé de fait par l'évêque de Constantinople sur les métropolites des provinces du Pont, d'Asie et de Thrace, en invoquant la hiérarchie théodosienne des grands sièges épiscopaux, et surtout en développant sa justification politique : « Les Pères (de Constantinople I) ont accordé avec raison au siège de l'ancienne Rome la préséance, parce qu'il s'agissait de la ville impériale ; mus par le même motif, (ils) ont accordé même préséance au très saint siège de la nouvelle Rome, pensant justement que la ville honorée de la présence de l'empereur et du sénat, et jouissant de privilèges égaux à ceux de Rome, la plus ancienne ville impériale, devait avoir une grandeur égale à la sienne dans les affaires de l'Église, et venir au deuxième rang après elle. » Quoique nullement dirigées contre Rome, ces considérations ne pouvaient pas être plus contraires aux principes de l'ecclésiologie romaine. Les légats de Léon protestèrent avec vigueur contre l'adoption du canon XXVIII, puis récitèrent les canons de Nicée tels qu'ils étaient conservés à Rome ; la formule, « Le siège de Rome a toujours eu la primauté », ne suscita apparemment pas de récriminations.

Léon refusa de souscrire les canons de Chalcédoine, malgré les objurgations de Marcien qui lui représentait combien ses réserves pouvaient contribuer à entretenir les troubles qui avaient éclaté en Égypte et en Palestine, où les partisans de Dioscore s'agitaient. Finalement, il déclara approuver l'œuvre dogmatique du concile, mais en refuser les canons disciplinaires : « Que la ville de Constantinople ait l'honneur qui lui revient et que sous la protection divine elle jouisse longtemps du gouvernement de votre Clémence. Cependant, autre est la nature des choses séculières, autre celle des choses divines, et aucun édifice ne sera stable en dehors de la pierre que le Seigneur a posée. Celui-là perd son propre bien qui convoite le bien d'autrui. Anatole (l'évêque de Constantinople) doit être satisfait d'avoir, avec le secours de votre Piété, et mon assentiment, l'évêché d'une si grande ville. Qu'il ne dédaigne pas la ville impériale, dont il ne peut faire un siège apostolique ; qu'il perde tout espoir de se grandir aux dépens d'autrui » (*Ep* CIV, 3). Jusqu'à sa mort ou presque, Léon multiplie les lettres à l'adresse des communautés orientales et de leurs chefs : il n'a de cesse de défendre l'immutabilité des décisions doctrinales de Chalcédoine, refusant tout nouveau concile susceptible de rouvrir le débat ; il met en garde ses correspondants contre les contrefaçons de sa lettre à Flavien ; il appelle enfin en 458 l'empereur Léon, soucieux d'apaisement, à agir avec plus de fermeté contre Timothée Aelure, un partisan de Dioscore, qui, à la faveur d'émeutes au cours desquelles l'évêque chalcédonien d'Alexandrie a été tué, est monté sur le siège de Marc. Désormais le nom de Léon s'identifie à l'œuvre du concile, et aux oreilles des « monophysites », les adversaires de Chalcédoine, il devient synonyme de blasphème et d'impiété, tandis que les nestoriens apprécient l'intervention de l'évêque romain contre les héritiers de Cyrille d'Alexandrie qu'ils exècrent.

## Le pape de Rome en pays « barbare » (476-536).

### *Le Sénat de Rome et l'Église de la Ville sous Odoacre (476-493)*

Quinze ans après la mort de Léon le Grand, en septembre 476, Odoacre, un barbare au service de l'Empire, déposa le jeune empereur d'Occident, Romulus Augustule, et les soldats révoltés dont il avait pris la tête lui donnèrent le titre de « roi ». Soucieux de légitimer son pouvoir, il renvoya les insignes impériaux à Constantinople et demanda au prince oriental le titre de « patrice » [1], qu'il n'obtint d'ailleurs pas. Cette énième rébellion et usurpation mettait donc fin, « sans bruit » (A. Momigliano), à un empire romain d'Occident qui, depuis plus d'un demi-siècle, n'était plus que l'ombre de lui-même. Le nouveau maître de l'Italie – car c'est à cette seule région ou presque, que se limitait son pouvoir –, s'attacha à maintenir la continuité administrative avec ses impériaux prédécesseurs. « On ne peut donc pas dire qu'à cette date, un monde finissait, tandis qu'un autre commençait » (L. Cracco Ruggini).

« Au contraire, après cette translation, jugée souvent provisoire par les Italiens, le Sénat, l'institution autour de laquelle se cristallise l'aristocratie, représente plus que jamais le symbole de la continuité romaine » (Ch. Pietri). Odoacre ne s'y trompe pas qui cherche « à se concilier cette noblesse et à s'appuyer sur elle, lui laissant jouer un rôle plus important qu'avant dans le gouvernement et l'administration, et renforçant par là son emprise sociale » (A. Chastagnol), au moment même où « l'aristocratie romaine est devenue, sociologiquement, un groupe chrétien ». Le déroulement de la succession épiscopale de 483 le prouve abondamment.

Le pape Simplice (468-483), agonisant longuement, confia au préfet du prétoire, Caecina Decius Maximus Basilius le Jeune, le soin de l'Église afin d'éviter tout trouble : il aurait invoqué le précédent de 419 qui avait vu l'empereur Honorius donner un évêque à la Ville. Le préfet profita de l'occasion et réunit au Vatican une assemblée composée des membres du clergé romain, d'évêques et d'un

1. Titre honorifique conféré à de très hauts fonctionnaires.

groupe de laïcs. Il promulgua un décret qui prétendait lier le futur pape et ses successeurs. D'une part, sous prétexte de lutter contre les trafics d'influence et la simonie, on ne devait plus élire l'évêque sans l'avis du Sénat. D'autre part, il était interdit au pape d'aliéner les biens ecclésiastiques et la vaisselle liturgique, car « ce serait une iniquité et une sorte de sacrilège, que les biens qu'un donateur a confiés ou abandonnés, en faveur des pauvres, à la vénérable Église, pour le salut et le repos des âmes des siens et de lui-même, soient transférés à un autre bénéficiaire par ceux-là mêmes qui devaient les préserver » (*Actes du synode de 502*). « En somme, ce texte interdit au pape de violer les lois des fondations. (...) L'aristocratie évergète, dont on sait la contribution à l'établissement monumental de la Rome chrétienne, estime qu'elle conserve des droits sur l'affectation des biens qu'elle a donnés. Et elle préfère surtout rogner le pouvoir d'un évêque enrichi par ses propres donations, au point d'apparaître comme un dangereux concurrent. Le texte, après avoir opposé une interdiction catégorique aux ventes, prévoit – avec une apparente contradiction –, que tout ce qui ne peut être remployé pour la liturgie ou la décoration des églises (gemmes, objets d'or et d'argent, tissus précieux), doit être estimé et vendu pour être distribué en aumônes. (...) Cette règle complémentaire interdit en fait au pape toute possibilité de thésaurisation, et par là, toute puissance économique » (Ch. Pietri). L'assemblée élit le diacre Félix, un membre de l'ordre sénatorial. Si, à la même époque, un peu partout dans l'*orbis christianus*, des conflits éclatent entre les pieux bienfaiteurs et les clercs gestionnaires de leurs donations, comme en témoignent les canons des conciles tentant de limiter l'interventionnisme des premiers, « l'opération de 483 est, dans son style, césaropapiste, à cette différence qu'il n'y avait pas de César, mais un groupe décidé à placer sous son contrôle l'évêque de Rome. Il fallut ensuite beaucoup d'énergie pour tenir à distance respectueuse le Sénat ; très probablement, les évêques profitèrent des divisions qui fracturèrent, avec la crise italienne, la belle unanimité sénatoriale de 483 » (Ch. Pietri).

• Les débuts du schisme d'Acace (482-496)

Le Sénat n'était pas le seul à tenter de tirer profit des bouleversements politiques qui avaient désormais placé Rome en pays « barbare ». À Constantinople, l'entreprenant Acace

(472-489) put se considérer dorénavant comme « le premier évêque pour l'Église de l'empereur chrétien » (Ch. Pietri). Or, l'Orient connaissait des troubles de plus en plus aigus, car, en de nombreuses régions, particulièrement l'Égypte et la Syrie, la réception du concile de Chalcédoine était tout autre que pacifique. Les princes essayaient de trouver une solution de compromis propre à apaiser les esprits. En 475, l'usurpateur Basilisque avait condamné dans son *Encyclique* la profession de foi chalcédonienne et le *Tome à Flavien*, pour ne retenir que les trois premiers conciles œcuméniques [1] ; mais il ne reçut aucunement l'appui d'Acace, et le document fut balayé en même temps que son auteur, au grand soulagement du pape Simplice. En revanche, à l'automne 482, l'empereur Zénon se décida à publier un *Hénotique*, une formule d'union rédigée par Acace, qui proposait une confession de foi assez vague pour être susceptible de recueillir l'aval des monophysites et chalcédoniens modérés. Selon une tradition bien établie dans l'Empire chrétien, les évêques récalcitrants ou suspects furent déposés : ainsi Jean Talaïa, l'évêque chalcédonien d'Alexandrie, fut chassé de son siège. Il se réfugia à Rome où il informa le nouveau pape, Félix III (483-492), des dernières péripéties orientales. Des légats furent envoyés à Constantinople, mais Acace parvint à les retourner. Dénoncés à Rome par les Acémètes, des moines constantinopolitains partisans irréductibles de Chalcédoine, furent excommuniés, à leur retour en 484, par un synode romain, en même temps qu'Acace, Pierre Monge, le successeur monophysite de Jean Talaïa, et leurs partisans. Ceux-ci répliquèrent en retirant leur communion au siège romain. Un schisme s'ouvrait qui devait durer presque trente-cinq ans.

La mort d'Acace en 489, puis celle de Pierre Monge, l'année suivante, ne changèrent rien à l'affaire, malgré les efforts de conciliation du nouvel évêque de Constantinople, Fravitta, et de Zénon lui-même. Félix III refusait tout accommodement, tant que les noms d'Acace et de Pierre Monge n'auraient pas été rayés des diptyques [2] de l'Église de la capitale orientale. L'empereur disait ne pouvoir s'y résoudre pour des raisons d'ordre public. Or, Félix III ne

1. Nicée (325), Constantinople (381) et Éphèse (431).
2. *Memento* des vivants et des morts lu lors des messes.

cessait de souligner que le prince, en rétablissant Pierre Monge sur le siège d'Alexandrie, en 482, avait outrepassé ses droits : « Si l'on dit : Mais l'empereur est catholique, nous répliquerons, sauf son respect : Il est fils et non chef de l'Église ; en matière de religion, il convient qu'il apprenne, non qu'il enseigne ; il a les privilèges de son pouvoir, qu'il a obtenus de Dieu pour administrer les choses publiques, mais qu'il ne soit pas ingrat après les bienfaits qu'il a reçus, et qu'il ne s'approprie pas quelque chose de contraire aux dispositions de l'ordre voulu par le Ciel. C'est aux prêtres, en effet, que Dieu a voulu que revienne l'administration des choses de l'Église, non aux puissances séculières, qui, si elles sont fidèles, doivent selon sa volonté être soumises à son Église et à ses prêtres. (...). Les empereurs doivent se soumettre comme des exécutants aux princes de l'Église, non se mettre avant eux. » Dans cette *Apologie* au Sénat de Rome, Félix tirait sans doute également les leçons des événements de 483.

Son successeur, l'impérieux Gélase Ier (492-496), ne dira pas autre chose dans la célèbre lettre qu'il adresse, en 494, à l'empereur Anastase : « Je prie Votre Piété de ne pas juger arrogance ce qui est devoir envers la vérité divine. J'espère qu'il ne sera pas dit d'un empereur romain qu'il n'a pas souffert qu'on lui rappelât la vérité. Il y a deux principes, Empereur Auguste, par qui ce monde est régi au premier chef : l'autorité sacrée des pontifes et la puissance royale, et des deux, c'est la charge des prêtres qui est la plus lourde, car devant le tribunal de Dieu ils rendront compte même pour les rois des hommes. Vous savez en effet, Fils très clément, que, bien que vous régniez sur le genre humain, vous courbez avec dévotion la tête devant ceux qui président aux choses divines, et que vous attendez d'eux les moyens de votre salut. » Dans ce texte, et bien d'autres que l'on aurait aimé pouvoir citer, un Grégoire VII lira un manifeste en faveur de la théocratie pontificale à laquelle il aspire. Mais il faut se garder de projeter sur ces sources les débats des XIe-XIIe siècles : Gélase ne fait que réénoncer, avec une absolue intransigeance, la doctrine traditionnelle de l'autonomie de la juridiction ecclésiastique par rapport au pouvoir politique, fût-il chrétien.

• La Papauté sous la monarchie gothique (493-535)

Cette réaffirmation intervenait alors même que l'Italie avait un nouveau maître. En effet, à la fin des années 480, l'empereur d'Orient, Zénon, avait décidé de se débarrasser des Ostrogoths de Théodoric, qui semaient le trouble dans les Balkans, en leur concédant la Péninsule. En 493, Ravenne fut prise et Odoacre assassiné ; si l'empereur Anastase tarda avant de reconnaître Théodoric en 497, et de lui envoyer les insignes impériaux, afin qu'il exerçât en son nom le gouvernement de la Péninsule, ce fut parce qu'il espérait, en vain, que le nouveau roi fût en mesure d'amener Gélase à la conciliation avec l'Orient.

Théodoric était arien comme son peuple et la plupart des populations germaniques en Occident. Mais ce barbare, qui avait reçu une éducation des plus soignées, puisqu'enfant, il avait été retenu comme otage pendant dix ans à la cour de Constantinople, ne se lança pas avant les dernières années de son règne dans une politique de brimades, sinon de persécutions, à l'égard des catholiques, à l'exemple des souverains vandales ou du Wisigoth Euric (466-484). Bien au contraire, il appliqua une politique de large tolérance, que résume un passage célèbre de la lettre qu'il adressa, entre 507 et 511, à la communauté juive de Gênes : « Nous ne pouvons imposer l'adhésion religieuse, car personne n'est amené à croire malgré lui » (Cassiodore, *Variae* II, 27).

L'année 500 le vit à Rome pour une entrée triomphale : l'évêque, le Sénat et le peuple l'accueillirent aux portes de la Ville, puis le conduisirent à Saint-Pierre, ensuite au Sénat, enfin dans sa résidence. Il donna des jeux, alloua des fonds pour la reconstruction des murailles et de divers bâtiments, accorda une exemption d'impôts. Rome brillait alors de mille feux, du moins aux yeux de l'Africain Fulgence de Ruspe, en visite à cette occasion dans la Ville : « De quelle splendeur doit être la Jérusalem céleste, si de la Rome terrestre émane un tel éclat ! » (Pseudo-Ferrand de Carthage, *Vie de Fulgence*, 27). Forte image de la *felicitas theodoriciana*, ce beau VI^e^ siècle, si riche également en réalisations intellectuelles : il suffit de citer les noms de Cassiodore, Boèce ou Denys le Petit qui, à Rome, entreprend une œuvre fondamentale de computiste, de traducteur et de canoniste. Il est vrai que Hilaire (461-468), Simplice et les notables chrétiens avaient poursuivi, malgré la rudesse des temps, l'œuvre édilitaire entreprise dans l'*Urbs* ou le *suburbium* : à la fin du V^e^ siècle, le réseau des *tituli* compte vingt-cinq ou vingt-six églises, un chiffre qui ne variera pratiquement plus jusqu'au XII^e^ siècle. Depuis l'épiscopat d'Hilaire probablement, la liturgie chrétienne a commencé à prendre possession des rues de la cité : aux grandes fêtes ou pendant le Carême, le pape délaisse souvent le Latran ou Saint-Pierre pour se rendre en procession jusqu'à l'une des églises titulaires et y célébrer la messe. Cette liturgie stationnale, que connaissent d'autres Églises, veut souligner davantage encore l'unité de la communauté romaine, en rassemblant autour de l'évêque, dans chacune des églises, à tour de rôle, l'ensemble du clergé et des fidèles.

En ces mêmes années pourtant, l'unanimité est loin de régner dans la Ville. Depuis 498, un schisme déchire l'Église, opposant deux prétendants à la chaire de Pierre : le prêtre Laurent, un ascète réputé, et le diacre Symmaque, « encore mal dégrossi de ses origines sardes et de ses attaches païennes » (Ch. Pietri). Le conflit réveille des antagonismes latents : entre factions du cirque, probablement les Bleus et les Verts ; entre partisans et adversaires de la politique de réconciliation avec l'Orient, que le pape Anastase II, durant son court épiscopat (496-498), avait tenté sans succès d'initier, en expliquant à l'empereur que la similitude de leur nom devait être le gage d'une bonne collaboration ; enfin entre aristocratie chrétienne et simples fidèles. Mais les analyses de Charles Pietri montrent que les contours des deux camps n'épousent pas aussi schématiquement de telles lignes de démarcation : « Les partis de cette querelle coalisent les clans d'intérêts divers, des factions familiales, des réseaux d'influence ; les liens personnels comptent sûrement autant que les préjugés et les convictions. » Cependant « Laurent rassemble les survivants du coup de force accompli en 483 : contre Symmaque, ils invoquent la déclaration rédigée au nom du préfet Basilius et, avec lui, toute une politique de contrôle sur le pouvoir économique de l'épiscopat romain ». Il est vrai que Gélase s'était employé tout à la fois à soustraire les fondations aux prétentions des pieux donateurs, à faire dresser un polyptyque consignant les rentes de toutes les terres appartenant à l'Église, et enfin à établir la répartition des revenus (rentes et offrandes des fidèles) entre les établissements particuliers et les besoins collectifs : il les divisa en quatre parts, l'une pour l'évêque, l'autre pour les clercs, une troisième pour les pauvres, la dernière pour l'entretien des édifices de culte.

« Divisé dans cette querelle, le Sénat essuya un échec. Car en 499, les deux partis, après avoir usé de promesses, distribué des *pittacia* (pétitions) et dépensé beaucoup d'argent, se trouvent contraints de rechercher l'arbitrage de Théodoric. (...) Curieusement, ils évoquent pour s'excuser de solliciter un roi arien le schisme de 418-419 » (Ch. Pietri). S'il n'est pas possible de suivre ici dans le détail les sollicitations des partis, les interventions de plus en plus fortes du monarque, les multiples rebondissements d'une crise, qui s'achève vers 510 sur la victoire définitive de Symmaque et la résignation du parti sénatorial, il faut souligner que cette querelle a été l'occasion d'une guerre de libelles et de propagande, intense et féroce. Un fruit tardif, mais remarquable, en sera, probablement au temps du pape Hormisdas (514-523), selon l'hypothèse de Louis Duchesne, l'affirmation d'une véritable historiographie pontificale : le *Liber pontificalis*, comme l'appelleront les érudits modernes, rassemble, dans l'ordre chronologique, à l'image du *Catalogue libérien* du IVe siècle, des biographies des évêques de Rome depuis Pierre. Cette œuvre à l'élaboration complexe, qui sera poursuivie au Latran jusqu'en plein Moyen Âge, constitue une source fondamentale pour l'histoire de la Papauté.

La place que le schisme laurentien occupe dans la notice que le *Liber* dédie à Symmaque (498-514) ne doit pas pour autant faire oublier certaines évolutions importantes intervenues sous son épiscopat : à une date disputée (496 ?), la conversion au christianisme, sous sa forme catholique, des Francs, bientôt maîtres d'une bonne partie de la Gaule ; celle des Burgondes qui abandonnent l'arianisme pour la foi de Rome ; l'émulation entre Francs et Ostrogoths pour l'obtention de liens privilégiés avec l'empereur ; la régence qu'exerce Théodoric sur le royaume wisigothique entre 510 et 526. Tout cela favorise la reviviscence du « patriarcat » occidental : en 514, Symmaque fait de Césaire d'Arles (502-542) son « vicaire » pour des territoires soumis aux dominations antagonistes des Goths, des Francs et des Burgondes, lui conférant le *pallium* [1], et autorisant ses diacres à porter le vêtement de leurs confrères romains, la dalmatique. Le « vicariat » arlésien, malgré bien des vicissitudes, jouera le

1. *Pallium* : ornement liturgique consistant en une écharpe de laine (ou de lin) blanche pourvue de croix noires, portée comme une sorte de « long cache-nez, assez librement drapé » (H. I. Marrou, *Les Deux Palliums de Saint-Césaire d'Arles*, repris dans *ID.*, *Christiana tempora*, Rome, 1978, p. 251-252). Cet insigne, sans doute apparu au cours du Ve siècle, était

rôle important de relais privilégié de l'influence romaine en Gaule : les conciles gaulois, au cours du VIe siècle, se réfèrent explicitement, à plusieurs reprises, aux usages du Siège apostolique. Dans la péninsule ibérique, le titre de « vicaire » est concédé à titre personnel à l'évêque de Séville dans le dernier tiers du Ve siècle, puis bientôt également à celui d'Elche.

Vis-à-vis de Constantinople, Symmaque poursuit la politique de fermeté de Gélase : à l'empereur Anastase qui l'insulte, il répond qu'en son indigne successeur, c'est au saint apôtre Pierre qu'il donne des coups de pied. Les tentatives d'apaisement de son successeur, Hormisdas, échouent jusqu'au jour où, en 518-519, le nouvel empereur Justin Ier, un illyrien de langue latine, et son neveu Justinien, favorables à la réconciliation avec Rome, imposent l'abandon de l'*Hénotique*, font rayer des diptyques le nom d'Acace et consacrent le retour aux définitions de Chalcédoine, en faisant souscrire aux évêques orientaux la formule du pape de Rome, qui déclare, avec une vigueur renouvelée, le rôle de gardien de l'orthodoxie dévolu au siège romain et ses fondements apostoliques : « La première condition pour obtenir le salut est d'observer la règle de l'orthodoxie, et donc de ne pas s'éloigner de la tradition des Pères, car on ne peut passer sous silence l'affirmation de Notre Seigneur Jésus-Christ qui a dit : "Tu es Pierre, et sur cette pierre je bâtirai mon Église." Ces paroles sont vérifiées par les faits : c'est dans le Siège apostolique que s'est toujours conservée pure et sans tâche la religion catholique. Nous ne voulons pas nous séparer de cette foi ; voilà pourquoi nous condamnons toutes les hérésies (...). Nous acceptons et approuvons toutes les lettres du bienheureux Léon, pape de la cité de Rome, sur l'orthodoxie (...). C'est pourquoi j'espère obtenir d'être en communion avec le Siège apostolique en qui se trouve l'entière et parfaite stabilité de la religion chrétienne. »

Paradoxalement, ce succès sans précédent de l'autorité romaine en Orient, et la réconciliation du pape de Rome avec l'empereur, signent l'ouverture d'un temps de grandes difficultés pour le Siège apostolique. En effet, la restauration chalcédonienne que le souverain byzantin mène d'une poigne de

propre à l'évêque de Rome qui le portait lors des liturgies. À partir du VIe siècle, le pape le conféra, à titre individuel, aux titulaires de sièges particulièrement importants : Ostie, Arles, Thessalonique, Ravenne, etc.

fer, et comme il l'entend, tant du point de vue disciplinaire que théologique, s'accompagne d'une tentative de réduction de toutes les dissidences religieuses : ainsi les ariens, présents dans l'Empire, sont persécutés. C'est alors que Théodoric, désireux sans doute de reprendre l'initiative dans un Occident où son prestige s'amoindrit – en 523, le Vandale Hildéric a suspendu les mesures anticatholiques en Afrique et noué des relations avec Constantinople –, exige l'arrêt des persécutions antiariennes en Orient. En 526, il contraint le pape Jean Ier (523-526), les évêques de Ravenne et de Fano, deux sénateurs et deux patrices à se rendre en ambassade dans la capitale orientale, porteurs d'un message dont la teneur est la suivante : si les mesures contre les ariens ne sont pas rapportées, des représailles seront exercées sur les catholiques des possessions ostrogothiques. Quand bien même l'empereur accueille avec tous les honneurs le premier pape de Rome venu visiter Constantinople – au jour de Pâques, Jean Ier célèbre la messe à Sainte-Sophie, à la place du patriarche, et couronne de nouveau l'empereur –, celui-ci ne cède pas devant les exigences de Théodoric. À son retour à Ravenne, Jean Ier est emprisonné et s'éteint bientôt. Avant de mourir, le vieux souverain ostrogoth impose le nouveau pape, Félix IV (526-530).

Celui-ci, pour tenter de faire échapper l'élection pontificale aux pressions du monarque comme du Sénat, reprend une idée de Symmaque, et désigne de son vivant son successeur, un diacre romain d'origine germanique, Boniface, lui conférant le *pallium* « en présence des prêtres, des diacres et des sénateurs et patrices ». Boniface II (530-532) est menacé d'un schisme, mais son concurrent, le diacre Dioscore, meurt bientôt. Dans un synode réuni à Saint-Pierre, le pape propose pour lui succéder le diacre Vigile : Athalaric, le roi goth, ainsi que le Sénat, manifestent leur opposition et menacent de sanctions quiconque briguerait la charge pontificale du vivant d'un pape. « Curieux symbole : les derniers textes émanant de la Curie (le Sénat) traitent des querelles de clercs » (Ch. Pietri). Boniface est obligé de renoncer, laissant, à sa mort, l'Église dans un long conflit d'où sort finalement élu Mercurius, le seul pape du VIe siècle à ne pas être diacre, mais prêtre, qui change de nom – c'est la première fois –, pour celui de Jean II (533-535). Le pape est contraint de justifier devant le Sénat l'approbation qu'il a donnée à une formule, « l'Un de la Sainte Trinité a souffert dans la chair », suspectée de monophysisme, condamnée par son prédécesseur Hormisdas, et dont Justinien a favorisé l'introduction dans la liturgie de sa capitale.

Le court épiscopat d'Agapet (535-536) voit la fin d'une époque : alors que ce pape, amoureux des livres, forme avec Cassiodore le projet de fonder à Rome une école d'exégèse et de théologie sur le modèle de celle de Nisibe en Perse, le roi Théodat le contraint à partir en ambassade à Constantinople, courant 536, pour exiger de Justinien l'arrêt des préparatifs militaires d'invasion de l'Italie. En effet, dans le cadre du rêve qu'il poursuit, celui d'une restauration de l'ancienne grandeur de Rome, l'empereur s'est lancé dans la reconquête des territoires naguère perdus en Occident et aux mains des barbares : en 533-534, le royaume vandale a succombé aux coups. En 535, ce fut le tour de la Sicile. Agapit est reçu avec grande déférence à Constantinople ; il exerce avec éclat son autorité, déposant, avec l'accord difficilement obtenu de Justinien, le patriarche Anthime, accusé d'hérésie et coupable d'avoir enfreint les canons interdisant les translations de siège, et nomme son successeur Menas, mais sa mission est un échec : tandis qu'il meurt dans la capitale orientale, Théodat impose son successeur, le sous-diacre – un grade insolite pour accéder à l'épiscopat –, Silvère. En décembre 536, le général byzantin, Bélisaire, entre à Rome. Au mois de mars suivant, le pape, accusé de trahison, est déposé et envoyé en exil à Patara en Lycie. Le diacre Vigile, un aristocrate ambitieux qui a séjourné à Constantinople, celui-là même dont Boniface avait tenté en vain de faire son successeur, participe à la déposition et est consacré évêque. Quelque vingt ans auparavant, Jean Rufus, l'évêque monophysite de Maiuma, en Syrie, reflétant un sentiment diffus parmi les antichalcédoniens, avait pu écrire dans ses *Plérophories* (§ LXXXIX) : « Depuis que l'Empire romain a été le principe du mal et qu'il a fait paraître l'abomination que l'on appelle la lettre de Léon, la ville qui était la maîtresse de l'univers a été prise et placée sous la domination des Barbares. » Rome est désormais de nouveau romaine, et son évêque, à la merci directe de l'empereur.

### JUSTINIEN ET LE PAPE DE ROME.

Le titre premier du *Code* que Justinien fit publier en 529, était consacré aux affaires religieuses, alors que dans le *Code théodosien* de 438, cette matière était reléguée en conclusion. Le préambule d'une loi relative aux élections des évêques et des clercs, adressée le 7 avril 535 à l'évêque de Constantinople, permet d'en comprendre la raison : « Dieu, dans sa clémence, a accordé d'en haut deux grands dons : le sacerdoce et la dignité impériale. Le premier sert les choses divines tandis que le second dirige et administre les affaires humaines ; toutefois, les deux procèdent de la même origine et rehaussent la vie de l'humanité. Par conséquent les empereurs ne sauraient avoir de responsabilité plus grande que la dignité des prêtres, car c'est pour leur bien-être que les prêtres invoquent Dieu constamment. Si donc le sacerdoce est à tous égards irréprochable et préserve son accès à Dieu, et si les empereurs administrent équitablement et judicieusement l'État confié à leur soin, l'harmonie générale en résultera, et ce sera un bienfait pour la race humaine. C'est pourquoi nous avons le plus grand soin des dogmes du vrai Dieu et de la dignité des prêtres » (*Novelle* VI). Le programme de l'empereur ne pouvait être plus explicite.

Alors qu'en Italie, la guerre entre Goths et Byzantins faisait rage avec son cortège de dévastations, de famines et d'épidémies – la peste inguinaire venue d'Orient apparut en 543 –, et qu'entre 536 et 554, Rome subit quatre sièges et changea cinq fois de mains, Justinien s'employait à assurer l'unité religieuse de l'Empire, plus que jamais divisé par la crise monophysite. Ce prince théologien ne s'engagea pas, comme ses prédécesseurs, dans la recherche d'une solution de compromis concrétisée en une formule de foi aussi vague que possible, gommant les points disputés et susceptible ainsi de recueillir l'assentiment de tous les partis, mais il s'efforça d'élaborer une solution proprement doctrinale à la controverse : fermement attaché à l'œuvre de Chalcédoine, il voulut donner du concile une interprétation propre à éliminer tous les soupçons de nestorianisme qui lui étaient attachés, afin de rallier les monophysites modérés. C'est ainsi qu'en 544, il publia un édit condamnant, en sa personne comme en ses œuvres, le théologien Théodore de Mopsueste († 428), considéré comme le maître de Nestorius, la lettre à Maris attribuée à Ibas d'Édesse et les ouvrages de Théodoret de Cyr hostiles à Cyrille d'Alexandrie. Ces trois anathématismes ou « chapitres » – d'où par extension le nom de « Trois Chapitres » donné aux théologiens condamnés –, reçurent l'aval des patriarches chalcédoniens de Constantinople, Alexandrie, Antioche et Jérusalem. Or, tandis que

Théodore de Mopsueste était bien oublié dans l'Empire, les deux autres théologiens, déposés au « brigandage » d'Éphèse en 449 et réhabilités à Chalcédoine, jouissaient encore dans les rangs chalcédoniens d'une grande réputation. Le diacre Étienne, apocrisiaire, c'est-à-dire représentant permanent du pape de Rome dans la capitale orientale, et les Occidentaux présents à Constantinople (l'évêque Datius de Milan réfugié en Orient et un groupe de prélats africains) rompirent la communion avec le patriarche de Constantinople. Averti de l'affaire, le pape Vigile demanda conseil sur la validité de l'édit à l'éminent théologien Ferrand de Carthage : celui-ci répondit que les Trois Chapitres ne pouvaient être condamnés sans compromettre toute l'œuvre de Chalcédoine. Aussi Vigile rejeta-t-il l'édit.

Or, si Justinien n'avait de cesse d'exalter la primauté de l'Église de Rome, « tête de toutes les saintes Églises » et « source du sacerdoce », bastion de l'orthodoxie qui a mis en déroute tous les hérétiques surgis en Orient, ce n'était que pour mieux l'enrôler au service du rétablissement, sous son autorité, de l'unité de l'Empire et de la foi : le pape de Rome n'était que le premier des cinq patriarches, et de même que l'empereur s'autorisait à déposer l'évêque de Constantinople ou d'Alexandrie, il entendait pouvoir agir de même avec celui de la Vieille Rome. Le 22 novembre 545, un émissaire impérial s'assura de la personne de Vigile qui confia l'administration de l'Église de la Ville à un évêque et à un prêtre. Transféré en Sicile, il fut expédié à Constantinople où il arriva en janvier 547. Lui qui, en mai 545, exhortait encore l'évêque d'Arles à intervenir auprès du roi franc Childebert pour le convaincre d'aider en Italie les Byzantins contre les Goths, put méditer les paroles de son prédécesseur Agapet : « Je suis venu à Constantinople croyant y trouver Constantin, et je me suis retrouvé face à Dioclétien » (*Liber pontificalis*). Après un premier mouvement de résistance qui le vit excommunier l'évêque de la capitale orientale, le pape de Rome vint à composition, tant et si bien qu'en avril 548, il publia un *Jugement* avalisant la condamnation des Trois Chapitres. L'effet en fut désastreux : l'entourage de Vigile se divisa ; l'Italie, en proie à la guerre, resta d'abord muette ; les évêques africains excommunièrent le pape de Rome et les traités en faveur des Trois Chapitres se multiplièrent ; l'Illyricum « manifesta une sourde résistance qui put, à l'occasion, prendre la forme d'une révolte ouverte » (Ch. Pietri) ; en Gaule enfin, la rumeur courut que le pape avait rejeté les quatre conciles œcuméniques.

Vigile se ressaisit, reprit sa signature, tenta de fuir, mais l'empereur usa à nouveau de promesses et de pressions et convoqua un concile pour entériner la condamnation des Trois Chapitres. Celui-ci s'ouvrit à Constantinople en mai 553 ; Vigile refusa d'y siéger, rédigea un texte hostile aux projets de l'empereur, mais Justinien rendit public un document secret où le pape s'engageait à anathématiser les Trois Chapitres. Le concile prononça la déposition de Vigile, qui se retrouva seul. En décembre 553, il faisait son autocritique, et en février 554, condamnait les Trois Chapitres. Le même Vigile qui, au printemps 544, avait assisté, à Saint-Pierre-aux-Liens, à la lecture de l'*Histoire apostolique* du sous-diacre Arator, une épopée biblique en deux chants, qui célébrait la gloire de Pierre et de Paul, et constituait une véritable ode à la Papauté, entérinait son asservissement. C'est alors que Justinien, les Byzantins ayant triomphé des Goths en Italie, put promulguer, le 13 août 554, « à la demande de Vigile » (en fait, des sénateurs romains réfugiés à Constantinople), la *Pragmatique Sanction* qui restaurait la Péninsule sous la domination impériale. Vigile mourut sur le chemin du retour en Italie au printemps 555.

Justinien choisit pour lui succéder le diacre Pélage. Celui-ci, qui avait joué un rôle important à Rome lors du siège de Totila en 546, avait ensuite accompagné Vigile à Constantinople, puis s'était séparé de lui, en refusant d'accepter la condamnation des Trois Chapitres. Il avait même rédigé un violent opuscule contre Vigile. Justinien le désigna sous la condition qu'il renonçât à défendre les Trois Chapitres. Il fut très mal accueilli à Rome : on ne trouva que deux évêques pour le consacrer, et cela en avril 556. Si en Afrique, « le centre intellectuel et moral de la résistance » (R. Markus), le pouvoir impérial avait sévi avec une rare vigueur contre les partisans des Trois Chapitres, à coups de sentences de déposition et d'exil, il n'en était pas de même en Italie et en Illyricum. Le nouveau pape s'employa d'abord à prouver son orthodoxie : il rédigea ainsi plusieurs professions de foi à l'adresse du clergé franc et du roi Childebert, fort soupçonneux. Puis, devant l'échec de la politique de conciliation menée en Italie, il décida de faire appel à la force publique, mais ce fut en vain : les fonctionnaires impériaux refusaient d'obtempérer à ses injonctions répétées. Alors que Rome et Ravenne étaient aux avant-postes de la lutte contre les Trois Chapitres, Milan et Aquilée, dont l'évêque prit le titre de « patriarche », s'enfonçaient dans le schisme. Il dura, pour la première, officiellement jusque sous le successeur de Pélage I, Jean III (561-574) [1], pour la seconde, jusqu'à la fin du VIIe siècle. Justinien mourut en 565. En 568, les Lombards commencèrent à déferler sur l'Italie. Un grand rêve prenait fin.

### GRÉGOIRE LE GRAND (590-604) : UN PAPE POUR LA FIN DES TEMPS ?

« La quinzième année du roi Childebert (en 590) notre diacre, à son retour de la ville de Rome, porteur de reliques de saints, relata que l'année précédente, au cours du neuvième mois (= novembre 589), une inondation du Tibre couvrit la ville de Rome au point que des édifices antiques s'effondrèrent et que furent également engloutis des greniers appartenant à l'Église où furent détruits plusieurs milliers de boisseaux de blé. Une multitude de serpents avec un grand dragon qui ressemblait à une grosse solive descendit dans la mer à travers le lit du fleuve ; mais ces bêtes s'asphyxièrent au milieu des flots salés de la mer houleuse et furent rejetées sur le littoral. Il s'ensuivit aussitôt une peste qu'on appelle inguinaire. Arrivant au milieu du onzième mois (= février 590), elle frappa, le premier de tous, le pape Pélage, conformément à ce qu'on lit chez Ézéchiel : "Commencez par mon sanctuaire", et le fit mourir sans tarder. Lui décédé, l'épidémie provoqua une forte mortalité dans la population. Mais, comme l'Église de Dieu ne pouvait rester sans chef, tout le peuple élut le diacre Grégoire. »

Le nouveau pape – le terme tend de plus en plus en Occident à être réservé à l'évêque de Rome –, n'aurait sans doute pas renié la tonalité apocalyptique que son homonyme de Tours (*Histoires* X, 1) donne, quelques années à peine après l'événement, au récit de ces jours dramatiques. En effet le choix des Romains s'est porté sur un homme singulier, tout pétri d'une méditation continue sur le caractère transitoire du monde d'ici-bas, non moins que sur l'ap-

1. Le premier sceau papal conservé date de son pontificat.

proche des fins dernières : son propre parcours en témoigne dès l'abord. Issu d'une importante famille sénatoriale, arrière-petit-fils de Félix III, « il était si versé dans la connaissance de la grammaire, de la dialectique et de la rhétorique qu'on estimait que dans la ville de Rome il ne le cédait à personne » (Grégoire de Tours, *ibid.*) [1]. Promis à une belle carrière dans le siècle, il exerça, en 573 probablement, la charge de préfet de la Ville. Or, peu de temps après, à la mort de son père, il embrassait l'état de moine et transformait le *palazzo* familial, au *Clivus Scauri*, sur le Caelius, en monastère dédié à saint André où il vécut, sous la direction d'un abbé, « les jours les plus heureux de sa vie », tandis que sur des propriétés siciliennes, il fondait six établissements monastiques. Cette « conversion » intervint alors que le péril lombard se faisait plus proche : après s'être emparé d'une bonne partie de l'Italie du Nord et avoir fait de Pavie une capitale, les barbares progressèrent vers le Sud, en une succession de massacres et de pillages, profitant de l'impéritie et de la corruption des troupes impériales.

En 579, Rome fut assiégée, le pape Benoît Ier (575-579) mourut, et son successeur, Pélage II (579-590) [2], n'attendit pas la confirmation de l'empereur pour être consacré : selon Louis Duchesne, l'obligation pour le pape nouvellement élu de demander et obtenir du prince la ratification du choix des électeurs romains serait vraisemblablement entrée dans l'usage à la mort de Pélage Ier (561). L'une des premières mesures prises par Pélage II fut d'arracher Grégoire à sa retraite et de le dépêcher comme apocrisiaire à Constantinople. Établi, selon la coutume, au palais de Galla Placidia, il y resta jusqu'en 585/586, entouré de quelques moines venus de Saint-André. Il put se lier à des personnages

1. Ce n'est qu'au VIIIe siècle qu'apparaît, semble-t-il, la légende d'un Grégoire le Grand musicien et compositeur de prières liturgiques. En fait, si à partir d'une date difficile à préciser, comprise entre la mort de Léon le Grand (461) et l'avènement de Grégoire (590), l'Église romaine dispose d'une *schola cantorum*, un corps de solistes virtuoses, ce que nous appelons « chant grégorien » est très vraisemblablement le résultat de l'hybridation, à l'initiative des souverains carolingiens, du chant liturgique en usage en Gaule et de celui propre à Rome : voir Ph. Bernard, *Du chant romain au chant grégorien : IVe-XIIIe siècle* (à paraître aux Éditions du Cerf en 1996)

2. Il fut le premier pape à porter le nom de *iunior* pour le distinguer de son prédécesseur homonyme.

importants, dont la sœur de l'empereur, et fut même choisi pour être le parrain de l'un des fils du souverain. Tandis qu'il transmettait à la Cour les appels à l'aide de Pélage II, il composa à la demande de Léandre, l'évêque de Séville, en ambassade dans la capitale, un commentaire sur *Job*, un livre cher à la tradition ascétique et de plus, de circonstance. De retour en la Ville, il reprit au Caelius sa vie de moine, chargé de quelques missions pour trouver une issue au schisme tricapitolin. Il tenta, en vain, de dissuader l'empereur de donner son accord à son élection épiscopale, tant il était attaché à la « vie contemplative ». C'était la première fois qu'un moine accédait au siège de Pierre.

La tension eschatologique qui l'habitait ne fit que croître à proportion des horreurs du temps, qu'il interprétait comme les signes précurseurs de la fin. Dans les premiers mois de son épiscopat, malade comme souvent, il put faire lire des *Homélies sur l'Évangile*, qui s'ouvraient sur ces mots : « De tous ces signes, les uns nous les voyons déjà accomplis, les autres, nous redoutons de les voir venir prochainement. Car c'est à notre époque que nous voyons les nations se dresser les unes contre les autres, et leur angoisse peser sur la terre, plus que nous ne le lisons dans les livres (...). Nous supportons sans arrêt des épidémies. Des signes dans le soleil, la lune et les étoiles, nous n'en voyons encore clairement que fort peu, mais le changement même de l'atmosphère nous permet de conclure qu'ils ne sont pas loin. » Cette application à scruter les signes des temps ne le détourna nullement de l'action, même s'il écrit à Léandre en avril 591 (*Ep* I, 41 Norberg) : « Je suis à mon poste secoué par les flots de ce monde qui sont si violents que je suis absolument incapable de conduire au port ce navire vétuste et vermoulu, que le dessein caché de Dieu m'a donné à gouverner. Tantôt les flots attaquent de front, tantôt les masses écumantes de la mer se gonflent sur nos flancs, tantôt la tempête nous poursuit par l'arrière. Au milieu de tout cela, troublé moi-même, je suis contraint tantôt de faire front et de tenir le gouvernail, tantôt le navire penché sur le côté, d'esquiver en virant les menaces des flots. Je gémis parce que je sens que, par ma négligence, la sentine des vices va s'accroissant et que, dans la tempête terrible que nous traversons, les planches pourries ont des craquements de naufrage. En pleurant je me rappelle le calme rivage de mon repos perdu ; et je regarde en soupirant la terre où cependant les vents contraires des événements ne me permettent pas d'aborder. »

### *« Le consul de Dieu »*

Pourtant, dans les nécessités, Grégoire retrouve toute l'énergie et le sens de l'autorité de l'ancien préfet. En effet, pour la première fois sans doute, l'évêque de la Ville doit pallier le collapsus presque général des autorités politiques traditionnelles de la cité. Le Sénat est moribond : nombre de ses membres ont fui en Orient les Goths, puis les Lombards, et l'assemblée, attestée pour la dernière fois en avril 603, n'est plus qu'un simple conseil du pape. Celui-ci préside désormais à la nomination du préfet de la Ville : le dernier connu est en charge en 599. Le duc de Rome, le chef de la garnison romaine, guerroie contre les duchés lombards de Spolète, au nord, et, au sud, de Bénévent. L'exarque, le gouverneur byzantin, est à Ravenne, et la route qui mène à Rome, souvent coupée. Dès lors, à l'image de nombre d'évêques, qui, dès le milieu du ve siècle, en certaines régions en proie aux guerres et aux troubles, ont suppléé aux défaillances de l'administration romaine, et dans le sillage de quelques dispositions de Justinien, Grégoire fait face. Il conseille les chefs militaires sur la stratégie à adopter, fût-ce en Corse, en Sardaigne ou en Campanie ; il dirige la défense de la Ville et assure, le cas échéant, la solde des troupes en véritable « trésorier de l'empereur » ; il négocie, trêves et traités à la grande fureur de l'exarque qui l'accuse d'affaiblir l'Empire. Il prend en mains le système annonaire qui assurait, depuis des siècles, l'approvisionnement en blé de la Ville, afin de nourrir habitants et réfugiés : « les fonctions publiques tendent à migrer, comme par un phénomène d'osmose, de la rive de l'État vers celle de l'Église (...). C'est du point de vue économique que Rome devient pontificale » (G. Arnaldi). Ce n'est pas pour rien que Grégoire présente Pierre comme le patron et protecteur de la cité : dans les greniers de l'Église s'accumulent le grain de l'annone et les récoltes des propriétés ecclésiastiques que l'évêque, « père des pauvres », administrateur et évergète, distribue selon les disponibilités, les jours et les fêtes. S'y ajoutent, le cas échéant, des légumes, du poisson, de la viande, de l'huile, du vin, du lard, du fromage, tandis que les notables reçoivent condiments, épices ou autres produits précieux... Un imposant rouleau, conservé au Latran, dresse la liste de tous les bénéficiaires de la générosité du pape (nom, âge, sexe, adresse, emploi).

Cette activité exige la mobilisation des hommes et des ressources en faveur d'une ville où l'espace habité se rétracte et où croît le *disabitato* (R. Krautheimer) : les zones qui s'étendent du Trastevere au sud-est et au nord de Rome sont particulièrement touchées, et nombre de monuments publics, abandonnés. La mission chrétienne s'adapte à ces mutations, mais la redistribution géographique du clergé n'entraîne pas une forte diminution de ses effectifs : selon les dénombrements de Charles Pietri, la Rome de Grégoire compte une centaine de prêtres pour 120 ou 130 un siècle auparavant. Ces clercs desservent non seulement le réseau des *tituli*, qui, quoiqu'affaibli, demeure l'organisation de base de la pastorale romaine, comme le prouve le parcours des processions des litanies que Grégoire organise dès son élection, mais ils s'occupent aussi des autres églises sises *intra muros*, et également sans doute des grandes basiliques martyriales, d'autant que près de Saint-Pierre, Saint-Paul et Saint-Laurent, dès le v^e^ siècle, de petites agglomérations s'étaient formées. Si Grégoire n'a enrichi le patrimoine des édifices de culte de la Ville que de deux églises récupérées sur les ariens, il a construit sept monastères : au total, l'*Urbs* compte une cinquantaine de basiliques, d'oratoires et d'établissements monastiques, auxquels il faut ajouter un certain nombre de *xenodochia*, des hospices. À la différence de Naples ou de Ravenne, Rome n'a pas encore de « diaconies » (centres monastiques spécialisés dans l'assistance).

Pour les secours et la collecte, Grégoire donne au collège des sept diacres, vivier de *papabili* au VI^e^ siècle, le renfort de sept *defensores* spécialement attachés, chacun, à une région ecclésiastique donnée : il est vrai que les diacres exercent souvent des fonctions de représentation loin de Rome. Sur le modèle des bureaux de l'administration impériale, il organise les *defensores* en *schola* ou corporation, et restructure celle des notaires ; ces deux corps « recrutent des laïcs pour le service de l'Église ; désignés par le pape, ils sont tenus de prêter serment sur la tombe de Pierre et leur intégration dans l'une des deux *scholae* implique une investiture, attestée par un acte conservé dans les archives pontificales (...). La formule énumère les empêchements qui pouvaient annuler cette nomination : l'attache à une autre Église ou les liens d'une condition sociale aliénant ou limitant la liberté individuelle. (...) Les *defensores* reçoivent probablement la tonsure, mais ils ne sont pas soumis à la loi de continence. (...) Les notaires dans leur majorité, et les *defensores* pour la plupart, servent, (comme le plus souvent les sous-diacres [1]), hors de Rome, dans l'administration du patrimoine de l'Église romaine et dans toutes les tâches qu'assurent désormais ces représentants du siège apostolique » (Ch. Pietri).

La charge est lourde : l'Église romaine est devenue à la faveur des crises la première puissance économique de la Péninsule, même si les pertes résultant de l'invasion lombarde ont largement contrebalancé les gains issus de la récupération, en 554, des possessions des Églises ariennes. À partir du milieu du VI^e siècle, on a désigné sous le nom de « patrimoines de Saint-Pierre », les diverses propriétés foncières et les biens immeubles que possède le Siège apostolique, regroupés en ensembles régionaux, afin d'en faciliter la gestion. Chacun de cette quinzaine de patrimoines a reçu le nom de la province où il se trouve, ou aussi bien de la cité ou de la voie près de laquelle il est sis. Hors d'Italie, l'Église romaine tient des patrimoines de faible importance en Numidie, dans les Balkans, en Provence, autour d'Arles ; en revanche, en Corse, en Sardaigne, et surtout en Sicile, ses possessions sont de grande taille : le patrimoine sicilien, selon les estimations de Lellia Cracco Ruggini, couvre plus du vingtième de l'île, si bien que Grégoire sera contraint de le partager en deux. En Italie, les biens de l'Église ont souffert des Lombards. Chaque patrimoine est confié à un *rector*, sous-diacre pour les plus importants, ou *defensor* ou notaire, dans la majorité des cas ; il est subdivisé en domaines (*condumae*) affermés pour cinq ans à des *conductores* ou régisseurs – le patrimoine sicilien en compte 400 –, qui, à leur tour, sous-louent des parcelles à des *coloni*. En janvier, mai et septembre, ces derniers doivent verser aux *conductores* le loyer de la terre et l'impôt dû au fisc impérial, assortis de quelques prestations au bénéfice des *conductores* ou du *rector*.

À tous les niveaux, Grégoire attache un soin jaloux au choix des hommes. Dans l'administration centrale, il écarte souvent des postes de responsabilité les membres du vieil

1. Les sous-diacres sont tenus à la continence depuis Léon le Grand.

*establishment* ecclésiastique pour recruter des hommes de confiance ; ainsi durant son épiscopat, il renouvelle entièrement le collège diaconal. Pour la gestion des patrimoines, il remplace les responsables locaux par des hommes venus de Rome : en Sicile, il envoie comme *rector*, dès son avènement, le sous-diacre Pierre chargé de remettre de l'ordre et de remédier aux abus. Dans cette « civilisation de l'écrit » (G. Arnaldi), tous ces serviteurs de l'Église sont munis d'instructions précises et doivent rendre des comptes détaillés. Une large partie des quelque huit cent cinquante lettres de Grégoire parvenues jusqu'à nous, et qui constituent une documentation exceptionnelle, illustre ces échanges épistolaires entre le pape et ses délégués [1]. Il vaut la peine de citer un extrait de la correspondance que Grégoire adresse au sous-diacre Pierre à l'été 592, pour mesurer la minutie de ses ordres (*Ep* II, 50) : « Il faudra vendre les vaches qui sont stériles du fait de leur vieillesse, et les bœufs qui ne semblent plus utiles, afin que leur prix de vente procure au moins quelque avantage. Je veux qu'on se débarrasse de tous les troupeaux de juments que nous estimons vraiment inutile de garder, et que l'on conserve seulement quatre cents pouliches pour la reproduction ; il faudra donner à chacun des régisseurs de ferme l'une de ces quatre cents bêtes de façon que cela rapporte quelque chose chaque année, étant donné qu'il est tout à fait insupportable de dépenser soixante *solidi* pour les gardiens et de ne pas même recevoir soixante deniers pour ces troupeaux. »

### *Choix des hommes et réforme des Églises*

Dans la même lettre, Grégoire règle, entre autres, divers litiges surgis entre son représentant et des particuliers ou des monastères, lui prescrit le comportement qu'il doit adopter vis-à-vis des autorités impériales, lui enjoint d'apporter à Rome lors de sa visite prochaine rentes et comptes, et lui demande d'intervenir en son nom auprès de l'évêque de Syracuse pour lui rappeler qu'il convient d'user avec prudence de l'excommunication. C'est que les responsables des patrimoines sont également, malgré leur faible grade dans la

1. Entre le cinquième et le quart des lettres du *Registre* concerne de près ou de loin le seul patrimoine sicilien.

hiérarchie ecclésiastique, les yeux et les oreilles, les mains et les bras, de ce pape qu'un de ses biographes comparera à Argos aux mille prunelles. Pierre est ainsi le « vicaire » de Grégoire en Sicile ; il doit réunir, chaque année, un synode régional. Le pape surveille avec une rare attention les élections épiscopales en Italie et dans les îles ; en cas de vacance d'un siège, il envoie un visiteur, un évêque voisin choisi avec circonspection pour présider au choix du futur évêque. L'élu doit se rendre à Rome pour être consacré par le pape ; mais auparavant il doit prouver sa moralité et sa culture. Aux sièges importants Grégoire s'efforce, à coups de conseils, de pressions plus ou moins discrètes, voire de coups de force, de placer des hommes de confiance : des clercs romains sont ainsi installés à Messine, Reggio, Capoue, Ostie, Pérouse, ou Rimini, tandis que des moines de Saint-André sont envoyés à Syracuse ou à Ravenne. Cette politique réussit plus ou moins bien selon le contexte local : le peuple peut se rebeller contre un pasteur qu'il n'a guère choisi, ou le nouvel élu faire siennes les revendications locales. Ainsi à Ravenne, Marinianus, un moine de Saint-André, ami de Grégoire, dont celui-ci a favorisé l'élection, s'identifie aux intérêts de l'élite locale, et refuse symboliquement d'obtempérer aux injonctions du pape qui le presse de ne plus porter le *pallium* en dehors des célébrations eucharistiques.

Dans la Péninsule, ravagée par la guerre, le pape tente de remédier aux disparitions des sièges épiscopaux ou à la fuite des pasteurs et des clercs, en plaçant, de manière temporaire ou définitive, sous l'autorité d'un évêque voisin un diocèse dévasté – ainsi Cumes est rattaché à Misène –, ou en déplaçant l'évêché dans une cité proche, plus sûre. En cas de reconquête, il s'emploie à reconstituer les hiérarchies ecclésiastiques. Cette pastorale toute en pragmatisme vise également à moraliser la vie des prélats et des clercs : Grégoire rédige en 591 une *Règle du pasteur* qui en quatre livres, trace les traits du « bon évêque ». Ce texte aura sur le champ un très grand succès. Aux discours et aux exhortations le pape joint l'exemple et la sévérité : il n'hésite pas à convoquer à Rome et, après enquête, à déposer, les pasteurs indignes. De même, si Grégoire n'est peut-être pas l'auteur des *Dialogues* placés sous son nom, dont le livre II retrace la vie de Benoît du Mont-Cassin, il veille au respect de la règle propre à chaque monastère, quand bien même il fixe des dispositions générales pour la durée du noviciat et l'âge minimal requis pour être élu abbé. C'est que ce spirituel, hanté par la venue prochaine du Christ Juge, veut réformer l'Église.

Cette volonté marque également ses rapports avec les chrétientés non directement soumises à sa juridiction, où là encore il s'appuie sur un réseau de correspondants privilégiés. Avec l'Afrique et l'Illyricum byzantins, la Gaule franque ou l'Espagne wisigothique [1] dont le souverain, Reccarède, a, en 587, embrassé le catholicisme et où, deux ans plus tard, le troisième concile de Tolède procède à la restauration de l'Église catholique, Grégoire n'a de cesse de lutter contre la simonie, une véritable « hérésie » à ses yeux, et contre tous les autres déportements du clergé. Les résultats sont médiocres : le concile gaulois qu'il réclame de ses vœux, pressant évêques et monarques, ne se réunira pas avant sa mort, en raison des circonstances politiques. Les échanges avec l'Espagne sont très limités, Reccared voulant surtout utiliser Grégoire comme médiateur vis-à-vis de l'empereur. De plus, en Gaule comme dans la péninsule ibérique, le monarque use du droit dont il dispose de confirmer les élections épiscopales pour imposer ses candidats, favorisant ainsi brigues et simonie. Ailleurs, le traditionnel sentiment d'autonomie des communautés africaines, qui s'est renforcé à la faveur des troubles liés à la querelle des Trois Chapitres, a raison des tentatives du pape : son homme de confiance, l'évêque Columbus, se plaint de l'impopularité que son rôle lui vaut ; en Dalmatie, l'évêque de Salone refuse très longtemps de déférer aux convocations de Grégoire et joue l'empereur contre le pape.

Avec Constantinople, les relations sont tendues. Déjà Pélage II avait protesté contre le qualificatif d'« œcuménique », d'« universel », que les patriarches s'étaient attribué. Grégoire reprend la querelle, en fustigeant l'orgueil qu'à ses yeux dénote une telle épithète, et en protestant contre ce qu'il interprète comme une revendication à la primauté sur l'Église universelle, alors qu'il refuse le titre pour lui-même. Les patriarches d'Antioche et d'Alexandrie s'entremettent, en vain. En fait, ce terme, utilisé dès le v$^{e}$ siècle pour qualifier de hauts dignitaires ecclésiastiques, s'applique, dans la tradition byzantine, « aux institutions et aux

1. Une frange orientalo-méridionale de la péninsule ibérique est aux mains des Byzantins.

hommes qui professent l'orthodoxie officielle dans la perspective universaliste de l'empire chrétien » (A. Tuilier). Moins que de primauté, il s'agit ici de rectitude de la foi. Mais par-delà les quiproquos et la méfiance de Grégoire envers les Grecs, à son sens « maîtres dans l'art de l'imposture » (*Ep* VI, 14), le pape, aussi fier qu'il soit de son appartenance à l'Empire, rejette toute une ecclésiologie politique. Cela ne l'empêche cependant pas d'expédier à Grado, où l'évêque d'Aquilée s'est réfugié devant l'avance lombarde, un corps de troupes pour se saisir du prélat schismatique et l'amener à Rome. L'empereur lui ordonnera de laisser tranquilles les partisans des Trois Chapitres en raison du contexte politique.

### *L'inquiétude missionnaire*

Au traditionnel souci pour l'unité de l'Église qui anime Grégoire s'ajoute une inquiétude plus nouvelle : dans les *Homélies sur l'Évangile* (XVII, 17), il déclare qu'au Jugement dernier, Pierre viendra avec les convertis de la Judée, Paul avec les Gentils, André avec l'Achaïe, Jean avec l'Asie, Thomas avec l'Inde. Et de s'interroger : « Et nous, pauvres malheureux, que dirons-nous ? », et de craindre de se trouver entièrement dépourvu, car les malheurs des temps ont détourné les pasteurs de la prière et de la prédication. Aussi, dans sa correspondance, Grégoire ne cesse d'inviter les évêques à lutter contre toutes les formes de paganisme ; il réprimande ainsi avec vigueur pour son inertie Janvier de Cagliari qui n'a cure de mettre fin aux manifestations idolâtres qui souillent son diocèse et la Sardaigne. De même il offre les vêtements baptismaux à des Juifs siciliens désireux de se convertir, mais s'oppose aux conversions forcées. Son attitude face aux Lombards est plus complexe : s'il les considère comme un fléau dans la mesure où ils constituent une menace directe pour l'Italie, et s'il met tout en œuvre pour s'y opposer, il entre en contact, à la faveur de la trêve, avec Théodelinde, une catholique ralliée au schisme tricapitolin, et femme du roi Agilulf, lui-même arien, voire païen. Le baptême, en 603, dans la foi de Théodelinde, de l'un de ses enfants, lui fait espérer une possible conversion du souverain, et partant de son peuple alors partagé entre païens et ariens. Cet espoir, pour lors, restera déçu. En revanche, c'est « aux extrémités du monde » que cette espérance missionnaire sera exaucée.

En effet en juillet 596, Grégoire dépêche vers la Gaule, sous la conduite d'Augustin, le prieur de Saint-André, une quarantaine de moines. Leur mission est de gagner le pays des Angles, le Kent actuel, pour évangéliser la contrée. Non que les îles britanniques fussent alors dépourvues de chrétiens : l'Irlande, la Cornouaille, le Pays de Galles, l'Écosse, comptent des communautés florissantes, mais qui, à notre connaissance, n'entretiennent pratiquement pas de liens avec Rome. En revanche, les populations anglo-saxonnes installées en Angleterre restent païennes. La présence chrétienne se limite à Berthe, une princesse franque devenue la femme d'Ethelbert, le roi du Kent, et à sa suite, dont fait partie un évêque, Liudhard. Il n'est guère aisé de cerner les motivations précises de Grégoire et la genèse de ce projet missionnaire tout à fait inédit en Occident : les sources disponibles, autres que les lettres du pape, sont trop éloignées dans le temps des événements pour ne pas être suspectées de les reconstruire selon des canons anachroniques. À en juger d'après la correspondance que Grégoire adresse en 596 aux rois francs d'Austrasie (*Ep* VI, 51), l'envoi d'Augustin répond à une rumeur : le pape a appris que les Angles souhaitaient se convertir, mais que « les prêtres du voisinage » – sans doute le clergé franc selon Ian Wood –, n'avaient pas daigné déférer à leur appel. Grégoire aurait donc suppléé à la défection des prêtres du continent, et il est vrai que le pape recommandera avec insistance aux souverains et évêques francs la petite troupe des moines romains ; ce sont ainsi des évêques gaulois qui consacrent Augustin évêque en 596-597.

La mission d'Augustin sera très vite un succès. Sur la foi des informations transmises par un compagnon d'Augustin, Grégoire peut informer le patriarche Euloge d'Alexandrie qu'à la Noël 597, plus de dix mille Angles ont reçu le baptême, tandis qu'Ethelbert a donné aux moines romains une demeure à Canterbury pour en faire un monastère placé sous le patronage de Pierre et Paul. En juin 601, le pape envoie un nouveau groupe de moines sous la conduite du prêtre Laurent et de l'abbé Mellitus ; il concède le *pallium* à Augustin, et lui expédie un plan d'organisation de l'Église en Angleterre : il doit créer deux provinces métropolitaines avec pour capitales respectives, York et Londres, et douze suffragants chacune. Ce schéma théorique, qui considère le royaume des Angles comme « une tête de pont provisoire pour une opération de grand style destinée à recréer purement et simplement la géographie ecclésiastique de l'ancienne Bretagne » (Ch. Pietri), ne sera pas appliqué. Parallèlement Grégoire écrit à Berthe et à Ethelbert, à ses yeux une « nouvelle Hélène » et un « nouveau Constantin » ; s'il presse le roi de détruire idoles et temples, un mois plus tard, il prescrit à Mellitus d'épargner ces mêmes temples et de les convertir en églises, après les avoir purifiés de la souillure des démons. Ce changement d'attitude atteste le caractère très pragmatique de l'action de Grégoire. En témoignent également, si du moins l'on en accepte l'authenticité, les réponses que le pape aurait adressées aux questions d'ordre disciplinaire et liturgique d'Augustin, et qui contiennent cette déclaration tout à fait insolite sous la plume d'un évêque de Rome, comme le notait, en un premier temps, Louis Duchesne : « Ta Fraternité connaît la coutume de l'Église de Rome en laquelle elle se souvient d'avoir été élevée. Mais je souhaite que si tu as trouvé dans l'Église romaine, ou celle des Gaules, ou n'importe quelle autre ce qui peut plaire davantage au Dieu tout-puissant, tu fasses un tri soigneux et que tu répandes par des dispositions particulières dans l'Église des Angles, qui est toute nouvelle dans la foi, ce que tu auras pu recueillir des autres Églises. Car il ne faut pas aimer les choses en raison des lieux, mais aimer les lieux en raison des choses bonnes qui y sont. Choisis donc dans chaque Église particulière tout ce qui est pieux, qui est religieux, qui est droit, et quand tu auras relié tout cela comme en un faisceau, dépose-le dans l'esprit des Angles en manière de coutume » (*Ep* XI, 56a).

Dans ses *Moralia in Job* (35, 15, 35), Grégoire voyait dans l'accroissement du nombre des croyants un signe eschatologique : « La fin du temps étant imminente, le Seigneur console la sainte Église de ses douleurs en multipliant les âmes qu'elle rassemble. » Aux œuvres de charité, à la prédication du pasteur, l'auteur anonyme de l'épitaphe du pape associa la conversion des Angles ; il s'exclamait à l'adresse du défunt qui avait tant aimé à se présenter selon des harmoniques augustiniennes comme le « serviteur des serviteurs de Dieu » : « Réjouis-toi de ces triomphes qui te valent le titre de consul de Dieu ! » « Il lui fallait cette référence du langage passé pour qualifier une rupture, la naissance d'un nouvel âge où l'évêque de Rome prenait en charge l'antique *caput orbis*, la cité chrétienne »

(Ch. Pietri), et dilatait les frontières de l'*orbis christianus*. N'est-il pas symptomatique que le premier document pontifical où apparaisse le terme d'« Europe », pour désigner l'Occident à l'exclusion de l'Afrique, soit une lettre de Grégoire le Grand adressée à l'empereur Maurice en 595 afin de protester contre le titre de « patriarche universel » dont se parait l'évêque de Constantinople (*Ep.* V, 37) : « Voilà qu'en Europe tout est soumis au droit des barbares : les villes détruites, les forteresses abattues, les provinces dépeuplées ; personne pour cultiver la terre. Chaque jour, les adorateurs des idoles se déchaînent et exercent leur tyrannie en massacrant les fidèles. Et cependant des prêtres, qui devraient se jeter en pleurant sur le dallage et dans la cendre, désirent pour eux-mêmes des titres prétentieux et mettent leur gloire dans des appellations nouvelles et profanes. »

« On ne prêtera certes pas à Grégoire l'originalité d'un précurseur pressentant, à la fin du VIe siècle, l'obscure gestation des communautés nationales, moins encore ébauchant une conception claire de l'Europe. Lorsqu'il considère le monde contemporain, le pape le voit, par conviction vécue plus que par un conformisme d'habitudes, comme une *respublica*, de l'Orient à l'Occident, une image idéale assurément, mais plus précieuse encore parce qu'elle est *christiana respublica*. Grégoire s'en tient à cette représentation, car il n'est pas un théoricien chrétien du politique (comme l'est Augustin) ; il enregistre très concrètement à l'occasion de la Gaule (et seulement pour cette Gaule catholique) l'ébauche d'une évolution en une *Francia*. Mais l'originalité du Romain est ailleurs : en cette image d'un monde, où le politique compte moins que l'approche de la fin. Dans cette tension décisive, le pape considère exclusivement, au-delà de la *respublica* gérant le présent quotidien, l'*Ecclesia universalis*, une Église universelle, transcendant le temps d'une histoire ambivalente, tiraillée entre les souffrances immédiates et une proche espérance » (Charles et Luce Pietri).

*Deuxième partie*

# Entre la mission et la théocratie (604-1295)

**Michel Rouche, Bertrand Fauvarque, Patrick Henriet**

*Présentation*

# Sept siècles de Papauté médiévale (604-1295)

Entre deux papes moines, Grégoire le Grand et Célestin V, tous deux vénérés comme saints, se développe à Rome une chose étrange, aussi difficilement conceptualisable que la vie de prière de ces deux hommes qui se sont séparés du monde pour mieux le construire. On pourrait l'appeler une institution spirituelle, en insistant sur l'antinomie des deux termes, car il s'agit d'une souveraineté élue non héréditaire qui s'exerce en majeure partie hors de l'évêché de Rome, son point de départ. Alors qu'au VIe siècle elle n'est qu'une dépendance de l'Empire romain d'Orient, elle dispose au XIIIe siècle d'une immense autorité sur l'Europe occidentale, tandis que l'ancien empire d'Orient se trouve réduit à une portion d'Asie Mineure. Cette métamorphose imprévisible ne peut être saisie que si l'on insiste sur les rapports de la Papauté avec les Empires, avec Constantinople et l'Islam, pour mieux comprendre comment les grands changements se font en profondeur. Les papes, en acceptant les initiatives des laïcs réformateurs, en dirigeant les missions, en structurant le sacerdoce et le mariage, créent une chrétienté inconnue jusqu'alors.

Les rapports entre la politique et la foi sont l'un des problèmes cruciaux posés par l'évêque de Rome. Alors même que l'Église et l'État sont unis depuis 392, les papes soulèvent constamment la question : qui doit être l'inspirateur de la politique ? L'empereur (ou le roi) dans un rapport personnel à Dieu, ou l'empereur par l'intermédiaire du pape ? La supériorité de l'autorité pontificale sur le pouvoir temporel, affirmée surtout par Gélase I (492-496), est un principe fondamental pour la Papauté. Il court en filigrane à travers toute cette époque. Le successeur de Pierre a le pouvoir des clefs sur le monde créé. Ces clefs sont la loi et la miséricorde, fermer et ouvrir, lier et délier, comme le rappelle

Léon le Grand (440-461). Ce que les contemporains considèrent comme une prétention à l'universalité – qui est signifiée par le terme catholique – explique les innombrables conflits des papes avec les puissances politiques qui nient ce principe. Le refus de voir les empereurs Justinien et Constant II définir le dogme explique les exils et les morts tragiques des papes Vigile (540-555) et Martin Ier (649-655) qui, pour s'être opposés à ce qu'il faut appeler un totalitarisme chrétien, furent vénérés comme des martyrs.

Cette première passe d'armes détourne les papes de l'Orient et les fait se tourner vers l'Occident. On sait combien les sacres de Pépin et Charlemagne en 754, suivis de la fondation du Patrimoine de saint Pierre en 756, sont des faits capitaux puisqu'ils aboutirent à la création de l'Empire carolingien et à ce que nous appelons aujourd'hui l'État du Vatican, issu des États du Pape. Puisqu'il n'est pas possible à l'évêque de Rome de vivre sans soumission à l'Empire, autant s'en séparer sous une forme nouvelle : créer une souveraineté indépendante en acceptant le risque d'une politisation de l'action pontificale.

En réalité, l'Empire carolingien, malgré le fait que le pape Léon III ait sacré Charlemagne, avant de lui prêter obéissance, pour bien marquer sa supériorité spirituelle, n'en tint guère compte. De même, l'Empire germanique, depuis Otton Ier qui devait pourtant sa couronne impériale au pape, chercha constamment à le mettre en tutelle. Seul l'intermède Otton III-Sylvestre II fut une idylle de courte durée. L'absorption de l'Église par l'Empire fut telle au XIe siècle que certains évêques étaient nommés comtes. Imaginons aujourd'hui un archevêque préfet de police ! La Réforme grégorienne fut donc bien une libération du pape, puis du clergé, hors de l'emprise du monde politique. Le fameux concordat de Worms en 1122 permit une distinction des pouvoirs spirituels et temporels sans une séparation jusqu'alors inconnue. Cette solution mesurée était loin des positions extrêmes que furent l'unique déposition d'un pape (Jean XII) sur ordre de l'empereur ou bien les propositions prophétiques du moine Pascal II. Celui-ci en effet ne proposait rien de moins que la séparation du temporel et du spirituel que refusèrent unanimement ses contemporains. Ainsi s'explique la prééminence largement reconnue des papes aux XIIe et XIIIe siècles, et leur pratique d'une primauté qu'ils affirmaient depuis le IVe siècle, notamment sous Nicolas Ier

(858-867). La destruction de l'Empire germanique par les papes hostiles à Frédéric II en 1250 accomplit cette obsession de Rome : n'être soumise à personne. Elle est la condition *sine qua non* de l'indépendance spirituelle. Déjà perce chez Innocent III la conscience de l'infaillibilité pontificale. Ainsi se trouvèrent posées les bases de cette institution unique en son genre, de nature spirituelle mais informant la politique, inassimilable par un quelconque État. C'est là aujourd'hui un des traits fondamentaux de la civilisation occidentale.

Des principes analogues guidèrent les évêques de Rome dans leurs rapports avec Constantinople et l'Islam. Pour les Églises d'Orient, la capitale de l'Empire, Rome, ayant été transférée à Constantinople, cette dernière, la nouvelle Rome, avait, avec son patriarche, une égale dignité et prééminence face au patriarche de l'ancienne Rome, le pape (28e canon de Chalcédoine). Cependant, Damase et Grégoire le Grand refusèrent cette affirmation. La suprématie du siège de Rome ne vient pas du fait que cette ville est capitale de l'Empire (d'ailleurs cela ne le fut plus à partir de 402) mais de la présence des reliques de saint Pierre, premier évêque de la Ville et prince des Apôtres. Vicaire de saint Pierre, il est habilité à définir et authentifier l'orthodoxie. On remarquera dans les pages qui suivent comment les schismes d'Acace (498-518) et de Photius (863-867) ne sont au fond que le désir de l'empereur et du patriarche d'imposer leurs définitions personnelles de la foi. En effet, l'inverse ne se produit point. Un fort parti grec d'Orient exista toujours à Rome. Il parvint à mettre sur le trône pontifical une série de papes remarquables qui luttèrent en particulier contre l'iconoclasme byzantin. De 649 à 752, ils choisirent systématiquement le point de vue occidental. Agathon est toujours vénéré comme un saint, tant à l'Est qu'à l'Ouest. Le dernier pape grec fut Jean XVI, mort en 998. L'unité ne dura point, essentiellement à cause du refus de la prééminence du siège de Pierre, que ce soit lors du schisme de 1054, et, surtout lors de la prise de Constantinople en 1204 par les Croisés. Ces derniers ramenèrent en triomphe les reliques de saint André Protoclètos, le premier appelé des Apôtres. Les patriarches de Constantinople avaient vu, dans cette possession des restes du frère de saint Pierre, le moyen idéal pour affirmer que le Premier appelé avait la suprématie sur Pierre. C'était en fait reconnaître la justesse de l'argument romain en le transférant sur un autre apôtre. Même si les papes essayèrent de supprimer cette rupture, en particulier au concile de Lyon en 1274, celle-ci effectuée beaucoup plus sur des conflits de personnes que sur des débats théologiques n'en demeura pas moins très forte.

Ce conflit fut d'autant plus vif qu'une des initiatives de la Papauté, la Croisade, avait pour but primitif d'aider les chrétiens d'Orient contre les Turcs et l'Islam en général. L'attitude de la Papauté face aux conquêtes militaires des califes aux VIIe et VIIIe siècles s'exprima par une réaction lente et tardive orientée vers la réclamation de l'accès libre à Jérusalem (négociations de Charlemagne) et la récupération des patries perdues (appui aux chrétiens espagnols). Elle fut certainement éprouvée par le pillage de Saint-Pierre du Vatican en 846 par des pirates tunisiens qui jetèrent les reliques de l'apôtre Pierre à la mer, ce qui explique que les archéologues du XXe siècle n'en aient rien retrouvé. La Papauté, après avoir soutenu la lutte contre les bases musulmanes du Garigliano en 913 et de La Garde-Freinet en 985, était dans la ligne d'une politique ancienne quand elle préconisait, en 1095, ce qu'elle appelait le pèlerinage outre-mer et que nous avons appelé, après 1830, la Croisade. Ce mouvement de masses populaires soulevé par la promesse eschatologique de Jérusalem, lieu de la résurrection, avait beau être officiellement dirigé par un légat du pape, il n'en était pas moins une entreprise de pénitence collective. Il réussit une fois en 1099. Du jour où cet appel vers Jérusalem, lieu de réunion de tous les peuples, fut gangrené par la politique et l'économie, elle échappa à Rome et se retourna contre elle, en particulier lorsqu'Innocent III accepta qu'un patriarche latin soit installé à Constantinople. De plus, comme pour l'Église d'Orient, le problème de l'Islam restait intact. Les ralliements à Rome de chrétiens arabes, les Maronites en 1183, et d'Arméniens en petit nombre au XIIIe siècle, ne suffisaient point pour démontrer l'aspect universel de Rome.

En revanche, l'œuvre intérieure des papes dans les diocèses d'Occident fut, curieusement, le résultat d'une série de réformes lancées par des laïcs mais reprises et systématisées par les papes. Si la réforme carolingienne, dite Rénovation par les intellectuels du clergé, a échoué, cet échec a suscité le retournement des laïcs vers Rome. Utilisant l'arme redoutable de l'exemption, ils créent des monastères, lieux de renouveau, qui n'en réfèrent qu'au pape, comme Vézelay, Pothières, Aurillac et surtout Cluny. On voit des papes pourtant fort décriés, comme Jean XI, soutenir cette entorse au droit de l'Église qu'était l'exemption du pouvoir épiscopal local. Se constitue alors une véritable armée de 1 450 prieurés européens au service de Rome. Cette centralisation est de nouveau pratiquée pour les Dominicains et les Franciscains. Et l'on ne sera pas sans remarquer que François d'Assise, soutenu par Innocent III, voulut rester laïc sans jamais dépasser le diaconat. L'encouragement à la réforme passait par des laïcs comme la comtesse Mathilde de Toscane, ou par les mouvements populaires telle la Pataria à Milan. Mais les échecs face aux cathares et aux vaudois, en sens inverse avec l'Inquisition et les ordres mendiants enclenchèrent un retour à la cléricalisation de l'Église, à la fin du XIII^e^ siècle.

Cette montée des pouvoirs pontificaux renforcés par la construction politique des États du Pape était d'ailleurs le résultat d'une vision universelle de l'Église particulièrement bien mise au point par Grégoire le Grand avec les missions. C'est une constante de l'histoire des papes, qui valut d'ailleurs à plusieurs d'entre eux le titre de « père de l'Europe ». Jean VIII, qualifié de « recteur de l'Europe », trouvait ainsi le moyen de montrer que l'Europe, ensemble d'États chrétiens, ne pouvait être assimilée à l'Empire. De même que Grégoire le Grand lança l'évangélisation de l'Angleterre, Grégoire II s'attacha à celle de l'Allemagne, Nicolas I^er^ à celle des Slaves. Sylvestre II constitua deux églises indépendantes de Mayence et de Salzbourg, en Hongrie et en Pologne en l'an 1000. Le mouvement reprit avec Grégoire VII en Croatie et surtout aux XII^e^ et XIII^e^ siècles chez les Coumans et les Mongols. Cet élargissement constant de la Chrétienté avec une liturgie uniforme en latin aboutit même à la suppression des liturgies wisigothique ou mozarabe en Espagne chrétienne à la fin du XI^e^ siècle. Cette unité par les missions crée effectivement un espace nouveau où cathédrales, monastères, prêtres, fidèles, finissent par tourner les yeux vers Rome, où l'on va en pèlerinage « aux seuils des apôtres », véritable constante de ces sept siècles.

Mais l'unité la plus profonde, créée ou renforcée par les papes, est ailleurs, dans la lutte très souvent conjointe pour le célibat consacré et le mariage indissoluble. C'est l'œuvre qui est en général la plus méconnue. L'originalité de l'Église de Rome par rapport à celle de Constantinople est l'envoi par les papes de lettres dites décrétales en réponse aux questions des évêques. Elles commencent avec Damase (366-384), Sirice (384-399) et Innocent Ier (401-417) ; elles se multiplient ensuite jusqu'au code de Gratien qui les rassemble en 1145. Elles sont nées du véritable hiatus qui s'ouvre entre l'Église et l'État lorsque ce dernier refuse de légiférer, alors qu'il est officiellement chrétien, dans le sens d'une christianisation de la société. En 1145 sont ainsi posées les définitions juridiques des sept sacrements, mais non théologiques, car ces dernières lui sont bien antérieures ; les cas particuliers du célibat sacerdotal et du mariage le prouvent. Leurs règles de base sont posées dès le ve siècle, mais elles mettent plusieurs siècles à entrer dans la réalité. Les décrétales luttent pour faire accepter, à l'ordination, des candidats veufs une fois seulement et, au mariage, des conjoints se donnant un libre consentement ; Grégoire II oblige les laïcs à pratiquer l'exogamie afin de supprimer polygamie, incestes et mariages consanguins. Le succès ne fut complet qu'en 1215 lorsqu'au concile de Latran IV, les interdits de consanguinité furent ramenés au quatrième degré. En 867, Nicolas Ier, seul avec l'archevêque Hincmar, parvint à faire disparaître la répudiation de l'épouse stérile. Grégoire VII, aidé par les réformateurs, fit progresser la pratique du célibat sacerdotal. L'extension du modèle monogamique indissoluble en Europe à partir de l'an 1000 était telle qu'Innocent III, ancien étudiant aux universités de Bologne et de Paris, premier pape juriste et théologien à la fois, alla même jusqu'à écrire un ouvrage prouvant la validité chrétienne du mariage unique et fidèle des non-chrétiens. Des précisions de ce genre montrent combien l'action des papes transforma la société médiévale et intégra des populations fort diverses dans leurs comportements.

Cette brève présentation a pour but de montrer les grands axes qui animent la Papauté médiévale : politique et foi, Constantinople et Islam, laïcs et réformateurs, missions, sacerdoces et mariages, tout cela constitue une action pontificale de toujours, que l'on retrouvera jusqu'au XXe siècle. Les compromissions de la politique, les échecs de l'unité sont contrebalancés par les succès des missions et de la christianisation. On connaît l'expression célèbre : le Moyen Âge, une chrétienté sacrale. Elle me semble incomplète. Il faudrait dire : sacrale et sociale, car elle pénètre toutes les couches de la société. Quant à la Chrétienté, expression qui désigne l'organisation chrétienne de tous les baptisés, n'oublions pas qu'elle est structurée par la Papauté, une institution inclassable.

*Michel Rouche*

*Introduction*

# La Papauté entre les empires (604-1003)

La période comprise entre la mort de Grégoire le Grand et celle de Sylvestre II est une des tranches les plus tumultueuses de l'histoire de la Papauté. On ne compte pas moins de vingt pontificats entre 604 et 701, presque autant jusqu'en 882, et même trente-deux entre 882 et 1003. La durée moyenne d'un pontificat n'excède donc pas cinq ans [1].

Et pourtant, malgré le rythme rapide auquel se sont succédé les papes, c'est au cours de cette période qu'ont été décidées des évolutions décisives quant à l'avenir du Saint-Siège et de ses rapports avec le monde. Ces transformations avaient été, il est vrai, largement amorcées par Grégoire le Grand. Il a fallu en effet se dégager de la tutelle des empereurs d'Orient en prenant appui sur les rois francs puis sur les empereurs d'Allemagne. Cette « reconversion » vers l'Occident a été menée parallèlement au développement de la mission, d'abord en Angleterre, puis en Germanie et dans les pays slaves où Rome se heurta de nouveau à Byzance.

L'histoire n'emprunte pas toujours des chemins rectilignes, loin s'en faut ; c'est donc à travers des crises et des vicissitudes que furent opérés ces changements. C'est au travers de cette optique de fond qu'il convient de passer en revue quelques-uns de ces pontificats, les plus brillants comme les plus indignes.

*Bertrand Fauvarque*

1. M.D. Knowles, D. Obolensky, *Nouvelle histoire de l'Église*, II, Paris, 1968, p. 93.

# IV

# Les successeurs de Grégoire le Grand, promoteurs de la mission (604-739)

Les papes postérieurs à Grégoire sont loin d'avoir la personnalité de leur illustre prédécesseur. Ancien apocrisiaire à Constantinople [1] ou clercs d'origine grecque, syrienne ou sicilienne, ils restent des évêques et des administrateurs fidèles à leur souverain légitime, l'empereur d'Orient. Néanmoins la défense de la foi entraîna certains de ces papes à la résistance au pouvoir, fût-ce au prix du martyre. Sous leur pontificat la mission dans les pays « barbares » connut de nouveaux prolongements et Rome devint un centre monastique et un important lieu de pèlerinage vers lequel convergèrent les regards aussi bien occidentaux qu'orientaux.

## Le pape agent fidèle de l'empereur

Grégoire le Grand n'avait cessé de se montrer fidèle à l'Empire, même si les défaillances de ce dernier l'avaient amené à se comporter comme le véritable responsable de l'administration de la Ville et du « Duché » de Rome.

La politique de l'empereur Maurice n'avait guère été favorable à l'Occident. L'usurpation de Phocas (602-610) fut donc saluée à Rome, d'autant que le nouvel empereur semblait faire preuve d'une orthodoxie religieuse indubitable. Et, effectivement, le nouveau prince qui avait besoin de l'aide du pape contre les Lombards reconnut que « le siège apostolique du bienheureux apôtre Pierre serait la tête

1. Les apocrisiaires du pape à Constantinople étaient ses émissaires personnels permanents. Ils disposaient donc d'une résidence à Constantinople et devaient nécessairement bien connaître le grec. Grégoire le Grand avait lui-même rempli cette fonction avant de devenir pape, comme Martin Ier un peu plus tard (cf. *Liber pontificalis*, éd. Duchesne, I, 336).

de toutes les Églises [1] ». La consécration du pape Boniface IV (608-615) eut lieu en même temps que l'érection sur le Forum d'une colonne portant la statue de Phocas, dernier monument impérial élevé sur ce qui avait été le centre glorieux de la Rome républicaine. La politique de l'usurpateur se révéla cependant désastreuse en Orient où les Jacobites étaient majoritaires [2]. C'est une des raisons de l'invasion des Perses qui profitèrent des dissensions religieuses et de l'aide des Juifs pour prendre Antioche et envahir la Syrie, la Palestine et même l'Égypte.

Dans cette tourmente, les papes restèrent fidèles à l'Empire, position qui les amena à des compromis dangereux pour la foi. En effet, l'Empire ne dut son salut qu'à la révolte de l'exarque de Carthage, Héraclius, qui reconquit l'Orient, récupérant même la vraie croix rapportée triomphalement à Jérusalem. Au lendemain de sa victoire, Héraclius prit cependant de très dures mesures de représailles contre les Juifs, accusés d'avoir collaboré avec l'adversaire. Le patriarche de Constantinople Sergius, poussé par l'empereur, publia un édit dogmatique susceptible de rallier les Jacobites au concile de Chalcédoine. Cette formule de foi tentait de concilier la dualité des natures du Christ (à la fois humaine et divine) avec l'unicité de son activité (ἐνέργεια), d'où l'appellation de « monoénergétisme » donnée à cette doctrine. La formule souleva cependant des oppositions parmi les moines réfugiés en Afrique alors que la première vague de l'invasion arabe qui se levait rendait encore plus urgent le règlement du problème.

À Rome, le pape Honorius (625-638) se laissa circonvenir et admit l'unicité de la volonté du Christ, se taisant par ailleurs sur la question des énergies. Il n'en fallait pas plus à l'empereur Héraclius pour prendre un nouvel édit, l'*Ekthesis,* établissant la doctrine monothélite. Les successeurs d'Honorius devinèrent les dangers d'une doctrine qui risquait de faire disparaître l'humanité du Christ et refusèrent

1. Cité dans A. Fliche, V. Martin, *Histoire de l'Église*, V, Paris, 1938, p. 71.

2. Les Jacobites sont les chrétiens monophysites d'Égypte et de Syrie. Leur nom vient du fondateur de la hiérarchie, Jacques Baradée, ordonné clandestinement évêque à Constantinople en 543. Le monophysisme, ou croyance en la nature unique (divine) du Christ, avait été condamné par le concile de Chalcédoine (451).

de souscrire à l'*Ekthesis*. Les rapports se tendirent alors entre le pouvoir impérial et Rome, cette dernière soutenue par les évêques africains et de nombreux moines orientaux parmi lesquels le célèbre Maxime le Confesseur. Fort de cet appui, le pape Théodore, un oriental pourtant, excommunia de façon solennelle les patriarches Paul et Pyrrhus.

Malgré cette audace et ce prestige croissants, le pape, véritable patriarche d'Occident, n'en restait pas moins un évêque régulièrement confirmé par l'autorité byzantine dans une ville « byzantine », Rome.

### Le martyre du pape Martin

Le conflit prit une autre tournure avec le successeur de Théodore, le pape Martin, simplement du fait que ce dernier n'avait pas attendu la confirmation de l'empereur (comme c'était la coutume) pour être consacré évêque de Rome.

De plus, dès son élection, Martin fit réunir un synode au Latran, qui condamnait non seulement le monothélisme, mais aussi l'édit de pacification (*Typos*), pris par l'empereur Constant II à son avènement. Fait aggravant, l'exarque qui avait été dépêché à Rome pour arrêter le pape s'était révolté et aurait même envisagé de s'allier aux Arabes avant de mourir en Sicile. L'empereur réagit violemment : un nouvel exarque s'empara de la personne du pape alors que, malade, il gisait sur un lit placé devant l'autel de Saint-Pierre ; de là, Martin fut emmené de force à Constantinople, condamné comme un criminel de droit commun pour haute trahison, dégradé, emprisonné puis exilé à Kherson où il ne tarda pas à mourir, victime de ces mauvais traitements. Ce pape courageux sera honoré comme un martyr aussi bien par les Grecs que par les Latins. Les moines Maxime et Anastase connurent le même sort.

Cependant, la situation dramatique de l'Empire assiégé par les Arabes imposait une accalmie. Les successeurs de Martin, Eugène, puis Vitalien s'abstinrent donc de condamner le *Typos*. C'est même ce dernier qui reçut l'empereur Constant à Rome alors que l'empereur envisageait de faire de Syracuse sa capitale avant d'y trouver la mort, assassiné par un officier du palais (668). Peu de temps avant, Constant avait cependant accordé le privilège d'autocéphalie à l'évêque de Ravenne, dont l'attitude d'indépendance heurtait le pape. Byzance luttait pour sa survie, assiégée cinq ans de suite par la flotte du calife omayyade Muawiya (673-677). La fin du monde semblait imminente : elle serait marquée, après la chute de Jérusalem, par la chute des deux capitales, Rome et Constantinople. Il fallait donc trouver un terrain d'entente avant ces échéances apocalyptiques.

## LES MILICES ITALIENNES PROTÈGENT LE PAPE

On sembla trouver un terrain d'entente au VI<sup>e</sup> concile œcuménique réuni par l'empereur Constantin IV, de 680 à 681, dans une salle (*in Trullo*) du palais impérial de Constantinople, en présence des légats du pape Agathon. Le monothélisme était clairement condamné, mais avec lui aussi le pape Honorius qui l'avait approuvé. Pour la première fois, un collège d'évêques majoritairement composé d'orientaux mais considéré comme œcuménique faisait le procès d'un pontife romain. La position de Rome en sortit cependant renforcée au sein de l'Église universelle. Le successeur d'Agathon, Léon II, fit ainsi traduire les actes du concile à destination des métropolitains de l'Occident.

Dans le même temps où le prestige du siège romain s'affermissait au point de vue doctrinal, l'évêque de Rome profitait des difficultés de l'Empire pour s'affranchir de la tutelle impériale. C'est ainsi que le pape Benoît II (684-685) obtint que la confirmation de l'élection pontificale soit le fait non de l'empereur mais de son représentant en Italie, l'exarque de Ravenne. À partir de Jean V (685-686) commence une longue série de papes d'origine grecque ou orientale [1] qui laisse supposer de meilleurs rapports avec l'Orient.

Les événements ne tarderaient pas à montrer comment les traditions des Églises orientale et occidentale allaient en s'éloignant, bien que la perte des régions orientales de l'Empire ait eu pour première conséquence l'afflux de moines réfugiés à Rome même. Cependant la progression de l'Islam se poursuivait : l'Égypte était perdue depuis près d'un demi-siècle, l'Afrique était menacée et avec elle l'unité du monde méditerranéen.

1. G. Dagron, P. Riché, A. Vauchez, *Histoire du christianisme*, 4, Desclée, 1993, p. 353 : de 685 à 715 se succèdent sept papes grecs ou orientaux sans interruption. Parmi eux, on trouve cinq Syro-Palestiniens, trois Siciliens, un Thrace, un Syrien de Sicile et trois « Grecs ».

En 680, l'empereur Justinien II, dernier rejeton de la dynastie des Héraclides, entreprit de réformer en profondeur la discipline ecclésiastique et de mettre un terme à un certain nombre de dérèglements moraux tant du clergé que des laïcs. Il ne s'agissait au fond que d'un mouvement assez similaire à la Réforme grégorienne qui toucha l'Occident quatre siècles après. Certes, il n'était pas question cette fois du domaine de la foi, mais ce faisant, Constantinople adoptait un ensemble de canons destinés à l'Église universelle. Or, les calendriers liturgiques, les règles disciplinaires concernant notamment les hommes mariés qui, en Orient, pouvaient accéder à la prêtrise, étaient devenus assez différents en Orient et en Occident. De plus, le canon XXXVI de ce concile dit « Quinisexte » reprenait le 28e canon du concile de Chalcédoine accordant à Constantinople des honneurs et des prérogatives identiques à ceux détenus par Rome. C'est l'ensemble de ces dispositions qui entraîna le pape Sergius à refuser ces « innovations » non conformes à la Tradition de l'Église.

Cependant, cette fois, l'empereur ne parvint pas à renouveler le geste de force à l'encontre du pape. Celui-ci fut en effet protégé de l'envoyé impérial par les milices de Ravenne et de Rome [1], démonstration de l'autonomisme croissant de cette Italie « byzantine ». Un nouvel accommodement vit le jour lorsque les papes Jean VI et Constantin (ce dernier, invité à Byzance) acceptèrent les actes du concile mais en émettant des réserves et à condition de voir garantis les « privilèges de l'Église ».

Du reste, l'Empire, avec la déposition de Justinien II (694) et son retour d'exil (705), connaissait une nouvelle période de guerres civiles entre les différentes armées des thèmes et s'écartait encore davantage de l'Occident. Au même moment, les Arabes passaient en Espagne et assiégeaient à nouveau Constantinople, résolus d'en finir avec l'Empire (718).

## La résistance à l'iconoclasme

Byzance dut sa survie à l'avènement d'un empereur militaire ancien stratège des Anatoliques, Léon III l'Isaurien. Ce

1. *Liber pontificalis*, 1, 372-375, tr. dans H. Rahner, *L'Église et l'État dans le christianisme primitif*, Paris, 1964.

dernier, soucieux de réorganiser l'administration financière, commença par augmenter les assiettes fiscales des terres que l'Église de Rome possédait en Sicile.

Mais le plus grave devait survenir après 726 : interprétant l'éruption volcanique de Théra comme une manifestation de la colère divine contre l'idolâtrie des images, Léon III prit position contre ce culte très populaire, surtout en Orient. Une nouvelle fois, l'empereur intervenait dans le domaine de la doctrine, déposant le patriarche Germain et prenant, après un synode réuni en 730, un édit condamnant les images.

Devant les protestations de Grégoire II, l'exarque de Ravenne avait une nouvelle fois reçu l'ordre d'arrêter le pape. Face aux réticences de l'armée de Ravenne et de la pentapole, Léon III ordonnait au nouvel exarque de s'allier avec le roi des Lombards, Liutprand, contre le pape ! Grégoire II arrivait à persuader Liutprand de ne pas s'allier avec un empereur hérétique, mais ces renversements d'alliance n'allaient pas tarder à se révéler dangereux pour Rome même.

Dès son avènement, le successeur de Grégoire II, Grégoire III, réunit en 731 un concile italien condamnant l'iconoclasme. Les réactions de Léon III furent brutales : il confisqua les propriétés que détenait le pape en Sicile et en Calabre et sans doute à cette date rattacha au patriarcat de Constantinople les Églises de Sicile, de Calabre et d'Illyricum [1]. Rome n'en devint pas moins un recours pour de nombreux moines orientaux attachés au culte des images et, de ce fait, persécutés par le pouvoir.

## LE PAPE SEUL FACE AU DANGER LOMBARD

La fermeté de Grégoire III à l'égard de l'Empire le laissait cependant sans protection face au danger lombard, le roi Liutprand s'étant emparé une première fois de Ravenne en 737. Cela explique pourquoi le pape resta fidèle à l'Empire et tenta diverses alliances, notamment avec le duc de Spolète, ce qui entraîna de nouvelles représailles de Liutprand qui désormais menaça Rome.

Face à la défaillance de l'Orient, le pape ne vit plus guère de solution que dans l'appel au « vice-roi » des Francs,

1. Déduction de revendications ultérieures des papes. Cf. Mansi, XIII, 808 ; XV, 167 ; *Regesten*, éd. Dölger, 301.

Charles Martel, dont la victoire contre les Arabes en 732 à Poitiers avait eu un grand retentissement dans tout l'Occident.

## DES RELATIONS INTERMITTENTES AVEC LES ROYAUMES D'OCCIDENT

Préoccupés avant tout de leurs rapports avec leur souverain, l'empereur d'Orient, les papes ne purent durant cette période avoir de relations aussi suivies avec les Églises des différents royaumes « barbares » d'Occident. Jamais cependant l'objectif de la mission auprès des peuples restés païens ne fut abandonné ; bien au contraire, cet objectif assigné par Grégoire Ier à la Papauté fut poursuivi continuellement sous ses successeurs et allait permettre cette « reconversion » vers l'Occident au milieu du VIIIe siècle.

En Italie, le pape exerce son pouvoir de métropolitain sur toute l'ancienne Italie « suburbicaire » c'est-à-dire l'Italie centrale et méridionale et les trois îles de Corse, Sardaigne et Sicile. La tentative des empereurs byzantins d'accorder l'autocéphalie à l'évêque de Ravenne a trouvé un certain écho auprès d'évêques jaloux du siège romain ; ces derniers profitaient, au moins jusqu'au milieu du VIIIe siècle, de la présence du représentant de l'empereur, l'exarque. Mais la présence byzantine en Italie se réduisit considérablement devant la progression des Lombards dès la fin du VIe siècle. Peuple arien au départ, donc hérétique, les Lombards se sont peu à peu convertis au catholicisme grâce aux efforts déployés par Grégoire le Grand auprès de la reine, d'origine bavaroise, Théodelinde. Le moine irlandais Colomban put même en 614 fonder un monastère à Bobbio dans le nord des Apennins, monastère qui reçut en 628 l'exemption pontificale. Les rois devenus catholiques depuis Aripert Ier (653-661) n'en revendiquaient pas moins la domination de toute l'Italie et avaient même protégé des tendances sécessionnistes à l'égard de Rome de certaines Églises du Frioul et de Vénétie (schisme des Trois Chapitres) [1]. Le schisme fut défi-

1. L'origine du schisme qui a opposé un moment les Églises d'Italie et de Rome provient de la condamnation des « Trois chapitres » (écrits considérés comme nestoriens) imposée par l'empereur Justinien au pape Pélage. Le métropolite d'Aquilée de l'époque refusa de souscrire à cette condamnation. L'invasion des Lombards, en coupant l'Italie du nord du reste de la péninsule, ne fit que renforcer cette tendance sécessionniste.

nitivement condamné par le roi Cunicpert (688-700) au cours d'un synode réuni dans le palais royal de Pavie. Désormais, les rois lombards disposant d'un royaume remarquablement administré revendiquaient la soumission des duchés indépendants d'Italie du sud et constituaient une menace pour les possessions des papes.

Vis-à-vis des Églises des royaumes mérovingien et wisigothique, les papes eurent des relations plus distendues. Dans le premier cas, après la floraison monastique du VII^e siècle, l'Église de Gaule connaissait une grave crise « séculière » marquée par la mainmise de l'aristocratie sur les évêchés et les abbayes. Peu de temps avant la réunion du VI^e concile de Constantinople, le pape envoya cependant une lettre à Amand, évêque de Maastricht, qui avait déjà fait un pèlerinage à Rome, pour persuader le roi Sigebert III d'accompagner la délégation « italienne » à Constantinople. Le carolingien Pépin II, maire du palais d'Austrasie, avait quant à lui favorisé la prédication du saxon Willibrord en Frise ; c'est logiquement vers son fils, Charles Martel, que se tournèrent les regards de la Papauté assaillie par les Lombards. Le cas de l'Église d'Espagne wisigothique était autre : depuis la conversion du roi Reccared en 587, le royaume wisigoth était devenu une monarchie élective s'appuyant étroitement sur l'Église. La forte activité des métropolitains de Tolède (dix-huit conciles réunis entre le début du VI^e siècle et le début du VIII^e siècle !) avait cependant tendance à agir « en vase clos », indépendamment de Rome. C'est ce qui explique l'indépendance d'un Julien de Tolède à l'égard des papes et peut-être aussi la facilité avec laquelle l'Espagne accueillit l'hérésie « adoptianiste » lors de la conquête arabe [1].

### LA POURSUITE DE LA MISSION DANS LES PAYS ANGLO-SAXONS

L'action des successeurs de Grégoire le Grand dans les royaumes anglo-saxons s'inscrivit dans le droit fil de la mission inaugurée par l'envoi d'Augustin à Canterbury et la

1. L'hérésie « adoptianiste » fut ralliée par l'archevêque de Tolède Elipand à la fin du VIII^e siècle, alors que presque toute l'Espagne était aux mains des Omayyades. Elle consistait à considérer que le Christ avait été « adopté » par Dieu, ce qui permettait un rapprochement avec l'Islam.

fondation d'évêchés dans le Kent et l'Essex. La nouvelle Église resta en contact étroit avec Rome, l'évêque Mellitus effectuant un voyage à Rome auprès de Boniface IV pour recevoir un traité afin d'organiser la communauté monastique de Westminster. Du reste, les moines romains gardèrent le genre de vie qu'ils avaient connu dans les monastères bénédictins de Rome, accordant notamment une grande place aux chants religieux grégoriens.

Cependant, après la mort du roi Ethelbert en 616, une courte réaction païenne entraîna la fuite de nombreux évêques et fut à l'origine d'une réorganisation de l'Église une fois le péril passé. Boniface V envoya ainsi le *pallium* [1] au nouvel archevêque de Canterbury Justus, successeur de Mellitus. Justus écrivit lui-même au roi de Northumbrie, Edwin, dont il espérait la conversion, sa femme étant chrétienne. Après des hésitations, Edwin reçut le baptême à Pâques de l'année 627 et le pape Honorius envoya le *pallium* à Paulin, nouveau métropolite d'York. Le rêve de Grégoire le Grand d'une Église britannique reconstituée autour des deux métropoles de Canterbury et de York semblait se réaliser.

Mais le nord de l'Angleterre fut aussi touché par une réaction païenne alors que la génération des missionnaires romains commençait à disparaître au profit de clercs anglo-saxons. C'est cependant grâce aux moines irlandais que le christianisme reconquit la Northumbrie, le roi Oswald (633-642) étant baptisé au monastère de Iona fondé par Columba. Peu de temps après son baptême, une série de moines irlandais, sous la conduite d'Aidan, arrivèrent dans le royaume où ils fondèrent le monastère de Lindisfarne dans une île en face du château royal.

L'influence celte marquée par la richesse de la décoration des manuscrits mais aussi par des usages liturgiques particuliers se répandit en Angleterre. Cela entraîna des conflits avec les usages romains, notamment à propos du calcul de la date de Pâques. C'est la raison pour laquelle le jeune Wilfrid, d'abord moine à Lindisfarne puis installé à Canterbury, se rendit à Rome avec Biscop Baducing, le futur Benoît Biscop pour y apprendre les rites romains et les

1. Le *pallium* est un ornement liturgique composé d'une bande blanche ornée de croix noires passé autour du cou. Il symbolisait la fonction épiscopale du pape. C'était donc une marque d'honneur de le recevoir, mais aussi d'une certaine soumission à Rome.

méthodes de comput pascal grâce à l'aide de l'archidiacre Boniface. Le concile de Whitby en 664, après de longs débats, donna raison au « parti » romain auquel appartenait Wilfrid.

Le milieu du VIIe siècle vit cependant une désorganisation des Églises anglo-saxonnes qui connaissaient des problèmes analogues à celles du continent. À la demande des rois de Kent et de Northumbrie, le pape Vitalien décida donc l'envoi d'une nouvelle mission dirigée par Théodore, moine grec originaire de Tarse, et de l'Africain Hadrien. Théodore fut sacré archevêque de Canterbury, rétablit Wilfrid à York et créa de nouveaux évêchés. Théodore mourut en 690, âgé de quatre-vingt-dix ans, maintenant jusqu'au bout des relations suivies avec la Papauté. Malgré des conflits internes marqués notamment par les revendications et les plaintes de Wilfrid dépossédé de son siège d'York, la chrétienté d'Angleterre prenait définitivement son essor : « Jamais, aux dires de Bède le Vénérable, l'Angleterre n'avait connu une si heureuse époque. » Le rôle de l'aristocratie était aussi déterminant dans cet essor, comme en témoigne l'ascension du fils du roi de Northumbrie, Egbert qui reçut le *pallium* des mains de Grégoire III. Le danger d'une mainmise des pouvoirs séculiers sur l'Église apparut clairement à Boniface qui envoya en 757 une lettre à Ethelbald de Mercie fustigeant les « mœurs débauchées [1] » de son peuple resté polygame. L'Angleterre n'en était pas moins devenue, grâce essentiellement à Rome, un des foyers de culture les plus importants d'Europe préparant le renouveau carolingien.

## DES MOINES ANGLO-SAXONS FONT LA CONQUÊTE DE LA GERMANIE AU NOM DE ROME

Dans un autre domaine, l'apport des Anglo-Saxons à l'Occident romain fut considérable : proches des Saxons du continent et gardant la tradition pérégrine des Irlandais, ils entreprirent de convertir de vastes régions de Germanie, étrangères à la fois à Rome et au christianisme.

Wilfrid, après un essai réussi dans le Sussex, prêcha l'Évangile en Frise. Il fut suivi dans cette tâche par le Saxon Willibrord qui se rendit en Frise en 690 et fut consacré en

1. Boniface, Lettre 73, éd. R. Rau, Darmstadt, 1968.

695 archevêque des Frisons par le pape Sergius. Willibrord dut se replier un moment à Echternach où il fonda une abbaye célèbre avant de repartir au-delà du Rhin grâce à la protection du maire du palais d'Austrasie, Pépin II. Mais c'est surtout le jeune Winfrith qui manifesta le mieux cet élan missionnaire. Né dans le Devon et ayant passé sa jeunesse dans les monastères du Wessex, il fit un pèlerinage à Rome en 718 où il reçut de Grégoire II le mandat d'œuvrer en Frise de concert avec Willibrord ; il prit alors le nom plus « romain » de Boniface. Successivement évêque, archevêque de Mayence et légat du pape en Germanie, il œuvra inlassablement en Hesse et en Thuringe avant de s'installer en Bavière, région qui avait conservé davantage de liens et de traditions avec le christianisme romain. Le pape Grégoire II l'avait aussi chargé de réformer le clergé franc et avait sollicité l'aide de Charles Martel dès 722. Mais il se heurta dans cette tâche à un clergé riche et mondain qui, disait-il, « ne semble pas concerné par nos travaux et combats au milieu des païens » [1]. Il trouva la mort dans cette Frise où il avait commencé sa mission et fut enterré dans sa fondation, l'abbaye de Fulda en Hesse, qui devint une pépinière de moines pour toute la Germanie et un grand centre de pèlerinage. Avec Boniface, c'est presque toute la Germanie qui regardait maintenant vers Rome.

### Rome sous les successeurs de Grégoire le Grand

Rome se releva très lentement du mal que lui causèrent au VI^e^ siècle les guerres gothiques, accompagnées de l'épidémie de peste « justinienne ». Jusqu'au milieu du VIII^e^ siècle, la population de la Ville ne dut comprendre que quelques dizaines de milliers d'habitants. Les anciens quartiers continuèrent cependant d'être habités de façon clairsemée et les papes poursuivirent une activité édilitaire réduite mais continue, comme en témoignent les notices du *Liber pontificalis*.

La christianisation de l'espace géographique romain se manifesta de plusieurs manières. Tout d'abord s'implantèrent des édifices chrétiens dans ce qui fut le cœur de la Rome impériale. Ainsi le Panthéon fut-il transformé en

1. *S. Bonifatii epistolae*, éd. E. Tangl, MGH *Epistolae selectae*, I, Berlin, 1916.

église dédiée à la Vierge des martyrs et le pape Jean VII décora de fresques l'église Santa Maria Antica sise entre le Forum romain et le Palatin. Sur la via Nomentana, près de Sainte-Constance, le pape Honorius fit agrandir l'église Sainte-Agnès et offrit une magnifique mosaïque absidiale que l'on peut voir encore de nos jours : Agnès y est représentée sur un fond d'or en impératrice byzantine recevant la maquette de la nouvelle église des mains du pontife [1].

Ensuite, sous des papes grecs ou gréco-orientaux, Rome se « grécisa » : beaucoup de clercs et de moines orientaux y trouvèrent refuge ou y séjournèrent dans de nouveaux monastères. Ces derniers étaient particulièrement nombreux sur les collines de l'Aventin (Saint-Sabas), de l'Esquilin, du Caelius (Saint-André *in clivo Scauri*, dans l'ancienne demeure de Grégoire le Grand) et près de Saint-Paul-hors-les-murs. Furent créées aussi sur le modèle de ce qui existait en Orient les diaconies, qui étaient des institutions charitables liées aux monastères.

## Rome centre de pèlerinage et foyer culturel

Les travaux furent surtout importants à Saint-Pierre qui recevait des pèlerins de toute origine venus adresser leurs prières au fondateur de l'Église et ramener de précieuses reliques (*brandea*) ayant été au contact de la tombe papale. On aménagea ainsi au VII^e siècle une crypte annulaire destinée à favoriser la circulation des pèlerins, crypte qui servira de modèle aux cryptes romaines aménagées par la suite. La confession, l'abside et l'atrium reçurent des décorations provenant non seulement des papes mais aussi de la générosité des pèlerins. Autour de Saint-Pierre se développèrent des *scholae* de pèlerins, ainsi que des bains qui leur étaient destinés.

Car même pendant les VII^e et VIII^e siècles, Rome ne cessa d'être un centre actif de vie religieuse et de liturgie. Les *scholae cantorum* se développèrent et comptèrent parmi elles de futurs papes comme Benoît II ou Serge I^er. La bibliothèque des papes devait contenir déjà de très nombreux manuscrits de valeur. On venait de loin pour les

1. Représentation dans G. Dagron, P. Riché, A. Vauchez, *Histoire du christianisme*, 4, p. 647.

consulter ou même pour en emporter certains exemplaires ; c'est ainsi que Benoît Biscop emporta de Rome en Angleterre toute une série de manuscrits provenant notamment du monastère de Vivarium, dont très vraisemblablement des commentaires, et des enluminures de l'Apocalypse qui furent ensuite copiées en Angleterre et dans tout l'Occident.

*Bertrand Fauvarque*

# V

# La Papauté « carolingienne » (739-888)

## 1. L'alliance de la Papauté avec les Carolingiens de Charles Martel à Charlemagne

La phase « carolingienne » est l'une des plus brillantes périodes qu'ait connue la Papauté dans son histoire. Il n'en demeure pas moins qu'elle fut relativement courte – un siècle et demi – et qu'elle ne peut se concevoir sans les mutations inaugurées au cours de la période précédente.

Se détachant de la tutelle de l'empereur de Byzance, les papes se tournent vers l'Occident et plus précisément vers les rois des Francs. Ils acquièrent les moyens de l'indépendance avec la création des États pontificaux dont, de nos jours, il ne reste plus que le minuscule État du Vatican. Mais cette puissance foncière et politique a attisé également les convoitises de l'aristocratie romaine, sources de problème pour une Papauté en plein essor.

### La Papauté et Charles Martel

Dès 739, on a vu le pape Grégoire III s'adresser au maire du palais d'Austrasie tout auréolé de ses succès contre les Arabes afin d'obtenir son aide contre les Lombards. Ce n'était pas la première fois que Rome regardait vers Charles Martel : elle avait obtenu sa protection dans la mission d'évangélisation qui avait été confiée à Boniface.

Cependant la réforme de l'Église franque, qui était également un des objectifs de l'archevêque-légat du pape, se heurtait à la mauvaise volonté des grands des royaumes mérovingiens qui avaient fait main basse sur de nombreux biens d'Église. Charles Martel avait procédé de même pour se constituer une armée de vassaux largement à l'origine de ses succès militaires. Seul maître du royaume après la déposition du roi mérovingien, il avait partagé ses États avant sa mort en 741 entre ses deux fils, Pépin et Carloman. C'est avec Pépin que la Papauté fera le pas décisif ; Charles Martel ne donna pas suite à l'appel pontifical, préoccupé de conserver de bons rapports avec des alliés susceptibles de l'aider à « nettoyer » la vallée du Rhône des dernières armées arabes.

### La réponse du pape Zacharie à Pépin

Grégoire III était parvenu à signer une trêve avec les rois lombards Liutprand et Ratchis. Son successeur, Zacharie, le dernier pape grec, fut cependant rapidement confronté aux ambitions du nouveau roi Aistulf qui brûlait de réaliser l'unité de l'Italie sous sa direction. Face à un empereur d'Orient plus que jamais gagné à l'iconoclasme, Constantin V dit « copronyme », il s'estimait en effet le seul souverain orthodoxe en Italie. En 751, Aistulf prenait Ravenne en obtenant la reddition de l'exarque ; Rome était plus que jamais menacée.

Au moment même où se passaient ces événements décisifs, le pape Zacharie reçut une ambassade de Pépin le Bref venue chercher à Rome la légitimité de son pouvoir. À la question de savoir quel était le véritable roi des Francs, Zacharie aurait fait la réponse célèbre « qu'il vaut mieux appeler roi celui qui avait la puissance que celui qui en fait n'avait pas le pouvoir [1] ». La déchéance du dernier roi mérovingien était ainsi prononcée et Pépin, quant à lui, était élu roi par les grands, en 751, avant de recevoir l'onction sacrée des évêques qui l'entouraient. Disposant d'un pouvoir renforcé, d'une Église engagée sur la voie de la réforme, appuyé par Rome, Pépin allait devenir l'obligé d'une Papauté à la recherche d'un nouveau protecteur.

### La venue du pape Étienne II à Ponthion (754)

Étienne II fut, si l'on excepte Grégoire II, le premier pape italien après une longue succession de pontifes orientaux. Il ne rompit pas tout contact avec Byzance, puisque c'est mandaté par l'empire qu'il tenta à Pavie d'obtenir la restitution de Ravenne par Aistulf. La démarche ayant échoué,

1. Annales royales, a. 749, MGH, *Script. rer. germ.*, Hanovre, 1895.

Étienne II poursuivit son chemin vers le Nord, traversa les Alpes en plein hiver 753-754 pour rencontrer Pépin dans son palais de Ponthion.

Il s'agissait pour lui, grâce à ce voyage spectaculaire et inédit, d'obtenir la promesse d'intervention du roi carolingien contre le souverain lombard. Pépin aurait accepté non seulement de sauver la « république romaine » mais aussi, peut-être sous la foi du faux célèbre de la « donation de Constantin [1] », de restituer au pape l'exarchat de Ravenne, possession pourtant de l'empereur de Constantinople.

En échange de cette promesse, Étienne II procéda à nouveau au sacre de Pépin mais aussi de ses fils Charles et Carloman associant donc toute la lignée carolingienne dans une même sacralisation. Le pape revint en Italie escorté de Pépin qui prit Pavie une première fois en 755, et dut revenir à la charge l'année suivante après qu'Aistulf eut promis de restituer aux Romains les territoires dont il s'était emparé.

## La formation de l'État pontifical (756)

C'est l'abbé de Saint-Denis, Fulrad, qui fut chargé de prendre possession de ces territoires dont il vint déposer les clefs sur la tombe de saint Pierre.

Le nouvel État, « patrimoine de Saint-Pierre », ajoutait donc au duché de Rome déjà largement contrôlé par les papes l'ancien exarchat byzantin, la région de Pérouse, soit toute une bande de territoires prenant en écharpe l'Italie centrale.

L'empire byzantin n'éleva pas de protestations officielles, mais n'en entreprit pas moins de multiples opérations diplomatiques, envisageant même un renversement d'alliance en faveur des Lombards. Cette solution s'étant avérée peu efficace, Byzance entreprit de gagner aux idées iconoclastes les rois francs afin de s'en faire des alliés. Les papes se trouvaient aux prises avec ces diverses intrigues et avec la mauvaise volonté évidente du nouveau roi Didier d'opérer la totalité des restitutions promises par Aistulf. Pépin, l'allié

1. La Donation de Constantin a été éditée notamment par K. Zeumer, Der älteste Text des Constitutum Constantini, Festgabe für R. von Gneist, 1888, pp. 47-59. Il s'agit d'un texte fictif légitimant la domination des papes sur tout l'Occident. L'humaniste Lorenzo Valla s'était attaché dès la Renaissance à montrer l'invraisemblance historique de ce texte qui est cependant plus une « légende de fondation » qu'un réel « faux juridique ».

fidèle de la Papauté mourait en 768, laissant seule la Papauté désormais tenue de gérer et défendre un vaste patrimoine.

### La Papauté puissance politique

Depuis près d'un siècle et demi, et notamment depuis Grégoire le Grand, les papes étaient devenus de véritables souverains temporels au moins du duché de Latium qui avait acquis une quasi-autonomie par rapport à Ravenne et à Byzance.

Une organisation bureaucratique se développa donc, à la fois civile et religieuse, calquée en grande partie sur les méthodes de l'administration byzantine. Une chancellerie dirigée comme à Byzance par un primicier des notaires, des services de l'administration financière, toute une série de bureaux ou *scrinia* géraient à la fois les affaires de l'Église romaine et les revenus de son patrimoine désormais considérablement étendu. Le patriarcat du Latran devint non seulement le siège du gouvernement de l'Église, mais aussi le centre de gravité de toute la « vie politique » romaine.

Un « corps sénatorial » se reconstituait ainsi, composé des familles de l'aristocratie à la fois civile et militaire, qui n'allait pas tarder à intervenir dans la nomination des papes, étant donné les enjeux non seulement spirituels mais aussi politiques de la fonction. Les divisions entre les différentes familles de l'aristocratie se manifestèrent nettement au moment de l'élection des deux successeurs d'Étienne II plus ou moins imposés par le primicier Christophe, au grand dam du duc Théodore.

Ces divisions permettaient au roi lombard Didier de manœuvrer habilement : ayant réussi à marier sa fille avec Charles sur la demande même de la reine Bertrade, il pouvait se présenter en pèlerin à Rome, éliminer Christophe et son fils, mettre en avant enfin la veuve et les héritiers de Carloman mort en 771, menacer d'entrer à Rome avec les princes francs.

La situation devenait dangereuse pour le nouveau roi Charles qui recevait un appel du nouveau pape Adrien le poussant à intervenir d'urgence.

### Charles reçoit la couronne de fer de roi d'Italie

Le règne de Charles, dit Charlemagne (*Carolus magnus*), dépasse très largement le cadre de Rome et de l'Italie, pour

# Les États de l'Église (VIIe-Xe siècles)

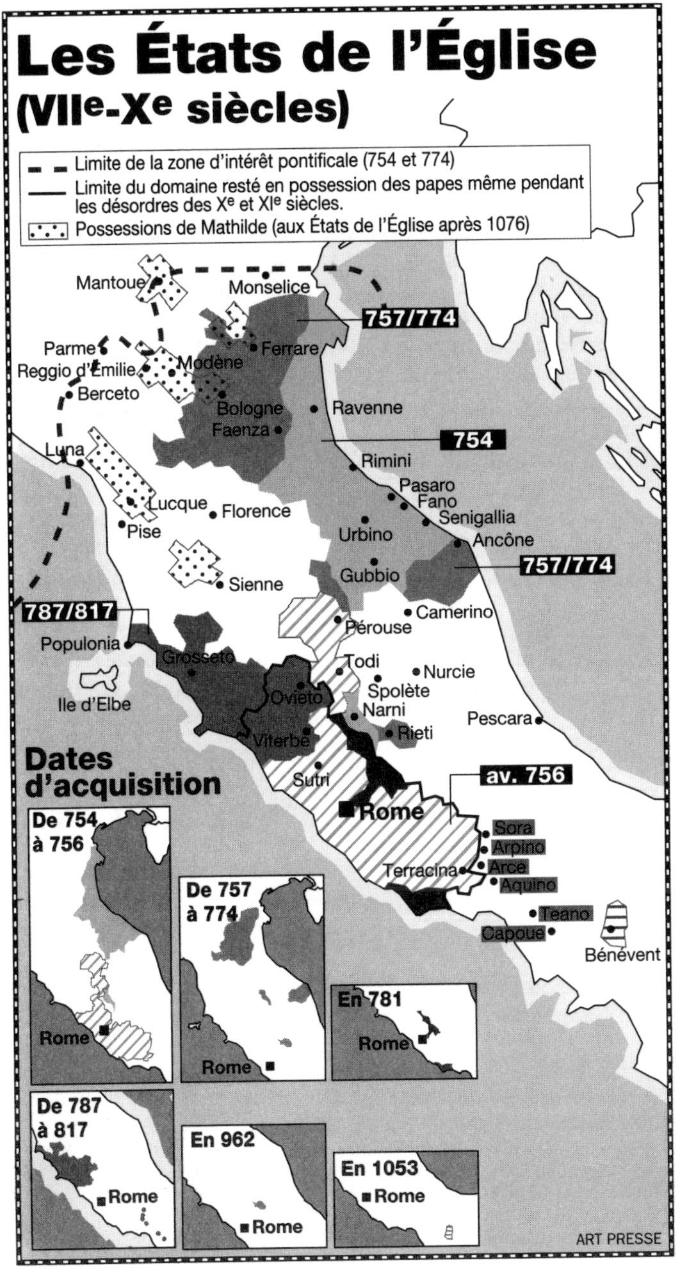

s'inscrire dans une perspective de *dilatatio regni* parallèle à une expansion du christianisme en Occident. Les papes comprirent le parti qu'ils pouvaient trouver dans l'alliance avec un souverain de cette envergure ; le couronnement impérial de Noël 800 faisait du roi des Francs le nouveau titulaire d'un Empire d'Occident renouvelé.

Mais les liens que la Papauté tissa avec Charles commencèrent dès sa première intervention en Italie tout à fait dans le prolongement de celle qu'avait menée son père, Pépin, près de vingt ans plus tôt.

Charlemagne intervint donc en 773 en Italie, assiégeant la capitale lombarde de Pavie qui mit près d'un an avant de se soumettre. En 774, il promit au pape une nouvelle dotation comprenant, selon le *Liber pontificalis* [1], presque toute l'Italie péninsulaire ainsi que les îles, pourtant byzantines, de Corse, Sardaigne et Sicile. Charlemagne ne tint pourtant pas ses promesses. Qui plus est, il se proclama lui-même roi d'Italie, soumit le duc lombard de Bénévent et fit sacrer au cours d'un deuxième voyage à Rome ses deux fils Louis et Pépin respectivement rois d'Aquitaine et d'Italie. Le pape Adrien finit par accepter la présence et les empiètements des fonctionnaires francs, récupéra tout de même les villes de Viterbe et d'Orvieto et se comporta à Rome comme un véritable souverain, allant jusqu'à frapper des monnaies figurant son portrait et non celui du *basileus*. Le problème majeur consistait maintenant à établir des rapports les plus favorables possibles pour la Papauté avec son nouveau « protecteur », le roi des Francs, virtuel empereur de tout l'Occident.

## LA PAPAUTÉ ET CHARLEMAGNE
### AVANT SON COURONNEMENT IMPÉRIAL

La Papauté avait tout intérêt à soutenir un État s'appuyant étroitement sur l'Église et dont le projet consistait à mettre

1. Les donations de Pépin et de Charlemagne ne nous sont connues que par le *Liber pontificalis*, éd. Duchesne, I, 497-498. Certains historiens ont, de ce fait, émis des doutes sur ce témoignage. L. Halphen (*Charlemagne et l'empire carolingien*, Albin Michel, 1968, p. 430) a cependant montré que des lettres d'Étienne II rapportaient, peu après Quierzy, l'acte de donation du roi franc à l'Église romaine. Il reste tout à fait possible que certaines précisions territoriales aient été interpolées par la suite dans les notices du *Liber*.

en œuvre une législation tendant à faire de ses sujets, si divers ethniquement et culturellement, un seul et même peuple chrétien.

Aussi, ne compte-t-on pas les témoignages d'appui de la Papauté à l'égard du souverain carolingien avant même son couronnement impérial qui ne fut en somme qu'un aboutissement. Charlemagne, qualifié de « Nouveau David » ou « Nouveau Constantin », figure du « bon empereur » de la fausse donation, eut à plusieurs reprises recours à la Papauté dans son œuvre d'unification du peuple chrétien : c'est ainsi qu'Adrien envoya au roi le sacramentaire grégorien qui fut complété de manière substantielle par Alcuin ; la manière romaine de chanter fut aussi rendue obligatoire dans tout le royaume par l'*Admonitio generalis* de 789. Auparavant, Charles avait reçu d'Adrien un exemplaire de la collection des canons conciliaires et des décrétales, dite *Dionysio-Adriana*, qui servit de base à sa propre législation.

Pour Charlemagne l'universalité de l'Église ne pouvait que reposer sur le magistère de l'Église romaine et l'accord des différentes Églises « nationales ». Les prétentions de Constantinople à régenter les destinées de l'Église universelle devaient être absolument combattues.

Dans ce domaine, le roi des Francs allait se comporter en allié un peu trop zélé de Rome, faisant rédiger les *Libri Carolini* contre les actes du concile de Nicée II jugé favorable à l'« adoration des images » et réunissant en 794 un concile à Francfort, non seulement pour condamner l'hérésie adoptianiste, mais aussi pour faire pièce à l'Orient. Le pape se rendait compte qu'il avait désormais affaire à un protecteur certes, mais un protecteur autoritaire et entreprenant. Avec un pontife dont le pouvoir était moins assuré comme cela allait être le cas avec Léon III, le risque existait d'une nouvelle mainmise sur la Papauté.

## Le pape Léon III couronne Charles empereur (Noël 800)

D'origine modeste, contrairement à son prédécesseur, Léon III fut dès le départ en butte à l'hostilité des différentes factions de l'aristocratie romaine. Charlemagne lui apparut ainsi comme son protecteur, auquel il avait d'ailleurs témoigné sa soumission au moment de lui notifier son élection. La réponse reçue par l'abbé de Saint-Riquier, Angilbert, confinait le pape dans un simple rôle d'intercesseur auprès de Dieu, la direction spirituelle incombant de facto au roi franc [1].

Dans les milieux lettrés de la cour carolingienne, beaucoup, tel Alcuin d'York, abbé de Saint-Martin de Tours, souhaitaient voir traduites dans les faits les nouvelles responsabilités de leur souverain [2]. Aix-la-Chapelle apparaissait comme la « Nouvelle Rome » d'un Empire rénové au moment où une femme, Irène, s'emparait de l'Empire en Orient, n'hésitant pas à faire crever les yeux de son fils le jeune Constantin ! Beaucoup de computs « eusébiens » assignaient la date de 800 comme la fin du sixième millénaire et donc, sinon la fin du monde, du moins dans une perspective millénariste, le début du « règne des saints [3] ». L'heure était sans doute venue de ressusciter l'Empire romain au profit du nouveau peuple élu, celui des Francs.

Or, à Rome, les événements se précipitaient : le pape Léon III était victime en avril 799 d'une attaque de conjurés qui étaient parvenus à l'emprisonner avant que celui-ci ne réussisse à s'échapper et à trouver refuge auprès de Charles à Paderborn en Saxe. Peu de temps après, parvenait une ambassade des conjurés qui présentait les différents griefs à l'encontre du pape. Charlemagne saisit l'occasion, non sans s'être donné les moyens et le temps de la réflexion. Il fit reconduire le pape à Rome, entama une procédure d'enquête sur les accusations portées contre ce dernier et ne fit son entrée dans la ville que le 14 décembre 800.

Le Saint-Siège ne pouvant être jugé par qui que ce soit, Charlemagne imposa au pape la procédure du serment purgatoire à la mode germanique. C'est donc lavé de tout soupçon que le pape reçut le jour de Noël le roi Charles, à Saint-Pierre. En confrontant nos sources, nous pouvons reconstituer la scène du couronnement impérial en trois étapes : d'abord,

1. Lettre de Charlemagne au pape Léon III dans Alcuin, *Correspondance*, lettre n° 92, dans *Epistolae Karolini aevi*, IV, éd. Dümmler.

2. *Ibid.*, n° 185.

3. Eusèbe de Césarée dans sa *Chronique* écrite au début du IVe siècle se ralliait finalement à un comput réalisé à partir de la Septante comptabilisant 5 200 années d'Adam à l'Incarnation. La 6 000e année après la naissance du Monde serait dans cette optique l'année 800 ap. J.-C. Elle coïnciderait, dans une perspective millénariste qui n'était pas celle d'Eusèbe, avec le début du sabbat des saints sur terre avant la fin définitive de ce Monde. Cf. M. Rouche, dans J. Delumeau, Y. Lequin, *Les Malheurs des Temps*, Larousse, Paris, 1987, p. 88-89.

le pape mit la couronne sur la tête du roi, ensuite le peuple acclama l'empereur, enfin le pape se prosterna devant l'empereur selon le rituel byzantin de la proskynèse. Selon le biographe de Charlemagne, Eginhard, le nouvel empereur aurait conçu quelque dépit devant cette cérémonie [1] ; il est vrai que, contrairement à Byzance, c'est bien le pape qui était apparu comme le véritable initiateur du couronnement. Il fallait craindre aussi la réaction négative de Byzance devant ce qui serait considéré comme une usurpation. Quoi qu'il en soit, cette cérémonie marquait avec éclat le désir profond de la *renovatio* de l'Empire, et cette *renovatio* ne pouvait provenir que de Rome.

### EMPEREUR DE ROME OU DES FRANCS ?

L'ambiguïté allait provenir du sens différent que les papes et les empereurs accorderaient à cette renaissance de l'Empire. Pour Charlemagne et son entourage, c'est bien un nouvel empire chrétien et franc avant d'être romain qui voyait le jour ; pour les papes, Rome redevenait le centre incontesté de la Chrétienté, l'empereur n'étant en somme qu'à son service.

Charlemagne en effet tira vite les conséquences de sa promotion à l'empire : il modifia sa titulature en conséquence, tout en conservant les titres antérieurs de roi des Francs et de roi des Lombards, exigea un nouveau serment dc fidélité de ses sujets à sa personne et négocia avec Byzance pour faire reconnaître le fait accompli. Dans cette dernière affaire épineuse, une fois les projets chimériques de mariage entre l'impératrice Irène et Charles écartés, ce ne fut qu'au bout d'environ dix ans de négociations entrecoupées de pressions militaires que moyennant la reconnaissance de la suzeraineté byzantine sur Venise, le *basileus* Michel Ier Rhangabé consentit à accorder le titre d'« empereur et Auguste » à Charlemagne tout en se réservant expressément celui d'« empereur des Romains ».

Charlemagne adoptait cependant le césaropapisme cher à ses collègues orientaux : en 809, il fit reconnaître au concile d'Aix une nouvelle formule du *Credo*, ajoutant la formule

1. Eginhard, *Vita Karoli*, cité et commenté par R. Folz, *Le Couronnement impérial de Charlemagne*, Gallimard, Paris, 1964, pp. 176-177.

du *Filioque* à la procession habituelle du Saint-Esprit [1]. Le pape Léon III ne suivit pas l'empereur dans cette innovation qui pouvait compromettre les relations avec l'Orient comme on le verra plus tard.

Cependant, dès 806, Charles préparait sa succession, procédant à une première *divisio regnorum* qui montrait que la fâcheuse pratique franque de la division du royaume considéré comme un patrimoine privé n'avait pas disparu. C'est finalement le hasard (la mort de ses deux frères) qui fit que se maintint sous Louis Ier, seul successeur de Charlemagne, l'unité de l'empire. En 813, Charles avait convoqué l'assemblée des Francs pour conférer le titre impérial à son fils Louis, le pape n'intervenant en rien dans cette désignation. Le grand empereur mourait le 28 janvier 814 à Aix ; il était devenu évident que « les nouveaux Romains étaient les Francs et Rome était désormais dans Aix-la-Chapelle » [2]. Comment réagiraient les papes à cette nouvelle *translatio Imperii* ?

## 2. L'essor face aux divisions de l'empire carolingien (814-888)

### Réactions devant l'« inflexion cléricale » de l'Empire au début du règne de Louis le Pieux (814-829)

L'empereur Louis, dit le Pieux ou le Débonnaire, était loin de posséder la même personnalité que son père. Très vite, son règne montra la prépondérance de ses conseillers ecclésiastiques et la mainmise de l'Église sur l'Empire. Apparemment, la Papauté gagnait en importance mais les risques étaient grands à terme d'un affaiblissement du pouvoir carolingien.

1. Le Symbole du Concile de Nicée affirme que l'Esprit procède du Père (*ex Patre procedit*) sans ajouter explicitement qu'il procède aussi du Fils. Cette précision avait été utilisée en Espagne wisigothique contre les ariens et fut reprise par Charlemagne et ses théologiens souhaitant rivaliser d'orthodoxie avec l'Orient.

2. M. Rouche, dans R. Fossier, *Le Moyen Âge*, Armand Colin, 1982, I, p. 380.

Le geste le plus spectaculaire par lequel le nouvel empereur montra sa dévotion au Saint-Siège fut la venue du pape Étienne IV dans le royaume franc, à Reims, en 816. Renouvelant le geste de son homonyme Étienne II, le pape couronna empereurs Louis et sa femme. Le fait que cet événement ait eu lieu à Reims a aussi son importance. Le pontife renouvelait le geste de Rémi baptisant Clovis ; baptême et sacre finissaient par s'identifier et Reims devenait la ville des sacres royaux, lieu incontournable de toute *renovatio* de l'Empire.

Il est probable aussi que le pape Pascal I^er^, successeur d'Étienne IV, reçut de l'empereur, peu de temps après, confirmation de l'intégrité des possessions pontificales et de la garantie de son aide au cas où cette intégrité viendrait à être menacée. Cependant, la venue à Rome de Lothaire, fils aîné de Louis, couronné empereur en 823, se traduisit par la réduction de la marge de manœuvre du pape en butte à des oppositions sérieuses au sein de l'aristocratie romaine et de l'abbaye de Farfa qui souhaitait maintenir sa totale autonomie. Lothaire se comporta comme un arbitre et après la mort de Pascal I^er^ édicta une *constitutio romana* qui limitait singulièrement les prérogatives pontificales dans le domaine judiciaire et soumettait l'élection du pontife à l'approbation du *missus* impérial.

## La Rome de Pascal I^er^ : la Jérusalem céleste de l'Apocalypse

Le pontificat de Pascal I^er^ se traduisit cependant par une œuvre impressionnante de construction et de décoration d'églises à Rome même. C'est en effet de cette époque que datent les édifices couverts de mosaïques de Sainte-Cécile au Trastevere, Santa Maria in Domnica et Sainte-Praxède.

Le programme iconographique de la décoration de l'abside et de l'arc triomphal de cette dernière fait une large place aux motifs apocalyptiques : retour du Christ sur les nuées, représentation de la Jérusalem céleste, de Moïse et Élie, des saints des derniers temps, ce qui prouve combien l'Apocalypse était associée à l'idée de renouveau de l'Empire, et ce depuis le IV^e^ siècle. L'écrin de mosaïques que représente la petite chapelle de Saint-Zénon, dédiée aussi à la mère de Pascal, « Théodora episcopa (?) », montre la perfection acquise par les artistes romains de cet art déjà plus carolingien que byzantin [1].

### La Papauté face aux divisions de l'Empire carolingien

La conception unitaire de l'Empire qui avait été affirmée par Louis le Pieux, notamment dans son *ordinatio imperii* de 817, ne résista pas longtemps aux appétits des différents seigneurs laïcs qui trouvèrent dans les divisions entre les fils de Louis le Pieux matière à satisfaire leurs appétits de puissance.

Dans les querelles qui opposèrent tantôt Lothaire et son père, tantôt les frères entre eux, enfin tous les frères coalisés contre Louis, la Papauté prit fait et cause pour Lothaire qui lui paraissait le plus favorable à la conception unitaire et impérialiste du royaume. Cependant, cet arbitrage pontifical fut loin de faire l'unanimité. En 843, le partage de Verdun entre Lothaire, Charles et Louis signifia le dépècement de l'Empire tel que l'avait conçu Charlemagne, moins de trente ans après la mort de son fondateur. Certes, l'Église s'émancipait du pouvoir impérial, mais les événements ne tardèrent pas à montrer que la Papauté ne pouvait se passer pour l'heure d'un protecteur.

### La menace des Sarrasins sur Rome

Les divisions de l'Empire carolingien et l'affaiblissement de l'Empire byzantin après la querelle iconoclaste, ajoutés à la division politique de la région, laissèrent le champ libre en Italie du sud aux Sarrasins. Ces derniers étaient en fait soit des armées régulières arabo-berbères de l'émirat « aghlabide » de Kairouan, soit le plus souvent des troupes plus ou moins organisées enrôlées par les ducs d'Italie du sud au cours de leurs luttes intestines.

La perte de la Sicile par Byzance au début des années 840 donna le contrôle de la Méditerranée à ces Sarrasins qui entreprirent de multiples opérations de pillage aussi bien sur les rives de l'Adriatique que sur celles de la

1. Cf. G. Matthiae, *Mosaici medioevali delle Chiese di Roma*, vol. 2, Rome, 1967 et la brochure de C.F. Guglielmi, *Basilica di S. Prassede*, Bologne.

Tyrrhénienne. Rome ne fut pas épargnée ; la ville éternelle était protégée par l'antique muraille aurélienne, mais les basiliques Saint-Pierre et Saint-Paul étaient situées au-dehors de ces murs. C'est donc en toute impunité que les Sarrasins purent débarquer à Ostie, puis piller les deux basiliques, le 23 août 846.

Cet événement dramatique fut interprété par le *Liber pontificalis* comme une sanction divine à l'égard des aliénations de biens d'Église opérées par le propre frère du pape Serge II, l'évêque d'Albano Benoît. Le pape Léon IV, successeur de Serge II, réagit en entourant Saint-Pierre, les monastères et les habitations attenantes par une muraille enserrant ce qu'on prit l'habitude de dénommer désormais la « Cité léonine », accoudée au château Saint-Ange. La Papauté trouva aussi son protecteur en la personne de Louis II, fils de Lothaire et roi d'Italie qui fut couronné empereur à Rome au mois d'avril 850. Était ainsi clairement affirmé le droit pontifical sur un Empire désormais réduit à l'Italie. Louis II n'en souhaitait pas moins nommer le candidat de son choix sur le trône de saint Pierre, mais le rapport de forces n'était plus en faveur de l'empereur, comme le montre l'échec du candidat impérial, Anastase dit le « Bibliothécaire » face au prêtre romain élu sous le nom de Benoît III (855-858). Derrière ce dernier se profilait l'action du futur Nicolas I<sup>er</sup>, dont le pontificat fut un des plus glorieux du Moyen Âge.

## Vers la théocratie papale : Nicolas Ier (858-867)

Nicolas Ier était avant son avènement un simple clerc d'origine modeste ayant gravi tous les échelons dans l'entourage des papes successifs. Élu avec l'aval de Louis II, il fut le premier pontife romain à être couronné de façon solennelle, ce qui montre avec quelle autorité il entendait diriger l'Église. Tout de suite, il dut faire face à une inondation du Tibre et créa un hospice près de Sainte-Marie Majeure pour recueillir les sinistrés. Il s'occupa aussi de défendre Rome en installant une garnison à Ostie. Mais son action dépassa de loin les limites de la ville éternelle pour s'étendre à l'ensemble de la chrétienté.

Les divisions entre les rois carolingiens lui permirent d'intervenir et d'affirmer sa haute autorité morale. Ce fut surtout, parmi d'autres sources de divisions, l'affaire du divorce du roi Lothaire II qui permit à la Papauté d'agir.

Lothaire avait disparu en 855, laissant trois fils, Louis empereur en Italie, Lothaire II roi de « Lorraine » et Charles, roi de Provence. Lothaire II n'avait pas eu de descendance de son épouse Theuteberge, ce qui le conduisit à la répudier pour épouser sa maîtresse Walrade. Les différents procédés utilisés par Lothaire pour faire avaliser son divorce furent dénoncés par l'intransigeant archevêque de Reims, Hincmar, ainsi que par Charles le Chauve intéressé par la succession de Lothaire. Ce dernier fit appel au pape qui resta inflexible, refusant d'aller à l'encontre de l'indissolubilité du mariage. Dans cette affaire, Nicolas Ier manifesta une fermeté et un grand courage qui lui permirent de faire face à la pression des archevêques de Trèves et de Cologne et de Louis II, tous gagnés à Lothaire.

Ce succès encouragea le pape qui, dès lors, intervint de manière régulière dans les affaires d'Occident sans même ménager Hincmar dont les prétentions à dominer l'Église des Gaules étaient jugées excessives à Rome. Le pape revendiquait son droit à intervenir notamment dans la défense d'évêques lésés par leurs métropolitains. Au cours du concile romain de 863, il fut décidé que quiconque braverait les dogmes ou les décrets promulgués par le Siège apostolique serait anathème [1]. Le pape ne faisait qu'utiliser pleinement le pouvoir de lier et de délier donné par le Christ à Pierre et revendiqué par les papes principalement depuis Gélase (ve siècle).

Cette affirmation de la primauté romaine se heurta en Orient à une opposition liée à l'accession de Photius au patriarcat de Constantinople ainsi qu'à des conflits avec Byzance à propos de l'évangélisation des Slaves.

L'Église grecque était en fait divisée par suite des conséquences de l'iconoclasme. Certes, depuis 843, Théodora, mère de l'empereur Michel III, avait restauré le culte des images. Mais un parti plus rigoriste, essentiellement composé de moines du Stoudion, souhaitait une réforme beaucoup plus profonde. Le patriarche Ignace appartenait à cette tendance et ce fut lui que le César Bardas déposa au profit d'un laïc, fonctionnaire du palais, homme aussi d'une grande culture,

1. Texte cité dans *Dictionnaire Historique de la Papauté*, art. Nicolas Ier (P. Riché), Fayard, 1994, p. 1162. L'anathème, comme l'excommunication, frappent celui qu'ils touchent en le mettant en marge de l'Église.

Photius. Un synode romain convoqué par Nicolas en 863 n'accepta pas la procédure, exigea le retour d'Ignace sur le trône patriarcal, alors qu'Anastase le Bibliothécaire était chargé d'exposer en grec à l'empereur Michel III la doctrine pontificale concernant le gouvernement de l'Église universelle.

La querelle fut envenimée par la question de la conversion des Bulgares, le roi Boris ayant vu sa demande d'un patriarche autocéphale refusée par Photius et s'étant rapproché de Rome. C'en était trop pour Photius qui convoqua un synode en 867 allant jusqu'à excommunier le pape ! Nicolas Ier réagit vivement en réaffirmant que « le premier siège ne peut être jugé par personne » [1]. La situation fut provisoirement réglée par le coup de force de Basile Ier qui, ayant à peine accédé au pouvoir, rappelait Ignace afin de réconcilier l'Église grecque déchirée.

Nicolas Ier, malgré les bases fragiles de son pontificat, car la sécurité de Rome restait toujours menacée, fut l'un des plus grands papes du Moyen Âge et peut-être de l'ensemble de l'histoire de la Papauté. Selon le père Congar, la conception de son pouvoir par Nicolas est celle d'une « monarchie pastorale [2] ». À bien des égards, il préfigure Grégoire VII. Cependant, son œuvre fut vite remise en question sous un pontificat plus faible, celui d'Adrien II et ne connut qu'un court réveil sous un pape déjà âgé, Jean VIII.

### RÉACTION CONTRE LE PONTIFICAT DE NICOLAS Ier

Le pontificat d'Adrien II (867-872) montra la fragilité des acquis du pontificat précédent qui, malgré sa valeur, n'avait pas résolu la question du schisme de Photius et laissait le problème de la sécurité des États pontificaux en suspens.

Déjà âgé au moment de son accession au pontificat, Adrien n'avait pas l'autorité de son prédécesseur. Il fut, en outre, partiellement déconsidéré par les agissements d'Eleuthère, le frère d'Anastase le Bibliothécaire, à l'égard de la famille que le pape avait eue avant son accession au diaconat.

1. *Dictionnaire Historique de la Papauté*, art. Nicolas Ier, p. 1162.
2. Y. Congar, *L'Ecclésiologie du Haut Moyen Âge*, Paris, 1968, pp. 201-231.

Face à une Papauté passagèrement affaiblie, beaucoup cherchèrent à revenir sur des décisions antérieures. C'est ainsi que Lothaire alla jusqu'à trouver le pape au Mont-Cassin pour le persuader de revoir le cas de son divorce, avant de trouver la mort de façon inopinée en 869. De même, ses protestations lors du partage des États de Lothaire II entre ses deux oncles furent vaines. Le pape dut même s'entendre dire par Hincmar de Reims, qu'il n'avait pas à intervenir dans les affaires publiques ! La demande du neveu d'Hincmar, Hincmar de Laon qui se présentait en victime de Charles le Chauve et de l'évêque de Reims, ne put non plus aboutir, le concile de Douzy déposant l'évêque de Laon. La raison de toutes ces reculades tient à la nécessité pour le pape de ménager son protecteur en titre, Louis II, engagé dans de durs combats contre les Sarrasins dont l'issue n'était pas toujours garantie.

## La question impériale après la reprise de Bari (871) et les rapports avec l'Orient

En 871, Louis II reprit cependant Bari aux musulmans, grâce en partie à l'envoi d'une flotte byzantine. Mais, l'enthousiasme dont l'« empereur d'Italie » et sans doute aussi la Papauté firent preuve alors, n'hésitant pas à railler les « Grecs » de Byzance, devait être de courte durée. Louis II trouvant la mort quatre ans après, le problème impérial restait posé.

Avec Byzance, les relations, malgré ces phases de tension temporaires, devaient nécessairement s'améliorer devant le péril commun à affronter. Certes, le concile de Constantinople tenu en 869-870, VIIIe concile œcuménique pour l'Occident, condamna Photius, mais au cours de ce même concile, le tsar Boris de Bulgarie renouait avec Byzance qui lui envoyait les clercs demandés.

Rome trouva une compensation en Moravie où les moines grecs Constantin (Cyrille) et Méthode évangélisèrent le pays en utilisant la langue slavonne et vinrent à Rome à la demande même du pape. Cyrille y trouva la mort et fut enterré dans la basilique de ce saint Clément dont il avait rapporté les reliques. Méthode poursuivit sa mission, confronté à l'hostilité du clergé allemand.

## La Papauté à la remorque d'empereurs éphémères

À l'égard de l'Orient, le pape Jean VIII, bien que confronté au retour en grâce de Photius, sut éviter un « second schisme de Photius ». Le pape se contenta de demander une déclaration de repentir. Le concile de Constantinople de 879-880 rétablit ainsi Photius et la question de l'addition du *Filioque* par l'Occident fut résolue, Rome ayant renoncé à réciter le *Credo* avec la nouvelle formulation.

Jean VIII parvint aussi à faciliter la mission de Méthode en Moravie en autorisant la prédication en langue slavonne, combattue par certains, et en authentifiant l'orthodoxie de son délégué. Pourtant Basile Ier recevait aussi Méthode peu de temps avant la mort du missionnaire et Rome devait reconnaître l'attrait grandissant qu'exerçait Byzance auprès des jeunes Églises slaves.

Le problème pour la Papauté restait encore de se garder des visées de l'aristocratie romaine et des menaces extérieures toujours pressantes. Après la mort de Louis II, Jean VIII jeta son dévolu sur Charles le Chauve, le plus important prince de l'Occident. Le 25 décembre 875, soit trois quarts de siècle après son prestigieux aïeul, Charles le Chauve était à son tour sacré et couronné empereur à Rome. Mais il apparaissait plus difficile de convaincre les grands d'Italie et de France de la nécessité de la politique impériale. Rappelé dans le nord en apprenant la nouvelle de la mort de Louis le Germanique, Charles le Chauve essuyait un sanglant revers face aux armées d'un de ses neveux pendant que les Normands remontaient impunément la Seine. Il n'avait laissé en Italie pour protéger le pape que le duc de Spolète Lambert, peu efficace et, qui plus est, peu fiable. Aussi, ayant dû faire de graves concessions aux grands de son royaume, malade, l'empereur fut rappelé en Italie par le pape. Il dut pourtant rebrousser chemin et mourut au retour dans sa traversée des Alpes (877).

L'empire resta vacant pendant quelques années, avant que Charles le Gros, dernier fils de Louis le Germanique, momentanément à la tête de tous les territoires de l'ancien Empire carolingien, ne soit couronné empereur à Rome en 885. Ce fut un échec, puisqu'au milieu de l'anarchie générale, Charles le Gros abdiqua et mourut en janvier 888.

Le titre impérial avait fini par n'être plus qu'une appellation assez creuse conférée exclusivement par la Papauté. La disparition d'un pouvoir fort pouvant jouer le rôle d'arbitre allait désormais livrer la Papauté aux mains de l'aristocratie romaine. Le « siècle sombre » pouvait commencer [1].

*Bertrand Fauvarque*

1. L'expression exacte est celle de « siècle de fer et de plomb » ; elle a été utilisée par le cardinal Baronius au début du XVII^e siècle après que les protestants eurent dénoncé cette période scandaleuse de l'histoire de la Papauté.

# VI

# De la tutelle de l'aristocratie italienne à celle des empereurs germaniques (888-1003)

À partir de la fin du IX^e siècle, la Papauté est victime de la désagrégation du pouvoir central, sauf en Germanie, et s'englue dans les affaires italiennes. C'est pourtant dès 909 qu'est fondé le monastère de Cluny qui va être à l'origine de la réforme de la Chrétienté d'Occident. Rome, malgré son déclin, n'est pas étrangère à l'essor de ce mouvement. Quant aux papes, la tutelle germanique établie par Otton I^er à la fin du X^e siècle, aussi brutale soit-elle, leur permettra au moins d'échapper partiellement à l'aristocratie romaine. Auparavant se seront déroulés bien des épisodes peu glorieux, qui n'entamèrent pas trop le crédit de la Papauté.

## LE PAPE FORMOSE ENTRE LES DUCS DE SPOLÈTE ET LES DERNIERS CAROLINGIENS

Celui qui allait devenir le pape Formose (891-896) avait été auparavant évêque de Porto et avait pu montrer ses qualités de négociateur dans ses missions, notamment à Constantinople et en Bulgarie. Jean VIII qui lui avait accordé sa confiance au départ dut s'en séparer, Formose étant accusé de vouloir comploter contre le pape et contre l'empereur. Ce n'est qu'après la mort de Jean VIII, vraisemblablement assassiné, sous Marin I^er (883-884) qu'il retrouva son évêché, mais les conflits entre les différentes factions allaient reprendre de plus belle.

Après la mort de Charles le Gros, le pouvoir carolingien connut une éclipse en Italie. Seuls restaient aux prises pour le titre de roi d'Italie Bérenger, marquis de Frioul et apparenté aux Carolingiens par sa mère, et Guy, duc de Spolète qui lorgnait sur les possessions pontificales. C'est ce dernier qui sembla l'emporter, vainqueur de son rival en 889 et couronné empereur en 891.

Formose, élu pape en 891, malgré l'interdit de transfert, c'est-à-dire le transfert d'un évêché à un autre, avait semblé favorable, au début, au duc de Spolète. Son pontificat se caractérisa par une action importante envers l'Occident où le pape intervint notamment dans le conflit pour le pouvoir en Francie occidentale, un conflit qui opposait alors le carolingien Charles le Simple au duc Eudes, aussi bien qu'envers l'Orient où il tint un rôle modérateur à l'égard des Ignatiens soucieux de revenir sur la réhabilitation de Photius.

Mais, sans doute par volonté d'échapper à la tutelle de Spolète, et non par « germanophilie », Formose se rapprocha d'Arnulf de Carinthie, bâtard de Carloman, qu'il couronna empereur en février 896 avant de mourir la même année. C'est ce retournement d'alliance qui fut vraisemblablement à l'origine de la haine de son successeur Étienne VI à son égard, n'épargnant pas même son cadavre !

## LE « SYNODE DU CADAVRE » (897)

Étienne VI et ses partisans n'hésitèrent pas, en effet, à exhumer le cadavre de Formose, à le revêtir de ses ornements pontificaux et à le faire comparaître en procès face à ses accusateurs. Le pape décédé fut accusé d'avoir violé par ambition l'interdit de transfert, de ne pas avoir tenu compte de son excommunication et d'avoir rompu le serment qu'il avait prêté de ne plus briguer de charges ecclésiastiques. Au terme de cette parodie macabre de procès, on dépouilla le corps de ses insignes pontificaux, on lui arracha les deux doigts de sa main droite qui avaient servi à bénir, puis on livra la dépouille à la foule qui la mutila et la jeta dans le Tibre !

Le besoin de légitimation d'Étienne et les rancœurs des Spolétains expliquent mal un tel acharnement. Il n'y a pourtant guère de doute sur la réalité de l'événement, bien qu'une importante littérature « formosienne » rédigée après coup ait peut-être noirci les détracteurs de leur pape regretté.

En tout cas, le climat de guerre entre formosiens et antiformosiens se prolongea sous les papes qui se succédèrent. L'enjeu se compliqua encore en raison du revirement de Lambert de Spolète en faveur des formosiens devant l'accroissement de pouvoir de certaines familles romaines comme celle de Théophylacte.

### LA DOMINATION DE THÉOPHYLACTE ET DE MAROUSIE : LA « PORNOCRATIE » ROMAINE

Théophylacte domina la vie politique romaine pendant toute la première moitié du Xe siècle, soit directement, soit indirectement par sa femme Théodora, sa fille, la trop célèbre Marousie, son petit-fils Albéric enfin. Théophylacte était *vestararius et magister militum,* c'est-à-dire qu'il contrôlait le trésor et les milices pontificales. Selon certaines sources, le pape Serge III (904-911) aurait été l'amant de Marousie dont il aurait eu un fils, le futur pape Jean XI. Parmi ces sources se trouvent Liutprand de Crémone [1], dépité de l'échec de son client Bérenger de Frioul et assez porté à l'exagération, ainsi que tous les libelles pro-formosiens qui n'avaient aucune raison d'épargner Serge III. Ce dernier, en effet, renouvela la condamnation de Formose et fit transférer les restes d'Étienne VI sous le porche de Saint-Pierre. Les invalidations des nominations formosiennes furent à l'origine de troubles, néanmoins les historiens « modernes » semblent reconnaître que le pontificat de Serge III se traduisit par un raffermissement de l'institution pontificale malgré les effets pernicieux de la domination de la noblesse romaine.

Le pape Jean X (914-928) aurait dû, pour sa part, son accession au pontificat à Théodora l'« Ancienne ». Ancien archevêque de Ravenne, il était aussi en bons termes avec Bérenger de Frioul. Ce pape parvint à réaliser une sorte d'union sacrée entre les membres de l'aristocratie romaine, Albéric Ier devenu duc de Spolète, les princes et ducs de Capoue, Naples et Amalfi et même Byzance contre les Arabes installés dans une forteresse sur le Garigliano. Cette alliance remporta une victoire décisive en 915. Mais, par la suite, Albéric, époux de Marousie, parvint à chasser un tel compétiteur et le remplaça par Jean XI, fils, sinon de lui-même, au moins de la *senatrix* Marousie. Malgré son origine peu glorieuse, Jean XI (931-935), au cours d'un ponti-

1. Liutprand de Crémone, *Antapodosis*, éd. A. Bauer et R. Rau dans *Quellen zur Geschichte der Sächsischen Kaiserzeit*, Darmstadt, 1971.

ficat perturbé par la révolte d'Albéric II contre Marousie remariée avec Hugues de Provence, parvint à confirmer au monastère de Cluny et à son abbé Odon le privilège d'exemption qui allait lui permettre de s'affranchir de la féodalité et d'accomplir son œuvre de réforme. Par ailleurs, les relations n'étaient pas mauvaises avec Byzance puisque Marousie songeait à faire épouser une de ses filles par un fils du *basileus*. L'Empire d'Orient aida même Hugues de Provence à déloger les Sarrasins de leur repaire de Fraxinetum (aujourd'hui La Garde-Freinet).

L'appellation de « pornocratie romaine » [1] doit donc être tempérée. Certes, le comportement de Marousie, successivement épouse d'Albéric Ier, Guido de Toscane puis Hugues de Provence fut loin d'être exemplaire. Le pape Jean XI dut bien le trône pontifical à sa mère, bien qu'en définitive ce fût le pape Jean XII, fils d'Albéric II et donc petit-fils de Marousie, qui fut le plus scandaleux des « papes Jean ».

## Des papes Jean à la papesse Jeanne ?

Le mythe sulfureux de la papesse Jeanne, femme qui aurait usurpé le trône de Pierre en cachant son identité sexuelle, provient peut-être d'un amalgame entre le comportement des papes Jean et le « gouvernement des femmes » que fut le règne de Théodora et Marousie [2]. On trouve pour la première fois des traces de cette légende dans des chroniques de moines dominicains datant du milieu du XIIIe siècle.

D'après ces textes initiaux, une femme déguisée en homme parvint à s'immiscer dans les milieux de la Curie pontificale et à devenir pape « ou plutôt papesse ». La supercherie aurait été découverte lors d'une procession où la papesse accoucha publiquement d'un enfant. Par la suite, on ajouta d'autres détails : cette femme aurait été native de Mayence, se serait travestie afin de suivre les études de son

1. L'expression provient des anciens historiens allemands qui ont appelé cette période « Römisch Hurenregiment » traduit par le mot « Pornocratie », gouvernement des courtisanes.

2. L'ouvrage le plus complet sur la question est celui d'A. Boureau, *La Papesse Jeanne*, éd. Aubier, 1988. L'auteur cite, p. 330, la remarque du chroniqueur Benoît de Saint-André du Mont-Soracte : « Rome fut alors dominée par la main d'une femme » pour évoquer le règne de Marousie sur l'Église romaine.

amant, aurait fait des études à Athènes (!) avant d'entrer dans la Curie romaine [1]... Depuis ce temps, pour éviter une telle mésaventure, on vérifierait manuellement le sexe des papes au cours du couronnement sur les chaises « percées », en fait, d'anciennes chaises curules. En outre, les processions pontificales du Latran à Saint-Pierre éviteraient, par un détour au niveau de Saint-Clément, l'endroit où la papesse aurait accouché, révélant l'imposture. Les multiples invraisemblances attachées à cette légende n'empêchèrent pas la propagande luthérienne, puis anticléricale, de s'emparer plus tard de l'histoire de la papesse Jeanne afin de mieux dénoncer la « prostituée de pourpre » qui se cachait dans l'Église romaine. Mais ce mythe fut aussi véhiculé au départ au sein de l'Église car il répondait, à l'image des fêtes carnavalesques, à un rituel d'inversion des valeurs témoignant *a contrario* de la pérennité de l'institution pontificale.

Il est difficile de dire précisément si les scandales de Marousie furent à l'origine du mythe de la papesse Jeanne, son « pontificat » étant généralement placé à une période antérieure, entre Léon IV (847-855) et Benoît III (855-858) au moment de l'usurpation d'Anastase le Bibliothécaire. Le pontificat de Jean XII, fils d'Albéric II et donc petit-fils de Marousie avait pu pourtant apparaître comme celui de « l'Antéchrist siégeant dans le temple de Dieu ».

## Le principat d'Albéric II... et de son fils, le pape Jean XII

Albéric le jeune, âgé de dix-huit ans seulement, parvint, après s'être révolté contre sa mère et avoir relégué son demi-frère Jean XI au château Saint-Ange, à s'imposer aux Romains. Il dirigea pendant vingt-deux ans une soi-disant République romaine qui reposait en fait sur des liens étroits de vassalité entre lui-même et les châtelains possessionnés dans le Latium et en Sabine.

Albéric nomma des papes pour la plupart modestes et dignes et favorisa la réforme clunisienne à Rome et dans les environs. C'est ainsi que les monastères de Saint-Paul-hors-les-murs, Subiaco et plus difficilement Farfa se réformèrent.

1. *Ibid.*, pp. 119-123 (*Chronique universelle* écrite vers 1255 et attribuée au dominicain Jean de Mailly) ; pp. 136-141 (version postérieure, plus élaborée, de Martin le Polonais).

Il sentit la nécessité de contrôler directement la Papauté : transmettant sa succession à son bâtard Octavien, il fit jurer aux Romains de l'élire pape à la mort d'Agapet II. Octavien, qui n'avait que seize ans, fut donc élu sur le trône pontifical en décembre 955 et prit le nom de Jean XII. Avec cet adolescent plus occupé de ses amours, de festins et de chasses que du service divin, la Papauté tomba bien de façon caricaturale « aux mains des laïques ». Dans ces conditions, l'arrivée en Italie du nouveau roi d'Allemagne Otton Ier fut un moindre mal pour la Papauté. Paradoxalement, c'est Jean XII, inquiet des manœuvres du roi d'Italie Bérenger II, qui appela Otton et le couronna empereur le 2 février 962.

### Rome aux IXe-Xe siècles

La Rome dans laquelle Otton pénétra en 962 n'était pas ce champ de ruines que l'on a coutume d'imaginer. Certes, nombre de monuments antiques étaient devenus des forteresses habitées, parfois même aux mains de grandes familles romaines. Néanmoins, la période carolingienne avait été l'objet d'un certain renouveau architectural. Il a été fait mention plus haut des constructions dues au pape Pascal Ier ; elles ne furent pas les seules : des monastères nouveaux furent créés, des aqueducs restaurés... La Rome des papes du Haut Moyen Âge s'articulait surtout autour de deux centres : le Latran, siège de l'évêque de Rome et de l'administration pontificale, et surtout le Vatican qui recevait toujours des milliers de pèlerins logés dans les *scholae* propres à chaque nation. La basilique Saint-Pierre, avec son abside si curieusement située à l'Ouest, fut admirée et imitée dans tout l'Occident. Le type d'églises « à double abside » qui se développa pendant les périodes carolingienne et ottonienne en découle directement.

Malgré les vicissitudes de la Papauté et du gouvernement de Rome au Xe siècle, il semble que la ville même de Rome poursuivit un certain essor, prolongeant l'embellie carolingienne. Des lotissements et des constructions nouvelles se développèrent surtout à partir de la via Lata (l'actuel Corso) ; les rives du Tibre virent leur population s'accroître avec l'essor du Vélabre et du Trastevere autour du monastère des saints Côme et Damien (San Cosimato) ; le Burgus (Borgo), désormais protégé par la muraille de Léon IV se développait à l'ombre du château Saint-Ange, théâtre de drames dans lesquels périrent de nombreux papes, mais aussi résidence préférée de Marousie.

Loin de là, au Latran, les papes développaient une administration financière et une chancellerie de plus en plus importantes. Le collège cardinalice des cardinaux-évêques des sièges suburbicaires et des cardinaux-prêtres des « titres » de la capitale siégeait au palais, à l'image d'un Sénat reconstitué. L'administration pontificale restait cependant encore limitée au service d'intérêts purement locaux.

### La Papauté et le Saint-Empire romain germanique

La crise morale et politique que connut la Papauté sous la domination de la famille de Théophylacte sembla prendre fin au moment du couronnement impérial d'Otton Ier. Mais la domination allemande risquait, elle aussi, de menacer l'indépendance des papes.

Le pouvoir royal s'était mieux maintenu en Germanie qu'en France jusqu'à la disparition du dernier Carolingien en 911. À ce moment, le pouvoir échut au duc de Saxe Henri qui repoussa avec succès les assauts des Slaves et des Hongrois et transmit le pouvoir à son fils Otton. Pour contrer les velléités indépendantistes des ducs et féodaux d'Allemagne, ce dernier s'appuya sur les évêques qui, pourvus de tâches administratives, devinrent les meilleurs auxiliaires de la royauté. L'influence des évêques le porta à étendre les frontières de la chrétienté à l'est chez les Slaves et à revendiquer le titre impérial au sud, à Rome.

Otton Ier différa sa venue en Italie tant qu'Albéric régnait à Rome. À l'appel de Jean XII, Otton, qui avait hérité de droits sur l'Italie par son mariage avec Adélaïde de Bourgogne, envahit l'Italie, vainquit Bérenger II avant d'être couronné empereur. À peine nommé, l'empereur allemand reconnut les possessions territoriales du pape, étendues même aux régions byzantines, par un privilège dit *Ottonianum*, mais exigea de lui en retour un serment aux représentants de l'empereur. En fait, le pape se trouva cantonné au Latium alors que le reste de ses possessions se trouvait peu à peu absorbé dans un royaume d'Italie solidement arrimé à l'Allemagne. Jean XII concédait aussi à Otton la fondation de l'archevêché de Magdebourg comme centre missionnaire en direction des pays slaves. La tutelle de l'empereur devenait trop pesante pour Jean XII, qui, une fois son protecteur parti, commença à se rapprocher d'Adalbert, fils de Bérenger et à dater ses actes à partir des années de règne des empereurs de Byzance, habitude perdue par les papes depuis Adrien Ier !

La menace était trop forte pour Otton qui, soudain sensible aux plaintes de clercs romains à propos de la conduite scandaleuse de Jean XII-Octavien, convoqua un synode qui accusa le pape d'être homicide, parjure, sacrilège et inceste avant de le déposer au profit d'un laïc, Léon VIII. C'était la première fois qu'une assemblée d'évêques osait déposer un pape, chose assez inouïe, et ce en dépit de la conduite répréhensible du titulaire de la chaire de saint Pierre.

Les Romains supportaient péniblement la présence de ces Allemands à Rome et permirent le retour de Jean XII qui cassa les décisions du concile précédent mais mourut brutalement le 14 mai 964, selon Mgr Duchesne, « comme il avait vécu : la main de Dieu l'atteignant dans le lit d'une femme » [1].

Otton dut apaiser les susceptibilités des Romains en acceptant qu'un neveu de Marousie soit élu sous le nom de Jean XIII. Même ainsi, Otton dut faire face à une révolte du préfet urbain Pierre qui fut cruellement réprimée. C'est Jean XIII qui, en 967, couronna empereur le jeune Otton II âgé de douze ans. Faisant pression sur Byzance, Otton Ier obtint pour son fils la main d'une princesse porphyrogénète, Théophano, la sœur des deux jeunes princes Basile et Constantin. L'impératrice grecque fut à son tour couronnée par le pape : l'Orient et l'Occident semblaient enfin réunis !

## LES PAPES ENTRE LES EMPEREURS ALLEMANDS, LES CRESCENTII ET LEURS ALLIÉS BYZANTINS

Le fils d'Otton Ier, Otton II, n'avait que vingt ans à la mort de l'empereur (973). Il allait connaître d'évidentes difficultés pour asseoir la domination allemande en Italie. La noblesse romaine relevait la tête avec notamment les Crescentii apparentés à la famille de Théophylacte. Benoît VI fut renversé en 974 par Crescentius qui fit élire à sa place le diacre Francon (Boniface VII) qui n'hésita pas à faire assassiner son prédécesseur. Francon avait aussi le soutien du

1. L. Duchesne, *Les Premiers Temps de l'État pontifical*, Paris, 1898, p. 348.

« parti grec » à Rome, ce qui explique qu'il dut se réfugier une première fois en Italie du sud byzantine avant de revenir à la charge deux fois de suite en 980 et en 984. Pendant ce temps, Otton II se dépensait en vains efforts pour conquérir le sud de l'Italie, connaissait une défaite grave près de Crotone au cap Colonne avant de mourir prématurément l'année suivante (983). L'échec de ces expéditions montrait la fragilité de ce rêve impérial qui allait pourtant s'incarner un moment en son fils Otton III.

Le début du règne d'Otton III, qui n'était qu'un enfant âgé de trois ans à la mort de son père, fut marqué par la régence de sa mère Théophano et de son aïeule Adelaïde retenues en Allemagne par des révoltes des princes. Les Romains en profitèrent pour reprendre le contrôle de la Papauté. Après la mort du pape « maléfique » Jean XIV, Crescentius II « sénateur, duc et consul des Romains » fit nommer Jean XV (985-996) qui fut toléré par Théophano présente à Rome en 990-991. Ce pape eut une action énergique en direction du monde slave où il soutenait les missions d'Adalbert de Prague en Bohême et où le roi de Pologne Miesko Ier allait jusqu'à « donner son royaume à saint Pierre » afin de mieux contrer l'influence allemande. À l'égard de la Russie convertie par Byzance, il parvint aussi à maintenir des relations.

Cependant, dans le litige pour l'attribution de l'archevêché de Reims qui opposait Arnoul à Gerbert d'Aurillac, le futur Sylvestre II, Jean XV refusa d'entériner les décisions du concile de Saint-Basle, réuni par Hugues Capet, qui avait obtenu la démission d'Arnoul. Au synode de Mouzon (995), boycotté par les évêques de France, Gerbert fut impitoyablement déposé.

Désireux de s'émanciper de l'aristocratie romaine, Jean XV s'adressa alors à Otton III déclaré majeur à seize ans en 996. Mais, il mourut peu de temps après. Otton III fit nommer alors son propre cousin, Brunon de Carinthie, le premier pape allemand de l'histoire de la Chrétienté. Et c'est des mains de son cousin qu'Otton III reçut la couronne impériale le 21 mai 996. Gerbert vint à Rome pour plaider sa cause auprès de Grégoire V, qui se montra aussi intraitable que Jean XV. Il y fit cependant la connaissance de l'empereur, fait déterminant pour l'avenir.

Comme à l'accoutumée, les Romains rechignaient devant la présence des étrangers et de leur pape allemand. Dès le départ d'Otton III, ils se révoltèrent à nouveau et installèrent sur le trône pontifical l'évêque de Plaisance, Jean Philagathos (Jean XVI), un Grec de Calabre soutenu aussi par Byzance. Otton III dut revenir en Italie en 998 en se vengeant cruellement contre Jean XVI déposé et humilié, juché à l'envers sur un âne, et contre Crescentius qui fut exécuté. L'empereur d'Allemagne amenait avec lui « dans ses bagages » Gerbert qui fut élu archevêque de Ravenne en avril 998 avant de devenir pape à la mort de Grégoire V le 2 avril 999.

### Le pape de l'an mille

Même s'il faut reconnaître que la vision d'un monde terrorisé par l'approche de l'an mille est inexacte [1], beaucoup, au moins parmi l'élite des clercs, accordaient une signification au millénaire de l'Incarnation. Comme de précédentes échéances, l'an mille pouvait signifier le renouveau de la Chrétienté. Cet arrière-plan millénariste sous-tend le rêve politique d'Otton III qui arborait d'ailleurs lors de son couronnement un manteau brodé de scènes de l'Apocalypse. Ce programme consistait non seulement à faire revivre l'empire de Charlemagne, mais bien à faire de Rome la capitale de l'Occident et même du monde chrétien réunifié.

Le jeune prince eut la chance de trouver à ses côtés la personne la plus capable d'assumer ce rêve à la tête de la Papauté : Gerbert d'Aurillac qui prit le nom significatif de Sylvestre II. De même qu'Otton était le nouveau Constantin, le pape était le nouveau Sylvestre qui assisterait l'empereur dans sa tâche de direction de la Chrétienté.

La destinée du nouveau pape avait de quoi étonner : ancien oblat à l'abbaye Saint-Géraud d'Aurillac, Gerbert eut la chance de suivre le comte Borrell de Catalogne, pays où il put faire ses études et entrer en contact avec la science recueillie par les Arabes d'Espagne. Son savoir lui assura une renommée considérable parmi le monde cultivé de l'époque. C'est ainsi qu'après un séjour à Rome où il fut remarqué par Otton Ier, il suivit l'archidiacre Gerannus à Reims où il devint écolâtre de

1. Cf. not. G. Duby, *L'an mil*, éd. Gallimard, Archives Julliard, 1967 ; P. Riché, « Le mythe des terreurs de l'an 1000 », dans *Les Terreurs de l'an 2000*, Paris, 1976, pp. 21-30.

la cathédrale de Reims alors qu'Adalbéron était évêque. Un moment abbé de Bobbio où ses tentatives de réforme échouèrent, il revint à Reims où son rôle auprès d'Adalbéron fut considérable dans l'avènement de la dynastie capétienne en France en 987. Gerbert soutenait en cela les vues de la dynastie ottonienne contre les prétentions des derniers Carolingiens. Il connut cependant un échec dans sa tentative pour succéder à Adalbéron sur le siège de Reims. L'appui d'Hugues Capet, au début chichement monnayé, fut ensuite déclaré au concile de Saint-Basle où Gerbert rallia la plus grande partie de l'Église de la Gaule, mais le pape Jean XV, inquiet des propos anti-romains tenus par certains évêques et par Gerbert lui-même [1] s'opposa à la démission d'Arnoul et à la nomination de Gerbert, de même que son successeur Grégoire V. C'est finalement en accompagnant Otton III et Grégoire V à Rome que Gerbert parvint au pontificat suprême dont il avait critiqué les détenteurs indignes quelques années plus tôt !

On comprend qu'une telle ascension, qui plus est dans le contexte du millénaire finissant, ait suscité les légendes les plus invraisemblables et les plus tenaces puisqu'on les trouve sous la plume d'auteurs presque contemporains de Gerbert jusqu'à Michelet et Victor Hugo [2]. Gerbert serait devenu pape en pactisant avec le diable ! Une série d'oracles lui auraient annoncé non seulement sa carrière (il passerait ainsi de R en R, c'est-à-dire de Reims à Rome après une étape à Ravenne) [3] mais encore le moment de sa mort.

L'histoire est plus prosaïque. Le rêve ottonien ne pouvait qu'être précaire. En l'an mille, Otton fit ouvrir le tombeau de Charlemagne et porta sur lui la croix d'or du grand empereur. La même année, le pape et l'empereur érigèrent des évêchés en Pologne et en Hongrie. Sylvestre II portait donc

1. Cf. not. Gerbert, Lettre 192 citée dans P. Riché, *Gerbert d'Aurillac, le pape de l'an mil*, 1987, p. 172.

2. *Ibid.*, pp. 13-14 : Michelet écrivait en 1833 dans son *Histoire de France* : « Ce Gerbert n'était pas moins qu'un magicien... » ; il aurait, toujours, selon le même auteur, passé un pacte avec le diable alors qu'il se trouvait en Espagne chez les musulmans. Victor Hugo évoque à trois reprises Gerbert dans la *Légende des Siècles* en des termes assez similaires.

3. Sigebert de Gembloux, *Chronique*, MGH, Scriptores, VI. La légende vient d'une plaisanterie de Gerbert rapportée par le biographe du roi Robert le Pieux, le moine Helgaud.

bien ses regards sur l'Orient ; au-delà, c'est même la libération de Jérusalem qu'il semblait entrevoir.

Une nouvelle révolte de la population romaine conduisit pourtant l'empereur à fuir vers le nord, emmenant avec lui Sylvestre II. Le 24 janvier 1002, l'empereur mourut précocement ; Gerbert le suivit dans la tombe quelques mois après, en mai 1003. La dure réalité semblait l'avoir emporté sur le mythe. La suite de l'histoire devait pourtant montrer le succès du puissant mouvement de réforme qui avait été semé à l'approche de la fin du premier millénaire.

*Bertrand Fauvarque*

# VII

# Réforme de l'Église
# et rejet de l'ordre ancien
# (1003-1124)

## Les papes

### *Papes italiens et papes allemands*

Gerbert, pape de l'an mille, pouvait bien être l'un des intellectuels les plus brillants de son temps, il n'en était pas moins une créature de l'empereur. Pendant un demi-siècle ses successeurs, aristocrates romains issus des familles Crescentius et Tusculum, vont être tout aussi dépendants de l'Empire mais sans son rayonnement, loin s'en faut. Jusqu'au milieu du XIe siècle, aucune grande personnalité n'émerge : un Benoît VIII (1012-1024) est guerrier tout autant que pape. S'il manifeste quelques velléités de réforme sous la tutelle d'Henri II, c'est surtout par opportunisme. Quelques années plus tard, le moine clunisien écrivant la vie de l'abbé Odilon ne le fera échapper à l'enfer que de justesse. Son frère, Jean XIX (1024-1032), abandonne quant à lui toute idée de réforme. Son neveu Benoît IX (1032-1045) laisse le souvenir d'un débauché, déposé par Henri III après avoir mis Rome en ébullition. S'il est vrai que la situation s'améliore avec Grégoire VI (1045-1046), chaudement accueilli par un réformateur de l'envergure de Pierre Damien, sa destitution par Henri III montre à quel point la Papauté est en mal de réforme : ce digne archiprêtre de Saint-Jean-devant-la-Portelatine, est en effet déposé pour simonie, leçon pleine d'enseignements pour son chapelain, un certain Hildebrand.

De cette liste sans gloire, il serait pourtant précipité de conclure à un abaissement du prestige de Rome. Depuis le IXe siècle en effet, tout un courant intellectuel exalte le pouvoir de saint Pierre. Des auteurs des *Fausses Décrétales*, à

Reims et au Mans vers 850, à Abbon de Fleury, qui développe autour de l'an mil la théorie de l'exemption, en passant par Cluny, de nombreuses voix s'élèvent pour affirmer l'indiscutable prééminence du Pontife suprême. Avant le milieu du siècle, pourtant, l'esprit de réforme émane de monastères tels que Cluny, Gorze, Saint-Vanne de Verdun ou Stavelot. La Papauté se contente d'approuver.

Tout change sous l'impulsion de l'empereur Henri III, qui reprend en main l'élection pontificale et désigne successivement cinq papes allemands ou lorrains. De ce groupe émerge la figure de Brunon, évêque de Toul, qui devient Léon IX (1049-1054). Issu d'une région où la réforme était une réalité depuis un bon siècle, c'est lui qui donne le coup d'envoi d'une redéfinition complète des rapports de la Papauté avec les pouvoirs civils et, plus généralement, avec l'ensemble de la société.

De sa détermination, Brunon donne la preuve dès son arrivée à Rome, où il pénètre en habits de pénitent et non en pape. Il y a là tout un programme : le choix de l'empereur ne suffit plus, il faut désormais, comme autrefois, l'approbation du peuple et du clergé romains. Mais le nouveau pape ne vient pas seul ; d'autres réformateurs lorrains, tels que son cousin Frédéric, ou Humbert, un moine de Moyenmoutier, ont fait le chemin avec lui. Avant d'être grégorienne, la réforme est impériale, lorraine et léonine.

Pendant les cinq années de son pontificat, Léon IX ne cesse de voyager. Après un premier concile réuni au Latran, on le voit en Lorraine, en Germanie, en France. Partout, il défend les libertés de l'Église et condamne la simonie. Il sait aussi se battre, en particulier contre les Normands qui consolident alors leur domination sur l'Italie du sud et le capturent après une défaite sans gloire (1053). Il lui reste le temps de revenir à Rome pour y mourir (1054).

Victor II (1055-1057) puis Frédéric, un cousin de Léon IX qui règne sous le nom d'Étienne IX (1057-1058), n'ont guère le temps de poursuivre l'œuvre entreprise. Il en va tout autrement de leurs successeurs. Le premier d'entre eux, évêque de Florence, prend le nom de Nicolas II (1058-1061). En moins de trois ans, il exclut l'empereur de l'élection pontificale (décret de 1059) et fait de Robert Guiscard et des Normands les vassaux du Saint-Siège. Anselme, évêque de Lucques, prend à sa mort le nom d'Alexandre II (1061-1073). Il sait faire preuve de fermeté, ainsi contre l'empereur Henri IV, mais aussi de souplesse, par exemple envers Guillaume le Conquérant qui s'empare de l'Angleterre avec sa bénédiction (1066). Il étend par ailleurs l'influence de Rome, particulièrement en Espagne, Castille exceptée. À l'arrivée de Grégoire VII, la réforme dite « grégorienne » se porte déjà bien.

*Grégoire VII et ses successeurs*

Étonnant destin que celui de cet Hildebrand, né dans une médiocre famille toscane, qui a donné son nom à la plus importante réforme ecclésiastique du Moyen Âge [1]. Venu très tôt à Rome, sans doute moine, il a appris la réforme auprès de ses prédécesseurs en même temps qu'il gravissait les échelons de la hiérarchie. Cardinal sous-diacre, il est élu pape en 1073. Avec lui, la réforme prend une dimension résolument politique. Ses relations avec l'empereur Henri IV se détériorent en effet dès 1075-1076, et la lutte qui s'ensuit dévore son pontificat. Elle lui donne aussi l'obligation d'établir les fondements doctrinaux de la puissance pontificale. On ne retient souvent de lui que sa retentissante victoire sur l'empereur à Canossa (1077) : sans doute, mais rien n'est réglé lorsqu'il meurt dans l'exil et l'amertume, à Salerne, le jour de la prise de Tolède par les chrétiens (25 mai 1085).

Des hommes d'envergure, tous proches du monachisme bénédictin, lui succèdent. Ils peuvent ainsi poursuivre une politique qui, jusqu'au début du XII^e^ siècle, frappe par sa continuité. Victor III (1086-1087) ne régnant qu'un an, Urbain II (1088-1099), qui tire sans doute son nom pontifical du jour de la mort de Grégoire, est le véritable héritier. Ce Champenois a passé dix ans à Cluny, au poste clé de grand prieur. Plus pragmatique que Grégoire, il travaille sans relâche à l'union des chrétiens : reprise en mains de la trêve de Dieu, rapprochement avec Byzance, croisade, enfin, avec le succès que l'on sait. Il meurt deux semaines après la prise de Jérusalem, mais sans la connaître. Pascal II (1099-1118), vraisemblablement bénédictin, est aussi bon administrateur que mauvais diplomate ; en 1111, ses concessions à Henri V dressent contre lui bon nombre de ses cardinaux, qui le

1. Indications bibliographiques dans I.S. Robinson, « Pope Gregory VII (1073-1085), in *Journal of Ecclesiastical History* 36, 1985, pp. 439-485.

poussent au bord de la démission puis l'obligent à faire machine arrière. Gélase II (1118-1119), issu du Mont-Cassin comme Victor III, est sans doute plus important pour avoir réorganisé la chancellerie, à partir de 1102, que pour sa brève action comme pape. Il meurt à Cluny, là même où est élu dans des conditions fort peu régulières Calixte II (1119-1124). Ce dernier, archevêque de Vienne, est un très grand personnage ; fils du comte de Bourgogne, il est apparenté aux ducs de Normandie, à l'empereur et aux rois de Castille, ainsi qu'à de puissants lignages. En cinq ans, son bilan est étonnant : fin des hostilités avec l'Empire (1122), suivie deux ans plus tard du premier concile général tenu en Occident (Latran I). Ses rapports avec le monde monastique sont par ailleurs intenses et dénotent une certaine évolution ; s'il canonise Hugues de Cluny, il pousse à l'abdication son successeur, Pons de Melgueil, et approuve les premiers statuts de Cîteaux. Avec lui s'achève la période dite grégorienne, placée sous le signe de la réforme et de l'expansion.

## La réforme dite grégorienne

### *Problèmes de définition*

La réforme entamée au plus haut niveau vers le milieu du XIe siècle est très certainement la plus importante du Moyen Âge, pour l'Église, bien sûr, mais aussi pour l'ensemble de la société. Depuis longtemps, à la suite d'Augustin Fliche [1], les historiens ont pris l'habitude de la qualifier de grégorienne, appellation souvent accompagnée de deux erreurs majeures. D'une part, la tendance à situer la rupture sous le pontificat de Grégoire VII, alors qu'elle prend place, nous l'avons vu, une bonne génération plus tôt. D'autre part, la tentation d'assimiler réforme, liberté de l'Église et querelle des investitures. Implicitement, l'analyse des faits a longtemps reposé sur un modèle décadence/restauration/liberté qui sous-tendait la plupart des discours. Or, si les luttes entre les pouvoirs laïques, en particulier l'Empire, et la Papauté, sont un épisode important de l'histoire du XIe siècle, elles ne

1. A. Fliche, *La Réforme grégorienne*, 3 vol., Louvain-Paris, 1924-1937.

sauraient en aucun cas résumer à elles seules les bouleversements qui surviennent à partir des années 1040-1050. Sous Henri III et les premiers réformateurs, en effet, la conception du rapport entre l'Église et le pouvoir impérial n'est pas foncièrement différente de ce qu'elle était à l'époque carolingienne. Serait-il plus justifié, dans ces conditions, de parler de réforme léonine ? Sans doute pas, car la querelle des investitures, postérieure à Léon IX, est bien partie intégrante de la réforme. Celle-ci n'est d'ailleurs pas exclusivement pontificale, certains ordres monastiques, voire certains mouvements populaires, l'ayant anticipée ou accompagnée de façon spontanée. En réalité, la volonté de personnaliser les faits ne peut conduire qu'à une schématisation excessive et risque de faire perdre de vue le sens profond d'un mouvement qui a redéfini la place de l'Église et des laïques dans la société.

*Une idéologie de séparation, mais aussi d'union*

Les deux maux contre lesquels les réformateurs se sont acharnés à partir de 1049 étaient alors désignés sous les noms de simonie et de nicolaïsme. La simonie, qui tire son nom du Simon le magicien des *Actes des Apôtres* (VIII, 9-25), désigne l'achat des charges ecclésiastiques. Le nicolaïsme, ainsi nommé d'après ce Nicolas qui, dans *l'Apocalypse* (II, 6, 15), s'adonne à des actes impurs, désigne le mariage ou le concubinage des prêtres. Initialement, le nicolaïsme semble avoir été la priorité des réformateurs italiens, alors que la simonie était particulièrement intolérable aux lorrains, les différences ne tardant pas à s'estomper. Derrière ce qu'on a longtemps présenté comme de simples réformes disciplinaires, affleure en fait une conception nouvelle de ce que doit être le clergé. Ce sont l'argent et le sexe que l'on condamne : en les rejetant loin du monde clérical, c'est la sphère du sacré que l'on redéfinit par opposition au monde laïque, empêtré dans la chair et la recherche du profit. Ajoutons-y le refus de la violence, déjà exprimé lors des mouvements de la paix puis de la trêve de Dieu : purifiée, l'Église est désormais en position de régenter le peuple chrétien, d'où le risque d'une dégradation des relations avec les grands laïques. Mais qu'on ne s'y trompe pas : il s'agit là d'une conséquence et non d'une cause. En bref, nous sommes devant une conception du monde rigoriste mais aussi très cohérente, qui délimite mieux que par le passé profane et sacré, pur et impur, clérical et laïque. En ce sens, la réforme dite grégorienne est une idéologie de la séparation, mais certainement pas, en tout cas pas directement, de l'exclusion. En effet, l'idéal d'une Église pure et indépendante s'accompagne d'une conscience accrue de la notion de chrétienté, ainsi que d'une obsession de l'unité. Ce n'est évidemment pas par hasard que la Papauté répand dès la seconde moitié du siècle – le pontificat d'Alexandre II ayant joué un rôle déterminant – un idéal de paix entre les chrétiens et de croisade contre les infidèles. Les réformateurs ont fait de l'universalité le cadre commun de leurs réflexions.

### *Les hommes de la réforme*

Dans le processus qui vient d'être sommairement décrit, les papes occupent à l'évidence un rôle éminent. Léon IX, Grégoire VII, Urbain II, pour ne citer que les plus importants, ont catalysé des aspirations diverses et déclenché un processus dont ils ne mesuraient sans doute pas toute la portée. Mais ils ont aussi bénéficié de l'aide d'auxiliaires dévoués. Au premier rang d'entre eux, les légats, qui furent un peu le pape en déplacement. Localement, les prélats acquis à la réforme ont été de plus en plus nombreux. Des figures comme Anselme de Canterbury, Wazon de Liège, Anselme de Lucques ou Bernard degli Uberti sont incontournables pour qui veut comprendre la réforme grégorienne. Les papes ont aussi reçu le soutien de certains monastères : Cluny, dont l'engagement peut être nuancé mais ne souffre pas la discussion, Hirsau en Allemagne, Vallombreuse en Italie. Moins contrôlables, divers prédicateurs itinérants ont, à partir des années 1080, combiné vie solitaire et pastorale populaire, condamnant sans ambages simonie, nicolaïsme et relâchement moral. Des hommes comme Robert d'Arbrissel, Bernard de Tiron ou Vital de Savigny, dans l'Ouest de la France, Norbert de Xanten, fondateur des chanoines prémontrés, dans l'Empire, Jean Gualbert, en Toscane, ont utilisé leur verbe pour traduire la réforme en termes de conversion personnelle et d'intériorité. Les papes leur ont d'ailleurs accordé, jusqu'à Calixte II qui s'est montré méfiant, une *licentia praedicandi.* Il faudrait enfin mentionner tel ou tel grand laïque, en commençant bien sûr par la comtesse toscane Mathilde de Canossa († 1115), qui fut durant plus de trente ans l'indéfectible soutien des papes en Italie centrale. À un autre niveau de l'échelle sociale, les idéaux réformateurs ont parfois rencontré des aspirations authentiquement populaires, dont le meilleur exemple est sans doute la *Pataria*, mouvement milanais épris de pureté qui s'en prit dans les années 1050-1070 à son archevêque et à son clergé, accusés d'indignité morale et de simonie.

Au service de leur cause, les réformateurs eurent aussi des idéologues ; contre les souillures qui menacent l'ordre du monde, l'écrit est alors une arme des plus efficaces. Contentons-nous de trois exemples. Dans le domaine politico-théologique, le texte à juste titre le plus célèbre est une courte collection de vingt-sept sentences rédigées par Grégoire VII, les *Dictatus Papae*. Jamais encore, la prétention de l'Église et du pape à diriger les pouvoirs temporels n'avait été formulée de façon aussi tranchante [1]. Mais il serait injuste de ne pas citer Humbert de Moyenmoutier, dont l'*Adversus simoniacos* est une sorte de bréviaire de la lutte contre la simonie, catégorie morale englobante qui peut aussi bien désigner les investitures. Dans ce gros traité, c'est toute la vision « grégorienne » du monde qui apparaît [2]. Pierre Damien († 1072), enfin, est l'auteur d'une œuvre immense, qui peut aujourd'hui permettre aux historiens de reconstruire toute l'anthropologie d'un réformateur. Cet ermite disciple de saint Romuald, cardinal-évêque d'Ostie de 1057 à sa mort, est un apôtre de l'héroïsme ascétique et de la mortification. Il sait pourtant faire preuve d'une indéniable modération et représente sans doute une forme de pensée moins abrupte que celle d'Humbert de Moyenmoutier.

Les grégoriens ont par ailleurs su mettre l'art au service de leurs idées. On sait mieux, depuis quelques années, déchiffrer les implications architecturales et iconographiques de leur programme : la volonté de retour à l'*Ecclesia primitiva,* perceptible de façon plus ou moins aiguë chez tous les grands spirituels du XIe siècle, se manifeste en parti-

1. *Dictatus Papae : Das Register Gregors VII*, éd. E. Caspar, MGH, ES II, pp. 202-207 ; texte latin et trad. française dans A. Vauchez (dir.), *Histoire du Christianisme* 5, Paris, 1993, p. 77-80.
2. *Adversus simoniacos*, in MGH, LL, 1891, pp. 95-253.

culier par l'adoption de formules antiquisantes et paléochrétiennes [1].

Les soutiens étaient donc de taille, mais les obstacles l'étaient aussi. Il fallait d'une part compter avec une terrible force d'inertie, qui peut expliquer qu'à la fin du XIIe siècle, dans l'actuel Pas-de-Calais, le prêtre Lambert d'Ardres se reconnaissait à la fois un maître laïque, le châtelain local, et plusieurs enfants : tout ce qui faisait horreur aux grégoriens ; mais il ne s'agit pas là d'un cas isolé. La Papauté réformatrice rencontrait par ailleurs des oppositions beaucoup plus directes, notamment le refus des empereurs germaniques de ne plus jouer le rôle qui était le leur depuis Charlemagne.

## Les rapports avec l'Empire

### *Origines et enjeux de la querelle des investitures*

Depuis le Xe siècle, dans toute la chrétienté, l'Église était inextricablement liée au monde laïque : les princes contrôlaient largement la nomination aux principaux bénéfices, ce qui ne signifie pas nécessairement que les prélats choisis étaient indignes. Lors de la cérémonie d'investiture, le prince confiait le diocèse au prélat désigné en lui remettant la crosse (première mention vers 900) et l'anneau (depuis le milieu du XIe siècle). Auparavant avait eu lieu l'*immixio manuum*, le geste typique de l'hommage féodal.

Cette situation était associée dans l'Empire, depuis les Ottons, à un véritable système de gouvernement, le *Kirchensystem*. Les évêques constituaient alors un des principaux soutiens du pouvoir, qui s'appuyait sur eux face à une aristocratie souvent moins docile. Ils se trouvaient du coup à la tête de très importantes seigneuries, ce qui implique qu'il était vital pour l'empereur de les contrôler. Or il apparut bien vite que les réformateurs installés à Rome ne toléreraient pas longtemps un tel brassage du spirituel et du temporel. Les premières critiques apparaissent dès la fin des années 1050, sous la plume d'Humbert de Silva Candida et, comme il fallait s'y attendre, d'Humbert de Moyenmoutier.

1. H. Toubert, *Un art dirigé. Réforme grégorienne et iconographie*, Paris, 1990.

L'interdiction faite aux ecclésiastiques de recevoir les églises des laïques, formulée dès 1059 par Nicolas II, ne fut cependant étendue aux évêques et aux abbés qu'en 1075, l'année des *Dictatus Papae.* Une confrontation avec l'Empire devenait inévitable.

*La lutte (1076-1122)*

La lutte pour les investitures entre l'Empire et la Papauté suit les premières décisions de Grégoire VII. Au début de l'année 1076, le ton est donné. L'empereur dépose le pape, qui en retour l'excommunie et relève ses sujets de leur serment de fidélité : simple mise en application des *dictatus,* qui oblige très vite Henri IV à composer. Dès 1077, il fait pénitence et s'humilie devant son adversaire à Canossa, ce qui lui permet de garder son trône. Succès éclatant pour la Papauté, sans doute, mais rien n'est réglé sur le fond. La lutte dure deux bonnes générations.

Du côté impérial Henri IV, puis son fils Henri V qui l'écarte du pouvoir en 1105. Ils ont à leur service une bonne partie du clergé d'Empire et créent, dès 1080 avec Clément III, des antipapes dociles. Les soutiens pontificaux sont plus variés ; Grégoire et ses successeurs disposent en Allemagne de l'appui d'un certain nombre d'abbayes réformées, dont Hirsau. Une partie de l'aristocratie d'Empire, avec des hommes comme Rodolphe de Souabe, dont Grégoire fait un anti-empereur en 1080, ou la famille Welf de Bavière, se rangent aussi du côté de Rome. En Italie, se manifestent la bouillante Mathilde de Toscane, qui lègue à sa mort (1115) toutes ses possessions au Saint-siège, et aussi le mouvement populaire de la Patarie milanaise. Des deux côtés, on s'affronte essentiellement à coups de traités théologico-politiques, rassemblés au XIX^e^ siècle sous le nom de *Libelli de lite.* Certaines périodes sont violentes à l'extrême ; ainsi lorsqu'Henri IV s'empare de Rome, Grégoire ne trouve son salut que dans l'intervention des Normands qui en profitent pour piller la ville (1083). D'autres sont plus calmes : en 1111 par exemple, un accord provisoire est trouvé entre Henri V et Pascal II. Bien qu'étant non viable car retirant tout pouvoir temporel aux évêques d'Empire, il inaugure une période de sept ans sans antipapes.

Il faut attendre le concordat de Worms, en fait un échange de lettres, en 1122, pour qu'Henri V et Calixte II trouvent une solution satisfaisante. L'empereur renonce à l'investiture par la crosse et l'anneau, mais peut cependant arbitrer une élection disputée en faveur de la *sanior pars*. Par le biais d'un sceptre, il investit l'élu des *regalia*, c'est-à-dire des biens et pouvoirs temporels attachés à sa charge. Enfin les évêques peuvent prêter serment de fidélité. Cette solution de compromis, qui préservait les intérêts vitaux de chacun, mettait un terme à la querelle des investitures. Le problème des relations entre les deux seuls pouvoirs universels de la chrétienté n'en était pas réglé pour autant.

En fait, il est assez surprenant que les deux parties n'aient pu parvenir à un accord qu'en 1122. Vingt ans avant, des hommes tels qu'Yves de Chartres et Hugues de Fleury avaient déjà proposé, à peu de choses près, les solutions modérées qui furent finalement adoptées.

## Rome et les Églises nationales : influence et concessions

N'imaginons pas la réforme grégorienne comme un mouvement toujours homogène, qui tendrait à des résultats partout identiques. La Papauté a su faire preuve de pragmatisme en maintes occasions. Aussi les situations sont-elles sensiblement différentes selon les pays [1].

### *Une réforme réussie dans la France capétienne*

L'intérêt de Rome pour le royaume capétien ne faiblit pas durant cette période. Dès 1049 on trouve Léon IX à Reims pour un concile important. Un demi-siècle plus tard, Urbain II séjourne en France pendant deux ans (1095-96). En dehors de ces voyages, de très nombreuses légations sont confiées à des hommes énergiques, tels qu'Hugues de Die, Amat d'Oloron, Richard d'Albano ou encore Gérard d'Angoulême. Au début du XII$^{e}$ siècle, le bilan peut être qualifié de globalement positif ; certes, l'action pontificale a parfois heurté de front les intérêts de Philippe I$^{er}$ (1060-1108), comme lors de la déposition de l'archevêque de Reims Manassès en 1080, ou bien lors de l'excommunication du roi par Urbain II, pour des raisons, il est vrai, de mœurs. Un

1. *La Riforma gregoriana e l'Europa* (cf. bibliographie générale) ; *L'Église de France et la Papauté*, idem.

accord satisfaisant put cependant être trouvé, grâce à la réflexion mesurée d'hommes tels qu'Yves de Chartres ou Hugues de Fleury. À la fin du XIe siècle, le prince remet à l'évêque les *regalia* et se contente d'un serment de fidélité qui n'est pas un hommage. Le métropolitain ou les évêques voisins remettent la crosse et l'anneau : solution de bon sens, qui préserve les intérêts de chacun et ne sera pas remise en cause au siècle suivant.

### *Tolérances romaines dans le royaume anglo-normand*

Alexandre II avait tout fait pour favoriser l'installation des Normands en Angleterre. Dès sa victoire, Guillaume donne le ton des relations qu'il souhaite entretenir avec le Saint-Siège : autonomie et réforme. Pour défendre la première, il remplace la plupart des évêques anglais par des Normands, installant en particulier Lanfranc, abbé du Bec, sur le siège de Canterbury. Convoquant lui-même synodes et conciles, il mène cependant une politique réformatrice qui rassure Rome.

Les choses se gâtent avec ses deux successeurs, qui trouvèrent face à eux Anselme, un infatigable défenseur de la *Libertas Ecclesiae*. Ce dernier était lui aussi passé du Bec à Canterbury ; non content d'être le plus important philosophe de son époque, il est aussi un grand prélat grégorien. Guillaume le Roux († 1100) n'avait guère de projet politique et voyait avant tout dans son Église une source de revenus. Mais Henri Ier Beauclerc (1100-1135) possède une toute autre envergure, et l'on peut parler de querelle anglaise des investitures à propos de son affrontement avec Anselme. Un accord est finalement trouvé en 1107 avec le « concordat de Londres » : si le roi renonce à l'investiture par la crosse et l'anneau, il peut toujours recevoir l'hommage des évêques, pourtant interdit par Urbain II en 1095 car plus contraignant que le simple serment de fidélité. Le roi reste le maître incontesté de son Église. La Papauté, faisant de l'Empire sa priorité absolue, se contente d'un accord qui, s'il préserve ses intérêts, n'amène qu'un progrès modéré de son influence. C'est bien la preuve qu'elle sait alors s'adapter et procéder par petites touches s'il le faut, tout en affirmant partout sa présence.

*Rome partout présente*

La pénétration de l'influence romaine dans les territoires récemment acquis au christianisme, Europe centrale, Balkans, Scandinavie, relève généralement d'un intérêt partagé. Les souverains locaux ont souvent intérêt à se rapprocher de Rome pour renforcer leur position dans les luttes intestines. L'appui pontifical leur permet aussi de s'émanciper de trop puissants voisins, comme le montre l'exemple scandinave. Après avoir prouvé sa docilité, le Danemark put s'affranchir de la tutelle ecclésiastique allemande par la création, en 1103, de l'archevêché de Lund. De leur côté les papes, et principalement Grégoire VII, soutiennent tel ou tel prince en échange d'une influence accrue, qui s'accompagne parfois d'une vassalité théorique et d'un cens. Ils ne répugnent pas, alors, à transformer les ducs en rois chrétiens : ainsi en Pologne, en Croatie, et même en Serbie. Au bout du compte, Rome peut organiser les Églises et envoyer des légats.

La situation n'est pas si différente dans une terre anciennement chrétienne comme l'Espagne. Les différents royaumes de la péninsule vivaient depuis plusieurs siècles un christianisme qui leur était propre et jouissaient d'une grande indépendance vis-à-vis de Rome. Les choses évoluent dans la seconde moitié du siècle, avec en particulier la suppression de la liturgie wisigothique. Parfaitement orthodoxe, celle-ci n'en allait pas moins contre les désirs pontificaux d'unification et de centralisation : Grégoire VII la désigne dans sa correspondance comme *superstitio toletana*. L'affaire est facilement réglée en Aragon (1071) et en Navarre (1076). Elle soulève plus de difficultés en Castille, entame quelque peu la qualité des relations entre Cluny et Grégoire VII, mais aboutit finalement au concile de Burgos (1080). La Papauté pouvait-elle ne pas être très présente dans une zone qui était, en ces temps de *reconquista*, un avant-poste de la chrétienté ? Ici comme ailleurs, l'influence passait par l'unification et la centralisation. Or ce processus, depuis les premiers réformateurs, était à l'œuvre au sein même des structures de gouvernement.

## LE FONCTIONNEMENT INTERNE DE L'ÉGLISE : UNE ÉVOLUTION INACHEVÉE

### *Les cardinaux et l'élection pontificale*

L'ascension de la Papauté est inséparable de celle des cardinaux, dont la fonction se précise dès le XI<sup>e</sup> siècle. Le terme même de cardinal divise les historiens. Il est en tout cas certain que, dans la seconde moitié du siècle, les cardinaux sont bien perçus comme les gonds (*cardines*) de l'Église. Très vite, le terme ne désigne plus que des clercs romains.

Depuis le très haut Moyen Âge, on distinguait à Rome trois groupes de cardinaux. Les cardinaux-diacres étaient chargés de prendre soin des pauvres dans l'une des sept, puis quatorze régions de Rome. Les cardinaux-prêtres étaient attachés à l'un des vingt-huit *titres* (paroisses) de la ville. Les cardinaux-évêques, enfin, étaient à la tête des sept diocèses suburbicaires, banlieue de Rome. Dès l'époque de Léon IX, cette cinquantaine de prêtres forme un groupe très proche du pape. Ses membres se voient confier des tâches administratives importantes, leur rôle liturgique, jusqu'alors essentiel, se trouvant relégué au second plan. Sous Urbain II, ils vont former le Consistoire, sorte de conseil restreint réuni autour du souverain pontife pour discuter avec lui des questions les plus importantes.

C'est dans ce contexte qu'il faut situer la réforme de l'élection pontificale, promulguée en 1059 par Nicolas II. Le pape serait désormais élu par les cardinaux-évêques, les « sept étoiles », selon Pierre Damien paraphrasant l'Apocalypse. Les autres clercs et le peuple de Rome conserveraient un théorique droit d'approbation. Ce texte capital permettait donc d'élire, par cooptation des plus importants cardinaux, toute personne jugée digne d'assurer la succession de saint Pierre. Il soustrayait ainsi le choix du pape à l'aristocratie romaine. L'influence de celle-ci n'était pourtant pas supprimée, loin de là, car nombre de cardinaux en étaient issus, on s'en rendit bien compte au XII<sup>e</sup> siècle. Le rôle de l'empereur, quant à lui, se voyait fortement rabaissé. Certes, une formule assez vague rendait hommage à Henri III (*salvo debito honore et reverentia dilecti filii nostri Henrici*), mais elle ne pouvait satisfaire un pouvoir qui, souverain dans la première moitié du siècle, se trouvait implicitement mis à l'écart ; la meilleure preuve en est cette version falsifiée du décret, rédigée au moment de la querelle des investitures, qui affirmait le pouvoir de l'empereur en cas d'élection hors de Rome [1]. Ce système devait par la suite évoluer, tout comme l'ensemble des organes de gouvernement.

*Amorce d'une centralisation de l'Église*

Hormis les cardinaux, plus qu'eux peut-être, les auxiliaires les plus importants du pape à partir de Grégoire VII sont les légats. Envoyés par Rome dans une région ou un royaume afin de régler un problème particulier, parfois simplement pour assurer la mise en marche ou la continuation de la réforme ; choisis parmi les hommes de confiance, souvent mais pas nécessairement cardinaux, les légats *a latere* représentent et personnifient le pape. Leur pouvoir sur place est sans égal, et ils passent avant les évêques, les archevêques ou les primats, qu'ils peuvent déposer. Certains d'entre eux s'attirent d'ailleurs l'hostilité d'un clergé local qu'ils traitent parfois sans ménagements ; ainsi Hugues de Die, modèle jusqu'à la caricature du légat grégorien, qui démet avec ardeur les prélats simoniaques durant plus de vingt ans. Incontestablement, les légats ont beaucoup fait pour le contrôle d'un encadrement sur la qualité duquel Rome devenait beaucoup plus exigeante.

Jusqu'au début du XIIe siècle, cependant, la centralisation reste inachevée. Tous les organismes d'administration et de gouvernement sont réorganisés, les postes importants sont progressivement retirés à la noblesse romaine, mais il reste beaucoup à faire dans le domaine de l'étoffement des services. Ainsi sur le plan financier, la Chambre apostolique naît à l'ombre de Cluny ; durant plusieurs années, en effet, il semble qu'Urbain II ait utilisé l'abbaye bourguignonne pour percevoir diverses taxes ecclésiastiques. On peut donc dire que la remise en ordre morale et disciplinaire a précédé la centralisation administrative et fiscale. Ce n'est pas un hasard si le prestige de la Papauté atteint alors une sorte de sommet, qui se traduit par l'exercice d'un véritable magistère moral ; non seulement sur l'Occident mais aussi, théoriquement, sur l'Orient.

1. Édition des deux versions : D. Jasper, *Das Papstwahldekret von 1059. Überlieferung und Textgestalt*, Sigmaringen, 1986.

## ROME ET L'ORIENT

### *Rome et Byzance : une rupture parmi d'autres (1054)*

On a souvent présenté la rupture de 1054 comme le schisme définitif entre les Églises d'Orient et d'Occident. Les sources contemporaines montrent en fait qu'il s'est agi d'une crise grave, certes, mais pas plus que les précédentes. Depuis des siècles, Rome et Constantinople étaient séparées par des problèmes disciplinaires mineurs, jeûne romain du samedi, mariage des prêtres et port de la barbe en Orient. Sur cet arrière-plan, s'était greffée la querelle du *filioque* : devait-on, conformément au *credo* de Nicée-Constantinople, affirmer que le Saint-Esprit procédait du père, ainsi qu'on le faisait en Orient ? ou bien fallait-il y ajouter le fils (*filioque*), comme les Occidentaux en avaient pris l'habitude depuis plus de deux cents ans ? Derrière ces polémiques, en vérité secondaires, se profilait la très vieille rivalité de Rome et de Constantinople. C'est bien elle qui rebondit en la personne du nouveau patriarche, Michel Cérulaire, alors que, paradoxalement, l'empereur Constantin Monomaque essayait de se rapprocher de Léon IX afin d'opposer une résistance commune aux Normands. Lorsqu'une mission pontificale parvint à Constantinople en 1054, rien ne laissait présager une rupture, en tout cas pas l'excellent accueil du *basileus* aux Romains. Malheureusement, les responsables religieux étaient aussi intransigeants d'un côté que de l'autre : face à Michel Cérulaire se dressaient Frédéric de Lorraine et surtout Humbert de Moyenmoutier. Ces derniers excommunièrent leur adversaire à Sainte-Sophie, de la façon la plus théâtrale (16 juillet 1054). Une semaine plus tard, Michel excommuniait en retour les latins et le pape. Notons que d'un point de vue strictement juridique, ces mesures n'avaient aucune validité, Léon IX étant mort trois mois plus tôt. Les rapports ne changèrent guère après 1054, tout au moins jusqu'au début du XIIIe siècle. Ce sont les croisades qui produiront une véritable rupture, cette fois-ci profonde et durable, entre Rome et Byzance.

### *Les papes et la croisade*

Des générations d'écoliers ont appris comment la première croisade débuta un jour de novembre 1095, lorsqu'Urbain II exhorta les chrétiens soucieux de faire leur salut à délivrer Jérusalem, aux mains des Turcs seldjoukides depuis 1078. Cet appel doit pourtant être situé dans la continuité d'une évolution entamée à l'écart de la Papauté, environ un siècle plus tôt, puis récupérée par elle. En effet, la notion de guerre sainte est indissociable d'un approfondissement de l'idée de paix, attesté à partir de la fin du Xe siècle. Le paradoxe n'est qu'apparent : avec l'effacement de la puissance publique, en effet, des conciles régionaux avaient mis en place une nouvelle législation de paix qui interdisait la violence contre tel ou tel groupe, moines, paysans, etc. Dès les années 1030, le mouvement s'était amplifié ; une collaboration des évêques et des milieux monastiques avait alors permis de proclamer un peu partout la trêve de Dieu, qui soustrayait les deux tiers de l'année à la violence. Or cet idéal pénitentiel d'une paix terrestre, préfigurant celle du ciel, s'accompagnait d'un sentiment très fort de la solidarité entre chrétiens, dont le sang devenait sacré. Il en découlait logiquement que seule restait légitime la guerre contre les non-chrétiens, en particulier les musulmans. Dans ce cheminement, la Papauté, en retrait durant la première moitié du XIe siècle, n'avait eu à peu près aucun rôle. Les choses changent dès les années 1060.

La guerre sainte naît en effet en Espagne, où les différents royaumes chrétiens ont entamé un long processus de *reconquista* qui s'accélère après la mort d'Al Mansur (1002). La croisade est beaucoup plus que la simple reprise des terres appartenant aux musulmans ; elle implique aussi un idéal pénitentiel, la notion de guerre sainte et une volonté de conversion. S'il fallait lui trouver un acte de naissance, sans doute faudrait-il remonter à 1063, lorsqu'Alexandre II promit une indulgence plénière, valable pour toutes les sanctions ecclésiastiques, mais sans garantir le salut, aux soldats qui participeraient à la prise de Barbastro, une ville aragonaise aux mains des Maures. C'était un tournant capital. La Papauté désignerait désormais des cibles légitimes à ceux qui choisiraient de combattre pour elle et pour le Christ : musulmans bien sûr, mais aussi, bientôt, hérétiques, voire adversaires politiques.

Grégoire VII put ainsi préparer le plan d'une expédition contre les Turcs sans pouvoir la mener à bien. Une courte génération plus tard vint l'appel de Clermont. La Papauté prenait sans discussion la tête de la première grande expédition militaire proposée à la chrétienté en tant que telle. Bien sûr, la conquête de Jérusalem (1099) et des États de Terre Sainte ne fut obtenue qu'au terme d'une éprouvante expédition militaire, d'ailleurs supervisée par le légat Adémar de Monteil ; bien sûr, elle eut pour corrolaire un vaste effort d'organisation ecclésiastique, mais là n'est pas l'essentiel. Rarement un prédicateur avait eu autant de succès, rarement un sermon avait été aussi efficace. Rarement la Papauté s'était trouvée si proche des masses populaires et des élites, en un mot du peuple chrétien ; travaillé depuis longtemps par l'idéal pénitentiel du pèlerinage à Jérusalem, image et antichambre de la Jérusalem céleste, celui-ci s'élança dans un indescriptible désordre mystique vers les lieux saints, bouclant ainsi une évolution entamée lors des premiers conciles de paix : par le combat contre les musulmans, c'est l'unité de la chrétienté qu'il affirmait [1]. Clé de voûte indiscutée de cet élan, la Papauté cueillait les fruits d'un demi-siècle de réformes. Il lui restait à gérer son immense prestige et sa puissance grandissante sans perdre son autorité morale : une tâche infiniment plus difficile que la prise de Jérusalem.

*Patrick Henriet*

1. R. Alphandéry et A. Dupront, *La Chrétienté et l'idée de croisade* I, Paris, 1954.

# VIII

# Affirmation et organisation de la puissance romaine (1124-1198)

## Les papes

### *Origines et formation : le temps des chanoines et des diplomates*

Après le Français Calixte II (1119-1124), les papes du XII^e^ siècle sont tous italiens. Adrien IV (1154-1159), d'origine anglaise, fait seul exception à la règle. Signe des temps, Cluny ne fournit plus aucun pape. En revanche, deux cisterciens s'assoient sur le trône de saint Pierre, Eugène III (1145-1153), qui n'était même pas cardinal, et Lucius III (1181-1185). Ce sont cependant les chanoines réguliers qui sont majoritaires ; ceux-ci appliquent de cette façon à l'échelle de la chrétienté cette volonté d'ouverture sur le monde qui caractérise leur mouvement : ainsi d'Adrien IV, abbé de Saint-Ruf d'Avignon, puis légat en Scandinavie. Animés d'un idéal évangélique mesuré, les papes sont à la fois convaincus du besoin de lutter contre l'hérésie et partisans d'une Église indépendante et centralisée. Ils sont généralement fins diplomates, ayant acquis une bonne connaissance des relations internationales au cours de leurs légations. Enfin et surtout, avant d'atteindre la dignité suprême, ils ont passé de nombreuses années à la curie, ce qui leur permet de maîtriser des rouages administratifs de plus en plus complexes. Lucius III (1181-1185) et Célestin III (1191-1198) sont à cet égard exemplaires. Le premier peut faire état de quarante ans de cardinalat au moment de son élection ; le second accède au pontificat nonagénaire, après une carrière curiale de soixante-cinq ans. Pendant plus d'un demi-siècle, au cours duquel il a fréquenté une dizaine de papes, il participe activement au renforcement des structures de l'Église. Notons pour finir que les juristes sont encore assez rares. Vie régulière et présence à la curie romaine sont alors les deux conditions presque indispensables pour être élu.

Peu de papes ont eu la durée pour eux, ce qui a fait sombrer dans l'oubli quelques personnalités pourtant remarquables. Le record en ce domaine est détenu par Grégoire VIII (1187), un ancien chancelier qui règne trois semaines. Deux papes seulement sont restés en place plus de huit ans : Innocent II (1130-1143), au pontificat dominé par les réformes et le schisme d'Anaclet, puis, surtout, Alexandre III (1159-1181).

Le siennois Roland Bandinelli, qui devient pape sous le nom d'Alexandre III, domine en effet de sa personnalité toute la seconde moitié du siècle [1]. Ses débuts sont mal connus, et c'est sans doute à tort qu'on en a fait un juriste ayant fréquenté les écoles de Bologne. Erreur d'ailleurs compréhensible, liée sans aucun doute à ses 470 décrétales. Son œuvre doctrinale n'est pas moins importante, particulièrement en ce qui concerne les rapports entre pouvoirs civils et Papauté. Et pourtant… le pontificat d'Alexandre III est aussi l'un des plus difficiles du siècle, car il est occupé dans sa quasi-totalité par un schisme et une interminable lutte avec l'Empire, deux maux auxquels il faut ajouter l'hostilité constante de la population romaine.

### *Deux longs schismes*

Entre 1124 et 1198, la chrétienté connut plus de vingt-cinq ans de schisme, répartis entre les pontificats d'Innocent II et d'Alexandre III. Les antipapes ne constituaient pas une nouveauté, mais, dans les deux cas, l'incapacité des cardinaux à se mettre d'accord était inédite et inquiétante. Les historiens ont tenté de comprendre quelles étaient les tendances et les oppositions qui, derrière les luttes de personnes, pouvaient expliquer une si longue division de l'Église. Or ces deux schismes semblent très différents de nature.

En 1130, les cardinaux paraissent s'être divisés sur les suites à donner à la réforme grégorienne et sur la perception de l'idéal évangélique. Une partie d'entre eux, en moyenne plus âgés que leurs adversaires, choisit un membre de la

1. M. Pacaut, *Alexandre III*, Paris, 1956.

famille des Pierleoni qui prit le nom d'Anaclet II. Leurs adversaires, regroupés autour du chancelier Haimeric, souvent plus jeunes et plus sensibles aux nouveaux courants évangéliques (chanoines réguliers, cisterciens), se prononcèrent pour Grégoire Papareschi (Innocent II). Le fait que Pierre le Vénérable, saint Bernard et Norbert de Xanten soutinrent vigoureusement ce dernier est sans doute un indice de la nature profonde du schisme. Bien qu'isolé, Anaclet, dont on ne peut mettre en doute la bonne foi et les hautes qualités morales, se maintint jusqu'en 1138. Son successeur, lui, ne dura que quelques mois. Doit-on dire que le parti réformateur l'emportait ? Sans doute, à condition d'avoir conscience de ce qu'une telle affirmation peut avoir de schématique et d'incomplet. D'autres explications ont d'ailleurs été proposées, mettant notamment l'accent sur les oppositions entre familles romaines et sur l'origine juive d'Anaclet [1].

La nature du schisme de 1159 semble beaucoup plus politique. Les partisans d'une attitude de fermeté vis-à-vis de l'Empire choisissent alors Roland Bandinelli (Alexandre III), ceux de la conciliation soutiennent Octavien Monticelli (Victor IV). Cette opposition n'exclut pas d'autres motifs de division, essentiellement sociaux : la haute noblesse se retrouve plutôt du côté de Monticelli, les cardinaux originaires des villes d'Italie du Nord se regroupant derrière Bandinelli. D'un point de vue juridique aussi, les choses sont plus simples qu'en 1130, Alexandre III ayant avec lui la majorité des cardinaux-évêques. Le schisme n'en dure pas moins dix-huit ans, car il est étroitement lié à la lutte contre Frédéric Ier. Si la plupart des souverains, en France, Angleterre, Sicile, soutiennent Alexandre III, la division n'en est pas moins réelle et provoque des fissures inquiétantes pour l'unité du monde chrétien ; Cîteaux se range derrière Alexandre alors que Cluny soutient Victor IV. À la mort de celui-ci, l'empereur fait successivement élire deux autres antipapes. Seul le rétablissement de la paix entre Frédéric et Alexandre (1178) amène Calixte III, le dernier d'entre eux, à se soumettre. D'une certaine façon, la lutte contre Barbe-

1. L'interprétation du schisme de 1130 ne fait pas l'unanimité. Les titres sont clairs : H.W. Klewitz, « Das Ende des Reformpapsttums », in *Deutches Archiv* 1939, p. 371-412 ; plus récemment, M. Stroll, *The Jewish Pope. Ideology and Politics in the Papal Schism of 1130*, Leyde, 1987.

rousse avait été une chance. Alors que la division au sein des cardinaux était bien réelle, alors que le système électoral de 1059 s'était montré tout à fait inefficace, l'insistance de l'empereur à nommer des antipapes permit de présenter le schisme comme une manœuvre politique et une menace contre l'indépendance romaine, ce qui n'était d'ailleurs pas faux.

## Choc des universalismes et rapports avec les États

### *Empire et Papauté au XII^e^ siècle*

Dès son élection en 1152, Frédéric de Hohenstaufen avait clairement manifesté son désir de rendre à l'Empire toute sa splendeur, ce qui impliquait au minimum un retour sur les accords de Worms, voire une remise en cause des papes dans leur rôle de recteurs de la chrétienté.

Les premières tensions eurent pour origine des problèmes très révélateurs de rituel et de vocabulaire. Ainsi, lorsque Frédéric se fit couronner à Rome par Adrien IV (1155), il n'accepta de remplir le traditionnel office d'écuyer, consistant à conduire symboliquement le cheval du pape par la bride, qu'après avoir reçu l'assurance pontificale que ce geste n'impliquait aucune sujétion de sa part. Surtout, il semble qu'il ait alors fait effacer une inscription apposée au bas d'un tableau du Latran, qui désignait l'empereur comme « homme du pape » [1].

Les choses s'aggravèrent deux ans plus tard à la diète de Besançon. Deux légats, dont le futur Alexandre III, vinrent alors trouver l'empereur pour le problème somme toute secondaire de l'emprisonnement du primat de Suède en Allemagne. Ils apportaient une lettre mentionnant les bénéfices (*beneficia*) obtenus du pape. Comment fallait-il traduire le terme en allemand ? Le chancelier impérial opta pour « fiefs » plutôt que pour « bienfaits », ce qui était inacceptable pour un pouvoir impérial ne reconnaissant évidemment aucune vassalité envers le Saint-Siège. L'apostrophe de l'un des légats – *de qui l'empereur tient-il l'Empire si ce n'est du seigneur pape ?* – acheva d'enveni-

1. G. Ladner, *Die Papstbildnisse* (cf. bibl. générale), I, p. 281. Ouvrage utilisable pour toutes les questions relatives à l'iconographie pontificale.

mer la situation et l'incident manqua de se terminer dans le sang [1].

C'est dans ce contexte qu'intervint l'élection de 1159. Elle aggrava la situation, Frédéric soutenant Victor IV puis des antipapes nommés pour lui succéder. La suite du conflit ressortit plus à l'histoire générale qu'à celle de la Papauté. L'essentiel des luttes eut lieu en Italie, Alexandre III s'appuyant sur les villes lombardes regroupées en une ligue durement combattue par l'empereur. Cette situation n'empêcha pas le pape et Frédéric, battu à Legnano en 1176, de s'entendre sans consulter la ligue (traité de Venise en 1177). Frédéric mourut treize ans plus tard en croisé, sur la route de Jérusalem. Il avait eu le temps de marier son fils Henri VI à l'héritière de Sicile, un royaume qui avait soutenu Alexandre durant les années de lutte. Cette union, qui permettrait un jour à son petit-fils d'être empereur et maître du sud de l'Italie, laissait présager de nouvelles luttes.

En définitive, la Papauté sortait renforcée de cet affrontement. Mais elle avait dû s'impliquer activement dans des luttes très politiques, et la volonté de réforme apparaissait moins clairement qu'au XI^e^ siècle. Sans doute ne pouvait-il en aller autrement. L'Empire continuant à se définir comme un pouvoir universel, les compromis n'étaient pas aussi faciles qu'avec les autres États chrétiens.

### *Consolidation des positions pontificales dans les principaux royaumes*

En France, on put croire un moment revenus les plus beaux jours de la querelle des investitures. Le jeune Louis VII voulant à tout prix donner l'archevêché de Bourges à son chancelier, Innocent II n'hésita pas à jeter l'interdit sur le domaine royal. Le conflit dura trois ans (1141-1144), jusqu'à la capitulation de Louis qui partit, l'année suivante, pour la croisade. Les relations s'améliorèrent par la suite, Alexandre III résidant même en France entre 1162 et 1165. On a parfois présenté le Louis VII d'après 1144 comme un sujet docile de la Papauté : rien n'est plus inexact. En effet, dans la seconde moitié du douzième siècle, le souverain

1. Récit des événements par le biographe de Barberousse, *Gesta Frederici*, éd. G. Waitz, Hanovre-Leipzig, 1912, p. 177.

capétien est toujours plus maître de son Église. Il fait en sorte, généralement avec discrétion, que les candidats aux principaux bénéfices lui agréent. L'évêque élu prête un serment de fidélité et promet le service militaire pour les fiefs tenus du roi. Mieux, dès 1155, le monarque récupère à son compte la trêve de Dieu, jusqu'alors décrétée par les évêques ou le pape.

En Angleterre, le XII^e^ siècle est dominé par la dramatique affaire de Thomas Becket. Cet archevêque de Canterbury, désigné par Henri II, s'était soudain trouvé une vocation de défenseur de l'Église lorsqu'en 1164, par les constitutions de Clarendon, le roi s'était mis en tête de contrôler de plus près le clergé anglais. On sait qu'après plusieurs années d'exil, Thomas revint en Angleterre pour être assassiné dans sa cathédrale, à la suite de quelques paroles malheureuses du roi (1170). Dans toute cette affaire, l'attitude d'Alexandre III frappe par sa modération, car c'est toujours Thomas qui pousse à la rupture avec Henri II ; or cette rupture, le pape ne la souhaite pas, essentiellement pour des raisons politiques – il ne faut pas pousser Henri II du côté de Frédéric Ier – mais aussi parce qu'il juge que rien d'irréparable n'a été commis. Le meurtre de Thomas l'oblige pourtant à prononcer une condamnation sévère, qui contraint Henri II à faire quelques concessions relatives au jugement des clercs. Les rois anglais n'en continuent pas moins à contrôler la nomination des évêques.

Si, face à l'Empire, la Papauté se sent obligée de ne rien lâcher pour affirmer l'universalité de ses prétentions, les situations locales sont beaucoup plus nuancées. Le Saint-Siège sait faire preuve de pragmatisme, et si les modèles romains pénètrent un peu partout, c'est souvent de façon très feutrée. Cette situation, valable dans les grands royaumes, l'est plus encore dans les zones périphériques.

Dans le royaume de Sicile, les rois jouissent d'une grande autonomie et portent même, depuis 1098, le titre de légats. L'indulgence romaine est compréhensible ; la lutte contre les Normands n'a jamais donné de bons résultats, et il est vrai que, dans ces terres multi-ethniques du sud de l'Italie, les souverains étendent et consolident le réseau épiscopal tout en favorisant le développement des congrégations monastiques locales. La situation n'est pas foncièrement différente dans les royaumes d'Espagne, où les rois réorganisent la vie religieuse au rythme de leurs conquêtes sur l'Islam, ce qui leur permet de contrôler étroitement leur clergé. De même en Europe centrale, en Scandinavie, les réseaux paroissiaux progressent et des diocèses sont créés. Les papes encouragent une évolution qui accroît leur influence, sans être trop regardants sur la qualité de l'encadrement. Ils permettent même la survie temporaire de modèles « aberrants » comme l'Islande, où les chefs politiques (« *godhar's* ») sont aussi, jusqu'à la fin du XIIe siècle, les prêtres. Dans ces marges du monde chrétien, de conversion souvent récente, Rome se contente d'une reconnaissance de son autorité, parfois matérialisée par un cens symbolique, et d'un renforcement de l'encadrement religieux. C'est déjà beaucoup [1].

## LE PERFECTIONNEMENT DES STRUCTURES DU GOUVERNEMENT

### *Les trois premiers conciles généraux en Occident*

Depuis Nicée en 325, les conciles œcuméniques s'étaient toujours tenus en Orient. On mesure donc l'importance de la décision de Calixte II qui, en 1123, convoque au Latran les responsables, évêques et abbés, du monde chrétien pour un concile général. La dernière réunion du genre remontait à 869 et s'était tenue à Constantinople. En 1123, il s'agit avant tout de marquer la victoire de la Papauté sur l'Empire, victoire entérinée l'année précédente par le concordat de Worms. Le concile, qui semble n'avoir réuni qu'un nombre de participants plutôt limité (entre 200 et 300 ?), prit des mesures réformatrices assez classiques. Qu'importe : la Papauté montrait qu'elle était désormais en mesure d'imposer sa loi à la chrétienté réunie en assemblée.

Deux autres conciles généraux furent convoqués au XIIe siècle. À Latran II, en 1139, la fin du schisme de 1130 fournissait un bon prétexte. Les mesures furent essentiellement disciplinaires et reprirent en grande partie celles de Latran I. Latran III, convoqué en 1179 par Alexandre III, eut un retentissement beaucoup plus vaste. Là encore, il convenait de marquer la fin d'un schisme ; la paix avec Frédéric Barberousse venait d'être conclue en 1177 et le dernier anti-

1. Mise au point et indications bibliographiques dans *Histoire du Christianisme* 5, op. cit., p. 309-328 (J. Kloczowski).

pape, Calixte III, s'était retiré en 1178. Entre autres mesures, la désignation des évêques par les chanoines de leur cathédrale était affirmée avec force, ce qui était en quelque sorte l'image de ce qui se passait à un niveau supérieur ; un autre décret modifiait en effet le régime de l'élection pontificale. Le système de 1059 n'avait pas, il est vrai, donné des résultats très probants, comme le montrent les schismes de 1130 et de 1159. Dorénavant le pape serait élu à une majorité des deux tiers par l'ensemble des cardinaux, une telle mesure devant théoriquement renforcer le prestige de l'élu. Cette nouvelle norme resta en vigueur jusqu'en 1274.

À l'exception du décret sur l'élection, les mesures prises par les trois premiers conciles du Latran n'innovent guère : l'important est ailleurs. Le pape dispose désormais d'un nouvel organisme de gouvernement entièrement à sa dévotion, qui, tout en fonctionnant comme une chambre d'enregistrement, donne à ses décisions une portée universelle. Qu'on n'aille surtout pas voir dans ces premiers conciles œcuméniques d'Occident une évolution vers la collégialité ; leur faible durée, entre trois et dix jours, suffirait à prouver le contraire. L'application avec laquelle Latran III reprit dans ses canons les récentes décrétales d'Alexandre III ne doit donc pas surprendre. Par les conciles généraux, la Papauté affirmait un peu plus son autorité.

Cette toute puissance du pape, affirmée dans les faits et dans la doctrine, se manifeste aussi dans le domaine de la représentation, en particulier par le port régulier d'insignes symboliques : sceptre, manteau rouge de type byzantin, et surtout tiare. Alors que la mitre symbolisait le sacerdoce, la tiare évoquait le pouvoir temporel ; elle était l'équivalent du diadème impérial et fut utilisée dans diverses cérémonies au cours desquelles le pape apparaissait couronné [1].

### *Gonflement de la bureaucratie pontificale et premières critiques*

Sans atteindre encore l'importance qu'ils auront au XIII$^{e}$ siècle et à plus forte raison au bas Moyen Âge, les services pontificaux se développent et soutiennent cette montée

1. *Dictionnaire historique de la papauté*, dir. Ph. Levillain, Paris, 1994, p. 1622-1626 (s.v. « tiare »).

en puissance. Les cardinaux, de plus en plus indifférenciés, voient leur rôle s'étendre. Depuis Honorius II (1124-1130), ils souscrivent les diplômes pontificaux, ce qui est nouveau. Le consistoire, qui les réunit régulièrement autour du pape, remplace définitivement le vieux synode romain.

Parmi les principales institutions, il faut mettre au premier rang la Chancellerie. L'accroissement de l'influence romaine et la centralisation de l'Église peuvent en effet se mesurer au nombre de textes produits par les services pontificaux. Le chancelier est au XII^e^ siècle un cardinal, et non des moindres ; ainsi le Bourguignon Haimeric († 1141) est-il, sous les pontificats de Calixte II, Honorius II et Innocent II, l'homme fort de la curie et l'une des personnalités les plus marquantes de l'Église. Alexandre III lui-même a été chancelier pendant six ans avant d'être élu.

Ce qui manifeste sans doute le mieux la dimension universelle de la puissance romaine est son rôle judiciaire croissant. Depuis l'époque grégorienne, en effet, les appels se multiplient. Le pape ne peut les traiter tous, aussi délègue-t-il de plus en plus son pouvoir aux cardinaux, qui s'entourent eux-mêmes de ce qu'il faut bien appeler une bureaucratie pontificale. Au XII^e^ siècle, l'Église romaine est en passe de devenir un corps gigantesque, de sorte que ses moyens administratifs augmentent en conséquence. D'où les critiques. Dès la fin du XI^e^ siècle, un chanoine de Tolède avait parodié le voyage à Rome de son archevêque, muni des reliques d'Albin et de Rufin (comprenons argent et or) destinées au pape. Toute cette œuvre tournait en ridicule la curie romaine [1]. Moins plaisantes mais plus profondes, les critiques de saint Bernard illustraient la difficulté des papes à gérer un État de plus en plus puissant tout en restant à la hauteur de leur mission spirituelle. Condamnant le faste des cérémonies romaines et l'abus des appels, l'illustre abbé ne remettait pourtant pas en cause un seul instant le rôle de Rome [2]. Ces critiques se retrouvent chez des hommes de la valeur de Jean de Salisbury ou de Gerhoch de Reichersberg, ce dernier reprochant même au pape de vouloir tenir le rôle de César.

1. *Tractatus Garsiae Toletani canonici de Albino et Rufino*, MGH, LL II, p. 425-435 ; cf. M.R. Lidia de Malkiel, « La Garsineida de Garcia de Toledo », in Nueva revista de filologia hispánica 7, 1953, pp. 246-258.

2. Saint Bernard, *De consideratione*, éd. J. Leclercq et H.M. Rochais, *S. Bernardi Opera* III, Rome, 1963 (trad. P. Dalloz, Paris, 1986).

Ce qui apparaît là, en définitive, c'est tout simplement la difficulté que rencontre toute institution spirituelle engagée dans des actions temporelles, difficulté contenue dans le fait même d'exister comme institution. La Papauté agit ; elle a des possessions, des besoins, des auxiliaires de plus en plus nombreux. Il ne lui reste plus qu'à établir son droit.

## NAISSANCE DU DROIT CANON

### *Le rôle de Gratien*

À époque nouvelle, besoins nouveaux. L'Église s'étoffait en se dotant de structures de plus en plus complexes. Or, pour traiter des causes toujours plus nombreuses, il lui fallait des principes clairs et bien ordonnés. De nombreuses collections canoniques existaient déjà ; dès le haut Moyen Âge des documents avaient été rassemblés dans des recueils tels que la *Vetus Gallica* ou l'*Hispana* (VII<sup>e</sup> s.), la *Dionysio-Hadriana* (VIII<sup>e</sup> s.) ou le *De synodalicus causis* de Réginon de Prüm (fin du IX<sup>e</sup> s.), sans parler des *Faux isidoriens* qui exaltaient l'autorité pontificale (autour de 850). Au milieu du XI<sup>e</sup> siècle, une importante *Collection en 74 titres* avait été constituée. Mais les clercs se trouvaient devant des œuvres touffues, diverses et parfois contradictoires.

Alors vint Gratien. L'homme nous est encore mal connu. Il n'est même pas certain qu'il ait été moine camaldule comme on l'a souvent écrit. Il nous suffira de savoir que ce canoniste travaillait à Bologne aidé d'une équipe. Sa grande œuvre, une *Concordia discordantium canonum*, plus connue sous le nom de *Décret,* fut achevée peu après 1140 [1]. Comme son vrai nom l'indique, cet ouvrage aux proportions gigantesques, environ quatre mille textes retenus, ne proposait rien moins que le classement, l'explication et l'harmonisation du droit canon élaboré depuis mille ans. Pour ce faire, il utilisait trois types de sources : les actes des conciles, les écrits des Pères de l'Église et surtout les Décrétales, ces lettres pontificales répondant à une question de discipline ou de doctrine et possédant force de loi. Il semble que le droit

1. Éd. A. Friedberg, Leipzig, 1879. Sur Gratien, mise au point de S. Kuttner, DHGE XXI, 1986, col. 1235-1239. Plan du « Décret » dans *Dictionnaire historique*, op. cit., p. 545.

romain, absent à l'origine, ait été ensuite intégré, ou plutôt adapté aux canons de l'Église.

En conciliant des décisions parfois contradictoires, en les regroupant dans un *corpus* cohérent, Gratien offrait un formidable outil aux juristes et à l'Église. C'est à juste titre qu'on a pu l'appeler « père du droit canon », mais un père à la descendance nombreuse et brillante. La réflexion juridique, en effet, se poursuit et se développe dans la seconde moitié du XIIe siècle. Bologne, où le *Décret* est immédiatement accepté, en est incontestablement le centre. Les décrétistes commentent le texte de Gratien soit par des gloses interlinéaires, soit dans des sommes. Le plus grand d'entre eux est à n'en pas douter Huguccio de Pise, qui achève sa *summa* vers la fin des années 1180. La Papauté n'est évidemment pas insensible à ce mouvement qui lui offre un réservoir de références et d'arguments. Le *Décret,* qui n'était à l'origine qu'un travail privé, est utilisé à Rome dès Alexandre III.

L'Église dispose désormais d'une solide armature juridique ainsi que d'un corps de spécialistes capables de commenter mais aussi d'intégrer dans de nouveaux recueils les décisions pontificales : ce sont les décrétalistes, à ne pas confondre avec les décrétistes. Dans ce monde où le droit est tout à la fois un objet de réflexion et un instrument de pouvoir, il n'est pas surprenant de voir un nombre sans cesse plus élevé de canonistes accéder à des postes de responsabilité : Alexandre III peut-être, Grégoire VIII et Innocent III sans aucun doute, sont issus de l'école bolonaise.

### *Conséquences ecclésiologiques de l'effort juridique*

Si le *Décret* fut aussi rapidement intégré au droit de l'Église, c'est évidemment parce que, sur la base d'un millénaire de législation dispersée mais aussi de trois quarts de siècle de réforme « grégorienne », il posait les assises d'un pouvoir pontifical incontesté : « On ne résiste pas aux préceptes apostoliques, et si l'on désire être dans la communion de la Sainte Église de Dieu, on doit pour son salut obéir à ce qui est ordonné par l'autorité de la sainte et apostolique Église romaine [1]. » Après Gratien, c'est un autre canoniste,

1. Dist. XI, c. 2 ; trad. M. Pacaut, *La Papauté des origines du concile de Trente*, Paris, 1976, p. 205.

Alexandre III, qui va fixer les droits du pape dans une œuvre législative sans équivalent au XIIe siècle : 470 décrétales contre 9 pour ses cinq prédécesseurs (mais 596 pour Innocent III). La bulle *Licet omnes* (1164) résume bien ses positions : saint Pierre est le prince des apôtres car il a reçu la tâche de faire paître les brebis du Seigneur. Le pape, son successeur, occupe dans l'Église la place de Noé dans l'arche. Il juge « les causes de tous les hommes ».

Notons cependant que sur le problème des rapports entre pouvoir spirituel et temporel, Alexandre III reste relativement mesuré ; fidèle à la vieille distinction gélasienne des deux glaives, il ne croit pas que le pape puisse se substituer au prince dans la conduite des affaires temporelles. Sa décision de ne pas détrôner Frédéric Ier semble typique d'une époque où le problème de la déposition de l'empereur par le souverain pontife n'est pas encore réglé. Il mobilise d'ailleurs les canonistes jusqu'à la fin du siècle.

En termes de prestige et de puissance, la Papauté se trouvait donc dans une position sans précédent. Était-elle pour autant capable d'intégrer à l'Église les mouvements réformateurs, avides d'ascétisme et de pureté, qui se développaient au même moment ?

## RÉFORMES, ÉVANGÉLISME ET PAPAUTÉ

### *Moines et ermites : le retour aux sources*

Le mouvement de réforme monastique entrepris avant la réforme grégorienne trouve un second souffle à partir de la fin du XIe siècle ; l'initiative en revient le plus souvent à des hommes fascinés par l'idéal érémitique incarné par les Pères du désert. Dans les années 1080-1120, beaucoup d'entre eux prêchent avant de fonder un monastère ou un ordre. Robert d'Arbrissel, Bernard de Tiron, Vital de Savigny sont les plus célèbres, auxquels il faut joindre Étienne de Muret, Étienne d'Obazine et bien d'autres. La Papauté, qui accorde généralement l'autorisation de prêcher, encourage des actions qui trahissent une certaine insatisfaction devant le monachisme bénédictin. Elle permet ainsi l'éclosion de nouveaux ordres, comme les prémontrés, chanoines réguliers, ou les chartreux. Au-delà des différences, ouverture au monde des chanoines réguliers, stricte solitude des chartreux, c'est un même idéal qui sous-tend l'ensemble de ces créations : celui d'un âge d'or évangélique résumant les premiers temps de l'Église.

*Saint Bernard exalte le pouvoir pontifical*

Le plus important de ces mouvements est sans conteste celui des cisterciens, qui s'impose très vite comme le soutien par excellence de la Papauté au XIIe siècle : situation évidemment liée à l'action de saint Bernard († 1153). Les papes ont en effet eu la chance de trouver en ce dernier un infatigable défenseur de l'unité de l'Église, objectif qui explique son intervention résolue derrière Innocent II lors du schisme de 1130. L'idée que Bernard se faisait de la Papauté nous est connue par ses écrits et particulièrement le *De consideratione,* un traité adressé au cistercien Eugène III (1145-1153). L'abbé de Clairvaux nomme déjà le pape *vicarius Christi* et soutient la thèse de la *plenitudo potestatis,* des thèmes qui ne se répandent vraiment qu'au XIIIe siècle. Il ne s'en prend pas moins, comme on l'a vu, aux splendeurs de la cour pontificale. Ces critiques restent internes à l'Église et ne remettent pas en cause un soutien total à Rome ; le pape est l'Église, notion que Bernard ne peut détacher de l'impératif évangélique. Dans d'autres milieux, cependant, les critiques sont plus radicales. Certains se font en effet une trop haute idée de l'Église pour la confier à un clergé qui lui semble, pape inclus, trahir sa mission.

*Arnaud de Brescia : idéal évangélique et projet politique*

Dans l'histoire des mouvements évangéliques, Arnaud de Brescia occupe une place tout à fait originale [1]. Il est en effet le seul au XIIe siècle à articuler son engagement religieux sur un projet politique, que l'on peut sans anachronisme qualifier de révolutionnaire. Cette tentative, qui remet en cause les structures mêmes du pouvoir pontifical, est traitée avec la dernière rigueur. Pendu en 1155, Arnaud est ensuite livré aux flammes et ses cendres dispersées dans le Tibre ; signe que même mort, il faisait encore peur et pouvait devenir l'objet d'un culte.

1. A. Frugoni, *Arnaud de Brescia dans les sources du XIIe siècle*, Paris, 1993 ; R.I. Moore, *The Origins of European Dissent*, Londres, 1977, pp. 115-136.

Ce chanoine régulier avait voyagé, connu Paris et Abélard, qu'il avait soutenu, avant de revenir en Italie. Sa réputation de contempteur des richesses ecclésiastiques, née dès la fin des années 1130, ne fait ensuite que croître. À partir du milieu des années 1140, on le trouve à Rome : or, depuis la fin du règne d'Innocent II, la Ville est en lutte ouverte contre le pape. Avec quelque retard sur les cités d'Italie du nord, elle instaure une commune, ressuscite le Sénat et remplace le Préfet par un patrice. La nostalgie de la Rome impériale se combinait ainsi au désir d'indépendance des grandes familles. La prédication anticléricale d'Arnaud souda ces deux composantes de la révolte tout en donnant à l'orateur un grand ascendant sur les Romains. De quoi s'agissait-il ? Tout simplement de remettre en cause, au nom d'un idéal évangélique incontestablement sincère, la notion même de possession ecclésiastique. Seuls les laïques étaient autorisés à posséder des biens ; avec quatre siècles d'avance, Arnaud présentait la donation de Constantin comme un faux. Cette conception radicale l'amenait à se tourner vers l'empereur comme un recours, et explique les appels à Frédéric Ier, nouvellement élu. Eugène III et son éphémère successeur, Anastase IV, ne purent régler le problème. Adrien IV y réussit pour deux raisons : d'abord parce que l'interdit prononcé contre Rome en 1154, le premier dans l'histoire de la ville, détacha d'Arnaud une partie de la population ; ensuite parce que le nouveau pape sut convaincre le jeune empereur, avec lequel les relations étaient encore cordiales, du fait que la prédication du chanoine n'était bonne pour personne.

C'est bien la greffe d'un projet politique sur une prédication évangélique qui faisait d'Arnaud de Brescia un personnage inacceptable. Personne ne questionna jamais son orthodoxie et des hommes comme Jean de Salisbury et Bernard de Clairvaux, l'un de ses plus implacables ennemis, reconnaissaient l'extraordinaire ascétisme de son mode de vie. Si le projet d'Arnaud est unique au XIIe siècle, les aspirations spirituelles qu'il traduit ne le sont pas ; la conviction que la perfection évangélique passe nécessairement par une pauvreté totale est en effet l'un des principaux problèmes que rencontre alors la Papauté. Il n'est sans doute pas illégitime d'y voir une conséquence indirecte de la réforme grégorienne, qui a permis une montée du niveau moyen de l'exigence religieuse.

### *Vie sainte et prédication : des bonnes intentions au discours hérétique*

Les ermites itinérants des années 1080-1120 soulevaient un problème qui devait embarrasser l'Église pour longtemps : le droit de répandre la parole de Dieu devait-il être accordé selon des critères étroitement juridiques (il était alors le privilège des prêtres), ou fallait-il le faire découler d'un comportement ? L'ermite Bernard de Tiron († 1116/1117) avait donné sa réponse, on ne peut plus claire, en s'écriant devant un parterre de prêtres mariés que « le droit de prêcher s'obtient par la vertu de mortification [1] ».

Dès le début du XIIe siècle, de nombreux réformateurs se conformèrent à ce principe. Certains évoluèrent vite vers une opposition ouverte à l'Église, ainsi Henri de Lausanne, Pierre de Bruys ou Éon de l'Étoile. D'autres souhaitaient rester en son sein pour la réformer de l'intérieur. Pourtant, dans la mesure où ils s'arrogeaient un droit de prédication que le droit canon, conforté par Gratien, ne reconnaissait pas aux laïques, le problème posé à Rome était délicat.

La première histoire des Vaudois est un bon exemple de la difficulté de l'Église à intégrer cette effervescence spirituelle. Pierre Valdès, un marchand lyonnais saisi par l'idéal évangélique vers 1073, avait bien vite attiré à lui de nombreux disciples. Tous vivaient dans la plus grande pauvreté, ce qui était louable, et prêchaient sans autorisation, ce qui l'était moins. Alexandre III les encouragea du bout des lèvres en 1179, tout en leur enjoignant d'obtenir de leur évêque la *licentia praedicandi*. Cette clause n'ayant pas été respectée, ils furent excommuniés par l'évêque de Lyon en 1182, puis condamnés deux ans plus tard par Lucius III. Diverses communautés, comme les *humiliati* de Lombardie, connurent alors le même sort. Il n'était cependant pas de l'intérêt de Rome d'exclure des hommes qui ne s'en prenaient ni à son autorité ni au dogme et, quelques années plus tard, Innocent III put récupérer l'aile modérée de ces mouvements.

Avec les cathares, les choses sont en apparence plus simples. On est cette fois devant un système doctrinal foncièrement différent du catholicisme, puisque fondé sur un

1. Geoffroy le Gros, *Vita S. Bernardi Tironensis*, PL 172, col. 1399.

dualisme absolu : une hérésie donc, au sens plein du terme, attestée en Occident dès les années 1140-1150, principalement en Languedoc et en Lombardie. Mais le catharisme ne peut être réduit, comme on l'a parfois fait, à une résurgence manichéenne plus ou moins directement importée d'Orient : il est aussi et d'abord une manifestation de cette volonté de perfection évangélique qui secoue alors l'Occident. Les parfaits cathares sont végétariens, pauvres et chastes ; ils rejettent l'Ancien Testament mais pas le Nouveau, quitte à en faire une lecture hétérodoxe. Leur indéniable rectitude de mœurs peut seule expliquer leur prestige auprès des foules. Pour Rome, paradoxalement, il est beaucoup plus facile de réagir dans ce cas que dans celui des mouvements populaires orthodoxes. L'échec des légations cisterciennes du XIIe siècle amène donc une véritable croisade, dite des Albigeois, mais il entraîne aussi la prédication de saint Dominique et de ses disciples en Languedoc. Si la croisade illustre l'incapacité pontificale à fournir une réponse satisfaisante aux besoins de retour à la lettre du texte apostolique, l'apparition des dominicains montre aussi que l'Église sait s'adapter, même si c'est pour combattre l'hérésie sur un terrain commun qui est celui de l'évangélisme militant.

## Rome, les croisades et la protection des chrétiens

### *Deuxième et troisième croisades : un moindre contrôle de la Papauté*

À partir de l'appel de Clermont puis de la prise de Jérusalem, l'idée de croisade a hanté les Occidentaux. La conséquence en est au XIIe siècle une meilleure définition des objectifs et des moyens, mais aussi un certain déclin de l'influence pontificale sur les grandes expéditions militaires. Après un demi-siècle de relative quiétude, la nécessité d'une seconde croisade se fait sentir à la suite de la prise d'Édesse (1144), symboliquement inacceptable puisqu'elle est la première reconquête musulmane. L'essentiel de la prédication est à mettre au crédit de saint Bernard qui, appelé par Louis VII, n'accepte son rôle qu'après avoir consulté le cistercien Eugène III. Du point de vue doctrinal, le point fort de cette seconde croisade est certainement la bulle *Quantum praedecessores* (1145), qui s'attarde longuement sur les privilèges offerts aux croisés ; l'évolution parcourue depuis le XIe siècle est profonde, car il est désormais possible d'espérer la remise des peines non seulement temporelles, mais aussi spirituelles. Dans la même bulle, Eugène III revendique le droit des papes à diriger les croisades, ce qui ne correspond déjà plus à la réalité. Certes, l'impulsion donnée par Rome reste décisive, mais dès 1147, la direction effective de l'expédition est assurée par Conrad III et Louis VII. Signe des temps peut-être.

Les souverains, absents de la première croisade, dominent les suivantes. Leur rôle nouveau est d'ailleurs contemporain d'une certaine détérioration de l'idéal de guerre sainte, sans doute liée aux résultats pour le moins médiocres des deuxième et troisième croisades (1147-1149 et 1190-1192). Cette dernière, rendue indispensable par la chute de Jérusalem (1187), a d'importantes répercussions financières, puisque c'est à son propos qu'est levée par les rois de France et d'Angleterre la « dîme saladine », une taxe de 10 % sur les biens meubles et les revenus. Cette fois les souverains sont au nombre de trois, Frédéric Ier, qui se noie dès 1190 en Cilicie, Richard Cœur de Lion et Philippe Auguste ; mais les résultats sont à peine meilleurs et enveniment les relations avec Byzance (prise de Chypre par Richard). Ces résultats décevants, la disparition de l'élan qui avait un siècle plus tôt réuni toutes les couches sociales autour d'Urbain II, tout cela n'empêche pas les papes de se proclamer plus que jamais défenseurs des chrétiens, où que se trouvent ceux-ci.

*La défense des chrétiens : le réel et l'imaginaire*

La création à partir du début du XIIe siècle d'ordres militaires, chargés d'assurer la protection des pèlerins mais aussi de collaborer à l'effort militaire en Terre Sainte, illustre parfaitement l'assimilation de l'idée de guerre juste par la chrétienté occidentale, beaucoup plus proche en ce domaine de l'Islam que de Byzance. Dès les années 1120-1130, le monachisme guerrier que représentent le Temple ou les hospitaliers reçoit sa justification idéologique de saint Bernard (*Liber ad milites Templi de laude novae militiae*). Dans le courant du siècle, des ordres nationaux apparaissent dans la péninsule ibérique : Calatrava, Santiago, Alcantara. Pour la Papauté, cette nouveauté mérite d'être encouragée ; elle rencontre en effet sa volonté de défendre la chrétienté jusqu'aux confins du monde. En conséquence, les ordres militaires sont très vite comblés de privilèges et bénéficient d'une exemption totale qui fait d'eux le bras armé de Rome.

Cette volonté de protection des chrétiens, non moins que de conversion des peuples infidèles, peut être observée dans la correspondance des papes. On conserve ainsi deux lettres étonnantes d'Alexandre III à Ibn Mardanish, roi musulman de Valence, dans lesquelles le souverain pontife remercie le Maure de sa mansuétude envers ses sujets chrétiens tout en lui souhaitant d'étendre ses possessions temporelles : contradiction qui n'est qu'apparente, car Alexandre envisage discrètement la conversion de son interlocuteur [1]. Tout au long du siècle, nous avons d'autres exemples de cette volonté de défendre les chrétiens vivant sous un joug hostile, en particulier musulman.

C'est dans ce contexte qu'il faut comprendre la prise en charge d'une autre chrétienté, cette fois imaginaire. La légende du prêtre Jean, célèbre au Moyen Âge, apparaît semble-t-il dans le premier tiers du XII$^{e}$ siècle. En partie fondée sur des faits réels, la victoire d'une tribu mongole sur le souverain musulman de Perse en 1141, elle décrit un royaume mythique de richesse et d'abondance, très vite localisé en Asie, que gouvernerait un roi-prêtre chrétien du nom de Jean. En forgeant ce mythe, l'Occident s'invente alors un Orient rêvé, reflet des progrès inéluctables de la loi du Christ jusqu'aux extrémités du monde habité. La légende ne dit-elle pas que les infidèles instruits du christianisme dans la capitale de Jean doivent se convertir ou tomber raides morts ? Dans ses aspirations universelles, il eût été étonnant que la Papauté ignorât cette histoire, et elle lui prêta foi comme à peu près tout le monde. En 1177, Alexandre III adressa donc au prêtre Jean une lettre qui, si elle rendait hommage à « l'illustre et magnifique roi des Indes », n'en rappelait pas moins quelques principes essentiels : « Le Siège apostolique, auquel nous présidons... est la tête et le maître de tous ceux qui croient dans le Christ [2]. » Tout en sacrifiant à un mythe, qui n'était pas consciemment perçu comme tel, la Papauté affirmait donc un peu plus le caractère universel de son autorité.

*Patrick Henriet*

1. Lettres d'Alexandre III : PL 200, col. 985 et 1205 ; cf. L. Peñarroja Torrejón, *Cristianos bajo el Islam*, Madrid, 1993, p. 162-164.
2. M. Pacaut, *Alexandre III*, Paris, 1956, p. 191.

# IX

# Le contrôle du monde chrétien (1198-1294)

## Les papes

### *Vacances et système électoral : l'invention du conclave*

Dans l'histoire de la Papauté, 1241 marque une rupture. De 1198 à cette date, le siège de saint Pierre avait été occupé par trois papes seulement, chacun régnant plus de dix ans. Le remplacement d'Innocent III (1198-1216), puis celui d'Honorius III (1216-1227) s'étaient faits sans problème particulier. Or à la mort de Grégoire IX (1227-1241), le siège apostolique connaît une longue vacance de presque deux ans, interrompue seulement par l'éphémère pontificat de Célestin IV, deux semaines à l'automne 1241. Cette situation va se reproduire à plusieurs reprises jusqu'à la fin du siècle, le record étant atteint à la mort de Clément IV (1265-1268) ; la vacance dure alors presque trois ans (29/11/1268-01/09/1271). Au total, de 1241 à 1294, la chrétienté a dû se passer de pape pendant plus de huit ans. Comment l'expliquer ? Le rôle des cardinaux, qui n'avait cessé de se renforcer depuis le XII^e^ siècle, y est pour beaucoup. Généralement issus de grandes familles, ceux-ci forment des clans qui représentent des intérêts souvent contradictoires, et ils préfèrent parfois s'affronter durant des mois plutôt que d'accepter un candidat perçu comme hostile. Les luttes familiales se doublent souvent de positions politiques antagonistes. Le consistoire se divise entre d'une part les partisans des Angevins (Clément IV, Innocent V, Adrien V, Martin IV), et de l'autre les pragmatiques favorables à une politique d'équilibre entre ces mêmes Angevins, l'Empire et Byzance (Grégoire X, Nicolas III). Le hasard a aussi voulu que bon nombre de papes de la seconde moitié du siècle meurent prématurément, ce qui a multiplié les élections et les possibilités de discorde.

Au deuxième concile de Lyon (1274), le canon *Ubi periculum* avait pourtant mis en place une importante réforme de l'élection pontificale, la troisième après les décrets de 1059 et 1179. Le nouveau système, encore en vigueur de nos jours, prévoyait l'élection du pape en *conclave,* c'est-à-dire en enfermant les cardinaux à clé. Le but de la procédure était d'obtenir un résultat dans les plus brefs délais : après trois jours, les cardinaux ne recevaient plus que deux mets quotidiens, et passés cinq jours ils devaient se contenter de pain, de vin et d'eau. Ils cessaient aussi de percevoir tout revenu durant le temps de l'élection ; notons que le principal instigateur de cette mesure, Grégoire X, n'avait jamais été cardinal, ce qui est alors exceptionnel. *Ubi periculum* ne régla aucun problème dans l'immédiat, son application étant suspendue par Adrien V dès 1276. Célestin V, cependant, rendit au décret sa force exécutoire en 1294.

### *Italiens et Français : les papes intellectuels du XIIIe siècle*

Sur les dix-sept papes qui se succèdent entre 1198 et 1294, douze sont italiens, quatre sont français, un, enfin, est portugais. L'irruption d'un clan français est tardive, puisqu'elle date d'Urbain IV (Jacques de Troyes, 1261-1264). À partir de son successeur Clément IV (Guy Foucois, 1265-1268), cette présence française traduit l'influence grandissante de la maison d'Anjou sur la Papauté. De fait, Charles Ier († 1285) puis son fils Charles II († 1309) influencent ou manipulent certaines élections (Innocent V, Adrien V, etc.) et utilisent Rome dans leurs luttes contre Byzance et la maison d'Aragon.

Les papes du XIIe siècle se caractérisaient par leurs très longs états de service dans les différents organes curiaux, situation qui n'est pas vraiment remise en cause au XIIIe siècle. La grande nouveauté se situe plutôt dans la qualité de la formation intellectuelle. Presque tous les papes sont passés par les universités, avec une nette domination de Paris, et ils y ont acquis une solide formation dans les domaines de la théologie et du droit. Ils appartiennent donc à l'élite culturelle de leur temps : Célestin V (1294), qui maîtrisait à peine le latin, constitue sur ce point comme sur les autres une exception radicale. Deux grandes figures d'intellectuels se détachent du lot. Innocent IV (1243-1254), issu de l'université de Bologne, laisse une œuvre juridique imposante (*Apparatus, Novellae*). Pierre *Ispanus*/Jean XXI (1276-1277), seul pape choisi hors de France ou d'Italie (il est portugais), est l'un des plus grands scolastiques de son temps. Maîtrisant la médecine aussi bien que la philosophie, il est l'auteur d'un important manuel de logique (*summulae logicales*) ; c'est lui qui demande à l'évêque de Paris Étienne Tempier, sans en prévoir il est vrai toutes les suites, l'enquête qui aboutit à une condamnation radicale de l'aristotélisme (1277).

Qu'ils aient régné des années ou quelques mois seulement, les papes du XIII^e^ siècle sont généralement de fortes personnalités qui mériteraient des études approfondies. Contentons-nous de présenter en quelques lignes, avant de les voir à l'œuvre, les plus saillantes.

Innocent III (1198-1216) a souvent été présenté comme la plus grande gloire de la Papauté médiévale et comme le théocrate par excellence. Jugement sans doute exagéré, mais qui n'en repose pas moins sur une bonne part de vérité. Avec lui, la Papauté impose sa volonté aux rois Philippe Auguste et Jean sans Terre, préside le plus important concile œcuménique jamais réuni en Occident (1215), mais sait également encourager saint François. Innocent III est aussi l'auteur d'une œuvre écrite importante, d'où se détache un *De miseria humanae conditionis* qui nous a été conservé par plus de six cents manuscrits [1].

Ses deux successeurs immédiats poursuivent son action. Honorius III (1216-1227), qui est avant tout un administrateur, compile un très important *Liber censuum* sur lequel nous reviendrons. Grégoire IX (1227-1241) normalise le mouvement franciscain, dont il avait été cardinal protecteur, refond les collections canoniques et lance véritablement l'Université de Paris (1231). Innocent IV (1243-1254) met toute sa science de juriste au service de l'universalité romaine, ce qui le pousse à une lutte sans merci contre Frédéric II. Grégoire X (1271-1276), élu pape alors qu'il n'était qu'archidiacre de Liège, consacre tous ses efforts à la réforme, à la croisade et à l'union des Églises. Le fait que celle-ci, réa-

1. *De miseria humanae conditionis*, éd. M. Maccarone, Lugano, 1955 ; sur Innocent III, mise au point récente de W. Maleczek, *Lex MA* 5, 1990, 434-437.

lisée à Lyon en 1274, n'ait pas été durable, ne peut lui être imputé.

Le cas de Célestin V (1294), pape atypique s'il en fut, ne peut être ignoré. Cet ermite élu à 85 ans (le Saint-Siège était vacant depuis plus d'un an) ne connaît à peu près rien des subtilités de l'administration pontificale. Il comprend mal le latin mais entretient des relations privilégiées avec les spirituels, c'est-à-dire avec l'aile dure du franciscanisme en matière de pauvreté. Situation inédite, qui se solde par sa démission au bout de cinq mois, fait sans précédent dans l'histoire de la Papauté [1]. Son échec en dit long sur ce que devait et pouvait être un pape au XIII^e siècle.

## DE LA THÉOCRATIE PONTIFICALE AU RENFORCEMENT DES ÉTATS

### *L'élimination des Hohenstaufen*

Frédéric II, le plus terrible adversaire de Rome au XIII^e siècle, est sans conteste l'une des personnalités les plus étonnantes du Moyen Âge. Ce petit-fils de l'empereur Barberousse, plus sicilien qu'allemand, vit à Palerme au contact des juifs et des musulmans. Cultivé, intelligent, il est aussi fort ambitieux et rêve d'un empire qui s'étendrait de la Sicile, qu'il tient de sa mère, à la Baltique. Ce projet fait horreur à Rome et va mettre l'Italie à feu et à sang durant plusieurs décennies. Les étapes de la lutte sont multiples. D'un côté Frédéric promet, recule et guerroie en Italie. Certaines de ses initiatives sont parfaitement inclassables, ainsi lorsqu'il reprend Jérusalem par la diplomatie (1229). Face à lui, Grégoire IX et Innocent IV soutiennent les villes guelfes, excommunient leur adversaire et nomment des anti-rois. De part et d'autre, la propagande vient au service des hommes. Pour la Papauté, cet empereur qui se prétend chrétien, vit comme un Oriental et persécute le vicaire de saint Pierre, n'est autre que l'Antéchrist. Frédéric, lui, se présente après 1229 comme un nouveau David, mais aussi comme un nouveau Justinien qui promulgue un *Liber Augustalis* (constitutions de Melfi, 1231). Certains épisodes de la lutte frappent les contemporains ; ainsi l'excommunication et la déposi-

1. Depuis la fin des années 80, des *Convegni Celestiani* se tiennent régulièrement à l'Aquila.

tion prononcées au concile de Lyon (1245). Au moment où le pape déliait les sujets de Frédéric de leur vœu d'obéissance, les prélats auraient éteint leur cierge et l'auraient tourné vers le sol. Le représentant de Frédéric au concile, Thaddée de Suessa, se serait alors frappé la poitrine en s'écriant : *Dies ista, dies irae, calamitatis et miseriae* [1].

Quoi qu'il en soit, il faut attendre la mort de Frédéric (1250), une mort dont Innocent IV se réjouit ouvertement, pour que la Papauté reprenne l'avantage. Après l'excommunication de Conrad IV en 1254, l'empire n'a plus de maître, et cela jusqu'en 1273. Surtout, en 1268, Charles Ier d'Anjou bat et fait exécuter Conradin, fils de Conrad IV. Manfred, un fils bâtard de Frédéric, a été tué deux ans plus tôt. Ainsi s'éteint la dynastie des Staufen. Victoire totale ? En apparence, certainement. Il est un fait que les papes ne retrouvèrent au Moyen Âge aucun adversaire de la taille d'Henri IV, Barberousse ou Frédéric II. Mais cette situation n'empêchait pas l'affirmation d'autres pouvoirs laïques et n'ajoutait rien au prestige de Rome.

### *Église et États au XIIIe siècle*

Les prétentions pontificales face aux États chrétiens ont vraisemblablement connu leur apogée sous Innocent III. La Papauté semble alors prendre à la lettre les articles des *Dictatus Papae*, y compris ceux qu'un homme comme Alexandre III avait su interpréter modérément. Hors même des frontières de l'Empire, Innocent III n'hésite pas à excommunier, voire, s'il le faut, à déposer les souverains. Sa lutte contre Jean sans Terre est à cet égard exemplaire. Le conflit éclate une fois encore à propos du siège de Canterbury, que le pape donne en 1205 au théologien Étienne Langton. Devant le refus obstiné de Jean, Innocent utilise toute la panoplie des sanctions : mise du royaume sous interdit en 1208, excommunication du roi en 1209, déposition, enfin, en 1213. L'affaire se termine, au moins dans un premier temps, par un succès complet de la Papauté. Jean se résigne à l'humiliation et à la sujétion pour garder son royaume. Il doit non seulement accepter Étienne Langton, mais aussi se déclarer vassal du Saint-Siège et verser tous les ans un tribut

1. Selon le chroniqueur anglais Mathieu Paris.

conséquent. On comprend alors qu'Innocent III refuse deux ans plus tard la Grande Charte, un texte qui obligeait le roi d'Angleterre à composer avec ses grands barons tout en affirmant les libertés de l'Église. Seigneur d'un royaume qui lui rend hommage, le pape ne peut tolérer, sans avoir été consulté, une atteinte aux pouvoirs du roi.

Comme en pleine époque grégorienne, Innocent III est aussi l'ultime gardien de la morale, et cela quitte à déclencher des crises majeures. Le conflit avec Philippe Auguste, qui avait répudié son épouse Ingeborg pour Agnès de Méranie, dure deux ans pendant lesquels le royaume est mis sous interdit : disposition terrible qui, n'épargnant que les établissements exempts, prive les moribonds d'extrême-onction et les morts de sépulture en terre consacrée. Or, la première année de son pontificat, outre le royaume de France, Innocent III frappe aussi de cette arme la ville de Crémone, le royaume de Léon et celui de Navarre ! La Papauté s'accorde en effet le droit d'agir partout où l'appellent ses exigences spirituelles, sans restreindre son action à tel ou tel territoire : c'est le thème de l'intervention *ratione peccati*, qui se développe précisément sous Innocent III. Rome peut ainsi influencer directement telle ou telle législation, et particulièrement celle des communes italiennes.

Les apparences sont cependant trompeuses. Le pontificat d'Innocent III, caractérisé par la volonté un peu folle de mettre systématiquement en application les *Dictatus Papae*, marque plutôt la fin d'une époque que l'avènement d'une réelle théocratie pontificale. En effet, le XIII^e siècle, surtout dans sa seconde moitié, voit l'affermissement des monarchies et la réapparition de la notion d'État. Cette évolution, facilitée par la redécouverte du droit romain mais aussi, sans doute, par la disparition d'un empire fort, ne pouvait que limiter l'action des papes. Innocent III lui-même, doit reconnaître dès 1202 que le roi Philippe Auguste n'a aucun supérieur au temporel. Ce n'est là qu'une anticipation, car le souverain devient « empereur en son royaume ». Le même schéma peut être observé un peu partout en Occident, ainsi dans le royaume de Castille où le *Código de las siete partidas,* rédigé sous Alphonse X le Sage (1252-1284), consacre la domination du roi sur son clergé. Plus grave encore, les monarques tendent à se doter d'une aura sacrée qui ne doit rien au « Vicaire du Christ ». On sait que Frédéric II lui-même, s'il était l'antéchrist pour les papes et les penseurs guelfes, se présentait à ses partisans comme un second messie. Après sa mort en 1250, ce sont surtout les capétiens qui surent renforcer leur pouvoir en le sacralisant. Tout en restant dans un cadre parfaitement orthodoxe, saint Louis n'hésite pas à s'opposer à Innocent IV et même à monter sa propre croisade.

Face à ces puissantes monarchies, l'état pontifical reste à certains égards mal assuré. Innocent III, dont on fait vite un théocrate tout-puissant, doit batailler plusieurs années avant d'obtenir le contrôle de Rome, longtemps dominée par sa commune. En Italie du sud et en Sicile, après la disparition des Staufen, les papes choisissent de favoriser la maison d'Anjou. Or ses représentants vont vite devenir des protecteurs encombrants.

Charles Ier d'Anjou, frère de saint Louis, est solidement en place dès 1268. Pour la Papauté, il matérialise le projet longtemps caressé d'un royaume de Sicile sans rapport avec l'Empire, d'où la décision d'y installer une nouvelle dynastie. Très vite cependant, la présence de Charles devient envahissante. Sénateur de Rome, omniprésent en Italie, c'est en bonne partie à cause de lui que les cardinaux ne peuvent trouver un successeur à Clément IV en 1268 ; il ne leur faut pas moins de trois ans pour désigner Grégoire X. Après les vêpres siciliennes et l'expulsion de Sicile (1282), les papes tentent vainement d'aider Charles à récupérer les territoires perdus, mais durant toute la fin du XIIIe siècle – et au-delà –, le consistoire et les différents papes devront compter avec cette dynastie bien enracinée sur leur flanc sud. L'influence de Charles II est encore décisive lors de l'élection de Célestin V (1294),

Est-ce à-dire que la Papauté n'est plus qu'un État comme un autre, immergé dans les luttes politiques et les jeux d'influence ? En aucun cas. Le patrimoine de saint Pierre peut être territorialement réduit, les papes n'en sont pas moins à la tête d'une institution universelle : cela d'un point de vue spirituel, certes, mais aussi dogmatique, judiciaire, et encore fiscal. Le XIIIe est bien celui de la centralisation de l'Église sous le contrôle pontifical.

## Gouvernement et centralisation

### *Latran IV et les conciles du XIIIe siècle*

Le concile de Latran IV (1215) est le plus important concile du Moyen Âge. Jamais encore on n'avait vu autant d'ecclésiastiques réunis pour discuter les affaires de la chrétienté ; ils sont plus de mille, dont presque une moitié de prélats. Sa préparation extrêmement minutieuse dure deux ans, Innocent III étant parfaitement conscient du caractère historique de cette réunion, convoquée « selon les coutumes vénérables des anciens Pères ». Enfin, le concile entend s'occuper de tous les problèmes importants, sans aucune exception. On trouve donc dans les décrets, outre une condamnation des hérésies et d'inévitables recommandations disciplinaires, un souci de pastorale assez original à ce niveau ; le plus célèbre canon (*Utriusque sexus,* n° XXI) fait obligation aux fidèles de se confesser une fois l'an et de communier à Pâques. D'autres articles montrent bien la volonté pontificale de poser les règles de la vie en société ; ainsi s'expliquent l'obligation faite aux juifs de porter un habit spécifique et la suppression des ordalies [1].

Trente ans plus tard, Innocent IV réunit un nouveau concile à Lyon. Le contexte en est très politique, car il s'agit avant tout de déposer Frédéric II. Lyon I peut être considéré comme une étape dans l'affirmation d'une autocratie pontificale, car la formule *sacro approbante concilio*, encore présente à Latran IV même si elle n'était qu'une clause de style, disparaît alors. Innocent IV corrige d'ailleurs tel ou tel canon après sa proclamation. La position de Lyon, une ville en plein essor située au cœur de la chrétienté, explique que Grégoire X l'ait à nouveau choisie en 1274.

Lyon II rappelle sur plus d'un point Latran IV. Là aussi, les participants sont extrêmement nombreux et l'assistance compte une importante délégation grecque ainsi que des envoyés mongols et perses. La préparation du concile peut être qualifiée de méticuleuse, trois universitaires de renom étant chargés d'encadrer les discussions, à savoir Bonaventure, Pierre de Tarentaise (futur Innocent V) et Étienne de Bourbon. Les sujets qui monopolisent les débats sont les trois grands axes du pontificat de Grégoire X : croisade, union des Églises et réforme. Quant aux résultats, ils sont apparemment solides : mesures sans précédent pour financer la croisade, accord avec le *basileus* – qui ne représente il est

1. R. Foreville, Latran I, II, III et IV (cf. bibl. générale) ; N. Beriou, « Autour de Latran IV : la naissance de la confession moderne et sa diffusion », in *Pratiques de la confession*, Paris, 1983, pp. 73-92.

vrai que lui-même –, obligation de résidence pour les évêques, enfin et surtout, modification de l'élection pontificale par la création du conclave [1].

Les trois conciles du XIII^e siècle confirment une évolution plus que séculaire. Le pape règne en maître absolu sur l'Église, la réunion d'immenses assemblées visant surtout à manifester cette domination par la réunion à ses côtés des recteurs du peuple chrétien. De fait, les décisions sont tout sauf collégiales ; le concile fonctionne à la manière d'une chambre d'enregistrement des constitutions pontificales, transformées en décrets avant d'être intégrées au droit canon et envoyées aux universités (Lyon II). N'interprétons pas les faits à la lumière des discussions du bas Moyen Âge : de Calixte II à Grégoire X, le concile participe pleinement du renforcement des institutions pontificales.

### *Des institutions renforcées*

Au sommet de la pyramide institutionnelle, le pape concentre en lui toute souveraineté. Il personnifie désormais Rome et l'Église où qu'il se trouve : *Ubi est Papa, ibi est Roma*, dit un adage qui se répand alors. Depuis le début du siècle, le souverain pontife possède la *plenitudo potestatis* et reçoit le titre de *vicarius Christi* : l'élimination de la référence à saint Pierre (*vicarius S. Petri*) permet d'affirmer son rang avec éclat, car il dépend désormais directement du Christ. Rien de surprenant, donc, à ce que la doctrine de l'infaillibilité pontificale, qui ne deviendra un dogme qu'en 1870, s'affirme avec force à partir d'Innocent III [2].

Proches du pape, les cardinaux voient leur prestige s'accroître. Le chapeau rouge qui leur est attribué en 1245 (Lyon I) leur confère même une parcelle de souveraineté puisque la pourpre, couleur impériale par excellence, était jusque-là réservée au successeur de saint Pierre. Recrutés parmi les curialistes, ils sont eux aussi, de plus en plus, des universitaires et des juristes. Les religieux sont en revanche de moins en moins nombreux, à l'exception des ordres mendiants qui font leur apparition. Plusieurs fois par semaine,

1. M. Hubert et M. Mollat (éd.), *1274, année charnière. Mutations et continuités*, Paris, 1978.
2. Ouvrage classique de B. Tierney, cité dans la bibl. générale.

les cardinaux se réunissent en consistoire autour du pape pour discuter les affaires importantes.

Parmi les différents services curiaux, la chancellerie garde et accroît même son importance ; comme les autres États du XIIIe siècle, l'Église affermit son pouvoir par l'Écrit. C'est à partir d'Innocent III que l'on conserve les registres de la correspondance pontificale, énormes recueils dans lesquels les scribes recopiaient pour en garder un exemplaire les lettres envoyées aux quatre coins de la chrétienté. Malheureusement pour les historiens, une impitoyable sélection écartait celles qui étaient jugées moins importantes. Depuis le début du siècle, l'homme qui dirige la chancellerie doit se contenter du titre de vice-chancelier : il est entouré de notaires, d'*abbreviatores*, de *scriptores*, ainsi que d'un personnel divers et très spécialisé, au sein duquel on trouve deux *bullatores*.

L'un des meilleurs indices de la centralisation pontificale au XIIIe siècle réside dans la multiplication des procès traités à Rome. Aux côtés des cardinaux, qui se réservent les affaires les plus importantes, les chapelains du pape (auditeurs), sont l'un des pivots du système ; de même *l'auditor litterarum contradictarum*, saisi des demandes de modification des lettres papales, qui contrôle les procureurs. Mais la justice pontificale est aussi présente dans les diocèses grâce à des juges délégués, qui apparaissent au XIIe siècle.

Les juristes pontificaux utilisent un droit qui continue à se faire : cinq recueils de décrétales se succèdent jusqu'en 1226. Mais dans le domaine de la codification, l'œuvre la plus importante est un *Liber extra*, une compilation réalisée à la demande de Grégoire IX par le dominicain Raymond de Peñafort (1234). On y trouve des décrétales, bien sûr, mais aussi des constitutions, décisions pontificales proches des encycliques modernes, puisqu'elles naissent d'un besoin mais ne répondent pas à une demande précise.

La centralisation est aussi pénitentielle, la Papauté se réservant de nombreux cas de dispense et d'absolution : incendies, vols dans les églises, etc… Depuis le début du XIIIe siècle fonctionne d'ailleurs la Pénitencerie, confiée à un cardinal-pénitencier. Cette toute-puissance spirituelle s'accompagne par ailleurs d'un strict contrôle de la perfection, car désormais Rome se réserve aussi les canonisations. Cette évolution, qui court d'Alexandre III à Innocent III, retire tout simplement à l'évêque le droit de proclamer la sainteté [1].

En définitive, la Papauté agit depuis Rome ou depuis la ville où se trouve le pape, souvent absent de sa capitale, mais aussi sur place avec des juges délégués et des légats. La curie s'étoffe à mesure que son pouvoir et sa richesse grandissent. Soulignons l'importance dans ce processus de la constitution *Licet ecclesiarum* (1265), par laquelle Clément IV s'attribuait le droit de nommer à toute dignité ou bénéfice ; il posait ainsi la première pierre d'un édifice institutionnel et financier, celui de la collation des bénéfices, qui deviendrait essentiel au XIVe siècle.

### *Naissance d'une fiscalité pontificale*

À partir du XIIIe siècle et pour la première fois depuis l'époque carolingienne, les revenus dits extra-territoriaux, c'est-à-dire sans rapport avec les États pontificaux, deviennent les plus importants. L'Église abrite donc un état fiscal aux revenus transnationaux. Très logiquement, c'est aussi à cette époque que le camérier – *camerarius* — devient, avant même le chancelier, le premier personnage de la curie.

La guerre sainte joue un rôle moteur dans la fiscalisation des revenus pontificaux. Si le principe d'un financement de la croisade par le clergé est énoncé dès 1188 par Clément III, celui-ci ne s'en donne pourtant pas encore les moyens : à cette date, ce sont les souverains français et anglais qui taxent tous leurs sujets, clergé compris (dîme dite *saladine*). Innocent III, en 1199 (bulle *Graves orientalis*), opère la première levée interne à l'église sur le clergé. Les proportions vont en être fixées progressivement et à la hausse, généralement autour de 10 %, d'où le nom de décime. Mais la Terre Sainte procure aussi d'autres revenus, comme le rachat des vœux de croisade, qui donnent lieu à des abus et provoquent parfois des poussées d'anticléricalisme.

Les autres rentrées d'argent forment un conglomérat hétéroclite de cens versés par les églises ou les monastères directement rattachés à Rome, de taxes versées par les prélats lors de leurs visites à Rome (*ad limina apostolorum*),

1. A. Vauchez, *La Sainteté en Occident aux derniers siècles du Moyen Âge*, Rome, 1988.

enfin et surtout de redevances liées à la collation de tel ou tel bénéfice par la Papauté : les annates pour les bénéfices mineurs (une année de revenu), les communs et menus services pour les bénéfices majeurs. On comprend mieux, dans ce contexte, l'importance fondamentale du décret de 1265 octroyant à la Papauté l'incroyable privilège de nommer à tous les bénéfices : Clément IV ménageait ainsi à ses successeurs la possibilité d'une extension presque infinie de la fiscalité pontificale.

Le camérier Censius (1188 ?-1198) résume en sa personne toute l'évolution que nous venons de décrire. En 1192 il rédige, à partir des travaux de ses prédécesseurs mais aussi des archives, un *Liber Censuum*. Ce livre fondamental, tout à la gloire des papes et de Rome, mêle des textes narratifs (chroniques pontificales) et descriptifs (merveilles de Rome) avec une liste des cens et des possessions pontificales. C'est sans doute la première fois que la gloire de saint Pierre est aussi explicitement associée à une richesse matérielle par ailleurs destinée à s'accroître : les cahiers consacrés aux revenus et possessions se terminent en effet par des espaces blancs [1]. Censius devint pape quelques années plus tard sous le nom d'Honorius III (1216-1227). Il incarne la prise de conscience définitive du caractère nécessairement temporel de l'Église, pourtant chargée de mener l'humanité au salut par le Christ. La fiscalité, aussi importante soit-elle, n'est évidemment que l'un des moyens subordonnés à cette fin. Il en est d'autres, plus nouveaux encore, qui vont bouleverser les fondements mêmes de l'action pontificale.

## LES NOUVEAUX MOYENS D'ACTION DE LA PAPAUTÉ

### *Les ordres mendiants ou l'assimilation de l'idéal évangélique*

Derrière les figures emblématiques de Dominique de Guzmán et de François d'Assise, il ne faut pas perdre de vue ce qui est en jeu : il s'agit en effet de l'intégration aux structures mêmes de l'Église, sous une forme acceptable pour elle, de cet idéal évangélique qui se manifeste avec force depuis la fin du XIe siècle. La création des ordres mendiants,

1. P. Fabre et L. Duchesne, *Le* Liber censuum *de l'Église romaine*, Paris, 3 T, 1889-1952.

et plus particulièrement des deux principaux, doit donc être considérée comme une réussite indéniable. Elle ne tarde cependant pas à poser de nouveaux problèmes.

Dominicains et franciscains ont des origines assez différentes. D'un côté, Dominique, un chanoine régulier d'Osma (Castille), qui souhaite prêcher la bonne parole et convertir les infidèles. De l'autre, François, un laïque issu de la bourgeoisie commerçante d'Assise, qui vend tous ses biens pour appeler ses compatriotes à une conversion intérieure. Les projets sont pourtant très proches et peuvent se résumer, trop schématiquement, en quelques mots : pauvreté, pénitence et sens de l'apostolat. Dominique prêche essentiellement en Languedoc, à une époque où le catharisme en vient à concurrencer le catholicisme. Encouragé par Innocent III, il fonde d'abord une communauté de moniales à Prouille, puis une congrégation de prédicateurs actifs dans le diocèse de Toulouse (1212). À partir de 1216, les bulles pontificales se succèdent et permettent aux frères prêcheurs, portés par leur succès, d'être présents dans toute la chrétienté.

François reçoit sa première illumination en 1205. Plus attiré que Dominique par l'idéal du désert, il alterne à partir de cette date les périodes de retraite érémitique et d'apostolat pénitentiel. Lui aussi sert d'exemple et attire bientôt des milliers de disciples. Après un premier encouragement oral en 1209, la Papauté approuve finalement une règle qu'elle a supervisée (*regula bullata,* 1223). François meurt en 1226, cinq ans après Dominique.

L'action des ordres mendiants – auxquels il faudra bientôt intégrer les carmes et les augustins – est à la fois traditionnelle et profondément nouvelle. Les prédicateurs itinérants du XII^e siècle poursuivaient le même idéal évangélique, à savoir la renonciation à toute possession personnelle et à tout luxe, accompagnée d'une volonté de parcourir le monde, tel Jésus et ses disciples, en prêchant la bonne parole. Un tel horizon spirituel s'appuyait sur des passages de l'Évangile (Math., XIX, 2, Luc, IX, 3, etc.), connus par cœur, et sur l'exemple de quelques contemporains. Ce qui est nouveau avec les ordres mendiants, c'est que les villes deviennent la cible prioritaire des prédicateurs. Enfin, dès leurs débuts, Dominique et François ont affirmé très clairement leur indéfectible attachement à Rome et au vicaire de saint Pierre, sous les ordres duquel ils entendaient agir. Thomas de Celano, le premier biographe du Poverello d'Assise, n'avait-il pas décrit celui-ci apparaissant en songe à Innocent III, pour soutenir l'édifice de l'Église ?

Les papes comprirent très vite tout ce qu'ils pouvaient tirer de mouvements composés d'hommes – en tout cas ceux de la première génération – qui, en termes d'ascétisme et de pauvreté, pouvaient parfaitement soutenir la comparaison avec un vaudois ou un parfait cathare. Ils attelèrent donc franciscains et dominicains à diverses tâches de confiance, telles que la répression de l'hérésie ou l'enseignement de la théologie. De nombreux postes en Curie furent également réservés aux mendiants. À partir de 1230 apparaissent même des évêques dominicains, ce qui est parfaitement contraire aux vœux du fondateur. On comprend donc aisément qu'en 1254, Innocent IV ait pu parler des frères prêcheurs comme du « cheval public de l'Église ». Mais au-dessus de toutes ces tâches, certes vitales, il y a l'office de prédication, jamais délaissé, qui seul permet aux mendiants de garder le contact avec leur idéal évangélique. Au XIII^e^ siècle, les frères mendiants s'affirment comme les détenteurs par excellence de la parole, à une époque où l'Église contrôle plus étroitement le verbe public [1]. En conséquence, les frictions avec les évêques, normalement habilités à contrôler la prédication dans leur diocèse, se multiplient ; elles sont généralement résolues en faveur des mendiants. Ainsi, dès le premier tiers du siècle, la Papauté s'est dotée d'une aile militante, partout présente, qui impose efficacement ses objectifs. Une telle situation permettait-elle de garder intacts les idéaux des fondateurs ?

Très vite, les ordres mendiants connurent un phénomène qui touche tous les mouvements réformateurs – orthodoxes – du Moyen Âge. Avec le succès vient la richesse, ou, pour le moins le pouvoir. Si les dominicains ont su gérer à peu près correctement cette situation, les franciscains se divisèrent bien vite ; pour les uns l'idéal de pauvreté, affirmé avec force dans le testament de François, était insurpassable et devait être respecté à la lettre. Pour les autres, des accommodements étaient possibles : ils impliquaient pour commencer d'accepter la splendide basilique érigée sur le tombeau du fondateur. Dès 1230, par la bulle *Quo elongati*, Grégoire IX avait bien marqué que le testament n'avait pas

1. A. Vauchez (dir.), *Faire croire. Modalités de la diffusion et de la réception des messages religieux du XII^e^ siècle*, Rome, 1981.

valeur de règle : choix symptomatique de l'orientation pontificale, car ce même Grégoire IX (Ugolin) était depuis le début du siècle le plus ferme soutien des franciscains.

Les querelles ne faisaient que commencer. Un temps calmées par l'autorité de Bonaventure, ministre général entre 1257 et 1274, elles reprirent de plus belle à sa mort. La pauvreté devait-elle être totale, ou pouvait-elle s'accommoder de fictions juridiques comme l'appartenance des biens de l'ordre au Saint-Siège (1245), ou l'instauration de procurateurs chargés d'administrer ce qu'il faut bien appeler les possessions (1247) ? À la fin du siècle, les partisans de la pauvreté intégrale, désormais nommés spirituels, devinrent très sensibles au prophétisme joachimite [1], qui annonçait le règne de l'Esprit, un Esprit difficilement conciliable avec une monarchie pontificale qu'ils condamnaient de plus en plus ouvertement. Or, l'autorité morale d'hommes comme Pierre-Jean Ollieu, Ubertin de Casale ou Ange Clareno était grande. Derrière leur contestation, c'était rien moins que l'intégration des mouvements évangéliques à l'Église qui se trouvait remise en cause. Cette lutte était un peu celle du rigorisme idéaliste contre la réalité ; or la réalité, depuis longtemps déjà, c'était le contrôle croissant de la Papauté sur les affaires de la chrétienté.

### *L'Université ou le contrôle de l'intelligence*

Jusqu'au XIIe siècle, la Papauté s'était assez peu occupée d'enseignement, les écoles étant alors monastiques et surtout épiscopales. Les choses changent dès le pontificat d'Alexandre III, qui favorise au concile de Latran III (1179) le développement des écoles cathédrales. Il est vrai que les villes profitent de l'essor économique, ce qui a pour conséquence de gonfler les effectifs étudiants. Or, à l'aube du XIIIe siècle, les maîtres et les étudiants, qui ont le statut de clercs, sont toujours étroitement soumis à l'évêque et à son chancelier. Leurs velléités d'indépendance vont rencontrer les intérêts de la Papauté, ce qui va entraîner une profonde redéfinition du système scolaire en Occident.

1. Joachim de Flore († 1202) : moine et prophète cistercien dont les ouvrages annoncent l'ère du Saint-Esprit ; cf. M. Reeves, *The Influence of Prophecy in the Late Middle Ages. A study in Joachimism*, Londres, 1969.

En sollicitant un privilège pontifical, une communauté de maîtres et d'étudiants – *universitas* – espère échapper à l'emprise du pouvoir civil (le roi à Paris, la commune à Bologne) ou religieux (le chancelier). En échange, le pape prend le contrôle des pôles intellectuels qui fixent le dogme et le droit. Il acquiert aussi un droit de regard sur la formation des clercs. Le cas de l'université de Paris, c'est-à-dire du plus important centre d'enseignement de la théologie, est exemplaire. Dès 1215, le légat Robert de Courçon promulgue un statut permettant aux professeurs et à leurs étudiants de se doter de constitutions. En 1219, la bulle *Super speculam* interdit l'enseignement du droit civil à Paris. Enfin, en 1231, Grégoire IX retire à peu près tout pouvoir réel au chancelier (bulle *Parens scientiarum*), soit : 1) Existence légale. 2) Contrôle du contenu des enseignements. 3) Autonomie. L'intervention pontificale est décisive à toutes les étapes.

Le même schéma se retrouve un peu partout en Occident, non sans variantes, à partir de 1200. À l'exception de Toulouse, née dans le contexte de la lutte anticathare en 1229, les papes ne créent pas les universités de toutes pièces ; il leur suffit d'accorder des privilèges à des communautés pré-existantes, qui s'affranchissent ainsi des pouvoirs locaux. Les formules, il est vrai, varient. À Paris, le pouvoir est détenu par le maître de la faculté des arts. À Montpellier, prestigieux centre d'enseignement de la médecine, le chancelier reste tout-puissant. À Oxford, c'est l'évêque de Lincoln, qui ne réside donc pas dans la ville. À Bologne enfin, premier centre d'enseignement du droit, l'université dépend de l'archidiacre, qui représente le pape, et non de la commune. Au-delà des différences, c'est un système très cohérent qui s'est mis en place un peu partout : celui du *studium generale*. Un *studium* n'existe que par les privilèges pontificaux qui lui sont conférés. Il accorde, au terme de longues études qui ont commencé à la faculté des arts, la *licentia ubique docendi*, ou permission d'enseigner en tout lieu. Malgré l'existence de *nations* en leur sein, les universités peuvent donc avoir un rayonnement universel, c'est-à-dire à l'échelle de la chrétienté. L'utilisation d'une langue internationale, le latin, favorise cette évolution.

On comprend donc que, très vite, la Papauté ait fait appel aux ordres mendiants pour assurer un enseignement dans les centres les plus prestigieux : il s'agissait tout simplement d'éviter une laïcisation de l'enseignement et de la pensée. L'arrivée des franciscains et des dominicains suscita bien des tensions, dans la mesure où ils étaient généralement beaucoup plus proches du pape que de l'*universitas,* laquelle se sentait du coup menacée dans sa cohésion. Ainsi, lorsque l'université de Paris décréta la grève en 1253 pour protester contre des violences royales, les dominicains, qui étaient alors menacés dans leurs positions par les maîtres séculiers, ne suivirent pas le mouvement. Sur l'ensemble du siècle, la victoire des ordres mendiants, et par conséquent de la Papauté, est évidente ; il suffit de citer les noms de Bonaventure (franciscain), d'Albert le Grand et de Thomas d'Aquin (dominicains) pour mesurer le rôle des frères mineurs et prêcheurs à l'université de Paris. Ces mêmes noms prouvent aussi que l'introduction des ordres mendiants dans l'université ne nuisit en rien, bien au contraire, à la qualité des recherches intellectuelles.

En définitive, le développement des universités est l'un des principaux aspects de la centralisation pontificale. Tout en permettant les débats (augustinisme, thomisme, averroïsme latin), il a favorisé un contrôle pontifical sur l'intelligence et la pensée de l'élite, tout en assurant une formation convenable au haut clergé. Il est par ailleurs indissociable du rôle des ordres mendiants, alors présents sur tous les fronts d'une chrétienté en expansion. C'est ce qui apparaît encore à propos de la lutte contre l'hérésie.

### *L'Inquisition ou le contrôle du dogme*

On a beaucoup écrit, trop sans doute, sur l'Inquisition. Contentons-nous de rappeler en quoi cette institution marque un tournant dans l'histoire de l'Occident médiéval et des prétentions pontificales à régenter celui-ci.

À l'origine de l'Inquisition, il y a d'abord un changement d'attitude face à la déviance, qui peut être daté de la seconde moitié du XII^e siècle. L'Église passe alors de la *persuasio* à la *coercitio,* sans que celle-ci éclipse jamais totalement celle-là [1]. Il y a ensuite une évolution profonde

1. R. Manselli, « De la persuasio à la coercitio », in *Le Credo, la morale et l'Inquisition (Cahiers de Fanjeaux* 6), Toulouse, 1971, pp. 175-197).

de la pratique judiciaire. Jusqu'au XIIe siècle, en effet, les cours de justice laïques et ecclésiastiques utilisent la procédure accusatoire : un jugement n'est ouvert qu'à la suite d'une accusation, la charge de fournir la preuve de son innocence incombant à l'accusé. La procédure inquisitoire, qui la remplace, naît au début du XIIIe siècle ; le juge peut désormais se prévaloir de la rumeur publique pour lancer lui-même une enquête (*inquisitio*). Pour obtenir la preuve, il procède selon un système complexe d'interrogatoires et de dépositions. À l'évidence, un tel bouleversement facilite l'action de l'Église dans sa lutte contre les hérétiques.

Procédure inquisitoire ne signifie pourtant pas nécessairement Inquisition, les institutions se fixant progressivement et de façon très mouvante au cours du siècle. La répression de l'hérésie relevait normalement de l'Ordinaire (tribunal épiscopal) et c'est bien ainsi que la conçoit Lucius III dans la décrétale *Ad abolendam* (1184), texte fondamental qui établit une collaboration entre pouvoirs laïques et ecclésiastiques ; de même encore le concile de Latran IV (1215). Dans les années 1220-1230, les mesures relatives au jugement des hérétiques procèdent aussi bien des pouvoirs civils que religieux (conciles provinciaux). C'est alors, en 1231-1233, que la Papauté fait la synthèse de cette législation foisonnante. À partir de ce moment seulement, on peut parler d'Inquisition. Sous sa forme la plus répandue, cette nouvelle juridiction est aux mains de dominicains envoyés par Rome. Les évêques doivent collaborer avec eux et le font de plus ou moins bon gré. Notons cependant que les dominicains peuvent être suspendus de leurs fonctions (en Languedoc dans les années 1250-1255), en concurrence avec des franciscains (présents en Provence), ou tout simplement absents de tel ou tel diocèse. Cette Inquisition, que l'on peut qualifier de pontificale à condition de ne pas imaginer un organisme aux règles immuables, est par ailleurs absente de certains royaumes où le pouvoir civil prend en charge la répression : Castille, Angleterre, toute la Scandinavie.

Que recherchent la Papauté et ses enquêteurs en interrogeant tout au long du siècle des milliers de suspects ? L'éradication de l'hérésie, bien sûr ; mais pas forcément, en tout cas pas d'abord, l'élimination physique des hérétiques. La peine est en effet médicinale, indépendamment des abus de tel ou tel inquisiteur. Cette volonté explique que la peine capitale – toujours exécutée par le bras séculier – ait été peu appliquée au cours du siècle : les quelques études menées pour le XIIIe siècle donnent une proportion de condamnations au bûcher très nettement inférieure à 10 % des peines. La mort est d'ailleurs réservée aux relaps, hérétiques ayant abjuré avant de retomber dans l'erreur, en vertu du principe simple que le châtiment doit être proportionnel à l'attachement du coupable à sa croyance.

Il ne fait pas de doute qu'au XIIIe siècle, comme encore par la suite, la justice inquisitoriale s'est montrée beaucoup moins expéditive que celle des cours civiles. Cette relative mansuétude n'empêche pas l'utilisation de la torture, qui réapparaît précisément au XIIIe siècle avec le droit romain. Des autorisations pontificales très explicites, en 1256 et 1262, permettent aux inquisiteurs de l'utiliser directement : les premières traces écrites de son usage remontent effectivement aux années 1260.

Il faut laisser de côté la légende noire de l'Inquisition. Les faits se suffisent à eux-mêmes et nous renvoient à une époque où la validité de la peine de mort n'est questionnée par personne. Que reste-t-il ? Essentiellement un changement profond de la pratique judiciaire, dans lequel la Papauté et ses auxiliaires jouent un rôle directeur. Il s'agit en effet d'éliminer les déviations doctrinales, programme qui renvoie à un vaste dessein d'encadrement, d'éducation et d'unification du peuple chrétien : visée indissociable d'un idéal universel, projeté sur la chrétienté d'abord, mais aussi, à plus ou moins long terme, sur le reste du monde.

## ROME ET LES MONDES LOINTAINS

### *Byzance et la croisade : persistance et détérioration d'un idéal*

Passé l'échec de la troisième croisade, le prestige que la Papauté peut espérer tirer de l'organisation de la guerre sainte semble inversement proportionnel au nombre des expéditions. La plupart des papes ont en effet été obsédés par l'idée de croisade, à commencer par Innocent III, responsable de la quatrième (1204), de l'expédition contre les Albigeois et enfin organisateur de la cinquième (1217-1221). En théorie, cet effort accru devait permettre l'unité d'une chrétienté réconciliée : la constitution *ad liberandam*, promulguée en 1215 au concile de Latran, interdisait pour ce faire les tournois et instaurait une paix entre les princes chrétiens pour des durées respectives de trois et quatre ans.

Les résultats, eux, sont désastreux. En 1204, la croisade dirigée contre l'Égypte s'empare de Constantinople, la met à sac et y installe un empire latin d'Orient qui survivra jusqu'en 1261. Innocent III se montre d'abord très critique envers un tel détournement et excommunie la croisade, mais il se repent bien vite et nomme un patriarche latin. C'est de 1204, beaucoup plus que de 1054, qu'il faut dater la véritable rupture entre les deux grands pôles de la chrétienté. Les rapprochements ultérieurs, à commencer par celui de 1274, furent bien plus la conséquence d'une conjoncture politique que d'une volonté d'aplanir les différences et les ressentiments.

Plus grave encore, la croisade devient au XIIIe siècle un instrument politique, utilisé par les papes dans les limites mêmes du monde chrétien. La lutte contre les Albigeois (1209-1213) avait encore une incontestable justification dogmatique, puisqu'il s'agissait d'extirper le catharisme du Languedoc, mais elle constituait un dangereux précédent. Il était désormais possible de décréter la guerre sainte contre tout ennemi de l'Église. Celle-ci ne s'en priva pas, et les nombreuses indulgences plénières accordées à qui voudrait combattre Frédéric II, Manfred, Byzance (en 1281 pour soutenir Charles d'Anjou) ou la couronne d'Aragon, firent passer la notion de guerre sainte du domaine de la mystique collective à celui de la politique internationale. Les abus financiers, en particulier pour le rachat des vœux de croisade, firent le reste.

### *Les missions*

Depuis Grégoire le Grand, Rome n'avait cessé d'envoyer des missions dans les pays lointains, le plus souvent avec succès. Cette activité se poursuit au XIIIe siècle, en particulier en Europe du nord, où de nombreux peuples, wendes, poméraniens, prussiens, etc., se convertissent alors au christianisme, il est vrai dans un climat de croisade perpétuelle entretenu par les ordres militaires germaniques. Mais c'est en Orient, à la suite de l'apparition des Mongols, que l'activité missionnaire prend un tour nouveau. D'abord perçus avec terreur (ils atteignent en 1241 la Pologne et la Hongrie), puis comme un signe de la prochaine fin des temps, les Mongols deviennent vite un recours : dans la mesure où ils ne sont encore convertis à aucune religion monothéiste, on considère qu'ils peuvent porter le christianisme en Asie. Cette conviction s'appuie à la fois sur le mythe du prêtre Jean et sur le fait que des chrétiens nestoriens vivent alors dans les territoires mongols. Ces nouveaux peuples sont enfin très courtisés pour des raisons géo-politiques, car leur alliance permettrait de prendre l'Islam à revers. Diverses missions de frères mendiants furent donc envoyées vers l'Orient lointain, à la fois par Louis IX (Guillaume de Rubrouck) et par la Papauté (Jean de Plan Carpin). Bien sûr, l'objectif restait la « dilatation » de la chrétienté, comme en témoigne la solennelle conversion de trois Mongols au concile de Lyon (1274), mais l'essentiel réside peut-être ailleurs. Les récits de voyage, fort détaillés, témoignent d'une réelle curiosité pour l'Autre, qui apparaît de plus en plus comme un homme. Ce n'est pas le moindre mérite de ces missions lointaines que d'y avoir contribué.

*

* *

Entre le milieu du XI^e^ et la fin du XIII^e^ siècle, les papes ont orchestré une réforme qui a redéfini l'ordre politique et social, ils ont remporté tous leurs grands combats, enfin ils se sont imposés, en théorie mais aussi dans les faits, comme les guides et les protecteurs du monde chrétien. Dans les années 1290, pourtant, leur magistère est contesté. D'une part, la montée des États laïques – ce qui signifie tout sauf déchristianisés – limite déjà leur influence. Boniface VIII va bientôt s'en rendre compte. D'autre part, la multiplication des hérésies prouve combien Rome est désarmée devant les pulsions évangéliques, celles-ci étant souvent le fait d'hommes avides d'une légitimité morale qu'ils ne reconnaissent plus à la Papauté. Célestin V résume en sa personne tous ces problèmes. Il est d'abord l'élu d'un roi qui l'éloigne de Rome, mais il est aussi un bon représentant de ces courants spirituels auxquels la puissance du pape inspire avant tout de la méfiance. Sa démission peut donc être considérée comme un échec. Pouvait-il en aller différemment ? En choisissant d'encadrer la société chrétienne, les successeurs de saint Pierre ne pouvaient échapper à l'institutionnalisation. Leur influence croissant, il fallut bien accentuer celle-ci. En bref, c'est tout simplement le problème de l'articulation d'un idéal purement spirituel sur ses conditions matérielles qui se trouvait posé. Le malheureux Célestin V n'y pouvait évidemment rien.

*Patrick Henriet*

*Troisième partie*

# La Papauté face aux nations (1295-1534)

**Francis Rapp**

# La Papauté face aux nations

L'élection de Boniface VIII, le jour de Noël 1294, et son couronnement, le 25 janvier 1295, furent sans doute considérés par les cardinaux comme des événements heureux. Le conclave avait été très bref. Le pontificat de Célestin V n'avait été qu'un intermède pitoyable, mais la page était tournée. L'ermite appelé par erreur sur le trône de saint Pierre s'était démis à temps. Son successeur était capable d'assumer ses hautes fonctions. Excellent canoniste, administrateur chevronné, il pourrait remettre de l'ordre dans les affaires de l'Église et perfectionner le fonctionnement de ses institutions. Il saurait entreprendre la croisade, dont la chute de Saint-Jean-d'Acre en 1291 avait dramatiquement rappelé l'urgence.

De fait, Boniface VIII se mit énergiquement à la tâche. Le désir d'établir la paix entre les États, sans laquelle la mobilisation de la chrétienté contre les Infidèles était impossible, l'entraîna cependant trop loin. La bulle *Clericis laïcos*, en 1296, devait empêcher le roi de France d'exiger des ecclésiastiques l'argent qu'il destinait à la guerre contre Édouard Ier. La réaction de Philippe IV fut si vive que le souverain pontife préféra rompre le combat. La canonisation de Louis IX rehausserait suffisamment le prestige de son petit-fils pour que celui-ci pardonnât au Saint Père son faux pas. La bulle *Super cathedram* définit de manière équilibrée les rapports entre le clergé séculier et les Mendiants. Vers la même époque, l'affluence énorme des pèlerins venus chercher à Rome l'indulgence plénière décida Boniface VIII à instituer le jubilé (1300). Ce rassemblement inouï de fidèles célébrait-il le triomphe de la Papauté ? En réalité, la roche Tarpéienne était très proche du Capitole.

## *Le Saint-Siège ébranlé par le Très Chrétien*

Ce fut le Très Chrétien qui fit franchir au pape cette courte distance. Il avait fait arrêter l'évêque de Pamiers, inculpé de trahison ; ce faisant, il avait empiété sur la juridiction pontificale. Boniface VIII, après avoir protesté solennellement, convoqua les prélats et les théologiens français. Le synode qu'ils formeraient sous sa présidence, en 1301, devrait évoquer le nouveau conflit entre le pape et le roi. Celui-ci ne manquerait pas d'y être mis en accusation. Philippe IV et ses légistes trouvèrent la parade à cet assaut. La botte était terrible. Les Colonna, ennemis du pape, étaient venus en France. Ils avaient mis en pièces la réputation de leur adversaire, le traitant de débauché, d'hérétique et d'assassin : il aurait fait mourir Célestin V après l'avoir contraint à se démettre. Le roi, conseillé par le chancelier Guillaume de Nogaret, commença par agiter l'opinion en publiant, à la place de la bulle *Ausculta fili*, sa caricature, puis il réunit les trois ordres qui, dûment chambrés par le chancelier, adoptèrent son point de vue. Un criminel s'était assis sur le trône de saint Pierre. Au Très Chrétien revenait la mission de l'en faire descendre.

La riposte qui vint de Rome fut tranchante : la bulle *Unam sanctam* d'abord, qui récapitulait la doctrine théocratique, puis l'excommunication du roi. Il ne restait plus à Philippe qu'à reculer ou à passer à l'action. Il décida d'asséner à son adversaire un coup décisif. Nogaret et les Colonna se rendirent à Anagni, la ville natale de Boniface VIII, où le pape séjournait. On l'en ramènerait pour le faire juger comme hérétique par un concile. C'était sans compter avec les compatriotes du pape qui forcèrent les Français et leurs alliés à s'enfuir, le 9 septembre 1303. Brisé par l'émotion, le souverain pontife mourut peu de temps après avoir regagné sa capitale.

Sa disparition ne fit que compliquer le conflit. Philippe voulut absolument que la culpabilité de son ennemi fût reconnue par le Saint-Siège, mais celui-ci pouvait-il proclamer *urbi et orbi* qu'un homme sans foi ni loi avait gouverné la chrétienté ? Benoît XI se contenta de lever l'excommunication du roi, tout en aggravant les censures frappant les légistes. Son règne ne dura que quelques mois. Il en fallut onze au conclave pour élire l'archevêque de Bordeaux, Bertrand de Got. Français de sang et sujet du roi d'Angleterre, celui-ci avait appris à ne se brouiller avec personne, mais il ne fut pas, comme le prétend une légende noire, le traître acheté par le Très Chrétien. Il n'était pas plus un valet que Boniface VIII n'avait été le tyran dont rien n'apaisait la soif de pouvoir. La ruse et la diplomatie lui servirent à liquider une succession grevée d'un passif écrasant. Pour Philippe, il eut des prévenances : il se fit couronner aux portes de la France, à Lyon, et s'appela Clément comme Clément IV, l'ami de Louis IX. Il n'oublia pas pour autant que l'honneur du souverain pontife lui interdisait de céder aux exigences du roi qui demandait la condamnation de Boniface VIII et la canonisation de sa prétendue victime, Célestin V.

Pour faire bonne mesure, Philippe IV y ajouta, en 1307, l'affaire des Templiers. Ils étaient impopulaires. En les arrêtant, le roi reprenait le rôle qu'il avait endossé lorsqu'il avait voulu délivrer l'Église d'un chef hérétique. L'affaire était obscure. Clément V fit traîner les choses en longueur. Il finit par convoquer un concile qui se réunit à Vienne en 1311. Cette assemblée entérina les solutions de compromis imaginées par le souverain pontife. Les actes postérieurs à 1300 disparurent des registres de Boniface VIII ; on reconnut le « zèle louable » du Très Chrétien, mais Boniface VIII ne fut pas condamné ; ce ne fut pas le pape Célestin V qui fut élevé sur les autels mais l'ermite qu'il avait été sous le nom de Pierre Morrone, avant son élection. Quant aux Templiers, on décida que leur ordre serait dissous parce que les crimes de certains de ses membres l'avaient gravement diffamé.

Lorsque le pape mourut, peu de temps après l'exécution du Grand Maître et un mois avant Philippe IV, en avril 1314, il n'avait jamais eu le temps de se rendre en Italie. L'importance des négociations qu'il avait dû mener avec la France l'y avait retenu. En 1309, il avait pris ses quartiers à Avignon, séparée du royaume par la largeur du fleuve. Ses successeurs décidèrent d'y rester aussi longtemps que le patrimoine de saint Pierre et la Ville éternelle, où régnaient la guerre et le brigandage, ne seraient pas entièrement pacifiés. L'opération devait durer longtemps. Les papes aménagèrent si bien leur cantonnement qu'ils eurent de plus en plus de peine à le quitter et Rome resta hors de Rome pendant presque trois quarts de siècle.

Ce séjour, s'il ne fut pas l'exil à Babylone que déploraient les Italiens, ne fut pas non plus une aimable villégiature. La situation dans laquelle se trouvait le Saint-Siège au début du XIVᵉ siècle n'était pas riante. César, dont les papes avaient pu penser, non sans raison, qu'il était défait, avait prouvé qu'il était toujours robuste. Il avait changé d'aspect. Il ne portait plus la couronne impériale, le titre de roi lui suffisait ; au besoin d'ailleurs il se disait empereur en son royaume. Le territoire qu'il dominait était moins vaste que ne l'était l'Empire, mais ses forces, plus concentrées, n'en étaient que plus redoutables. Philippe le Bel avait montré qu'il était capable d'utiliser le sentiment national dans la lutte contre la Papauté. Or ce sentiment n'existait pas que dans le seul royaume des lys. Certes, en France, l'État en avait stimulé le développement et, d'une certaine manière, en avait fait son âme. Mais d'autres souverains ne manqueraient pas de suivre l'exemple donné par le Très Chrétien. Le nombre des adversaires auxquels le Vicaire du Christ aurait à se mesurer dans l'ordre temporel ne pourrait aller qu'en augmentant.

Il serait aussi de plus en plus difficile d'assurer la cohésion de la *respublica christiana.* Comment mobiliser des nations aux intérêts divergents, parfois opposés et les faire concourir toutes au succès d'une entreprise commune ? Or le pape avait la mission de guider la chrétienté, de veiller à sa défense, d'assurer son expansion et d'y maintenir la paix. Serait-il encore possible de remplir cette tâche ?

# X

# Le pouvoir central dans la tourmente

Les difficultés dont le conflit de Boniface VIII avec Philippe IV avait révélé la nature et la gravité n'affectaient pas seulement les relations entre pouvoir spirituel et temporel. Les rois pouvaient trouver gênant l'ensemble perfectionné d'institutions dont Rome était le centre. L'action des légistes l'avait prouvé : plus les organismes politiques des États se fortifieraient, plus vives seraient les attaques contre les structures mises en place par les clercs. Sous peine d'être traitées comme des corps étrangers, elles seraient intégrées peu ou prou à l'appareil dont l'État était en train de se doter. À la Curie, sans tomber dans un pessimisme excessif, on pouvait craindre la création d'Églises nationales. L'évolution dont l'attentat d'Anagni, soudain, avait éclairé les caractères menaçants, ne mettait pas seulement en péril la théocratie. Parce qu'elle risquait de perturber le fonctionnement des mécanismes soigneusement montés par le Saint-Siège pour faciliter l'exercice du commandement, c'était la primauté de Pierre qu'elle mettait en danger.

## La Papauté d'Avignon : la centralisation à outrance

### *La solution du problème financier*

La politique, surtout lorsqu'elle comporte des opérations militaires, est forcément coûteuse. Au XIVe siècle, elle était plus onéreuse qu'elle ne l'avait jamais été. En Italie, les armées n'étaient efficaces qu'à condition d'être bien et régulièrement payées. Comme leur nom l'indique, les *condottieri* étaient des entrepreneurs et se souciaient autant de profit que de gloire. Or les ressources dont disposait la Papauté pour couvrir ses dépenses étaient insuffisantes : celles qu'avait répertoriées jadis le *Liber censuum* étaient devenues dérisoires et c'était précisément parce qu'ils voulaient remettre de l'ordre dans le patrimoine de Saint-Pierre que les papes s'étaient lancés dans les entreprises diplomatiques et guerrières dont il leur fallait assurer le financement. La fiscalité, dont ils avaient été les premiers à se servir systématiquement en levant sur le clergé des décimes rapportant de fortes sommes, ne pouvait plus être utilisée sans précaution. Les États supportaient de plus en plus mal ces ponctions opérées par le Saint-Siège sur les revenus d'hommes que les rois considéraient comme leurs sujets. Afin d'écarter leurs préventions, il convenait de leur céder une partie de ce que l'impôt pontifical avait produit.

La centralisation administrative fournit à la Curie l'outil dont elle avait besoin pour équilibrer son budget. Cette pratique n'était pas nouvelle. En 1265, la décrétale *Licet ecclesiarum* en avait déjà formulé la justification : le pape, parce qu'il est l'évêque de la chrétienté tout entière, peut conférer de droit tous les bénéfices qui s'y trouvent. De cette possibilité, la cour de Rome fit un usage de plus en plus large au cours du XIV$^{e}$ siècle. Elle ne se contenta plus d'intervenir lorsque le mauvais fonctionnement des institutions ecclésiastiques lui en donnait l'occasion – ne citons que les élections contestées ou les nominations indéfiniment retardées –, elle décida que les titulaires de certaines catégories de fonctions, partout quelquefois, et le plus souvent dans telle ou telle région, seraient désormais exclusivement désignés par le pontife romain. Ces « réserves » augmentaient considérablement le nombre des bénéficiers qui devaient leur situation à la Papauté. L'autorité du Saint-Siège était renforcée. Ses recettes étaient accrues dans les mêmes proportions, car les interventions de la Curie n'étaient pas gratuites. L'obtention des bénéfices majeurs, les prélatures, supposait le paiement des services, ce qui représentait le tiers des recettes annuelles procurées par ces postes. Lorsqu'il s'agissait de bénéfices mineurs, le montant du prélèvement était plus élevé ; les annates correspondaient, en principe, au revenu net que le nouveau bénéficier percevait pendant un an. Cette taxation fit rentrer dans les caisses pontificales des sommes énormes. Sans elles, la Papauté n'aurait pas pu subvenir aux frais de sa politique ambitieuse.

Cet incontestable succès avait son revers. Les clercs étaient contents d'obtenir des provisions apostoliques ; ils l'étaient moins de devoir les payer cher. Souvent, ils tardaient à verser leur dû. Les heurts avec les collecteurs étaient fréquents. Les censures frappaient par dizaines des prélats aussi bien que des ecclésiastiques de rang subalterne. Les États, nous le verrons, ne se faisaient pas faute de reprendre les griefs formulés à l'encontre de la centralisation pontificale. La réalité qu'éclairent des monographies solidement documentées ne ressemblait souvent que d'assez loin à la caricature qu'en donnaient les adversaires de la Papauté d'Avignon. Le cumul des bénéfices était moins scandaleux qu'ils ne le prétendaient ; la manne des grâces dispensées par la Curie profitait autant sinon davantage aux gradués qu'à ceux qui n'avaient pas pris la peine de faire des études ; enfin, la proportion des étrangers que les nominations arrêtées par le pontife romain introduisaient dans les pays où le sentiment national était vif était généralement faible. Il est vrai que l'opinion se nourrit plus volontiers de rumeurs que de faits. Or, les hommes dont les interventions pontificales réduisaient le rôle, les collateurs ordinaires tout spécialement, qui craignaient de ne plus avoir souvent l'occasion d'exercer leur fonction, exprimaient leur inquiétude et leur mécontentement avec une véhémence propice aux exagérations.

Les inconvénients que comportait la fiscalité greffée sur la centralisation n'étaient pas seulement d'ordre moral. Les profits qu'elle assurait n'étaient pas nets, il s'en fallait de beaucoup. Les transferts de fonds qu'elle nécessitait étaient trop nombreux et trop compliqués pour que du personnel ordinaire pût s'en charger. Les hommes d'affaires italiens étaient rompus aux techniques financières ; de plus, ils avaient des intérêts complémentaires de ceux des papes ; ils avaient besoin d'argent dans les régions où les services pontificaux disposaient de créances importantes et vice versa. Même si elles les arrangeaient, les opérations qu'ils accomplissaient en accord avec Avignon n'étaient pas effectuées à titre gracieux. Ce qu'ils exigeaient était peu de chose cependant à côté des sommes que dévoraient les structures nécessaires à l'application des décisions pontificales.

Institutions financières d'abord. Au centre, la Chambre apostolique devint, sous l'impulsion du camérier de Jean XXII, Gasbert de Laval, le moteur d'une puissante machine que faisait tourner une nuée de bureaucrates et dont des collecteurs, secondés par des acolytes nombreux, exécutaient les ordres jusque dans les provinces les plus reculées. La chancellerie, qui devait expédier d'énormes quantités de lettres, employa de plus en plus de monde et ce personnel était de plus en plus spécialisé. Des registres contenant des actes par milliers témoignent encore aujourd'hui de l'activité prodigieuse que déployait ce service. Les décisions du Saint-Siège suscitaient fréquemment des contestations. La multiplication des litiges prit des proportions telles qu'un corps d'auditeurs fut chargé d'instruire et de trancher ces causes. Ainsi naquit la Rote, le tribunal qui prit ce nom, croit-on, parce que les juges siégeaient sur un banc en forme de roue. Des mécanismes aussi compliqués ne fonctionnaient pas sans grincements. Les affaires étaient trop nombreuses pour être traitées rapidement. Des protecteurs bien placés pouvaient accélérer les choses, mais ils intervenaient rarement pour les pauvres dont la Papauté se disait l'avocate. Les mécontents étaient légion et leurs plaintes portaient atteinte à la réputation du gouvernement pontifical.

*La création d'une capitale*

Les curialistes n'étaient plus tous des familiers du Saint Père, vivant sous son toit et mangeant à sa table. Ils percevaient une rémunération individuelle et l'entretien de cette troupe – ils étaient plus de six cents – absorba jusqu'au cinquième du budget. De plus, les documents qu'ils émettaient ou qu'ils étaient obligés de consulter formaient une masse encombrante qu'il n'était plus question de déplacer. Le développement de la bureaucratie contraignit le pouvoir pontifical à se sédentariser. Le temps de la cour nomade était passé. Clément V avait encore voyagé longtemps ; son successeur Jean XXII fit d'Avignon, dont il avait été l'évêque, sa résidence. Son choix était judicieux. Le climat y était beaucoup plus salubre qu'à Rome, sa population, plus paisible ; la position géographique de la nouvelle cité des papes, branchée sur les principaux axes de circulation grâce au couloir rhodanien, était plus favorable aux communications que celle de la Ville éternelle, située sur la périphérie du monde chrétien. La ville changea rapidement d'aspect. Elle grandit et ses quelque 30 000 habitants en firent l'une des plus importantes agglomérations urbaines d'Occident. Les bâtiments administratifs, les « livrées » des cardinaux qui occupaient des quartiers entiers, les églises, les hospices et les couvents lui donnèrent en peu de temps l'allure d'une capitale, la première sans doute que vit naître la chrétienté latine. Sur le rocher des Doms, le palais pontifical, constamment en chantier, offrait au déroulement des cérémonies exceptionnelles comme à la vie quotidienne du Saint Père un cadre superbe. Il n'était pas aussi vénérable que celui du Latran, mais les bâtisseurs mettaient d'autant plus de soin à lui conférer une beauté grandiose. Altier comme un château fort, il dominait le moutonnement des maisons, mais, à l'intérieur de ses murs, des peintres de renom, Simone Martini entre autres, avaient su faire régner, grâce à l'élégance du dessin et à la fraîcheur des coloris, le raffinement et la douceur. Dans la chapelle, à l'acoustique sans défaut, l'*ars nova* déployait ses arabesques délicates. La bibliothèque était riche et les premiers humanistes s'y plurent, Pétrarque et Bruni surtout.

### *L'affirmation de l'autorité pontificale*

Parmi tant de splendeurs, les papes auraient pu se laisser aller aux plaisirs. Il n'y en eut qu'un, Clément VI, qui jouit des mondanités sans beaucoup de retenue. Les autres, Benoît XII en particulier, ne se départirent pas personnellement de l'austérité dont leur entourage faisait d'habitude peu de cas. Pieux, ils l'étaient tous ; Urbain V figure au nombre des bienheureux. Les abus dont souffrait l'Église ne les laissaient pas indifférents. Benoît XII, en bon théologien, rectifia les opinions discutables de son prédécesseur sur la vision béatifique. Maître Eckhart aussi bien que Guillaume d'Ockham constatèrent à leurs dépens que la Papauté veillait attentivement aux frontières de l'orthodoxie. L'étude du droit, beaucoup plus encore que celle de la Sainte Écriture, avait formé l'esprit des papes d'Avignon et contribué de manière décisive à fixer leurs préoccupations. Les prérogatives du Saint-Siège, telles que les avait définies la doctrine de la primauté, d'une part, et de la théocratie, de l'autre, étaient attaquées par les hommes d'État plus que par les penseurs et ces assauts s'en prenaient aux institutions plus qu'aux idées. La défense devait donc se placer sur le plan de la pratique ; elle était l'affaire de canonistes plus que de théologiens. Les successeurs de Clément V étaient bien armés pour assumer ce rôle et recoururent à tous les moyens à leur service. L'intérêt que les pontifes les plus détachés des biens de ce monde accordaient aux manifestations visibles de puissance tenait à leur désir d'affirmer haut et fort leur suprématie. Puisque Rome n'était plus dans Rome, ils étaient tenus de montrer qu'elle était toute où se trouvait le Vicaire du Christ.

Les menaces qu'il leur fallait écarter ne venaient pas seulement du dehors. Les électeurs du pape cédèrent parfois à la « tentation oligarchique » ; un mélange d'astuce et de fermeté permit de les tenir en lisière. Gorgés de richesses, parés de prestiges, ces princes de l'Église n'accédèrent pas aux leviers de commande. Il n'en était pas moins important de pouvoir compter sur leur fidèle collaboration. Les souverains pontifes peuplèrent dans toute la mesure du possible le Sacré Collège de gens qui leur étaient proches. Aussi les Français, régnicoles ou non, y furent-ils de plus en plus nombreux.

*Le retour à Rome*

Méridionaux en majorité, les cardinaux, leur entourage et leurs subalternes se sentaient chez eux sur les bords du Rhône. La capitale, de provisoire qu'elle était à l'origine, n'allait-elle pas devenir définitive ? La Papauté tendait à s'enraciner en Avignon.

L'en arracher nécessita des efforts rudes et persévérants. Ils ne devaient pas être couronnés de succès dès la première tentative. C'était en Italie que l'établissement du Saint-Siège en Avignon suscitait les plus vives critiques ; Pétrarque, bien qu'il eût bénéficié des largesses du pape, n'était pas le moins sévère des censeurs. Il n'y avait pas que des Italiens pour déplorer la « captivité de Babylone ». Urbain V fut si durement admonesté par Brigitte de Suède qu'il finit par se rendre à l'invitation du cardinal Albornoz. Chargé de pacifier les États pontificaux, ce prélat guerrier estimait en 1367 que sa tâche était accomplie. Le pape revint donc chez lui. Il y rencontra l'empereur Charles IV. L'ordre de la chrétienté semblait rétabli. Apparence trompeuse ! Pérouse se révolta ; un peu partout, dans le patrimoine de Saint-Pierre, des craquements se faisaient entendre ; incontestablement, la paix n'y régnait pas vraiment. Lorsqu'il apprit la reprise des hostilités entre la France et l'Angleterre, Urbain V jugea que son devoir lui prescrivait de rentrer en Avignon et de se rapprocher des belligérants afin de s'interposer dans le conflit. Il était à peine de retour qu'il mourut sur le rocher des

Doms, le 19 décembre 1370. Catherine de Sienne fit le siège de son successeur et Grégoire XI finit par se rendre à ses raisons. Il obligea la cour à reprendre bon gré, mal gré, le chemin de Rome, en janvier 1377.

L'exil terminé, le prestige de la Papauté devait-il retrouver tout son éclat naturel ? Le souverain pontife était en droit de l'espérer. En fait, c'était le pire drame que l'Église latine eût jamais vécu qui allait s'ouvrir.

## LE SCHISME ET LA CRISE CONCILIAIRE : LA RÉVOLTE DES PRÉLATS ET DES DOCTEURS

### *La tunique sans couture déchirée*

À peine rétabli, l'ordre normal des choses fut à nouveau rompu. Grégoire XI mourut moins de quinze mois après avoir fait son entrée dans sa capitale. Le choix de son successeur s'avéra malaisé. Le Sacré Collège était divisé : aucun parti n'était assez nombreux pour imposer sa loi aux autres. Les discussions et les intrigues des factions opposées ne se déroulaient pas dans l'atmosphère feutrée d'un palais mais dans Rome qui, habituellement nerveuse, en tremblait de fièvre. La Ville éternelle n'avait pas oublié la déception causée naguère par Urbain V. Pour fixer définitivement la Papauté sur les bords du Tibre, les Romains ne voyaient qu'un moyen, l'élection d'un des leurs, ou à tout le moins celle d'un Italien. Les notables le disaient dans les formes ; les masses le hurlaient dans la rue. Elles étaient plus énervées que jamais lorsque les cardinaux entrèrent en conclave, le 7 avril. Dans la salle où se déroulaient les délibérations, la voix des intervenants était parfois couverte par les vociférations du peuple qui occupait le rez-de-chaussée. Le 8, la majorité du corps électoral accorda ses suffrages à Barthélemy Prignano, l'archevêque de Naples. Comme il n'appartenait pas au Sacré Collège, il ne fut pas possible de le présenter à la foule déchaînée qui avait envahi tout le palais. Afin de l'apaiser, le vieux cardinal Tabaldeschi fut revêtu des ornements pontificaux, dans un indescriptible tohu-bohu. Dès que l'atmosphère se fut calmée, l'élection de Prignano fut réitérée. L'élu accepta la dignité et fut couronné le jour de Pâques sous le nom d'Urbain VI.

Les cardinaux ne tardèrent pas à regretter amèrement leur choix. Urbain VI était de mœurs irréprochables, certes, et la carrière qu'il avait faite entièrement dans les bureaux d'Avignon lui avait donné l'expérience de l'administration. Mais une maladie d'estomac le rendait irritable et sa constitution nerveuse était fragile. Les honneurs lui tournèrent la tête. La volonté de réforme qui l'animait, louable en principe, prit des formes qui ne pouvaient que choquer des prélats habitués à plus de discrétion. Le pape se mit à jouer au Christ chassant les marchands du Temple. Il accablait de reproches et d'invectives tous ceux qui l'approchaient, ambassadeurs, cardinaux ou collecteurs d'impôts, indistinctement. La situation devint rapidement insupportable. Prétextant les chaleurs de l'été, les cardinaux quittèrent la Ville éternelle. Ils sommèrent Prignano de déposer un pouvoir qui lui avait été conféré dans des conditions telles que cette élection était nulle. Urbain VI refusa de se démettre. Le 20 septembre, à Fondi, ses adversaires choisirent Robert de Genève pour le remplacer. Le nouvel élu prit le nom de Clément VII. La robe sans couture était déchirée.

Quelle était la cause véritable de ce schisme ? Personne, sans doute, ne pourra se prononcer avec une certitude absolue sur la validité de l'élection du 8 avril. Que Prignano fut élu « dans la crainte » ne fait pas de doute, mais le fut-il « sous l'effet de la crainte » ? C'est beaucoup moins sûr. Il ne faut pas oublier que pendant l'après-midi du 8, le Sacré Collège confirma le vote qu'il avait émis le matin. Le futur Benoît XIII déclara qu'il se laisserait arracher les membres plutôt que de revenir sur son choix. Si les cardinaux changèrent d'avis, ce fut parce qu'ils comprirent très vite qu'ils s'étaient trompés sur la personnalité de l'élu. Erreur que la loi ne leur permettait pas de réparer. Elle ne les autorisait pas à défaire ce qu'ils avaient fait. Ils devaient élire le pape ; ils n'avaient pas le droit de le défaire. Même s'il était hérétique – Urbain VI ne l'était pas –, le souverain pontife n'était justiciable que d'une décision conciliaire. Faute de pouvoir alléguer des causes véritables puisqu'elles ne les auraient pas autorisés à démettre Urbain VI, les cardinaux devaient trouver un prétexte et l'élever au rang de raison recevable. On déclara donc nul un acte dont on n'avait pas contesté la valeur au printemps.

Il eut fallu que Urbain VI acceptât de s'effacer pour que le remède découvert par le Sacré Collège s'avérât efficace. Il fut pire que le mal, car l'élu du 8 avril refusa de céder sa place à celui du 20 septembre. Il repoussa les assauts des troupes que Clément VII avait levées. Il créa des cardinaux. Il eut plus de peine à monter un appareil administratif et financier, car de nombreuses pièces n'avaient pas encore été rapatriées à Rome. À cet égard, son antagoniste eut moins de difficultés. Il s'était replié sur Avignon en juin 1379. Comme lui-même, ses électeurs et leur entourage avaient le sentiment d'être rentrés chez eux. En peu de temps, la machine qui avait été mise au point au palais des Doms put fonctionner à nouveau. Cependant, son rendement n'était plus le même qu'autrefois. Les décisions prises par Clément VII n'étaient pas reçues dans toute la chrétienté. En effet, Urbain VI avait des partisans dans bon nombre de pays. Deux obédiences rivales se partagèrent la chrétienté selon des considérations où la politique joua souvent un rôle déterminant. Le roi de France ayant opté pour son parent, Clément VII, l'Angleterre prit le parti de son compétiteur et chacun des deux souverains entraîna ses alliés dans son camp. Les régions où ni les Anglais, ni les Français n'exerçaient une influence prépondérante fluctuèrent. Le heurt des « urbanistes » et des « clémentistes » y était particulièrement choquant car deux hiérarchies rivales, dans le clergé séculier et le clergé régulier, y étaient enchevêtrées et s'y disputaient la conduite du troupeau – et sa laine.

### *Le recours suprême, la doctrine conciliaire*

Comment mettre fin à cette hideuse fracture ? Tour à tour, trois voies furent empruntées par les autorités de l'Église, trois routes sans issue. La première, la « voie de fait », visait à priver du pouvoir, par les armes au besoin, l'un des deux concurrents. Clément VII se servit de la maison d'Anjou et de ses rêves italiens pour écraser les États pontificaux que contrôlait Urbain VI. Il échoua. Les croisades « urbanistes » que des Anglais entreprirent pour diminuer la force des « clémentistes », en Flandre et contre la Castille, n'eurent pas plus de succès. Après dix ans de vains efforts, l'équilibre entre les deux obédiences n'était pas rompu.

Même la mort de l'un des deux rivaux ne marqua pas la fin du Schisme. Les positions du défunt étaient adoptées sur le champ par les cardinaux qu'il avait créés et qui s'empressaient de lui donner un successeur. À Rome, Boniface IX en 1389, Innocent VII en 1404, Grégoire XII deux ans plus tard, assurèrent la durée du camp urbaniste. En Avignon,

Benoît XIII mit au service de la cause « clémentiste », qu'il avait été pourtant le dernier à rallier, une volonté de fer. De 1394, date de son élection, jusqu'à sa mort en 1417, il fit preuve d'une impressionnante inflexibilité.

L'obstination des souverains pontifes et l'inefficacité de la *via facta* conduisirent les prélats et les politiques à chercher un autre moyen de rétablir l'unité. Ils suivirent quelque temps la *via cessionis*, la démission des deux compétiteurs. La France fit pression sur Benoît XIII ; elle décréta la soustraction d'obédience en 1398 et ses troupes bloquèrent le pape dans son palais. Rien n'y fit. L'assiégé réussit à s'enfuir et trouva refuge en Provence (1403). Renonçant à briser sa détermination, la France restitua l'obédience à Benoît XIII. Comme la première, la seconde route était une impasse. Les deux chefs des obédiences rivales firent semblant d'en avoir découvert une troisième, la *via conventionis*. Ils affichèrent l'intention de se rencontrer pour s'entendre. Sans doute avaient-ils compris que l'impatience des fidèles devant leur obstination grandissait et qu'ils risquaient de se retrouver tous deux égaux dans l'impopularité. La menace d'une nouvelle soustraction d'obédience amena l'irréductible Benoît XIII à se montrer plus conciliant qu'à l'accoutumée. Ce fut alors Grégoire XII qui changea d'avis, fit traîner les choses et, pour finir, quand il se trouva tout près du lieu de rendez-vous, refusa de s'y rendre (mai 1408). Peu de temps auparavant, il s'était dit prêt à descendre de sa chaire si son concurrent faisait de même. Les raisons de son revirement sont mystérieuses. Quoi qu'il en soit, la *via conventionis* apparut comme une valse hésitation burlesque et scandaleuse. Des cardinaux des deux camps estimèrent que c'en était trop. La France était sur le point de renouveler sa soustraction d'obédience. Ils se séparèrent de leurs maîtres et, ensemble, de leur propre autorité, convoquèrent pour le 25 mars 1409, à Pise, un synode œcuménique.

Pendant que sur le devant de la scène, une agitation vaine prolongeait le drame qu'il était urgent de clore, dans les milieux universitaires une idée nouvelle avait mûri, l'idée conciliaire. Les intellectuels n'avaient pas assisté, inactifs, au spectacle d'un déchirement que les gesticulations des pontifes et des prélats étaient incapables d'arrêter. La centralisation excessive réalisée par la Papauté d'Avignon avait produit des fruits amers. Deux autocrates, à la tête de deux monarchies identiques et pourtant opposées, épuisaient l'unique organisme ecclésial. Pour sortir de cette situation absurde, il était urgent de freiner la concentration des pouvoirs et de fournir une solide base doctrinale aux hommes qui se chargeraient d'opérer ce changement. Au cours du XIVe siècle, le courant de pensée « papaliste » avait été particulièrement vigoureux. Ses représentants tendaient à dire que le pape et l'Église, c'était tout un. *Papa potest dici ecclesia*. Ils avaient eu des contradicteurs. Les canonistes de Bologne rappelaient que le pape pouvait se tromper et que seule l'Église en corps était à l'abri de l'erreur ; il découlait de cette affirmation que l'assemblée des évêques disposait d'une autorité supérieure à celle du souverain pontife.

Marsile de Padoue s'était délibérément placé hors des conceptions traditionnelles ; l'Église, chez lui, n'était qu'un des services dirigés par l'État. La source du pouvoir, il la découvrait dans la volonté du peuple, dont le chef était habilité, en cas de besoin, à convoquer le concile. Marsile, condamné formellement, n'était pas un auteur dont il était bon de se recommander. Ockham, malgré ses démêlés avec Avignon, était dans la plupart des universités une excellente référence. Or ses critiques ne respectaient aucune institution : leur valeur se mesurant à leur efficacité, c'était la conjoncture qui décidait de leur maintien.

La conjoncture, en l'occurrence, appelait des mesures de sauvetage. Dès 1379, des maîtres parisiens s'efforçaient de les découvrir. Peu à peu, leur préoccupation devint celle de tous les universitaires. Ils n'aboutirent évidemment pas tous aux mêmes résultats. Quelques traits communs peuvent être dégagés de leurs réflexions. L'analyse du pouvoir pontifical les amenait à distinguer la *potestas habitualis* de la *potestas actualis*. La première était indissociable de l'être qui la possédait ; elle appartenait à l'ensemble des fidèles. La seconde, détenue par le pape, pouvait lui être retirée car elle dépendait de la manière dont il remplissait sa fonction. Cette fonction, les deux compétiteurs en présence étaient loin de l'exercer au profit de l'Église. Leur rivalité accentuait le progrès des abus. Le concile, qui représentait le peuple des fidèles, devait donc avoir la possibilité de porter remède à cette situation. La doctrine conciliaire n'était pas uniforme. Des tendances radicales faisaient du pape l'exécuteur des volontés dictées par la communauté des croyants. Des théologiens plus modérés préféraient une organisation au sein de laquelle se combinaient la monarchie pontificale, l'aristocratie cardinalice et la démocratie conciliaire.

À tous, un problème pratique était posé. Normalement, le pape convoquait le synode, dont il avait fait un rouage lui permettant de faire connaître ses décisions. S'il refusait de le faire, alors que la gravité des périls imposait cette mesure, qui se substituerait à lui ? En 1408, les cardinaux dissidents estimèrent que ce rôle leur revenait et convoquèrent un concile à Pise. Cette première application de la thérapeutique conciliaire fut un échec. Les Pères, nombreux à s'être rassemblés, jugèrent que les deux rivaux étaient coupables d'hérésie ; ils les déposèrent donc comme les canonistes leur en reconnaissaient le droit. Ils élirent le cordelier crétois Philargès qui prit le nom d'Alexandre V, mais ni Benoît XIII, ni Grégoire XII n'acceptèrent leur condamnation. Le concile de Pise avait fait de l'Église latine un monstre tricéphale !

*Le concile et le rétablissement de l'unité*

L'échec du Sacré Collège était patent. L'empereur, à qui certains docteurs attribuaient le droit de convoquer le concile, prit le relais. Sigismond était un homme politique de grand talent. Faute de moyens matériels – autant dire qu'il en était tout a fait dépourvu –, il pouvait obtenir par la diplomatie l'autorité que ses sujets ne lui reconnaissaient pas. Il endossa le rôle d'avoué de la Sainte Église que lui assignait sa titulature. Involontairement, Jean XXIII, le successeur d'Alexandre V, lui facilita la tâche. Bien qu'il fût plus un *condottiere* qu'un modèle de vertu, ce second pape pisan fut battu par le roi de Naples, partisan de Grégoire XII. Il dut mendier de l'appui. Sigismond consentit à lui en fournir à condition qu'un concile se réunît chez lui, dans une ville d'Empire. L'empereur annonça le premier que cette assemblée se tiendrait à Constance à partir du 1er novembre 1414.

Après avoir fait que le concile se tînt, Sigismond agit de telle sorte qu'il fût un succès. Il estimait qu'il fallait recommencer à nouveaux frais ce qui avait été tenté à Pise. Confirmer ce qui s'était passé là-bas ne servirait à rien. Jean XXIII soutenait l'opinion contraire et ceux qui partageaient son avis, les Italiens, étaient nombreux à Constance et risquaient de l'emporter. L'empereur contourna cet obstacle en modifiant le mode de scrutin ; le vote par nation, qui remplaça le vote par tête, ne laissa qu'une voix aux prélats italiens. Jean XXIII comprit que l'assemblée, dans ces conditions, le contraindrait à se démettre. Il s'enfuit le 20 mars 1415. Qu'adviendrait-il si, de son refuge, il prononçait la dissolution du synode ? Encouragés par Sigismond, les Pères firent preuve de détermination. Le 6 avril, ils adoptèrent le décret *Haec sancta* qui se fondait sur les thèses du conciliarisme radical. Il proclamait que le concile représentait l'Église universelle, qu'il tenait son pouvoir du Christ et que le souverain pontife lui devait obéissance.

Ce coup d'audace attira la victoire dans le camp de ceux qui en avaient pris le risque. Deux des trois rivaux, Jean XXIII et Grégoire XII, s'inclinèrent. Sigismond, encore lui, gagna les États ibériques à ses idées et réduisit à néant l'obédience de Benoît XIII. La place était nette. Avant d'y remettre quelqu'un, les Pères prirent des précautions. Le plus célèbre des décrets qu'ils votèrent, le 30 octobre 1417, *Frequens*, décida que le concile se réunirait à nouveau dès 1423, puis en 1430, et tous les dix ans après cette date. Sa convocation ne dépendrait donc plus du bon vouloir de la Papauté. Il ferait partie du gouvernement normal de la chrétienté. Le 11 novembre de la même année, un Romain, Odon Colonna, fut élu par un conclave qui, pour cette fois, comprenait en plus des cardinaux, six représentants de chaque nation. Martin V ne prolongea pas les travaux de l'assemblée qui, indirectement, lui avait conféré sa dignité. Il promulgua des décrets qui réduisaient les attributions de la cour de Rome (1418), et le concile prit fin peu après. Il avait profondément remanié l'équilibre des pouvoirs. Le Saint-Siège accepterait-il durablement cette nouvelle répartition, qui avait été le prix de l'unité rétablie ? Ou s'efforcerait-il de reconstituer sa puissance dans son intégralité ?

## La restauration imparfaite et coûteuse du pouvoir pontifical

### *La difficile victoire de la Papauté sur le concile*

Martin V, guidé par un sens très sûr des réalités politiques, se garda bien de croiser le fer avec ceux qui l'avaient élu. Il ne confirma pas les textes qui réduisaient les prérogatives du pape, mais il ne les annula pas non plus. En 1423, conformément aux dispositions du décret *Frequens*, il réunit le concile, à Pavie d'abord, puis à Sienne où la peste n'était pas aussi menaçante. Les débats de ce synode furent animés et des réformes hardies furent envisagées. Cependant les Pères, peu nombreux, étaient divisés, les Italiens et les Français surtout. Aucune décision ferme ne résulta de leurs discussions et Martin V put mettre fin à leurs travaux, au printemps 1424, sans rencontrer d'opposition notable.

Il estima qu'il pouvait, sans faire courir de trop grands risques à ce qui restait de la puissance pontificale, respecter la deuxième échéance fixée par le décret *Frequens*. Le synode œcuménique se réunit donc à Bâle, en janvier 1431. Il avait à peine commencé que le pape mourut.

Son successeur, Eugène IV, était plus volontaire qu'habile et son inflexible opiniâtreté lui était bien nécessaire pour sortir des situations difficiles dans lesquelles il lui arrivait de se fourvoyer. Il crut, à tort, que le concile de Bâle était inconsistant. Il décida de le dissoudre. Mal lui en prit. La résistance des prélats, que la plupart des princes, l'empereur en tête, encourageaient vivement, s'avéra si farouche que le souverain pontife, chassé de sa capitale par ses sujets révoltés, finit par capituler en décembre 1433 et reconnut que le concile n'avait jamais cessé de siéger à bon droit. Les Pères, dont le conflit avec le Saint-Siège avait ravivé les convictions, adoptèrent les thèses du conciliarisme le plus avancé. Ils s'agrégèrent de nombreux universitaires et ces intellectuels, pour la plupart dénués d'expérience pratique, développèrent leurs idées sans se demander quels effets leur application produirait. Parce qu'ils étaient certains que le chef une fois guéri, les membres retrouveraient nécessairement la santé, ils délaissèrent la *reformatio in membris* pour procéder à la *reformatio in capite* avec une extrême rigueur. Ils ne laissèrent pas subsister grand-chose de la centralisation, réorganisèrent la Curie de fond en comble et préparèrent le texte d'un serment que devrait désormais prêter le pape et qui l'obligerait à respecter les décisions conciliaires. Ils se crurent même en droit de s'arroger l'exécutif après avoir usé largement du pouvoir législatif. Les instances affluèrent et ce flot d'affaires ralentit les travaux du concile dont il rétrécit l'horizon.

Eugène IV n'était pas homme à se laisser faire sans réagir. Il saisit une occasion favorable pour prouver que le Saint-Siège comptait encore. Les orthodoxes qui étaient disposés à négocier, en Occident, les conditions de l'union, ne voulaient pas venir n'importe où. Les Pères de Bâle refusèrent de se déplacer dans l'une des villes où les Grecs avaient accepté de se rendre. Eugène IV transféra, d'autorité, le concile à Ferrare. Les « Bâlois » préférèrent la révolte à l'obéissance. Le décret *Haec sancta* fut proclamé vérité de foi. Eugène IV, qui ne le respectait pas, était donc hérétique ; le synode le déposa. Le seul cardinal resté fidèle aux « Bâlois », Alman, s'adjoignit trente-deux prélats ou docteurs. Le choix de cet étrange conclave fut plus étrange encore : il offrit la tiare au duc de Savoie, Amédée VIII, qui, après l'avoir acceptée, prit le nom de Félix V (décembre 1439).

Cette élection marqua le début d'un retournement de situation. La victoire semblait jusque-là favoriser le concile. La proclamation de l'unité rétablie, pour toujours croyait-on, entre les Grecs et les Latins rehaussa soudain le prestige d'Eugène IV. Il avait réduit une fracture ancienne, alors que les Pères de Bâle en avaient infligé délibérément une nouvelle au corps de l'Église. Le pape, que secondaient d'habiles négociateurs, Aeneas Silvius Piccolomini, le futur Pie II, et Nicolas de Cues, réussit à détacher beaucoup de princes des « Bâlois ». Les revers du concile se transformèrent en débâcle. Il chercha refuge à Lausanne en 1447. Il y végéta quelque temps encore. En 1447, Félix V abdiqua. Eugène IV était mort deux ans plus tôt, mais il avait cueilli les fruits de sa détermination.

En apparence, le triomphe du Saint-Siège était complet. En 1460, Pie II le claironna : la bulle *Execrabilis* interdit d'appeler au concile d'une décision pontificale. La révolution constitutionnelle qu'avaient opérée les Pères de Constance et de Bâle était défaite, mais qu'en était-il de la doctrine qui l'avait justifiée ? Le conciliarisme quittait le devant de la scène. Allait-il disparaître tout à fait ? Non pas. Certes, des théologiens, tel Torquemada, le vilipendaient et se plaisaient à souligner l'importance vitale de la Papauté. Cependant, les rénovateurs du courant papaliste étaient loin d'occuper toutes les chaires de professeurs. Les conciliaristes restaient actifs dans un grand nombre d'universités et tout particulièrement en France. Ils peuplaient également les chancelleries des États dont les souverains, nous le verrons, n'étaient pas fâchés de brandir des principes capables de porter tort à la puissance pontificale. Ces thèses étaient même acceptées par certains membres du Sacré Collège, qui ne se satisfaisaient pas du rôle d'exécutants, voire de figurants, dans lequel on voulait les confiner ; n'avait-on pas dit qu'en cas de besoin les cardinaux devaient convoquer le concile œcuménique ?

D'accord sur l'utilité de l'institution conciliaire, ses partisans ne l'étaient guère sur les modalités de son fonctionnement. Il avait fallu les malheurs du Schisme pour que le conciliarisme prît corps. Pour qu'il retrouvât toute sa vigueur, il faudrait qu'une nouvelle crise poussât l'Église jusqu'au bord de l'abîme. En 1482, une tête brûlée, Zamometic, un ancien condisciple de Sixte IV, qui s'était brouillé avec lui, proclama la reprise des travaux du concile de Bâle. Il ne fut pas pris au sérieux et se suicida. Le concile de Pise, en 1511, était plus redoutable, parce que le roi de France en était l'inspirateur, et pourtant il ne fut qu'un « conciliabule » dont Jules II réussit sans trop de peine à provoquer la dispersion. Bien qu'elle restât vivace, l'idée conciliaire n'était plus assez forte, après 1450, pour accaparer l'attention des papes et les empêcher de consacrer le plus clair de leurs énergies à la restauration de leur pouvoir.

*La reconstruction des États pontificaux*

La tâche était immense et délicate. De l'œuvre accomplie naguère par le cardinal Albornoz, il ne subsistait pas grand-chose. Reprendre la pacification était inévitable. Il y faudrait du temps et de l'argent. Quant aux méthodes, elles ne pouvaient pas être douces. La Romagne et les Malatesta de Rimini ne plièrent que sous la poigne du terrible César Borgia. Les voisins du pape cédaient facilement à la tentation de lui prendre un morceau de son patrimoine. Les Angevins au sud, les Florentins, au nord, pour ne citer qu'eux, devaient être tenus constamment en respect. Or, sur l'échiquier italien, les pièces étaient serrées. Il suffisait de toucher à l'une d'elles pour en faire bouger plusieurs. Pie II, négociateur du traité de Lodi (1455), voulut consolider la paix en réalisant l'équilibre entre les *cinque principati*, les « grands » de la péninsule, Milan, Venise, Florence, Naples et les États pontificaux. Mais ses successeurs, Sixte IV en particulier, furent amenés plusieurs fois à rouvrir les hostilités. Alexandre VI et Jules II, lorsqu'ils s'opposèrent aux envahisseurs venus d'outre-mont, ne se soucièrent pas seulement de défendre la liberté de l'Italie, ils avaient en vue tout autant leurs propres intérêts. Ce redoutable jeu d'échecs, dans lequel excellaient les hommes d'État italiens, il n'était pas question de s'y adonner en dilettante. Aussi la politique tint-elle une place de plus en plus importante dans l'esprit des papes.

Elle n'exige pas seulement une attention toujours en éveil. Pour la pratiquer avec succès, il faut des qualités particulières et la passion qui les utilise à fond. Aucun des dix personnages qui occupèrent le trône de saint Pierre entre 1450 et 1534 n'était dépourvu des dons qui font le chef capable de forcer l'obéissance et de s'attacher la Fortune.

Élus pour la plupart quand ils avaient dépassé l'âge mûr, ils jouissaient presque tous d'une robustesse étonnante : Alexandre VI, qui s'était adonné sans aucune modération à tous les plaisirs, mourut à soixante-douze ans, emporté sans doute par le poison qu'il destinait à un autre ; Jules II était septuagénaire quand il prit part, en première ligne, dans la neige et le vent glacial, au siège de La Mirandole. Avant d'accéder à la charge suprême, ils en avaient exercé beaucoup d'autres. Ils y avaient fait preuve du coup d'œil qui permet de discerner dans les situations les plus embrouillées la voie menant à l'issue favorable et de s'y engager prestement. Le pouvoir procure à celui qui l'exerce une sorte d'ivresse. Les papes de la Renaissance semblent y avoir succombé, les parvenus, tels Calixte III ou Sixte IV, aussi bien que les « porphyrogénètes » comblés d'honneurs et de richesses dès leur jeune âge, qu'ils aient grandi dans une famille princière, comme Léon X ou Clément VII, ou que le Saint-Père, leur oncle, les ait élevés très tôt à la dignité cardinalice. La pratique du népotisme devint à cette époque un principe de gouvernement.

Le Sacré Collège n'était pas plus qu'au XIVe siècle d'une docilité parfaite. Il imposait à ceux qu'il s'apprêtait à placer à la tête de l'Église des capitulations électorales, dont, généralement, l'élu se gardait bien de respecter les clauses, mais qui témoignaient de l'insatisfaction dont ni les prestiges ni les revenus attachés à leur titre ne délivraient les cardinaux. Ils rêvaient d'avoir plus d'autorité que celle qu'ils possédaient. Certains d'entre eux ne se contentèrent pas d'intriguer ou de négocier, ils complotèrent contre le pape. Léon X, qui n'avait rien d'un sanguinaire, réprima cruellement l'une de ces conspirations. La prudence recommandait de conférer la pourpre à des proches dont la fidélité ne faisait pas de doute. Alexandre VI alla jusqu'à donner le chapeau à son propre fils. César Borgia ne le garda pas longtemps, non pas parce qu'il se trouvait indigne de le porter, mais parce que la condition de laïc convenait mieux à la nouvelle combinaison politique échafaudée pour accroître la puissance du clan. De tous les papes de la Renaissance, le plus déconsidéré ne fut pas le premier à manifester envers sa progéniture une sollicitude inconvenante. Innocent VIII lui avait montré l'exemple. Pie II regretta sincèrement les écarts de conduite commis dans sa jeunesse, Jules II remplaça les jeux de l'amour par la passion de commander. Léon X, rangé personnellement, s'amusait à voir ses amis se livrer au plaisir. L'austérité n'était plus de mise dans l'entourage du pape. Le souverain pontife s'effaçait devant le souverain tout court.

De celui-ci, celui-là fit siens tous les principes de gouvernement. Du patrimoine de Saint-Pierre, un agrégat d'éléments hétéroclites, la Papauté s'efforça de faire un État cohérent et pourvu d'une solide armature institutionnelle. Des recteurs le représentèrent dans les provinces où des trésoriers étaient chargés d'évaluer, de développer et de ponctionner les richesses imposables. Ce travail, dont les guerres et les insubordinations des vassaux ralentissaient la marche, finit par porter ses fruits et la situation financière, qui ne fut pas toujours florissante, s'en trouva sensiblement améliorée pendant la deuxième décennie du XVIe siècle.

### *Splendeurs et misères de la cour de Rome*

Le centre nerveux de ce réseau de commandement qui désormais innervait les États pontificaux s'établit naturellement à Rome qui, à son rôle religieux, ajouta celui de capitale administrative. Sa fonction résidentielle fut confirmée. Autrefois, les princes temporels avaient emprunté quelque chose de leur cérémonial aux princes de l'Église, dont ils enviaient la pompe. Au XVe siècle, sans négliger entièrement les fastes liturgiques, les papes tinrent à s'entourer d'apparat profane. Ils quittèrent le Latran et leur cathédrale et se transportèrent sur la rive droite du Tibre, au Vatican, sous la double protection du château Saint-Ange, dont ils prirent soin de renforcer les ouvrages défensifs, et de Saint-Pierre, dont ils ne se décidèrent qu'en 1506 à remplacer la basilique, vénérable mais vétuste, par un édifice nouveau.

Ils se montrèrent plus pressés d'aménager leur palais. Tous eurent à cœur de l'agrandir et de l'embellir ; Nicolas V fit venir de Florence Fra Angelico ; nous devons à Sixte IV la chapelle qui porte son nom, à Innocent VIII le Belvédère et ses jardins ; pour Alexandre VI furent réalisés les appartements Borgia ; Raphaël travailla pour Jules II et Léon X. Dans ce décor, une troupe de plusieurs centaines de courtisans s'affairait ; une étiquette minutieuse réglait leurs mouvements. Les fêtes étaient fréquentes et superbes. Certaines d'entre elles dégénérèrent en réjouissances libertines. Dans la mesure de leurs moyens, qui n'étaient pas toujours minces, les cardinaux, les prélats et les officiers de tout rang imitaient leur maître. La liste de leurs demeures s'allongea constamment ; ne citons que la première du genre, le palais de Venise du futur Paul II.

La richesse appelle la richesse. Les besoins de la cour stimulèrent la vie de la capitale. Longtemps languissante et comme décrépite, la Ville éternelle sortit de sa léthargie. Le nombre de ses habitants doubla ; celui de ses corporations aussi. À cet organisme revigoré, il fallait de grandes artères, la *via Sistina*, celle du *Borgo Nuovo*. Entre les deux rives du Tibre, le *Ponte Sisto* facilita l'écoulement des foules. À juste titre, Sixte IV put se dire le *restaurator urbis*. Sous Jules II, Albertini recensa les *Merveilles de la Nouvelle Rome*. Les Romains avaient les nerfs à fleur de peau. En 1347, Cola di Rienzo avait pu jouer les tribuns et soulever la plèbe. Un siècle plus tard, Porcoro voulut l'imiter. Ils payèrent de leur vie leur aventure mais mieux vaut prévenir que réprimer. Un peuple bien nourri ne perd pas la tête. Le ravitaillement en blé fut assuré ; l'*Aqua Virgo* grossit le débit des fontaines. En plus du pain, le cirque. Le Carnaval, comme jadis les bacchanales, épongeait les énergies dont le trop-plein alimente les émeutes.

Dans cette cité grouillante de vie, le vice poussait plus dru que la vertu. Un chevalier colonais, dont les écrits prouvent que la pruderie n'était pas de son fait, n'eut pas le courage de décrire ce qu'il avait eu sous les yeux à Rome. Deux images se gravaient dans la mémoire du pèlerin qui était venu vénérer les reliques dont la Ville éternelle regorgeait, celle de ces trésors que, poussé par son « appétit de divin », il avait contemplés, mais celle aussi du luxe et de la luxure qui, dans la Cité du Prince des Apôtres, s'étalaient sans vergogne. La vie de Luther montre que le second souvenir était capable de chasser le premier.

Si le visiteur était un justiciable que le désir de plaider sa cause avait conduit à Rome ou simplement un clerc en quête d'une grâce, bénéfice, privilège ou dispense, trop souvent il rentrait chez lui persuadé que sur les bords du Tibre « tout est marchandise ». L'argent faisait beaucoup de bruit dans la capitale de la chrétienté. Faut-il en rendre la Papauté responsable ? Les souverains pontifes étaient-ils cupides ou s'efforçaient-ils, une fois de plus, de résoudre une question financière ? En l'occurrence, leur vertu n'était pas en cause. Tous, avares ou prodigues, devaient prendre en compte la situation dont, dès 1429, une commission de cardinaux avait constaté le sérieux : depuis le début du Schisme, le Saint-Siège avait perdu les deux tiers de ses ressources.

La Papauté d'Avignon avait tiré de la centralisation une grande partie de ses revenus. Elle conférait des bénéfices et prélevait sur les clercs qu'elle avait désignés les annates et les services. Le Schisme mit ce système à mal et les États surent tirer profit d'une situation qui leur donnait l'avantage sur le Saint-Siège. Au XVe siècle, les provisions apostoliques furent moins nombreuses qu'au XIVe et les rentrées déclinèrent d'autant. Les dépenses, elles, augmentèrent. Non pas tant parce que le luxe de la cour pontificale coûtait cher ; ce poste ne représenta jamais plus de 10 % de ce que les trésoriers décaissaient. En revanche, la guerre et la diplomatie, d'une part, l'administration de l'autre, engloutissaient des sommes énormes. Comment financer ces débours ? Les États pontificaux pouvaient fournir en quelque sorte les recettes « ordinaires » du souverain pontife. À la fin de la crise conciliaire, ils se trouvaient dans un tel état qu'ils ne rapportaient plus grand-chose. L'effort d'organisation et de restructuration accompli par le Saint-Siège finit cependant par produire des fruits. À Rome, le fisc était en mesure de prélever toujours plus d'argent sur les richesses dont l'essor de la ville grossissait fortement la masse. En 1462, la découverte des gisements d'alun, à Tolfa, permit à la Papauté de vendre, chaque année, des quantités considérables de cette marchandise indispensable à l'industrie textile. En 1525, la somme de ces revenus couvrait à peu près la moitié des dépenses. Il restait l'autre et, de 1450 à 1525, la proportion des frais que ces recettes ordinaires ne couvraient pas avait été bien plus élevée.

Le recours aux expédients avait toujours été nécessaire. Il ne l'avait peut-être jamais été davantage qu'à cette époque. Efficace du point de vue financier, il fut désastreux du point de vue moral. Le pire, à cet égard, fut sans aucun doute l'augmentation des revenus dits « spirituels ». On fit argent de toutes les grâces accordées par le pape. Ajoutées aux sommes que rapportaient les indulgences, dont nous reparlerons, ces recettes comblèrent en partie le déficit. Sixte IV, un homme d'affaires avisé bien qu'il fût fils de saint François, entreprit d'emprunter ce qu'il lui manquait pour équilibrer ses comptes. Ses successeurs firent comme lui. Des offices furent mis en vente.

Aussi longtemps que la vénalité ne touchait que l'administration financière, elle n'était pas scandaleuse, mais Léon X se mit à vendre la pourpre et son ami Pucci lui acheta très cher la Pénitencerie, pratiques franchement simoniaques. Il est vrai qu'au même moment l'assainissement de la gestion financière avait commencé. De nouveaux emprunts pouvaient être gagés sur les impôts et cédés à des syndicats de banquiers qui s'occupaient de ces *monti*. Mais ce changement, discret encore, intervint trop tard pour empêcher que dans toute la chrétienté la Curie passât pour une caverne de voleurs.

# XI

# Le Saint-Siège et les nations : l'inexpiable querelle de l'Église et de l'État

## Le Saint-Siège, les États nationaux et les Églises nationales

### *La France : de l'entente au harcèlement*

Pendant toute la durée de « l'exil à Babylone », ce ne fut pas le royaume des lys qui causa beaucoup d'ennuis à la Papauté. Cependant, les idées des légistes n'étaient pas mortes. Il suffit de lire le *Songe du Verger* pour s'en convaincre : Cet ouvrage, composé pour Charles V, est un montage habile dont les éléments ont été fournis par tous les écrits des auteurs qui ont voulu limiter la puissance des prêtres. Ce gros livre renfermait suffisamment d'arguments soigneusement affûtés et de formules bien frappées pour raviver les passions qui naguère avaient accompagné Nogaret sur la route d'Avignon. Mais pour soutenir la petite guerre que se livraient sur le terrain les juges du Très Chrétien et les officialités à propos des limites entre les compétences des tribunaux de la Couronne et celles des cours d'Église, il n'était pas indispensable de faire du bruit. En 1329, l'assemblée de Vincennes, réunie précisément parce que les affaires de ce genre étaient très nombreuses, examina ce contentieux sans y mettre fin. Ces querelles entretinrent dans le corps des officiers l'esprit combatif dont, au siècle suivant, ils eurent l'occasion de démontrer la vigueur dans des opérations de plus grande envergure.

Avant 1378, la France évita de s'engager dans de grands conflits avec le Saint-Siège, et pourtant la centralisation touchait l'Église gallicane plus que les autres. Il y aurait eu matière à protestation si les papes n'avaient pas souvent partagé avec le roi les profits qu'ils tiraient des décimes, des subsides et des amendes. Celui-ci ne pouvait pas être insensible à cette générosité calculée, la guerre avec l'Angleterre aurait épuisé le trésor de la couronne si le produit des impôts pontificaux ne l'avait pas revigoré de temps en temps. De plus, la diplomatie française pouvait compter sur celle du Saint-Siège pour appuyer sa politique. Sans être les serviteurs obséquieux du Très Chrétien, les souverains pontifes éprouvaient pour le pays qui était leur terre natale une évidente et vive sympathie. Il eût été pour le moins imprudent d'exciter contre les principes de leur politique la hargne des hommes de loi qui conservaient l'héritage des légistes.

Ce climat d'apaisement disparut avec le Grand Schisme. Pendant quelques années, le roi de France accepta de faire taire ses scrupules et prit position en faveur de son parent Clément VII. En 1394, l'avènement de l'Espagnol Benoît XIII changea les dispositions de la Couronne. L'absurdité de la déchirure que les papes semblaient décidés à ne pas réparer apparaissait clairement au clergé du royaume auquel la Curie clémentiste imposait la plus grosse part de ses exigences fiscales.

Ce fut à l'université de Paris que des théologiens étrangers et français, découvrirent le moyen de sortir de l'impasse. Ils adoptèrent les principes du conciliarisme, qui avaient le double avantage d'ouvrir la voie menant à l'unité et de ruiner pour toujours la tyrannie pontificale en brisant son instrument le plus redoutable, la centralisation administrative et judiciaire. Or, les universitaires occupaient les premières places au service de la Couronne comme de l'Église. Les prélats et les docteurs n'eurent aucun mal à gagner le pouvoir royal à leurs vues. Défenseur des libertés dont son clergé venait de redécouvrir pleinement l'importance, le souverain, encouragé par les membres du Parlement, gardiens vigilants des droits de la Couronne, comprit rapidement que la contrepartie de sa protection serait le renforcement de son autorité sur les institutions ecclésiastiques. La première soustraction d'obédience, pour brève qu'elle fût, avait montré que l'Église de France ne mourait pas d'asphyxie lorsqu'elle interrompait pendant quelque temps ses relations avec la Papauté. Elle pouvait donc sans courir de danger grave envisager de desserrer durablement ces liens.

Les débats qui précédèrent en 1407 la seconde soustraction révélèrent la convergence des idées développées d'un côté par les clercs et de l'autre par les serviteurs de la Couronne. Cet accord « visant à contrôler et à réfréner l'ingérence du Saint-Siège » est considéré par les historiens de la question comme la naissance du gallicanisme. Ils estiment que ce mouvement vit le jour au moment précis où l'Église de France aussi bien que la royauté prirent conscience de cette communauté d'intérêts. Leur alliance ne procura pas immédiatement tous les résultats escomptés. Au moment où le conciliarisme triomphait à Constance, la France, affaiblie par ses malheurs, était hors d'état de tirer pleinement profit de cette situation. Elle dut se contenter d'un concordat qui laissait à la Papauté d'importantes prérogatives.

Après la paix d'Arras et la prise de Paris, Charles VII, dont ces succès avaient consolidé notablement les positions, jugea qu'il était temps de les améliorer encore. À Bâle, les doctrines conciliaires étaient à l'honneur et le pape avait dû reconnaître que les travaux du synode œcuménique, contrairement à ce qu'il avait proclamé naguère, avaient toujours été légitimes. Le rapport des forces était favorable au gallicanisme. Le Très Chrétien fit donc promulguer par l'assemblée de son clergé siégeant à Bourges la Pragmatique Sanction (1438). Ce texte se fondait sur les décrets conciliaires pour justifier une réorganisation importante de l'Église de France. Les droits des collateurs ordinaires et des électeurs étaient rétablis, ceux du Saint-Siège réduits de façon drastique. Les libertés étaient restaurées, mais le protecteur réclamait le prix de son action : il se réservait la possibilité de recommander ses candidats aux chapitres assemblés pour choisir leur prélat.

À la Curie, la Pragmatique ne pouvait que faire horreur et l'on chercha toujours à en obtenir l'abolition. Aux yeux du roi, il ne s'agissait que d'un outil parmi d'autres. L'essentiel était qu'il pût placer ses fidèles et les récompenser en leur assurant les honneurs qu'avec les bénéfices confère une prélature. Si les électeurs n'écoutaient pas ses douces prières, il demandait sans vergogne à la Papauté de nommer ceux qui n'avaient pas été élus. Si Rome contrecarrait de quelque façon la politique royale, le Très Chrétien dressait l'épouvantail de la Pragmatique. Louis XI excella à ce jeu. Tour à tour, il supprima le texte qu'abhorrait le pape ou le rétablit, fit semblant d'accepter un concordat ou le dénonça, n'obéissant chaque fois qu'au souci de ses intérêts. Il avait déjà mis un pied en Italie et l'une de ses volte-face fut déterminée par l'intention de nuire à Sixte IV, l'adversaire de Florence, avec laquelle « l'universelle aragne » s'était alliée.

Charles VIII pénétra carrément en Italie. Afin d'intimider Alexandre VI, il lui parla réforme, concile et libertés. Son successeur, Louis XII, passa des discours aux actes. Jules II l'avait dupé ; renversant les alliances, il avait lancé contre les Français un slogan mobilisateur : « À la porte, les barbares. » Le roi riposta, poussant les cardinaux dissidents à réunir un concile à Pise (1511). Ce « conciliabule » s'acheva lamentablement et le Très Chrétien dut s'avouer battu, mais il ne voulut pas négocier un accord sur le statut de l'Église gallicane alors qu'il était en position d'infériorité. Marignan rétablit l'équilibre. Léon X, plus diplomate que guerrier, conclut avec François Ier à Bologne, en 1516, l'accord qui devait déterminer pour longtemps les relations du Saint-Siège et de la royauté. La part du lion revint à la Couronne : elle désignait les prélats, que Rome instituait. Les gallicans comprirent trop tard qu'ils n'avaient fait que changer de maître et qu'ils n'avaient plus que la liberté d'obéir. Quant à la Curie, elle s'était attachée la France, au prix de lourdes concessions : François Ier ne se risquerait pas à détruire, en adhérant à la Réformation, le superbe ensemble d'institutions que le Concordat venait de soumettre en fait à son autorité.

*L'Angleterre : des défis aux accords tacites*

À première vue, les relations entre les Anglais et les papes furent souvent à l'opposé de celles des Français. Au XIVe siècle, la France, passée la crise déclenchée par Philippe IV, eut de bons rapports avec Avignon ; l'Angleterre, au contraire, en eut de mauvais. Après 1400, alors que le roi d'Angleterre pratiquait avec le Saint-Siège une entente presque cordiale, le Très Chrétien ne laissait passer aucune occasion de le braver. En profondeur, l'évolution des deux pays présente peu de différences, même si des contrastes marqués affectent le détail des péripéties. Comme en France, en Angleterre l'État était déjà suffisamment fort pour développer l'appareil qui lui servait à gouverner. Il s'appuyait sur une nation dont il avait à cœur de renforcer la conscience collective ; il savait tirer parti des mouvements qui agitaient ce sentiment national. Les institutions ecclésiastiques ne pouvaient que gêner la Couronne dans l'exercice de son autorité. Elle fit tout pour supprimer ces entraves et n'eut de cesse que cette partie de l'Église universelle ne lui fût complètement soumise.

À partir de 1328, le poids des dépenses qu'entraînait le développement des structures politiques fut alourdi par les frais de la guerre que le David anglais avait eu l'audace de déclarer au Goliath français. Le roi ne pouvait pas ne pas mettre à contribution la fortune ecclésiastique. Il s'y prenait de deux façons : il payait ses officiers en leur obtenant des bénéfices, d'une part, et, de l'autre, il exigeait de l'ensemble du clergé qu'il participât de ses deniers aux charges du royaume. Sur ces deux voies, il rencontrait forcément la Papauté. Elle pouvait faciliter l'action du gouvernement ou l'entraver, conférer évêchés et canonicats par provision apostolique ou refuser de le faire, permettre d'imposer les clercs ou rappeler avec force qu'en principe ils jouissaient de l'immunité fiscale.

Édouard III sut forger l'arme capable de contraindre le souverain pontife à lui céder du champ. Le patriotisme de ses sujets était exacerbé par les opérations militaires. Les Français étaient détestés et les papes accusés d'être, au moins en secret, les alliés du Très Chrétien. « Or est le pape devenu Franceys e Jesu devenu Engleys. Orre serra veuz que fra plus le pape o Jesu » chantait-on en Angleterre. Le Parlement, qui servait de porte-parole au peuple, exprimait parfois avec véhémence ces reproches à l'adresse d'Avignon. Aussi le roi devait-il faire siennes ces critiques avant de demander à ses sujets de nouveaux sacrifices. Conformément aux requêtes des Communes, en 1351, il promulgua le *Statute of Provisors*. Cette loi l'autorisait à remplacer par l'un de ses clients le clerc qui aurait, en excipant des lettres de provision, évincé l'élu d'un chapitre ou d'un collateur ordinaire. Deux ans plus tard, de l'accord du Parlement avec le souverain résulta l'adoption du *Statute of Praesumire* qui interdisait à quiconque de traduire un Anglais devant une cour étrangère. Le second statut complétait le premier : à partir de 1353, ceux que le texte de 1351 empêchait de prendre possession de leur bénéfice perdirent la possibilité de recourir à la juridiction pontificale pour faire valoir leurs droits. En 1366, Édouard III rompit les liens de vassalité que Jean sans Terre avait noués autrefois avec le Saint-Siège. Richard II publia des lois semblables à celles de son prédécesseur en 1390 et 1393, mais lui-même, pas plus qu'Édouard III, n'appliqua rigoureusement cette législation draconienne. L'un et l'autre savaient que la Papauté pouvait leur rendre de précieux services et qu'il n'était pas souhaitable d'aller jusqu'à la rupture.

Les statuts, qui avaient l'avantage de donner satisfaction à l'opinion populaire, étaient utiles surtout parce qu'ils pouvaient inquiéter le souverain pontife et le rendre moins intraitable dans les négociations. De fait, il ne fut jamais nécessaire de décrocher cette arme de la panoplie. Il suffit à la Curie de savoir qu'elle existait et qu'elle était tranchante. Un *modus vivendi* s'établit, à la manière pragmatique des Anglais, sans que fût signé un accord solennel pour en définir les règles. Des conversations à Bruges, en 1372, n'aboutirent pas, et les Lancaster ne confirmèrent pas le concordat conclu par Richard II en 1398. La pratique était plus importante que la théorie. En fait, les rois désignaient leur candidat au pape qui lui délivrait ses bulles de provision. Cette procédure assurait à l'Angleterre un épiscopat tout à la dévotion du souverain.

Un régime aussi favorable à l'État, il n'y avait pas de raison de penser qu'il pût devenir un jour celui de toute la chrétienté. Les Anglais, contents de ce qu'ils possédaient, ne cherchèrent pas à en faire bénéficier d'autres États. Le mouvement conciliaire ne les enflamma pas. Ni à Constance, ni à Sienne, ni à Bâle, ils ne combattirent la monarchie pontificale. Dans ces assemblées, les premiers rôles étaient souvent tenus par des Français. De plus, les milieux dirigeants de Londres avaient fait l'expérience pénible d'une révolution qu'ils soupçonnaient l'hérésie wyclifite d'avoir allumée. Ils tenaient pour l'ordre et le défendaient d'autant plus volontiers qu'ils n'avaient pas de raison de s'en plaindre. Il est vrai qu'ils montrèrent à deux reprises, en 1425 et 1438, que le pape ne devait pas essayer de le changer à son avantage. Des collecteurs pontificaux tâtèrent de la prison et l'astucieux diplomate qu'était Pierre del Monte dépensa son éloquence en pure perte. Rome comprit la leçon et l'entente tacite ne fut plus affectée par quelque manœuvre que ce fût. Même pendant la guerre des Deux Roses, de 1455 à 1485, la Papauté ne profita pas des difficultés que connaissait la Couronne britannique pour modifier le *statu quo*. L'Église d'Angleterre à la fin du Moyen Âge ressemblait beaucoup à l'Église anglicane d'aujourd'hui, mais, pour qu'elle quittât l'obédience romaine, il lui manquait l'étrange personnalité de Henri VIII, le créateur de l'anglicanisme.

*Les royaumes ibériques : « Gesta Dei per Hispanos » ?*

L'Angleterre et la France étaient à la fin du Moyen Âge deux puissances confirmées, en quelque sorte les prototypes de l'État moderne, mais, aux lisières de la chrétienté, dans la péninsule ibérique, deux nations étaient en train de se former, l'Espagne et le Portugal.

L'Espagne, avant même d'avoir parachevé la *reconquista* en 1492 par la prise de Grenade, se soucia de renforcer la cohésion d'un ensemble politique fait de pièces et de morceaux dont l'union des Rois Catholiques ne suffisait pas à garantir la solidité. La différence des religions n'était plus ressentie comme une richesse ; les juifs et les musulmans étaient en butte à l'animosité des chrétiens et la sincérité des conversions était mise en doute. Les souverains voulurent que l'institution faite pour vérifier l'orthodoxie des fidèles et pourchasser les hérétiques dépendît d'eux ; or elle était pontificale ; non sans hésitation, Sixte IV finit par leur accorder ce qu'ils demandaient. En 1483, l'Inquisition en Espagne était devenue une des armes dont se servit l'État pour tenter de fondre tous ses sujets en un bloc. Il pouvait compter pour les souder sur la passion qui avait pris le relais de la reconquête : dans le sillage des découvreurs, les Espagnols se firent conquistadors pour gagner des trésors, mais aussi des âmes. L'élan des croisés se métamorphosait en ardeur missionnaire. Les papes reconnurent à l'Espagne la fonction évangélisatrice que la naissance de son empire outre-mer semblait lui assigner. Une série de bulles échelonnée de 1483 à 1508 lui concéda le patronat : la Couronne, qui avait désormais la charge d'ériger les Églises et de subvenir à leurs besoins, en avait le contrôle. À la même époque, le Portugal, qui s'était lancé plus tôt dans l'aventure dont Henri le Navigateur lui avait montré le chemin, bénéficia de concessions semblables. Son *padroado* lui assurait les mêmes avantages, en échange des mêmes obligations que le *Patronato* espagnol.

*Gesta Dei per Hispanos* serait-on tenté d'écrire, en paraphrasant la formule fameuse de Guibert de Nogent qui, lui, célébrait la France. À la fin du Moyen Âge, les nations espagnole et portugaise étaient les soldats de Dieu. Le Saint-Siège avait reconnu leur mission et délégué de larges portions de son pouvoir.

## LE SAINT-SIÈGE ET LES NATIONS EN QUÊTE D'ÉTAT

### *L'Allemagne : de l'apaisement voulu par l'empereur au ressentiment nourri par le nationalisme*

Revenons au nord des Alpes. Voyons les pays germaniques dont les souverains furent pendant si longtemps les supérieurs de fait, puis les rivaux farouches des papes. En 1250, à la mort de Frédéric II, leur défaite semblait consommée. En réalité, le cadavre de l'Empire bougeait encore. Il eut une dernière et terrible convulsion au début du XIVe siècle. Louis de Bavière venait de vaincre son compétiteur, Frédéric d'Autriche, et de désigner ses vicaires dans le royaume d'Italie lorsque Jean XXII le somma d'attendre, pour exercer son autorité, que le Saint-Siège l'eût confirmé dans sa dignité. Le pape appliquait les principes de la théocratie. La conjoncture du moment l'y poussait, car ses troupes se battaient contre Visconti. Il ne fallait pas que cet adversaire redoutable trouvât en la personne de Louis un allié prestigieux.

La sommation pontificale resta sans effet. L'excommunication fulminée contre lui provoqua de la part du souverain germanique une riposte dans la manière des empereurs d'autrefois. L'appel de Sachsenhausen, en 1324, traitait le pape d'ennemi du Christ. L'exemple des légistes, les idées de Marsile de Padoue, celles des franciscains en rupture de ban avaient probablement rafraîchi la doctrine des « impérialistes » d'antan. En tout cas Louis de Bavière emmena dans ses fourgons, lorsqu'il se rendit à Rome en 1327, un « brain-trust » de théologiens et de philosophes qui mirent en scène le couronnement impérial. Il eut lieu sur le Capitole et ce fut un vétéran d'Anagni, Sciarro Colonna, qui remit au souverain les insignes de ses fonctions. Un Cordelier rebelle fut élevé selon une procédure inédite au pontificat. Ce Nicolas V, comme jadis Sylvestre II, allait-il être le brillant second d'un nouvel Otton III ? En 1328, pas plus qu'en l'an mil, le rapport des forces matérielles ne permit aux constructions intellectuelles de subsister longtemps. Les Guelfes eurent raison des Gibelins et Louis de Bavière dut rentrer en Allemagne (1331). Il poursuivit sa lutte contre la Papauté, non sans guetter les circonstances qui lui donneraient l'occasion de l'arrêter sans perdre la face. À plusieurs reprises, la paix parut possible. Chaque fois, les pourparlers furent rompus au dernier moment. Des tiers intéressés à la continuation des hostilités soufflaient sur le feu. Louis, lui-même, commit en 1341 l'imprudence de casser le mariage de Marguerite Maultasch, l'héritière du Tyrol, dont il voulait faire l'épouse de son fils. Pendant ce temps, l'interdit pesait sur les villes sans vraiment venir à bout de leur attachement à Louis.

Ce furent les Princes qui, en 1346, procédèrent à l'élection d'un nouvel empereur, Charles de Luxembourg, dont le père était roi de Bohême. Celui-ci n'aurait peut-être pas pu s'imposer si Louis n'était pas mort en 1347, épuisé par plus de vingt ans de combats incessants. Son adversaire chanceux, bien qu'il ait été qualifié de « roi des curés » (*Pfaffenkoenig*), ne fut pas l'exécuteur docile des volontés pontificales. Il mit fin au conflit en quittant le champ de bataille. Dès que le diadème lui eut été donné à Rome, il promulgua la Bulle d'or (1356). Selon cette charte du Saint-Empire, c'est le vote des Électeurs qui confère au souverain son autorité, ce n'est pas le couronnement. Le titre de Roi des Romains dont il se contente, aussi longtemps qu'il n'a pas pu se rendre dans la Ville éternelle et recevoir le diadème des mains du pape, lui suffit pour exercer légitimement son pouvoir. Le sacré n'intervenait plus que dans la cérémonie dont il était possible de se passer. La puissance impériale était sécularisée. De plus, elle renonçait à l'universalisme et se repliait, au moins implicitement, sur les territoires germaniques. Le champ clos où, depuis le X<sup>e</sup> siècle, les « deux moitiés de Dieu » s'étaient affrontées resterait désert désormais. Mais si les hostilités ouvertes avaient cessé, l'animosité que rencontrait la Papauté en Allemagne n'était pas éteinte, tant s'en fallait

Les Allemands ramassèrent le flambeau que leur souverain avait laissé choir. À la fin du Moyen Âge, la nation germanique s'était éveillée, mais ce qu'elle découvrait ne lui plaisait guère. Au contraire. Certes, elle était riche, industrieuse, ingénieuse, et cette fortune devait atteindre, grâce aux financiers de Nuremberg et d'Augsbourg, des proportions colossales. Une partie de cet argent facilita l'essor de la civilisation ; pensons aux orfèvres, aux graveurs, aux peintres. Pensons surtout au livre. Les imprimeurs allemands ont appris leur métier à tous les imprimeurs de la chrétienté. De tout cela, l'Allemagne était fière, mais elle n'en était que plus malheureuse d'être faible. De la puissance, de celle dont disposaient d'autres pays, la

France, l'Angleterre, l'Espagne, elle se sentait et se savait dépourvue. L'Empire n'était plus qu'un costume d'apparat, dans lequel s'empêtrait le souverain. Ses caisses étaient désespérément vides, il n'avait, pour exécuter ses ordres, ni juges, ni soldats. La force, c'étaient les princes qui en disposaient, eux dont jadis les empereurs, absorbés par leur lutte contre le sacerdoce, avaient cru s'assurer l'attachement en leur concédant l'indépendance de fait. Ils s'évertuaient à bâtir des États. Mais à bien petite échelle. Ils ne voyaient guère plus loin que les limites étroites de leur territoire.

Le contraste entre les réussites économiques et culturelles, d'un côté, et ce cuisant échec politique, de l'autre, faisait naître dans l'esprit des Allemands un malaise pesant. « Il n'y a pas de nation plus méprisée que la nôtre », devait dire un jour Luther. La conscience de cette misère, loin d'étouffer le patriotisme, l'exacerbait en le chargeant d'amertume et de mélancolie. Enjambant le présent, et sa réalité décevante, celui-ci projetait vers l'avenir les souvenirs d'un passé glorieux. Pour conforter sa foi, il s'accrochait aux prophéties où les rêves échevelés du messianisme se déchaînaient.

Du fond de la mémoire collective ne remontait pas seulement le cortège des grands empereurs. Apparaissaient également les adversaires finalement vainqueurs, les papes. Il fallait craindre ces « Welsches » dominateurs, se méfier de leurs pièges. Contre eux, l'Allemagne ne pouvait pas compter sur un monarque aussi sûr que l'était en France le Très Chrétien. L'*Acceptation* de Mayence, votée par la Diète en 1439, n'était qu'une pâle copie de la Pragmatique. Quant au Concordat de Vienne, signé par Frédéric III en 1448, il laissait au pape la collation des bénéfices mineurs un mois sur deux, obligeait les chapitres à demander à Rome la confirmation de leurs élus et laissait dans le flou la question des appels et des décimes. De plus, ses dispositions étaient souvent tournées au profit de la Curie. Des « courtisans », des Allemands qui faisaient carrière à Rome, se chargeaient d'obtenir pour leurs amis et leurs clients la prébende qu'ils convoitaient. Moyennant finances. Le patriotisme, dont les arrivistes faisaient bon marché pourtant lorsque leurs intérêts étaient en cause, se réveillait et déplorait à grands cris ce trafic honteux qui vidait l'Allemagne de son or.

Le concert des doléances commença dès 1457. Ces *Gravamina*, dont la liste s'était constamment allongée, furent soumis en 1521 à la Diète de Worms, celle-là même qui s'apprêtait à bannir Martin Luther. Les humanistes de la deuxième génération soufflaient sur le feu, exaltant la pureté des anciens Germains, ceux qui avaient écrasé Varus et ceux dont Tacite avait loué les vertus. À Rome, où tout était vénal, la corruption ne respectait rien. Il était grand temps de balayer ces ordures. La tâche ne revenait-elle pas au peuple allemand, nouvel Hercule ? Le nationalisme devenait agressif. Une nation en manque d'État s'avérait plus redoutable qu'un État national.

### *Bohême : la révolte d'un peuple outragé dans son honneur*

Le Saint-Siège en avait déjà fait l'expérience en Bohême. Certes, tous les Hussites n'étaient pas Tchèques, ni tous les Tchèques Hussites. Il n'en reste pas moins que le formidable mouvement de révolte qui suivit la condamnation et l'exécution de Jean Hus répondait au désir du peuple tchèque, dont cette sentence avait atteint l'honneur. Ce que le prédicateur passionné de la chapelle de Bethléhem avait éveillé, en effet, ce n'était pas seulement l'émotion religieuse, c'était aussi la fierté nationale et les Allemands de Bohême, les professeurs de l'université les premiers, l'avaient bien senti. N'avaient-ils pas affirmé, après leur départ de Prague, qu'ils étaient les victimes d'une machination montée par les Tchèques mal croyants ? Une accusation qui, loin de dissocier le nationalisme de l'hérésie, devait au contraire les unir étroitement. Les quatre points de Prague, en 1420, définirent le programme commun d'une communauté nationale qui n'acceptait pas d'avoir pour souverain Sigismond qui, naguère, avait attiré Hus dans un guet-apens mortel en lui délivrant un sauf-conduit sans retour. Cette unanimité dura, vaille que vaille, en dépit des oppositions sociales et des divergences doctrinales qui affectèrent le camp hussite, jusqu'en 1434. Cette année-là, les Taborites furent vaincus à Lipany et les modérés victorieux nouèrent avec le concile de Bâle les conversations qui aboutirent à la signature des Compactats en 1436. Cet accord reprenait les quatre points en les atténuant. Il donnait en particulier aux fidèles de l'Église de Bohême, qui prit pour cette raison le nom d'utraquiste, le droit de communier sous les deux espèces (*sub utraque specie*).

Rome eut l'imprudence de ne pas se contenter de cette solution. La Curie ne voulait pas tenir les engagements pris par une assemblée dont elle ne reconnaissait pas la compétence en la matière. Elle apprit à ses dépens qu'elle n'obtiendrait rien de plus et que ses exigences et ses intrigues referaient contre elle l'unité nationale. Paul II lança contre Georges Podiébrad, qui, depuis son élection à la tête du pays par la Diète, en 1458, incarnait la résistance à la politique pontificale de revanche, son rival, le Hongrois Mathias Corvin (1468). Podiébrad tint bon et, après sa mort, Vladislas Jagellon, qui avait été choisi parce qu'il était prêt à défendre, lui aussi, l'honneur du peuple tchèque, obligea Corvin à traiter avec lui. Finalement, en 1485, à Kutna Hora, la Papauté s'inclina. Elle reconnut la validité des Compactats pour une durée de trente et un ans. Pour la première fois, le Saint-Siège avait dû composer avec un mouvement dont il lui était pénible de légitimer les buts. Il y avait été contraint par la vigueur du sentiment national qui s'identifiait à cette forme inédite de croyance et de vie chrétiennes. Après 1520, un courant plus puissant encore devait déchaîner l'indignation du peuple allemand contre le successeur de Pierre mais ses analogies avec celui dont Hus avait été l'initiateur sont multiples.

Dans la formation et l'affirmation de la conscience nationale, la xénophobie joue toujours un rôle et ce rôle est d'autant plus important que l'éveil de la nation se fait difficilement. L'étranger est alors le suspect par excellence. Le moindre mot qui blesse l'honneur du peuple en train de se forger une identité transforme la méfiance en farouche animosité. En Allemagne, et sans doute en Bohême, les papes subirent les conséquences qu'un processus de cette nature comporte généralement pour ceux qui y sont mêlés. L'apparition du nationalisme devait, par la force des choses, gêner l'exercice d'une autorité qui, par essence, était supranationale.

## LE SAINT-SIÈGE ET L'ITALIE : AVANTAGES ET DANGERS D'UNE POSITION MAÎTRESSE

### *Aux Romains, le « Sacerdoce » (Alexandre de Roes)*

S'il est un pays où la Papauté, surtout à partir de la fin du Schisme, avait toutes les raisons de se sentir chez elle et donc de ne pas craindre les effets d'attaques xénophobes, c'était bien l'Italie. La revendication vociférée par les Romains en 1378, il n'était plus question de ne pas la satisfaire. Le conclave ne choisit qu'une seule fois un homme du Nord, Adrien d'Utrecht, en 1522, mais l'imbroglio diplomatique du moment avait rendu cette exception inévitable. Elle ne fit que confirmer la règle. Italien, le souverain pontife pouvait épouser la cause de sa nation, une nation dont l'humanisme exaltait la fierté, qui se savait plus qu'une autre féconde en génies et dont l'avance en matière d'économie était encore considérable. Une nation dont les richesses allumaient les convoitises des peuples voisins, et particulièrement ceux dont un État était capable de mobiliser les énergies. L'État qui, en Italie comme en Allemagne, loin d'unir le pays, le divisait parce qu'il ne s'était constitué qu'à petite ou moyenne échelle et qu'il n'était pas de taille à barrer la route aux envahisseurs.

### *Les dures lois de la politique : l'observatoire de Machiavel*

Le vide que créait cette situation, les papes italiens étaient en droit de penser qu'ils avaient vocation à le combler ou tout au moins d'en atténuer les effets. Une place de « leader » leur était offerte. N'était-ce pas une occasion de renforcer leur prestige ? En réalité, les inconvénients que comportait ce rôle, qu'ils endossèrent, n'étaient pas minces. D'abord, ils risquaient de perdre plus d'autorité sur la scène internationale qu'ils n'en gagnaient dans la péninsule. Plus ils étaient italiens chez eux, plus ils étaient étrangers ailleurs. D'autre part, en pénétrant dans l'arène où les cités et les municipalités se disputaient, le souverain pontife, ne fût-ce que pour apaiser les conflits, était obligé de s'en mêler ; mais pour être parfois des États miniatures, ces États n'en étaient pas moins féroces et dissimulés. Machiavel avait sous les yeux suffisamment d'expériences pour distiller les règles de l'art politique : dans *le Prince*, le modèle était le fils d'Alexandre VI, César Borgia, qui sans doute apprit beaucoup de choses en regardant son père. Les jeux de la guerre et de la diplomatie tels que les pratiquaient les hommes de la Renaissance n'avaient rien d'évangélique. Jules II, le vieillard casqué qui mit les « barbares » à la porte de sa patrie, ne plut qu'aux Italiens. Ailleurs, on ne se fit pas faute de le montrer chassé du Ciel par son prédécesseur, saint Pierre.

Certes, ce pape ne forçait pas sa nature en agissant de la sorte, mais aucun pontife, si paisible qu'il fût de tempérament, ne put rester au-dessus de la mêlée. La proie que représentait la péninsule attirait beaucoup de monde. Les Turcs, d'abord : ils débarquèrent à Otrante en 1480 et en 1500 à Brindisi ; leurs cavaliers ravagèrent le Frioul à plusieurs reprises et franchirent l'Isonzo. Les chrétiens n'étaient pas toujours des voisins plus commodes. Le temps était loin où les Allemands venaient en force chercher la couronne et dicter leur loi. Henri VII ne fit que passer et Dante lui reprocha sévèrement de n'avoir pas su relever l'honneur de l'Empire. Nous avons évoqué la brève cavalcade de Louis de Bavière. Pour Charles IV et Frédéric III le couronnement ne fut guère que l'occasion d'un voyage. Maximilien qui avait plus d'ambition considérait que l'Italie lui appartenait et tenta, sans grand succès, de le prouver. La France avait des droits sur Naples et sur Milan. Dès qu'elle eut retrouvé ses forces, elle voulut les faire valoir. Cette aventure de plus d'un demi-siècle (1494 à 1559) a laissé de meilleurs souvenirs aux Français qu'aux Italiens. Les gagnants furent finalement les Espagnols qui, partant de la Sicile, parvinrent à se rendre maîtres d'une grande partie de la botte italienne.

Aucun de ces conquérants n'était aimé, mais ils avaient tous pu pénétrer dans la péninsule parce que quelqu'un, sur place, leur avait ouvert la porte. Les papes comprirent qu'il était urgent d'établir la paix entre les États italiens pour éviter qu'une puissance étrangère ne vînt se mêler de leurs affaires. Ils encouragèrent la fondation de la Ligue italienne. Elle complétait la paix de Lodi (1454) et devait maintenir l'équilibre entre les *cinque principati*, Milan, Venise, Florence, Naples et les États pontificaux. Un équilibre instable que le Saint-Siège rompit lui-même à plusieurs reprises. Des querelles sans cesse rallumées mettaient en cause les frontières du territoire qui constituait, au XVe siècle, l'assiette de son pouvoir et sa plus précieuse source de revenus.

L'histoire de ces conflits est très compliquée. N'en évoquons que quelques moments critiques. Sixte IV déclencha la « guerre de Toscane » (1474-1484) parce qu'il avait étendu son influence sur Imola et Urbino et ainsi empiété sur le territoire dont Florence revendiquait le contrôle. À partir de 1499, César Borgia, que son père avait fait capitaine général et gonfalonier de la Sainte Église, profita de l'appui des Français pour se tailler aux confins des États pontificaux, dans la basse vallée du Pô, un vaste domaine, quitte à noyer dans le sang les tentatives de qui lui résistait. La mort d'Alexandre VI en 1503 mit fin brutalement à cette entreprise. Jules II, qui l'avait liquidée sans ménagement, estima qu'elle avait fragilisé la partie septentrionale de ses États. Il ne fallait pas que Venise en tirât avantage et s'étendît aux dépens de la Papauté. Il s'allia donc à la France, dont les troupes battirent les armées vénitiennes à Agnadel (1509). Quand du côté de la Sérénissime ses soucis se furent dissipés, le pape se mit à crier : *fuori barbari* et joua le rôle de « sauveur de l'Italie ». La Sainte Ligue formée à cet effet était ouverte à tous les étrangers, Anglais, Allemands, Espagnols, ennemis de l'intrus qu'il s'agissait de mettre à la porte. La carte patriotique n'était, dans les mains de Jules II, qu'un atout parmi d'autres. Pour défendre ses intérêts, la cour de Rome n'agissait pas autrement que les autres chefs d'État. Sa politique italienne en fournissait la preuve. Le souverain pontife n'était-il qu'un souverain pareil aux autres ? L'usage que, chef d'État, il était conduit à faire de la raison d'État ne pouvait pas ne pas nuire à l'autorité morale dont il avait besoin pour s'acquitter de son rôle de chef religieux.

### *La naissance d'un service : la diplomatie pontificale*

Le Saint-Siège se dota, précisément à l'époque où le comportement des papes risquait de nuire au rayonnement de leur ministère universel, des méthodes et des moyens nécessaires pour exercer une influence appréciable sur tout l'échiquier où se déployait le jeu complexe des forces politiques. Les nations et les nationalismes, dont la Curie devait si souvent et si péniblement subir les doléances et les colères, il ne pouvait être question ni de les supprimer, ni d'agir comme s'ils n'existaient pas. Il fallait trouver des terrains d'entente, des formules ménageant les intérêts et l'honneur des parties en cause. Les pourparlers, avec toute la gamme des techniques dont de bons négociateurs savent se servir, les menaces, les surenchères, les avances ou les refus, les représentants de la Papauté apprirent à les mener avec la patience et le coup d'œil indispensables. Ils étaient contraints de pratiquer cet art ; la guerre n'allait pas bien au vicaire du Christ et, de surcroît, il lui eut été difficile de recourir aux services des soldats : il en avait peu. Dans son arsenal, les armes étaient spirituelles, mais une longue expérience avait montré qu'il fallait les employer avec précaution. L'exemple de l'interdit fulminé contre les fidèles de Louis de Bavière était convaincant à cet égard : l'*ultima ratio* pouvait faire long feu. Rien ne valait l'accord, qu'il fût tacite, comme en Angleterre, ou mis par écrit, comme il finit par l'être dans le cas de la France, à Bologne.

Les concordats, dont il avait bien fallu trouver la formule en 1122 pour mettre un terme à la première passe d'armes entre le Saint-Siège et l'Empire, se multiplièrent au cours du XVe et du XVIe siècle. Mais les arrangements ne figeaient pas entièrement le rapport entre les puissances. Celles-ci cherchaient à consolider leurs avantages. Des démarches exploratoires tâchaient de mesurer la résistance du partenaire. L'Angleterre repoussa fermement deux tentatives de ce genre. Des amabilités visaient à rétablir un climat de confiance ou simplement à l'améliorer. Des princes se voyaient remettre la Rose d'or. Aux proches des souverains, à leurs cadets, à leurs amis ou leurs collaborateurs, on conférait la pourpre. Citons quelques-uns des membres du Sacré Collège qui séjournaient plus longtemps et plus souvent dans leur pays que sur les bords du Tibre : en France, le cardinal d'Amboise et Briçonnet ; en Angleterre, Wolsey ; dans l'Empire, Melchior de Brixen ou Mathias Lang ; en Italie. Jean de Médicis, le futur Léon X, ou Ascanio Sforza.

Le chapeau faisait de ces hommes, tout à la fois représentants de leur maître temporel et du Saint-Siège, des intermédiaires nés. Certains d'entre eux portaient d'ailleurs le titre de *legatus natus* qui leur reconnaissait ce rôle. Il est vrai que de plus en plus, la cour de Rome chargeait des gens dont c'était en quelque sorte le métier de mener les pourparlers avec les États et de recueillir les informations indispensables à leur bon déroulement. Les *nuncii et oratores Apostolicae Sedis* fournirent au cours du XVe siècle un personnel spécialisé. Les meilleurs reçurent les pouvoirs qui, jusque-là, n'étaient délégués qu'aux légats *a latere* et quelques-uns accédèrent à la dignité cardinalice. Ainsi s'ébauchait la « carrière ». Avec Venisc, le Vatican était la puissance qui accordait le plus d'attention à ce type de services. Les royaumes et les principautés entretenaient également une représentation à Rome, des *procuratores* pour le tout-venant, des *oratores* qui se consacraient aux grandes affaires. Un corps se constituait, avec sa hiérarchie, ses distinctions et ses querelles de préséance. Le Saint-Siège se trouvait au centre d'un immense réseau d'informateurs et d'agents. La diplomatie pontificale était en train de se construire. Au moment où les scandales et les trafics en tous genres nuisaient gravement à sa réputation, la Papauté compensait ainsi quelque peu la perte de prestige que ses défaillances morales lui infligeaient. Grâce au remarquable outil dont elle s'était dotée dans l'ordre des relations internationales, elle pouvait s'acquitter vaille que vaille d'une de ses missions les plus importantes : maintenir la cohésion de l'Occident latin et lui fixer des objectifs communs.

# XII

# Le pape à la tête de la chrétienté

## La défense et l'extension de la « République chrétienne »

### *L'abandon de la Terre Sainte et l'impossible mobilisation de l'Occident contre les Turcs*

La Papauté s'était montré capable de diriger la chrétienté latine lorsque, à la fin du XI^e^ siècle, elle avait pu tout à la fois stimuler le désir de libérer la Terre Sainte et coordonner les efforts de fidèles disposés à se sacrifier pour la réussite de cette entreprise. Le génie romain avait su faire de la croisade une institution dont le fonctionnement était assuré par le souverain pontife. Deux cents ans après avoir été montée, cette mécanique était toujours en place et les papes en tenaient encore les commandes, mais ses rouages tournaient à vide. Pourtant, les tâches qu'elle devait accomplir n'étaient pas achevées, tant s'en fallait. Certes, en Espagne, terrain où les premières expériences avaient été réalisées, les Maures furent définitivement vaincus en 1492, les Espagnols, imitant les Portugais, harcelèrent alors le Maghreb musulman et Rome leur accorda les indulgences qui faisaient d'eux des croisés.

En revanche, à l'est du bassin méditerranéen, l'Islam était conquérant. En 1291, le dernier lambeau des États latins fut arraché de la côte de Palestine. « La récupération de la Terre Sainte » aurait dû, comme en 1095, mobiliser les énergies de l'Occident chrétien. Le programme était clair, mais, pour le mettre en œuvre, l'essentiel fit défaut, la volonté des peuples et de leurs chefs temporels. Entre l'Angleterre et la France, qui s'étaient déjà mesurées au XII^e^ siècle, le conflit qui allait s'éterniser jusqu'au milieu du XV^e^, reprit pour de bon en 1328, après quelques escarmouches en prélude. Sur la scène politique, le duel des deux vrais grands accaparait l'attention de tous. Or, en 1274, Grégoire X avait décidé qu'il n'y aurait de « passage » que général et que, dans ces conditions, la pacification de la chrétienté serait le préalable de la croisade. Avant de les faire marcher côte à côte dans la guerre sainte, il fallait réconcilier les adversaires. Mission impossible, que les souverains pontifes s'évertuèrent sans succès à remplir. En attendant que la paix permît d'en entreprendre l'application, des plans furent échafaudés, par le concile de Vienne comme par des particuliers, hommes d'État ou visionnaires. L'idée de croisade n'était pas morte. On en parlait beaucoup mais elle n'avait plus de prise sur la réalité. Des opérations dans le style « coups de poing » gênèrent les infidèles, la prise de Smyrne, puis celle de Gallipoli et le raid sur Alexandrie. Les bases de Chypre et de Rhodes furent fortifiées. Se battre contre l'Islam, c'était l'affaire de l'ordre de Saint-Jean et, pour des raisons différentes, celle de Venise, mais les papes ne parvinrent plus à rassembler la chrétienté tout entière sous la bannière de la croisade.

À la fin du XIV^e siècle, la situation changea profondément. On pouvait estimer jusqu'alors qu'il était urgent d'attendre et, puisque la Terre Sainte était perdue, qu'il fallait surseoir à toute tentative pour la reprendre jusqu'à ce que la chrétienté enfin pacifiée eût quelque chance de la recouvrer effectivement. Mais les Turcs montrèrent à Kossovo (1389) qu'ils étaient décidés à poursuivre en Europe leur chevauchée conquérante. Tamerlan ne fit qu'interrompre la série de leurs succès qui reprit de plus belle à partir de 1420. L'Occident ne pouvait pas se désintéresser de l'Empire byzantin, surtout après qu'à Florence le schisme eût été réduit. À deux reprises, des armées latines reconnues comme croisées partirent à la rescousse des Grecs ; elles furent écrasées à Nicopolis en 1396 et à Varna en 1444. Après la chute de Constantinople, ce fut leur propre territoire que les Latins durent défendre. Les menaces se firent de plus en plus précises. Après l'Albanie, la Hongrie fut envahie ; des razzias pénétrèrent dans les provinces autrichiennes ; elles inquiétèrent le Frioul et les troupes turques débarquées en 1480 à Otrante firent preuve d'une sauvagerie qui aurait dû soulever l'indignation unanime de la chrétienté. Il n'en fut rien.

Les papes essayèrent de mettre fin à cette torpeur. En vain. Les appels vibrants qu'ils lançaient, en proclamant la croisade, restaient sans réponse. Le *Kriegspiel* auquel ils semblaient se livrer en dressant des plans de campagne combinant les manœuvres d'armées colossales ne faisait bouger que des abstractions, ou presque. Les princes boudaient les congrès auxquels ils étaient conviés par la Papauté, toujours désireuse de pacifier l'Occident avant de le mobiliser contre les Turcs. Ne marchaient que ceux dont les terres étaient directement menacées par les envahisseurs. Skanderbeg leur tint tête longtemps. Les troupes de Hunyadi, galvanisées par Jean de Capistran, reprirent Belgrade (1456). Plus loin du front, le danger n'était pas ressenti de la même manière. La raison d'État ne prenait en compte que les intérêts nationaux. Les sacrifices financiers que Rome demandait afin de payer les soldats et les marins, les Parlements et les Diètes refusaient de les faire. Les indulgences dont le produit devait alimenter les caisses de la croisade subirent souvent le même sort que les décimes levées sur le clergé : le pape était obligé de les abandonner, entièrement ou partiellement, aux rois qui, pour offrir à ce transfert un semblant de justification, se disaient prêts à prendre la croix. La lutte contre les Infidèles n'était plus qu'un prétexte.

À la fin du XVe siècle, la cour de Rome finit, elle aussi, par se servir de l'idée de guerre sainte au lieu d'en assurer sincèrement le succès. Nicolas V, Calixte III, Pie II et Paul II étaient convaincus qu'il était urgent d'unir la chrétienté pour enrayer les progrès de l'Islam. Leurs successeurs, tout en continuant d'inscrire cette tâche dans les capitulations électorales et d'en parler souvent, la subordonnèrent à des visées politiques qui en retardaient la réalisation, quand elles ne s'y opposaient pas. Alexandre VI, au lieu de soutenir Charles VIII, qui voulait faire de Naples une base contre les Infidèles, sabota ses projets. Il s'entendit avec le sultan et ce fut sans doute sur son ordre que Djem, le rival de Bajazet, otage entre les mains des Français, fut assassiné. Djem qu'Innocent VIII, quelques années plus tôt, avait pris l'engagement de retenir captif, moyennant une rente de 40 000 ducats. Bien avant l'alliance du Très Chrétien avec le Grand Turc, des relations diplomatiques avaient été nouées entre l'Occident et les Infidèles et la cour de Rome s'était prêtée l'une des premières à ce jeu, quitte à constituer un peu plus tard une Sainte Ligue, en principe pour combattre l'Islam, en réalité pour chasser Charles VIII d'Italie (1495). La politique avait étouffé la mystique.

*Les épopées missionnaires*

Depuis Grégoire le Grand, l'un des rôles, et non des moindres, que la Papauté jouait dans l'Église faisait d'elle l'organisatrice des missions. Au XIIIe siècle, l'espace européen, dont le christianisme occidental avait entrepris la conquête, à peine les invasions barbares terminées, était entièrement maîtrisé. Les marges orientales restèrent, il est vrai, un terrain où d'importants progrès étaient encore possibles. Les Coumans, que les Mongols avaient fait fuir en Hongrie, avaient été baptisés à la hâte, mais sous peine de les voir revenir au paganisme, il fallait parfaire leur évangélisation. Dominicains et franciscains s'y employèrent. Ils estimèrent, en 1399, que leur tâche était accomplie. À la même époque, la conversion de Jagellon, à la suite de son mariage avec Hedwige de Pologne, en 1386, entraîna l'intégration de la Lituanie à l'ensemble de la catholicité. Urbain VI chargea en 1388 l'évêque de Poznan de créer le diocèse de Vilna. L'orthodoxie, qui avait précédé le christianisme latin et qui comptait de nombreux fidèles dans le grand-duché, fut ménagée par les gouvernants, mais elle fut écartée des postes importants de l'État.

• L'Église en Asie, grandiose et fragile construction

À ce moment s'achevait une extraordinaire épopée, celle des missionnaires qui avaient pénétré jusqu'au cœur de l'Asie. L'empire mongol qui, à son apogée, reliait le Pacifique à la mer Noire, avait fait découvrir aux Occidentaux un monde dont les voyageurs et les marchands avaient, dès le milieu du XIIIe siècle, entrepris d'explorer et d'inventorier les merveilles. Ils en avaient rapporté le sentiment, confirmé par des messages émanant des intéressés eux-mêmes, que cet Orient-là n'était pas, comme celui que dominait l'Islam, hermétique à toute influence religieuse. Au contraire. Les papes saisirent très vite l'intérêt de cette constatation. Les ordres mendiants, qui n'avaient encore rien perdu de l'enthousiasme que leur avaient insufflé leurs fondateurs, fournirent au Saint-Siège les troupes auxquelles il s'empressa de fixer des objectifs et dont il coordonna les efforts. Lorsque les territoires où leurs stations étaient disséminées eurent atteint des proportions telles que la création de structures apparut réalisable et nécessaire, des évêchés et des provinces furent constitués. En 1307, Clément V éleva Jean de

Montecorvino à la dignité d'archevêque de Khanbaliq (Pékin) et lui envoya six suffragants. Onze ans plus tard, Jean XXII fit de Sultanieh, la capitale des khans de Perse, le siège d'un archevêché dont le titulaire était entouré de six suffragants, comme l'était son confrère de Chine. La hiérarchie missionnaire fut complétée successivement par l'institution d'évêchés à Samarkand en 1329, à Vospro (Kertch) en 1333, à Matrega, au Kouban en 1349 et à Saraï, au Quipcop, en 1362.

À l'intérieur de ces cadres qui reproduisaient ceux de la vieille chrétienté, l'action des missionnaires ne pouvait se déployer qu'en modifiant les usages et les règlements. La Papauté, dans les bulles qu'elle délivrait au départ de chacun de leurs groupes, énumérait les assouplissements de la loi qu'elle s'estimait tenue de leur permettre. En 1372, elle mit sur pied une commission chargée de proposer des solutions aux problèmes que posaient l'évangélisation et le dialogue avec les païens, les infidèles ou les hérétiques. Suivant l'exemple de Nicolas IV qui s'était fait donner dès 1291 un rapport circonstancié sur les missions, Jean XXII et Boniface IX se tinrent informés des progrès et des difficultés qu'elles connaissaient. Dans les milieux romains, l'évangélisation tenait sans doute à la fin du XIV^e^ siècle une place importante. Comment expliquer autrement que Dietrich de Niem ait fait figurer sur la liste des défaillances reprochées au Saint-Siège l'affaiblissement de l'élan missionnaire, déterminé selon lui par le Schisme ?

En réalité, si les réalisations que nous venons d'évoquer étaient alors en train de dépérir, ce n'était pas parce que la Papauté devenue bicéphale les avait négligées. Elles étaient brillantes mais fragiles. La vitalité de ces jeunes communautés dépendait de l'épiscopat qui leur dispensait les sacrements. Que le chef disparût et les membres, tôt ou tard, tombaient en langueur. La longueur et les difficultés des voyages rendaient le remplacement des prélats défunts malaisé. Montecorvino, décédé en 1328, n'avait pas encore de successeur en 1342 ! À ces organismes délicats, les coups ne furent pas épargnés. L'expansion musulmane n'était pas moins active que la mission chrétienne et l'Islam ne reculait pas devant les persécutions. Entre 1340 et 1362, trois évêques et six religieuses au moins furent martyrisés. Plus tard, Tamerlan dévasta l'Azerbaïdjan, le Caucase et les pays de la basse Volga. Coupées de l'Occident, les chrétientés d'Asie végétèrent quelque temps encore. Au XVI<sup>e</sup> siècle, elles avaient pratiquement disparu. Ne survivaient que les évêchés plantés sur les rives de la mer Noire ; ils assuraient la desserte des colonies génoises et s'efforçaient de baptiser les esclaves que les marchands italiens avaient achetés. La grandiose construction des papes d'Avignon n'était plus que l'ombre d'elle-même. Les ambitions missionnaires n'étaient pas mortes ; elles avaient changé d'orientation.

• Les royaumes ibériques en charge de l'évangélisation des Indes

Les États de la péninsule ibérique n'avaient pas attendu l'achèvement de la *reconquista* pour se lancer dans une nouvelle aventure, l'exploration de l'Atlantique et de ses rivages. Ils obéissaient à des mobiles divers, mais le souci de lutter contre les Infidèles et de les prendre à revers n'était pas la moins puissante de ces motivations. Le mythe du « prêtre Jean » avait en quelque sorte changé de continent ; quittant l'Asie, il avait glissé vers l'Afrique. Eugène IV croyait l'avoir trouvé : il avait donné ce titre à l'empereur d'Éthiopie, le maître de l'*India major*. Le Portugal qui avait mis fin, le premier, à la présence musulmane sur son territoire, était allé, le premier, combattre l'Islam en terre africaine. Entre 1415 et 1514, il se rendit maître de la côte marocaine. Entraîné par cet élan guerrier, il avait déroulé tout au long du continent africain la chaîne de ses comptoirs et de ses forts avant de pénétrer dans l'Océan Indien et d'atteindre le pays des épices. L'Europe était reliée par mer à l'*India major*.

L'organisateur de cette extraordinaire entreprise, l'infant Henri le Navigateur (mort en 1460), voulait « amplifier le nom chrétien ». Il ne cessa de solliciter à Rome les bulles qui reconnaissaient le caractère religieux de ses opérations. Ses démarches et celles du roi, don Duarte, amenèrent les souverains pontifes à se considérer comme les régulateurs de cette expansion et à légitimer ses conquêtes. Lorsqu'elles prolongeaient les croisades, elles se fondaient sur la règle canonique de « l'exposition en proie ». Quand elles concernaient des pays où le christianisme n'avait jamais été prêché, elles n'étaient justes que dans la mesure où les conquérants se faisaient évangélisateurs. Les papes, reprenant les privilèges qu'ils avaient déjà donnés pendant la *reconquista*, accordèrent à l'ordre militaire du Christ, dont le Navigateur était le maître, d'abord, et au roi du Portugal ensuite, le *padroado* qui conférait au responsable des missions le droit de pourvoir les titulaires des évêchés dans les nouvelles chrétientés ; des évêchés que Rome se faisait un devoir de créer. La série des textes qui avaient défini progressivement le patronat portugais fut codifiée relativement tard, en 1534, dans la bulle qui complétait la liste des diocèses en érigeant celui de Goa. Les résultats que produisirent ces mesures restèrent limités. L'Islam était imperméable à toute influence chrétienne ; en Afrique noire, une nature hostile et des civilisations foncièrement différentes de l'occidentale rendirent précaires les succès des missionnaires. Il n'y eut guère qu'au Congo que leurs espérances furent justifiées. En 1513, Léon X reçut une ambassade d'obédience envoyée par le roi de ce pays.

L'Espagne bénéficia des mêmes faveurs que le Portugal. Elle n'accorda que peu d'attention à l'Afrique, où les *presidios* qu'elle implanta n'eurent d'autre valeur que militaire. En revanche elle réussit à soumettre à sa domination presque toute la partie méridionale du continent où Christophe Colomb avait abordé la première fois le 12 octobre 1492. Le découvreur lui-même n'était pas indifférent aux perspectives eschatologiques ouvertes par son voyage ; les franciscains de stricte observance qu'il avait fréquentés jugeaient cet événement comme l'un des signes annonciateurs de la fin des temps. Les ouvriers de la onzième heure devaient être particulièrement actifs pour rentrer le plus de gerbes possible avant la fin de la journée. La Papauté ne se fit pas faute de créer des structures destinées à soutenir l'effort d'évangélisation. Jules II créa les premiers diocèses américains en 1504 et, quatre ans après, donna sa forme définitive au *patronato*, dans la bulle *Universalis ecclesiae*.

La cour de Rome fut amenée tout naturellement à jouer le rôle d'arbitre lorsque les États chargés par elle de répandre le christianisme se querellaient sur l'étendue de leurs secteurs de mission. Il lui avait fallu déjà se prononcer sur l'appartenance des archipels de l'Atlantique, les Açores et les Canaries. L'année qui suivit le premier voyage de Colomb, Alexandre VI fixa le tracé de la ligne séparant les domaines portugais et espagnol. Ce partage fut modifié par l'accord que les parties intéressées signèrent en 1494 à Tordesillas. Ce changement devait permettre au Portugal de prendre pied au Brésil en 1500. Mais cette convention entre deux puissances temporelles ne mettait pas en cause la légitimité de l'intervention pontificale. Le pape le plus décrié de l'histoire de l'Église avait donc accompli l'un des actes les plus importants dans l'histoire des relations internationales.

## La correction des défaillances et la répression des dissidences

### *L'action réformatrice des papes paralysée par la crainte du conciliarisme*

À partir du pontificat de Léon IX, la réforme devint l'une des missions les plus importantes de la Papauté. Il suffit d'évoquer la figure de Grégoire VII pour constater que la cour de Rome prit cette tâche à cœur et que ce zèle légitimait très largement l'autorité dont elle revendiquait le droit d'user dans l'Église tout entière. Afin de donner aux décisions qu'elle avait prises le lustre conféré par l'assentiment de l'épiscopat, les souverains pontifes firent revivre l'institution des synodes œcuméniques, réunis jadis par l'empereur d'Orient lorsque, dans un débat théologique, la formulation de définitions claires et nettes s'imposait. Les conciles convoqués par les papes, sans s'interdire de traiter de questions dogmatiques, accordèrent une attention particulièrement vigilante aux abus qui faussaient le fonctionnement de l'organisme ecclésial. Pensons à Latran IV et nous conviendrons qu'au XII$^{e}$ siècle, et pendant une bonne partie du XIII$^{e}$, la Papauté s'était appuyée sur les assemblées conciliaires lorsqu'elle avait entrepris de réformer l'Église. Or, à la fin du Moyen Âge, ils ne purent plus se servir de cet instrument et, par crainte de le voir leur échapper, ne le prirent plus en main.

Avant 1300 déjà, les structures dont l'Église latine s'était dotée ne donnaient pas entièrement satisfaction. Elles avaient en quelque sorte proliféré ; leur multiplication avait entraîné le développement d'un personnel spécialisé dans la connaissance et la manipulation de cet appareil complexe. Ces juristes étaient enclins à respecter la lettre des lois sans en conserver toujours l'esprit. Les dangers que comportait une telle attitude pour la fidélité des clercs à l'Évangile avaient été dénoncés en 1273 par le maître général des dominicains, Humbert de Romans. Le second concile de Lyon aurait dû mettre en chantier l'ensemble des mesures propres à rétablir un climat plus favorable à l'action pastorale. Il ne put prendre que des décisions de portée limitée. Entre Célestin V, dont l'élection avait suscité des espérances démesurées dans les milieux où se poursuivait le rêve d'une *ecclesia spiritualis* et Boniface VIII, qui cultivait un réalisme d'administrateur distant, le contraste était tel que la nécessité de réduire les abus apparut plus clairement encore qu'en 1274. À Vienne, des prélats français, Guillaume le Maire et Guillaume Durant, s'attaquèrent à ce qu'ils considéraient comme l'une des racines du mal, l'excessive centralisation pontificale. L'actualité ne laissa pas à leurs confrères le loisir de se pencher sur des problèmes d'ordre général. Ils avaient bien assez à faire pour traiter les questions du moment, le sort des Templiers, la condamnation de Boniface VIII et la canonisation de son prédécesseur. La responsabilité de la réforme revint entre les mains des papes seuls. Il serait injuste de dire qu'ils la négligèrent complètement. Benoît XII, Innocent VI et Urbain V prirent des mesures ponctuelles concernant les ordres religieux et la possibilité de cumul. Méritoires, elles ne venaient pas à bout du malaise diffus mais pesant qui régnait dans l'Église.

Les malheurs du Schisme provoquèrent la cristallisation subite de ce sentiment. La réforme fut inscrite au programme du concile, tout de suite après le rétablissement de l'unité. Elle devait guérir et le chef et les membres, mais les Pères s'en prirent avec le plus de vigueur aux institutions pontificales. En fait, la cour de Rome était dépouillée de sa mission ; elle n'était plus le moteur de la *reformatio*, mais son principal objet. Elle subit cette épreuve jusqu'à ce que l'institution conciliaire fît la preuve de son insuffisance.

En 1450, la victoire de la Papauté la rétablissait dans tous ses droits et, du même coup, lui restituait ses devoirs en totalité. Il lui incombait à nouveau l'obligation de réformer l'Église, sans oublier de se réformer elle-même. La tâche était immense. Pour l'accomplir, le concours d'un concile n'eût pas été superflu. Mais l'idée de faire revivre l'adversaire si difficilement mis à bas répugnait au vainqueur. Il savait bien que le conciliarisme n'était pas mort et qu'il rôdait dans les facultés aussi bien que dans les chancelleries des États. L'instrument indispensable d'autrefois était devenu maintenant un épouvantail. Il est juste de dire que la cour de Rome ne rangea pas au magasin des accessoires inutiles la réforme avec le concile. Du moins pas tout de suite. Nicolas V chargea Nicolas de Cues de rétablir un peu d'ordre dans les pays germaniques. L'expérience ayant été décevante, elle ne fut pas renouvelée. Pie II qui avait pris la peine de consulter Nicolas de Cues et Domenichi, un curialiste chevronné, s'apprêtait à publier une bulle de réforme quand une mort subite lui arracha la plume de la main. Ses successeurs se firent remettre des mémoires par des experts, mais ils les laissèrent dormir dans leurs tiroirs. Alexandre VI, plus sensible à ses malheurs personnels qu'aux apostrophes de Savonarole, passa par une phase de remords après l'assassinat de son fils préféré, le duc de Gandie en 1497. Les prélats qu'il consulta n'eurent qu'un tort : ils dénoncèrent les méfaits du pouvoir absolu. Que son autorité fût mise en cause suffit à dissiper les scrupules du pape qui se garda bien de donner la moindre suite aux propositions de ses conseillers.

La politique contraignit Jules II à recourir à l'outil dont ses prédécesseurs avaient évité de se servir par peur de se faire mal. Pour faire pièce au « conciliabule » de Pise, il convoqua le V^e^ concile du Latran. Ce traitement homéopathique réussit : Louis XII s'avoua vaincu, et le conciliarisme avec lui. Cette victoire de la Papauté ne marqua pas la fin des travaux que les Pères poursuivirent jusqu'au printemps de 1517. D'entrée de jeu, la réforme figurait à leur programme. Des projets ambitieux leur avaient été remis et Gilles de Viterbe avait su leur montrer à quel point il était urgent de guérir une Église « blessée par la guerre et les vices ». D'importantes décisions furent prises, touchant le recrutement de l'épiscopat, la formation des prêtres et le fonctionnement du système bénéficial. Mais Léon X n'avait pas l'énergie qu'aurait requise l'application vigoureuse de ces textes. En l'édulcorant, il escamota la réforme. L'année n'était pas achevée que retentissaient les premiers grondements de la Réformation.

*Les mouvements hérétiques contenus*

Foisonnants, les abus que la réforme n'extirpe pas, génèrent le scandale et la révolte. Les hérésiarques se servent de l'indignation qui tourmente le peuple chrétien pour recruter des partisans. Les idées font les chefs de la contestation ; la colère leur procure des troupes.

À la fin du XIII^e^ siècle, le péril cathare – l'hérésie dogmatique par excellence – pouvait être considéré comme vaincu. Survivances résiduelles, les communautés manichéennes disparurent complètement avant 1400 sans doute. Le valdéisme était beaucoup plus tenace que le catharisme. Son évangélisme radical l'opposait au clergé dont il dénonçait la corruption et la cupidité, mais s'il s'en prenait aux institutions ecclésiastiques et reprochait à la Papauté d'avoir accepté les honneurs et la richesse que lui avait cédés Constantin, il ne touchait pas au cœur de la foi chrétienne. Beaucoup de Vaudois faisaient semblant de se conformer aux prescriptions orthodoxes afin d'égarer les soupçons des inquisiteurs. Ils étaient disséminés dans presque toute l'Europe ; les Alpes leur servaient de refuge. Ils y furent souvent traqués et férocement persécutés. À beaucoup d'égards, leur idéal était proche de celui qu'exaltaient les dissidents du franciscanisme. Les Spirituels que soutenait l'espérance joachimite, et qui avaient cru trouver en Célestin V le « pape angélique » instaurateur d'une *Ecclesia spiritualis*, furent poursuivis systématiquement par Jean XXII. Ce pape pourchassa méthodiquement toutes les idées susceptibles de porter tort à l'appareil gouvernemental. Il n'hésita pas à s'attirer l'animosité de la plupart des Cordeliers en affirmant que le Christ n'avait pas été pauvre. Guillaume d'Ockham, dont l'ecclésiologie relativisait l'importance des institutions et tout spécialement de la monarchie pontificale, convoqué en Avignon, s'enfuit avant la fin de l'instance introduite contre lui.

Le concile de Vienne avait condamné dès 1312 les béghards et les béguines suspectés d'être pour la plupart des Frères et des Sœurs du Libre Esprit et de représenter cet illuminisme, indifférent sinon hostile à la discipline de l'Église, que les autorités religieuses craignaient fort. Jean XXII promulgua des canons conciliaires qui visaient ces milieux, que leur situation canonique imprécise exposait aux tracasseries. Il prit même le temps de se pencher sur le cas de Maître Eckhart, accusé d'avoir transgressé quelquefois les frontières de l'orthodoxie et d'avoir donné dans l'écueil du panthéisme (1329). Les pistes que devaient suivre les Inquisiteurs étaient multiples, mais ils pouvaient avoir le sentiment de s'être rendus maîtres des principaux foyers d'incendie lorsque, soudain, la Bohême s'embrasa.

La flamme qui avait allumé le brasier venait d'Angleterre. Wyclif y avait professé la distinction radicale de l'Église visible, à peine utile et souvent nuisible, et de l'Église invisible, celle des prédestinés, la seule qui comptât vraiment. Le succès populaire de ce professeur fut si fort qu'il provoqua presque sur-le-champ une réaction brutale. Accusés, à tort ou à raison, d'avoir été l'âme de la « révolution des travailleurs » (1381), les disciples de Wyclif furent impitoyablement persécutés par l'État anglais. Contraints à survivre difficilement dans la clandestinité, ces « Lollards », qui négligeaient d'entretenir la solide charpente théologique montée par leur maître, conservèrent soigneusement le souvenir de ses attaques contre les institutions ecclésiastiques et tout particulièrement la monarchie pontificale.

Le hasard des relations diplomatiques favorisa le transfert des idées wyclifites en Bohême. Elles y trouvèrent un terrain favorable, mélange de dévotion sincère et d'indignation à peine contenue. En proposant des indulgences pour financer sa guerre, Jean XXIII fit éclater la colère. Hus, qui avait la stature d'un tribun, réussit à faire l'amalgame de quelques propositions wyclifites et de l'aspiration à la réforme. Le concile de Constance se montra sans doute excessivement sévère en condamnant Jean Hus. Quand Sigismond voulut succéder à son frère, ce geste fut pris pour une provocation. Le sentiment national ajouta ce qu'il fallait de passion au mouvement hussite pour qu'il devînt une hérésie conquérante. Seules ses divisions finirent par l'affaiblir. Les Pères de Bâle profitèrent de ces failles pour circonscrire l'incendie que ceux de Constance avaient attisé. Nous avons vu que la Papauté ne parvint pas à faire mieux qu'eux. Elle dut, en fin de compte, reconnaître le particularisme religieux des Tchèques (1485).

• Les sorciers, des hérétiques de substitution

L'alerte avait été si chaude, entre 1420 et 1436, que le repli du hussisme sur son pays d'origine fut ressenti comme un triomphe de l'orthodoxie. Il fallait rester vigilant. On pouvait compter sur la collaboration des États. En 1488, la France lança une croisade contre les Vaudois des Alpes. Quelques années plus tard, les Rois Catholiques avaient obtenu de Rome le contrôle de l'Inquisition dont les *conversos* devaient être la cible principale. Ailleurs les juges, qui se souvenaient du fameux *Opportet haereses esse*, s'inquiétaient de ne plus trouver beaucoup de mal croyants. Ils crurent les avoir découverts, sous un habillage inédit : les sorciers et les sorcières, considérés comme des suppôts de Satan, furent traqués systématiquement. Innocent VIII donna raison aux Inquisiteurs. La bulle *Summis desiderantes* (1484) officialisa cette chasse. On pouvait croire qu'il serait facile de vaincre ce nouvel adversaire après l'avoir repéré.

### *Les relations discontinues avec les Églises d'Orient*

Avec les schismatiques d'Orient, des accords furent noués en 1439. Ils devaient compléter ceux qui avaient déjà rattaché plus ou moins solidement les Arméniens et les Maronites à Rome au XIVe siècle. Même le patriarche de Moscou, Isidore, crut, à tort, qu'il était opportun de signer, à Florence, un acte d'union. Il fut expulsé par les Russes attachés à la doctrine intransigeante de l'orthodoxie. À Constantinople, où l'empereur avait échangé des concessions importantes en matière de foi contre la promesse de secours substantiels, la crainte des Turcs pesa moins lourd que l'opposition au pape. Aussi longtemps que des préventions régneraient dans les peuples et les gros bataillons du clergé, les tractations des diplomates ne parviendraient pas à recoudre la Tunique depuis si longtemps déchirée. L'Église d'Occident n'avait pu ni sauver celle d'Orient de la domination musulmane, ni rétablir avec elle une communion durable.

Au début du XVIe siècle, en dépit de ces échecs et de ces déceptions, prévalait à Rome un sentiment de tranquillité relative. L'hérésie n'avait pas disparu, certes, mais elle était muselée, tenue en respect. Profonde erreur d'appréciation : enkystées dans l'organisme ecclésial, les cellules hérétiques restaient vivantes. Le feu couvait sous la cendre. Que le vent de l'anticléricalisme se mît à souffler en tempête et l'incendie reprendrait de plus belle. Il atteindrait Rome d'autant plus vite que jamais, dans l'histoire de l'Église, la Ville éternelle n'avait à ce point fixé l'attention des chrétiens. Pour le meilleur et pour le pire.

## LA RÉGULATION DES RAPPORTS SUPRANATURELS

*Pontifex maximus*, hiérarque suprême, à la fin du Moyen Âge, le pape avait déployé largement ce que cette fonction lui conférait en fait de responsabilités. Le réseau complexe de relations entre la terre et le ciel avait Rome pour centre. Le souverain pontife assurait la régulation des mouvements qui s'effectuaient grâce à ce maillage reliant les hommes à Dieu. Évêque universel, il se considérait comme le chef de tous les clercs et l'intendant de tous les biens ecclésiastiques.

### *L'unification et l'enrichissement du culte*

La liturgie n'était pas uniforme ; les Églises locales veillaient avec soin sur les particularités de leurs célébrations. Rome s'efforçait cependant d'atténuer les différences, de supprimer les discordances et de développer les caractères communs. Le livre III des collections des Décrétales contient des textes où se manifeste clairement cette volonté d'unification. Le pape seul instituait les fêtes universelles, la Fête Dieu par exemple. Il avait également, depuis le XII^e siècle, le droit exclusif de reconnaître la sainteté d'un chrétien et de permettre que lui fût rendu publiquement un culte. « La démographie officielle du Paradis » (Le Bras, p. 318) était donc le monopole de la Papauté. Elle fit preuve dans ce domaine d'une prudence malthusienne. Il y eut quatre fois moins de procès au XIV^e siècle qu'au XIII^e et quatre fois moins de canonisations. Les enquêtes étaient longues et minutieuses ; l'instance durait de plus en plus longtemps. Elle était si coûteuse qu'elle décourageait parfois la collectivité qui l'avait introduite et s'épuisait à en supporter les frais. C'était également à Rome que l'authenticité des reliques insignes était proclamée solennellement et qu'était donnée l'autorisation de procéder à leur ostension. Léon X permit ainsi d'offrir tous les ans à la vénération des fidèles la Sainte Tunique de Trêves (1515).

### *Les sentences et les dispenses*

Le pape ne se chargeait pas seulement de contrôler l'ordre des cérémonies, de le compléter et de le perfectionner. Il tranchait également les questions que lui soumettaient les chrétiens empêchés de participer au culte ou de recevoir les sacrements. Il pouvait rétablir les circuits qu'une faute grave avait coupés et lever les obstacles qui en gênaient le fonctionnement. Les dispenses étaient particulièrement nombreuses. La législation sur le mariage réglementait très rigoureusement la formation et la dissolution du lien conjugal. Ce n'était pas uniquement les couples princiers qui soumettaient leurs difficultés au pape – pensons à Louis XII qu'Alexandre VI sépara de Jeanne de France afin qu'il pût s'unir légitimement à la duchesse de Bretagne – ; des affaires portées en cour de Rome par des gens mariés appartenant à des milieux plus modestes étaient instruites et jugées. Des études récentes ont montré que le *defectus natalium* interdisant aux bâtards d'accéder aux ordres ecclésiastiques donna matière, entre 1449 et 1533, à la rédaction de quelque quarante mille jugements. Les services compétents instruisaient de quatre cents à six cents dossiers de cette nature en moyenne chaque année. On comprend que le Grand Pénitencier, le cardinal auquel ce qui concernait le for interne était confié, se soit entouré de collaborateurs nombreux, une vingtaine de pénitenciers mineurs et d'employés subalternes.

### *La gestion du Trésor de l'Église*

• Les indulgences

Réconcilier les pécheurs avec Dieu, lever les excommunications et donner l'absolution à des chrétiens qui avaient commis des fautes d'une gravité particulière, ces différentes manières de réintégrer complètement dans l'organisme ecclésial ceux qui s'en étaient coupés eux-mêmes ou qu'une censure en avait retranchés avaient pris une place sans cesse croissante dans le travail de la Pénitencerie. Les confesseurs de toute la chrétienté devaient savoir quels étaient les cas réservés soit à l'évêque, soit au souverain pontife et diriger le pénitent vers l'autorité disposant du pouvoir de le délier de son péché. Pour être nombreux, les fidèles qui ne pouvaient obtenir qu'à Rome le pardon de leur crime ne l'étaient pas au point de former une foule immense marchant vers la Ville éternelle, sûre de n'acquérir que là ce qu'il lui fallait pour retrouver la paix.

Or, après 1300, de tels déplacements massifs eurent lieu et leur fréquence augmenta, sans que l'importance de chacun de ces mouvements en fût diminuée. C'était encore le besoin de pardon qui poussait les chrétiens à prendre le bâton de pèlerin, mais il ne s'agissait plus de la coulpe, du péché que l'absolution remet ; ce qui tourmentait les pécheurs absous, c'était l'idée de la peine qu'il leur faudrait accomplir afin d'effacer entièrement les séquelles de leurs fautes. S'ils ne s'acquittaient pas de la dette ici-bas, ils y seraient contraints dans l'au-delà. À cette fin, un séjour en

Purgatoire leur serait imposé, un séjour dont les désagréments étaient évoqués parfois de manière si terrible que la nature véritable de cette épreuve était occultée ; on oubliait que l'âme était dans l'antichambre du Paradis pour ne plus penser qu'aux tourments qu'elle y subissait, la reléguant en quelque sorte dans un enfer temporaire. Dès le XIIIe siècle, les théologiens avaient élaboré la doctrine qui offrait aux fidèles la possibilité d'abréger, d'alléger ces peines, voire de les éviter complètement. Elle reconnaissait au pape et dans une moindre mesure aux évêques le droit de commuer les punitions qui sanctionnaient les fautes. En échange d'actes dont ils déterminaient la nature – aumônes, jeûnes, prières –, les prélats concédaient des indulgences et, pour que, malgré tout, la dette remise soit acquittée, puisaient dans le trésor des mérites accumulés par le Christ et les saints. Seul le souverain pontife pouvait accorder l'indulgence plénière, celle qui effaçait intégralement les peines temporelles. Cette faculté présentait un intérêt considérable pour l'ensemble du peuple chrétien, alors que l'absolution des péchés réservés n'en concernait qu'une fraction réduite. Aussi, lorsque les fidèles eurent pris connaissance de ce pouvoir, furent-ils innombrables à vouloir en bénéficier. La force d'attraction que possédait Rome depuis toujours fut soudain sensiblement augmentée.

• Les jubilés et l'apogée des pèlerinages à Rome

« Heureuse Rome, que le sang glorieux des deux princes (des Apôtres) a consacrée. » L'hymne qui commence ainsi date du IXe siècle, mais la dévotion qui portait les chrétiens de l'Occident latin à se rendre dans la Ville éternelle était sans doute beaucoup plus ancienne. À la fin du Moyen Âge, cette forme de piété n'avait pas disparu. Dans une lettre à Clément VI, Brigitte de Suède faisait dire au Christ lui-même combien il aimait cette terre que ses saints avaient arrosée de leur sang. Plus tard, les *Révélations* de la visionnaire scandinave attirèrent l'attention de leurs nombreux lecteurs sur les Catacombes qui regorgeaient de reliques. Les plus précieuses ne se trouvaient pas dans les galeries souterraines, mais elles étaient conservées dans les basiliques ; elles provenaient de Terre Sainte et se rapportaient à la Passion, la *Scala santa* et le « Vernicle », le voile de la sainte Face entre autres. Leur vénération assurait aux dévots des années d'indulgence par milliers. Afin d'être sûrs de faire le tour complet de ces trésors, les visiteurs se procuraient des livrets qui détaillaient les *Mirabilia urbis Romae*. Avant 1500, la traduction allemande d'un de ces opuscules fut rééditée vingt-cinq fois.

La masse des pardons que pouvait gagner un pèlerin sur les bords du Tibre était énorme, mais elle ne valait pas le privilège que représentait le jubilé, la remise de toutes les peines quel qu'en fût le nombre. Cette faveur, naguère, les croisés l'obtenaient. Après 1291, la dernière tête de pont latine en Palestine avait disparu. Les occasions de prendre la croix se faisaient de plus en plus rares. Le besoin d'indulgence plénière se fit si pressant qu'une rumeur s'éleva, en 1299 : l'année suivante, pour les « Romées », serait une année jubilaire. Boniface VIII n'avait rien décidé de tel ; cependant, l'affluence des fidèles fut si considérable que le 22 février il leur donna raison et remit à tous les chrétiens qui visiteraient quinze jours de suite les basiliques de Saint-Pierre et Saint-Paul la remise totale de leurs peines temporelles. Le jubilé durerait jusqu'au 31 décembre. Il y en aurait un par siècle. Cette fréquence ne fut pas respectée. Le délai de cent ans parut trop long. Clément VI le réduisit de moitié. En 1390, la date de l'année sainte fut avancée d'une décennie. Martin V, constatant que trente-trois ans s'étaient écoulés depuis le jubilé précédent, jugea que cette durée, qui correspondait à la vie terrestre du Christ, avait une valeur symbolique si riche qu'elle exigeait la célébration d'une année jubilaire de plus. Nicolas V, enfin, décida d'offrir tous les quarts de siècle aux pèlerins la possibilité de gagner l'indulgence plénière.

Il est encore de nos jours malaisé d'apprécier, ne fût-ce qu'approximativement, l'importance d'une foule. Les chiffres que nous fournissent les chroniques sont étonnants ; ils le sont trop pour qu'ils ne nous inspirent pas la méfiance. Y eut-il deux millions de fidèles à Rome en 1300 ? Un million deux cent mille en 1350 ? Plutôt que des données exactes, ces chiffres nous livrent des impressions, celles qu'éprouvèrent les témoins de ces formidables rassemblements. À sa manière, Dante exprima ce sentiment, lorsqu'il évoqua, dans la *Divine Comédie*, le double courant des pèlerins se croisant sur le pont Saint-Ange, les uns le visage tourné vers le Vatican, les autres regardant les montagnes encadrant la Ville éternelle. Sur ce même pont se produisit une bousculade qui poussa deux cents malheureux dans le fleuve en

1450. Un prêtre allemand affirma qu'il avait enterré cette année-là trois mille cinq cents étrangers au Campo Santo, à l'ombre de la basilique vaticane. Ces indications, dans leur sécheresse comptable, sont plus dignes de foi que les estimations globales citées tout à l'heure. Les unes et les autres prouvent que le « pardon » plénier provoquait dans la chrétienté tout entière un énorme remue-ménage et que des pèlerins par centaines de milliers convergeaient vers Rome.

Lorsque Nicolas V vit affluer des foules de fidèles en 1450, il comprit que les malheurs du Schisme et de la crise conciliaire étaient passés. La popularité de l'année sainte montrait que le prestige de l'institution pontificale n'avait pas été trop gravement terni par les critiques de ses adversaires. Faute de données statistiques, nous ne pouvons affirmer que le jubilé jouit de la même faveur jusqu'au moment où la Réformation engrangea ses plus beaux succès. Notons toutefois que l'hospice où descendaient les Anglais n'enregistrait au début du XVIe siècle que moins de deux cents hôtes bon an, mal an. En 1525, année jubilaire, il en vint cinq cent trente.

• Rome à la rencontre des fidèles

L'indulgence plénière répondait si bien au désir qu'éprouvaient les fidèles d'aménager d'avance leur condition dans l'au-delà, que la Papauté consentit à l'accorder sans exiger de ceux qui souhaitaient la gagner qu'ils viennent à Rome. Tant de chrétiens n'avaient ni l'argent, ni le temps qu'exigeait ce long voyage ! Les moniales cloîtrées n'avaient pas le droit de sortir de leur monastère. Au cours du XVe siècle, de plus en plus fréquemment, le souverain pontife concéda l'indulgence *ad instar jubilei* à des congrégations religieuses – les Hospitaliers et les Teutoniques entre autres –, à des institutions charitables ainsi qu'à des fabriques d'églises, cathédrales ou collégiales. Tout en restant chez eux, les pénitents pouvaient obtenir la remise de toutes leurs peines temporelles, à condition d'avoir fait une bonne confession, puis d'avoir glissé dans le tronc placé là pour la recueillir une offrande généralement tarifée. Les sommes ainsi réunies étaient affectées à l'œuvre que la cour de Rome avait décidé de soutenir.

Lorsque le péril turc se fit particulièrement redoutable, le financement des campagnes projetées pour l'écarter fut assuré, dans une assez large mesure, par l'indulgence *ad ins-*

*tar jubilei* que des légats étaient chargés de prêcher. Entourés de commissaires, ils parcouraient des pays entiers, allant de ville en ville. Ils organisaient, en recourant à tous les procédés susceptibles d'en accroître l'efficacité, des campagnes au cours desquelles leurs subordonnés se laissaient aller parfois à de regrettables excès de langage et tenaient des propos alléchants comme des boniments. Le « pardon » était souvent assorti d'autres faveurs dont il semble que les fidèles faisaient grand cas. On leur proposait des lettres dites *confessionalia* ; quiconque en détenait une pouvait, à l'article de la mort, choisir librement le confesseur qui l'absoudrait de tous ses péchés et lui remettrait la totalité de ses peines temporelles. À partir de 1457, se répandit une pratique dont nombre de théologiens discutaient le bien-fondé. Un fidèle pouvait obtenir l'indulgence plénière pour un défunt ; il lui suffisait pour cela d'acquitter la somme qu'il aurait versée s'il avait voulu gagner le pardon pour lui-même. Son offrande était en quelque sorte virée sur le compte de l'âme qu'il s'était proposé de sortir du Purgatoire.

Ces procédés firent connaître dans les provinces les plus reculées de la chrétienté les pouvoirs dont disposait le souverain pontife. Les bannières plantées sur les tours des églises où l'indulgence était offerte montraient les clés de saint Pierre à qui le Christ avait donné la mission de lier et de délier, d'ouvrir et de fermer les portes du Paradis. Rome était allée pour ainsi dire à la rencontre des fidèles. Aux yeux de la plupart, elle apparaissait comme la source de toutes les grâces.

### *Rome, foyer de la Renaissance européenne ou Babylone exécrée : de la douceur de vivre aux affres de l'humiliation*

• Rome, capitale de la Renaissance

Une lumière dorée baignait la Ville éternelle à l'aube du XVIe siècle. Luxe et beauté s'y mariaient heureusement. L'urbanisme façonnait le nouveau visage de la vieille cité ; dans le fouillis des venelles, des avenues étaient percées, des aqueducs étaient rouverts, des fontaines créées. Les palais des prélats, des aristocrates et des banquiers dressaient, parmi les maisons sans allure, leurs formes tout à la fois élégantes et puissantes. Des jardins et des villas offraient à ceux que les affaires et les intrigues avaient harassés les délassements de la vie champêtre. De toutes ces merveilles, la plus admirable était la résidence pontificale. Chacun des pontifes qui avaient occupé le Vatican s'était efforcé de l'embellir et ce chantier permanent attirait les créateurs les plus féconds. Jules II se montra particulièrement heureux dans ses choix. En 1508, il confia le soin de décorer la Chapelle Sixtine à Michel-Ange. Deux ans plus tôt, Bramante avait été chargé de remplacer par un édifice nouveau dédié à Saint-Pierre la basilique constantinienne qu'il n'hésita pas à démolir, ce qui lui valut le sobriquet de *ruinante*.

Rome était en train de ravir à Florence sa place dans l'ordre des arts. La Renaissance littéraire n'était plus dépaysée sur les bords du Tibre. Le temps où les papes se méfiaient non sans quelque raison des savants qui rêvaient de refaire la république romaine était loin. L'Académie fleurissait. La bibliothèque, que géraient des conservateurs tels qu'Aléondre et Beroalde, était déjà l'une des plus riches d'Europe. À l'université, plus de quatre-vingts professeurs combinaient dans leur enseignement les techniques complémentaires du cours magistral et du séminaire. Il était de bon ton, dans les milieux aisés, de se passionner pour le beau et le vrai. On disait des admirateurs de Raphaël qu'ils formaient une synagogue. Les académies qui copiaient l'Académie tenaient séance sous les ombrages, au frais, et leurs vedettes étaient dites « docteurs des vignes ». La conversation accédait au rang des beaux-arts. Castiglione découvrit dans ces réunions mondaines les principes du *Cortegiano*. Ce n'était sans doute pas une flatterie que le remerciement adressé par Érasme au cardinal qui l'avait reçu : « Je n'imagine pas plus grand bonheur que de revenir. » On croirait entendre Sieyès parler de l'Ancien Régime.

• Le sac de la Ville éternelle

Comme à Paris, dans les années 1780, à Rome, vers 1517, le temps de la vie plaisante était compté. En 1527, les hommes du connétable de Bourbon, à la solde de Charles Quint, firent subir à la Ville éternelle les pires outrages. Ils ne la pillèrent pas, comme l'aurait fait n'importe quelle soldatesque. Avec une sorte de frénésie furieuse, ils la souillèrent ; tout ce qui était sacré fut profané. Plus que les richesses, c'étaient les objets de culte qui mettaient hors d'eux ces soudards. Dans leurs rangs, les lansquenets du condottiere Georges de Frundsberg étaient nombreux.

Comme leur chef, ils étaient luthériens. Ils avaient atteint le cœur de la courtisane détestée, la Babylone vénale et corrompue. La torturer avant de la tuer, c'était un devoir. Une colère vengeresse les poussait au vandalisme. Ils accomplissaient les prophéties de ceux qui avaient eu naguère le sentiment de prêcher dans le désert et prédisaient un châtiment terrible aux pontifes, prélats, clercs et moines insoucieux de l'indispensable réforme.

• Léon X le diplomate face à Luther le théologien

Clément VII qui pleurait, enfermé dans le château Saint-Ange, au spectacle du « sac de Rome », était cardinal quand son cousin, Léon X, avait dû s'occuper pour la première fois du dossier Luther. Le pape n'avait pas pris au sérieux tout de suite cette querelle de moines, ces élucubrations d'un obscur théologien, professeur dans une université perdue tout au bout de l'Allemagne, aux « confins du monde civilisé ». Le Vatican avait dû s'occuper peu de temps avant d'une affaire qui lui paraissait plus sérieuse, la querelle de l'hébraïsant Reuchlin, soutenu par des humanistes en vue, avec l'Inquisition à propos du Talmud. Léon X avait imposé silence aux adversaires du savant (1515). Les positions tranchées lui déplaisaient ; il aimait arrondir les angles. En l'occurrence, cet irénisme n'avait pas réussi. *Les Lettres aux hommes obscurs* (1515-1517) montraient à quel point les esprits étaient échauffés. Il n'en restait pas moins que le souverain pontife passait pour accessible aux idées nouvelles. Les érasmiens dans son entourage semblaient avoir son oreille. Si Luther lui dédia ses *Resolutiones*, en août 1518, ce ne fut pas, sans doute, par bravade. Il y soutenait pourtant des thèses dont Tetzel avait déjà relevé le caractère hérétique. Depuis, il s'était éloigné davantage encore de la doctrine orthodoxe et, devant Cajetan, le légat dépêché par Léon X à Augsbourg, en octobre 1518, il avait refusé de se rétracter. Un peu plus tard, le pape chargea un chevalier allemand, Miltitz, de négocier avec lui les conditions d'une réconciliation, un geste qui contrastait évidemment avec la raideur dont avait fait preuve Cajetan. Léon X n'avait pas suivi seulement la pente de sa nature en cherchant un terrain d'entente là où les théologiens de métier ne voyaient plus que des champs de bataille. Les questions de foi avaient dû céder le pas à la politique, un domaine où le souverain pontife était plus à l'aise que dans celui des querelles dogmatiques.

Charles d'Espagne, le petit-fils de Maximilien, et François Ier prétendaient l'un et l'autre à la couronne impériale. Léon X avait peur de voir le premier, s'il était élu, dominer la scène politique tout entière et le gêner en Italie. Il favorisa le Très Chrétien et voulut gagner à sa cause l'un des Électeurs, celui de Saxe. Frédéric III le Sage protégeait l'université de Wittenberg, celle de ses États. Condamner le professeur le plus brillant de cette institution, c'était prendre le risque de blesser le prince que, précisément, il fallait ménager. Précaution inutile. L'argent de François Ier fut submergé par le crédit des Fugger qui travaillaient pour Charles : le corps électoral choisit le petit-fils de Maximilien qui avait dans son camp l'homme d'affaires le plus puissant de la chrétienté (1519). La partie diplomatique perdue, Léon X revint aux questions religieuses. Il était grand temps.

Luther, que la dispute de Leipzig avec Eck avait conduit à durcir encore sa pensée, n'admettait plus ni l'autorité du pape, ni celle du concile. En 1520, il publia les grands ouvrages qui exposaient clairement son programme, l'*Appel à la noblesse chrétienne*, *La Captivité de l'Église à Babylone* et *La Liberté chrétienne*. Son audace lui valut plus de partisans que d'adversaires. Ulrich von Hutten l'avait présenté comme le libérateur capable de briser la tyrannie romaine. En 1521, le nonce constata que « neuf Allemands sur dix criaient Vive Luther et le dernier, À bas le pape ». Inconnu trois ans plus tôt, frère Martin était devenu le champion de la nation allemande. Le 15 juin 1520, la bulle *Exsurge Domine* laissa deux mois à Luther pour se rétracter. Il la brûla le jour de Noël. Le 3 janvier 1521, Léon X l'excommunia. Cité devant la Diète de Worms, il comparut le 17 avril et, le 18, il retrouva la fermeté qui l'avait quitté la veille, en présence de l'empereur. Son refus d'agir contre sa conscience et de se soumettre conduisit Charles Quint à le mettre au ban de l'Empire le 26 avril 1521. La révolte d'un isolé se transformerait-elle en révolution soulevant tout un peuple ?

- Adrien VI, pape venu du nord, propose de réformer l'Église

Léon X mourut le 1er décembre, avant d'avoir mesuré la force d'un mouvement que ses manœuvres et ses tergiversations avaient laissé grandir. Le pontificat de son successeur Adrien VI fut bref. Précepteur de Charles Quint, ce théologien néerlandais de modeste origine avait été marqué profondément par ses propres éducateurs, les Frères de la Vie commune. Il comprit sur le champ la gravité de la situation. Les défauts de l'Église l'avaient desséchée et maintenant le feu de la colère risquait de la dévorer. Faire remonter la sève était urgent. Tailler dans la forêt des abus, il n'y avait pas de tâche plus pressante que celle-là. Le légat Chierigati, dépêché par le pape à la Diète de Nuremberg en septembre 1522, fut mandaté pour reconnaître sans détours les défaillances du clergé, des prélats et de la Curie, mais aussi pour promettre que ces défauts seraient corrigés énergiquement. À Rome, Adrien VI était seul ; les curialistes méprisaient ce « barbare » venu du Nord et n'avaient pas envie de renoncer à leurs habitudes. Ils n'avaient pas pris la mesure du péril. La mort du pape, que les travaux et les soucis avaient rapidement exténué, les soulagea (14 septembre 1523).

• Clément VII : le retour aux intrigues politiques et leur échec

Clément VII eut l'imprudence de s'allier avec François Ier, quelques mois après la défaite de Pavie (février 1525), et, dès que le roi de France eut retrouvé la liberté, le souverain pontife crut habile d'adhérer à la Ligue de Cognac (22 mai 1526) qui devait empêcher la maison d'Autriche de conquérir l'hégémonie en Europe. Il s'attira la vindicte de Charles qui lâcha la bride à ses mercenaires, que conduisait le connétable de Bourbon et dont la troupe comportait un gros contingent de lansquenets, allemands et luthériens. Les défenseurs de la Ville éternelle furent submergés et, le 6 mai 1527, la bacchanale dévastatrice et punitive commença. Paradoxe dramatique pour la Papauté, les hommes du souverain qui, dans ses États, s'efforçait d'endiguer le flot de la révolte luthérienne, saccageaient à Rome tout ce qui symbolisait l'Église traditionnelle. Pendant ce temps, le camp « évangélique » s'organisait. Dans l'Empire, les villes libres s'étaient engagées les premières aux côtés de Luther.

L'attitude du réformateur au moment de la guerre des Paysans (printemps 1525) avait rassuré les princes : la rivalité ne serait pas sociale ; elle ne bouleverserait que les institutions ecclésiastiques. Autour de l'Électeur de Saxe et du landgrave de Hesse, un parti puissant se constitua. L'édit de Worms resta lettre morte. Il fallut laisser aux cités et aux principautés le droit d'organiser comme elles l'entendaient leur vie religieuse. En 1529, lorsque Charles Quint voulut revenir sur cette liberté, à Spire, il provoqua la protestation d'où les Églises nouvelles tirèrent leur nom.

L'année suivante, l'empereur, que son entourage, fortement influencé par les idées érasmiennes, inclinait à la conciliation, dut reconnaître, à la Diète d'Augsbourg, que les protestants, pas plus que les catholiques, n'étaient disposés aux concessions. Il voulut revenir à la politique de fermeté, mais fut contraint à deux reprises, en 1532 et en 1534, de suspendre l'application de l'édit de Worms. Regroupés dans la Ligue de Smalkalde, les « évangéliques » s'étaient abouchés avec François Ier. Pour le Très Chrétien, tout ce qui pouvait porter tort à la Maison d'Autriche était bon. Au demeurant, il n'avait pas encore pris résolument le parti de réprimer chez lui les communautés qui se réclamaient de la doctrine nouvelle. La sœur du roi, Marguerite d'Angoulême, qui avait établi Lefèbvre d'Étaples à sa cour et qui était favorable à certaines thèses de la Réforme, mettait au service de l'évangélisme toute son influence. Elle put l'exercer jusqu'à ce que l'affaire des placards, en automne 1534, amenât François Ier à se comporter en ennemi résolu de l'hérésie, à l'intérieur de son royaume tout au moins.

• La diffusion du protestantisme hors d'Allemagne

Le protestantisme avait engrangé des succès considérables en dehors des limites de l'Empire. Des pays avaient basculé pour ainsi dire en bloc et d'un seul coup de son côté, la Suède et le Danemark avec la Norvège en 1527. En Suisse, une bonne partie des cantons alémaniques avait suivi des réformateurs qui, pour défendre des points de vue différents de ceux de Luther, sur l'Eucharistie en particulier, n'étaient pas moins opposés à Rome que lui. L'évangélisme était solidement implanté à Neuchâtel avant 1530 et pénétrait dans Genève. Les Pays-Bas, où Charles Quint avait grandi, s'étaient ouverts eux aussi aux idées luthériennes et les théologiens conservateurs de Louvain n'y pouvaient rien. Enfin, Henri VIII, qui avait commencé par se poser en champion de l'orthodoxie, changea de camp : il voulait divorcer et Clément VII ne le lui permit pas. Dès 1531, il fit les premiers pas vers la séparation. L'Église d'Angleterre qui, en fait, lui devait déjà beaucoup, lui fut plus strictement subordonnée. Son mariage avec Anne Boleyn lui attira l'excommunication le 11 juillet 1533. L'année suivante, le Parlement vota les actes constitutifs de l'Église anglicane.

• « Évangéliques » contre « papistes »

À la mort de Clément VII, le 25 septembre 1534, des pans entiers de la catholicité s'étaient effondrés ; rien ne permettait d'affirmer que l'écroulement ne ruinerait pas d'autres parties du vieil édifice. L'hostilité des Réformateurs était concentrée sur la cour de Rome et son chef, aussi impitoyablement vilipendés qu'ils avaient été révérés naguère. Les fidèles de l'Église ancienne étaient les « papistes » et ce sobriquet les vouait à l'exécration des « évangéliques ». Pendant que les chrétiens se divisaient ainsi, les Infidèles, qui en 1522 avaient fait tomber Rhodes, la citadelle de l'ordre de Saint-Jean, et battu les Hongrois à Mohacz en 1526, s'étaient avancés jusqu'aux portes de Vienne. La tâche du souverain pontife qui allait recueillir une succession grevée d'un tel passif était accablante.

*Quatrième partie*

# De la réforme catholique aux Lumières (1534-1799)

**Olivier Chaline**

# XIII

# Des monarques de combat

« On ne peut penser sans émotion aux angoisses de Clément VII, le plus malheureux de tous les papes. Il voyait, du haut du château Saint-Ange, Rome saccagée par les bandes luthériennes, et il apprenait que le Danemark, la Norvège, la Suède, l'Angleterre se détachaient de l'Église. On lui annonçait que les Turcs avaient envahi le royaume chrétien de Hongrie et que Soliman avait paru sous les murs de Vienne. L'Église catholique allait-elle donc être emportée par la tempête ? Une médaille frappée alors par le pape nous montre le Christ attaché à la colonne avec cette sombre devise : *post multa, plurima restant*. La profonde tristesse de ce temps a été exprimée par Michel-Ange aux tombeaux des Médicis ; ses personnages, qui semblent avoir renoncé à toute espérance, contemplent la vie avec mépris ou s'enfoncent dans le sommeil. Clément VII crut que les menaces de l'Apocalypse allaient se réaliser et que c'était la fin du monde ; aussi, avant de mourir, demanda-t-il à Michel-Ange de peindre, sur le mur de la chapelle Sixtine, le Jugement dernier. C'est à ces années tragiques que remonte la première pensée de cette grande œuvre » : nul, mieux qu'Émile Mâle n'en a restitué le climat angoissé. L'apparente imminence du désastre et du jugement, si elle a provoqué un sursaut, a pourtant caché le renforcement du pouvoir pontifical en cours depuis le milieu du XV^e^ siècle. Les réformes protestantes heurtent de plein fouet une Papauté qui a triomphé du conciliarisme et de la division. En plein renouvellement théorique, elle n'a pu encore donner une cohérence aux efforts dispersés de réforme de l'Église ni se réformer elle-même, car ses abus mêmes contribuent parfois à sa puissance rénovée. Dans ce choc de deux puissantes forces, le sac de Rome est un épisode spectaculaire mais marginal. Il prépare toutefois la mobilisation, effective au concile de Trente, des forces vives de la catholicité.

## Les pontifes

### *Une indéniable variété*

L'Esprit Saint soufflant comme il veut lors des conclaves, les cardinaux ont porté sur la chaire de Pierre des personnalités très différentes, aux origines variées, depuis Sixte V, fils de petits fermiers des environs d'Ancône, jusqu'aux aristocrates Paul III Farnèse, Paul IV Carafa, Innocent X Pamfili ou Alexandre VII Chigi. Certains avaient déjà des parents princes de l'Église, tels Paul IV neveu de cardinal ou Grégoire XIV Sfondrato dont le père veuf devint homme d'Église et reçut même la pourpre. Parfois, la famille était déjà au service du pape, tel les pères de Clément VIII Aldobrandini, jurisconsulte d'origine florentine, et de Paul V Borghèse, doyen des avocats consistoriaux. Il y avait aussi les fils de marchands aisés, voire fortunés, qu'étaient Grégoire XIII Boncompagni et surtout Urbain VIII Barberini. À côté des nobles, parfois de vieilles familles, tel Innocent XII Pignatelli, il y eut aussi place pour des ruraux de bien plus humble extraction, Sixte V et, avant lui, Pie V. Comme le remarque Ph. Levillain, « la Papauté fut italique et non pas italienne, bref octroyée à des titulaires de sièges archiépiscopaux ou épiscopaux gouvernant des Églises locales de la péninsule italique. La notion contemporaine de “nationalité” ne s'applique pas à l'histoire de la Papauté ». Italiques, les origines géographiques des papes n'en étaient pas moins variées. Rome l'emportait naturellement, sans exclure les États pontificaux et, en particulier Bologne, d'où étaient issus Grégoire XIII, Innocent IX et Grégoire XV. Cette Italie était surtout centrale et septentrionale, le napolitain Paul IV et Innocent XII originaire des Pouilles faisant exception. Hors des territoires pontificaux, c'est en Toscane, surtout à Florence, et en Lombardie que naquirent Marcel II, Grégoire XIV, Léon XI, Alexandre VII, Clément XI et Innocent XI.

Les destins individuels n'étaient pas moins variés que les histoires familiales, même si avant le conclave qui décida de leur destinée, tous les futurs papes n'avaient pas eu une vocation religieuse claire et rapide. Certains avaient longuement hésité, quelques-uns avaient été durablement sensibles aux sollicitations mondaines. Il y eut les cardinaux prêtres et les autres. Le dominicain Pie V fut d'abord un inquisiteur zélé qui devint ensuite un évêque réformateur avant d'être cardinal et inquisiteur général. Sixte V, franciscain conventuel, fut théologien et prédicateur, inquisiteur puis vicaire général de son ordre, enfin évêque. S'ils furent les deux seuls réguliers, ils n'en furent pas moins des papes de combat survenant à des moments décisifs de la Réforme catholique. Plusieurs des papes de la seconde moitié du XVIe siècle ont siégé à une des sessions du concile de Trente : Grégoire XIII, Urbain VII, Grégoire XIV et Innocent IX. À partir de Grégoire XV, certains pontifes furent d'anciens élèves des jésuites, tels Urbain VIII, Clément IX, Clément X ou Innocent XI. Les juristes et les administrateurs furent les plus nombreux, formés à Padoue ou Bologne, passés par les organes de la curie, notamment la Rote. Plusieurs papes eurent une expérience diplomatique de nonce ou de légat, tels Paul III, Urbain VII, Urbain VIII ou Alexandre VII qui fut à Cologne lors des négociations menant aux traités de Westphalie. Il y a donc plusieurs profils de papes, correspondant à des carrières exclusivement romaines ou menées dans les États pontificaux comme à des missions à l'étranger. Mais le milieu curial n'est pas le seul vivier, même si plusieurs curialistes futurs papes n'ont pas passé toute leur existence à la cour de Rome. Il y a place pour les pasteurs et dans la plupart des biographies apparaît un séjour plus ou moins réel et durable dans un diocèse italien. Innocent XI réforma son diocèse calabrais en imitant le modèle de Charles Borromée à Milan et Alexandre VIII résida durablement à Brescia. On ne peut donc rêver plus grande diversité que celle de ces pontifes, tantôt moines austères, tantôt pères de famille (Paul III, Grégoire XIII par une erreur de jeunesse), tantôt fastueux (Paul V, Urbain VIII), tantôt retirés (Innocent XI).

### *Les conclaves*

La Papauté est une monarchie élective théocratique et, même si le sacré collège a, comme corps, perdu de son importance, les cardinaux n'en restent pas moins les électeurs du pape. Les conclaves ont choisi aussi bien des gérontes que des hommes mûrs. Clément X Altieri et Alexandre VIII Ottoboni avaient soixante-dix-neuf ans, tandis que Paul V Borghèse n'en avait que cinquante-trois et l'éphémère Marcel II Cervini cinquante-quatre. Les écarts n'en furent que plus nets au XVIIIe siècle entre les cinquante-et-un ans de Clément XI et les quatre-vingts de Benoît XIII.

L'âge moyen tendit à se situer vers soixante-cinq ans. Le XVIe siècle vit, grâce à Pie IV élu après cinq mois de conclave, une amélioration du fonctionnement des procédures d'élection, toujours susceptibles d'être entravées par les interventions des Bourbons ou des Habsbourg. Pie IV imposa un scrutin quotidien. Il n'en fallut pas moins de soixante-et-onze pour Jules III. En 1566, dix-huit jours suffirent pour Pie V, le record étant détenu par Grégoire XIII élu en moins d'une journée. En 1621, Grégoire XV requit la majorité qualifiée des deux tiers. Mais il fallut attendre 1732 pour qu'un pape limitât les pressions des monarques catholiques comptant sur des factions cardinalices. Pourtant, à partir de 1691, le veto fut implicitement reconnu comme le droit, non d'un groupe de cardinaux, mais d'un souverain qui pouvait faire exclure un nom de la liste des candidats, ce qui valorisait les manœuvres et autres avertissements pour éviter d'user de cette précieuse arme à un seul coup. Depuis le XVIe siècle, en un temps de renforcement du pouvoir pontifical, les conclaves devinrent un enjeu durable dans la compétition que se livrèrent la France et l'Espagne. Charles Quint puis Philippe II intervinrent de plus en plus directement, appuyant tel cardinal ou, au contraire, jetant l'exclusive contre un candidat. C'est ainsi que Philippe III d'Espagne s'opposa à l'élection en 1604 du cardinal Baronius, coupable d'avoir contesté les droits du roi sur l'Église en Sicile. Inversement, la France d'Henri IV et de Marie de Médicis appuya le Toscan Léon XI Médicis. L'équilibre momentané entre les groupes rivaux pouvait assurer des élections de compromis telle celle d'Innocent X Pamfili après trente-sept jours de conclave. Plus le pontificat avait été long, plus le conclave se trouvait peuplé de cardinaux créés par le pape défunt.

### *Un pape, une famille*

Chef de l'Église, le pape l'est aussi de sa famille dont les armes, anciennes ou récentes, figurent en bonne place sur les monuments. L'élection d'un pape provoque l'ascension des siens et des phénomènes sociaux et politiques que désigne la notion de « népotisme ». Le pontife manifeste sa piété en honorant ses parents qui s'identifient à l'institution ecclésiastique. Il serait inexact de conclure à un simple parasitage, même si les abus n'ont pas manqué dès la seconde moitié du XVI^e siècle, entraînant en 1561 le procès des neveux de Paul IV Carafa, car le népotisme eut de notables avantages pour l'État pontifical. L'exemple de Charles Borromée, neveu de Pie IV, montre que tous les bénéficiaires ne furent pas indignes. Le népotisme mit au service de l'Église des familles, qui, prenant place aux côtés de la vieille noblesse romaine, fournirent cardinaux et curialistes. Il fit de Rome une capitale, aussi bien financière qu'artistique, grâce aux liens entre les proches du pape, souvent mécènes, et les réseaux bancaires. Sa croissance alla de pair avec celle de l'autorité du surintendant de l'État ecclésiastique chargé de traiter au nom du pape les affaires qui arrivent, tant de l'État pontifical que de l'Église universelle. Le surintendant fut un neveu (ou cousin) élevé à la pourpre, à la fois confident et premier ministre, qui dirige l'État comme les palais, distribue places, honneurs et argent. Puissant et riche, tant que vit son oncle, il est en butte au ressentiment général dès la mort du pape. Celle d'Urbain VIII provoque la chute des Barberini et Antonio, un de ses neveux, privé de ses biens et de ses charges, doit s'enfuir en France. Sensible à partir de Léon X, le népotisme décline depuis l'élection d'Innocent X en 1644 tout en se prolongeant jusqu'à sa liquidation en 1692 par Innocent XII qui prohibe alors l'enrichissement des familles pontificales grâce aux biens de l'Église. Une brève renaissance sous Alexandre VIII (1689-1691) avait montré que cette pratique était vivace et largement acceptée tant qu'elle ne mettait pas en péril les finances pontificales. Ce seuil critique fut atteint par les Barberini sous le pontificat d'Urbain VIII, qui, inquiet pour son salut de l'ampleur de ses dons, dut instituer en 1642-1643 une commission de théologiens pour étudier leur licéité morale. Lorsque disparut la surintendance de l'État ecclésiastique par trop liée au népotisme, les fonctions qui avaient été celles du cardinal neveu passèrent au secrétaire d'État qui avait crû dans son ombre depuis l'époque de Clément VIII (1592-1605) à la fois comme mentor et chef réel des bureaux.

### *L'exaltation du monarque*

L'âge de la Réforme catholique fut marqué par une nette exaltation du pape, de sa fonction, de sa famille et de ses réalisations, trait que le Saint-Siège partage avec les autres monarchies du temps. L'exemple de Sixte V Peretti le montre clairement. Les panégyristes adaptent au pontife ce que les historiens antiques écrivirent des empereurs romains. Sixte V est loué pour avoir rétabli une plus grande sécurité, tant à Rome que dans le pays, en traquant pirates et brigands, pour avoir amélioré la moralité publique en luttant contre le carnaval et réglementant la prostitution, pour avoir veillé au meilleur ravitaillement de la population romaine en grains comme en eau et réorganisé l'assistance, pour avoir enfin développé la voirie. Toutes ces réalisations sont reprises à la Bibliothèque vaticane comme au salone Sistino de la villa Montalto. Le premier titre de gloire de Sixte V est d'avoir été, à l'antique, le préfet de la ville, celui qui a effacé les traces du sac de 1527. Mais cette image impériale est mise au service d'un catholicisme de reconquête capable d'intégrer gloire romaine et gloire familiale, thèmes antiques et références bibliques. L'exaltation du pape se fait par l'utilisation de tous les registres disponibles. Les armes des Peretti, un lion rampant tenant un rameau avec trois poires, barré d'un faisceau avec trois montagnes et une ou plusieurs étoiles, sont répandues à profusion. Glorifier le pontife et sa famille, c'est exalter l'Église triomphante qu'ils incarnent. L'héraldique appuie un tel programme de toute sa richesse : le lion n'est-il pas la magnanimité et la bienfaisance ? le lion de Juda et le Christ-Roi ? mais aussi Daniel et Samson ? l'étoile n'est-elle pas la Vierge ? Mais l'emblématique permet au pape d'être à la fois Mercure et Moïse. Tout fait sens. Né quatrième de sept fils, Félix Peretti est tel le soleil au milieu des planètes. Il est le centre et le régulateur de tout l'univers. La tradition franciscaine fait du soleil une image de Dieu. Une lumière miraculeuse a illuminé sa naissance, survenue le 25 avril, jour anniversaire de la fondation de Rome selon les astrologues. Tel Moïse, il a été sauvé des eaux. Mais le nom même de Félix renvoie à ce fils annoncé par Virgile dans la IVe *Églogue* comme celui qui rétablira l'âge d'or. Le pape est le nouvel Auguste qui, lui aussi, refonde Rome. Le parallèle avec Moïse est abondamment développé. Les deux vies sont représentées à la chapelle Sixtine, le prêtre, chef de guerre et législateur d'Israël préfigurant l'autorité transmise par le Christ à son vicaire. C'est encore à l'exemple de Moïse choisissant soixante-dix anciens que le pape reprend le même chiffre pour les cardinaux en 1586. Unissant toutes les formes de gloire, il est le digne chef de la monarchie pontificale.

## La monarchie pontificale, modèle politique

### *Hiérarchie et société parfaite*

Dès le début du XVI^e siècle, avant même la rupture luthérienne, dans des années qui sont aussi celles de Machiavel, s'élabore une ecclésiologie moderne qui, bouleversant toutes les données intellectuelles, définit un pouvoir parfait, achevé parce que de droit divin. Tandis que beaucoup de monarques chrétiens rêvent d'Églises nationales bien tenues en main, les théologiens du pape définissent l'Église comme société surnaturelle d'institution divine. Ils la présentent comme société parfaite, c'est-à-dire dotée de toute l'autorité nécessaire pour atteindre sa fin qui est de conduire les âmes au salut. Elle n'est ni le principe ni le dépositaire du pouvoir. C'est du Christ que Pierre est le vicaire, pas de l'Église. Celle-ci se trouve désormais définie moins comme corps mystique que comme société, cité dans laquelle on entre par le baptême.

Cette cité est une monarchie sans corps intermédiaires, gouvernée par le pape, qui, au sommet de la hiérarchie, concentre tout le pouvoir de l'Église universelle. L'Église n'est pas supérieure au pape. Sans lui, elle n'a pas de pouvoir législatif. La monarchie pontificale devient la norme, à la fois fascinante et insupportable pour toutes les autres qui aspirent à devenir absolues. Dans les débats avec les juristes du roi de France Louis XII, qui entend contrôler l'Église gallicane et intervenir dans les affaires italiennes, le cardinal dominicain Cajétan, vers 1511-1512, « se saisit d'une matière réservée aux canonistes et en fait un objet de théologie (...) La nature du pouvoir du pape et l'autorité de l'Église universelle relèvent de la théologie, et cela parce qu'elles sont de droit divin et reposent sur l'Écriture sainte (...) Cajétan ne s'est pas contenté de faire passer le *De Ecclesia* dans le champ théologique ; c'est la philosophie politique qui l'accompagne et la réflexion sur l'État » (Jean-Robert Armogathe). La théorie de l'État moderne s'est ensuite calquée sur celle de l'Église dont la définition écarte le droit naturel.

Aux quatre propriétés d'unité, de sainteté, de catholicité et d'apostolicité, le grand théologien espagnol Suarez peut ensuite ajouter l'excellent gouvernement de l'Église qui résulte de sa parfaite constitution. Dans sa *Défense de la foi catholique contre les erreurs de la secte anglicane,* il rappelle l'absence de distinction entre l'Église romaine et l'Église catholique : « La foi de Pierre fut catholique et elle ne peut faillir ; mais la foi de l'Église romaine est la foi de Pierre ; donc, la foi de l'Église romaine est la foi catholique à laquelle ce siège ne peut manquer. » Cette indéfectibilité est due à la présidence de la chaire de Pierre. Ce fut plus tard la tâche du Bernin que de traduire par son génie le propos du théologien en érigeant dans le chœur de Saint-Pierre l'éblouissante chaire baroque qui pourrait exprimer aussi un autre argument de Suarez : la vraie Église n'est pas invisible et c'est précisément la succession visible des pontifes qui prouve que la visibilité de l'Église durera toujours. Le cardinal jésuite Bellarmin, dans son traité *Du pontife romain,* affirme la primauté pontificale dans l'Église avec la subordination organique des fidèles à leurs pasteurs immédiats et celle de tous au chef suprême. L'Église n'est ni une démocratie ni une aristocratie, mais une monarchie tempérée, grâce à cet élément aristocratique que forment les évêques. Le pape y est juge souverain des questions concernant la foi et les mœurs. C'est à lui que sont subordonnés les conciles généraux et lui seul approuve leurs décrets en matière de foi pour qu'ils soient considérés comme infaillibles. Pasteur du troupeau de Jésus-Christ, il tient directement du sauveur la plénitude de la juridiction ecclésiastique que les évêques n'ont qu'indirectement, leur jugement restant subordonné à celui du pape.

### *Un modèle insupportable et fascinant*

Cette ecclésiologie entraîne dans le siècle qui suit son apparition une redéfinition des rapports du spirituel et du temporel. Les années 1605-1606 sont essentielles, car elles voient la monarchie anglaise et la république de Venise attaquer les théories pontificales du pouvoir indirect. Bellarmin défend le droit du pape d'intervenir spécialement dans les affaires des États quand le salut des âmes l'exige ; cette « ingérence » peut prendre des formes variées, depuis la simple correction paternelle jusqu'à l'excommunication, et aller jusqu'à relever les sujets de leur serment de fidélité et déposer les rois. En 1570, Grégoire XIII avait ainsi délié les catholiques anglais de leur obligation d'obéissance envers Elizabeth, comme Sixte V avait ensuite excommunié Henri de Navarre en France. Une très vive polémique éclate avec le roi d'Angleterre Jacques I^er^ qui défend la totale autonomie de l'autorité monarchique absolue, c'est-à-dire délivrée de tous les liens que prétendrait lui imposer le pape. Le monarque n'a ainsi de comptes à rendre qu'à Dieu seul. Pour Bellarmin, la puissance ecclésiastique est certes séparée de la politique et lui est dissemblable. Mais comme elle est spirituelle, elle a le pas sur l'autre qu'elle est chargée de diriger à cette fin suprême qu'est la vie éternelle. C'est pourquoi elle peut disposer des biens temporels à des fins spirituelles. Il y a donc séparation du spirituel et du temporel, mais avec un pouvoir indirect du pape si le salut éternel des sujets se trouve en jeu. Si, par exemple, un roi veut ruiner la foi catholique, le pape, déliant les sujets de leur obligation d'obéissance, leur ouvre des possibilités d'action politique auparavant interdites. Se profile alors la vieille mais toujours redoutable question du tyrannicide, argument favori des auteurs antijésuites. Le retentissement d'une telle querelle est immense et celle-ci est suivie avec le plus grand intérêt par les juristes français et napolitains comme par les patriciens vénitiens.

En 1605, la Sérénissime République, ignorant l'exemption judiciaire ecclésiastique, traduit devant ses tribunaux deux clercs pour délits de droit commun et s'attaque à l'épineuse question des biens d'Église. À cette attaque contre les privilèges ecclésiastiques, la Papauté réagit en excommuniant le doge et en jetant l'interdit sur Venise en 1606. La République ne plie pas, prend des mesures énergiques et maintient le culte dans les églises de la ville. Deux conceptions de la réforme catholique s'affrontent. Chaque camp mobilise ses champions et contre Bellarmin et Baronius se lève un religieux servite vénitien, Paolo Sarpi qui multiplie les répliques affirmant la primauté des autorités laïques. Malgré tout le feu de la querelle, Venise ne passe pas au protestantisme comme on avait pu l'espérer dans l'Europe du nord et le compromis, facilité par la diplomatie française, prévaut. En 1607, le pape lève les sanctions, la République n'applique pas ses lois et remet à l'ambassadeur d'Henri IV les deux ecclésiastiques incriminés. Mais l'affaire a tout à la fois manifesté les limites des prétentions pontificales et permis le développement d'argumentations qui ne sont plus oubliées ensuite. En 1613, Suarez publie à la demande de Paul V sa *Defensio fidei* et reprend la double question de la déposition et du tyrannicide dans un contexte alourdi par l'assassinat d'Henri IV. L'État et l'Église sont deux sociétés parfaites, l'autorité temporelle du premier visant au bien commun terrestre. Il existe donc deux sphères indépendantes, l'Église n'édictant pas les lois civiles et le prince ne faisant pas obstacle au salut des âmes. Même s'ils sont souverains temporels de leurs États, les papes n'ont pas d'autre souci que le bien spirituel. À Jacques Ier, Suarez rétorque que les rois chrétiens sont des fidèles parmi d'autres dans le troupeau que fait paître le pape. Le roi, dans l'ordre temporel, n'est soumis à personne, mais le souverain pontife peut néanmoins aller jusqu'à s'adresser directement aux sujets au cas où le monarque ne tiendrait pas compte de ses avertissements. Le pape peut prononcer des censures ecclésiastiques et même la déposition du roi. Suarez n'exclut pas l'hypothèse d'un jugement et d'une condamnation à mort du monarque devenu personne privée par la justice ou la nouvelle autorité légitime.

Dans l'univers mental de l'Europe des XVIe et XVIIe siècles, la théorie monarchique de l'Église fut le modèle qu'aspirèrent à imiter les États dont les souverains définirent leur pouvoir en reprenant ses concepts. Chaque État se conçut et s'organisa comme société parfaite indépendante. Au lendemain de la première révolution anglaise, le *Léviathan* de Hobbes, État souverain dominant une Église établie en est la meilleure illustration. Chaque monarque se voulut seul maître dans son pays, subordonné à aucune loi ni à aucune autorité terrestre, tant spirituelle que temporelle. Entre le modèle et les copies, les heurts ne pouvaient manquer de survenir. Se nourrissant d'innombrables conflits de juridiction, ils ne firent que croître jusqu'à la fin du XVIIIe siècle.

### *Au service de l'Église, l'État pontifical*

C'est à cette lumière qu'il faut considérer l'État pontifical. Atypique, il n'a cessé de dérouter les historiens qui ont eu du mal à en cerner la nature. Est-il vraiment un État parmi d'autres ? Certes, il est inséré dans la dynamique politique européenne, il figure en bonne place, au XVIe siècle surtout, dans les conflits pour la maîtrise de l'Italie et de l'Europe. Depuis Jules II, il dispose d'une solide base territoriale. L'issue des guerres d'Italie rend l'État pontifical entouré de territoires, qui, à l'exception de ceux de Venise, sont ou espagnols (Naples et Milan) ou favorables aux Habsbourg (la Toscane). Après 1559, l'État pontifical est devenu une puissance italienne moyenne mais restée indépendante, soucieuse d'éviter et l'assujettissement espagnol et l'invasion ottomane. Non moins qu'un basculement dans le protestantisme, un nouveau sac de Rome par les Habsbourg et l'irruption des janissaires étaient redoutés des papes. Après les acquisitions de Ferrare en 1598 puis d'Urbino en 1631, à l'extinction des dynasties locales, et la malencontreuse guerre de Castro en 1644-1649, l'État des papes a atteint son extension maximale. Si la guerre fut une des modalités de son développement, s'il y eut une marine pontificale présente à Lépante en 1571, l'effort militaire ne fut jamais une caractéristique importante de la croissance de cet État à la différence, par exemple, de la France. L'ancien patrimoine de Pierre s'est mué en un État souverain dont le chef est à la fois prince temporel et pasteur universel de toute la chrétienté.

Cette double figure, bien soulignée par les ambassadeurs vénitiens dès le milieu du XVIe siècle, a moins préoccupé les canonistes du temps, le problème étant d'abord théologique, que les historiens actuels divisés sur la modernité de l'État pontifical qu'ils négligent de rapporter à la question première « qu'est-ce que l'Église ? ». Pour Paolo Prodi, la contradiction croissante après 1600 entre le développement d'un État laïc moderne et la défense des privilèges ecclésiastiques, notamment en matière fiscale, a ruiné les efforts pontificaux et abouti à une paralysie générale sensible dans la seconde moitié du XVIIe siècle. Un État ecclésiastique moderne s'est avéré être comme une contradiction dans les termes. Pour un autre historien, Alberto Caracciolo, on ne saurait vraiment parler de modernité, même au XVIe siècle, puisque le pouvoir y est tenu par des clercs, qui usent du droit canon et des censures spirituelles pour administrer un État dépourvu d'une bourgeoisie financière laïque. Mais n'est-ce pas manquer de voir l'irréductible spécificité de cet État ordonné à des fins spirituelles que de vouloir le juger à l'aune des autres ? Il garantit l'indépendance du pape à qui il assure des revenus.

L'autorité du pontife s'y est sensiblement affermie de 1450 à 1600. L'année 1546 voit la fin des grandes cessions territoriales en faveur de parents des papes, ces derniers veillant désormais au retour des fiefs concédés. Sixte V a mené une lutte sévère contre les brigands. L'emprise de l'État s'est accrue. Sous la pression de la curie, les magistratures urbaines romaines se sont vidées peu à peu de leur contenu, tandis que croissaient les pompes qui les accompagnaient. Le déclin du Sénat a profité au vice-camerlingue chargé de Rome avec le gouverneur. Une autre administration a pris la Ville en charge. Hors de Rome, les progrès du pouvoir central sont inégaux. À Bologne, il faut respecter les constitutions accordées par Nicolas V en 1477 et tenir compte de la tradition d'autonomie de la cité, alors que les ports militaires, Civita Vecchia et Ancône, sont plus favorables à l'affirmation de l'autorité. L'uniformisation des statuts juridiques n'a jamais été vraiment recherchée, ni la juridiction des barons systématiquement éliminée. Comme beaucoup de monarchies contemporaines, l'État pontifical offre une sédimentation d'institutions dominée par un cardinal légat ou un fonctionnaire de rang élevé. Tout comme le roi d'Espagne à Naples, le pouvoir pontifical doit compter avec l'aristocratie qui, malgré toutes les tentatives de contrôle, garde un rôle important en tâchant de s'adapter à la croissance de l'État. Endettées par un train de vie excessif et voyant rognés leurs pouvoirs féodaux, les vieilles familles (Colonna, Orsini, Savelli) se tournent davantage vers les charges ecclésiastiques pour reconstituer leurs revenus. Mais les familles pontificales fournissent les principaux feudataires de l'État ecclésiastique : Farnèse, Della Rovere ou Médicis, puis Borghèse et Barberini au XVII^e^ siècle sur des fiefs qui ne sont plus souverains comme pour les précédents. Les papes accordent titres et dignités, propulsant parfois leurs familles au sommet de la société romaine. Largement présentes dans les principaux postes administratifs, à Rome comme dans les provinces, elles obtiennent des charges cardinalices et tirent parti du renforcement des organes centraux de l'Église et de l'État. Le sacré collège ne compte au XVI^e^ siècle pas moins de huit Carafa, sept Gonzague, quatre Colonna, quatre Farnèse, sept Medicis et huit Della Rovere.

Non sans mal, les papes sont parvenus à réformer la curie. Cette rénovation trouve place dans un mouvement plus général marqué par le déclin du collège cardinalice dont les réunions se raréfient. Le temps du co-gouvernement du sacré collège avec le pape est passé, l'heure est au renforcement de l'autorité personnelle du pontife dont les cardinaux deviennent autant de satellites le plus souvent italiens. S'ils sont moins que par le passé des intermédiaires entre les pays catholiques et la Papauté, s'ils ont perdu beaucoup de leur importance politique, la réforme de la curie, surtout sous Sixte V, a fait d'eux d'utiles agents administratifs de haut rang placés à la tête des congrégations devenues permanentes qui se sont partagées les attributions du collège. S'ils sont associés aux décisions les plus importantes, c'est désormais en tant que proches collaborateurs du pape. Ce qui n'empêche pas les détenteurs de la dignité cardinalice de tenir leur rang avec la splendeur qui convient à des princes de l'Église.

Depuis la création de la Congrégation du Saint-Office (ou de la Sainte Inquisition) par Paul III en 1542, le visage du gouvernement central de l'Église s'est notablement modifié. Cette année-là fut instituée, sous l'impulsion du cardinal Jean-Pierre Carafa, le futur Paul IV, la première congrégation permanente afin de lutter contre les progrès de l'hérésie protestante. Puis en 1564, une fois achevé le concile de Trente, vint le tour de celle chargée de l'exécution des décrets conciliaires. Pie V réforma la Daterie (chargée de la concession des bénéfices ecclésiastiques, des dispenses matrimoniales et des ventes d'offices) et la Pénitencerie (tribunal compétent pour les cas de conscience et les doutes en matière théologique) et établit, quant à lui, la congrégation de l'Index pour surveiller les publications. Mais, en dépit de nombreuses commissions destinées à préparer la réforme de la curie, notamment en 1537-1540, des efforts de Paul IV puis de Pie V, rien n'aboutit avant la constitution *Immensa aeterni Dei* du 22 janvier 1588. Sixte V « entreprit une réorganisation de toute l'administration ecclésiastique, fondée sur une répartition systématique et stable des attributions entre des organismes permanents, différenciés et spécialisés » (Nicolo Del Re). Coiffant les structures préexistantes, quinze congrégations se répartirent la tâche, les unes destinées aux seuls États pontificaux (annone, flotte, voies et ponts, consulta, Université de Rome ou fiscalité), les autres travaillant directement pour l'Église universelle. S'y adjoignirent d'autres congrégations dans le cours du XVII^e siècle. Grégoire XV établit celle de la propagation de la foi chargée des missions (1622), Urbain VIII celles pour les questions regardant l'Église orientale (1623), celle de l'Eucologe, livre liturgique de rite grec (en 1636), celle sur la résidence des évêques (1634) et celle des immunités ecclésiastiques (1626). Innocent X créa la congrégation sur l'état des réguliers (1649, accrue en 1698), Clément IX celle sur les indulgences et les reliques (1669) et Innocent XII enfin celle sur l'administration du sanctuaire de Lorette.

La curie romaine sous Sixte V

Pape

Sacré Collège

Surintendance de l'État ecclésiastique
(cardinal-neveu)

Secrétairerie d'État

| Offices | Congrégations | Tribunaux |
|---|---|---|
| Chancellerie | 1 – Saint Office | Pénitencerie |
| Daterie | 2 – Signature de grâces | Signature |
| Chambre apostolique | 3 – Création de nouvelles églises | Rote |
| | 4 – Annone | |
| | 5 – Rites | |
| | 6 – Flotte | |
| | 7 – Index | |
| | 8 – Exécution et interprétation des décrets du Concile | |
| | 9 – Diminution des impôts dans l'État pontifical | |
| | 10 – Université de Rome | |
| | 11 – Litiges entre ordres religieux | |
| | 12 – Litiges entre prélats | |
| | 13 – Voies, ponts et eaux | |
| | 14 – Typographie vaticane | |
| | 15 – Révision des procès en dernière instance. | |

À côté des congrégations qui éclipsèrent les anciens consistoires des cardinaux, existaient toujours les trois tribunaux de la Pénitencerie, de la Signature et de la Rote. Par ailleurs, la Chancellerie continua son travail de rédaction et d'envoi des lettres apostoliques, la Daterie des bénéfices ecclésiastiques, des dispenses matrimoniales et des offices, comme la Chambre apostolique de la gestion des finances et du règlement du contentieux afférent. Au cours du XVIIe siècle, son autorité inclut le souci de l'entretien des armées, de la gestion des travaux publics, de l'agriculture, des mines, des fouilles, de l'approvisionnement des villes et de la police des marchés, au risque d'empiéter sur plusieurs congrégations.

Les historiens ne sont pas unanimes pour conclure à un mouvement de centralisation de l'État ecclésiastique, pas plus qu'ils ne s'accordent sur l'interprétation de son histoire financière. Pourtant, force est de constater que la Rome des papes de la Réforme catholique fut durablement une des capitales financières de l'Europe moderne. Les importantes dépenses des papes et la croissance de leur dette attirèrent les banquiers. Plusieurs postes, qui connurent d'ailleurs des évolutions très dissemblables, se partageaient le gros des dépenses. La part de la maison pontificale demeura stable autour de 8 %. Les dépenses militaires fluctuèrent en correspondant à des types d'engagements différents : guerre de Paul IV contre l'Espagne (1556-1557), entretien d'une flotte de galères aux effectifs accrus en 1538 puis 1571, défense d'Avignon avant-poste plus exposé lors des guerres de religion en France, envois de contingents militaires dans ce pays ou en Hongrie contre les Turcs, subsides accordés à des princes catholiques luttant contre l'hérétique ou l'infidèle. Ces dernières dépenses culminèrent, comme le fait remarquer Peter Partner, entre 1575 et 1625 à un moment de croissance des revenus et de déclin des dépenses militaires pour les seuls États pontificaux protégés par la pax hispanica. Elles reprirent toutefois lorsque la guerre de Trente Ans dévasta la plaine du Pô puis avec la guerre de Castro. Un autre poste, qui s'enfla à partir de Sixte V, fut celui des constructions et de l'urbanisme romain. Il fallut financer des chantiers de plus en plus considérables, à commencer par celui de Saint-Pierre. Le mécénat devint un véritable gouffre financier sous Urbain VIII (1623-1644) et on put alors parler de véritable « pétrification » de l'argent à cause de l'achèvement de Saint-Pierre et des constructions des Barberini. Le népotisme prit des proportions inégalées : peut-être 30 M. de scudi en vingt et un ans, en pensions, offices curiaux, parts d'intérêt dans les emprunts, produits des douanes et des impôts. De telles dépenses suscitèrent l'envol d'un nouveau poste, le service de la dette, qui absorba un peu plus du tiers des revenus en 1526, plus de la moitié en 1599, légèrement moins de 60 % en 1654. En revanche, les dépenses purement religieuses (séminaires, etc.) sont toujours restées très limitées.

Pour mener à bien leur politique mondiale, italienne et romaine, les papes durent trouver les revenus correspondants. Faut-il insister sur le fait qu'ils le firent avec plus d'adresse et, malgré tout, de prudence que bien des princes du temps ? La monarchie pontificale ne connut pas les banqueroutes répétées de l'Espagne ni les purges financières françaises. Elle sut éviter les dévaluations considérables et nombreuses qui secouèrent les sociétés espagnole, napolitaine et germanique du temps de la guerre de Trente Ans. Rome fut un marché financier stable et sûr, particulièrement attirant pour les capitaux génois en quête de placements lorsque déclina la monarchie espagnole après 1650. Aux XVIe et XVIIe siècles, pour toutes leurs dépenses extraordinaires, les papes empruntèrent beaucoup et le firent, à partir de Sixte V, à des conditions avantageuses. Mais la croissance de la dette doit aussi être rapportée à celle des revenus de l'État dont la valeur quadrupla entre 1520 et 1620, les prix ne faisant que doubler. Même si les revenus des papes ont eu de plus en plus l'État pontifical pour origine, la Chrétienté, malgré les réformes protestantes, n'avait pas perdu tout intérêt. Loin d'avoir sombré, la fiscalité dite spirituelle (dépouilles, dispenses et pensions) double au cours du XVIe siècle. Les clergés de Naples, d'Espagne et du Portugal, continuent de contribuer. Paul III a cherché à imposer davantage les clercs, Pie V a accru les taxes sur les monastères italiens. Mais, la part de l'État pontifical (un tiers Rome, deux tiers les provinces vers 1600) et de l'emprunt est devenue prépondérante. Le produit de la vente de l'alun de Tolfa s'est accru au XVIe siècle, tandis que la charge fiscale s'est appesantie sur des provinces qui ont tâché, parfois avec succès, de lui opposer leurs privilèges et leurs immunités.

Pour se procurer les importantes sommes d'argent nécessaires à leurs objectifs, les papes ont eu recours à deux procédés d'emprunt : la vénalité des offices et les Monti. Dans le premier cas, ils ont multiplié des offices ne correspondant que pour une part limitée à un réel travail administratif et ont créé un véritable marché. Ils n'étaient pas héréditaires et de Sixte V à Urbain VIII, les nouveaux promus au cardinalat et à l'épiscopat furent même contraints de racheter leurs propres offices. Un pareil souci de leurs intérêts caractérisa l'attitude des papes du XVIe siècle face aux actionnaires des Monti. C'est Clément VII qui lança le procédé en créant en 1526 le Monte della Fede. Le montant total de l'emprunt était divisé en parts (luoghi) de 50 et 100 scudi. Certaines étaient négociables, d'autres non. L'argent rassemblé ne fut pas toujours dépensé. Sixte V usa de ce procédé pour constituer un trésor de guerre rassemblé au château Saint-Ange mais assorti de sévères conditions d'utilisation : croisade, famine dans l'État pontifical, invasion imminente d'un État catholique par l'infidèle ou l'hérétique, ou tout simplement de l'État pontifical par un ennemi. L'exécution des paiements, l'encaissement des revenus, les avances au pape, les transferts de fonds nécessitaient de solides banquiers, notamment pour les places de dépositaire général de la Chambre apostolique ou de dépositaire de l'Abondance. Toscans et Génois surent durablement tirer profit de leurs liens avec la Chambre apostolique pour drainer vers Rome et ses fructueux Monti ou vers la ferme de ses impôts une partie des dépôts de leurs clients. Par eux, cette étonnante monarchie théocratique à nulle autre pareille, fut aussi pleinement intégrée dans les circuits économiques qu'elle le fut au jeu diplomatique.

L'État pontifical anticipa sur les autres dans le mouvement de concentration du pouvoir dans la personne du souverain, mais ce dernier demeura toujours électif. Avec le surintendant de l'État ecclésiastique, on vit apparaître la figure du principal ministre qui joua un si grand rôle en France avec Richelieu puis Mazarin, deux cardinaux, avec Lerma puis Olivarès en Espagne. L'usage de l'emprunt ne fut pas moindre que dans les grandes monarchies, mais n'aboutit pas aux mêmes convulsions politico-économiques. La centralisation se heurta à des résistances et la noblesse, surtout nouvelle, se tailla de belles positions. Mais était-ce si différent dans les grands États du temps ? Discutée pour les modalités pratiques de son fonctionnement, la modernité de l'État pontifical résida à coup sûr dans ses concepts ecclésiologiques. Dirigé par des clercs, il n'avait d'autre fin que d'assurer à une Papauté en plein renouvellement une assise territoriale et financière stable pour l'exercice de sa mission surnaturelle réaffirmée par le concile de Trente.

## Le concile de Trente et son application

### *Quel concile ?*

Réclamée par Luther dès 1518, puis en 1523 par la diète d'Empire et par Charles Quint, la réunion d'un concile avait de quoi inquiéter la Papauté enfin victorieuse d'une possible monarchie conciliaire. La réforme de l'Église n'était pas pour elle une opération sans risques. Les enjeux politiques compliquaient les questions ecclésiologiques. Un concile à l'initiative de l'empereur était une menace aussi bien pour le pape que pour la France. Les luthériens voulaient un concile indépendant du pape, convoqué et présidé, non par le pape, mais par l'empereur et les princes chrétiens. Le pape redoutait à juste titre une telle entreprise. Si la convocation en fut annoncée en 1537 à Mantoue, puis de nouveau en 1542, la réunion n'en eut lieu qu'en 1545. Pourtant, des travaux préparatoires prirent place, comme en témoigne en 1536-1538 le *Consilium de emendenda Ecclesia* qui réunit de grandes figures du sacré collège, tels les cardinaux Carafa, Contarini et Sadolet. Ils conclurent à l'urgence d'une réforme radicale de la curie et de l'ensemble de l'Église, préférant prévenir les bouleversements radicaux et irrémédiables que le concile eût pu imposer. Entre-temps, la foi luthérienne fut formulée dans les Articles de Smalcalde. Les tentatives de réunion entre l'Église et les groupes réformés, notamment lors du colloque de Ratisbonne en 1541, échouèrent. Le pape et l'empereur se mirent d'accord sur le choix de la ville de Trente, cité épiscopale en terre d'Empire et cependant ville italienne, pour la réunion du concile ouvert le 13 décembre 1545. Surmontant les querelles précédentes, Charles Quint et Paul III avaient préparé un ambitieux plan de pacification religieuse, des opérations militaires devant briser la puissance militaire luthérienne et le concile, faisant place aux protestants, devant assurer leur retour. Mais la guerre ne démarra qu'après l'ouverture du concile. Pouvait-on ne pas y aborder la question des dogmes pour ne se préoccuper que de réformes comme le voulait l'empereur ? Le concile se trouva pris entre le pape et l'empereur. Pour échapper au pouvoir laïc, il n'eut d'autre solution que de se placer sous l'autorité pontificale. Sa mission fut fixée en janvier 1546 : définir les dogmes et réformer l'Église. Trois légats pontificaux, les cardinaux Del Monte, Cervini (futur Marcel II) et Pole conduisirent les premiers travaux.

Par son organisation, le concile de Trente différa sensiblement des précédents. Seuls votaient désormais les évêques, les généraux des ordres et les représentants des congrégations monastiques, les chapitres cathédraux et les universités ayant été exclus. Le concile renonça à être l'assemblée représentative de l'Église universelle. Ses travaux se déroulaient en trois étapes : congrégations de théologiens rédigeant des projets, débats entre prélats habilités à voter et préparation des décrets qui étaient enfin votés en sessions solennelles.

L'histoire du concile fut troublée, ponctuée de déplacements et d'interruptions. Après une fausse alerte en 1546 lorsqu'on put redouter un coup de main protestant, il fut transféré à Bologne en 1547 à cause de la typhoïde, malgré les protestations d'une minorité et de l'empereur qui écrasa un mois plus tard les protestants allemands à Mühlberg. Les rapports entre Charles Quint et Paul III se détériorèrent alors et le pape suspendit les travaux du concile en septembre 1548 pour appeler tout le monde à Rome. Son successeur, Jules III, favorable à l'empereur, autorisa, en mai 1551, le retour à Trente où le concile reprit jusqu'en avril 1552, suivi par quelques luthériens. À cette date, sous la pression conjointe de la France et des protestants allemands, l'autorité impériale déclinait rapidement et la curie était la cible de vives attaques, tant au concile qu'au dehors. L'union religieuse avait d'ores et déjà échoué et la réforme de l'Église risquait de prendre un tour antiromain. Des décrets avaient pourtant été adoptés mais leur manquait encore la confirmation pontificale. En Espagne, le monarque engagea toute son autorité au côté des évêques réformateurs pour appuyer une œuvre utile mais inachevée. Une autre politique semblait alors devoir être adoptée à Rome, d'autant plus qu'avec Paul IV était monté en 1555 sur le trône de Pierre un adversaire résolu du concile, persuadé que seule l'autorité pontificale pouvait efficacement combattre l'hérésie. Si un concile devait être réuni, ce n'eût pu être qu'à Rome. Une assemblée réformatrice y fut bien convoquée en 1556, mais la guerre contre l'Espagne imposa d'autres préoccupations. Toutefois, l'affrontement entre la France et les Habsbourg momentanément apaisé et le calvinisme progressant rapidement, la question de la reprise du concile devint brûlante en 1560. Allait-on continuer celui de Trente ou bien en ouvrir un nouveau ? Qui le conduirait ? La puissance temporelle ? Le roi de France, celui d'Espagne, l'empereur ? Quelle serait la marge de manœuvre des pères conciliaires face aux légats pontificaux, demandait Philippe II ? Mais à trop tarder, ne risquait-on pas en France un concile national gallican dirigé par la monarchie ? Avec l'appui du roi d'Espagne, la continuation prévalut, Pie IV s'engageant à conduire le concile à sa fin et à en appliquer les décrets. Du 18 novembre 1562 au 4 décembre 1563, les travaux reprirent avec une participation significative de Français aux côtés des Italiens et des Espagnols. « Carrefour de la politique européenne », le concile de Trente fut ainsi une épreuve délicate pour l'autorité pontificale.

*Le pape et le concile*

Son exercice fit l'objet d'assez vifs débats. Le pape était représenté par des légats qui recevaient ses instructions et correspondaient avec le cardinal-neveu. Les plus illustres furent le cardinal de Mantoue, Ercole Gonzaga, l'augustin Seripando et, sous Pie IV, Simonetta, défenseur vigilant de la curie et surtout Morone, en 1563, qui conclut le concile. Ils devaient tenir compte de l'action des « oratori », ambassadeurs des princes, du poids des groupes nationaux, espagnol ou français, et diriger les mouvements des « Zelanti », partisans affichés des droits du pape et de la curie. Plusieurs futurs papes figurèrent parmi ces derniers : les cardinaux Buoncompagni (Grégoire XIII), Sfondrato (Grégoire XIV), Facchinetti (Innocent IX), Castagna (Urbain VII). Les légats devaient encore se défier, à Rome, des mécontentements curiaux hostiles à toute atteinte à leurs intérêts.

Se posa la délicate question du droit de proposition, essentielle pour le travail d'assemblée. Les légats en faisaient leur prérogative exclusive (« proponentibus legatis »), ce que contestaient aussi bien les évêques espagnols que les juristes gallicans et les protestants. La « liberté du concile » fut alors un grand thème de polémique antipontificale, notamment en France où l'on aurait voulu un concile nombreux comme ceux du XV^e^ siècle aux beaux jours de l'idéal conciliariste. On ne s'y priva pas de dénoncer le « concile papal » où le « Saint-Esprit arrivait dans la valise diplomatique de la Curie », Trente étant à cinq jours de Rome par le courrier. En plus des légats, Pie IV envoya en 1562 des théologiens qui intervinrent avec autorité dans les débats, les jésuites Laynez et Salmeron et le dominicain Pedro Soto.

Au-delà de la conduite même du concile, des querelles touchèrent le pouvoir pontifical. La révision du trop sévère Index de Paul IV provoqua un tollé à Rome lorsqu'il fut question de faire venir ses auteurs à Trente pour s'y expliquer. On en vint à un compromis, mais la curie fut plus alarmée par les débats sur la résidence épiscopale. Les dispenses étaient-elles concevables selon la pratique romaine ? ou bien la charge épiscopale impliquait-elle nécessairement la résidence ? Cette charge était-elle de droit divin ? Les heurts furent rudes et Philippe II, inquiet d'une nouvelle suspension du concile, dut intervenir pour faire plier les évêques espagnols très montés contre la curie qu'il fallait désormais ménager. Mais on n'avait pu, dans l'affaire, éviter de s'interroger sur la fonction épiscopale, son institution par le Christ et son rapport avec la primauté pontificale. Les disputes n'avaient pas manqué entre « Zelanti » et Franco-Espagnols, soupçonnés par les premiers, et aussi le pape, de conciliarisme. Le légat Morone fut envoyé au printemps 1563 pour mettre au point des articles de réforme acceptables par tous et calmer les esprits. Lorsque Pie IV parut près de sa fin et le concile à la veille de nouvelles difficultés, il en pressa la conclusion.

Non sans mal, la monarchie pontificale sut conduire le concile à son terme en évitant d'être soumise à l'assemblée comme aux princes. L'union religieuse étant devenue impossible, elle sut faire de Trente un puissant instrument du renouveau catholique. Mais en même temps, ce concile devint un signe de contradiction à l'intérieur même de l'Église, ce dont témoigna la passion polémique avec laquelle en fut faite son histoire : Paolo Sarpi, le servite vénitien, en donna une interprétation très antipontificale dans son *Istoria del Concilio tridentino* (Londres 1619) qui provoqua en réaction l'ouvrage du cardinal Sforza Pallavicini, *Istoria del Concilio di Trento*. Les idées conciliaristes n'étaient pas mortes partout et les gallicans leur vouèrent toujours un fort attachement. Pourtant, Trente avait finalement provoqué un renforcement de l'autorité du pape chargé d'appliquer les décrets conciliaires.

# XIV

# La capitale du monde ?

Le concile de Trente a défini le pape comme « pasteur de l'Église universelle », rejetant la formule « pasteur de toutes les Églises » proposée en 1563 par le cardinal de Lorraine. L'Église est une sous l'autorité du pape, elle n'est pas un corps d'Églises nationales.

## Une action à l'échelle du monde

### *Les papes, exécuteurs du concile*

Après la séparation du concile, le pape confirma ses décrets le 28 janvier 1564. Dès le 2 février, il réunit une congrégation de cardinaux pour veiller à l'interprétation authentique des décrets. Elle comptait notamment son neveu, Charles Borromée, qui en fit plus tard une application particulièrement zélée dans son diocèse de Milan. Le pape expédia les décrets aux princes catholiques. Les rois d'Espagne, du Portugal et de Pologne les acceptèrent dès 1564. En France où les résistances furent vives, la monarchie ne les reçut jamais, même si le clergé décida, quant à lui, de les accepter en 1615. Au pape, le concile imposa plusieurs tâches. La première était la réalisation d'un Index des livres interdits, comme les monarques et les universités en avaient déjà publié. Un premier catalogue était dû à Paul IV mais il avait fallu le reprendre, notamment à la requête des jésuites qui le jugeaient trop rigoureux, et une commission conciliaire s'en chargea en 1562. Pie V établit ensuite une congrégation à cette fin, en 1571, qui produisit l'Index de 1590 puis celui de 1596. De 1559 à 1664, l'Index comporta trois classes, celle des auteurs condamnés pour tous leurs écrits (close en 1603), celle des livres interdits à cause du danger qu'ils faisaient courir pour la foi et les mœurs, celle enfin des écrits anonymes ou publiés sous un pseudonyme.

Depuis 1564, des règles de censure et des sanctions avaient été prévues. Mais, il fallut pourtant attendre Benoît XIV en 1753 pour que les procédures de condamnation fussent clairement établies. Une deuxième tâche fut la rédaction d'un catéchisme destiné à faire pièce à ceux des réformateurs déjà combattus par les écrits du jésuite Canisius. Le *Catéchisme du Concile de Trente* qui servit à son tour à la rédaction d'autres plus modestes, est destiné aux pasteurs. À partir de 1566, il fut largement diffusé, traduit en plusieurs langues, prescrit par les évêques réformateurs à leurs clergés diocésains pour combattre les « faux prophètes » qui cherchaient à « dépraver le cœur des Chrétiens ». « Leur impiété, fortifiée de tous les artifices de Satan, s'est avancée si loin qu'il paraît presque impossible de l'arrêter et de la borner (...). C'est pourquoi les Pères du concile œcuménique de Trente, voulant absolument combattre un mal si grand et si funeste par un remède efficace, non seulement ont pris soin de bien définir contre les hérésies de notre temps les points principaux de la doctrine catholique, mais de plus ils se sont faits un devoir de laisser, pour l'instruction des chrétiens sur les vérités de la Foi, une sorte de plan et de méthode que pourraient suivre en toute sûreté dans leurs églises ceux qui auraient la charge de Docteur et de Pasteur légitime. » Divisé en quatre parties, il traite successivement du symbole des Apôtres, des sept sacrements, du décalogue puis de la prière en commentant le *Pater*. Le pape fut aussi chargé de l'élaboration du *Bréviaire romain* publié en 1568, selon une formule déjà tentée en 1535 par le cardinal franciscain Quinonez. Les papes suivants, notamment Urbain VIII en 1632, le modifièrent en leur temps. Les évêques avaient le choix entre son adoption ou le maintien des usages locaux si on prouvait plus de deux siècles de tradition ininterrompue ou une expresse approbation pontificale. En 1570 parut le *Missel* tridentin qui imposa le même calendrier que le *Bréviaire* en procédant à un net élagage dans les fêtes des saints. Il fut rendu obligatoire pour les églises et chapelles aux mêmes conditions toutefois que le *Bréviaire*. En 1614, Paul V donna une nouvelle édition du *Missel*.

Le concile de Trente ayant décidé que la Bible latine traditionnelle, la *Vulgate*, ferait toujours autorité, moyennant quelques corrections, une édition améliorée en fut aussi préparée. Déjà, les cardinaux Alexandre Farnèse, neveu de Paul III, et Marcello Cervini, le futur Marcel II, avaient songé à une typographie vaticane pour la diffusion des œuvres classiques et ecclésiastiques tirées des manuscrits de la bibliothèque pontificale. Mais ce ne fut qu'en 1587 qu'une telle institution vit le jour, suivie en 1588 d'une congrégation chargée de publier la *Vulgate*, la *Bible* grecque et hébraïque, les *Décrétales* ou les *Actes du Concile de Trente*. Elle fut ensuite réunie par Paul V à l'imprimerie de la Chambre apostolique.

L'établissement du Bréviaire nécessita, pour la détermination de la date de Pâques et le nouveau martyrologe, une réforme du calendrier julien qui permit à la Papauté de se faire l'horloge du monde. Une congrégation internationale comprenant le jésuite Clavius fut suivie de la lettre apostolique *Inter gravissimas* de Grégoire XIII en 1582, supprimant onze jours au calendrier cette année-là. Acceptée par les pays catholiques et approuvée par les astronomes protestants Johannes Kepler et Tycho Brahé, cette réforme fit l'objet de vifs débats. Elle ne fut pas reçue en Angleterre avant 1752.

### *Les diplomates du pape*

Pour faire appliquer les décrets tridentins et lutter contre l'expansion du protestantisme, la Papauté déploya une activité politique considérable, faite d'interventions diplomatiques et de soutiens financiers aux princes catholiques. Elle disposait de deux catégories d'agents. Les plus anciens et les plus fastueux étaient les légats *a latere* qui étaient, plus que des ambassadeurs, des sortes de « vice-papes », cardinaux dotés de très vastes pouvoirs juridictionnels et spirituels pour une mission donnée. Mais depuis les XVe-XVIe siècles existaient aussi des ambassadeurs permanents, les nonces ordinaires, le plus souvent italiens, pourvus, sauf en France, de pouvoirs juridictionnels, évêques habitués aux tâches administratives et rompus aux usages romains, envoyés dans les cours catholiques pour y travailler au renforcement de la foi. Une douzaine de nonciatures permanentes existèrent au XVIIe siècle : Madrid, Paris, Vienne ou Prague furent les principales, tandis que Cologne, Lucerne ou Bruxelles, pour être plus petites, n'en étaient pas pour autant secondaires. Ces diplomates furent les promoteurs de la réforme de l'Église et de la lutte contre les abus, ce qui ne leur valut pas toujours la bienveillance des autorités locales, spirituelles et temporelles, peu ravies de cet agent romain adressant à la curie une correspondance croissante. Les nonces furent parfois aussi des agents missionnaires, notamment ceux de Paris et de Bruxelles au XVIIe siècle chargés des affaires anglaises. Pour des missions précises et brèves, on eut quelquefois recours à des nonces extraordinaires. Tous dépendaient, jusqu'en 1692, du surintendant de l'État ecclésiastique, autrement dit du cardinal-neveu. Agents temporels et spirituels, ils pouvaient user de sanctions spirituelles à des fins temporelles : l'excommunication comme l'interdit qui privaient les fidèles des sacrements. L'interdit fut utilisé avec succès par la Papauté contre César d'Este en 1597 à Ferrare, mais avec moins de bonheur contre Venise en 1606.

Les nonces eurent une triple tâche sans cesse rappelée dans leurs instructions : « défendre la religion catholique et lutter contre l'hérésie protestante ; maintenir ou, le plus souvent rétablir la paix entre les princes chrétiens, entre les États catholiques ; les unir dans une ligue militaire contre les Turcs » (Bernard Barbiche). La diplomatie pontificale eut fort à faire, car au péril turc et protestant s'ajoutaient les conflits intermittents entre les Valois puis les Bourbons et les Habsbourg. L'hégémonie d'une puissance catholique, l'empereur, le roi catholique espagnol ou le très chrétien français, n'était pas moins à redouter pour le pape que le succès de l'hérétique ou de l'infidèle. Les tensions ne manquèrent donc pas entre le pontife et les champions déclarés de la cause catholique. Avant 1545, il ne fut guère possible d'envisager regagner le terrain perdu dans l'Empire, ni même de songer à un véritable coup d'arrêt au protestantisme, à cause de la lutte de la France et de Charles Quint. La victoire de ce dernier sur les princes protestants en 1547 fit craindre à tous une possible monarchie universelle, mais ce spectre s'écarta rapidement. Une politique d'indépendance pontificale n'était pourtant guère possible contre l'Espagne et Paul IV en fit l'expérience contre Philippe II. À partir de 1560, la Papauté tâcha de se présenter comme l'indispensable alliée des princes catholiques menacés par l'hérésie. Devant l'ampleur du péril ottoman en Méditerranée, elle réussit à unir, malgré leurs divergences, le roi d'Espagne et la république de Venise en 1570 dans une Sainte Ligue qui permit la belle victoire navale de Lépante le 5 septembre 1571. Si cette entente ne dura pas, le succès obtenu, associé par Pie V à la dévotion du rosaire, fêté à

Rome comme un triomphe à l'antique, provoqua non seulement un enthousiasme prodigieux dans toute l'Italie, mais aussi la fin de l'expansion maritime ottomane vers l'ouest.

Les papes suivaient avec inquiétude la montée de la deuxième vague protestante progressant au détriment de la religion romaine et du luthéranisme. À Genève, Jean Calvin avait établi une métropole religieuse qui était, à peu de distance de l'Italie, un véritable défi au « papisme ». En 1560, la France n'allait-elle pas basculer dans le calvinisme, ou à tout le moins dans une réforme gallicane conduite par la monarchie au détriment de l'autorité pontificale ? L'Angleterre, qu'on avait pu croire regagnée dans le sang sous Mary Tudor s'était à nouveau éloignée avec Elizabeth, la fille illégitime d'Henri VIII. L'excommunication de 1570, l'exécution de Mary Stuart ainsi que nombre de martyrs montraient le caractère irrémédiable de cette perte. Les Pays-Bas révoltés contre la lointaine mais rude autorité de Philippe II semblaient, à force d'iconoclasme, sur le point d'être perdus. Jusqu'en Styrie, les territoires des Habsbourg d'Autriche étaient en partie gagnés aux Réformes protestantes et des infiltrations se faisaient sentir même en Italie. Seule l'Espagne demeurait un bloc catholique presque inentamé, avec son Église déjà réformée et un puissant souffle de reconquête. La Papauté multiplia les interventions, excommuniant Henri de Navarre en France, y envoyant des troupes comme en Hongrie contre les Turcs. Puis se détachant des Habsbourg, Clément VIII, pour mettre un terme à une guerre civile déchirant les catholiques en France, absout Henri IV qui s'était converti. Grâce à deux légats *a latere*, il imposa sa médiation et rétablit la paix entre la France et l'Espagne en 1598 puis entre la France et la Savoie en 1601.

L'activité diplomatique ne se dément pas dans la première moitié du XVIIe siècle, alors même que se multiplient les foyers d'incendie. Paul V ne ménage pas ses subsides à l'empereur aux prises avec la révolte de Bohême (1618-1620). Au duc de Bavière, chef de la Ligue catholique, il envoie le général des Carmes Dominique de Jésus-Marie qui prend une part importante à la victoire de la Montagne blanche aux portes de Prague, un succès comparé à Lépante et dont témoigne encore aujourd'hui l'église de Santa-Maria della Vittoria. Après 1623, Urbain VIII se montre plus circonspect envers les Habsbourg. Dans le grand affrontement franco-espagnol qui se prépare, la Papauté tâche de maintenir son indépendance en évitant un conflit de grande ampleur. L'Italie du nord, avec les débouchés des Alpes et Mantoue, ce « cœur du monde » selon Richelieu, est le premier enjeu de la lutte. En 1625-1626, c'est la France qui exclut les soldats et les diplomates du pape des affaires de la Valteline, une zone stratégique au nord de Milan. Mais en 1629-1631, ce sont les Habsbourg qui semblent sur le point de dominer toute l'Allemagne mais aussi l'Italie entière, au point qu'on redoute un nouveau sac de Rome. Alors même que la France du cardinal de Richelieu est alliée des protestants hollandais et bientôt suédois, Urbain VIII feint d'ignorer la nature de ces providentiels affaiblissements des Habsbourg. Par une active diplomatie secrète dans laquelle s'illustre Giulio Mazarino qui passe ensuite au service de la France, la Papauté tâche de rééquilibrer le camp catholique en poussant la Savoie et la Bavière vers la France qu'elle espère peut-être détacher de ses alliances hérétiques. Mais le roi de Suède Gustave-Adolphe entre dans la guerre, inflige de rudes défaites aux Impériaux et dévaste les régions catholiques. En plein consistoire, le 8 mars 1632, le cardinal espagnol Borja accuse le pape d'avoir part à cette catastrophe en ayant fait le jeu des Français et des protestants contre les Habsbourg.

Dès lors, Urbain VIII a beau multiplier les initiatives de paix entre les catholiques, ses appels ne sont pas entendus et les méfiances se renforcent, aucun des belligérants ne pouvant accepter de voir le pape adopter une position différente de la sienne. Ses intérêts italiens et la défense de la liberté de l'Église ont prévalu sur la reconquête catholique de tout le monde germanique. L'arbitrage international du « padre comune » des catholiques n'est plus possible. L'envoi d'un légat à Cologne entre 1636 et 1640 pour tâcher de rétablir la paix se heurte à la volonté française d'imposer la présence des Hollandais et des princes protestants. Dans les congrès qui s'ouvrent à Münster et Osnabrück en 1644, la Papauté est représentée par le nonce Chigi, futur Alexandre VII. Mais ce dernier ne peut obtenir une paix favorable aux intérêts catholiques. Il faut endurer la perte définitive de principautés ecclésiastiques et de biens d'Église, la reconnaissance du calvinisme dans l'Empire et la suprématie du pouvoir civil en matière religieuse. Chigi refuse de signer et Innocent X proteste solennellement. En vain. C'est un très sérieux revers, mais non la fin du rôle international de la Papauté.

### *Les missions*

Les mêmes décennies 1520-1560 qui voient la Papauté perdre l'Europe du nord, sont aussi celles d'une considérable expansion missionnaire tant dans les nouvelles terres de l'Espagne et du Portugal que dans les monarchies asiatiques. Bien souvent, les mêmes ordres religieux qui font front en Europe contre l'hérésie sont les principaux artisans de ces nouvelles missions. Pour eux, la reconquête des âmes va de pair avec l'évangélisation des pays lointains. Il faut toutefois attendre la fin du siècle et les ambitions coloniales hollandaises et anglaises pour que la mission outre-mer devienne une responsabilité des papes et soit plus qu'une tâche déléguée aux souverains catholiques et à quelques ordres. Depuis la fin du XV^e^ siècle, en vertu du patronat, c'était aux monarques espagnols et portugais que revenait l'évangélisation dans leurs empires. Après 1520, les papes eurent d'abord à se soucier des pans entiers de la Chrétienté occidentale qui basculaient dans les réformes successives.

Pour combattre l'hérésie sur le terrain, ils purent compter sur des ordres anciens rénovés comme sur de nouvelles créations. Parmi les premiers se distinguèrent les dominicains, chargés de l'Inquisition romaine (distincte de l'Inquisition espagnole d'État dont l'ordre était aussi partie prenante). Pie V, l'un d'eux, les utilisa pour la rédaction du *Catéchisme,* du *Missel* et du *Bréviaire* tridentins. Lorsque fut établi en 1542 le Saint-Office, indépendant de la juridiction directe du maître de l'Ordre, les dominicains y conservèrent une forte influence. Nouveaux venus, les jésuites furent tout de suite liés à la Papauté. L'oblation au pape préexiste même à l'existence de la compagnie puisqu'elle est dans le vœu de Montmartre prononcé par Ignace de Loyola et ses compagnons en 1534. Elle fut effective en 1539, lorsque, faute d'être allés à Jérusalem, ils furent reçus par Paul III qui les employa en Italie et en fit des ecclésiastiques. Le pape approuva leur règle de vie en 1540, par la bulle *Regimini militantis Ecclesiae,* et leur permit d'avoir un supérieur et des *Constitutions.* Celles-ci précisent que la Compagnie a fait vœu d'obéir, sans alléguer d'excuse au pape comme au souverain vicaire du Christ : « Il s'agissait d'être envoyé parmi les fidèles ou les infidèles, partout où il jugerait que ce serait utile pour une plus grande gloire divine et un plus grand bien des âmes. » Même si les seuls profès de la Compagnie prononcent le quatrième vœu, celui d'obéissance spéciale au pape, ce dernier accorde aux prêtres de prêcher, confesser et absoudre et recommande les *Exercices spirituels* en 1548. La Papauté dispose désormais d'une milice spirituelle qu'elle emploie aussi bien en terre catholique et à Rome, pour prêcher et tenir les nouveaux collèges et séminaires, que dans les régions disputées au protestantisme, aux Indes de Castille ou en Chine et au Japon (saint François-Xavier), missions lointaines que leur réserve Grégoire XIII pour quelques décennies. La direction spirituelle, la casuistique, la controverse, l'enseignement et la prédication sont autant d'aspects d'une action incessante.

Tout en accordant leur protection à ces ordres puissants et parfois concurrents, répandus dans tout le monde catholique, les papes ne renoncèrent jamais à intervenir dans leur gouvernement. Se substituant aux vicaires généraux des dominicains, ils convoquent les chapitres généraux à Rome et tendent à imposer leur candidat. Le rôle des assemblées décroît au XVII^e^ siècle alors que se renforce la surveillance pontificale. Le premier siècle des jésuites fut dominé par de durables incertitudes sur les *Constitutions,* plusieurs papes (Paul IV, le franciscain Sixte V) n'appréciant pas la spécificité de ces clercs réguliers dépourvus d'offices au chœur mais se disant « de Jésus ». La nature des vœux et l'autorité du préposé général ont aussi fait l'objet de fluctuantes appréciations pontificales.

Dans la seconde moitié du XVI^e^ siècle, le développement de l'action missionnaire menée dans différentes parties du monde, notamment par les franciscains, les carmes, les dominicains et les jésuites, rend plus sensible la nécessité d'une coordination par un organisme romain. Depuis Pie V plusieurs tentatives avaient tourné court, malgré les efforts du général des jésuites François Borgia, puis du cardinal Santori sous Grégoire XIII. Un travail important avait pourtant été réalisé en Europe orientale et auprès des chrétiens sous la domination ottomane. Grégoire XIII fonda plusieurs collèges pour les Grecs, les Maronites et, à Lorette, pour les Illyriens. Les ambitions du patriarcat russe poussèrent vers Rome plusieurs évêques orthodoxes dans la décennie suivante. Clément VIII crut pouvoir célébrer la fin du schisme en décembre 1595 et, en octobre 1596 à Brest-Litovsk, le synode ruthène proclama la réunion à Rome. L'Église catholique de rite oriental commençait une existence aussi opiniâtre que traversée de crises. Dans les mêmes années, on se soucie aussi des coptes et des Éthiopiens. C'est Grégoire XV qui établit enfin le 6 janvier 1622 la congrégation De Propaganda Fide tant réclamée, notamment par le carme espagnol Thomas de Jésus (1564-1627) qui en avait donné l'esquisse dans son *De procuranda salute omnium gentium* de 1613. La constitution *Inscrutabili divinae Providentiae* précisa la vaste compétence de cet organisme chargé de diffuser la foi catholique chez les hérétiques comme chez les infidèles du monde entier, doté à cette fin de grands privilèges, d'une juridiction spéciale, d'une large autonomie et de moyens financiers. À l'initiative du prélat espagnol J.B. Vivès, Urbain VIII créa en 1627 un collège de la Propagande destiné à former des clercs pour les régions de mission. Une imprimerie spéciale polyglotte fut aussi établie.

Par les lointains efforts de missionnaires de toute provenance, par le monde bigarré des étudiants des collèges et des studia des grands ordres, Rome apparaissait comme la capitale de l'univers, une ville encore plus cosmopolite qu'à l'apogée de l'Empire romain. Car jamais elle n'avait tant reçu de visiteurs dont beaucoup étaient venus en pèlerinage.

## L'APOLOGÉTIQUE FAITE VILLE

Tous les vingt-cinq ans revient l'année sainte qui attire des foules de l'Europe catholique. Peut-être 700 000 pèlerins ont afflué à Rome en 1650 pour faire le tour des basiliques. C'est une tâche considérable que de préparer une telle marée qui nécessite des hébergements et un approvisionnement considérables dont s'occupent des congrégations spéciales. Mais le flot ne se tarit pas les années ordinaires. Malgré la force des sentiments nationaux et les réticences face à la curie, la Rome des papes devient un extraordinaire aimant.

### *L'« image de Rome »*

Entre Paul III et Alexandre VII, consciemment, avec ténacité, les papes ont élaboré ce que Gérard Labrot a pu appeler « l'image de Rome » : « une représentation collective, mentale, culturelle, sociale, religieuse, politique », une image « qui répond aussi à un désir, celui éprouvé pour la ville ». Alors même que le concile de Trente n'est pas encore achevé, la ville doit devenir un gigantesque instrument de controverse et d'apologétique, destiné à séduire les âmes par sa beauté comme à confondre l'hérésie et le schisme. Il lui faut saisir tous les hommes en affermissant la foi et la primauté pontificale. Aucune monarchie n'a poussé un tel dessein avec pareille ampleur. Déjà Nicolas V expliquait bien avant Luther : « Je sais la foi des masses fragile parce que le peuple manque d'instruction ; il importe donc de consolider cette foi par le spectacle de la grandeur matérielle. » Après les grandes cassures, Sixte Quint commentant en 1590 l'œuvre urbanistique déjà réalisée déclare à son tour : « Rome n'a pas seulement besoin de la protection divine et de la force sacrée et spirituelle, il lui faut aussi la beauté que donnent le confort et les ornements matériels. » « Depuis le début de notre pontificat, nous n'avons cessé d'être attentifs aux besoins publics et privés des citoyens et des habitants de cette ville, et d'accroître, dans ses quartiers, le nombre des églises et des maisons particulières ; rénovant le vieux, créant du neuf, mais rapportant tout à la gloire du Dieu Tout-puissant et à l'honneur du Saint-Siège, nous avons voulu de toutes nos forces, conserver à la ville entière sa grandeur et sa beauté. » Un tel dessein poursuivi par ses successeurs s'accorde aussi bien avec les années heureuses de la médiation réussie entre la France, l'Espagne et la Savoie sous Clément VIII et Paul V, qu'avec celles plus incertaines d'après 1648. Lorsqu'Alexandre Chigi devient Alexandre VII en 1667, l'ancien négociateur malheureux de la paix de Westphalie est bien persuadé qu'il faut effacer ce revers diplomatique par un faste romain accru : Rome doit éclipser toutes les capitales européennes. Égalant ou surpassant celle des Césars, la nouvelle Rome exaltera par sa splendeur le siège de Pierre comme elle immortalisera les Chigi.

L'« image de Rome » n'est pas toute dans Rome. Elle est aussi dans le cœur du lecteur des descriptions multipliées qui, d'avance, admire les gravures des églises et des palais. Les pèlerins, bien préparés, arrivent au mur d'Aurélien tout prêts à voir ce qu'ils connaissent déjà grâce à l'immense commentaire sur la ville que déploient images, plans, guides, catalogues de reliques ou de cardinaux, calendriers liturgiques et recueils d'architecture montrant les monuments, anciens et nouveaux. Les récits de voyage se multiplient, achevant de créer une familiarité. Les déplacements dans la Ville ne sont pas ensuite laissés au hasard. Le pèlerin qui s'est confessé peut aller aux sept églises et bénéficier de l'indulgence plénière promise. Les itinéraires sont ritualisés et doivent éviter les distractions fâcheuses que la vie romaine pourrait prodiguer à loisir. Il convient d'effacer les accusations contre la « prostituée de Babylone » avec ses courtisanes et ses indulgences. Il s'agit de montrer à la face du monde l'authenticité du catholicisme des Romains par la dignité des églises et des cérémonies comme de rappeler que Rome, où sont parlées toutes les langues comme au jour de la Pentecôte, est bien le centre du monde.

*L'urbanisme pontifical*

Un tel programme nécessite un complet remodelage d'un espace romain hétérogène et dépourvu de centre. Ce fut l'œuvre de Sixte V qui, tirant parti de réalisations partielles et mal coordonnées opérées depuis la fin du XVe siècle, fit de Rome une véritable capitale et non plus seulement une ville médiévale lovée dans une immense coque antique. Il s'occupa de l'approvisionnement en eau jusqu'alors mal assuré par l'Aqua Virgo d'Agrippa et dota enfin la Ville d'un nouvel aqueduc portant son prénom, l'Aqua Felice. Il en envisagea un troisième que réalisa Paul V, l'aqua Paolina. Il résolut de prendre en compte tout l'espace urbain impérial en liant l'activité urbanistique et politique à la croissance économique. Il intégra ainsi l'héritage des pontificats précédents : les quelques rues rendues rectilignes entre Sixte IV et Jules II, le « trident » réalisé sans plan préconçu de Léon X à Paul III (Corso flanqué des actuelles Via del Babuino à gauche et Via di Ripetta à droite), l'urbanisation du Champ de Mars, l'ouverture de la Via Pia sur le Quirinal et le début de Via Merulana. Désormais, la magnificence, appuyée sur la grandeur antique, doit devenir un moyen de dévotion. Les grands travaux de Sixte Quint se sont déroulés en plusieurs temps. Après s'être occupé des collines, du Pincio à l'Esquilin, il a concentré ses efforts autour de Sainte-Marie Majeure faisant de la basilique le cœur de voies radiales (comparées a posteriori à l'étoile à cinq branches de ses armes) conduisant chacune à une porte et facilitant les processions. Puis, tout en conservant une priorité liturgique à Sainte-Marie Majeure et en facilitant les liens avec Saint-Pierre, il a développé un système polycentrique permettant de se rendre d'une basilique patriarcale à l'autre. Il eut le souci de lier davantage la ville médiévale et les collines, en

# Plan de la Rome de Sixte-Quint

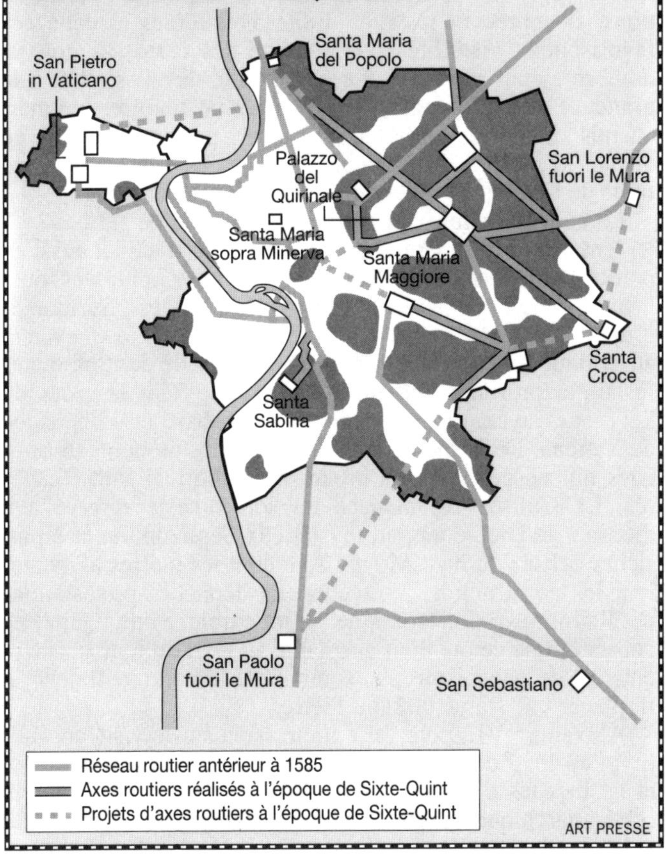

installant à leur articulation le palais du Quirinal. Aidé de l'architecte Domenico Fontana, il fit ainsi peu à peu preuve d'une vision globale de la ville, largement liturgique, mais soucieuse aussi, lors de ses premiers et derniers développements, du repeuplement des collines.

À la fin du cycle d'urbanisme, après 1667, Alexandre VII continua les améliorations en multipliant les chantiers. Il fit réaliser un plan de Rome et contrôla de près les constructions. Il appréciait les rues droites, régulières et dégagées favorisant la visibilité et le passage des carrosses dont le nombre s'était multiplié. La commodité devait s'allier à la grandeur et à la beauté. Il chassa les bestiaux et les marchands du Forum qu'il aménagea en promenade, tout en tâchant d'intégrer des monuments anciens comme la pyramide de Cestius ou le Panthéon au nouvel urbanisme.

Le contrôle pontifical de l'espace romain ne fut pas seulement affaire d'itinéraires et de rues. Il se traduisit aussi en points de repère. Dès l'époque de Sixte Quint, des obélisques furent érigés aux principales places. Surmontés d'une croix, ces signes de la puissance politique avaient aussi pour fin de protéger du diable une ville dont on manifestait la profonde ferveur religieuse. « Voici la croix du Seigneur, fuyez, ennemis » lit-on sur la base de l'obélisque du Vatican. De la même manière, ceux des monuments antiques qui ne gênent pas l'urbanisme pontifical sont récupérés. Le Colisée fut menacé du sort funeste réservé aux thermes de Dioclétien, au mystérieux Septizonium et à plusieurs églises du haut Moyen Âge dont les pierres alimentèrent les constructions nouvelles, en dépit des protestations de l'administration romaine. L'inflexible Sixte Quint ne conserva que ce qui était adaptable au goût du jour sans être entaché de paganisme. Au sommet de la colonne trajane, il fit placer une statue de saint Pierre.

Alexandre VII, pour faire impression sur le visiteur, multiplia au long des itinéraires, les « teatri », décors de places et de façades d'église insérés dans un tissu urbain souvent resté anarchique malgré les efforts des papes. C'est le cas aussi bien avec Santa-Maria della Pace, l'église familiale restaurée et embellie, en pleine vieille ville avec une entrée semi-circulaire à colonnes sur une magnifique petite place, qu'avec la vaste Piazza del Popolo au nord de la Ville, là où arrivaient les hôtes de marque, telle Christine de Suède en 1655. Les Chigi avaient une chapelle à Santa-Maria et le

Bernin refit toute l'église, mais à partir de 1656 ils réédifièrent la porte sur laquelle figurèrent désormais l'étoile et les montagnes présentes sur leurs armes. Puis furent construites les deux églises au débouché du « trident ». Comme le fait remarquer Richard Krautheimer, la Ville était désormais dotée d'un somptueux frontispice entre le Pincio et Saint-Pierre.

Dès la fin du XVIe siècle, une fierté retrouvée animait non seulement les papes mais aussi les princes de l'Église et les Romains, bien convaincus que leur Rome n'était pas indigne de la cité antique qui avait dominé le monde. En 1597, le cardinal Baronius, auteur des *Annales ecclésiastiques,* ouvrage d'érudition et de controverse sur l'histoire de l'Église, organise un véritable triomphe chrétien pour le transfert des reliques des saints Nérée et Achille, patrons de son église. Il fait passer la procession par le Capitole et la Via Sacra. Aux trois arcs de triomphe antiques de Titus, de Constantin et de Septime Sévère, des inscriptions latines expliquent que la gloire du martyre éclipse celle des généraux romains et illustre plus le nom de Rome que la conquête d'innombrables provinces. En même temps, la continuité historique est clairement affirmée. Il n'y a qu'une seule Rome, celle du paganisme n'ayant été que la préparation de la chrétienne. C'est de son sol peuplé de morts, de ses tombeaux et de ses reliques, qu'elle administre la preuve de l'élection divine et de la continuité apostolique. Les publications sur les basiliques de l'augustin Onofrio Panvinio, la redécouverte des catacombes à partir de 1578, l'ouvrage de Panciroli en 1600, *I tesori nascosti dell'alma citta di Roma,* les fouilles, présentées en 1630 par Antonio Bosio dans sa *Roma sotteranea,* et le culte des saints, rénové grâce à Baronius, sont autant d'occasions pour confondre ceux qui persistent à tenir Rome pour la « prostituée de Babylone » de l'*Apocalypse*. C'est précisément sur le tombeau de l'apôtre que s'élève le dôme de Saint-Pierre. Un même mouvement va des galeries souterraines à l'épanouissement lumineux des coupoles.

## LA PLÉNITUDE

### *Saint-Pierre*

Aucun bâtiment, mieux que la basilique Saint-Pierre, ne témoigne plus éloquemment de cette fermeté assurée et des sentiments successifs qui animèrent la Papauté. Il avait fallu toute l'audace de Jules II (1503-1513) pour oser abattre la vieille basilique constantinienne et vouloir la remplacer par une église idéale à plan centré avec plusieurs dômes en établissant son tombeau sur celui de l'apôtre. Lorsque Paul III fut élu, il trouva un vaste chantier interrompu juxtaposant les énormes pendentifs du dôme central édifiés par Bramante († 1514) et les restes de l'antique Saint-Pierre. Après bien des discussions sur le plan à adopter, il nomma, en 1547, le vieux Michel-Ange qui conserva le plan en croix grecque, mais conçut un dôme austère, élancé et visible. Jusqu'à sa mort en 1564, juste après la clôture du concile de Trente, il conduisit les travaux avec une intransigeante volonté, refusant tout argent, pour la seule gloire de Dieu et l'honneur de Pierre. L'abside, les bras et le tambour du dôme étaient achevés. Ses successeurs en atténuèrent le dépouillement, si bien accordé au climat spirituel des années 1560-1580 que manifeste aussi dans son imposante rigueur la façade de Vignola pour le Gesu (1568). Giacomo della Porta et Domenico Fontana édifièrent la coupole qui ne tarda pas à devenir le symbole même de la Ville et de la Papauté. Mais se posa de nouveau la question du plan de l'édifice. Rompant avec le parti adopté par Bramante puis Michel-Ange, Paul V choisit la croix latine et confia l'achèvement en 1606 à Carlo Maderna qui construisit une vaste nef et une façade de style, non plus Renaissance mais baroque, en rasant les derniers vestiges constantiniens.

En 1626, Urbain VIII put consacrer une basilique dont l'intérieur restait encore à aménager. Ce fut la tâche d'un sculpteur et architecte d'origine napolitaine, Gian-Lorenzo Bernini, dit le Bernin (1598-1680). Dès 1624, il commença à travailler au baldaquin qu'on installerait sous le dôme au-dessus du tombeau présumé de Pierre et pour les colonnes duquel on dépouilla le Panthéon de son bronze. En 1629, à la mort de Maderna, il lui succéda à la tête des travaux. Bénéficiant de l'appui des Barberini, il devient le maître d'œuvre officiel des grands chantiers de la Rome baroque. En 1635, il achève le baldaquin qui soulève l'enthousiasme des contemporains éblouis. Reprenant en la dilatant une formule qui était celle du Temple de Jérusalem et de l'ancien jubé de Saint-Pierre, il élève quatre gigantesques colonnes torses dont le mouvement entraîne le regard vers le haut. Aucune ligne rigide ne vient interrompre cette dynamique appuyée sur le tombeau et le maître autel. Les lambrequins sont accompagnés d'un vol d'anges porteurs de la tiare et des attributs liturgiques, tandis qu'au sommet des volutes une croix et un globe ont remplacé la statue du ressuscité prévue à l'origine. Sur ce monument imposant mais aérien, Urbain VIII n'hésita pas à multiplier les emblèmes de sa famille : abeilles, soleil et feuilles de laurier. Rien ne fut trop beau pour Saint-Pierre dont le seul baldaquin coûta le dixième du revenu annuel de l'État pontifical. Le marbre, l'or et le bronze furent largement utilisés. Le Bernin se vit aussi commander la décoration des piliers du dôme, un relief en marbre montrant le Christ confiant son troupeau à Pierre ou encore le tombeau de la comtesse Mathilde qui donna ses biens au Saint-Siège. Avec Urbain VIII est venu le temps du triomphe. Décriés à cause de leurs fabuleuses dépenses, les Barberini firent de Rome la capitale artistique de l'Europe.

### *Le mécénat d'Urbain VIII*

Urbain VIII, comme ses prédécesseurs, a fait venir à Rome, parents, amis et clients, mais personne, plus que lui, n'a employé les artistes. Ceux-ci, depuis Sixte Quint, jouissaient d'un statut social plus considéré. Urbain VIII n'hésita pas à récompenser de titres les meilleurs d'entre eux et à les regrouper dans l'Accademia di San Luca. Avec ses trois neveux, Francesco, Taddeo et Antonio, il porta à un degré inégalé ce qu'avaient déjà entrepris Paul V et Scipione Borghèse, puis Grégoire XV et Ludovico Ludovisi : la protection des peintres, sculpteurs et architectes comme la constitution de grandes collections. Ancien élève du Collège romain tenu par les jésuites, le pape est lui-même un poète talentueux qui écrit en toscan, latin et grec, et la Compagnie n'hésite pas en 1631 à éditer somptueusement ses *Poemata* illustrés par le Bernin. Le cardinal Francesco qui a sa propre cour et fut nonce à Paris, protège Vouet et Valentin mais surtout Poussin. Taddeo, chargé de perpétuer la famille, fait édifier un immense palais où Pietro di Cortona exalte les Barberini dans une vaste fresque disposée autour de leurs armes, les abeilles. Antonio, lui aussi promu cardinal, accumule livres et antiques, fait donner des opéras et protège le poète toscan Giulio Rospigliosi, futur Clément IX. Des amis contribuent aussi à cette profusion artistique, tels les frères

Sacchetti qui appuient Cortona et le poète napolitain Marino. En plus des Académies, publiques ou privées, les ordres religieux jouent un rôle considérable dans cette efflorescence. Depuis Philippe Neri (1515-1595), l'Oratoire, une fondation typiquement romaine, organise des concerts et des entretiens spirituels dans une salle pour laquelle Borromini (1599-1667) construit de 1637 à 1662 une étonnante fausse façade pleine de mouvement par le jeu de ses lignes. On commence par mettre en scène des épisodes bibliques, comme dans les *Laudi spirituali* de G. Animuccia. Ainsi naît l'« Oratorio ». En 1600 est créé à l'Oratoire *La Rappresentazione di anima e di corpo* d'Emilio dei Cavalieri.

Une autre institution romaine essentielle est, depuis Grégoire XIII, le Collège romain tenu par les jésuites. Favorisée par les pontifes anciens élèves, la Compagnie développe les sciences, le théâtre et la rhétorique. Le Collège romain est un des principaux foyers scientifiques du temps et c'est vers lui que Galilée se tourne en 1611, année de son premier voyage à Rome où il est fort bien accueilli, tant par Paul V que par le prince Cesi, fondateur de l'Académie des Lynx. Il se trouva pris ensuite dans les controverses liées aux thèses coperniciennes et les relations se tendirent avec certains jésuites, même si d'autres religieux ne partageaient pas les soupçons éveillés par ses travaux d'astronomie. Il fut condamné une première fois par le Saint-Office en 1616 après une dispute avec Bellarmin, auteur héliocentriste d'un *De caelo*. Il voulait développer par le relais de l'expérience scientifique le sens de l'Ecriture, tandis que le cardinal entendait pénétrer l'expérience scientifique par une exégèse littérale de qualité (J. R Armogathe). Il ne s'agit pas de l'affrontement inégal entre un auteur audacieux et libre-penseur et une puissance obscurantiste, mais d'un conflit épistémologique qui oppose entre eux des savants, tous persuadés de leur obéissance à l'Église, Galilée, héritier de la Renaissance, observant une nature écrite en langage géométrique, alors que déjà s'élabore l'algèbre moderne.

Conformément au silence qui lui avait été imposé, il se tut jusqu'en 1619, date à laquelle il prit position sur la comète de l'année précédente. Urbain VIII fit de son mieux pour apaiser ces querelles complexes, mêlant observations scientifiques, interprétations souvent erronées, y compris une partie de celles de Galilée, préoccupations du Saint-Office et rapports entre cosmologie et Écritures. Le *Dia-*

*logue* de 1630 provoqua de vives discussions qui aboutirent en 1633, après la mort de Bellarmin, à un nouveau procès aujourd'hui encore mal connu. Il semble que l'affaire, à cette date, ait cessé de porter uniquement sur des questions scientifiques controversées jusque dans l'entourage pontifical. La politique d'Urbain VIII entre Espagne, France et Toscane (le pays de Galilée) est aussi une des données du procès. Galilée fut condamné pour avoir contrevenu à son engagement de 1616, mais il put se retirer en Toscane.

Aux papes, le Collège romain des jésuites offre un établissement de haut niveau où s'élabore une culture nouvelle, tant scientifique que littéraire. Illustrant depuis les années 1580 une tradition humaniste et chrétienne, la Compagnie est un des acteurs principaux de la Renaissance barberinienne. Les maîtres de rhétorique du Collège romain, les PP. Galluzzi puis Famiano Strada sont de véritables pontifes des lettres. Marc Fumaroli l'a montré, la Compagnie est dépositaire de la langue romaine, du meilleur style latin, celui d'une éloquence nourrie de Cicéron et de Quintilien et destinée à régir le monde pour une plus grande gloire de Dieu et de la Papauté. Toutes les occasions sont bonnes pour le déploiement d'une rhétorique latine de la célébration : soutenances de thèses, visites des papes au Collège, canonisations et spectacles. Elle est le « dénominateur commun de toutes les manifestations philosophiques, morales, érudites ». Triomphe un goût romain fait de grandeur et de confiance dans l'ingéniosité et la volonté humaines. L'histoire n'est pas une tragique dégénérescence depuis les origines, mais une accumulation synthétique d'expériences variées dans une même culture latine qui unit Cicéron, Virgile, Sénèque, les Pères et Urbain VIII. Les désastres du XVI^e^ siècle sont surmontés dans la célébration de la gloire de Dieu, dont les rayons sont réfractés par l'Église et la Ville, le pape et sa famille.

La ville est devenue un théâtre de la gloire. Elle l'est par ses bâtiments somptueux, elle l'est par le verbe, l'écrit et l'image. Elle l'est par les cours des cardinaux qui sont autant de satellites spirituels et séculiers de celle du pape dont elles suivent l'exemple. Malgré toutes les tentatives pontificales, rien n'a pu enrayer la croissance des effectifs de sa cour qui compte plus d'un millier de personnes sous Pie IV (1559-1565). Au cours du XVII^e^ siècle se multiplient les descriptions de la Corte romana. Les principaux cardinaux de la seconde moitié du siècle précédent n'ont pas moins de deux cents, voire trois cents familiers. Si les chiffres du XVIIe siècle semblent certes un peu en retrait, il faut cependant loger tout ce monde, souvent originaire de la ville du cardinal. Dès 1510, Paolo Cortesi, dans son *De cardinalatu,* a pu consacrer un chapitre sur la manière dont un cardinal doit disposer son palais. À partir de 1632, les Barberini édifient le leur et encore le cardinal Francesco loge-t-il une partie de ses gens à la Cancelleria. Pages, « aiutanti di camera », chapelains, bibliothécaires et artistes gravitent autour des cardinaux, en attendent bénéfices, offices curiaux ou commandes.

Papes, cardinaux et ambassadeurs étrangers donnent à la Ville une remarquable animation dont l'écho se fait entendre dans toute l'Europe, pas seulement catholique. Obligations politiques et religieuses, les fêtes romaines sont à leur manière des événements mondiaux qui témoignent du prestige retrouvé de la Papauté. Le calendrier liturgique, en plus des années saintes, multiplie les occasions notamment lors du carême et pour Pâques, dans l'émulation des archiconfraternités, romaines, espagnole ou française. Processions, parfois de flagellants, oratorios ponctuent les jours saints en attendant le moment de saluer, place Navone, la résurrection à grand renfort de feux d'artifices et de pétards. La Fête-Dieu prend un relief tout particulier place Saint-Pierre. Les canonisations sont célébrées dans un faste exceptionnel, surtout lorsqu'elles exaltent les champions de la Réforme catholique dont les succès sont de plus en plus apparents. En 1610 pour Charles Borromée, une façade de circonstance dissimule la basilique Saint-Pierre inachevée. En 1622, alors que progresse partout la reconquête, sont portés sur les autels Thérèse d'Avila, Philippe Neri, Ignace de Loyola et François-Xavier. Suspendue sous la voûte de Saint-Pierre, une bannière montre la transverbération de la sainte que représente plus tard Le Bernin. Présentée dans les mêmes circonstances, l'image de Philippe Neri en extase devant la Vierge parmi les anges, devient, notamment grâce à Guido Reni, le modèle pour toutes les églises de l'Oratoire. Les jésuites choisissent pour leur fondateur la vision de la Storta, à la veille de son arrivée à Rome, quand le Christ lui promet sa protection. Toujours, le ciel s'ouvre, les corps deviennent glorieux, saisis par l'extase : « les saints de la Contre-Réforme furent eux-mêmes des miracles » (Émile Mâle).

À travers le cérémonial de l'investiture et des funérailles pontificales, c'est la dignité du souverain pontife qui est exaltée. Plus que le couronnement à Saint-Pierre avec la formule *Sic transit gloria mundi* prononcée par trois fois lorsqu'on brûle de l'étoupe devant le nouvel élu, c'est le possesso qui est fastueux, car toute la Ville assiste à la prise de possession de l'évêché de Rome. Se rendant à Saint-Jean de Latran, sa cathédrale, le pape passe par le Capitole et la Via Sacra selon un parcours ponctué d'arcs de triomphe, antiques ou modernes et éphémères. C'est près de celui de Titus qu'il reçoit l'hommage des juifs de Rome. À sa mort, son anneau est brisé et le corps, après avoir été exposé à Saint-Pierre, est rendu aux siens qui doivent lui offrir un catafalque et perdent tout à coup leur puissance pour devenir une famille noble parmi d'autres. S'ouvre alors par le pillage rituel de la maison du pape défunt un temps de vacance, de désordre et de fête. Si la gloire du défunt est désormais livrée, malgré les inscriptions sur les monuments et son tombeau, au jugement de la postérité, celle du siège pontifical demeure sans éclipse.

C'est elle que le Bernin a affirmée en édifiant entre 1657 et 1666 la chaire de Pierre dans l'abside de la basilique. Contemporaine de la place et de la colonnade, elle est l'aboutissement de l'itinéraire suivi par le pèlerin depuis le Ponte San Angelo orné d'anges tenant les instruments de la passion, à travers les ruelles étroites du Borgo San Pietro qui s'ouvrent tout à coup sur la place entourée de statues de saints, par le portique de Saint-Pierre jusqu'à apercevoir le baldaquin et la chaire. Utilisant des marbres multicolores, du bronze, des stucs et une lumière jaune, le Bernin, attaché à l'unité des arts visuels, a réalisé un énorme ensemble sculpté à la gloire de la primauté pontificale. C'est tout d'abord un reliquaire contenant des morceaux d'une chaire du IVe siècle qu'on attribuait alors à l'apôtre, c'est aussi un trône vide de bronze doré entouré d'anges, semblable à ceux des églises romaines médiévales et symbolisant le pouvoir divin. Sur le dossier que surmontent deux putti avec les clés et la tiare, un relief illustre la parole du Christ : *pais mes brebis*. Elle vient en écho de l'énorme inscription du tambour du dôme : *Tu es Petrus et super hanc petram aedificabo Ecclesiam meam.* Quatre Pères de l'Église (saint Ambroise, saint Augustin pour l'Occident, saint Athanase et saint Chrysostome pour l'Orient) sont auprès de la chaire mais ne la soutiennent pas car elle est suspendue dans les airs sous l'effet de la volonté divine. La fenêtre, de laquelle irradie la lumière, est devenue la gloire. Ornée de la colombe du Saint-Esprit, elle est entourée d'une foule d'anges de toutes tailles qui se pressent parmi les rayons dorés. La chaire n'est donc pas dans la cathédrale, à Saint-Jean de Latran, mais auprès du tombeau de Pierre. Elle manifeste la primauté pontificale comme la protection divine et la continuité apostolique. Au monde entier, la Papauté annonçait que sa gloire lui venait de la plénitude divine.

Jamais Rome n'avait semblé si fascinante. L'énorme dispositif théologico-urbain mis en place depuis un siècle exerçait sa séduction sur l'Europe entière. La Ville attirait les artistes flamands, hollandais, français. Certains, tels le peintre tchèque Karel Skreta se convertirent au catholicisme. Elle se gagne les savants. L'érudit Lucas Holstenius, de Hambourg, se convertit à Paris en 1624, y rencontre le cardinal Barberini, part ensuite à Rome où il collabore avec la Propaganda Fide et devient premier custode de la Bibliothèque vaticane. Plus que les autres, Urbain VIII donna le ton à l'Europe cultivée. Les cardinaux Richelieu puis Mazarin s'en souvinrent lorsqu'ils adaptèrent la norme classique romaine en France pour en faire un moyen d'hégémonie intellectuelle et politique. Le grand tour des jeunes nobles européens, y compris protestants, ne pouvait se concevoir sans un passage par Rome, comme en témoigne le poète silésien Andreas Gryphius : « Adieu, Idée du monde, Ville à nulle autre pareille, dans laquelle on voit tout ce qui fleurit entre l'Orient et l'Occident, le Nord et le Midi, tout ce que la nature a conçu et l'homme lu. » Venaient aussi des ambassades lointaines et des chrétiens du bout du monde : Siamois, Japonais ou Congolais. Toutes les ressources d'un catholicisme rénové, affermi et conquérant semblaient ici concentrées. L'initiative religieuse, intellectuelle et artistique était revenue dans le camp de l'Église romaine. C'est bien ce que semblait manifester la conversion de la reine Christine de Suède, la fille de Gustave-Adolphe, qui fit une entrée triomphale dans la Ville en 1655. Depuis Rome, elle entendait bien régner non plus sur sa patrie nordique, mais sur la République des Lettres. Lorsqu'elle mourut en 1689, elle fut enterrée dans les grottes vaticanes. À cette date, la Papauté était aux prises avec Louis XIV, elle inspirait la lutte du Habsbourg contre le Turc en Hongrie et devait compter avec un nouveau péril venu du nord, le mythe des origines de l'Église.

# XV

# Tous contre le pape ? (1680-1798)

Des périls redoutables guettèrent de nouveau le Saint-Siège, mais à la différence des précédents, ils surgirent du monde catholique. La Papauté n'y fut pas tant menacée par les Lumières qu'elle ne le fut par les disciples les plus intransigeants de saint Augustin et les monarques catholiques eux-mêmes. C'est de l'intérieur que vint la tempête.

## AUGUSTINISME ET MAGISTÈRE

### *Les querelles sur la grâce*

Vers 1650, parut au grand jour un feu qui n'avait cessé de couver depuis un siècle. Les théologiens disputaient à propos du rapport entre la toute-puissance divine et le libre arbitre humain. Comment concilier ces deux causalités également réaffirmées par le concile de Trente ? Comment éviter et l'élimination protestante du libre arbitre et l'hérésie pélagienne faisant la part trop belle à l'homme ? Pour trouver des réponses, on se tournait vers saint Augustin, vers saint Thomas, non sans risques de durcir ou de solliciter leur pensée. Dès 1567 la Papauté avait condamné, sans nommer leur auteur, les thèses de Baius, théologien de Louvain, qui avait traité de la grâce en ne se référant qu'aux Pères et en ignorant délibérément la scolastique. En 1588, le jésuite Molina publia sa *Concordia,* par laquelle il défendait l'idée d'une coopération simultanée de Dieu et l'homme dans la justification, le consentement du libre arbitre rendant efficace la grâce suffisante donnée par Dieu. Au Portugal, en Espagne, en Italie éclatèrent de très violentes discussions théologiques entre dominicains et jésuites sur les secours (auxilia) prodigués « par la grâce divine à l'homme en vue de son salut surnaturel et gratuit » (Jean-Marie Aubert). La Papauté dut intervenir en créant en 1597 une commission cardinalice spéciale *de auxiliis* pour étudier les thèses de Molina. Nombre de princes intervinrent dans cette querelle qui dura. En 1607, Paul V, sur le conseil de saint François de Sales, rendit une sorte de non-lieu, ne trancha rien mais interdit de publier sur la grâce sans le consentement de l'Inquisition.

Réaffirmée en 1611 et 1625, la volonté romaine de concorde fut difficile à imposer à des écoles théologiques appuyées par de grands ordres religieux. Saint Augustin, qui avait écrit contre les pélagiens, était-il la norme suprême sur la question de la grâce ? Sa pensée était-elle parvenue sans altération ? En 1640 parut l'*Augustinus,* ouvrage posthume de l'évêque d'Ypres Jansénius, un très gros volume de combat rassemblant en un exposé de théologie positive la doctrine de l'évêque d'Hippone dispersée en quantité d'écrits. L'objectif était de retrouver le sens véritable, obscurci par la théologie scolastique, de la pensée de saint Augustin sur la grâce, afin de faire triompher la vérité dans l'Église. Le livre n'était pas antiromain, car Jansénius espérait bien trouver des appuis à la curie. Mais se trouvèrent liés plusieurs problèmes qui empoisonnèrent la vie de l'Église jusqu'à la fin du XVIIIe siècle et valurent à la Papauté des attaques catholiques autrement plus dangereuses pour son autorité que les sarcasmes des philosophes. Quelle était la place de saint Augustin ? Pouvait-on à bon droit exalter un auteur, fût-il docteur de l'Église, et en faire la norme dogmatique, l'interprète de la foi ? Les déformations subies par la pensée augustinienne laissent supposer que l'Église a dégénéré depuis ses premiers temps et l'érudition ecclésiastique en plein essor, notamment en France et au Pays-Bas, appuie cette interprétation en dévalorisant le rôle de Rome face aux origines. Quel est dès lors le droit du magistère romain à porter des jugements en matière de « faits dogmatiques », « ces faits définis par l'Église, qui ne sont pas révélés en eux-mêmes mais qui ont rapport au dogme, servent à le défendre, à en faire l'application ou à le bien exposer » ? selon les termes de M. Bruno Neveu dont nous reprendrons ici les analyses.

### *L'infaillibilité en question*

Sans toutefois disparaître, les querelles sur la grâce débouchent bientôt sur un conflit ecclésiologique portant sur l'autorité pontificale et, plus précisément sur l'infaillibilité personnelle du pontife. Si on s'accordait sur un magistère infaillible de l'Église, l'idée d'un pape juge souverain dans les questions concernant la foi et les mœurs (non pas au sens actuel du terme, mais dans celui des usages en vigueur dans l'Église formant la vie chrétienne des fidèles), supérieur aux conciles dont il approuve les décrets sur ces matières, restait très controversée. Au cours du XVIe siècle, notamment à partir de Cajetan, les théologiens favorables au Saint-Siège ont multiplié les arguments, scripturaires, patristiques et dogmatiques, en faveur de l'infaillibilité pontificale. C'est le cas de Melchior Cano, de Banez, de Bellarmin et de Suarez. Les résistances furent vives, notamment en France où les docteurs parisiens se montraient divisés, le syndic de la faculté de théologie, Edmond Richer défendant les prérogatives du concile comme autorité doctrinale infaillible, d'autres comme André Duval étant davantage partisans des thèses pontificales. Depuis la fin du XVIe siècle, un véritable corps de doctrine s'était constitué, proclamant l'indépendance du pontife vis-à-vis du concile puis de l'Église universelle, appliquant au magistère du pontife les définitions valables pour celui de l'Église en général, et faisant apparaître au XVIIIe siècle la distinction entre l'Église enseignante et l'Église croyante.

Mais, avec les querelles augustiniennes du XVIIe siècle, le débat, fortement teinté de gallicanisme, changea quelque peu de nature, passant des définitions ex cathedra concernant les vérités de foi aux faits dogmatiques et à tout ce qui appartient indirectement au dépôt de la foi. La difficulté tenait à ce que l'Église n'avait plus ici à fixer la doctrine comme à Trente, ni à condamner l'hérésie d'un contemporain, mais à se prononcer sur des propositions théologiques qu'elle devait interpréter en leur attribuant un sens sur lequel elle se prononçait (infailliblement) en le qualifiant de catholique ou d'hérétique. Le débat prit un tour nouveau en rejoignant les querelles sur l'infaillibilité pontificale. Quelle soumission était alors exigée ? L'Église pouvait-elle se prononcer sur les faits dogmatiques non révélés ? Cela supposait que la tradition pût être révélée progressivement par l'autorité du souverain pontife et ne fût pas un dépôt à conserver de manière statique. Rome, fidèle à son habitude, insista sur son droit plus que sur le fond de l'affaire et les motifs de ses condamnations, ce qui heurta une opinion savante, souvent nordique, attachée aux preuves historiques.

Face à la conviction romaine d'une continuité depuis les premiers siècles de l'Église, s'affirme un nouveau et puissant mythe des origines. Mais les novateurs, tel Antoine Arnauld, se présentent comme les champions exclusifs de l'antiquité, mettant la Papauté en difficulté : « Rome ne saurait parler contre Rome, les papes du XVIIe siècle prononcer contre ceux du Ve siècle » (B. Neveu). La lutte s'engage sur le terrain de l'érudition historique et patristique. L'enjeu est le vrai sens des écrits de saint Augustin, la connaissance des premiers conciles mais aussi le statut de l'autorité de Pierre et de la tradition. D'un côté une Papauté préposée à la garde du dépôt révélé, selon une conception gallicane et juridique. De l'autre, un magistère qui est aussi l'interprète de l'Écriture et de la tradition. Les jansénistes français lui refusent toute fonction régulatrice exercée avec l'assistance divine. Leurs arguments trouvent de nombreux échos, non seulement chez leurs compatriotes gallicans éloignés de Port-Royal, mais aussi dans d'autres pays catholiques où les chancelleries, les magistrats, les docteurs et les clergés se montrent hostiles à la curie. L'Église enseignante, parlant par la chaire de Pierre, se voit opposer la primauté de la source augustinienne.

Insoucieuse de faire disparaître la liberté des écoles théologiques, la Papauté est prise au dépourvu devant la virulence et les implications de la querelle. N'ayant que peu de prise sur des facultés de théologie de plus en plus liées aux princes, elle tâche de s'appuyer sur les ressources romaines, collèges tenus par les jésuites, studia et maisons généralices des grands ordres, érudits de la Vaticane qui alimentent le recrutement et la réflexion des congrégations et le sacré collège. Il lui faut sauvegarder la liberté de l'Église et son interprétation sans mettre à mal le respect pour saint Augustin dont les défenseurs ne sont pas que chez les disciples de Jansénius mais aussi à Rome chez augustinus et dominicains. Pour la Papauté, la vraie interprétation de saint Augustin « n'est autre que le sens donné par l'Église aux textes augustiniennes retenus par l'édification de la doctrine catholique et pour la formulation des définitions proposées aux fidèles ». Ses adversaires assurèrent qu'attaquer Jansénius, c'était s'en prendre à saint Augustin donc à l'Église. Lorsque Rome, non contente d'avoir condamné, par la bulle *In eminenti*, en 1642, l'*Augustinus* pour contravention à la règle du silence, puis en 1653, cinq propositions sans indication d'auteur qui en étaient tirées, finit en 1656 par préciser le sens de l'auteur, la Papauté est accusée d'avoir renié saint Augustin et de verser dans le pélagianisme. Cette dernière tâche de défendre ses droits et même de renforcer les thèses infaillibilistes. Au désaccord sur la tradition entre le magistère vivant et l'impérieuse érudition de docteurs sûrs de défendre la vérité s'ajoute le heurt entre les lenteurs curiales et les susceptibilités gallicanes.

*Le roi de France, Port-Royal et le pape*

Le développement de cette querelle complexe est fonction des divisions de l'Église gallicane, des interventions de la monarchie et des rivalités romaines. En 1653, une majorité d'évêques gallicans et Mazarin, constatant l'ampleur d'une dispute théologique insoluble à Paris obtinrent d'Innocent X, par la bulle *Cum occasione* la condamnation de cinq propositions implicitement liées à l'*Augustinus* mais sans précision de leur présence dans cet ouvrage. Le pape condamna donc une hérésie abstraite, ce qui permit aux partisans de Jansénius de distinguer l'obéissance due au pape dans l'approbation de la censure des propositions hérétiques (le droit) et l'absence des propositions en question dans l'*Augustinus* (le fait) en gardant un silence respectueux. La Papauté avait servi de recours à l'Église gallicane, ce qui semblait propre à renforcer sa prééminence. Mais démarra une spirale de subtilités juridiques dévastatrices, de formulaires à signer et de restrictions mentales que seule put apaiser la paix de l'Église sous Clément IX en 1669. Les tensions entre Louis XIV et Innocent XI à propos du droit de régale (revenus des évêchés vacants) aboutirent à une attitude pontificale plus favorable aux jansénistes qui bénéficièrent de l'appui de curialistes hostiles aussi bien à la cour de France qu'au « laxisme » des jésuites.

Après l'assemblée du clergé de 1682 dont les articles reprirent les thèses gallicanes et conciliaires, les relations francopontificales s'améliorèrent et la monarchie chercha à s'appuyer de plus en plus sur la Papauté. En 1705 avec la bulle *Vineam Domini* qui imposa une adhésion totale à la condamnation des propositions de Jansénius, en 1713 avec la bulle *Unigenitus,* la Papauté se prononça à la demande de Louis XIV. L'*Unigenitus* qui devait mettre un terme à cette trop longue et profonde querelle en condamnant en bloc cent une propositions explicitement tirées des *Réflexions morales sur le Nouveau Testament* de Pasquier Quesnel, un ouvrage répandu, mais sans les assortir chacune d'une qualification, provoqua au contraire une effervescence particulièrement vive en France et aux Pays-Bas. Se dressa contre la Papauté et le monarque français un front hétéroclite de jansénistes mais surtout de gallicans alarmés par l'inopportune 91e proposition sur l'excommunication royale.

Il en résulta une radicalisation de l'opposition antiromaine. Profitant de la Régence de Philippe d'Orléans en France, quatre évêques, bientôt suivis par des docteurs en théologie et d'assez nombreux ecclésiastiques séculiers et réguliers en appelèrent en 1717 au futur concile général pour trancher la question. La réaction romaine à l'effervescence gallicane et janséniste fut vive et en 1718 les lettres *Pastoralis officii* et des décrets de l'Inquisition excommunièrent les « appelants ». Il fallut plusieurs années et tout le poids de l'autorité royale sous le ministère du cardinal Fleury pour venir à bout des résistances cléricales. Mais en 1723, la querelle de l'Unigenitus avait conduit jusqu'au schisme l'Église des Provinces Unies (Utrecht). En France, l'anticurialisme conflua avec l'opposition politique dans une partie du monde judiciaire et du bas clergé pour ressurgir avec force dans les années 1750, ébranlant le pouvoir royal allié aux évêques pour appliquer la bulle. Le gallicanisme parlementaire, rajeuni par la bulle, devint un péril encore plus mortel pour la monarchie française que pour la Papauté.

Cette dernière subissait le discrédit de la Compagnie de Jésus dans une partie des nations catholiques. D'une même source romaine, curiale ou jésuite, semblaient provenir trop de funestes nouveautés ruinant, non seulement l'autorité des princes, mais encore la véritable religion. Dans les accusations, le pouvoir indirect du pape et la théologie morale des jésuites revenaient sans cesse. La religion était dénaturée, trahie. Les clameurs furent d'autant plus virulentes lorsque la Papauté se rallia finalement à des positions plutôt molinistes dans les querelles sur la grâce. En constante évolution, mêlant politique, théologie et ecclésiologie, les discordes s'étendaient à de nouveaux objets, tels les « rites chinois » qui avaient l'avantage de raviver les querelles de juridiction à propos du patronat portugais en Extrême-Orient. Depuis le début du XVIIe siècle, la concurrence y était vive, en Inde, aux Philippines et en Chine entre dominicains, franciscains et jésuites. Confluaient là-bas désaccords pastoraux sur l'adaptation des rites chrétiens et querelles juridiques liées au patronat portugais. Les jésuites acceptèrent le culte des ancêtres et se livrèrent à des traductions fort discutées. Ces affaires lointaines leur valurent l'accusation d'idolâtrie par Pascal. La Chine devint désormais un enjeu de choix dans la grande bataille religieuse française et mit la Papauté dans l'embarras pour un siècle. Mais il lui suffisait de porter son regard sur les États italiens pour avoir, toujours grâce au jansénisme, des sujets de préoccupation.

### *Jansénisme à l'italienne*

Les idées jansénistes, sous la double forme d'une volonté réformatrice rigoriste et anticuriale, trouvèrent un profond écho en Italie et à Rome même. La France exerça une profonde influence sur le monde savant italien qui se tourna vers son érudition solide et sa piété rigoureuse, ennemie du probabilisme et de la casuistique. Une telle attraction alla de pair avec la réaction générale dans l'Italie du second XVII^e siècle contre l'autorité et les « novateurs ». Au nom de la critique des textes et de l'histoire, furent mis en question aussi bien les méthodes alors en vigueur de glose et de commentaire que les « nouveautés » contraires aux usages de la primitive Église introduites par les jésuites en théologie morale. Les modèles traditionnels qui avaient fait la force de l'Église romaine dans sa lutte contre les protestantismes s'épuisaient peu à peu. À la curie, certains prélats, tels les cardinaux Bona et Casanate, Mgr Fontanini, s'intéressèrent à la nouvelle science critique. Il fallait désormais, malgré les condamnations, tâcher de concilier principes romains et érudition appliquée à l'histoire ecclésiastique. C'est ainsi que Pietro Ballerini publia en 1753-1757 les œuvres complètes de saint Léon, de façon à doter la Papauté d'une édition propre différente de celle, gallicane, de Pasquier Quesnel de 1675. Depuis 1747, le dominicain Orsi travaillait à une *Histoire ecclésiastique* destinée à faire pièce à celle du gallican Claude Fleury, mais il mourut avant d'avoir achevé son œuvre. La situation demeura longtemps confuse, car ce nouvel esprit rencontrait d'autant plus d'adversaires à la curie qu'il favorisait les entreprises des Couronnes contre l'autorité pontificale. Il heurtait aussi de front la piété romaine, aussi bien celle des foules que celle de certains savants.

L'introduction de la méthode critique permit ainsi de parler d'un jansénisme romain, même s'il s'agit en fait d'une réalité quelque peu différente de la situation française. Sa première cible est la piété populaire romaine, jugée indécente, extérieure, superstitieuse. Mais la réforme religieuse dans un sens plus austère et plus intellectuel s'appuie sur une volonté de retour à la tradition des premiers siècles afin d'éclairer le dogme par la critique historique et l'érudition patristique. La curie post-tridentine offre aussi une cible de choix aux attaques des réformateurs, sensibles aux nouveautés intellectuelles françaises puis toscanes comme au jugement souvent sévère des voyageurs sur la situation religieuse romaine. Le diocèse de Rome est-il victime de la primauté pontificale de son évêque ? L'application diocésaine de la réforme tridentine fut anarchique et incomplète, faite d'efforts réels mais dispersés ou inconstants. La formation du clergé laissait à désirer et la curie aspirait nombre de sujets de valeur. Il fallut attendre l'austère dominicain Benoît XIII (1724-1730) pour voir réuni un concile provincial romain en 1725, avec plus d'un siècle de retard sur beaucoup d'autres diocèses d'Espagne, d'Italie ou de France.

Les influences « nordiques » et l'insatisfaction suscitèrent une volonté de réforme religieuse sensible dans les différents courants augustiniens romains (augustins, dominicains) unis par un commun refus du « laxisme » des jésuites en matière de théologie morale. L'exemple de saint Charles Borromée et du cardinal de Bérulle y avait souvent autant et même plus de poids que le souvenir de Jansénius. Dans la première moitié du siècle, un groupe informel, protégé par le cardinal Neri Corsini, neveu de Clément XII, défendit un idéal de renouveau liturgique, de purification morale et d'approfondissement intellectuel. L'*Unigenitus* n'avait pas chez eux l'importance qu'elle eut en France ou aux Pays-Bas et ils se voulaient fidèles au pape dont ils attendaient une profonde réforme en le distinguant nettement des intérêts de la curie et du pouvoir temporel. Parmi eux, le Toscan Bottari fut custode de la Vaticane, chapelain de Clément XII puis de Benoît XIV, le cardinal Passionei correspondait aussi bien avec Voltaire qu'avec les jansénistes français, le Florentin Foggini se livra à l'étude de l'histoire. Les premiers temps de l'Église, ceux des apôtres et des Pères, brillaient à leurs yeux aussi de tout l'éclat de la pureté perdue à réinstaurer, ce qui pouvait fort bien s'accorder avec la tradition borroméenne. Tel était bien l'avis de l'abbé Muratori (1672-1750), bibliothécaire du duc de Modène, dans sa *Della regolata devozione* de 1747. Le cardinal Lambertini ne leur était pas hostile, mais, devenu Benoît XIV, il prit quelques distances. Une partie de la curie ne ménagea pas sa suspicion. Lorsque le pontificat de Clément XIII marqua l'été de la Saint-Martin de l'influence jésuite, les réformateurs jansénistes portèrent leurs espoirs vers les princes italiens, notamment vers la Toscane. Rome devint l'objet de leur ressentiment que la suppression de la Compagnie de Jésus ne suffit pas à apaiser.

## Les monarchies catholiques contre la Papauté

Cette suppression, arrachée en 1773 à Clément XIV par des souverains catholiques absolus de plus en plus jaloux de leurs prérogatives, révèle l'ampleur du déclin de la Papauté depuis un siècle.

### *Fêtes romaines et intrigues*

Le déclin ne fut pourtant pas sensible dès le milieu du XVIIe siècle, comme on l'a trop longtemps avancé. Rome resta durablement, pour les puissances catholiques, le théâtre de leurs prétentions et de leurs rivalités. Ambassadeurs et cardinaux faisaient de leur mieux pour manifester par des fêtes somptueuses la puissance de leur souverain. Feux d'artifice, façades postiches, scènes historiées et processions marquent la conclusion des paix, les naissances princières ou des événements exceptionnels, telle la révocation de l'Édit de Nantes en 1685 pourtant mal vue par le pape qui redoute la création d'une Église nationale française. En 1729, le cardinal de Polignac, ambassadeur de Louis XV et grand amateur d'antiquités, organise pour la naissance du dauphin une reconstitution de l'ancien cirque de Domitien place Navone, comme en témoignent les tableaux de Pannini. Églises nationales et ambassades sont, avec quelques places symboliques très disputées, places Navone ou d'Espagne, les points d'appui de cette émulation et de véritables lieux de ralliement. En 1687, lorsque Innocent XI croit pouvoir abolir les franchises d'asile des quartiers d'ambassade, il déclenche une crise avec Louis XIV dont l'ambassadeur est même excommunié.

Alors qu'au siècle suivant les monarques catholiques multiplient les avanies infligées au pontife, ils interviennent avec un zèle accru dans les conclaves, appuyant des candidatures ou jetant l'exclusive. Ils redoutent de voir élu un pape trop puissant, capable de s'opposer à eux et de résister à leurs tentatives de contrôle du clergé dans leurs États. En 1758, la France jette l'exclusive sur le cardinal Cavalchini hostile à la nouvelle politique religieuse de Louis XV. Mais, il est plus habile de faire du veto une arme de dissuasion propre à empêcher toute convergence des votes sur d'indésirables papabiles. Français et Espagnols n'hésitent pas à faire passer des messages aux conclavistes. Ne voit-on pas aussi en 1724 le comte de Kaunitz, ambassadeur impérial, juché sur une échelle, faire passer par un fenestron, de la pointe de son épée, une lettre de l'empereur ? Il fallut deux cent cinquante-cinq scrutins et six mois pour parvenir, à force de négociations, à l'élection de Benoît XIV. Réunir une majorité des deux tiers n'est pas si facile. Quant à Clément XIV, son élection en 1769 n'a pu se faire sans quelques assurances données aux monarchies désireuses d'en finir avec les jésuites. Peut-être lui-même ne tenait-il pas ses propos antijésuites pour des promesses, mais c'est bien ainsi qu'ils furent interprétés. Tous les cardinaux ne sont pourtant pas accessibles aux pressions. L'« escadron volant » n'aime pas les candidats des couronnes et s'il ne peut faire prévaloir ses choix, il a, au moins, la possibilité de bloquer les candidats qui lui déplaisent par trop.

### *Les derniers feux d'une puissance européenne*

Les pressions des monarques catholiques sur les conclaves traduisent l'amenuisement du rôle diplomatique de la Papauté. Il convient toutefois de réviser la chronologie généralement admise. Certes, Mazarin, hostile au nonce Chigi devenu Alexandre VII, ne convia aucun nonce pontifical lors de la paix franco-espagnole des Pyrénées en 1659. En revanche, la guerre de Dévolution entre les mêmes belligérants en 1667-1668 fut conclue grâce à une médiation pontificale. Le nonce du pape eut encore part, quoique de manière plus discrète, aux négociations qui mirent un terme à la guerre de Hollande (1672-1678), même si Innocent XI, en froid avec Louis XIV, ne voulut pas que son action fût mentionnée. Si la Papauté n'intervint pas dans la guerre de

# L'État pontifical au début du XVIIIe siècle

A. Caracciolo et M. Caravale, *Lo Stato pontificio da Martino V a Pio IX*, Torino, 1978.

la Ligue d'Augsbourg qui opposa la France aux puissances protestantes et aux Habsbourg, elle eut un rôle considérable dans la lutte contre le renouveau de la puissance ottomane à partir des années 1660. Clément IX avait tenté en 1667, pour secourir Candie, la principale place forte vénitienne de Crète, de reconstituer une ligue chrétienne. Ce fut le but de sa médiation entre la France et l'Espagne. Mais le projet n'aboutit pas et, après un siège de vingt-cinq ans, Candie tomba aux mains des Turcs en 1669. La Papauté fut plus heureuse lorsque les armées ottomanes parurent en 1683 sous les murs de Vienne. Devant l'ampleur du péril, elle réussit à constituer une Sainte Ligue unissant à ses côtés Venise, l'Autriche, la Pologne en jouissant même de l'appui russe. Elle n'épargna pas son argent pour assurer la victoire de la croix sur le croissant. Elle parvint même, grâce à l'éloquent capucin Marco d'Aviano, à engager l'empereur Léopold, au départ réticent, dans une victorieuse reconquête de la Hongrie à partir de 1684. Pendant quelques années, la reconquête des Balkans et l'avancée vers Constantinople furent même envisageables. Lorsque la guerre reprit en 1716, tant en Grèce qu'en Hongrie, les déboires vénitiens furent largement compensés par les éblouissants succès du prince Eugène de Savoie qui reçut du pape l'épée et le bonnet pour les services éminents rendus au catholicisme. En 1718, les Ottomans avaient été presque écartés de l'Adriatique, Buda, Pest et Belgrade étaient revenues aux chrétiens. Ce fut le dernier grand succès des vues pontificales, car le Saint-Siège trouvait de plus en plus de difficultés à se maintenir dans les luttes pour l'équilibre européen.

Innocent XII avait pourtant, dans ses derniers jours en 1700, joué un rôle considérable dans la succession d'Espagne, en incitant le moribond Charles II à choisir comme héritier de tous ses États le duc d'Anjou, petit-fils de Louis XIV, de préférence à l'archiduc Charles, fils de l'empereur Léopold. Il espérait ainsi sauver la paix de l'Europe. Cet espoir fut vain. Innocent XII qui avait rendu l'âme peu avant Charles II, ne vit pas les onze à douze années de guerres qui déchirèrent non seulement l'Europe mais aussi les puissances catholiques. Son successeur Clément XI n'eut pas la tâche facile. Il reconnut le duc d'Anjou comme roi sous le nom de Philippe V en 1701. C'est en vain qu'il tenta d'empêcher la cour de Vienne d'entreprendre une guerre en 1702. La question de l'investiture du royaume de Naples et de Sicile dont il était le suzerain lui valut de mécontenter Philippe V, et son refus de reconnaître l'archiduc Charles comme roi d'Espagne de subir l'hostilité autrichienne. La situation devint intenable lorsque les revers des troupes franco-espagnoles dans le Milanais face aux Impériaux laissèrent les territoires pontificaux à découvert, sur la route entre l'Autriche et Naples. L'invasion autrichienne contraignit en 1709 la Papauté à traiter l'archiduc comme le roi sans toutefois le reconnaître explicitement et à accréditer un nonce à Barcelone dans la Catalogne hostile à Philippe V. Puis, il fallut en venir à une reconnaissance en bonne et due forme. La rupture fut totale avec les Bourbons qui se sentirent abandonnés au pire moment de la guerre et expulsèrent le nonce d'Espagne. Clément XI refusa de pourvoir les sièges épiscopaux vacants dans les territoires contrôlés par Philippe V. Mais le retournement militaire en faveur des Bourbons, la mort de l'empereur Joseph Ier puis l'élection impériale de son frère Charles qui quitta l'Espagne laissèrent la Papauté face à Philippe V et à Louis XIV. Le roi de France refusa la médiation de Clément XI. Pour la paix de Rastatt entre la France et l'empereur, on ne se soucia nullement de la Papauté simplement représentée par un observateur, Domenico Passionei. On régla le sort de l'Italie et de l'Empire sans souci ni des intérêts temporels du Saint-Siège ni de la défense du catholicisme.

Désormais, la Papauté, loin d'être partie prenante des relations internationales, les subit comme un État de second rang. Elle fut une des grandes perdantes de la guerre de Succession d'Espagne, pourtant commencée sous les meilleurs auspices pour elle. Un lourd contentieux demeura avec l'Espagne comme avec l'Autriche, d'autant plus que ces deux puissances continuèrent à s'affronter pour le contrôle de l'Italie. Les relations furent rétablies avec l'Espagne en 1717 pour aussitôt se détériorer et le territoire de Comacchio pris par l'Autriche en 1708 ne fut pas restitué avant 1725. Les conflits suivants virent l'Italie servir de champ de bataille et les armées franco-espagnoles et autrichiennes traverser les États pontificaux laissés sans défense. Quand, en 1756, par un renversement diplomatique, fut réalisée l'alliance tant désirée à Rome des Bourbons de France et des Habsbourg, rejoints en 1762 par l'Espagne, l'union des couronnes catholiques contre l'Angleterre et la Prusse fut militairement désastreuse et tourna à une convergence politique contre la curie et les jésuites.

*Monarques et évêques contre le pape*

L'autre aspect de l'offensive des Couronnes contre la Papauté fut la lutte pour le contrôle des Églises nationales et le démantèlement du privilège ecclésiastique. En France, l'ecclésiologie gallicane insiste sur le fait que les pouvoirs et la juridiction épiscopale viennent directement du Christ, comme le pouvoir pontifical lui-même. Les évêques repoussent l'idée d'un pouvoir direct et ordinaire du Saint-Siège sur tout le troupeau (P. Blet). Le pape ne peut donc, selon eux, enjamber la juridiction épiscopale et métropolitaine pour se saisir d'une cause en première instance et décider immédiatement et en dernier ressort. Pour eux, les papes sont les chefs de l'Église au spirituel. Le roi est le défenseur de leur liberté et le soutien de leur autorité. Lorsque le monarque, Louis XIV, entend étendre ses droits à leur détriment, ils ne tiennent pas, sauf quelques jansénistes, le pape pour un allié. Ce dernier est d'ailleurs hésitant sur la question de la régale (à qui iront les revenus des évêchés vacants ?). Innocent XI veut ménager Louis XIV dont il espère quand même une action contre les Turcs. Le roi et le pape (Innocent XI, puis Alexandre VIII et Clément XI), même s'ils s'opposent parfois rudement, sont cependant plus modérés que leurs conseillers. Les conflits sur la régale, l'assemblée du clergé de 1682 qui proclame la supériorité du concile sur le pape, l'occupation d'Avignon et du Comtat, n'empêchent pas qu'on sache éviter la rupture pendant les années 1680 et qu'on en vienne à une excellente entente après 1693. Car depuis la « Glorieuse révolution » anglaise de 1688 qui a chassé le catholique Jacques II Stuart, Louis XIV apparaît bien comme le champion du catholicisme. Il est appuyé par une Église gallicane convaincue d'incarner le véritable catholicisme réformé, puisque, grâce à ses libertés défendues par les rois, les évêques et les juristes, elle a gardé la pureté des premiers temps. La « translation des études » semble complète pour cette France de Louis XIV assurée d'être désormais ce que Rome fut naguère : le modèle de la foi, des arts et des sciences. Le pamphlétaire italien Gregorio Leti peut désormais attaquer la cour de Rome qu'il accuse des pires desseins hégémoniques et des pires perversions. Contre Rome, la France est le rempart de la chrétienté.

Si les évêques gallicans se sentent plus proches du roi que du pape, les monarques catholiques s'avèrent de plus en plus soucieux de contrôler davantage le clergé de leurs États. Souvent soutenu par un épiscopat nommé par le prince et mal disposé envers Rome et les légats, le mouvement n'est pas nouveau. Lorsqu'en 1701, le roi de Hongrie décrète son autorité absolue sur l'Église, il ne fait pas qu'invoquer les privilèges de saint Étienne, il prend la suite de son ancêtre Ferdinand III au milieu du siècle précédent. Dans les États italiens, le contentieux est ancien et les juristes cultivent avec soin les droits et les griefs du pouvoir temporel. À Milan comme à Naples, dès la seconde moitié du XVI^e^ siècle, les entreprises pontificales pour défendre l'immunité ecclésiastique et faire appliquer les décrets tridentins sont surveillées avec une acrimonieuse vigilance par les serviteurs des Habsbourg. L'affaiblissement international causé par la guerre de Succession d'Espagne et le nouveau climat intellectuel favorisent les prétentions des États catholiques. En 1723, dans la Naples autrichienne, le juriste Pietro Giannone fait paraître sa *Storia civile del Regno di Napoli* qui oppose la situation actuelle de l'Église à celle des premiers temps. Rejetant l'idée que les privilèges de l'Église soient de droit divin, il n'en fait que de concessions révocables de l'État. Les conflits de juridiction se multiplient. À Naples, il s'agit du tribunal du Saint-Office mais aussi des bénéfices comme en Piémont. En Sicile, les juristes rappellent que le clergé est directement soumis au roi qui a pouvoir de légat *a latere*. Avec l'empereur, il faut longtemps pour savoir qui a juridiction sur la région de Comacchio, tandis qu'à Naples la suzeraineté pontificale sur le royaume est de moins en moins acceptée.

Pour tenter de régler les difficultés, les papes acceptent la négociation de concordats avec les princes catholiques. L'Espagne des Bourbons, mal disposée envers Rome depuis la volte-face pontificale de 1709, à nouveau maîtresse de Naples après 1734, devient pour la Papauté une source de soucis considérables. Un premier concordat en 1717 est suivi de nouvelles discordes qui ne s'apaisent qu'en 1721. Le retour des Bourbons à Naples ravive les tensions et le concordat napolitain de 1737 réduit les privilèges du clergé et les attributions du nonce. En 1753, un concordat avec l'Espagne se traduit par un nouveau recul de Rome qui perd d'assez notables revenus. Des concordats tâchent d'apaiser les différends avec le Piémont (1727), la Sardaigne (1727 puis 1741), le Portugal (1736 puis 1745), la Lombardie (1757). L'attitude des papes, tels Benoît XIII ou Benoît XIV, est parfois plus nuancée que celle de la curie, certains n'hésitant pas à consentir aux États des conditions plus favorables. Sans doute sont-ils conscients des limites de leur autorité et des faiblesses de leurs moyens d'action.

À chaque période de tension, les nonces sont susceptibles d'être expulsés. L'institution même des nonciatures est soumise à de très vives critiques, tant des gouvernements que de certains évêques. Elles visent les attributions judiciaires des représentants pontificaux et, en dernière analyse, la juridiction spirituelle du pape. L'établissement d'une nonciature à Munich en 1785 crée une vive querelle entre le pape et les États ecclésiastiques de l'Empire. Les archevêques électeurs de Cologne, Mayence et Trèves, le prince-évêque de Salzbourg rejettent les exemptions susceptibles de limiter leur autorité et le recours immédiat au souverain pontife et à ses délégués. Une conférence tenue à Ems en 1786 attaque donc la juridiction spirituelle des nonces et il y est question d'une réforme de l'Église d'Empire. Il faut une intervention de l'empereur Joseph II pour que la querelle s'apaise. Un bref de Pie VI, le 14 novembre 1789, rappelle, arguments historiques à l'appui, le droit de légation du pape.

C'est le caractère supranational de l'Église que mettent en cause, avec le pouvoir pontifical, les princes chrétiens. Face à une Papauté désormais sur la défensive, princes et évêques manifestent leur volonté de limiter son rôle à une simple prééminence d'honneur. Peu s'en faut que le monde catholique ne se fragmente en Églises d'État soumises au pouvoir temporel susceptible de les réformer à son gré. Nicolas von Hontheim, coadjuteur de Trèves, publie en 1763, sous le pseudonyme de Febronius, son ouvrage *De statu Ecclesiae et legitima potestate romani pontificis*. Il relance le débat sur le rôle du pape et le retour des protestants dans l'Église. Insistant sur la juridiction de droit divin des évêques, successeurs des apôtres, il entend leur rendre les droits indûment acquis par le pape. L'autorité suprême appartient aux représentants des Églises particulières réunis en concile général. Si le pape reste l'autorité centrale, c'est parce qu'il représente leur sentiment mais il ne peut user de la contrainte. L'infaillibilité réside dans l'Église entière et dans le concile général. Si la discipline intérieure de l'Église revient aux évêques, c'est aux princes qu'il incombe de veiller sur elle. Le succès de cet ouvrage mis à l'Index dès 1764 fut considérable et son influence durable.

Contre les nonces agents de la réforme catholique romaine et tridentine, les princes purent mobiliser les aspirations réformatrices. Il ne manquait pas de clercs et aussi de laïcs pour estimer qu'une vraie réforme de l'Église ne pouvait que passer par la limitation des interventions romaines, voire leur disparition, et par le rejet aussi bien de modes de pensée liées à la scolastique que d'une théologie morale « laxiste » prêtée aux jésuites. Les évêques soutenus par l'autorité temporelle semblaient les mieux placés pour réaliser cette régénération.

## Le pape, une survivance ?

### *Les États de l'Église*

D'une régénération, la Papauté et les États de l'Église semblaient plus éloignés que jamais. Le jugement des réformateurs italiens était terrible. En 1733, le *Testamento politico* de Leone Pascoli fait de l'État ecclésiastique le pire de tous, avec sa pauvreté agricole, sa campagne vide et ses maisons en ruine, son absence de toute activité manufacturière, l'usure et une capitale improductive parasitant le pays. L'opinion des savants et des voyageurs n'était pas moins sévère : « Les philosophes virent dans l'Italie contemporaine tout ce qu'ils condamnaient ; ils en firent le contrepoint exact d'une Angleterre profondément admirée. Alors que la nature avait tout donné à l'Italie, le gouvernement des prêtres avait plongé le pays dans une décadence qui n'avait même pas épargné la vie intellectuelle réduite à néant » (F. Waquet). À tout point de vue, l'État ecclésiastique semble en marge des Lumières, irréformable parce que d'un autre âge.

La question ne serait-elle pas plutôt de rendre compte de la durée d'un État que tout semblait condamner ? Après 1708, le pape n'eut plus les moyens d'essayer de faire respecter ses frontières. Sa seule garantie fut la tranquillité de ses voisins. Il n'est pas certain que, dans ses États, les réformes aient été d'emblée vouées à l'échec car menées par un gouvernement de prêtres. Le Florentin Clément XII pratiqua l'interventionnisme économique, établissant le port franc d'Ancône en 1732. Il concéda une plus large autonomie aux élites locales. Mais, le mouvement fut bloqué par les guerres de successions, celle de Pologne puis celle d'Autriche, qui firent des États de l'Église un champ de bataille pour les armées étrangères. Il fallut désormais faire face au déclin démographique, à l'épuisement des finances et au recul de la fiscalité ecclésiastique. Pourtant Benoît XIV fit aussi des efforts pour parvenir à un meilleur gouvernement. Mais entre son pontificat et celui de Pie VI après 1775, le contraste devint peu à peu manifeste entre l'immobilisme du gouvernement ecclésiastique et le dynamisme qui se manifestait dans les États voisins, notamment la Toscane, où s'affirmaient les talents de l'économiste Genovesi, du juriste Beccaria ou de Pietro Verri. L'unité même de l'État pontifical semblait décroître, notamment du côté de Bologne plus que jamais jalouse de son autonomie. Le progrès des Lumières et de l'économie y semblait aussi impossible que la réforme de l'Église. Pourtant, avec Pie VI, eut lieu un sursaut trop souvent oublié. Tout ne fut donc pas si décadent dans un État dont la spécificité fut de plus en plus incompréhensible aux hommes des Lumières.

En 1735, Clément XII entreprit une réforme des comptes, poursuivie par Benoît XIV en 1746. Le temps était à la réforme de l'économie et de l'administration financière. Si du milieu des années 1700 à la fin des années 20, les revenus de l'État l'avaient emporté sur les dépenses, ce ne fut plus le cas entre 1729 et 1741. Après une nouvelle mais brève période positive, le déficit reprit à partir des années 1750. Il y eut encore de bonnes années entre 1771 et 1786 mais la dernière décennie du pontificat de Pie VI fut marquée par de grosses dépenses. La composition des revenus et leur montant avaient changé. Les ressources spirituelles en provenance de l'étranger décrurent sensiblement. Les concordats, notamment celui de Naples en 1741 et celui d'Espagne en 1763, privèrent le souverain pontife de droits jadis exercés, en attendant que la source française ne se tarisse à son tour en 1790. À plusieurs reprises, les papes tâchèrent de s'attaquer à la dette publique. Déjà dans le dernier quart du XVII^e^ siècle, Innocent XI avait essayé de réduire les dépenses et d'instaurer une dette publique consolidée, ce que firent ultérieurement avec plus de succès les Habsbourg à Milan et en Toscane. Mais le poids des intérêts à verser aux créanciers de l'État fut un souci constant au XVIII^e^ siècle. Comme la France de Louis XV puis de Louis XVI, l'État de l'Église fut affronté à des soucis d'argent croissants, mais à la différence de la monarchie des

Bourbons, ce n'était pas un État pauvre dans un pays riche. Il ne fut jamais possible d'éteindre les Monti et d'éviter le recours à l'emprunt. De surcroît, les acheteurs des parts de Monti étant très souvent étrangers, Génois jusque dans la seconde moitié du siècle, les revenus de l'État affectés au service de la dette partaient au dehors. Malgré les tentatives de Benoît XIV, il ne fut pas non plus possible de venir à bout de la vénalité. L'État ecclésiastique gardait donc des traits Renaissance qui en faisaient une anomalie au siècle des Lumières, mais trop de gens avaient, à Rome ou dans les provinces, intérêt au maintien du statu quo pour que des réformes importantes fussent concevables. Comme dans le cas de la monarchie française, il se produisit une progressive paralysie. Au sommet, la curie, loin d'être un bloc monolithique, fut partagée en groupes rivaux. Certains papes s'appuyèrent sur elle pour une défense intransigeante de leurs prérogatives, d'autres s'en dissocièrent davantage.

*En marge des Lumières ?*

Les papes du XVIII^e^ siècle, s'ils eurent à endurer des circonstances souvent défavorables, furent loin d'être des personnalités effacées. Le concile de Trente continua d'inspirer leur action. Toutefois, aucun d'entre eux n'eut une connaissance directe des pays extra-italiques. Aucun ancien nonce ne sortit pape des conclaves. Ils eurent à endurer de violentes attaques de l'opinion cultivée. Si les sarcasmes de Montesquieu dans les *Lettres persanes* sont atténués par des jugements plus favorables dans son *Voyage en Italie,* l'article « Pape » de l'*Encyclopédie* est clairement hostile. En 1748, l'ex-inquisiteur passé à l'anglicanisme, Archibald Bower, fait paraître à Londres une *History of the Popes* de son cru. Quant au ministre Horace Walpole, sa correspondance le montre persuadé de la prochaine disparition du « grand vizir romain ». Avec le dominicain Benoît XIII (1724-1730) un vent d'austérité souffla sur Rome. Ce pape fut un pasteur zélé, même s'il fut moins heureux dans le choix de ses collaborateurs, puisqu'il accorda une confiance absolue au peu recommandable cardinal Coscia. Un népotisme sans neveu multiplia la corruption autour du vertueux pontife si bien que le cardinal Boncompagni put le comparer au « Saint-Sépulcre au milieu des Turcs ». Avec Clément XII (1730-1740), un mécène fastueux et cultivé succéda à ce saint homme mal entouré. Benoît XIV fut une des grandes personnalités des Lumières, un homme affable porté au compromis avec les princes et les idées du temps, tant qu'elles n'étaient pas directement antichrétiennes. Puis, on retrouva plus d'austérité et d'intransigeance avec Clément XIII (1758-1769) qui ne craignit pas de faire front contre presque toutes les monarchies catholiques. De la fin du XVII^e^ siècle aux années 1770, la chaire de Pierre ne fut pas occupée par des personnages sans relief.

Malgré l'austérité d'un Innocent XI puis d'un Benoît XIII, Rome ne perdit pas son rôle de capitale culturelle. Comparé à celui du temps des Barberini ou des Chigi, son éclat avait quelque peu pâli. La concurrence de la France mais aussi de Venise, le déclin du mécénat pontifical expliquaient ce recul relatif en partie compensé par les commandes en provenance des pays étrangers. À partir de la fin du XVII^e^ siècle, l'Empire et l'Angleterre se tournèrent de plus en plus vers Rome mais aussi Bologne et Venise. La Ville attira des touristes de plus en plus nombreux, aux côtés des pèlerins. Plus que jamais, elle fut une étape dans un grand tour. Ses monuments, antiques et modernes, sa vie bariolée et son prestige continuèrent d'avoir un pouvoir de séduction qui fut ressenti aussi bien par le président de Brosses que par Gœthe, alors même qu'elle semblait la capitale d'un État archaïque et mal administré. Rome demeurait une ville cosmopolite où la vie intellectuelle était intense. Le premier journal savant d'Italie, le *Giornale de' Letterati,* fut publié avec l'appui de cardinaux en 1668. Le Collège romain, l'université de la Sapienza et les académies entretenaient cette activité. L'Arcadie fut fondée en 1690 sous la protection de Christine de Suède, réunissant des membres de toute la péninsule et contribuant à créer à Rome un nouveau climat intellectuel différent de celui de l'apogée baroque.

Les papes avaient poursuivi les efforts de leurs prédécesseurs. Alors qu'il n'était encore que le cardinal Corsini, Clément XII avait établi une riche bibliothèque. Devenu pape, il accrut la Vaticane, ouvrit le musée de statues du Capitole et fit entreprendre les travaux de la fontaine de Trevi. Après un long conclave, monta sur la chaire de Pierre sous le nom de Benoît XIV (1740-1758) le plus étonnant des papes du XVIII^e^ siècle, le cardinal bolonais Prospero Lambertini. Cet homme très cultivé avait à la fois l'expérience d'un archidiocèse, celui d'Ancône puis de Bologne, et la connaissance de la curie. Il laissa une œuvre de juriste fort abondante, inspirée de sa pratique antérieure, notamment à propos des procédures de canonisation qu'il réforma (*De servorum Dei beatificatione et beatorum canonizatione*). Après des tentatives de Clément VIII puis surtout d'Urbain VIII en 1625 pour les contrôler et proscrire des cultes prématurés, il imposa de nouvelles normes, donnant naissance à une anthropologie des vertus qui fait du saint plus un modèle de vie que l'occasion de miracles dont il faut vérifier l'authenticité. Il fut un des rares papes à publier des livres pendant son pontificat. De son intérêt pour les idées réformatrices, il retint la limitation du nombre de fêtes. Il développa les études d'histoire, stimula la vieille Academia dei Lincei et en fonda quatre, du concile, d'histoire ecclésiastique, de liturgie et d'antiquité romaine. L'intérêt pour l'archéologie fut un des traits de son pontificat. Le musée des Antiquités chrétiennes fut fondé en 1755 et l'année suivante vit la parution des *Antichita romane* de Piranèse.

*Pour ou contre les Lumières ?*

Avec les assauts des monarques catholiques rêvant d'Églises rénovées sous leur contrôle, la Papauté devait faire face à un péril intellectuel qu'elle n'était guère préparée à affronter, les Lumières dans ce qu'elles pouvaient avoir de plus antichrétien. Il ne s'agissait plus de querelles avec les Lumières chrétiennes érudites et rigoristes, mais d'un combat contre des affirmations philosophiques tantôt déistes, tantôt matérialistes et athées. La variété, souvent contradictoire, des Lumières, les accusations, en général infondées, d'athéisme ou de jansénisme lancées contre des réformateurs ecclésiastiques n'aidaient guère à y voir clair, d'autant plus que la curie, et particulièrement les congrégations de l'Inquisition et de l'Index, n'étaient pas nécessairement très au courant de l'évolution des idées dans cette Europe du Nord-Ouest en partie protestante dont fusaient pêle-mêle arguments antichrétiens, thèses antiromaines et défis jansénistes. La curie ne comprenait, semble-t-il, guère d'anglophones et de germanophones. Les listes de l'Index avant 1753 témoignent à leur façon de cette confusion avec les condamnations prononcées davantage contre des traductions italiennes et latines que contre les textes originaux. Mais en 1734, sous Clément XII, Locke avait été condamné et ce fut, quatre ans plus tard, le tour de la franc-maçonnerie, qui semble avoir été déjà présente à Rome à cette date. Le péril semblait venir en priorité d'Angleterre. Mais la France ne tarda pas à refaire parler d'elle.

La situation était d'autant plus complexe que les Lumières avaient aussi, sous certaines conditions, des partisans à la curie. Le cardinal Passionei admirait Voltaire et correspondait avec lui. Benoît XIV fut, à sa façon, un grand personnage des Lumières. Il entretint même des rapports avec Frédéric II de Prusse grâce au mathématicien Maupertuis. Voltaire lui dédia en 1745 son *Mahomet* qu'il accepta. Les années 1750, la seconde partie de son pontificat, marquèrent un tournant dans l'attitude romaine face aux Lumières. Le caractère ouvertement antichrétien de certains de leurs courants fut davantage perçu. Benoît XIV, qui avait accepté la dédicace voltairienne à la demande de certains de ses proches, afin de lier l'écrivain en quelque façon à l'Église, fit preuve de réticences de plus en plus marquées. Il favorisa à Rome les prédications populaires et spectaculaires de Léonard de Port-Maurice, éloignées aussi bien de la dévotion réglée que des idées éclairées. Il renouvela les défenses contre la franc-maçonnerie. La curie se raidit. Le futur Clément XIV se fit l'artisan de la mise à l'Index (sans nom d'auteur toutefois) de l'*Esprit des Lois* de Montesquieu, mais surtout l'*Encyclopédie* fut condamnée en 1759. Tantôt alliées aux monarques contre le pape, tantôt poursuivies par les censures étatiques, les Lumières les plus radicales apparurent peu à peu comme un sérieux péril. En 1766, l'austère Clément XIII promulgua l'encyclique *Christianae reipublicae salus.* Puis Clément XIV, bienveillant envers les juifs et funeste aux jésuites, mena la lutte contre les Lumières antichrétiennes. En 1770, il fit mettre à l'Index les œuvres de La Mettrie et le *Système de la nature* de Holbach et en 1774, ce fut le tour de l'*Histoire philosophique des Indes* de l'abbé Raynal et de *De l'homme* d'Helvétius.

### *Le sacrifice des jésuites*

Si les nouvelles idées érodaient le christianisme, elles ne pouvaient seules espérer obtenir la chute de l'« Infâme ». Un tel aboutissement ne pouvait advenir que par une conjonction, nécessairement ambiguë et fragile, du plus grand nombre possible d'adversaires du Saint-Siège. À partir de 1758, le succès sembla à portée de mains. Face au rude Clément XIII (1758-1769) flanqué de l'intraitable cardinal Torrigiani, les monarchies catholiques menèrent l'hallali contre les jésuites et leur défense impuissante mais obstinée mit la Papauté près de sa perte. Dès 1758, l'ambassadeur portugais à Rome la sommait de choisir entre une réforme radicale de la Société ou sa suppression. L'année suivante, l'actif ministre éclairé Carvalho, futur marquis de Pombal, expulsait ou emprisonnait les jésuites. Puis ce fut au tour du nonce d'être chassé. Rome n'avait rien pu faire. Lorsqu'à partir de 1761, sous la pression de magistrats jansénistes et surtout gallicans, la situation prit un tour fâcheux en France, Louis XV proposa de réformer les jésuites français dans un cadre national. Clément XIII refusa toute modification des Constitutions de la Société. La célèbre formule prêtée au préposé général Ricci, *Aut sint ut sunt aut non sint* aurait bien pu qualifier sa position. Mais en France aussi, il ne put rien pour eux lorsque la monarchie abandonna les jésuites à ses opposants (1764). Puis ce fut en 1767 le très dévot Charles III d'Espagne qui s'avisa de les chasser de ses États. Naples suivit. Rome était menacée de surcroît d'un afflux de fugitifs jésuites qu'on envisagea un temps d'envoyer en Corse.

La situation devint encore plus tendue lorsqu'en 1768 un conflit avec le duc de Parme qui entendait bien contrôler étroitement son clergé, lui valut d'être excommunié. L'effet de cette sentence inemployée depuis longtemps fut prodigieux : l'Espagne, la France et Naples en demandèrent le retrait. En vain. Allait-on vers une action commune des Couronnes contre le pape ? À la curie, certains jugeaient que c'était prendre bien des risques pour les jésuites. La mort du pape évita de telles extrémités mais entraîna un conclave très surveillé par les puissances. Elles veulent, et tout spécialement l'Espagne, un pape qui en finira avec la Société. C'est le cardinal franciscain Ganganelli qui est élu. Après bien des tergiversations et des pressions espagnoles, françaises et napolitaines, sans espoir de secours du côté de l'Autriche, il doit se résoudre à supprimer les jésuites par le bref *Dominus ac Redemptor* du 21 juillet 1773. L'ordre disparaît, sauf dans les territoires catholiques de Frédéric II de Prusse et de Catherine II de Russie où se constitue un « refuge » jésuite chez ces souverains « philosophiques ».

Après un procès bâclé, le général Ricci est enfermé au château Saint-Ange où il meurt en 1775. Emporté par les événements, menacé d'une abolition des nonciatures, d'une invasion de ses États et d'une saisie des biens monastiques, Clément XIV n'a pu que céder aux Couronnes. Victoire qui fut bien plus celle de l'État et des ennemis catholiques des jésuites que celle des Lumières antichrétiennes qu'elle inquiéta tout d'abord.

Sauvée par son abandon d'un ordre décrié, la Papauté à la mort de Clément XIV était-elle promise à pareille destinée ? Elle n'avait pour elle que la piété du peuple romain, entretenue par des capucins qui étaient de vivants défis aux Lumières réglées et nordiques, et l'appui aussi exubérant que provocateur d'un Benoît Labre, clochard mystique qui appelait le pape le « vice-Dieu ». L'année même de la mort de ce vagabond, un autre Français, Sébastien Mercier, dans un ouvrage de fiction, l'*An 2440,* dressait complaisamment l'acte de décès de la Papauté. Après avoir enveloppé le monde entier dans la nuit immense de son empire, ce « superbe et incroyable monument de la crédulité humaine (...) est tombé sans bruit : sa force était dans l'opinion ; l'opinion a changé et le tout s'est exhalé en fumée ».

*Pie VI et le renouveau romain*

Débarrassés des jésuites, les adversaires de la primauté pontificale ne désarmaient pas. Le nouveau pape, le cardinal Braschi, choisit le nom de Pie, prenant pour modèle l'énergique Pie V. Dans la romanité affaiblie reparut un air de Renaissance. Le népotisme se réinstalla au grand bénéfice de la famille du pape. Un vaste chantier démarra avec la sacristie de Saint-Pierre qui, s'ajoutant à l'assèchement peu concluant des Marais pontins, obéra lourdement les finances. Mais des réformes économiques et sociales, déjà envisagées par Benoît XIV, furent entreprises, notamment pour l'approvisionnement en grains de Rome. Pie VI, s'il n'était pas un despote éclairé, n'avait pas pour rien été trésorier général. Paternel et pragmatique, il mêla mesures libérales et protectionnistes pour développer l'économie, tâchant de supprimer les douanes intérieures et de favoriser la circulation des denrées, tout en protégeant les productions locales de la concurrence extérieure. Le succès ne fut pas toujours à la hauteur des espérances. Même si la Révolution vint tout interrompre, les États pontificaux ne furent donc pas en marge des efforts contemporains pour une réforme économique. Le style néo-classique désormais en vogue portait les aspirations un peu folles à l'héritage de la Rome impériale. Ce n'était pas en vain que Pie VI avait choisi d'honorer le pape de Lépante. Il était bien décidé à défendre les droits du Saint-Siège. Dès 1775, l'Encyclique *Inscrutabile divinae sapientiae* dénonça l'athéisme de la pensée moderne et annonça de graves désordres sociaux dus aux conflits entre les princes et l'Église. Le pape eut recours à des moyens inusités, notamment le voyage qu'avait déjà envisagé Benoît XIV. C'est ainsi qu'il alla en 1782 à Vienne pour rencontrer l'empereur Joseph II qui entendait bien affermir son autorité absolue sur le clergé autrichien. L'accueil de la Cour fut peu chaleureux et le résultat mitigé. Pie VI ne put obtenir l'annulation des réformes confiant à l'État la réforme et la discipline ecclésiastiques, mais il eut pourtant l'occasion de constater sa popularité auprès des foules qui se pressaient sous les fenêtres de la Hofburg.

À Rome même se faisait jour un certain renouvellement. Autour de ce pape bibliophile et collectionneur, se développèrent études et publications. Il ne manquait pas de cardinaux savants, tel le théologien barnabite Giacinto Gerdil, ni d'artistes présents à Rome. Canova, Thorwaldsen ou David n'eurent pas l'impression de vivre dans un univers morne et suranné. Les salons romains accueillaient toute l'Europe. La Ville avait aussi reçu un certain nombre d'ex-jésuites, tel F. Zaccaria qui obtint, en 1775, la chaire d'histoire de l'Église à la Sapienza et fut placé à la tête de l'Academia dei nobili ecclesiastici où il forma nombre de futurs cardinaux, dont Consalvi, le négociateur du concordat de 1801. En 1784, le sicilien Nicola Spedalieri publia une réfutation du *Decline and Fall of the Roman Empire* d'E. Gibbon, ouvrage hostile aux chrétiens et qui eut un grand retentissement. L'ecclésiologie tridentine et la curie trouvaient des défenseurs pugnaces et intransigeants qui adaptaient la théologie positive aux besoins de Rome. La connaissance de l'Antiquité chrétienne et la patristique étaient mises au service des droits du pape. Ce renouveau intellectuel réalisé dans des temps difficiles alimenta le *Giornale ecclesiastico di Roma* fondé en 1785 pour faire pièce aux feuilles jansénistes. Il fallait coûte que coûte défendre la primauté. Ces années furent actives et la défense souple. Zaccaria n'hésita pas à tourner des arguments de Montesquieu contre d'autres philosophes. Spedalieri, à la demande de Pie VI, tâchait de récupérer ce qui pouvait être utile dans les idées nouvelles. C'est ainsi que parurent, en 1791, dans un monde en plein bouleversement, ses *Dei diritti dell'uomo libri VI,* destinés à attaquer les despotes éclairés en montrant que la religion catholique était la meilleure garantie des droits de l'homme.

Le conflit avec les princes prit un tour particulièrement menaçant avec le duc de Toscane, Pietro-Leopoldo. Dans ses États, le jansénisme était puissant, représenté notamment par son conseiller, l'évêque de Pistoia, Scipione de Ricci. Des synodes diocésains furent prévus en 1785. Le plus notable d'entre eux fut celui de Pistoia qui, à côté de mesures réformatrices, reprit les quatre articles gallicans de 1682. Si un concile toscan échoua à Florence en 1787, le nonce fut expulsé l'année suivante et les actes du synode publiés. Aux portes de l'État pontifical, le despotisme éclairé menaçait directement l'autorité pontificale. La romanité était bien isolée lorsque survint un séisme politique et religieux, la Révolution française.

*La Révolution, triomphe paradoxal*

Les événements de France touchèrent la Papauté, lorsque la régénération nationale voulue par l'assemblée qui partageait désormais le pouvoir avec Louis XVI, déboucha sur la rupture unilatérale du concordat de Bologne et la réorganisation de l'Église gallicane. Le conflit entre la Révolution et le pape ne vint pas de la nationalisation des biens du clergé, ni de la déclaration des droits de l'homme et du citoyen de 1789, ni ensuite de l'annexion d'Avignon et du Comtat. Elle survint de la mise en cause de la primauté pontificale par la Constitution civile du clergé (12 juillet 1790), préparée par des juristes d'inspiration janséniste ou fébronianiste et finalement promulguée par le roi le 24 août 1790. Désormais, la carte des diocèses serait calquée sur celle des départements, les prêtres et évêques élus, y compris par les non-catholiques et l'investiture canonique des évêques leur viendrait, non plus du pape, mais d'un métropolitain ou d'un autre évêque. Le nouvel élu n'aurait plus ensuite qu'à écrire au « chef de l'Église universelle en témoignage de l'unité de foi et de la communion qu'il (devait) entretenir avec lui ». Déjà, la saisie des biens ecclésiastiques et la création d'un clergé fonctionnaire s'étaient accompagnées d'une offensive en règle contre les réguliers bientôt voués à la disparition. La Révolution allait, avec plus de vigueur encore, dans le sens indiqué par les despotes éclairés. Pie VI tarda à réagir. Sa marge de manœuvre était fort réduite. L'épiscopat gallican tenta de s'entremettre, mais l'Assemblée refusait tout pouvoir pontifical et les cardinaux étaient unanimes contre la Constitution civile. Le 10 mars 1791, par le bref *Quod Aliquantum,* il fit savoir son refus :

« Notre intention n'est pas d'attaquer les nouvelles lois civiles auxquelles le roi a pu donner son consentement, comme n'ayant de rapport qu'au gouvernement temporel dont il est chargé : nous n'avons point pour but, en rappelant ces maximes, de provoquer le rétablissement du régime ancien en France ; le supposer, serait renouveler une calomnie qu'on n'a affecté jusqu'ici de répandre que pour rendre la religion odieuse : nous ne cherchons, vous et moi, nous ne travaillons qu'à préserver de toute atteinte les droits sacrés de l'Église et du siège apostolique. C'est dans cette vue que nous allons envisager ici la liberté sous un autre rapport… »

Entre la primauté pontificale et l'Église nationale, le conflit était devenu inévitable. Comment être citoyen et catholique ? Le catholicisme français, divisé, expérimenta et le schisme d'une Église d'État, bientôt liée à un pouvoir de plus en plus hostile, et la persécution de ceux qui refusaient la Constitution civile. Lorsque la France fut entrée en guerre contre l'Autriche et la Prusse, puis l'Angleterre, la radicalisation politique et idéologique mena à une volonté d'éradication du christianisme. Après la fin de la monarchie, l'Église officielle elle-même fut attaquée. L'État finit par se séparer de l'Église. À Rome, on vit d'abord arriver des fugitifs, prêtres et laïcs, en provenance de France. Aucune armée ne semblait à même de mettre un terme aux succès français qui éveillaient des espoirs, çà et là en Italie, notamment à Bologne dès 1794. Le pape tenta de remettre sur pied une armée pour protéger ses États. Ce n'était pas seulement la plus peuplée et la plus riche des Églises catholiques qui avait sombré, c'était désormais l'avenir même de la Papauté qui devenait très incertain.

Au milieu de tous ces soucis fut promulguée le 28 août 1794 la bulle *Auctorem fidei.* En pleine période révolutionnaire, elle marqua la défaite des idées de réforme janséniste qui avaient paru prêtes de triompher à Pistoia : « Sans doute, dans cette agitation des temps actuels, dans ce changement des choses qu'accompagne la perturbation la plus étrange, la lutte contre tous les genres d'ennemis du nom Chrétien est grave pour tous les hommes vertueux ; plus grave encore pour nous qui devons avoir plus de zèle pour les intérêts du christianisme que tous les autres, à cause de la charge de tout le troupeau dont la conduite a été confiée à notre sollicitude pastorale. » Condamnant l'idée d'un obscurcissement des vérités dans l'Église, elle rappela que la transmission ininterrompue du dépôt de la foi était le « fondement de l'autorité du Siège apostolique et de l'Église, société parfaite, que ni concile ni prince agissant comme évêque du dehors, ne sauraient réformer » (Ph. Boutry). Toutes les monarchies catholiques, notamment italiennes, la refusèrent. Mais ces dernières comprirent qu'elles avaient désormais un plus dangereux adversaire que Pie VI.

Au printemps 1796, après une fulgurante campagne, le général Bonaparte se rendit maître de Milan. Les Français occupèrent Bologne et obligèrent le pape à reconnaître leur République. Le dépècement des États pontificaux était commencé et les Marches comme la Romagne, soit les provinces les plus riches, furent intégrées à la nouvelle République cisalpine, par le traité de Tolentino en février 1797. Dans les territoires sous son contrôle, Bonaparte tâche de se concilier le clergé pour mieux tenir les populations, châtiant impitoyablement toutes les révoltes paysannes encadrées par des curés et des moines. Il jouit de l'appui des minorités jacobines, aspirant à de profondes réformes, mais le pillage de l'Italie par ses troupes tempère quelque peu ces sympathies. L'autorité pontificale sur Rome est désormais en sursis. Lorsqu'une émeute, en février 1798, aboutit au meurtre du général français Duphot, les troupes du général Berthier entrent dans Rome. La Ville n'est pas mise à sac. Le 15 février la déchéance du pape est proclamée. Cinq jours plus tard les jacobins romains proclament la République romaine et plantent un arbre de la liberté au Capitole. Captif, le pape est encombrant. On le fait quitter Rome pour Florence, puis Parme, Turin, Briançon et finalement Valence où il meurt le 29 août 1799. Aucune émeute ne s'est opposée à son départ, mais on s'est pressé sur son passage.

À cette date, pour bien des contemporains, le dernier pape a vécu. C'est pourtant à ce moment que le moine Mauro

Capellari, futur Grégoire XVI, écrit à Rome un ouvrage au titre inouï, *Il trionfo della Santa Sede e della Chiesa contro gli assalti de'novatori respinti e combatturi colle stesse armi*. Dans la lignée d'*Auctorem fidei,* il célèbre la défaite du péril intracatholique allié aux princes. Ces derniers sont alors eux aussi en difficulté face au volcan révolutionnaire. Personne ne peut pourtant songer à Rome que le général corse Bonaparte, le premier méditerranéen à exercer un rôle politique mondial depuis le milieu du XVIIe siècle, puisse prendre le pouvoir en France et rétablir l'autorité pontificale pour finir la Révolution.

*Cinquième partie*

# Rome, capitale de l'Italie et d'un univers à christianiser (XIXe et XXe siècles)

**Yves-Marie Hilaire**

# XVI

# Une Papauté restaurée, contestée et admirée (1800-1846)

## *Les conclaves de l'ère des révolutions 1800-1831*

« L'Église de Rome ne ressemble plus qu'à une vieille ruine où ne peut entrer désormais aucune vie nouvelle. » Au début de l'année 1800, quelques mois après la mort en exil à Valence du pape Pie VI, le spectacle du conclave de Venise, dans un territoire sous domination autrichienne, semble justifier la sombre prédiction de Herder. En effet, ce conclave s'avère interminable. Il dure plus de trois mois ; il est marqué par les intrigues des puissances, l'Autriche n'hésitant pas à s'opposer à l'élection du cardinal Bellisoni, puis à celle du cardinal Gerdil, et par l'opposition des *zelanti* intransigeants et des *politicanti* soucieux d'établir ou de maintenir de bonnes relations avec les gouvernements. Les conclaves du premier tiers du siècle lui ressembleront : longue durée – trois semaines en 1823, cinq semaines en 1829, sept semaines en 1830-31 – ; veto prononcé ou prévu d'une puissance catholique contre un candidat qui risque d'être élu : l'Autriche en 1823, la France en 1829, la France et l'Espagne en 1830-31 ; conflit entre les *politicanti* et les *zelanti*, les premiers l'emportant en 1800, les seconds en 1823, 1829 et 1831.

Cependant, Chateaubriand, ambassadeur de France à Rome lors du conclave de 1829, s'il incite dans son discours les cardinaux à choisir un pape « qui connût les besoins de la civilisation moderne », relativise sa propre influence et annonce une évolution des comportements des cardinaux en écrivant au ministre Portalis : « Trois choses ne font plus les papes : les intrigues des femmes, les menées des ambassadeurs, la puissance des cours. » En effet, si les cardinaux restent choisis en grande majorité parmi les Italiens, la restauration de l'administration pontificale ne représente pas un retour pur et simple à l'Ancien Régime.

Le conclave de Venise élit le 14 mars 1800 le cardinal Barnabé Chiaramonti. Le nouvel élu fait mentir la prophétie de Herder. Il choisit le nom de Pie VII, rendant hommage à son prédécesseur Pie VI, le pape « martyr », et témoignant ainsi de la continuité du Saint-Siège au-delà des perturbations révolutionnaires. Il désigne comme secrétaire d'État l'habile secrétaire du conclave, Ercole Consalvi. Contrariant les ambitions des puissances, et profitant de la victoire de Bonaparte à Marengo qui bouleverse une fois de plus la carte politique de l'Italie, il effectue une entrée triomphale à Rome le 3 juillet 1800. Après la persécution napoléonienne, « le vrai pontife des tribulations » (Chateaubriand), dominant les vicissitudes de l'histoire, fera deux autres entrées encore plus triomphales les 24 mai 1814 et 7 juin 1815. Négligeant les calculs intéressés des États européens, il affirme ainsi une légitimité reconnue par le peuple et consolide ses liens avec la Ville éternelle comme évêque de Rome et comme souverain temporel de la cité sacrée et des États de l'Église qu'il prétend recouvrer intégralement.

## La restauration des États pontificaux

### *Pie VII et Consalvi : le courage et la diplomatie (1800-1823)*

Parmi les hommes que Stendhal a vu exercer le pouvoir, le cardinal Consalvi et Pie VII sont ceux qui lui ont inspiré le plus de sympathie. Pourtant, les jugements ont divergé sur le pape. Formé dans un monastère bénédictin, Pie VII (1742-1823) apparaît à Chateaubriand comme « pâle, triste et religieux », « le fantôme de Pie VI repassant sur le même chemin ». Pour certains historiens, « le pauvre moine Chiaramonti » aurait été parfois dépassé par les événements et se serait montré hésitant et versatile. En revanche, une personnalité exceptionnelle, le cardinal Ercole Consalvi, aurait été l'homme fort du pontificat.

La réalité est différente, selon Roger Aubert : Pie VII, « ce Romagnol vif et enjoué », doté « d'une vaste culture, d'une intelligence éveillée, d'un esprit conciliant », se méfiait des gens à système et avait « un sens très juste qui lui permettait de distinguer les points essentiels pour s'y tenir énergiquement tout en sacrifiant les détails ». Moins administrateur ou politique que ses prédécesseurs, c'était avant tout un homme de doctrine et un pasteur qui savait défendre les droits de l'Église de façon réaliste. Comme évêque d'Imola, il avait su se montrer tolérant et éclairé, et avait déclaré à la Noël 1797, après l'invasion des troupes françaises : « La forme de gouvernement démocratique adoptée par vous ne répugne nullement à l'Évangile ; elle exige au contraire toutes les vertus sublimes qui ne s'apprennent qu'à l'école de Jésus-Christ. » Cet homme, ouvert sur les aspirations de ses contemporains et prêt à accepter certaines institutions modernes, a été préparé par son éducation monastique à supporter les épreuves et saura se montrer courageux lorsqu'il faudra résister aux empiétements du pouvoir temporel. Ce spirituel est capable de manifester une grande énergie quand les circonstances le commandent.

Ercole Consalvi (1757-1824), secrétaire d'État de 1800 à 1806 et de 1814 à 1823, diplomate et administrateur, est une personnalité complémentaire de celle du pape. Ce canoniste, contemporain de l'apogée des Lumières, est convaincu à la fois de la nécessité de maintenir la souveraineté temporelle du pape et de s'adapter aux circonstances issues de la Révolution française. Perçu comme libéral par les *zelanti*, comme antilibéral par les libéraux, il regarde plus loin que le « vieux quadrilatère Vienne-Naples-Cadix-Bruxelles » ; il s'efforce de développer les relations du Saint-Siège au-delà des traditionnelles couronnes catholiques, en allant rencontrer à Londres, en 1814, l'empereur de Russie, Alexandre Ier, et le prince-régent d'Angleterre, futur George IV. Castlereagh qui l'observe pendant le Congrès de Vienne considère ce diplomate comme « notre maître à tous ». Consalvi crée à la secrétairerie d'État une tradition d'adaptation au monde moderne dans le respect des droits de l'Église.

### *Les concordats avec la France (1801) et la République italienne (1803)*

Face à l'absolutisme confessionnel pratiqué par les États et hérité du gallicanisme, du joséphisme ou du despotisme éclairé des siècles antérieurs, la politique des concordats entre le Saint-Siège et les États représente l'instrument privilégié de la diplomatie pontificale. Le cardinal Consalvi, après avoir reçu les pleins pouvoirs de Pie VII, est l'ultime négociateur et le signataire du Concordat du 26 messidor an IX (15 juillet 1801). Conclu avec la République française, puissance dominante en Europe occidentale, cet accord constitue un précédent, voire un modèle pour d'autres États.

La négociation a été longue – huit mois – et laborieuse, mais les deux partenaires avaient intérêt à s'entendre. Du côté français, les tentatives pour extirper ou remplacer la religion catholique avaient échoué. L'anarchie religieuse provoquée par la concurrence de deux Églises rivales, l'une réfractaire, fidèle a Rome, l'autre constitutionnelle, issue de la Constitution civile du clergé de 1790, entretenait l'agitation politique. Les réfractaires étaient attirés par la propagande royaliste et fournissaient des troupes à la contre-révolution. Les constitutionnels cherchaient à obtenir l'appui du nouveau pouvoir et tenaient un concile national pendant la négociation du Concordat. Enfin, Bonaparte, soucieux des responsabilités européennes de la « Grande Nation » qu'il dirigeait, savait que la réorganisation religieuse de l'Italie et de l'Allemagne nécessitait une entente avec la Papauté. Du côté pontifical, la pacification religieuse, l'extinction du schisme constitutionnel, la réorganisation ecclésiastique des territoires d'Europe occidentale redistribués après les conquêtes françaises ne pouvaient être obtenus que par une négociation avec Bonaparte.

Le résultat de la négociation est étonnant. Pour mettre fin au schisme, les deux partenaires décident d'exiger la démission de tous les évêques réfractaires et constitutionnels, puis de nommer de nouveaux évêques et de créer une nouvelle répartition des diocèses tenant compte de la modification des circonscriptions administratives. Ils réalisent là « un coup de force sans équivalent dans l'histoire ni avant ni après » (Klaus Schatz). Apparemment, Rome paie très cher la pacification en désavouant les « évêques confessants » qui avaient risqué leur vie pour rester fidèles au pape. En réalité, la Papauté, dans cette situation critique, accepte une solution révolutionnaire et s'approprie un pouvoir suprême sur l'ensemble de l'Église, un pouvoir de juridiction sur le corps épiscopal qui va au-delà de ce qui était admis par de nombreux théologiens et qui constituera un précédent.

D'autre part, le Premier consul trouve dans cet accord beaucoup d'avantages : il hérite des droits d'Ancien Régime et fait accepter par le Saint-Siège les transformations issues de la Révolution. En effet, ayant concédé qu'il faisait profession de la religion catholique et romaine, il nomme les évêques qui reçoivent du pape l'institution canonique mais qui prêtent serment de fidélité au gouvernement ; il se voit reconnaître les droits et prérogatives dont bénéficiait l'ancien gouvernement, « le Saint-siège entérinant ainsi la déchéance des Bourbons prononcée par la Révolution » (André Latreille). Le legs de la Révolution enregistré par le Concordat s'avère considérable : aucune clause ne concerne le clergé régulier qui a été supprimé par l'Assemblée Constituante ; la Papauté reconnaît l'incommutabilité des Biens nationaux entre les mains de leurs acquéreurs ou de leurs ayants cause, moyennant un traitement convenable assuré aux ecclésiastiques employés ; enfin, l'État chrétien d'Ancien Régime est devenu un État laïc puisque la religion catholique et romaine n'est plus religion d'État mais seulement celle « de la grande majorité des Français », les cultes protestants et israélites se trouvant également reconnus.

La réception du Concordat est facilitée chez les jacobins et les idéologues par la promulgation des soixante-dix-sept articles organiques du culte catholique qui accroissent les possibilités d'intervention de l'État dans la vie de l'Église et chez les croyants par la soumission de la majorité des évêques – une minorité très restreinte fonde la Petite Église schismatique –, par le désir d'apaisement religieux et la publication d'une apologie brillante et habile du catholicisme, *Le Génie du Christianisme* de François-René de Chateaubriand (1802), pour qui « l'Europe doit au Saint-Siège sa civilisation ».

Pour Maximilien Ier de Bavière, le Concordat français et les articles organiques constituent un modèle, un « type général » capable de régler les rapports de l'Église et de l'État. La Papauté ne peut empêcher la réorganisation politico-religieuse de l'Allemagne : le « Recès » du 25 février 1803 fait disparaître les principautés ecclésiastiques de la rive droite du Rhin sous le prétexte de trouver des compensations à distribuer aux princes dépossédés de la rive gauche. Pie VII envoie Mgr della Genga, le futur Léon XII, comme nonce à Ratisbonne où siège la Diète germanique pour tenter de négocier un règlement général des Églises d'Allemagne. Cependant, le projet de Concordat allemand échoue face à l'esprit joséphiste qui inspire la législation de l'Autriche et des États allemands.

En revanche, le cardinal Caprara signe, le 15 septembre 1803, un Concordat avec la République italienne plus favorable au Saint-Siège que celui conclu avec la France puisqu'il reconnaît le catholicisme comme religion d'État et admet le principe de la juridiction ecclésiastique. Désormais, le Concordat avec la France, surtout les articles organiques non reconnus par le Saint-Siège, servent de modèles aux gouvernements joséphistes des pays germaniques, tandis que le Concordat avec la République italienne constitue la référence minimale pour le gouvernement pontifical qui cherchera à obtenir mieux dans les négociations ultérieures.

*Le sacre de l'empereur des Français à Paris (2 décembre 1804)*

Napoléon Bonaparte, empereur des Français le 18 mai 1804, sollicite auprès de Rome d'être sacré par le pape. Ayant reconstitué à son profit un empire d'occident fondé par Charlemagne, il songe à faire légitimer son titre par le chef de l'Église catholique dont il reconnaît volontiers le pouvoir spirituel. En revanche, il se considère comme le maître du temporel : le sacre a lieu le 2 décembre 1804, à Paris et non à Rome, et l'empereur prend lui-même la couronne pour la poser sur sa tête. Le pape qui, après une négociation de cinq mois, a accepté de faire le voyage de Paris, n'obtient que quelques concessions dans le domaine religieux et une vague reconnaissance par Talleyrand d'une souveraineté temporelle qui, en fait, n'est pas étendue aux légations d'Émilie-Romagne.

Pourtant, à la différence du déplacement de Pie VI en Autriche en 1872, ce premier grand voyage pontifical du XIX$^{e}$ siècle confère à Pie VII un certain prestige et une réelle popularité dans une partie de l'Europe. Acclamé sur son parcours par les foules, le pape répond par des sourires, des remerciements, des bénédictions et des célébrations fort fréquentées là où il s'arrête. Pie VII démontre ainsi que son ministère n'est pas confiné à Rome et aux États de l'Église, comme les hommes du siècle précédent tendaient à le croire. Sa mission d'évêque universel est reconnue par une France qui l'avait d'abord rejetée. Mieux encore, la Grande Nation, à peine sortie de la Révolution, manifeste une dévotion envers le pape qui annonce une ère nouvelle : « Nous avons traversé la France entière au milieu d'un peuple à genoux », note Pie VII dans une lettre au ministre de l'Intérieur, l'ex-oratorien régicide Fouché.

### *Le conflit entre l'empereur et le pape (1805-1814)*

L'ambiguïté de l'attitude de Napoléon à l'égard de la souveraineté temporelle du pape, plusieurs fois méprisée et violée par la France révolutionnaire, réapparaît lors de la reprise de la guerre avec la troisième coalition. Dès 1805, Napoléon fait occuper le port d'Ancône en territoire pontifical, et, prétendant être le nouveau Charlemagne, « empereur de Rome », menace le pape s'il n'écoute pas ses avis de le réduire à être évêque de Rome. Or, Pie VII, vicaire de Jésus-Christ, « doit la paix à tous », veut rester neutre et refuse de déclarer la guerre aux Anglais. L'État pontifical n'est pas un État comme les autres et ne peut faire la guerre, sauf s'il est agressé. Napoléon multiplie les exigences et fait occuper progressivement par ses troupes, entre 1806 et 1808, la quasi-totalité de la péninsule y compris la plus grande partie des États de l'Église. Finalement, les Français entrent à Rome le 2 février 1808 et Napoléon annexe les États pontificaux le 17 mai 1809. Rome est déclarée seconde ville d'Empire. Les nouveaux départements du Tibre et du Trasimène sont bien administrés par les Français et de grands travaux s'effectuent à Rome. La noblesse romaine, flattée d'être appelée à participer à l'administration, se rallie en partie, mais la classe moyenne et le peuple, mécontents de la conscription et de la persécution religieuse qui frappe les prêtres insermentés – un serment de fidélité à l'empereur leur est imposé – n'apprécient guère le régime français.

Pie VII, qui a fait afficher l'excommunication de Napoléon, est arrêté le 6 juillet 1809 et relégué à Savone, puis en 1812 à Fontainebleau. Pie VII ayant refusé d'accorder l'investiture aux évêques nommés par Napoléon, le conflit entre le pape et l'empereur s'éternise. Le concile de Paris en 1811 se réfère au pape et refuse de trancher seul le différend. Napoléon, de retour de Russie, arrache à Pie VII, le 25 janvier 1813, après cinq jours d'entretiens, un projet de règlement connu sous le nom de Concordat de Fontainebleau que le pape rétracte le 24 mars. Battu par les coalisés en 1814, Napoléon laisse partir Pie VII et lui rend ses États. « L'otage » qui inspirera Paul Claudel est enfin libre. Le pape qui a été persécuté par l'empereur, et qui lui a résisté, fait son entrée solennelle à Rome par la porte du Peuple le 24 mai 1814.

*Consalvi et la restitution de l'État pontifical en 1814-1815*

Se référant au principe de légitimité que le Congrès de Vienne (novembre 1814-juin 1815) honore sans toujours le respecter, Consalvi parvient à obtenir la restitution de la partie italienne des possessions pontificales, y compris les territoires des trois légations de Ravenne, Bologne, et Ferrare situés en Émilie-Romagne au sud du Pô, mais il doit se résigner à la cession d'Avignon et du Comtat venaissin à la France. Les puissances s'accommodent fort bien de cette italianisation accentuée de la souveraineté temporelle du Saint-Siège qui conserve le seul État ecclésiastique qui subsiste en Europe dans une Italie morcelée et surveillée par l'Autriche. D'autre part, les puissances en majorité non catholiques reconnaissent volontiers la mission spirituelle du pape dont le prestige est grand ; mais celui-ci refuse d'adhérer au pacte de la Sainte-Alliance, fondé sur une religiosité vague et visant à promouvoir un rapprochement entre les confessions laissé à l'initiative des souverains.

*Les nouveaux concordats*

De 1815 à 1823, la diplomatie pontificale conduite par Consalvi manifeste une grande activité. Certes, elle ne parvient pas à stabiliser la situation religieuse dans la péninsule ibérique où le conflit entre absolutistes et libéraux atteint son paroxysme ; elle ne réussit pas à faire appliquer en France le Concordat de 1817 avantageux pour le Saint-Siège qui devra se contenter du Concordat de 1801 amélioré grâce à la création de trente nouveaux diocèses. En revanche, elle profite des bonnes dispositions de plusieurs souverains restaurés ou consolidés dans leur pouvoir pour conclure des concordats ou des accords durables qui permettent en Italie et en Allemagne de mettre fin a l'Ancien

Régime, de réorganiser les églises, voire de redistribuer les diocèses après la tourmente révolutionnaire et napoléonienne. Ainsi, le Concordat conclu avec les Bourbons de Naples, le 16 février 1818, est plus favorable au Saint-Siège que celui signé avec la République italienne en 1803, puisqu'il prévoit des dotations pour les ordres religieux et une instruction publique en conformité avec la doctrine catholique. En Allemagne, où les projets d'accord d'ensemble sont abandonnés, le concordat du 24 octobre 1817 avec la Bavière, pays marqué longtemps par une législation d'inspiration joséphiste, est très proche du condordat italien de 1803. L'accord conclu avec la Prusse, dont le souverain est protestant, est entériné par la bulle du 7 juillet 1821 ; il prévoit l'élection des évêques par les chapitres qui doivent choisir des prêtres de nationalité prussienne agréables au gouvernement. Malgré l'échec des négociations avec les États de la province ecclésiastique du Haut-Rhin, les cadres d'une renaissance religieuse sont mis en place dans une grande partie de l'Allemagne. Après la mort de Consalvi, un concordat sera conclu en 1827 avec le royaume des Pays-Bas qui délimite les circonscriptions ecclésiastiques de la future église de Belgique.

### *Les réformes intérieures de Consalvi et leurs limites*

Après une période de flottement occasionnée par les vicissitudes de la politique entre 1814 et 1816 et marquée par une réaction brutale à Rome et dans le patrimoine de Saint-Pierre et par le maintien du système d'administration française dans les autres provinces, Consalvi prend en mains l'administration de l'État pontifical et inspire le *motu proprio* du 6 juillet 1816 qui uniformise l'organisation administrative. Dix-sept circonscriptions territoriales ou délégations sont créées et administrées par des ecclésiastiques assistés éventuellement de laïcs ; les communes ont des conseils municipaux dont les membres sont nommés ou cooptés, ce qui entraîne une laïcisation partielle du personnel. Des tribunaux civils et criminels indépendants sont instaurés avec quatre cours d'appel et une cour de cassation, la chambre de la Signature. La torture reste abolie. Les impôts sont uniformisés et rationalisés. Un nouveau code de procédure pénale est promulgué en 1817. Des réformes économiques sont entreprises, mais donnent peu de résultats faute de crédits. Ces réformes se heurtent à l'opposition des nobles des provinces, des bourgeois des villes qui voient disparaître leurs privilèges, et des ecclésiastiques *zelanti* hostiles au jacobinisme philosophique du secrétaire d'État.

À l'opposé, un autre danger menace les réformes. L'État pontifical est devenu le refuge des « carbonari » révolutionnaires chassés du royaume de Naples. Ils prolifèrent dans les Marches où ils regroupent des milliers de membres. Partisans d'une Italie libre, ils attaquent les agents du pouvoir pontifical, commettent des attentats, fomentent une insurrection à Macerata en 1817. Une autre société secrète, les Guelfes, a son centre à Bologne. La franc-maçonnerie, à nouveau condamnée par Pie VII en 1815, se répand dans la noblesse et la bourgeoisie. Le banditisme, plaie du royaume de Naples, envahit l'Italie centrale. Pour faire pièce aux bandits et aux carbonari, les *zelanti* encouragent des bandes issues elles aussi du royaume de Naples, les san fédistes.

La politique de modération et de conciliation de Pie VII et de Consalvi est menacée par les oppositions des extrêmes et risque de ne pas leur survivre, mais elle constituera une référence pour les réformateurs ultérieurs.

## DES PAPES *ZELANTI* IMPOPULAIRES (1823-1846)

### *Le programme de « Restauration » des* zelanti

L'élection du cardinal *zelanti* Annibal della Genga, qui prend le nom de Léon XII le 28 septembre 1823, se situe à l'apogée de la Restauration en Europe. Le programme des *zelanti* qu'il annonce dans sa première encyclique *Ubi primum* du 3 mai 1824, et qu'il tentera d'appliquer ainsi que ses successeurs Pie VIII et Grégoire XVI, comporte deux volets, l'un religieux, l'autre politique, comme l'a bien montré Philippe Boutry. Il implique d'abord une renaissance religieuse qui nécessite une réforme de la curie où les prêtres doivent remplacer les nobles laïcs, une réforme du diocèse de Rome, l'église-mère dont le pape est l'évêque, une réorganisation des ordres religieux pour leur donner une impulsion nouvelle et les faire mieux participer à la mission, enfin une restauration spirituelle qui exige un recours à la mémoire, à la tradition, celle des jubilés d'autrefois appelant les fidèles à venir prier auprès des tombeaux des apôtres et des martyrs. Selon Philippe Boutry, les *zelanti* promeuvent une théologie de la visibilité de la Papauté, de l'universalité du catholicisme, de la pérennité de la Ville sacrale. Leurs maîtres-mots sont tradition et autorité.

Or, si le ressourcement religieux rencontre les aspirations des populations catholiques en Italie et en Europe, la restauration politique s'effectue dans un esprit absolutiste et clérical qui s'écarte trop souvent de la politique de compromis et de modernisation menée par Consalvi, se heurte à de multiples oppositions et rend les papes *zelanti* impopulaires.

### *Les papes* zelanti *et leurs secrétaires d'État*

Les trois papes *zelanti*, Annibal della Genga – Léon XII (1823-1829), François-Xavier Castiglioni – Pie VIII (1829-1830) et Maur Capellari – Grégoire XVI (1831-1846), sont des nobles qui ont reçu une formation intellectuelle sous l'Ancien Régime. Le plus fin, Léon XII, renforce les études du clergé. Le plus modéré, Pie VIII, se montre curieux d'exégèse, proclame saint Bernard docteur de l'Église et admet le prêt à intérêt dans les limites du taux légal (5 % en France). Le plus doctrinaire, Grégoire XVI, fulmine plusieurs condamnations contre le libéralisme, le rationalisme et le fidéisme. Tous trois alertent les fidèles contre la franc-maçonnerie et excommunient ses membres. Tous trois s'intéressent au procès de canonisation du bienheureux Alphonse de Liguori qui aboutit en 1839 et dont la théologie morale se répand largement dans l'Église. Léon XII et Grégoire XVI ont été moines bénédictins, mais l'expérience diplomatique du premier lui donne une connaissance du monde que le dernier ne possède pas.

Leurs secrétaires d'État s'éloignent de la politique réaliste et indépendante de Consalvi : della Somaglia est un *zelante* extrême, Bernetti et Albani des politicanti très soucieux de ménager les Couronnes, Lambruschini, un barnabite contre-révolutionnaire et absolutiste dans une Europe travaillée par le mouvement libéral.

### *Léon XII, réformateur religieux*

Léon XII est un réformateur désireux d'appliquer le programme religieux des *zelanti*. Il annonce qu'il veut instaurer toutes choses dans le Christ. Il réforme la curie, en réduisant le rôle des nobles laïcs et en confiant l'administration du Saint-Siège à une bureaucratie ecclésiastique méritocratique. Il gouverne avec l'aide de congrégations composées de cardinaux et de clercs. Il crée la Congrégation des Études, réorganise le système universitaire et fait appel aux jésuites pour enseigner dans les séminaires romains. Il redistribue les paroisses de Rome ramenées de soixante et onze à quarante-trois et mieux réparties dans l'espace urbain. Malgré les critiques des puissances, il ordonne un jubilé pour l'Année Sainte 1825 qui attire à Rome entre cent et cent vingt mille fidèles venus surtout d'Italie centrale. Stimulées par la proclamation du jubilé, les missions populaires se multiplient à travers l'Europe.

En politique intérieure, les *zelanti* remettent en cause les réformes de Consalvi : suppression des conseils provinciaux, restauration d'une partie des privilèges municipaux de l'aristocratie. Ils font fermer les cabarets. Ils relèguent les juifs dans le ghetto de Rome, ce qui entraîne le départ des plus fortunés. Après des attentats en Romagne en 1825, une répression sévère, dirigée par le cardinal Rivarola, avec procédure inquisitoriale, s'abat sur la région. La presse libérale européenne stigmatise « la tyrannie des prêtres ».

### *Les insurrections de 1831-1832 dans les États pontificaux*

Après les révolutions française et belge de juillet et d'août 1830, après l'insurrection polonaise de novembre 1830, les habitants des légations, des Marches et de l'Ombrie se soulèvent en février 1831. Grégoire XVI fait appel aux troupes autrichiennes qui écrasent la révolte. Une conférence des ambassadeurs des puissances européennes se tient à Rome et présente, le 21 mai, à Grégoire XVI un mémorandum proposant « des améliorations pour le gouvernement des États romains » inspirées des décrets pris par Consalvi en 1816. De juillet à novembre 1831, le Saint-Siège effectue quelques réformes administratives, judiciaires et financières qui accordent une plus grande place aux laïcs.

Cependant, dès le retrait des troupes autrichiennes, l'insurrection reprend. En janvier 1832, les Autrichiens rentrent à Bologne et en février les Français, ne voulant pas laisser les Autrichiens intervenir seuls, occupent Ancône. Le maintien de la paix est assuré dans le nord des États pontificaux par les baïonnettes étrangères jusqu'à leur départ en 1838.

### *Grégoire XVI doctrinaire, adversaire du libéralisme*

Face aux révolutions et aux progrès du libéralisme, Grégoire XVI, élu en pleine crise, adopte une ligne intransigeante, et commence un pontificat de combat. Le moine camaldule Maur Capellari avait publié en 1799 un ouvrage intitulé *Le Triomphe du Saint-Siège et de l'Église contre les assauts des novateurs* où il démontrait, contre les fébroniens, les gallicans et les jansénistes, la souveraineté universelle du pontife romain et son infaillibilité, conséquence logique de sa « plenitudo potestatis ». Cardinal en 1826, il avait administré avec zèle la congrégation de la Propagande et connaissait bien les problèmes des missions. Devenu pape, sollicité par les évêques français, il prend position avec une extrême vigueur contre le libéralisme de Félicité de Lamennais. Celui-ci, qui avait été reçu chaleureusement par Léon XII en 1824, est accueilli froidement par Grégoire XVI en 1832.

L'encyclique *Mirari Vos* du 15 août 1832 emploie des « expressions rudes » qui blessent un peu « l'urbanité française » (Mgr Frayssinous) : la liberté de conscience est « un délire, une erreur des plus contagieuses », menant à l'indifférence religieuse ; la liberté de presse est présentée comme très funeste et très détestable ; la liberté d'association détruit le respect de l'autorité et provoque des troubles ; enfin, « il n'y a rien à attendre d'heureux » de la séparation de l'Église et de l'État. Cette encyclique virulente, qui est l'une des causes de la révolte de Lamennais, entraîne aussi la rupture de plusieurs grands écrivains romantiques avec l'Église : Hugo, Lamartine, Michelet, Sainte-Beuve.

Après la révolte de Lamennais contre l'Église, manifestée de façon éclatante le 30 avril 1834 par la publication des *Paroles d'un croyant*, pamphlet contre tous les oppresseurs, souverains, évêques, pape, et appel au peuple pour qu'il se libère de toutes les tyrannies au nom du Christ ami des humbles, Grégoire XVI dès le 25 juin 1834, par l'encyclique *Singulari nos*, condamne les *Paroles d'un croyant* et la doctrine philosophique du sens commun qui est le fondement du système mennaisien. Grégoire XVI porte encore des condamnations en 1835 contre la doctrine trop rationaliste d'Hermès, professeur à Bonn, et en 1840 contre celle trop fidéiste de Bautain, professeur à Strasbourg.

### *Grégoire XVI, pape des missions*

Grégoire XVI n'oublie pas qu'il a été préfet de la Propagande. Il donne une forte impulsion à la mission dans le monde entier. Les ordres religieux qui se reconstituent ou progressent sous son pontificat l'aident dans cette action missionnaire. Les jésuites créent six provinces nouvelles, leurs effectifs passant de deux mille à six mille membres. Tandis que les bénédictins, les dominicains et les franciscains se réorganisent, le séminaire des Missions étrangères de Paris se trouve fortement encouragé et les pères du Saint-Esprit reçoivent le soutien du converti Liebermann et de ses disciples. La Société de la Propagation de la foi, fondée à Lyon en 1822, prend une grande ampleur. Flanquée de sociétés analogues en Allemagne et de l'œuvre française de la Sainte Enfance créée en 1843, elle collecte deux millions par an dans les années 1840. La mission précède la colonisation en Océanie et en Afrique ; en Indochine et en Corée, elle subit la persécution et laisse de nombreux martyrs. « La religion catholique fait des progrès immenses aux États-Unis », observait Léon XII. Elle bénéficie en Angleterre et en Irlande de l'émancipation des catholiques votée en 1829.

### *L'échec politique en Europe et en Italie*

En revanche, en Europe, le Saint-Siège, qui se montre favorable aux monarques absolus et se laisse influencer par Metternich, essuie de nombreux échecs. Guidé par l'idée de légitimité, il soutient des prétendants vaincus en Espagne et au Portugal, où les anticléricaux au pouvoir s'emparent des biens de l'Église ; considérant en Pologne que « la soumission au monarque » russe Nicolas Ier « est un devoir », par le bref du 9 juin 1832, il laisse le tsar persécuter les catholiques ; il attend 1841 pour se résigner à nommer un nonce en Belgique où l'Église est séparée de l'État. S'il s'accommode de la Monarchie de Juillet, l'amélioration des relations avec la France est due aux dispositions favorables à la religion de Louis-Philippe et de son gouvernement. Cependant, en Allemagne, sollicité par le roi de Bavière, Grégoire XVI intervient énergiquement en 1837 pour prendre la défense de l'archevêque de Cologne, C.A. von Droste-Vischering, emprisonné par le roi de Prusse.

La politique du Saint-Siège dans les États de l'Église connaît aussi l'échec. La situation financière s'avère tellement désastreuse qu'on ne présente plus de budget après 1835. Des emprunts sont souscrits chez Rothschild à des taux très coûteux. En 1843, des insurgés s'emparent de Rimini et publient un manifeste modéré qui reprend les propositions faites par les ambassadeurs en 1831. La répression frappe les révolutionnaires qui répliquent par des attentats. À la mort de Grégoire XVI, en juin 1846, quatre cents détenus pour délits d'opinion se trouvent dans les prisons et six cents proscrits demeurent à l'étranger.

*Les États de l'Église contestés*

Le pontificat de Grégoire XVI, qui se situe entre les révolutions de 1830-31 et de 1848, illustre bien l'échec politique des *zelanti.* Dès 1832, le constat est brutal. Mazzini, fondateur de la jeune Italie, qui rêve d'une Rome du peuple italien remplaçant celle des papes, déclare : « La Papauté est morte. C'est une forme usée, hybride et exposée pour quelque temps encore à la vénération des amateurs d'antiquités... Le pape défend le vicariat du Christ avec les baïonnettes suisses et autrichiennes. » Et Lamennais, l'ultramontain déçu, lui fait écho en 1836 dans les *Affaires de Rome* : « Restait Rome, j'y suis allé et j'ai vu le plus infâme cloaque qui ait jamais souillé des regards humains. » Profitant d'une actualité troublée, les publicistes anticléricaux reprennent les thèmes classiques de l'antipapisme sans se demander s'ils correspondent encore tous à la réalité. Ainsi, Eugène Briffaut, dans le *Secret de Rome* en 1846, dépeint une monarchie corrompue par l'ambition, une religion chrétienne défigurée par la simonie et le retour au paganisme, une Papauté soumise à la Sainte Alliance et ennemie du peuple.

Il convient d'interroger des témoins plus lucides ou plus proches. L'un d'eux, Stendhal, qui a effectué six longs séjours à Rome entre 1802 et 1829, nous laisse des réflexions datant de 1829 et de 1832. Après avoir salué les bienfaits de l'administration impériale et les efforts de Pie VII et de Consalvi pour moderniser les États de l'Église, et avoir constaté que les mœurs des cardinaux se sont améliorées depuis le XVIIIe siècle, il critique l'impéritie et l'inefficacité des gouvernements de Léon XII et de Grégoire XVI : « Le gouvernement du pape est un despotisme pur comme celui de Cassel ou de Turin. » « Il n'y a à Rome ni *habeas corpus*, ni rien de toute la friperie anglaise des droits du citoyen ; tout se résume par le procès et la prison. » La Sacra Consulta est « une pourvoyeuse de prison et de potence ». Les prêtres qui administrent sont paresseux et ignorants : « Un peu de latin et un peu de jurisprudence sont assez pour aspirer aux dignités de l'Église romaine. » Et Stendhal conclut à la nécessité d'une réforme du pouvoir temporel et de l'Église.

Un poète romain, Giuseppe-Gioachino Belli (1791-1863) compose en dialecte trastéverin et laisse à sa mort plus de 2 200 sonnets satiriques qui évoquent la Rome de Grégoire XVI. Il critique la morale jésuitique, la foi superficielle, le culte grossier entretenus par le clergé de Rome. Il se moque des cardinaux stupides, durs, avides, gloutons et voluptueux, des fonctionnaires ignorants et corrompus, des juges cruels, des avocats voleurs, des officiers incultes, fanfarons, lâches et pillards. Un portrait peu flatté de Grégoire XVI complète cette charge excessive et inégalement fondée. Belli le dépeint comme « un homme violent, bilieux, poivré et qui ressemble à un démon quand il a bu ». Abusant de l'alcool et du tabac à priser, Grégoire XVI serait un couard, malhonnête, insensible à la misère du peuple ; paresseux, il confierait des emplois à des clercs indignes. Les sonnets clandestins de Belli, publiés après la mort du poète, prennent place dans un travail de mémoire critique et négatif sur Grégoire XVI et son époque.

## Le catholicisme romantique redécouvre la Papauté

### *La montée de l'ultramontanisme, phénomène européen*

« Le pape fut plus excité par les fidèles à devenir le maître absolu de l'Église, qu'ils (les fidèles) ne le furent par lui à se soumettre à cette domination. L'attitude de Rome fut plus un effet qu'une cause », note Tocqueville en 1856.

La personne du pape Pie VII que le peuple est venu saluer et acclamer sur les routes de France et d'Italie est objet de vénération : la simplicité, la ferveur, la magnanimité de ce confesseur de la foi ont conquis les âmes. Pour le publiciste allemand Görres, qui chemine alors vers le catholicisme, Pie VII en 1814 compte « parmi les héros auxquels le monde doit sa délivrance ». Les chanceliers savent désormais qu'il est préférable de recourir à l'Église de Rome pour régler les affaires religieuses et que l'indépendance du pape est une condition nécessaire au libre exercice de son pouvoir spirituel.

Avec le pape, des nobles et des prêtres catholiques ont été persécutés en Europe occidentale. Pendant leur séjour en exil, ils ont été mis en contact avec des courants de pensée étrangers, notamment avec le romantisme allemand influencé par un fort mouvement de conversion vers le catholicisme. Dans les cercles catholiques allemands, à Münster en Westphalie, à Mayence en Rhénanie, à Landshut en Bavière entre 1800 et 1820, des prêtres à la foi rayonnante, comme Overbeck, Liebermann, Kolmar, Sailer, et des intellectuels convertis, comme Stolberg, Frédéric Schlegel et Zacharias Werner, rivalisent de ferveur et d'admiration pour la chrétienté médiévale où la Papauté était universellement respectée. Görres (1776-1848), converti en 1819, conseillé par Sailer, se voit offrir par Louis Ier la chaire d'Histoire à l'Université de Munich et crée le groupe de la Table Ronde qui comprend Sailer, évêque de Landshut, le converti mystique Brentano, l'historien Döllinger, le peintre nazaréen Cornelius et les théoriciens du style néo-gothique, les frères Boisserée.

Un courant artistique européen, originaire d'Allemagne, met à la mode le néo-gothique considéré comme le seul style véritablement catholique : Sulpice Boisserée, promoteur de l'achèvement de la cathédrale de Cologne à partir des années 1840, Rio et Montalembert en France, Pugin en Grande-Bretagne. De leur côté, les peintres puisent leur inspiration chez les primitifs italiens antérieurs à une Renaissance jugée trop païenne, depuis les nazaréens allemands Cornelius et Overbeck, qui séjournent longtemps à Rome, jusqu'aux préraphaélites anglais.

En France, Chateaubriand est l'initiateur de ce mouvement intellectuel néocatholique. En 1802, dans le *Génie du Christianisme*, traduit en cinq langues dès 1804, il évoque « la Ville véritablement éternelle » et il prophétise qu'« une nouvelle carrière attend les papes » : « le monde dégénéré appelle une seconde prédication de l'Évangile ».

### *Maistre et Lamennais : le pape souverain, infaillible et absolu*

Sous la Restauration, les apologistes du pape se partagent entre deux tendances : l'une, représentée par J. de Maistre et le Lamennais ultraroyaliste des années 1817-26, voit dans un pape infaillible le garant du principe d'autorité et situe son pouvoir au sommet d'un système de gouvernement absolutiste ; l'autre, plus populiste, présente en Allemagne et chez le Lamennais libéral des années 1829-32, demande au pape d'être le garant des libertés de l'Église et des chrétiens face à des États qui empiètent sur le domaine religieux.

Écoutons J. de Maistre, hostile au gallicanisme des évêques de la Restauration, exposer son programme dans *Du pape* (1819) et *De l'Église gallicane dans ses rapports avec le souverain pontife* (1821) : « Il ne peut y avoir de société humaine sans gouvernement, ni de gouvernement sans souveraineté, ni de souveraineté sans infaillibilité. » « L'infaillibilité dans l'ordre spirituel et la souveraineté dans l'ordre temporel sont deux mots parfaitement synonymes. » « Le Souverain Pontife est la base nécessaire, unique et exclusive du christianisme. À lui appartient la promesse, avec lui disparaît l'unité, c'est-à-dire l'Église. » « La suprématie du pape est le dogme capital sans lequel le christianisme ne peut subsister. » L'histoire justifie d'ailleurs cette primauté, car « les papes furent les instituteurs, les tuteurs, les sauveurs et les véritables génies constituants de l'Europe ». La Papauté est le seul pouvoir légitime efficace au-dessus des nations. Face à l'absolutisme des souverains, elle représente le seul contre-pouvoir véritable.

Lamennais, ultramontain et encore influencé par le vocabulaire ultraroyaliste, lui fait écho en 1826 dans *De la religion considérée dans ses rapports avec l'ordre politique et civil* : « Contester au pape soit l'infaillibilité, soit la plénitude de la puissance ou de la souveraineté vraiment monarchique, c'est contester à l'Église sa propre existence, c'est nier qu'elle soit une, universelle, perpétuelle, sainte ; c'est l'anéantir entièrement. » Et il conclut sa démonstration en termes lapidaires : « Sans pape point d'Église, sans Église point de christianisme, sans christianisme point de religion et point de société, de sorte que la vie des nations a sa source, son unique source, dans le pouvoir pontifical. »

*Les intellectuels allemands : le pape garant des libertés des chrétiens*

Bien que Frédéric Schlegel ait fait connaître en Allemagne les ouvrages de Joseph de Maistre, les thèses absolutistes et infaillibilistes sont peu partagées par les Allemands déçus par la Restauration et la Sainte Alliance. Ceux-ci défendent les libertés de leur Église contre les prétentions des souverains joséphistes et les réglementations tatillonnes des administrations. Le grand théologien de Tübingen, Möhler, avant Newman et bien avant le concile de Vatican II, conçoit l'Église comme un organisme vivant, qui croît dans le temps et où chaque membre est tributaire de l'autre, et perçoit les rapports entre le pape et le collège des évêques comme complémentaires, ce qui relativise la suprématie pontificale. Les principaux écrivains catholiques, Görres, Frédéric Schlegel, Adam Müller et Charles-Louis de Haller s'éloignent de l'absolutisme politique et social ; ils prônent un régime constitutionnel et corporatif qui se réfère volontiers aux libertés médiévales, à une époque où l'autorité du pape était reconnue dans presque toute l'Europe.

Lorsqu'éclate l'affaire de Cologne marquée par l'emprisonnement de l'archevêque C.A. von Droste-Vischering, le pamphlet de Görres l'*Athanasius* (1838) connaît un énorme succès. Pour Görres, Grégoire XVI, qui tient tête au roi de Prusse luthérien en prenant la défense de l'archevêque de Cologne, est un nouvel Athanase, puisque cet évêque en son temps a résisté aux empereurs romains ariens. Faisant écho aux manifestations populaires en faveur de l'archevêque, Görres écrit : « L'Église s'est de nouveau émancipée dans la foi des peuples… Le grand mouvement de pensée auquel a donné lieu cet acte de violence et l'allocution du chef suprême de l'Église nous ont apporté la première rumeur de l'approche d'une nouvelle époque et d'un esprit nouveau. »

L'affaire de Cologne, suivie en 1842 de la cérémonie solennelle à l'occasion de la reprise des travaux d'achèvement de la cathédrale interrompus depuis la Réforme, marque la naissance d'un mouvement catholique qui prend appui sur la Papauté. Pour résister aux empiétements des bureaucraties protestantes ou anticléricales, les catholiques allemands deviennent plus « papalistes ». En 1847-1848, lorsque Louis Ier de Bavière, subjugué par sa maîtresse Lola Montès, change radicalement sa politique religieuse, les « ultramontains » affrontent les « lolamontains ».

### *Rome, l'Allemagne et l'Angleterre*

La Papauté encourage l'ultramontanisme. Elle a réouvert les collèges allemands et anglais de Rome en 1818. Le premier forme des prêtres qui, tel le futur cardinal von Reisach, vont prendre la tête du courant ultramontain en Allemagne. Le second est dirigé, à partir de 1828, par Wiseman qui suit avec beaucoup de compréhension et de discrétion l'évolution du mouvement d'Oxford qui aboutit, en 1845, à la conversion au catholicisme de John Henry Newman. Wiseman, très romain et très britannique, remarquable conférencier, acquiert une réelle audience dans la société anglaise lors de son séjour à Londres en 1835-1836 et lance la *Dublin Review* qui fait connaître le catholicisme dans le monde cultivé.

### *Le néo-guelfisme en Italie*

La foi religieuse et la référence à la grandeur passée de l'Italie caractérisent le romantisme italien qui, dans ses plus grandes œuvres, les opéras de Verdi, *Mes prisons* de Silvio Pellico et *Les fiancés* de Manzoni, prépare intellectuellement le Risorgimento. L'abbé Vincenzo Gioberti crée un courant néo-guelfe [1] en proposant une réflexion politique d'inspiration chrétienne dans *La Suprématie (Il primato) morale et civique des Italiens* (1843) : l'éclat de sa civilisation donne une supériorité à l'Italie, nation plus universelle que les autres. Gioberti espère qu'en se plaçant dans le sillage de la Papauté médiévale, le pape libérera l'Italie de la domination autrichienne. L'Italie trouvera alors son unité dans le cadre d'une confédération d'États présidée par le pape avec un régime constitutionnel.

*Il primato* trouve une large audience auprès du clergé et de l'opinion catholique.

1. Au Moyen Âge en Italie, les guelfes étaient les partisans de la Papauté, les gibelins ceux de l'Empire.

### *Les Français cheminent vers Rome*

Vers 1845, « le pèlerinage au tombeau des saints apôtres, la visite à celui que le Moyen Age appelait l'Apôtre, rentrent dans les mœurs des catholiques. On va à Rome pour voir Pierre. On se remplit de Rome et du pape ». Tentons, à la suite de Léon Ollé Laprune, d'énumérer les pèlerins français illustres qui cheminent vers Rome à la fin du pontificat de Grégoire XVI. Tout d'abord, Dom Guéranger et Lacordaire venus pour réimplanter en France respectivement les bénédictins et les dominicains ; puis, Louis Veuillot le converti, enthousiaste, qui à son retour publie *Rome et Lorette* en 1841 ; enfin, les abbés Bautain, de Bonnechose, Gaume, Gerbet qui y séjourne onze ans, et Dupanloup qui accomplit, en 1841, le deuxième des onze pèlerinages qu'il fera à Rome pour soutenir devant l'Université de la Sapience une thèse de théologie où il défend l'infaillibilité pontificale et qui déclare en 1843 à la princesse Borghèse : « le gallicanisme est mort ». Mgr Parisis, évêque de Langres, qui a introduit la liturgie romaine dans son diocèse, en est également persuadé : il renoue en 1842 à Rome avec la tradition des visites épiscopales *ad limina apostolorum*, deux ans après la visite à Rome de l'archevêque de Bordeaux, Donnet.

### *L'invention de la Rome chrétienne*

Mais que vont-ils donc chercher à Rome ? Gaume et Gerbet nous l'expliquent. Dans les *Trois Rome* (1847), Gaume décrit successivement la capitale du paganisme, celle du christianisme, l'Église de la Ville Sainte étant « la mère et la maîtresse de toutes les églises », et celle des catacombes et des martyrs, la plus mystérieuse mais la plus féconde en ressourcement spirituel pour le monde puisqu'elle livre ses corps saints à la vénération des fidèles. Quant à Gerbet, dans son *Esquisse de la Rome chrétienne* (1844-1850), il exalte la Papauté, principe générateur de la cité monumentale, « une ville théologique » qu'il dépeint en évoquant ses basiliques chargées de symboles, ses chaires de vérité qui répandent le message de l'Évangile, ses tombeaux des martyrs. Les ultramontains les plus ardents ramènent alors de Rome des reliques, voire des corps saints qu'ils exposent à la vénération des fidèles dans divers sanctuaires de l'Occident. Ils perçoivent les papes comme les témoins et les continuateurs de ces martyrs.

Cependant, l'attrait de Rome déborde le monde catholique. Hommes cultivés et souverains, de Louis Ier de Bavière à Nicolas Ier de Russie, font le voyage à Rome. Léon XII constatait la présence de nombreux Anglais qui y perdaient leurs préjugés antipapistes. Les papes répondent à l'attente des visiteurs en reprenant la tradition du mécénat, que les cardinaux ne prolongent plus car ils sont pauvres maintenant, comme l'observe Stendhal.

### *Des papes mécènes : Rome ville musée*

Après l'impulsion donnée aux fouilles du Forum par l'administration napoléonienne (1809-1814), Pie VII, « un prince qui avait un goût réel pour les Beaux-Arts » (Stendhal), tient à continuer l'œuvre commencée par ses prédécesseurs : il ajoute au Musée Pio Clementino du Vatican la galerie Chiaramonti et le Braccio Nuovo. Grégoire XVI veut que la Rome chrétienne récapitule le passé antique. Il inaugure successivement le musée grégorien étrusque (1837), le musée grégorien égyptien (1839) et le musée grégorien profane (1844). Les fouilles archéologiques apportent alors une quantité de statues et d'objets. Cependant, le grand événement scientifique réside dans la découverte de la Rome souterraine avec les vingt-six catacombes explorées systématiquement par l'archéologue De Rossi, qui met à jour tombeaux, inscriptions, fresques, permettant d'évoquer divers aspects de la vie des premiers chrétiens. Les grands progrès de l'archéologie justifient donc apparemment l'invention d'une Rome chrétienne antique effectuée par les apologistes de la Papauté.

# XVII

# Pie IX, le dernier souverain des États de l'Église (1846-1878)

## La Papauté aux prises avec la Révolution (1846-1850)

Après un conclave fort bref réduit à quatre scrutins pendant lesquels le cardinal *zelante* Lambruschini ne parvient pas à s'imposer, un modéré, âgé de cinquante-quatre ans, le cardinal Jean-Marie Mastai, archevêque d'Imola, est élu le 16 juin 1846 et prend le nom de Pie IX.

Rompant avec la politique de répression de Grégoire XVI, Pie IX acquiert une réputation de libéral dès ses premières mesures : choix du cardinal Gizzi, libéral, comme secrétaire d'État, annonce d'un programme de réformes administratives, et surtout décret d'amnistie. « Nous avons tout prévu, excepté un pape libéral », observe Metternich pour qui Pie IX est « un homme chaud de cœur, mais faible de conception et sans esprit de gouvernement ». L'opinion, excitée par un pamphlet de Gioberti *Il gesuita moderno* (1847), s'en prend aux jésuites d'esprit absolutiste et au parti « austro-jésuite ». Le clergé se rallie à la cause nationale et Pie IX devient le symbole du réveil italien.

Mais la réalité est autre : Pie IX, dans sa première encyclique *Qui pluribus* (9 novembre 1846), a dénoncé le libéralisme religieux, « cet épouvantable système d'indifférence », et reste attaché à une conception monarchiste et autoritaire de ses pouvoirs, temporel comme spirituel. Il hésite à faire les réformes souhaitées par les libéraux, et, sensible à sa popularité, il attend que des manifestations de foule lui arrachent des concessions pour les effectuer.

Lorsqu'éclate la Révolution de 1848 à Naples, puis à Paris, Pie IX accorde, le 14 mars, une constitution à ses sujets. Cependant, l'insurrection de Milan et de la Lombardie, aux cris de « Vive Pie IX », puis celle de Venise, l'incitent à prendre part à la guerre nationale contre l'Autriche.

Pie IX prend alors conscience du conflit entre les obligations du souverain temporel, patriote italien, et celles du pape père de tous les fidèles. « Chef d'une religion qui ne veut que la paix et la concorde », comme Pie VII, il ne peut déclarer la guerre. Il affirme dans l'allocution consistoriale du 29 avril 1848 : « Fidèle aux obligations de notre suprême apostolat, nous embrassons tous les pays, tous les peuples, toutes les nations dans un égal sentiment de paternel amour. » Le pape déçoit fortement l'opinion italienne séduite un temps par l'idéal néo-guelfe d'une fédération qu'il aurait présidée. Les patriotes italiens voient désormais dans les États de l'Église un obstacle à l'unité.

Tandis que l'agitation croît à Rome et que la popularité du pape diminue, Pie IX, ballotté entre les conseils des absolutistes et des libéraux, ayant vu six secrétaires d'État se succéder entre juin 1846 et mai 1848, choisit comme principal ministre le comte Pellegrino Rossi, partisan de la paix et d'un régime constitutionnel. Rossi, autoritaire et impopulaire, est assassiné à l'entrée du Parlement, grâce à de nombreuses complicités, le 15 novembre 1848.

Le pape, horrifié par cet événement, menacé par les émeutiers, s'enfuit à Gaëte, dans le royaume de Naples, et prend pour pro-secrétaire d'État le cardinal Antonelli qui, contrairement aux avis d'Antonio Rosmini, l'amène à rompre avec le Parlement de Rome et à faire appel aux puissances européennes afin qu'elles interviennent militairement. La République romaine, dirigée par un triumvirat, dominé par Mazzini, déchoit le pape du gouvernement temporel de l'état romain.

Les puissances sollicitées par Antonelli s'émeuvent : en France, la majorité de l'Assemblée Constituante, alertée par Montalembert, Falloux et Lamoricière, incite le prince-président Louis-Napoléon Bonaparte à intervenir. Après sa victoire de Novare sur le Piémont, le 23 mars 1849, l'Autriche est prête à occuper les légations et, pour lui faire pièce, l'Assemblée Constituante française vote, le 17 avril, l'envoi du corps du général Oudinot qui débarque à Civita Vecchia, le 24 avril. Le parti de l'ordre ayant gagné les élections du 13 mai, le gouvernement ordonne à Oudinot de prendre Rome par la force, ce qui est fait le 3 juillet 1849.

« *Saint Père, on voit du sang à tes sandales blanches.* »
*Victor Hugo*, Les Châtiments.

Pie IX confie alors l'administration de Rome à trois cardinaux, les « triumvirs rouges », qui mènent une politique fortement réactionnaire. Le gouvernement français, mécontent, sollicite des réformes libérales. Le pape, en septembre 1849, n'accorde qu'une amnistie partielle aux insurgés et se contente de réformes administratives limitées, inspirées du Mémorandum de 1831. Ainsi admet-il l'élection au suffrage censitaire des conseillers municipaux. Dans l'administration, les laïcs n'occupent que les postes inférieurs. Aussi, Victor Hugo, à l'Assemblée législative française, peut-il stigmatiser, dès le 18 octobre, un gouvernement clérical qui a octroyé « une proscription en masse ». Mazzini proscrit constate « qu'entre la Papauté et le monde un abîme s'est creusé », et déclare que Pie IX, qu'il qualifie de « Louis XVI de la Papauté », « sait qu'il ne peut régner à Rome qu'en despote ». Les patriotes modérés, César Balbo, Massimo d'Azeglio placent leurs espoirs dans le Piémont qui conserve sa constitution libérale.

À Rome, les ouvrages des prêtres libéraux, Gioberti, Rosmini, Ventura, sont mis à l'Index et les jésuites lancent une revue favorable aux régimes autoritaires et à la Contre-Révolution, la *Civilta cattolica*, qui réussit bientôt à atteindre douze mille abonnés en Europe. Cependant, tandis qu'en France, les thèmes contre-révolutionnaires trouvent un écho auprès de Louis Veuillot et de son journal *L'Univers*, en Allemagne, le mouvement catholique, qui s'est organisé au cours de la révolution de 1848, lutte pour la défense et l'élargissement des libertés religieuses et sociales.

Lorsque Pie IX rentre à Rome en avril 1850, l'accueil des Romains est réservé, et le mythe du pape libéral s'est effondré. Après les événements dramatiques de 1848-49, où les ennemis de l'Église ont bafoué ses droits et répandu l'anarchie, le pape reste marqué par ses illusions déçues et devient plus que jamais hostile aux principes de 1789. Il partage avec le cardinal Giacomo Antonelli, pro-secrétaire d'État en décembre 1848, secrétaire d'État de 1852 à sa mort en 1876, la conviction que l'Église et les États pontificaux doivent être dirigés par un gouvernement autoritaire. Une répartition des tâches s'effectue entre eux : au pape, le domaine religieux et doctrinal et les décisions essentielles ;

au secrétaire d'État, diplomate avisé mais manquant de vues d'avenir, de gérer la politique au quotidien.

Si l'inexpérience politique le rend influençable, si une formation trop sommaire dans sa jeunesse le condamne à ne pas saisir les aspirations intellectuelles de son temps, Pie IX est loin d'être dépourvu de jugement, et il est très excessif de le présenter comme un fantoche peu intelligent, manœuvré par un entourage de réactionnaires obtus. Prenant prétexte de sa sensibilité, de son émotivité, accrues par les séquelles des crises d'épilepsie de sa jeunesse, les auteurs à scandale, Pianciani, Petrucelli della Gatina, Léo Taxil qui publie *Les Amours secrètes de Pie IX* ont affabulé sur sa vie privée ; mais l'anticlérical Edmond About a reconnu que celle-ci avait toujours été exemplaire et que le pape, très désintéressé, n'avait pas pratiqué le népotisme.

Pie IX reçoit de nombreux visiteurs, car il aime les contacts humains. Sa bonté, son affabilité, son humilité, son courage dans l'adversité, son sens des responsabilités, sa piété fervente frappent ses interlocuteurs. Il suscite une véritable dévotion à sa personne et devient de plus en plus populaire dans les masses chrétiennes.

## PIE IX, PASTEUR UNIVERSEL OU PAPE-ROI D'UN ÉTAT ITALIEN (1850-1860)

À partir de 1850, Pie IX affronte un dilemme que les libéraux dénoncent comme une contradiction : pasteur universel ou pape-roi d'un État italien.

### *Pie IX, pasteur universel*

Le pape travaille avec ardeur à une renaissance religieuse que le mouvement catholique favorise dans de nombreux pays. Dès 1850, en nommant dix cardinaux étrangers et seulement quatre cardinaux italiens, il affirme la mission universelle du Sacré Collège, trop longtemps confiné dans l'administration de l'État pontifical. Tandis qu'à son avènement, moins d'1/7e des cardinaux était étranger, à sa mort, près des 2/5e le sont et les Italiens ont besoin du concours des étrangers pour élire le pape à la majorité des 2/3. En 1878, les grandes métropoles européennes, Paris, Londres, Vienne, Munich, Cologne, sont en fait des sièges cardinalices, ce qui n'était pas le cas en 1846.

Comme le mouvement des esprits le laissait pressentir dans la première moitié du siècle, l'horizon du catholicisme s'étend dans les pays du Nord. Pie IX a conclu une convention avec la Russie en 1847, et il rétablit la hiérarchie catholique, en 1850 en Angleterre, et en 1853 aux Pays-Bas. Si le monde politique anglais s'émeut et si la foule manifeste au cri de « no popery », Wiseman, homme de dialogue, nommé archevêque de Westminster et cardinal, parvient à retrouver la sympathie d'une partie de l'opinion. Faisant suite à la conversion de Newman en 1845, « la plus grande victoire de l'Église romaine depuis la Réforme » (Gladstone), en 1851, celle de Manning, homme d'action, donne un élan décisif au catholicisme anglais : après trois ans d'études à Rome où il gagne l'amitié du pape, Manning devient successivement prévôt du chapitre, coadjuteur, archevêque de Westminster (1865), et cardinal en 1875.

D'autre part, tandis que les immigrés irlandais propagent le catholicisme aux États-Unis, les Canadiens français prolifiques édifient une chrétienté dans la « Nouvelle France » sous domination britannique.

### *Les États de l'Église maintenus par les baïonnettes étrangères (1850-1859)*

L'État pontifical connaît une dizaine d'années de tranquillité apparente, malgré quelques attentats dans les Légations. L'administration s'améliore sous l'égide d'Antonelli. Le brigandage est sévèrement réprimé. De nombreux travaux d'utilité publique sont entrepris avec la construction des chemins de fer. La gestion financière redevient saine : après une diminution progressive du déficit, le budget de 1859 est en équilibre. Cependant, les bourgeois se plaignent d'un gouvernement clérical qui ne leur laisse guère de responsabilités politiques. Le voyage pontifical dans les légations et les Marches, soigneusement arrangé par Antonelli durant l'été 1857, laisse des illusions à Pie IX : les populations se montrent déférentes mais leur pays est occupé par les troupes autrichiennes.

Les espoirs des patriotes se reportent sur le royaume de Piémont-Sardaigne qui devient l'État modèle pour les libéraux et qui mène une politique favorable à l'idée nationale et au courant anticlérical. Les relations se détériorent entre Rome et Turin. Les lois de 1850 et de 1853, votées par le

Parlement de Turin, suppriment respectivement les privilèges de juridiction ecclésiastique et les congrégations non enseignantes ou non hospitalières. Le président du Conseil Cavour, partisan de « l'Église libre dans l'État libre », soutient en secret l'action de La Farina, fondateur de la *Société nationale italienne*, qui a pour slogan « Indépendance, Unité, Maison de Savoie » et qui souhaite la disparition de l'État pontifical. En Romagne et dans les Marches, elle rallie les patriotes qui abandonnent le républicanisme révolutionnaire de Mazzini.

La diplomatie européenne reste en alerte : Napoléon III qui désire retirer ses troupes songe à une confédération italienne et demande au pape d'effectuer des réformes. À la fin de la guerre de Crimée, au Congrès de Paris (1856), Cavour présente un rapport de Minghetti sur les réformes urgentes à effectuer dans les États du pape. Le diplomate anglais Clarendon déclare que l'administration pontificale est « une honte pour l'Europe ». En 1858, l'attentat d'Orsini et l'affaire Mortara [1] incitent Napoléon III à intervenir en faveur de l'Italie. Lors de l'entrevue secrète de Plombières (21 juillet 1858), Cavour et Napoléon III décident de maintenir la souveraineté du pape sur un État modernisé mais réduit, les légations étant rattachées à un royaume de Haute Italie dont le roi de Piémont-Sardaigne serait souverain.

En Allemagne, la constitution prussienne du 5 décembre 1848, « événement d'une incalculable portée », selon l'archevêque de Cologne Geissel, accorde aux catholiques les libertés essentielles. Geissel, pasteur et administrateur, et von Ketteler, évêque de Mayence de 1849 à 1877, marqué par le cercle de Goerres, et penseur du catholicisme social, développent en Rhénanie un catholicisme de masse qui s'appuie sur les ordres religieux, les associations et la presse.

Dans les pays traditionnellement catholiques, les relations entre Rome et les États s'améliorent au cours des années 1850. Le Concordat de 1851 avec l'Espagne reconnaît le catholicisme comme religion d'État et laisse à

1. Mortara : enfant juif né dans les États pontificaux, baptisé à l'insu de ses parents et enlevé à sa famille pour être élevé chrétiennement, ce qui scandalise les libéraux.

l'Église le contrôle de l'enseignement. Le Concordat de 1855 avec l'Autriche, négocié par le cardinal Rauscher, archevêque de Vienne (1853-1875), libère l'Église du contrôle d'une bureaucratie gouvernementale toujours inspirée par le joséphisme. Les lois françaises de 1850 sur l'enseignement, dont la plus célèbre est la loi Falloux, encouragent le développement des écoles congréganistes primaires, notamment pour les filles, et accordent la liberté de l'enseignement secondaire souhaitée par l'Église. Des nonces actifs soutiennent le mouvement ultramontain dirigé par Dom Guéranger pour la liturgie, Louis Veuillot dans le domaine de la presse, et Mgr Parisis pour les nominations épiscopales après le coup d'État du 2 décembre 1851. Les évêques ultramontains sont les plus ardents à faire le panégyrique de Napoléon III, ce qui mécontente les catholiques libéraux et irrite les républicains qui dénoncent les excès du cléricalisme.

Rome met à profit les bonnes dispositions des États pour approuver les réunions et les décisions de nombreux conciles provinciaux, pour encourager la presse catholique et les ordres religieux. Le Saint-Siège se dote d'un quotidien officieux, *L'Osservatore Romano*, en 1861. Malgré les mesures de sécularisation de quelques pays comme le Piémont, bénédictins, trappistes, jésuites, rédemptoristes, frères des écoles chrétiennes, sœurs de charité voient doubler leurs effectifs sous le pontificat de Pie IX. Le pape approuve également plusieurs centaines de congrégations nouvelles, notamment féminines.

## LA QUESTION ROMAINE ET LA « IXe CROISADE » (1859-1870)

### *La guerre d'Italie et la perte des légations : ou faut-il mourir pour l'État pontifical ?*

La guerre d'Italie opposant la France et le Piémont-Sardaigne à l'Autriche éclate en avril 1859. La victoire de Magenta (4 juin) permet à Napoléon III et à Victor Emmanuel II d'entrer à Milan mais oblige les troupes autrichiennes à quitter les légations. Des juntes provisoires s'installent dans les villes de Romagne et le mouvement insurrectionnel s'étend aux Marches et à l'Ombrie, mais dès le 20 juin les troupes suisses au service du pape reprennent Pérouse et mettent la ville à sac. Après la sanglante bataille de

Solferino (24 juin), les préliminaires de paix de Villafranca (12 juillet) prévoient une confédération italienne sous la présidence du pape. Tandis que dans les légations une assemblée constituante élue au suffrage universel vote la déchéance du pape et l'annexion au Piémont, Pie IX refuse d'avaliser les décisions de Plombières et de Villafranca et d'abandonner une partie de ses États. Ceux-ci sont la propriété de tous les catholiques, dit-il, et il ne peut ni céder ce qui ne lui appartient pas, ni en admettre la sécularisation. Par l'encyclique *Nullius Certi* du 18 janvier 1860, Pie IX exige la restitution de la Romagne et excommunie les usurpateurs des droits du Saint-Siège.

Pendant les années 1859-60, la polémique bat son plein, et en France, l'opinion, assez mal informée sur la situation réelle de l'Italie, se polarise sur ce pays. L'écrivain anticlérical Edmond About publie en 1859 *La Question romaine*. La première édition est enlevée en quarante-huit heures, et la quatrième édition sort en 1861. About présente un tableau noirci des mœurs romaines : « L'État romain est le plus foncièrement catholique. C'est aussi le plus fertile en crimes de toutes sortes et surtout en crimes violents. » Et il détaille longuement les faits délictueux : « brigandage, coups de couteaux, prostitution, malversations des fonctionnaires, innombrables vols ». La mendicité est florissante. C'est pour About la conséquence nécessaire d'un gouvernement clérical qui confond le spirituel et le temporel et ne sépare pas les pouvoirs : « Le gouvernement arbitraire d'un prêtre, fût-il infaillible, ne sera jamais qu'un mauvais gouvernement. » About ménage Pie IX mais se montre très sévère pour Antonelli, un ambitieux, cupide et sans scrupules. Il doute de la capacité de résistance de cet État ecclésiastique doté d'une « armée sans instruction et sans discipline, d'un courage et d'un honneur problématique, destinée à ne jamais faire la guerre si ce n'est contre les citoyens ».

La brochure de La Guéronnière du 22 décembre 1859, *Le Pape et le Congrès*, inspirée par Napoléon III, adopte un ton plus modéré pour évoquer le congrès qui devrait régler le problème italien : défenseur du principe de la souveraineté pontificale, La Guéronnière propose de limiter celle-ci à la ville de Rome : « Plus le territoire sera petit, plus le souverain sera grand. »

Le monde catholique s'émeut en Europe et plus particulièrement en France, pays directement impliqué dans les

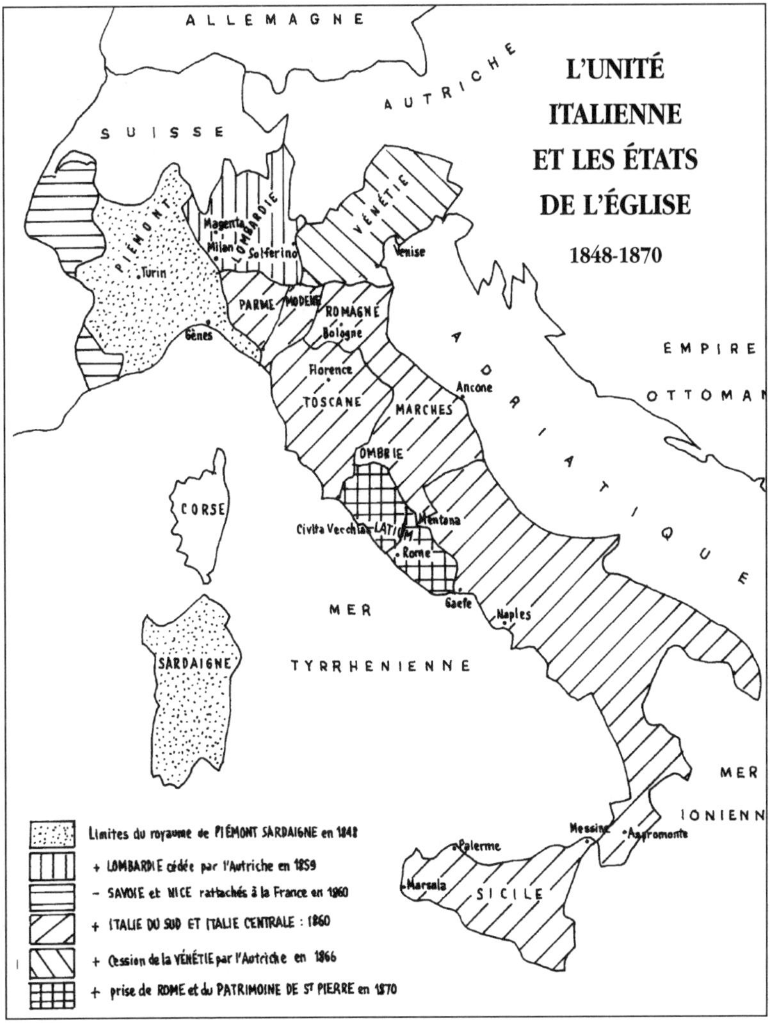
L'UNITÉ ITALIENNE ET LES ÉTATS DE L'ÉGLISE
1848-1870
ALLEMAGNE
AUTRICHE
SUISSE
PIÉMONT
LOMBARDIE
VÉNÉTIE
Magenta
Milan
Solferino
Venise
Turin
Gênes
PARME
MODENE
ROMAGNE
Bologne
Florence
TOSCANE
MARCHES
Ancone
OMBRIE
ADRIATIQUE
EMPIRE OTTOMAN
CORSE
Civita Vecchia
LATIUM
Mentana
Rome
Gaete
Naples
MER TYRRHENIENNE
SARDAIGNE
MER IONIENNE
Messine
Aspromonte
Palerme
Marsala
SICILE
Limites du royaume de PIÉMONT SARDAIGNE en 1848
+ LOMBARDIE cédée par l'Autriche en 1859
- SAVOIE et NICE rattachés à la France en 1860
+ ITALIE DU SUD ET ITALIE CENTRALE : 1860
+ Cession de la VÉNÉTIE par l'Autriche en 1866
+ prise de ROME et du PATRIMOINE DE St PIERRE en 1870

événements d'Italie. Les Belges organisent le denier de Saint-Pierre, les Allemands créent l'œuvre de Saint-Michel pour soutenir la cause pontificale ; le cardinal Rauscher, archevêque de Vienne, prend la tête d'une pétition de cent cinquante évêques européens. Tandis qu'une minorité de catholiques libéraux autour de Cochin ou de Lacordaire refuse de mépriser les aspirations des Italiens, la grande majorité des évêques, des prêtres et des laïcs, intransigeants ou libéraux, prend la défense du pape : Mgr Parisis et Mgr Dupanloup, Veuillot et Montalembert participent au même combat. Dans les régions où ils sont bien implantés, les légitimistes, antibonapartistes et de plus en plus ultramontains, prennent la tête de l'agitation. Veuillot répond à La Guéronnière en élargissant le débat : « Le monde chrétien veut maintenir le pape à Rome parce que Dieu l'a placé là, pour être à la tête de l'humanité. Le monde révolutionnaire veut ôter le pape de Rome parce que la Révolution, qui est satanique, dit Joseph de Maistre, et par conséquent ennemie de l'humanité, aspire à décapiter l'humanité. La Révolution veut reprendre Rome sur le Christ et sur Pierre, comme le Christ et Pierre l'ont prise, il y a dix-huit siècles, sur Satan et sur Néron. Telle est la question romaine. »

### *1860 : Castelfidardo et la perte des Marches et de l'Ombrie*

Ses États étant menacés et mal protégés, Pie IX se prépare à résister à une agression. Il nomme un prélat belge, Mgr de Mérode, pro-ministre des armes, en février 1860, et le général français de Lamoricière commandant en chef. Une armée hétérogène d'une quinzaine de milliers d'hommes, composée d'Autrichiens, de Suisses, d'Irlandais, de Belges et de Français, est levée en quelques mois. Pendant ce temps, le républicain Garibaldi conquiert avec ses « chemises rouges » la Sicile, puis Naples, mettant fin à la monarchie des Bourbons, et se dispose à marcher sur Rome. Cavour s'inquiète et, avec l'accord, de Napoléon III, fait occuper par les troupes piémontaises les Marches et l'Ombrie afin de pouvoir conduire Victor-Emmanuel II à Naples. Les Piémontais battent l'armée pontificale à Castelfidardo, le 18 septembre 1860. La cause du pape a désormais ses héros et ses martyrs. En novembre, des plébiscites triomphaux ratifient l'annexion des Marches et de l'Ombrie au royaume d'Italie en formation. Le territoire pontifical se trouve réduit au patrimoine de Saint-Pierre.

Les négociations entamées pendant l'hiver 1860-1861 entre Rome et Turin, et encouragées par Napoléon III, échouent à cause du fanatisme anticlérical du Parlement piémontais qui supprime les couvents dans les territoires annexés et de l'intransigeance de Pie IX et de son entourage. La mort de Cavour, le 6 juin 1861, laisse la question romaine sans solution ; ses successeurs, qui n'ont pas son prestige, oscillent entre un libéralisme modéré à la recherche de l'apaisement et un radicalisme anticlérical. Tandis qu'une partie notable du clergé de la péninsule se rallie à la cause italienne ou au moins accepte le fait accompli, les milieux romains demeurent intransigeants et les troupes françaises restent à Rome.

*Zouaves pontificaux contre chemises rouges : Mentana (1867)*

Cependant, Napoléon III cherche à retirer ses troupes de Rome. Il y parvient grâce à la Convention de septembre 1864, conclue entre l'Italie et la France : les Italiens s'engagent à respecter le territoire pontifical qui subsiste ; ils transfèrent leur capitale à Florence ; les troupes françaises doivent quitter Rome dans un délai de deux ans. Profitant de l'apaisement relatif qui survient, un saint, Dom Bosco, estimé du pape et du roi d'Italie, s'entremet pour régler la question des nominations épiscopales en suspens, sous le ministère modéré de Ricasoli.

L'opinion catholique française manifeste son inquiétude au Corps législatif, où un groupe de pression, mené par le légitimiste Keller, se montre actif et influent. Les catholiques français apportent un gros soutien financier au Saint-Siège en rassemblant la moitié du denier de Saint-Pierre et en souscrivant aux emprunts pontificaux. Dans l'ouest, le baron Onffroy de Vérez coordonne la collecte des fonds. Les ressources des finances pontificales ne proviennent plus d'Italie centrale mais de l'ensemble de la catholicité : elles se désitalianisent et se catholicisent. Les adresses de soutien affluent de France vers Rome. Des volontaires, en majorité nobles et paysans de l'ouest et du nord, s'engagent dans les zouaves pontificaux.

Après le départ des troupes françaises, la cession de la Vénétie à l'Italie entraîne l'Autriche, battue par la Prusse à Sadowa (1866), à se retirer de l'Italie. Aussi, en 1867, le gouvernement italien, dirigé par le radical Ratazzi, laisse Garibaldi envahir le territoire pontifical. Napoléon III, obligé de tenir compte de l'opinion catholique, envoie la brigade du général de Failly qui, avec l'aide de l'armée pontificale, bat les garibaldiens à Mentana le 3 novembre 1867.

« Les nouveaux fusils, les chassepots, ont fait des merveilles » selon le mot du général de Failly, ce que les Italiens n'apprécient pas. Ceux-ci, à l'exception du généreux Garibaldi et de ses volontaires, ne viennent pas au secours de la France en 1870-71.

### *Le conflit entre la Révélation et la Révolution*

Le conflit entre le Saint-Siège et l'Italie prend une dimension métaphysique ; selon le mot du fédéraliste Proudhon, qui préférerait cependant une Italie papiste à une Italie unitaire, c'est le conflit entre la Révélation et la Révolution. En effet, tandis que le pouvoir politique du pape se rétrécit comme une peau de chagrin, son autorité spirituelle et doctrinale ne cesse de s'accroître.

Servi par les ordres religieux, notamment par les jésuites, et par une presse catholique influente en Europe et dominée en France par Louis Veuillot, « le pape laïc des Gaules », le mouvement ultramontain fait converger vers Rome des courants d'opinion et des élans de ferveur. Entre 1848 et 1871, les fidèles font affluer vers Rome cent dix mille adresses manifestant leur sympathie, leur approbation, leur prière et contenant quarante millions de signatures. À Rome, l'élite des clergés européens est maintenant formée dans les universités où enseignent des jésuites talentueux – les Taparelli, Passaglia, Perrone – et dans les séminaires des diverses nations ; cinq parmi eux, dont le séminaire français, sont créés sous Pie IX. Les congrégations romaines sont actives : elles reçoivent les rapports des évêques en visite *ad limina* ; elles condamnent certains auteurs, tels l'Allemand Gunther, trop rationaliste en 1857 et le Belge Ubaghs, trop fidéiste en 1866 ; elles mettent de nombreux livres à l'Index, notamment en 1863 plusieurs chefs-d'œuvre de la littérature du XIX^e^ siècle. Les nonces interviennent dans la vie interne des églises locales qui, sous la pression de Rome, adoptent la liturgie romaine.

Pie IX consulte les évêques pour quelques grandes décisions et les rassemble volontiers à Rome : en 1854, deux cents évêques participent à la proclamation du dogme de l'Immaculée Conception de Marie, qui constitue une sorte d'anticipation de l'infaillibilité pontificale ; en 1862, la béatification des martyrs japonais attire des centaines de prélats ; en 1867, le dix-huitième centenaire du martyre des apôtres Pierre et Paul rassemble à Rome plus de cinq cents évêques, quatorze mille prêtres et cent trente mille pèlerins.

Cette ferveur ultramontaine incite Rome à réagir, face à l'affirmation du catholicisme libéral lors du Congrès de Malines, en 1863, et à la montée de l'incroyance caractérisée par la publication d'œuvres qui ébranlent l'interprétation traditionnelle de la Bible – avec l'*Origine des espèces* de Darwin, en 1859, et la *Vie de Jésus* de Renan, en 1863 – et par l'essor du positivisme et du scientisme. Quelques semaines après la Convention de septembre 1864 qui inquiète le Saint-Siège, Pie IX publie, le 8 décembre 1864, l'encyclique *Quanta Cura* et le *Syllabus*, catalogue de quatre-vingts propositions condamnées. Celles-ci portent sur le rationalisme, l'indifférentisme, le socialisme, le libéralisme, le refus du pouvoir temporel du pape. La liberté de conscience et la liberté des cultes sont rejetées. La proposition 80 qui conclut le catalogue est reçue comme une déclaration de guerre au monde moderne puisqu'elle condamne la formule suivante : « Le Pontife romain peut et doit se réconcilier et transiger avec le progrès, le libéralisme et la civilisation moderne. »

Le gouvernement de Napoléon III tente d'entraver la diffusion d'un texte qui choque beaucoup de gens cultivés. En revanche, un commentaire habile de l'évêque d'Orléans, Mgr Dupanloup, qui distingue la thèse et l'hypothèse, est très largement répandu ; en fait, la thèse correspond à la situation de l'état « catholique » d'Ancien Régime, l'hypothèse à celle de l'état moderne issu des principes de 1789. De leur côté, les catholiques intransigeants, menés par Louis Veuillot, triomphent et dénoncent l'*Illusion libérale* (1865).

## Un pape infaillible, mais privé de ses États

### *Le concile de Vatican I proclame l'infaillibilité du pape*

Pie IX décide en 1868 de convoquer le concile du Vatican pour défendre la foi menacée, affirmer son autorité contestée sur le plan temporel, et trancher les querelles entre les catholiques. Très vite, le débat se focalise dans l'opinion sur l'infaillibilité pontificale et sur la crainte d'un renforcement de l'absolutisme dans le gouvernement de l'Église.

Le concile du Vatican, qui s'ouvre le 8 décembre 1869, rassemble sept cent quatre-vingt-treize pères, parmi lesquels 35 % d'Italiens et 17 % de Français ; 24 % des pères, représentant d'autres continents que l'Europe, témoignent de l'universalité du catholicisme. Le 24 avril 1870, le Concile vote à l'unanimité la constitution *Dei Filius* qui expose la doctrine catholique sur Dieu, la révélation, la foi et le rôle de la raison. Cependant, il s'est divisé sur la question de l'infaillibilité du pape dès ses premières séances. Une majorité, menée par Manning, archevêque de Westminster, Senestrey, évêque de Ratisbonne, Déchamps, archevêque de Malines, et Mermillod, évêque de Genève, veut imposer une définition dogmatique, tandis qu'une minorité la juge contestable – avec l'Autrichien Rauscher, l'Allemand Hefele ou le Français Maret – ou inopportune avec les Français Dupanloup et Darboy.

Les salons romains et la presse prennent parti dans le débat. Face à un Veuillot qui voudrait que le concile définisse l'infaillibilité par acclamation, Montalembert stigmatise « ces théologiens laïcs de l'absolutisme », coupables de sacrifier à « l'idole qu'ils se sont érigée au Vatican ». Inspirateur des *Lettres romaines*, publiées sous le nom de Quirinus, Döllinger lance l'agitation anti-infaillibiliste dans les universités germaniques. Les gouvernements autrichien, français et prussien, craignant des empiétements de l'Église sur la liberté des États, font des représentations auprès du Saint-Siège.

L'ampleur et la virulence du débat incitent la majorité, stimulée par Pie IX, à voter la constitution *Pastor Aeternus* qui proclame l'infaillibilité pontificale : « Le Pontife romain, lorsqu'il parle ex cathedra, c'est-à-dire lorsque, remplissant sa charge de pasteur et de docteur de tous les chrétiens, il définit, en vertu de sa suprême autorité apostolique, qu'une doctrine, en matière de foi ou de morale, doit être admise par toute l'Église, jouit, par l'assistance divine à lui promise en la personne de saint Pierre, de cette infaillibilité dont le divin Rédempteur a voulu que fût pourvue son Église, lorsqu'elle définit la doctrine sur la foi et la morale. Par conséquent, ces définitions du Pontife romain sont irréformables de par elles-mêmes et non en vertu du consentement de l'Église. »

Cette proclamation dogmatique, votée le 18 juillet 1870 par cinq cent trente-cinq pères présents – les soixante et un opposants ayant quitté Rome – est reçue par l'immense majorité du clergé et du peuple catholique et acceptée finalement par tous les évêques ; mais elle est rejetée en Allemagne, en Autriche et en Suisse par quelques théologiens ou historiens, comme Döllinger, et par des prêtres groupés en cent soixante-huit paroisses et suivis de cent vingt-cinq mille fidèles qui forment le schisme vieux catholique.

Le dogme de l'infaillibilité pontificale qui n'a connu qu'une application depuis sa proclamation – en 1950, à l'occasion de la définition de l'Assomption de Marie – procure au magistère pontifical, dans son enseignement ordinaire, une autorité accrue que les successeurs de Pie IX sauront développer.

### *Pie IX « prisonnier » du Vatican*

Le concile est prorogé sine die le 20 octobre 1870 à cause de la guerre franco-prussienne et de l'annexion du patrimoine de Saint-Pierre par le royaume d'Italie. Le 20 septembre, les troupes italiennes sont entrées à Rome après le départ des troupes françaises. Le pape se retire derrière les murs de la Cité du Vatican, où il se considère comme prisonnier. Le gouvernement italien fait voter, le 13 mai 1871, la loi des garanties, loi ordinaire donc révocable, que le Saint-Siège repousse dès le 15 mai.

La ferveur des populations catholiques envers le saint Père, « captif » selon certains prédicateurs, se traduit par des prières, des adresses, des manifestations, des pèlerinages, et aussi par des dons importants qui permettent au cardinal Antonelli d'assainir les finances du Saint-Siège. Tandis que les pèlerins chantent :

« Sauvez Rome et la France,
« Au nom du Sacré Cœur »,

les Français versent la moitié du montant du Denier de Saint-Pierre. Grâce à de nombreuses missions intérieures à travers toute l'Europe et à un réseau d'écoles et de collèges religieux, un peuple catholique se maintient ou se reconstitue dans maintes régions, englobant les masses paysannes, une fraction des classes moyennes et de la bourgeoisie et l'élite aristocratique. D'autre part, la progression du catholicisme hors d'Europe, stimulée par l'émigration irlandaise et les missions, fait ressortir à la fois le caractère universel de la Papauté et le poids du conflit avec l'Italie qui entrave la liberté de la diplomatie pontificale.

L'aggravation de ce conflit est l'une des manifestations de l'échec du pontificat dans le domaine politique : la haine des anticléricaux italiens pour Pie IX, les vexations infligées au clergé de la péninsule, l'interdiction imposée par le pape aux catholiques italiens de participer aux élections creusent le fossé entre le Vatican et l'Italie.

En Europe et dans le monde, la liste des échecs est impressionnante. En France, l'intransigeantisme politico-religieux des ultralégitimistes fait échouer la restauration monarchique, et l'agitation cléricale, liée à la question romaine, provoque la crise du 16 mai 1877, suivie de la victoire d'une république anticléricale porteuse d'une vague de sécularisation des écoles et des hôpitaux.

Dans l'Allemagne récemment unifiée, Bismarck déclenche contre les catholiques, soupçonnés d'être de mauvais Allemands, le Kulturkampf, ou combat pour la civilisation ; il encourage le schisme vieux catholique et fait voter des lois de persécution contre le clergé en mai 1873 et mai 1874. Choqué par le vote de l'infaillibilité, le gouvernement autrichien dénonce, en 1870, le Concordat de 1855. Stimulé par les vieux catholiques, le gouvernement suisse s'engage aussi dans un Kulturkampf, qui est marqué par la persécution des prêtres fidèles à Rome dans le canton de Bâle et dans celui de Genève, dont l'évêque Mermillod est expulsé.

D'autres déceptions viennent d'Amérique latine où les gouvernements multiplient les mesures anticléricales et où le rêve d'une république chrétienne en Équateur reste éphémère du fait de l'assassinat du président Garcia Moreno en 1875. Enfin, Rome ne peut rien obtenir du gouvernement russe pour atténuer la persécution de l'Église catholique de Pologne ou empêcher la liquidation de l'Église uniate en 1875.

Au début de l'année 1878, Victor-Emmanuel II, premier roi de l'Italie unifiée, et Pie IX, dernier souverain des États pontificaux, meurent à un mois d'intervalle. Le plus long pontificat de l'histoire de l'Église depuis saint Pierre s'achève. Pie IX, prêtre simple et bon, a contribué à susciter « un vaste courant de dévotion populaire et de spiritualité sacerdotale » (R. Aubert). Très intransigeant en matière doctrinale, il a paradoxalement donné un bel exemple de développement dogmatique, illustrant ainsi la réflexion du plus grand théologien du siècle, John-Henry Newman, qui sera promu cardinal par Léon XIII.

# XVIII

# Léon XIII, un pape moderne ? (1878-1903)

### *Un conclave sous le regard des puissances étrangères*

Le premier conclave ouvert après la disparition des États de l'Église inaugure une ère nouvelle. L'Italie laisse aux cardinaux la liberté de se réunir à Rome, mais le conclave se tient dans la discrétion, sans cérémonies ni défilés extérieurs aux limites du Vatican. Parmi les cardinaux de la péninsule, si la noblesse romaine est absente, un tiers provient de la noblesse italienne, un tiers appartient à la bourgeoisie, et le dernier tiers à la méritocratie issue du peuple. Les cardinaux étrangers qui constituent maintenant près de 40 % du Sacré Collège recherchent, avec une partie de leurs collègues italiens, une personnalité apte à surmonter les tensions créées par le pontificat précédent. Le gouvernement français, dirigé par le protestant Waddington, a demandé au cardinal de Bonnechose de porter une exclusive contre le cardinal Bilio, trop proche du pape précédent. Bonnechose fait connaître discrètement cette exclusive et évite ainsi d'avoir à l'annoncer publiquement. Bilio écarté, on préfère au cardinal Franchi, ancien nonce en Espagne, jugé trop « politicante », le cardinal Joachimo Pecci, esprit fin et cultivé qui bénéficie à la fois d'une expérience diplomatique comme nonce en Belgique, de 1843 à 1846, et d'une longue pratique pastorale comme évêque de Pérouse depuis 1846. Pecci est élu dès le troisième tour de scrutin. Il choisit le nom de Léon XIII par gratitude pour le pape de sa jeunesse, Léon XII, mais aussi par référence au programme *zelante* de rechristianisation du monde. Le nouveau pape est bien accueilli par les hommes politiques. Gambetta note que « l'élégant et raffiné cardinal Pecci… ne rompra pas ouvertement avec la tradition et les déclarations de son prédécesseur, mais sa conduite, ses actes, ses relations vaudront mieux que ses discours ».

### *Léon XIII, personnalité prestigieuse mais controversée*

Cependant, Léon XIII, intransigeant sur les libertés de l'Église, a été haï par les anticléricaux italiens – le poète franc-maçon Carducci compose un hymne à Satan –, mais transigeant dans les relations avec les États, il a été très tôt attaqué par les fervents admirateurs de Pie IX, qu'il s'agisse des journalistes Albertario, Nocedal et des Houx, de Monseigneur Fèvre ou du cardinal Pitra, pour qui le nouveau pontificat prépare le règne de l'Antéchrist. Léon XIII a beau blâmer ceux qui repoussent « la direction du présent pour s'en tenir à celle du passé », rien n'y fait. Cette opposition ne fera que croître en France après le ralliement de l'Église à la République. Tandis que certains journalistes, comme Cassagnac, préfèrent vilipender l'entourage du pape et sa diplomatie « pleine d'astuce et de capitulation », des religieuses prient pour « la récipiscence ou la mort de sa Sainteté » qui est alors âgée.

Le personnage du nouveau pape, aristocrate raffiné, grand, mince, distant, tranche avec celui de son prédécesseur, simple, accessible et facilement populaire. Cependant, sa grande intelligence séduit ses collaborateurs et suscite les dévouements d'hommes qui seront parfois déçus de ne pas se sentir mieux soutenus dans leurs initiatives. Ce monarchiste est informé de l'état du monde dans lequel il a voyagé et se montre capable d'apprécier les dirigeants compétents des républiques. Cet intellectuel traditionaliste, qui vit dans une cour d'Ancien Régime, sait trouver dans la doctrine classique de l'Église des réponses aux besoins de la société contemporaine et tente de promouvoir une chrétienté renouvelée et adaptée à son époque. Cet homme d'Église est aussi un spirituel, dont les encycliques encouragent les dévotions contemporaines et qui consacre le monde au Sacré-Cœur en 1899 à la veille du nouveau siècle.

### *Le conflit des deux Rome persiste et s'aggrave*

Immédiatement après son élection, Léon XIII donne sa bénédiction *urbi et orbi* de la loggia intérieure de Saint-Pierre et souligne ainsi son enfermement dans le Vatican. Ce « papalin », issu des États de l'Église, n'est pas disposé à céder sur ses droits de souverain temporel : « Il avait l'absolue conviction qu'il rentrerait en possession de Rome. Si ce n'était pas lui, ce serait son successeur » (É. Zola).

La Rome du peuple italien rêvée par Mazzini se construit dans les terrains laissés vides de la Rome pontificale, sur les vestiges de la Rome antique. Ceux-ci sont dispersés ou déposés dans les musées. Urbanistes et architectes conçoivent un art monumental digne de la grande période de l'unité italienne et inspiré des styles néo-roman ou néo-renaissance. Ils cherchent un art qui affirme dans la capitale de l'Italie l'idée nationale à travers les réalisations du Parlement ou du monument de Victor-Emmanuel II.

Le gouvernement italien ne décourage pas les manifestations anticléricales qui accroissent son emprise sur la ville. Le 13 juillet 1881, la dépouille mortelle de Pie IX, transférée en cortège du Vatican à Saint-Laurent-hors-les-murs, faillit être jetée dans le Tibre par la populace anticléricale ; le 7 août 1881, un meeting populaire réclame l'abolition de la Papauté. Léon XIII songe alors à transférer le Saint-Siège à Trente ou à Salzburg en territoire autrichien. Un apaisement relatif se produit ensuite entre le gouvernement Depretis et le secrétaire d'État Jacobini, l'un des artisans de la détente avec Bismarck, le chancelier instigateur de la Triple Alliance dont fait partie l'Italie.

Cependant, les deux hommes meurent en 1887 et sont remplacés par le franc-maçon Crispi et le francophile Rampolla. Les mesures anticléricales du gouvernement Crispi et la visite au Quirinal en 1888 du jeune empereur d'Allemagne Guillaume II, reçu au Vatican par un pape gêné, ravivent la tension. En 1889, le gouvernement italien inaugure solennellement la statue de Giordano Bruno, un hérétique martyr de l'Inquisition. Le pape songe alors à partir pour l'Espagne. En 1891, la guerre des symboles rebondit avec l'incartade commise par trois jeunes pèlerins français qui écrivent « Vive le pape » sur le registre du Panthéon où se trouve le tombeau de Victor-Emmanuel II. Toute l'Italie s'embrase du Nord au Sud et les manifestations anticléricales se multiplient.

Léon XIII fait consulter l'empereur François-Joseph Ier qui lui offre l'hospitalité mais lui conseille de laisser passer l'orage. L'encyclique *Spesse Volte* de 1898 proteste contre la suppression d'associations catholiques italiennes. Enfin, lorsque se réunit à La Haye la première conférence internationale de la paix en 1899, le Saint-Siège souhaite s'y faire représenter, mais le Quirinal s'y oppose et l'en écarte.

### *Le « Vatican royal » : une cour d'Ancien Régime*

Voulant rappeler constamment ses droits sur Rome, Léon XIII met en valeur tous les signes ostentatoires d'une souveraineté temporelle. Le « Vatican royal », objet de scandale pour le père jésuite Curci devenu patriote italien, est une réalité que les ambassadeurs, les journalistes, les pèlerins et les touristes de plus en plus nombreux doivent prendre en compte. Léon XIII a rétabli une stricte étiquette de cour avec laquelle Pie IX prenait des libertés. Le pape apparaît coiffé de la tiare, porté sur la *sedia gestatoria* lors des audiences de groupes accordées une ou deux fois par semaine aux pèlerins et aux membres des associations catholiques. Il donne volontiers chaque jour aux ambassadeurs et aux personnalités ecclésiastiques ou laïques qu'il veut rencontrer des audiences qui se déroulent dans un cadre solennel.

Les invités traversent une enfilade de salons et passent devant des détachements de tous les corps pontificaux : Suisses au service du pape depuis Sixte IV ; gendarmes créés par Pie VII, à tunique noire, à bonnet à poils plumeté de rouge, ressemblant à des grenadiers d'Empire ; gardes palatins, institués par Pie IX en shako à plumet blanc, tunique bleue foncée et pantalon rouge ; gardes nobles réorganisés par Pie VII, avec leur casque recourbé à cimier, leur tunique bleue à épaulettes d'or ; et enfin les camériers de cape et d'épée. Les cinquante gardes nobles se recrutent dans la noblesse « noire » italienne ; les deux cent quatre-vingt-dix camériers de cape et d'épée, qui n'ont jamais été aussi nombreux et qui se relaient au service du pape, appartiennent le plus souvent à la noblesse européenne. Lorsque l'invité est introduit, le pape, droit et impassible, écoute avec attention, médite et parle peu. Son discours mesuré, calculé, cherche à convaincre plutôt qu'à séduire. Le visiteur repart en gardant une impression de grandeur et de faste.

### *Un projet universel servi par une diplomatie active*

Cet apparat pontifical est mis au service d'un projet universel que Léon XIII évoque dès son avènement : « Je veux faire une grande politique. » Certes, très vite, une détente intervient dans les relations entre le Saint-Siège et les États, à l'exception de l'Italie, et cet apaisement s'étend au-delà du cercle traditionnel des « couronnes catholiques ». Les États colonisateurs prennent souvent appui sur les missionnaires dont l'activité outre-mer facilite l'expansion européenne dans le monde. Néanmoins, le projet de Léon XIII a pour originalité d'être global, de tendre à rechristianiser la société dans tous les domaines : spirituel, intellectuel, social. Le pape stimule la ferveur des fidèles par une vingtaine d'encycliques consacrées aux dévotions de son temps. Fondateur de l'académie San Tommaso de Pérouse, ville dont il était archevêque, il publie dès le 4 août 1879 l'encyclique *Aeterni Patris* dans laquelle il préconise le retour à l'enseignement du système de saint Thomas, afin de doter le clergé d'une formation philosophique solide. Enfin, en conflit avec une certaine élite bourgeoise, il cherche à prendre appui sur les masses populaires, se tourne vers la démocratie montante, encourage la gestation ou l'essor de mouvements catholiques dirigés par des clercs ou par des laïcs. Il accueille à Rome de nombreux pèlerins à l'occasion des jubilés qu'il multiplie : 1882-1883, 1888, 1894, 1900, 1902. Sept cent mille chrétiens viennent à Rome pour l'Année Sainte 1900. Léon XIII, qui sait recevoir de temps à autre des journalistes de diverses tendances, exerce un « pouvoir d'opinion », et, comme le note Melchior de Voguë, il « bénéficie de la prépondérance acquise aujourd'hui aux pouvoirs de cet ordre ».

Pour réaliser cette grande politique, Léon XIII s'entoure d'intellectuels et de diplomates. Parmi les premiers, il suffit d'évoquer les deux principaux rédacteurs de l'encyclique *Rerum Novarum*, le jésuite Liberatore et le dominicain Zigliara. Parmi les seconds, les secrétaires d'État successifs et plusieurs nonces sont des personnalités d'envergure. Les deux premiers secrétaires d'État, les cardinaux Alessandro Franchi et Lorenzo Nina, prélats pondérés, inaugurent une politique de conciliation dans les rapports avec les États. Le cardinal Ludovico Jacobini, secrétaire d'État de 1880 à 1887, ancien nonce à Vienne, continue cette politique. Les relations s'améliorent avec l'Autriche, et en Allemagne, grâce aux succès électoraux du Zentrum mené par Windhorst, le Vatican parvient à obtenir la liquidation progressive du Kulturkampf.

À partir de 1887 jusqu'à la mort du pape en 1903, un noble sicilien, le cardinal Mariano Rampolla del Tindaro, est le grand secrétaire d'État du pontificat. Âgé de quarante-quatre ans à sa nomination, cet ancien nonce à Madrid est un prélat pieux, cultivé, extrêmement travailleur. Ayant pris conscience de la place du peuple dans la vie des nations modernes, il soutient fortement l'orientation sociale adoptée par Léon XIII. Adversaire de l'Italie moderne, il cherche dans la France républicaine et la Russie orthodoxe des puissances susceptibles de rouvrir éventuellement la question romaine, non sans irriter le monde germanique. Cette politique audacieuse et risquée est servie par des nonces souvent talentueux qui voient leurs fonctions accrues : par une lettre au secrétaire d'État du 13 avril 1885, le pape leur demande non seulement de le représenter auprès des gouvernements, mais d'être ses délégués comme pasteur universel auprès des évêques et des fidèles des diverses nations.

*Un pape intellectuel*

À l'époque où le prestige des hommes de science est inégalé dans la société et où le rôle des intellectuels s'affirme dans la vie publique, la présence d'un intellectuel dans la chaire de Saint-Pierre permet de tenter de mettre fin à un contentieux engagé contre l'Église, de dissiper des légendes, de doter les catholiques d'instruments de recherche précieux pour l'avenir. En 1848-1849, la République romaine voulait publier les sources provenant de l'Inquisition. Sous Pie IX, les archives du Vatican étaient restées fermées. Or, dès 1879, Léon XIII nomme préfet des archives l'historien allemand Hergenröther dont il fait un cardinal et annonce l'ouverture aux chercheurs des fonds du Vatican. Dans un bref de 1883, il demande aux historiens d'écrire une histoire impartiale, fondée sur les sources : « La première loi est de ne pas oser mentir, la seconde de ne pas craindre de dire toute la vérité. » Le pape encourage les savants à travailler librement dans les archives et la bibliothèque du Vatican. Les Instituts historiques et littéraires français, autrichien et prussien sont créés à Rome respectivement en 1875, 1880 et 1888. Les premiers résultats sont sensibles dans l'année 1886, qui voit la parution de la grande *Histoire des papes* de Ludwig von Pastor qui fait justice de légendes comme celle de la papesse Jeanne colportée par Stendhal, et la publication du premier volume du *Liber Pontificalis* par Louis Duchesne, futur directeur de l'École française de Rome. Bientôt, les instruments de travail sur l'histoire de l'Église se multiplient.

En philosophie, le pape encourage aussi dès 1879 le retour aux sources en invitant à travailler dans les œuvres de Thomas d'Aquin. Des thomistes convaincus sont nommés à l'Université grégorienne qui accueille de nombreux séminaristes étrangers et l'académie Saint-Thomas est réorganisée. Sept nouveaux séminaires étrangers sont créés à Rome sous Léon XIII. L'importance du foyer romain de formation sacerdotale et le rayonnement de la Grégorienne dominée par la pensée thomiste apparaît dans le tableau suivant :

Répartition des 1 029 élèves
de l'Université grégorienne en 1897-1898

| | | | | | |
|---|---|---|---|---|---|
| Italiens | : 338 | Polonais | : 53 | Irlandais | : 5 |
| Allemands | : 188 | Austro-Hongrois non polonais | : 51 | Luxembourgeois | : 1 |
| Français | : 165 | Anglo-écossais | : 50 | Portugais | : 1 |
| Espagnols | : 82 | Belges | : 24 | Grec | : 1 |
| Américains du Sud | : 90 | Suisses | : 18 | Slave indéterminé | : 1 |
| Américains du Nord | : 14 | Hollandais | : 11 | Africain | : 1 |

D'autres foyers de renouveau thomiste existent à Paris avec Mgr d'Hulst, à Louvain avec le futur cardinal Mercier et à Fribourg (Suisse). Cependant, un courant philosophique plus existentiel, plus ouvert sur la pensée moderne, mais mal accepté par Rome, subsiste avec Newman († 1890), en Angleterre, Schell en Allemagne et Blondel en France, qui publie *L'Action* en 1893.

Si dans le monde catholique la réflexion philosophique connaît un certain éclat, l'exégèse et les études bibliques, comblent difficilement leur retard. Rome reste réticente devant l'idée d'évolution dès qu'il s'agit de l'espèce humaine. Certes, le dominicain Lagrange fonde à Jérusalem, en 1890, l'École pratique d'études bibliques et, en 1892, la *Revue biblique* ; mais la tentative faite pour réduire l'inerrance des textes des auteurs sacrés aux seules vérités religieuses et morales est rejetée par l'encyclique *Providentissimus* (1893) qui, par ailleurs, encourage la recherche et l'initiation aux langues orientales et admet que la Bible représente le monde selon les connaissances du temps. Le pape crée en 1902 la

Commission biblique qui se trouve confrontée à la montée de l'hypercritique historiciste.

*Un docteur universel*

Léon XIII bénéficie de la proclamation de l'infaillibilité pontificale effectuée sous son prédécesseur ; celle-ci accroît l'autorité de son magistère sans être jamais engagée expressément. En vingt-cinq ans, le pape publie près d'une cinquantaine d'encycliques. Si l'encouragement à la ferveur est présent partout, une encyclique sur trois est entièrement consacrée à la vie spirituelle. Dix d'entre elles traitent du rosaire et du culte marial, d'autres veulent promouvoir une dévotion particulière : les âmes du Purgatoire, saint Joseph, le Saint-Esprit, le Sacré-Cœur, dont le culte connaît alors son apogée avec la consécration du genre humain au cœur de Jésus à l'aube du nouveau siècle. Le Tiers-Ordre franciscain, dont fait partie le pape, est vivement recommandé en 1882. La philosophie de saint Thomas est fortement conseillée à deux reprises, en 1879 et en 1882.

La critique d'une société sécularisée, omniprésente sous le pontificat précédent, subsiste dans de nombreux textes, notamment dans *Humanum Genus* de 1884, mais plusieurs encycliques abordent des sujets neufs ou renouvelés tels que les études bibliques, l'unité de l'Église, la question sociale, le mariage chrétien, la formation du clergé, les missions. Cinq encycliques concernent les rapports entre l'Église et les États, cinq autres sont adressées aux peuples ou aux clergés des « nations catholiques », France, Italie, Espagne.

Dans plusieurs documents, Léon XIII porte attention à des questions intéressant l'Orient, ou le monde anglo-saxon. Le pape publie une encyclique sur saint Cyrille et Méthode, évangélisateurs des Slaves, encourage les rites orientaux, correspond avec Soloviev, dénonce les mouvements nihilistes et révolutionnaires et se rapproche du tsar, Nicolas II, qui accorde un peu de liberté aux uniates. Il invite les patriarches orientaux au Vatican et publie l'encyclique *Orientalium dignitas* (1894) qui insiste sur le respect de la pluralité des rites, ce qui satisfait les uniates et mécontente les partisans du « latinisme ». Léon XIII se préoccupe du sort des Arméniens persécutés par les Turcs. D'autre part, il tente un rapprochement avec les anglicans, mais la question de la validité des ordinations anglicanes, posée à Rome prématurément, aboutit à un rejet qui blesse l'opinion anglaise en 1896. Le pape est plus heureux dans les nouveaux mondes, où le catholicisme est en plein essor : il nomme le premier cardinal australien, l'archevêque de Sydney, Moran, et il envoie, en 1893, à Washington, un délégué apostolique auprès de la hiérarchie catholique américaine dominée par la personnalité du cardinal Gibbons, archevêque de Baltimore.

*Un théologien politique*

Succédant au pape du Syllabus, Léon XIII, sans contredire les condamnations portées par son prédécesseur, développe progressivement un enseignement qui tente d'éclairer les problèmes de théologie politique posés par ses contemporains. Cinq encycliques explorent ce domaine. En plein conflit avec des États sécularisateurs en France et en Belgique, la première, *Diuturnum*, critique en 1881 les théories modernes sur le pouvoir politique qui rejettent la souveraineté de Dieu sur les sociétés.

Lorsque l'apaisement des conflits est en vue en Allemagne, en Belgique, voire en France, les grands textes se succèdent. En 1885, dans *Immortale Dei*, face au « droit nouveau » qu'il rejette, le pape précise les traits d'une constitution des États inspirée par le christianisme, dans laquelle la « puissance ecclésiastique » et la « puissance civile » sont distinctes et respectivement souveraines dans leurs genres.

Après la liquidation du Kulturkampf allemand, marquée par le succès des catholiques grâce à l'utilisation des libertés modernes, l'encyclique *Libertas* du 20 juin 1888, dont le premier mot se réfère à la devise guelfe, combat le libéralisme « qui attribue à l'État un pouvoir despotique et sans limite » ; mais elle donne une image plutôt positive des grandes libertés modernes, à l'exception de la liberté de culte qu'un État catholique ne peut admettre mais éventuellement tolérer. En revanche, la liberté de presse et la liberté d'enseignement, limitées par un législateur respectueux de la loi morale, sont admises. Mieux encore, la liberté de conscience, entendue non comme le refus de rendre un culte à Dieu mais comme le droit pour l'homme « de suivre, d'après la conscience de son devoir, la volonté de Dieu et d'accomplir ses préceptes », n'est autre que la liberté revendiquée par les apôtres, défendue par les apologistes et consacrée par le sang des martyrs.

En 1890, l'encyclique *Sapientiae christianae* revient sur la distinction de l'Église et de la société politique qui ont chacune leur souveraineté propre, rappelle qu'« il faut obéir à Dieu plutôt qu'aux hommes », et insiste sur les principaux devoirs des citoyens chrétiens. Enfin, deux ans plus tard, l'encyclique *Au milieu des sollicitudes*, adressée aux évêques et fidèles de France, leur conseille le ralliement à la République, insiste sur les changements historiques des formes de gouvernement et les invite à travailler à modifier la législation anticléricale.

Léon XIII restaure ainsi la théologie politique de Thomas d'Aquin et de Bellarmin en l'adaptant aux besoins de son temps. La distinction très nette des « souverainetés » spirituelle et temporelle doit rassurer les pouvoirs civils. L'ouverture sur la démocratie, explicite dans *Libertas*, intéresse plusieurs gouvernements sur les deux rives de l'Atlantique. La conviction que des régimes divers peuvent respecter les droits de Dieu et poursuivre le bien commun des sociétés et qu'en conséquence l'Église n'a pas à se prononcer sur la meilleure forme de gouvernement se trouve répétée dans les quatre grands textes entre 1885 et 1892. Cette affirmation assortie en France d'un appel au ralliement à la République provoque des drames de conscience chez les royalistes. Pour faire comprendre cette option, Léon XIII rappelle les nombreux changements survenus en France depuis un siècle et souligne la « nécessité sociale qui justifie la création et l'existence de nouveaux gouvernements » indispensable pour pourvoir au bien commun « qui est après Dieu dans la société la loi première et dernière ».

Ce texte prend une portée prophétique puisque le père Fessard l'utilisera en 1942-1944 pour contester le gouvernement de Vichy inapte à assurer le bien commun et pour faire reconnaître, en 1944, la légitimité du gouvernement de De Gaulle. Dans le même sens, le Père Riquet rappellera, en 1942, un passage de *Libertas* : « Quand on est sous le coup ou sous la menace d'une domination qui tient la société sous la pression d'une violence injuste..., il est permis de chercher une autre organisation politique sous laquelle il soit possible d'agir avec liberté. »

### *L'œuvre de pacification de la Papauté*

Pour Léon XIII, la pacification de l'humanité constitue une mission essentielle du Saint-Siège. À l'intérieur des

États, le pape ne récuse pas les partis catholiques là où ils obtiennent des résultats, en Allemagne et en Belgique, par exemple, mais il leur préfère un rapprochement entre les catholiques et les modérés, une union des « honnêtes gens », là où l'anticléricalisme est trop puissant, en Espagne et en France notamment. Cette politique nécessite un « ralliement » des catholiques français à la République opportuniste, modérée ; l'abandon de la cause monarchiste leur est conseillé par le cardinal Lavigerie, à la demande du pape, lors du toast d'Alger (1890) et par le pape lui-même en 1892.

Dans le domaine international, Léon XIII encourage la croisade anti-esclavagiste du cardinal Lavigerie pour éradiquer l'esclavage à travers le monde. Il s'inquiète de la « multiplication menaçante des armées » et de la fragilité d'une paix armée. La diplomatie vaticane très active rend une série d'arbitrages sollicités et acceptés par les États en conflit : entre l'Allemagne et l'Espagne sur les Carolines (1885), le Pérou et l'Équateur (1893), Haïti et Saint-Domingue (1895), l'Argentine et le Chili (1900-1903).

*Le pape des ouvriers, promoteur du catholicisme social*

L'encyclique *Rerum Novarum* (15 mai 1891) sur la condition des ouvriers a promu le catholicisme social. Elle est le premier d'une longue série de textes du magistère traitant des questions sociales et faisant référence au document originel à l'occasion d'anniversaires décennaux de sa parution entre 1931 et 1991. Or, son importance a été reconnue par les contemporains : le gendre de Karl Marx, Paul Lafargue, y détecte « le plus grand acte de la catholicité de ce siècle » ; l'archevêque de Lyon, le cardinal Foulon, y voit « l'acte le plus considérable d'un pontificat si fécond en grandes œuvres, acte qui vient à l'heure où les questions sociales agitent le monde entier ». Pourtant, il semble que cette encyclique survienne bien tard à la fin du siècle de la révolution industrielle, témoin de tant de misères, et que Rome ait attendu la montée du mouvement socialiste pour tenter de s'y opposer.

Cependant, au siècle du libéralisme économique, à une époque où la bourgeoisie dans sa majorité veut reléguer la religion dans la sphère privée, *Rerum Novarum* produit un choc. Léon XIII, comme son prédécesseur Pie IX, considère que le christianisme intéresse toute la vie sociale. De plus, cette encyclique « à propos des réalités nouvelles » n'est pas une initiative du seul Léon XIII ; elle a été sollicitée et attendue par de nombreux ecclésiastiques et laïcs et par un mouvement ouvrier d'inspiration chrétienne. Plusieurs faits l'attestent : essor du catholicisme social allemand sorti renforcé du Kulturkampf ; pèlerinages à Rome de la « France au travail » organisés depuis 1885 par Léon Harmel ; appui prêté en 1887-88 par le cardinal Gibbons, archevêque de Baltimore, aux Chevaliers du travail, association ouvrière américaine ; arbitrage auquel a participé le cardinal Manning lors de la grève des dockers de Londres de 1889 ; congrès sociaux réunis par Mgr Doutreloux à Liège et marqués par d'ardentes controverses entre paternalistes libéraux et interventionnistes d'État. La pensée sociale catholique est alors novatrice dans le sillage de von Ketteler en Allemagne, avec Albert de Mun et La Tour du Pin en France, von Vogelsang en Autriche, Mgr Mermillod et Decurtins en Suisse. Au cours des années 1880, la législation sociale progresse dans plusieurs pays, notamment en Allemagne.

Que contient cette encyclique tour à tour louée, décriée, mais toujours célébrée [1] ? Après avoir évoqué l'importance nouvelle de la question sociale, le pape fait une analyse sévère des effets du libéralisme capitaliste qui, en détruisant les corporations, a laissé les travailleurs isolés et sans défense. Il déplore « l'affluence de la richesse entre les mains du petit nombre à côté de l'indigence de la multitude » ; il stigmatise « l'usure vorace », il observe que « le monopole du travail et des effets de commerce est devenu le partage d'un petit nombre de riches et d'opulents qui imposent ainsi un joug presque servile à l'infinie multitude des prolétaires ». La « misère imméritée des ouvriers » est profondément injuste, et le travail humain n'est pas une marchandise sur laquelle on peut spéculer.

L'encyclique rejette les solutions proposées par les socialistes parce que ceux-ci incitent à la haine jalouse des pauvres contre ceux qui possèdent et parce qu'ils veulent la propriété collective qui aggraverait la condition ouvrière et

1. La Papauté a célébré six fois son anniversaire par une encyclique ou un message : 1931, 1941, 1961, 1971, 1981, 1991. Le centenaire de *Rerum Novarum* a donné lieu à de multiples manifestations. Les Français ont organisé huit colloques scientifiques sur le catholicisme social.

ferait disparaître la société civile. Le pape préconise la propriété privée mais insiste sur le bon usage des richesses. Faisant observer que l'égalité absolue est impossible, il montre que les deux classes sont complémentaires et que patrons et ouvriers doivent s'associer au lieu de se combattre.

Face à une situation inacceptable, l'encyclique suggère trois remèdes : l'intervention de l'État, en favorisant le développement de l'économie, et surtout en protégeant la classe pauvre grâce à une législation sociale appropriée ; l'organisation des ouvriers en associations et syndicats, soit composés des seuls ouvriers, soit mixtes (patrons et ouvriers) ; le respect par les patrons d'un juste salaire permettant aux ouvriers de vivre et de faire subsister leur famille.

*Rerum Novarum* a été diversement interprété. Les conservateurs ont retenu la critique des méfaits sociaux de la Révolution française, ont ergoté sur le juste salaire, et n'ont toléré que la formule du syndicat mixte en continuant à combattre les syndicats ouvriers séparés. Les démocrates, dont la lecture a été avalisée en 1931 par l'encyclique *Quadragesimo Anno* de Pie XI, ont trouvé dans *Rerum Novarum* des encouragements pour une action sociale audacieuse. Dans les années 1890, le parti catholique des Pays-Bas et le parti chrétien social autrichien se réfèrent à *Rerum Novarum.* En Italie, l'œuvre des Congrès s'inspire de l'encyclique. En France, les abbés démocrates Lemire, Gayraud, Dehon, Naudet répandent les idées nouvelles par la presse, les conférences populaires, voire la tribune parlementaire. Dans les années 1900, un catholicisme social structuré se constitue avec ses théoriciens, Toniolo en Italie, Lorin et Goyau en France, avec ses universités ambulantes, les Semaines sociales en France et en Espagne, ses organisations de réflexion et de propagande, comme l'Action populaire des jésuites à Reims. Le catholicisme social est alors de plus en plus répandu par des laïcs organisés, selon les pays, dans des mouvements ou des partis catholiques.

### *Le crépuscule du pontificat*

La longue vieillesse du pape est attristée à la fin par des déceptions et des échecs, tandis que se renforce à la curie une tendance conservatrice hostile à la démocratie et méfiante à l'égard de la modernité. En janvier 1899, la lettre *Testem benevolentiae* condamne « les opinions nouvelles », désignées sous le nom d'américanisme et visant un certain activisme dans l'apostolat au détriment de la vie spirituelle.

Plus grave pour le pape, qui a tant misé sur la France, est l'échec prévisible du ralliement à la République à cause de l'engagement de la majorité des catholiques dans l'antidreyfusisme. Rome n'a jamais approuvé l'antisémitisme de Drumont et a tenté de s'opposer à la dérive antisémite des démocrates chrétiens. Le pape, persuadé de l'innocence de Dreyfus, s'inquiète de l'attitude antigouvernementale et antisémite de *La Croix*. Il rappelle à la discrétion dans son action publique le clergé de France en septembre 1899, interdit aux assomptionistes de se mêler de politique et les oblige à abandonner la direction de *La Croix* en mars 1900. Face aux dérives antisémites de trop de catholiques français et autrichiens et aux glissements politiques perceptibles en Italie et en France, l'encyclique *Graves de Communi* de janvier 1901 définit l'action des démocrates chrétiens comme strictement sociale et non politique.

Lorsque Léon XIII meurt le 20 juillet 1903, malgré l'échec patent de sa politique française sous le ministère d'Émile Combes, la Papauté a retrouvé un grand prestige international et « une puissance politique effective supérieure au pouvoir officiel qu'elle avait perdu » (Seignobos).

# XIX

# Saint Pie X
(1903-1914)

*Le conclave de la dernière exclusive*

Le conclave, dont la composition est semblable à celle de 1878, Léon XIII ayant gouverné essentiellement avec des Italiens, s'ouvre le 1er août 1903. Dès le deuxième scrutin, trois cardinaux attirent la très grande majorité des suffrages : Rampolla, continuateur de la politique de Léon XIII, soutenu par les Français, vingt-neuf voix ; Gotti, soutenu par les Austro-Allemands, seize voix ; Sarto, patriarche de Venise, que Léon XIII avait désigné comme successeur potentiel, appuyé par les cardinaux résidentiels italiens, dix voix. Or, le 2 août au matin, au nom de l'empereur d'Autriche, le cardinal Puzyna, archevêque de Cracovie, jette l'exclusive contre le cardinal Rampolla. Le conclave proteste contre cette intrusion d'un État dans l'élection pontificale, intrusion qui était probablement inutile, Rampolla n'ayant guère de chance d'atteindre la majorité des deux tiers. Le soir, Rampolla a trente voix et Sarto, à qui les Austro-Allemands se rallient, vingt et une. Rampolla refuse de se retirer pour ne pas céder face à l'Autriche. Ses partisans ne parviennent pas à trouver un candidat proche de ses conceptions pour reporter leurs voix sur lui. Finalement, certains d'entre eux se résignent à voter pour Sarto qui est élu le 4 août avec cinquante voix contre dix à Rampolla, et qui prend le nom de Pie X.

Par la constitution apostolique, *Commissum Nobis*, le nouvel élu abolit le veto des puissances séculières dans les élections pontificales. Cependant, l'évolution des suffrages au conclave montre que celui-ci souhaitait une inflexion de la politique du Saint-Siège.

*Un bon prêtre de paroisse sur le trône de Saint-Pierre*

Comme les autres patriarches de Venise, Jean XXIII et Jean-Paul I^er^, qui deviennent papes au XX^e^ siècle, Pie X est un produit de la méritocratie ecclésiastique. Fils d'un facteur rural et d'une couturière de village, il a gravi tous les échelons du ministère pastoral : successivement vicaire puis curé, archiprêtre, directeur spirituel de séminaristes, lecteur des œuvres du cardinal Pie ; promu évêque de Mantoue (1884-1893), il effectue deux visites pastorales complètes, organise un synode diocésain et se montre soucieux de la qualité de la prédication, de la catéchèse et de la liturgie ; enfin, patriarche de Venise et cardinal (1893-1903), il entretient de bonnes relations avec le pouvoir civil et favorise un rapprochement entre les catholiques et les libéraux modérés.

Ce pasteur humble, de taille moyenne, corpulent, souriant et accessible, forme contraste avec son prédécesseur et adopte dès son élection une attitude défensive en indiquant qu'il prend le nom de Pie en souvenir des pontifes qui, portant ce nom au XIX^e^ siècle, « ont courageusement lutté contre les sectes et les erreurs pullulantes ».

Ce pape n'a eu ni formation universitaire, ni expérience diplomatique ; il a multiplié les condamnations et les mises en garde préparées par un entourage intransigeant. Aussi a-t-il été sévèrement jugé par des journalistes, des intellectuels, et des hommes politiques qui lui ont reproché d'être intransigeant, autoritaire, entêté, rétrograde, voire « étroit et borné ». L'observation de l'historien agnostique Charles Guignebert, qui voit le pontife « prisonnier de son infaillibilité autant que de la curie », semble bien s'appliquer à lui : « L'épiscopat a abdiqué entre ses mains ; l'ultramontanisme a triomphé des églises nationales ; et le pape-roi absolu et infaillible, tel que l'a rêvé la Compagnie de Jésus, s'est assis sur le trône de Pierre. »

Cependant, Pie X a fasciné ses interlocuteurs et acquis une large popularité par son accueil chaleureux, sa simplicité de vie, sa robuste intelligence, et son rayonnement spirituel. Pour échapper au protocole, il fait aménager un appartement privé au troisième étage du Vatican et y reçoit parfois des amis à sa table. Gros travailleur, il sait dégager l'essentiel dans les affaires qu'on lui présente ou dont il se saisit. Prêtre très fervent, il promeut une spiritualité christocentrique et eucharistique fondée sur l'amour du Christ, veut encourager la prière liturgique et l'apostolat des clercs et des laïcs et leur propose un programme intégraliste : « instaurer toutes choses dans le Christ ».

Son entourage l'aide à combler ses lacunes. Il confie la charge de secrétaire d'État à un prélat espagnol de trente-huit ans, Merry del Val, polyglotte, directeur de l'Académie des nobles ecclésiastiques. Certains ont prétendu que ce cardinal intransigeant, voire exalté, manipulé par les jésuites, était le mauvais génie d'un bon pape. En réalité, les jésuites ne sont pas alors les religieux romains les plus extrémistes, et le secrétaire d'État se montre souvent plus prudent et plus réaliste que le pape. Une intransigeance accusée est le lot de plusieurs membres de l'entourage, les cardinaux Vivès y Tuto et De Laï notamment.

Né sujet autrichien en Vénétie, Pie X est un véritable patriote italien. Patriarche de Venise, il a entretenu des relations officielles avec les rois d'Italie. Pape, s'il maintient les protestations de principe qui contribuent à le brouiller avec la France, lors de la visite du président Loubet à Rome, il accueille à la cour pontificale les hommes d'État italiens, et, face à la menace socialiste, il permet le vote législatif aux catholiques « en certaines circonstances et en vue d'un résultat déterminé » (1905). Les catholiques députés négocient avec le président du Conseil Giolitti et recherchent une solution à la question romaine.

### *Pie X, pape réformateur*

La centralisation romaine progresse sous Pie X avec la disparition du régime concordataire en France (1905) et au Portugal (1911) : le pape y nomme directement les évêques et des religieux expulsés de France installent à Rome la direction de leur ordre. Pie X, qui n'a plus la nostalgie des anciens États de l'Église, modernise l'administration du Saint-Siège à l'aube du XX^e^ siècle. Il confie à Mgr Gasparri une refonte du code de droit canonique qui aboutira sous son successeur en 1917. Il contrôle personnellement la gestion des fonds du Saint-Siège, réunit les revenus du denier de Saint-Pierre et ceux du Patrimoine, et fait négocier par Ernesto Pacelli l'achat de plusieurs bâtiments nécessaires à l'Église. Surtout, il réforme l'administration de la curie par la constitution *Sapienti Consilio*, du 29 juin 1908, en supprimant certains dicastères devenus peu utiles, en délimitant les compétences et en renforçant les attributions des organes romains.

**La Curie de Pie X (1908)**

| **11 Congrégations** | **3 Tribunaux** |
|---|---|
| – Saint Office | – Pénitencerie apostolique |
| – Consistoriale | – Rote romaine |
| – Discipline des sacrements | – Signature apostolique |
| – Concile | **5 Offices** |
| – Religieux | – Chancellerie apostolique |
| – Propagation de la foi | – Daterie apostolique |
| – Index | – Chambre apostolique |
| – Rites | – Secrétairerie d'État |
| – Cérémonial | – Secrétairerie des brefs aux princes et des lettres latines |
| – Affaires ecclésiastiques extraordinaires | |
| – Études | |

*Un spirituel, promoteur de la première Action catholique*

Profondément marqué par son expérience de curé et d'évêque, Pie X encourage une christianisation active par la parole et les sacrements. Le prêtre, appelé à compléter sa formation spirituelle et théologique, doit veiller à la qualité de sa prédication et de sa catéchèse (encyclique *Acerbo nimis*, 1905, et *Catéchisme de Pie X*) ; en s'inspirant de la théologie morale d'Alphonse de Liguori, il doit inciter les fidèles à communier souvent, à assister à la messe en semaine quand ils le peuvent, à rendre visite au Saint-Sacrement. Le prêtre, invité à s'identifier au Christ (encyclique *Haerent animo*, 1908), doit encourager les fidèles à imiter Jésus-Christ rendu plus proche par les dévotions au Sacré-Cœur et au Christ-Roi. Lorsque le pape décide, en 1911, d'admettre les enfants de sept ans à la première communion, l'élan de ferveur qui émane de sa personnalité emporte maintes réticences et objections.

Pie X se montre soucieux d'obtenir une meilleure formation du clergé, établit un nouveau bréviaire, et veut que son

« peuple prie sur de la beauté ». Par son *motu proprio* de 1903 sur la musique sacrée, il demande que le chant grégorien remplace les musiques profanes et théâtrales lors des offices.

L'encyclique *Il fermo proposito* (1905) invite les fidèles à participer à une Action catholique qui doit étendre le règne du Christ par la sanctification de ses membres et le souci des intérêts du peuple. Si Pie X, reprenant l'image du troupeau docile guidé par ses pasteurs, a souligné dans l'encyclique *Vehementer nos* (1906) la subordination des laïcs à la hiérarchie, il encourage les laïcs à prendre part au mouvement catholique qui se développe alors dans plusieurs pays, notamment en Italie et en France, et qui rassemble une jeunesse nombreuse. Méfiant vis-à-vis de la démocratie, tenté d'idéaliser la théocratie médiévale, il condamne les organisations situées à gauche qui ne distinguent pas assez la religion et la politique : la Ligue démocrate nationale de l'abbé Murri en 1906, le Sillon de Marc Sangnier en 1910. En revanche, il ménage le mouvement d'extrême droite, l'Action française, en refusant de publier la condamnation des écrits de Maurras portée par le Saint-Office en janvier 1914.

### *L'adversaire intransigeant du sécularisme*

Les relations entre la France et le Saint-Siège se dégradent sous Émile Combes, président du Conseil français de 1902 à 1905 : expulsion des congréganistes, rupture des relations diplomatiques en 1904, après le voyage du président de la République Loubet à Rome où il est reçu par le roi d'Italie mais non par le pape ; impossibilité enfin de nommer des évêques après l'abandon par le gouvernement français de la pratique de l'entente préalable. Le Concordat de 1801 est devenu un « discordat » (Clemenceau).

La loi de séparation des Églises et de l'État, votée par le Parlement français le 9 décembre 1905, sans négociation avec Rome, est condamnée par l'encyclique *Vehementer nos* le 11 février 1906, parce que cette loi nie l'ordre surnaturel et accorde la tutelle du culte public à une association de personnes laïques. Les inventaires des églises, entravés par la population, font un mort à Boeschèpe le 6 mars 1906. Craignant que le gouvernement espagnol n'imite les mesures anticléricales françaises et pensant que les évêques français se montrent trop conciliants, Rome durcit le ton par l'encyclique *Gravissimo* (10.8.1906), qui interdit de former des associations cultuelles.

Le clergé français ne reçoit plus de traitement de l'État, et, la loi ne pouvant être appliquée entièrement, l'Église de France perd ses biens. Barrès peut déplorer « la grande pitié des églises de France ». La séparation profite dans un premier temps aux tendances extrémistes, mais elle donne plus de liberté aux catholiques, clercs et laïcs. Un homme d'État républicain modéré, Ribot, note que la séparation a donné au pape la nomination des évêques sans aucun contrôle de l'État, et qu'elle lui a remis « la direction complète de l'Église de France ».

Rappelant les circonstances de son élection, la presse anticléricale déclare que « les catholiques français sont aux ordres d'un pape allemand » (*Réveil du Nord*, 11.11.1906). Elle constate qu'il a repris la tradition des papes de combat en Espagne où la tension monte avec les gouvernements libéraux. Enfin, au Portugal, la chute de la monarchie est suivie d'un mouvement anticlérical et d'une loi de séparation de l'Église et de l'État et de confiscation des biens ecclésiastiques qui est condamnée par l'encyclique *Jamdudum in Lusitania* du 24 mai 1911. La politique religieuse de Pie X connaît donc un échec apparent ; cependant, en France, la guerre fera apparaître les inconvénients d'une séparation trop radicale.

### *Les crises moderniste et intégriste*

Le mouvement de sécularisation que condamne Pie X est encouragé par l'essor de la Libre Pensée qui défie le pape en tenant son Congrès de 1904 à Rome, « centre de l'oppression de la science et de la pensée pendant plus de 1 500 ans », selon Marcellin Berthelot, professeur au Collège de France. Le positivisme scientiste menace la Papauté en mettant en question les origines historiques de l'Église. En 1900, dans l'*Essence du Christianisme*, Harnack, professeur à Berlin, a distingué avec force dans le Nouveau Testament le discours de Jésus lui-même et celui de l'Église sur Jésus. Loisy, ancien professeur à l'Institut catholique de Paris, a tenté dans *L'Évangile et l'Église* (1902) une réfutation de Harnack qui a été mise à l'Index, puis il s'est éloigné de la foi catholique en détachant les formulations dogmatiques de leur enracinement biblique. La commission biblique pontificale, attachée à l'inerrance littérale de l'Écriture, et donc influencée malgré elle par le positivisme, suspecte les meilleurs exégètes et historiens catholiques, Lagrange, Batiffol, Duchesne qui sont victimes de sanctions ecclésiastiques. Le philosophe Blondel dont la pensée domine la crise moderniste est incompris et soupçonné.

En 1907, Pie X publie deux textes : le décret *Lamentabili* rejette soixante-cinq propositions formulées le plus souvent par Loisy ; l'encyclique *Pascendi* condamne, sous le nom de modernisme, les thèses défendues par de nombreux exégètes, historiens, théologiens et philosophes de l'immanence. Les censures romaines frappent, entre 1906 et 1914, le théologien Tyrrell, les philosophes Laberthonnière, Le Roy, Bergson, les historiens Duchesne et Brémond, les sociologues Murri et Bureau. En application de l'encyclique *Pascendi*, des conseils de vigilance, mis en place dans les diocèses, jettent souvent le soupçon sur les prêtres intellectuels, et le serment antimoderniste exigé des ecclésiastiques pose un cas de conscience à certains d'entre eux.

Le pape Pie X encourage personnellement un système de « combisme ecclésiastique » mis au point par Mgr Umberto Benigni, sous-secrétaire de la Congrégation des Affaires extraordinaires (1906-1911), qui crée en 1909 la Sodalité Saint-Pie V, ou *Sodalitium pianum*, organisme international regroupant une cinquantaine de journalistes et de correspondants. Le *Sodalitium pianum*, bien connu grâce aux travaux d'Émile Poulat, trouve des appuis à Rome auprès de plusieurs cardinaux de curie, du père le Floch, supérieur du Séminaire français, et du cardinal Billot, professeur à l'Université grégorienne.

À travers ses publications, cette organisation intégriste, qui défend une conception statique et fixiste de la doctrine chrétienne, dénonce le modernisme social et met en cause les leaders du catholicisme social en Europe. Après la Lettre condamnant le Sillon en 1910, les Semaines sociales en France sont accusées de « renverser les valeurs traditionnelles » et les syndicats interconfessionnels en Allemagne sont menacés de sanction. À l'intérieur des congrégations, l'Action populaire des jésuites est critiquée, et, chez les Frères de Saint-Vincent-de-Paul, le père Anizan, directeur de l'Union des Œuvres, doit démissionner.

Si le *Sodalitium pianum* est dissous en 1921, il faudra

trente ans pour résorber les conséquences les plus graves de la crise moderniste dans l'Église, et celle-ci laissera des traces à cause des suspicions qu'elle a jetées sur l'activité intellectuelle.

Au début d'août 1914, Pie X est très affecté par le drame qui vient d'éclater. A-t-il tenté de le prévenir ? Certes, il refuse de donner sa bénédiction aux armées autrichiennes qui l'ont sollicitée, mais son secrétaire d'État Merry del Val ne semble pas avoir essayé de décourager l'Autriche d'attaquer la Serbie, décision qui est à l'origine de la guerre. Selon l'historien autrichien Friedrich Engel-Janosi, la secrétairerie d'État aurait imputé à la Russie schismatique la responsabilité du déclenchement en chaîne des hostilités à travers l'Europe. Quoi qu'il en soit, le pape s'est senti impuissant devant la tragédie : face aux nationalismes qui se déchaînent, son autorité reste faible. Atteint d'une bronchite, tourmenté par le massacre qui commence et qu'il semble avoir vu venir, il s'éteint le 20 août 1914, jour de la première grande bataille de la guerre à Morhange en Lorraine. La disparition de ce pape populaire attriste des fidèles qui vont être bientôt frappés par d'innombrables deuils.

Lorsqu'en 1954, Pie XII place Pie X sur les autels, il prend en compte l'impulsion spirituelle donnée à l'Église du XX^e^ siècle par ce pontife qui aurait été un « pape moderne » si l'on en croit Guillaume Apollinaire. Cependant, François Mauriac constate alors dans son Bloc-notes : « Ce saint n'est pas de ma paroisse. » En effet, cette canonisation laisse insatisfaits ceux qui gardent mémoire des intransigeances de ce nouveau saint, qui ont blessé des fidèles lucides dans deux domaines où Pie XII a mis à jour les positions du Saint-Siège : la question biblique et l'acceptation de la démocratie.

# XX

# La Papauté face à la Première Guerre mondiale et aux nationalismes (1914-1939)

## *Deux prophètes mal reçus, Benoît XV et Pie XI*

La guerre de 1914 puis la paix manquée de 1919-1920 marquent respectivement les conclaves de 1914 et de 1922. Cependant, les séquelles de la crise intégriste, l'option entre les orientations de Léon XIII et celles de Pie X constituent l'enjeu décisif des deux élections. À un « parti des Pie » mené par Merry del Val, De Laï et Lafontaine qui veut continuer la politique de Pie X, s'opposent les disciples de Léon XIII, Ferrata puis Gasparri. Finalement, un modéré, le génois Della Chiesa, ancien substitut de la Secrétairerie d'État, archevêque de Bologne, est élu le 3 septembre 1914 au dixième scrutin et un outsider, l'ancien préfet de la Bibliothèque vaticane, le lombard Ratti, archevêque de Milan, est proclamé pape le 6 février 1922 après le quatorzième scrutin. Ces deux hommes issus de la moderne Italie du nord, le premier un aristocrate fin et lucide, le deuxième un intellectuel sportif et intrépide, prennent la mesure des catastrophes représentées par la guerre mondiale, puis par la paix manquée et les nationalismes déchaînés. Leurs contemporains les ont fortement critiqués parce qu'ils ont condamné le « massacre inutile » de 1914-1918 et les idéologies nationalistes, mais la postérité les considère comme des prophètes. Dès leur mort, Benoît XV et Pie XI sont salués comme des hommes de paix par la presse française de gauche et la presse italienne pour le premier, par l'opinion des pays démocratiques pour le second.

## *La difficile sortie de la crise moderniste*

Dès sa première encyclique, le 1er novembre 1914, Benoît XV veut faire cesser « les dissensions et les discordes entre catholiques » et, s'il renouvelle la condamnation du modernisme, il invite les intégristes à arrêter les polémiques. Le *Sodalitium pianum* est dissous en 1921. Cependant, Benoît XV laisse en place l'administration de son prédécesseur : le cardinal De Laï dirige toujours la congrégation consistoriale qui nomme les évêques ; le cardinal Merry del Val, remplacé à la Secrétairerie d'État par les cardinaux Ferrata (1914) puis Gasparri (1914-1930), est nommé à la tête de la congrégation du Saint-Office. Sous l'influence du jésuite Fonck, l'encyclique *Spiritus Paraclitus* (1920) appelle les chrétiens à lire la Bible, mais maintient « l'immunité parfaite des Écritures à l'égard de toute erreur » et condamne ceux qui pensent que les parties historiques des Écritures s'appuient sur la manière commune de penser du peuple. Le *Manuel biblique* de Vigouroux est mis à l'Index en 1923. Le père Lagrange ne peut publier ses études sur la Genèse : Pie XI s'intéresse peu à la question biblique, mais il nomme cardinal en 1935 l'orientaliste Eugène Tisserant qui contribuera à réconcilier l'Église avec les exigences de la recherche historique.

*Un pape épris de paix condamne la Grande Guerre*

Dans sa première encyclique, le jour de la Toussaint 1914, Benoît XV déclare : « Chaque jour, la terre ruisselle de sang nouveau, se couvre de morts et de blessés. Qui pourrait croire que ces gens qui se battent les uns contre les autres descendent d'un même ancêtre, que nous sommes tous de même nature et que nous appartenons tous à une même société humaine ? Qui reconnaîtrait en eux des frères, fils d'un même Père qui est dans les cieux ? » Et le pape abandonne le langage feutré des chancelleries en évoquant successivement lors de ses allocutions, avec des accents shakespeariens, « le monstrueux spectacle », « le fléau épouvantable », « l'horrible boucherie qui déshonore l'Europe », « le suicide de l'Europe civilisée », « la plus sombre tragédie de l'humaine démence ».

Le Saint-Siège reste neutre et refuse de condamner explicitement certaines violations du droit international, comme l'invasion de la Belgique, ce que souhaitaient les Alliés. « Père commun des catholiques des deux côtés des belligérants », le pape réclame l'application des règles du droit, mais garde le silence sur les « crimes de guerre » dénoncés dans les deux camps, et surtout par les Alliés.

Or, les combattants, qui croient participer à un conflit de civilisation, ne comprennent pas que le pape refuse de « prendre parti entre le bien et le mal » (André Tardieu). « Pilate XV » pour Léon Bloy, « pape boche » pour Clemenceau, mais « pape français » pour Ludendorff, Benoît XV n'est pas bien perçu par les belligérants. Les aumôniers militaires évitent de faire connaître ses positions et les intellectuels catholiques se mobilisent dans chaque camp pour défendre leur cause auprès des étrangers.

### *Une diplomatie active mais infructueuse*

La diplomatie pontificale essaie de maintenir l'Italie hors du conflit sans y parvenir. Elle tente plusieurs démarches auprès des États en guerre. Le pape, constatant que « les nations ne meurent pas », suggère en 1915 aux belligérants de répondre aux « justes aspirations des peuples ». Au moment où la lassitude gagne les adversaires, la note pontificale du 1er août 1917 évoque le « massacre inutile » et propose des bases de négociations. Cependant, celles-ci sont négligées par l'Autriche, rejetées par les militaires allemands pangermanistes, critiquées par le gouvernement italien. Les Français, vivant dans un pays envahi, n'admettent pas que le pape disqualifie le conflit : lors d'une cérémonie religieuse et patriotique placée sous la présidence du cardinal Amette, archevêque de Paris, en l'église de la Madeleine, le 10 décembre 1917, le père Sertillanges déclare : « Très Saint Père, nous ne pouvons pas pour l'instant retenir vos appels à la paix. »

### *Une « seconde Croix-Rouge » (Romain Rolland)*

Le pape réussit mieux dans le domaine humanitaire. Il confie, en décembre 1914, à Mgr Pacelli, la direction du service d'assistance pontificale aux blessés et aux prisonniers de guerre doté d'une agence d'information qui traite cent soixante-dix mille demandes. Il obtient des belligérants l'échange de quarante mille prisonniers invalides ou devenus inaptes au service militaire. Après la guerre, il contribue à ravitailler les enfants sous-alimentés des pays vaincus ou sinistrés.

*Le Saint-Siège tenu à l'écart d'une paix manquée*

Benoît XV a préparé l'avenir en appelant à la paix et en s'opposant aux nationalismes, mais il a mécontenté les belligérants, et les vainqueurs tiennent le Saint-Siège à l'écart des négociations de Versailles, respectant ainsi l'engagement pris avec le gouvernement italien en 1915. Parvient-on alors à « une paix puritaine et laïque » ou à « une paix protestante dirigée contre Rome » selon la remarque de Briand ? En fait, si la Papauté regrette la disparition de l'Autriche-Hongrie, Mgr Ceretti, secrétaire de la Congrégation des affaires ecclésiastiques extraordinaires, est présent à Paris et prend d'utiles contacts officieux avec diverses délégations d'États héritiers de l'empire austro-hongrois. Il obtient que l'article 238 du traité de Versailles reconnaisse le rôle supranational du Saint-Siège dans les missions à propos des anciennes colonies allemandes. Dans l'encyclique *Pacem Dei munus* du 23 mai 1920, le pape déplore que les traités de Versailles et de Saint-Germain n'aient pas « extirpé les germes des anciennes discordes » mais manifeste son intérêt pour la Société des Nations ; il observe que la paix est le plus beau don de Dieu. Pie XI fera aussi une constatation désabusée dans sa première encyclique *Ubi Arcano Dei* (1922) : « La paix a été consignée en des instruments diplomatiques, elle n'a pas été gravée dans les cœurs. »

*De l'Europe des empires à l'Europe des nations*

Le cardinal Gasparri, canoniste, auteur de l'imposant Code de droit canonique de 1917, dirige depuis 1914 une diplomatie pontificale plus heureuse dans la paix que dans la guerre. Celle-ci cherche à pacifier les esprits en établissant des relations avec les nouvelles nations et en commençant à négocier avec elles des concordats ; sous Benoît XV, le nombre des États représentés au Vatican passe de quatorze à vingt-sept et celui des nonces ou internonces à l'étranger de dix à vingt-quatre. Le pape canonise Jeanne d'Arc en 1920, et la France victorieuse renoue en 1921 avec la Rome pontificale, centre d'information et d'action diplomatique, sans passer par « Canossa » (De Monzie). Le Saint-Siège cherche une solution à la question romaine. Il permet aux catholiques italiens de participer à la vie politique et un prêtre sicilien, Don Sturzo, penseur de la démocratie chrétienne et homme d'action, crée le parti populaire italien qui obtient une centaine de sièges aux élections de 1919. Benoît XV fait savoir, en 1920, que les chefs d'État catholiques qui viendraient rendre visite au roi d'Italie pourraient être reçus au Vatican, et Pie XI, en mars 1922, accueillera le roi Albert Ier de Belgique.

Le Saint-Siège cherche à apaiser les conflits qui surgissent après la guerre en Irlande et autour de la Pologne où Mgr Ratti est envoyé comme nonce. Face à l'effondrement des empires russe et turc, après avoir créé dès 1917 à Rome une congrégation pour l'Église orientale et un Institut pour les études orientales, le Saint-Siège observe le réveil du mouvement uniate, déplore la déportation et le massacre des Arméniens, se préoccupe du libre accès aux lieux saints de Palestine et s'inquiète de la naissance éventuelle d'un État confessionnel juif en application de la déclaration Balfour.

*Des missions plus catholiques : unité dans la diversité*

En matière missionnaire, la Première Guerre mondiale marque un tournant : les périodiques missionnaires ont pris parti violemment dans le conflit et les prêtres des pays vaincus ont été chassés de leurs missions. Le Saint-Siège réagit en engageant une politique de lutte contre les nationalismes, mais de respect pour les nationalités. Sous l'influence du père Lebbe, missionnaire belge en Chine, et du cardinal Van Rossum, préfet de la Propagande, Benoît XV, le 30 novembre 1919, dans l'encyclique *Maximum illud*, stigmatise le nationalisme manifesté par les missionnaires européens outre-mer, le qualifie de « peste affreuse » ; il préconise le recrutement et la formation de clergés indigènes capables d'encadrer et de diriger les églises locales. Pour surmonter l'opposition de nombreux missionnaires européens, Pie XI nomme, dès 1922, Mgr Celso Costantini délégué apostolique en Chine, et publie en 1926 l'encyclique *Rerum Ecclesiae* qui confirme et précise les orientations de *Maximum illud* en insistant sur les capacités intellectuelles des indigènes. Le 28 octobre 1926, il sacre à Saint-Pierre les six premiers évêques chinois et en 1927 le premier évêque japonais. Trente ans plus tard, l'Église catholique ne sera pas prise de court par la décolonisation en Afrique, car elle aura formé des clergés indigènes.

*Pie XI, la foi intrépide (1857-1939)*

La forte personnalité d'Achille Ratti, qui a marqué l'histoire de notre siècle, n'a pas été épargnée par le feu des controverses : « pape le plus boche de l'histoire » pour Maurras, mais chef non allemand de la « sale engeance noire » pour les nazis ; pontife vêtu d'un « manteau sanglant et hypocrite », adversaire de l'Union soviétique (Boukharine, 1930) ; « souverain pontife lié au fascisme » (*Le Temps*, 14.5.1931) et resté « énigmatique » pour beaucoup d'Italiens, mais « champion de la liberté » pour le cardinal anglais Hinsley ; enfin, « pontife qui a donné tout son sens à l'évangélisme… et qui demeure, suivant la tradition des grands papes, un des plus hauts et des plus purs représentants de cette puissance invincible : la conscience » (président E. Herriot, 1939).

Le savant bibliothécaire lombard, conservateur des livres de l'Ambrosienne de 1888 à 1912, était-il préparé à monter sur le trône de Saint-Pierre ? En fait, cet intellectuel est aussi un alpiniste de renom, un homme énergique et équilibré, un gros travailleur, un esprit réfléchi, un caractère ferme, un prêtre fervent et proche des pauvres, oblat de saint Charles Borromée et influencé par la spiritualité ignatienne. Préfet de la bibliothèque vaticane depuis 1914, il est consulté souvent par Benoît XV qui lui confie la nonciature de Varsovie à la fin de la guerre et le nomme archevêque de Milan, puis cardinal au printemps de 1921. Pasteur actif, il visite son diocèse, développe l'enseignement du catéchisme, inaugure l'Université catholique de Milan et émet le souhait d'une solution à la question romaine. Autoritaire, intransigeant sur les principes, mais sachant utiliser les ressources de la diplomatie, il possède « l'art ou, pour mieux dire, la vertu du commandement » (C. Confalonieri). Élu pape, il innove en donnant sa bénédiction depuis le balcon de Saint-Pierre, geste de pacification à l'égard de l'Italie et du monde.

Marqué par les désastres de la guerre mondiale et de la révolution russe, conséquences du libéralisme irreligieux, Pie XI choisit une devise accouplant celles des deux pontificats précédents : « La paix du Christ dans le règne du Christ. » Il présente son programme dans sa première encyclique *Ubi Arcano Dei* (23.12.1922) : il veut construire « une chrétienté nouvelle qui, renonçant aux formes institutionnelles de l'Ancien Régime, s'efforcerait d'en recréer au sein de la société contemporaine, et que seule l'Église catholique, constituée par Dieu, interprète des vérités révélées, est en mesure de promouvoir ». L'encyclique *Quas Primas* du 11 décembre 1925 s'élève contre le laïcisme, « peste de notre époque », entraînant l'exclusion sociale de Dieu, et institue la fête du Christ-Roi des nations. Une forte affirmation christologique se situe au centre de l'enseignement de Pie XI, comme le rappellent plusieurs encycliques : sur le Sacré-Cœur 1928 ; sur l'anniversaire du concile d'Éphèse 1931 ; aux prêtres catholiques 1935. Pie XI délimite son champ en dénonçant le libéralisme doctrinal et le panchristianisme qui caractérisent selon lui le mouvement œcuménique naissant (encyclique *Mortalium animos* 6.1.1928), et en encourageant plutôt l'unionisme avec les Églises orientales, mais surtout en condamnant le nationalisme immodéré et le néo-paganisme des journalistes de *L'Action française* qui lui résistent et dont l'audience diminue au cours d'un long conflit (1926-1939).

Homme de prière et de doctrine, Pie XI a célébré par des encycliques les centenaires des saints promoteurs de courants intellectuels ou de spiritualités, Thomas d'Aquin, François de Sales, François d'Assise, Augustin ; il a élevé, parmi les docteurs de l'Église, Albert le Grand, Jean de la Croix, Pierre Canisius et Robert Bellarmin ; il a porté sur les autels les martyrs de septembre 1792 et des chrétiens du XIXe siècle, Jean-Marie Vianney, curé d'Ars, Jean Bosco, Madeleine-Sophie Barat, Bernadette Soubirous, Thérèse de Lisieux. Il a proclamé à Rome deux jubilés pour les Années Saintes 1925 et 1933 : six cent mille pèlerins ont afflué à Rome en 1925, parmi lesquels dix mille scouts.

### *Une politique concordataire dans l'Europe de Versailles*

Pie XI et ses secrétaires d'État successifs, les cardinaux Gasparri puis Pacelli, président à l'essor d'une diplomatie vaticane. L'action diplomatique du Saint-Siège vise à promouvoir la paix entre les nations et « à faire pénétrer l'esprit chrétien dans la législation des peuples » (Mgr Ceretti). Après des négociations parfois laborieuses, le Saint-Siège conclut alors des concordats avec la Lettonie (1922), la Bavière (1924), la Pologne (1925), un modus vivendi avec la Tchécoslovaquie (1928), puis des concordats avec la Prusse

(1929), l'État libre de Bade (1932), l'Autriche (1933), la Yougoslavie (1935), mais ce dernier n'est pas ratifié à cause de l'opposition du clergé orthodoxe. Enfin, deux concordats sont signés, l'un en 1929 dans le cadre des accords du Latran avec l'Italie de Mussolini, l'autre en juillet 1933 avec le Troisième Reich de Hitler pour compléter les traités conclus antérieurement avec certains États allemands.

Les États obtiennent généralement une mise en concordance des circonscriptions ecclésiastiques et des nouvelles limites politiques et un droit de consultation avant les nominations épiscopales faites par le Saint-Siège. L'Église se voit garantir les libertés de culte, d'enseignement, de congrégation et obtient parfois une reconnaissance par l'État du mariage religieux. Enfin, le Saint-Siège se réserve ou gagne, le plus souvent, le droit de nomination des évêques.

Ces concordats ont apporté un cadre juridique contractuel qui a favorisé la vie religieuse en Europe centrale. Cependant, deux d'entre eux ont suscité de longues controverses parce qu'ils ont été conclus avec des États totalitaires, l'Italie de Mussolini et l'Allemagne de Hitler. En fait, ils accordent à l'Église des garanties précises qui, si elles sont respectées, permettent à l'activité religieuse de se maintenir, et, si elles ne le sont pas, donnent l'occasion de protester contre leur violation et d'émouvoir l'opinion. Or, deux encycliques seront consacrées à ces protestations et à la critique des idéologies concernées, *Non abbiamo bisogno* (1931) pour l'Italie fasciste et *Mit brennender Sorge* (1937) pour l'Allemagne nazie.

### *Le Saint-Siège et la France : concorde sans concordat*

Avec la France qui bénéficie de la moitié des béatifications et canonisations du pontificat, les rapports s'améliorent après le rétablissement des relations diplomatiques en 1921, malgré les menaces de rupture introduites par le cartel des gauches vainqueur aux élections de 1924 mais surmontées grâce à la mobilisation des hommes dans la Fédération nationale catholique autour du général de Castelnau. Les associations diocésaines sont approuvées par le Conseil d'État et par Rome (encyclique *Maximam gravissimamque* 18.1.1924) et un accord est conclu le 4 décembre 1926 entre le Saint-Siège et le gouvernement Poincaré sur la protection des chrétiens d'Orient confiée à la France. Après la condamnation de l'Action française, le cardinal Gasparri rappelle, en 1928, que les consignes de ralliement à la République données en 1892 restent valables. L'appui du Saint-Siège à la politique de paix de Briand achève de gagner les milieux gouvernementaux français, et les deux victoires de la gauche aux élections de 1932 et de 1936 ne s'accompagnent pas d'une reprise de la politique anticléricale.

*La question romaine enfin résolue*

Mussolini, ayant conquis le pouvoir en octobre 1922, prend des mesures favorables aux catholiques pour les attirer vers le fascisme : rétablissement des crucifix dans les établissements publics, obligation de l'instruction religieuse dans les écoles, exemption du service militaire pour les ecclésiastiques. Le Vatican, lassé des atermoiements des libéraux anticléricaux, hostiles à la fois à des négociations sur la question romaine et au popularisme de Luigi Sturzo, accueille les ouvertures de Mussolini, abandonne le parti populaire et les syndicats chrétiens et réorganise l'Action catholique en la limitant au domaine religieux et éducatif. Les négociations entre le Saint-Siège et le gouvernement italien durent de 1926 à 1929.

Le 11 février 1929, le cardinal Gasparri et Benito Mussolini signent les accords du Latran qui comportent un traité portant reconnaissance et organisation de l'État du Vatican et mettant fin à la question romaine, une convention financière, et un concordat qui règle les rapports de l'Église et de l'État en Italie [1] et proclame le caractère sacré de la ville de Rome. Le traité crée donc l'État de la Cité du Vatican et reconnaît sur celui-ci « la pleine propriété ainsi que l'autorité exclusive et absolue et la juridiction souveraine du Saint-Siège ». En revanche, la Papauté renonce aux anciens États pontificaux et reconnaît « le royaume d'Italie sous la dynastie de Savoie, avec Rome pour capitale de l'État italien ». Par la convention financière, l'Italie dédommage le Saint-Siège de la perte de ses États lui accordant une indemnité de sept cent cinquante millions de lires et des titres de rente à 5 % d'intérêt pour un capital d'un milliard de lires.

Pie XI, satisfait d'avoir rendu « Dieu à l'Italie et l'Italie à Dieu » voit dans les accords une libération pour l'Église.

1. Le Concordat de 1929 a été modifié par l'accord du 18 février 1984.

Mussolini y trouve un succès pour son régime et les antifascistes, qui prennent acte de la solution de la question romaine, s'inquiètent d'une éventuelle collaboration entre l'Église et le fascisme.

*La Cité du Vatican : État minuscule mais souverain*

En se contentant d'un territoire exigu (quarante-quatre hectares), Pie XI surprend ses contemporains mais manifeste qu'il abandonne toute revendication sur une principauté temporelle étendue ; il obtient que la souveraineté du Saint-Siège, limitée dans l'espace, soit reconnue par l'Italie dans le domaine international « comme attribut inhérent à sa nature, conformément à la tradition et aux exigences de sa mission dans le monde » (article XI des accords du Latran). L'État de la Cité du Vatican, dont le statut est défini par les accords du Latran et par la Constitution pontificale du 7 juin 1929, comprend le Vatican avec la basilique Saint-Pierre, les basiliques patriarcales de Saint-Jean-de-Latran, Sainte-Marie-Majeure, et Saint-Paul-hors-les-murs, avec les constructions attenantes, le palais de Saint-Calixte au Transtevere, le palais de Castel-Gandolfo, résidence d'été du pape, et des immeubles dans Rome ; d'autres bâtiments non exterritorialisés sont exempts d'expropriation et d'imposition ; enfin, les trésors artistiques du Vatican sont reconnus propriété du Saint-Siège à condition de les laisser accessibles « aux hommes d'études et aux visiteurs ».

*La liberté d'un État souverain dans l'Italie fasciste*

La faiblesse apparente du mini-État du Vatican a été soulignée par les dictateurs. Dès le 13 mai 1929, Mussolini a prétendu que dans l'État, l'Église n'est ni souveraine ni même libre, et Pie XI a cru bon de lui rétorquer le 30 mai : « Nous sommes en présence de deux souverainetés pleinement parfaites chacune dans son ordre. » De son côté, Staline a ironisé : « Le Pape ? Combien de divisions ? » Aussi Pie XI a-t-il pris soin de doter son État de tous les attributs de la souveraineté : un drapeau, une gare, un réseau de télécommunications, une poste qui émet des timbres, une monnaie, une banque, une justice et une police. Cette souveraineté reconnue par les nations le 9 mars 1929 permet au Saint-Siège d'être membre de nombreuses organisations internationales telles l'Union postale universelle, l'union internationale des télécommunications et de jouer un rôle actif dans la diplomatie mondiale.

L'abandon de toute ambition temporelle et de toute possibilité de défense militaire est évoqué dans l'article XXIV du traité du Latran qui fait de la Cité du Vatican « un territoire neutre et inviolable ». « Ce minimum de territoire qui suffit à l'exercice de la souveraineté » (Pie XI) constitue un « état support » d'une mission religieuse, créé « pour des fins spéciales », un « état moyen » au service d'une puissance spirituelle. La nationalité vaticane, accordée à quelques centaines de personnes, est liée à une fonction. La Constitution de la Cité du Vatican du 7 juin 1929 instaure à la fois une monarchie absolue, le pape possédant la plénitude de tous les pouvoirs législatif, exécutif et judiciaire, et un état de droit, soumis à la primauté du droit, au principe de l'égalité dans le domaine administratif et au respect des personnes.

Cependant, quelles que soient les garanties accordées par l'Italie qui admet officiellement la présence à Rome d'un double corps diplomatique, le Saint-Siège se trouve enclavé dans un État dictatorial et sa latitude d'action reste problématique en cas de conflit mondial. Aussi Pie XI dote-t-il son État d'institutions culturelles qui augmentent son prestige et son rayonnement : ouverture de quatre nouveaux collèges étrangers (russe, hollandais, roumain, brésilien) ; installation d'un musée missionnaire ethnologique ; construction des locaux actuels de la Pinacothèque vaticane, inaugurés en 1932 ; création de l'Institut pontifical d'archéologie chrétienne ; fondation, en 1936, de l'Académie pontificale des sciences composée de savants de nationalités diverses, peuplée de prix Nobel (Bohr, Carrel, Marconi, Planck, Rutherford...) et indépendante d'une Académie d'Italie dominée par le pouvoir fasciste. Pie XI évoque alors l'alliance des deux magistères, celui de la foi et celui de la science. Le rayonnement des écrivains catholiques semble justifier cette ambition : Claudel, Bernanos, Mauriac, Maritain, Blondel, Chesterton, Greene, Guardini, Papini sont alors très lus.

### *Le pape des missions et de l'Action catholique*

Le pape qui a proclamé le Christ-Roi des nations a donné une nouvelle impulsion à la mission sous toutes ses formes. Les missions traditionnelles commencent à donner naissance à des églises locales avec la montée des clergés indigènes ; à la mort de Pie XI, quarante-huit territoires de mission sont dirigés par des évêques autochtones. Pour combattre les influences nationalistes, Rome attire à elle les œuvres missionnaires : la Propagation de la Foi est transférée de Lyon à Rome en 1922. Le Vatican abrite une grande exposition missionnaire lors de l'Année sainte 1925. Pie XI est persuadé que la mission ne peut réussir sans la prière et sans la réflexion intellectuelle qui permet de s'adapter aux pays à évangéliser. Il choisit la carmélite sainte Thérèse de l'Enfant Jésus comme patronne des missions, il invite des contemplatifs à essaimer outre-mer et il encourage l'enseignement de la missiologie à Rome, à Paris, à Louvain.

Pie XI appelle tous les catholiques baptisés à participer à la mission. Rejetant les tendances totalitaires et nationalistes qui accordent une place excessive à l'État et à l'engagement politique, il propose aux croyants une formation et une action essentiellement religieuses et sociales dans le cadre de l'Action catholique. Il redéfinit cette Action catholique qu'il considère comme « la prunelle de ses yeux » à travers une série de textes des années 1928-1932. « Participation des laïcs à l'apostolat de la hiérarchie », l'Action catholique est présentée comme une exigence pour tous les baptisés inclus dans le sacerdoce au sens large. Elle est organisée par des mouvements de laïcs qui ont reçu un mandat ou une mission de la hiérarchie qui nomme auprès d'eux des aumôniers.

Deux types d'organisation dominent, selon les pays, ou coexistent dans certains d'entre eux, comme la France : un modèle italien avec des mouvements répartis selon les sexes et les âges – hommes, femmes, jeunes gens, jeunes filles ; un modèle belgo-français, suscité par l'abbé Cardijn, avec des mouvements spécialisés par milieux ; les ouvriers sont les apôtres des ouvriers, les paysans des paysans, les étudiants des étudiants… La Jeunesse ouvrière chrétienne, créée en 1925 en Belgique, connaît un essor remarquable et apporte l'espoir d'une rechristianisation de la classe ouvrière ; la ferveur des militants jocistes s'exprime au cours de leurs messes et leur ardeur à refaire chrétiens leurs frères frappe l'opinion lors des grands rassemblements qui, mettant en mouvement les masses, concurrencent ceux des jeunesses des partis totalitaires.

### *La reconstruction de la famille et de la société*

Pie XI propose aux chrétiens appelés à agir à l'intérieur des mouvements de jeunes et d'adultes une reconstruction de la famille et de la société dans plusieurs encycliques des années 1929-1931. *Divini illius magistri* (31.12.1929) reconnaît et limite le rôle de l'État dans l'éducation, prône l'école catholique et demande qu'au nom de la « justice distributive » l'État subventionne les écoles voulues par les familles. *Casti Connubii* (31.12.1930), face à la montée du malthusianisme, condamne l'avortement et l'eugénisme, rejette la limitation des naissances par « l'artifice des conjoints » et fonde une spiritualité de la famille qui incite à la procréation et à la mise en commun de toute la vie.

*Quadragesimo Anno* (15.5.1931), quarante ans après *Rerum Novarum*, est la grande charte de la reconstruction sociale. Elle fait suite au jugement de la Congrégation du Concile diffusé en 1929 et intervenu dans le conflit qui opposait le Consortium patronal textile de Roubaix-Tourcoing au syndicat CFTC : la légitimité de ce syndicat ouvrier et la rectitude de sa conduite sont reconnus par la Congrégation. Publiée au début de la crise mondiale, l'encyclique *Quadragesimo Anno* rend hommage aux réalisations des catholiques sociaux et critique très vivement les excès du grand capitalisme, l'influence abusive des trusts sur les États ; elle constate que « la matière inerte sort ennoblie de l'atelier, tandis que les hommes s'y corrompent et s'y dégradent ». Elle condamne nettement le communisme et rejette un socialisme qui se réfère à une philosophie matérialiste. Si elle préconise la propriété privée, elle constate que le régime de propriété n'est pas immuable ; les travailleurs en épargnant doivent pouvoir accéder à la propriété et le contrat de travail doit être tempéré par des emprunts faits au contrat de société. Le juste salaire est précisé : l'ouvrier ne doit pas recevoir en charité ce qui lui revient en justice. L'encyclique souhaite la reconstitution des corps professionnels, d'un corporatisme d'association et non d'un corporatisme d'état de type fasciste, au nom du principe de subsidiarité : « ce serait commettre une injustice, en même temps que troubler d'une manière dommageable l'ordre social que de retirer aux groupements d'ordre inférieur, pour les confier à une collectivité plus vaste et d'un rang plus élevé, les fonctions qu'ils sont en mesure de remplir eux-mêmes. » L'État ne doit pas tout faire, les corps intermédiaires doivent prendre leurs responsabilités.

Pour faire appliquer ses directives, Pie XI nomme de fortes personnalités à la tête des principaux diocèses : les cardinaux, ou futurs cardinaux, Verdier, Liénart, Gerlier, Saliège en France, Schuster en Italie, von Preysing en Allemagne, Villeneuve au Canada.

*L'adversaire de la « statolâtrie » et des totalitarismes*

Pendant tout son pontificat, Pie XI a dénoncé le « nationalisme immodéré » (1922), « l'égoïste et dur nationalisme » (1930), le « nationalisme exagéré en contradiction avec le Credo » (1938). Pie XI condamne, les 20 et 29 décembre 1926, le journal *L'Action française*, « expression la plus achevée de l'osmose entre nationalisme et religion » (R. Rémond) qui prône selon lui une « conception païenne de la cité et de l'État ». Lors de son allocution consistoriale du 20 décembre, il critique également les violences exercées contre les organisations et œuvres de l'Action catholique en Italie.

Si le conflit avec les dirigeants de l'Action française, mené au nom de la « Primauté du spirituel » (Maritain), contre le « Politique d'abord » (Maurras), s'amplifie de 1927 au milieu des années trente, la tension avec Mussolini s'apaise pendant la négociation des accords de Latran pour reprendre peu après leur signature, dès le printemps de 1929. La crise éclate en mai 1931 lorsque Mussolini fait fermer les cercles de jeunesse catholique. Pie XI riposte par l'encyclique *Non abbiamo bisogno* (29.5.1931) qui n'admet pas que l'État monopolise entièrement la jeunesse, condamne la « statolâtrie païenne » et affirme que la conception fasciste n'est « pas conciliable avec la doctrine catholique ni avec le droit naturel ». Le pape exige le respect de la liberté des consciences. La crise s'apaise avec l'accord du 2 septembre 1931 qui limite l'action catholique aux activités religieuses mais sauvegarde la formation chrétienne de la jeunesse.

Lors de la guerre d'Éthiopie (1935-1936), Pie XI adopte une attitude réservée et ne se laisse guère influencer par l'enthousiasme patriotique des catholiques italiens. De même l'orientation indépendante de l'*Osservatore romano*, dirigé par le comte Della Torre, contraste avec le philofascisme et le culte de la « romanité » de la *Rassegna romana*, organe des clérico-fascistes.

Le conflit avec l'Allemagne national-socialiste est d'une autre ampleur. Il commence dans l'ambiguïté par la signature, le 20 juillet 1933, d'un concordat dont les clauses ne seront pas respectées par les nazis. Après que les nationaux-socialistes aient conquis l'électorat de l'Allemagne protestante du nord et du centre en 1932, le nouveau gouvernement de Hitler, constitué en 1933 avec le catholique von Papen comme vice-chancelier, annonce la rénovation de la patrie humiliée et séduit une fraction limitée de l'opinion catholique. Pie XI, horrifié par le massacre des koulaks en Union soviétique, espère apprivoiser les dirigeants du Troisième Reich. Le secrétaire d'État Pacelli, qui semble alors plus méfiant, obtient un accord « inattendu et inespéré » (M. Agostino) ; le concordat, qui pour la première fois s'étend à toute l'Allemagne, apporte des garanties à l'école confessionnelle, aux congrégations, aux organisations catholiques. Il constitue un instrument juridique défensif pour l'Église et lui procure un certain espace de liberté.

Or, les nazis ne respectent pas leurs engagements. L'exécution de dirigeants des jeunesses catholiques lors de la « nuit des longs couteaux » et l'assassinat du chancelier Dolfuss pendant l'été 1934 convainquent Pie XI de la perversité du nazisme. Rome met à l'Index *Le Mythe du XX^e^ siècle* de Rosenberg. Tandis que la persécution s'abat sur le clergé et les associations catholiques, Pacelli envoie cinquante-cinq notes de protestation à Berlin de 1933 à 1939.

Le dimanche des Rameaux 21 mars 1937, la lettre encyclique *Mit brennender Sorge* est lue dans les églises catholiques d'Allemagne. Préparée en grand secret par les cardinaux Faulhaber et Pacelli, elle déplore les violations répétées du Concordat de 1933, condamne nettement le culte de la race et de l'État, rappelle que l'Ancien Testament est entièrement Parole de Dieu, refuse tout Dieu national emprisonné « dans les frontières d'un seul peuple, dans l'étroitesse de la communauté de sang d'une seule race ». Les nazis réagissent en condamnant cent trois catholiques en trois semaines ; mille cent prêtres et religieuses sont emprisonnés en mai 1937 ; trois cent quatre prêtres sont déportés à Dachau en 1938. Les dernières organisations catholiques sont dissoutes et l'école confessionnelle est supprimée en 1939. Cependant, la vie paroissiale reste fervente et la pratique religieuse se maintient à un niveau élevé.

Deux autres encycliques de mars 1937 condamnent le

totalitarisme communiste. *Divini Redemptoris* (19.3) déclare le communisme athée « intrinsèquement pervers » et contient pour la première fois une énumération des droits de la personne humaine ; *Firmissimam constantiamque* (28.3) déplore les excès antireligieux du régime marxiste mexicain. La IIIe Internationale est alors la « bête noire » (Charles Roux) du pape qui dénonce la « fureur communiste » rendue responsable des massacres d'évêques et de prêtres en Espagne. Cependant, Pie XI reste circonspect devant le franquisme trop lié à l'Allemagne et ne reconnaît le gouvernement nationaliste de Burgos qu'en juin 1938.

L'année 1938 marque un tournant dans le raidissement du Saint-Siège à l'égard des régimes totalitaires. Pie XI est ostensiblement absent de Rome en mai 1938 lors de la visite d'Hitler, dont la présence souille la cité sacrée. La législation antisémite italienne adoptée en 1938 est clairement réprouvée, dix ans après la condamnation de l'antisémitisme par le Saint-Office (1928) : « nous sommes spirituellement des sémites » déclare Pie XI, le 6 septembre, à des pèlerins belges. Le pape ordonne aux universités catholiques d'organiser un enseignement contre l'antisémitisme et le racisme, et quatre cardinaux de diverses nations protestent contre les persécutions antisémites et les horreurs de la Nuit de Cristal (novembre 1938). Les catholiques italiens, dont les organisations religieuses sont à nouveau menacées par les fascistes, se détachent d'un régime allié à l'Allemagne nazie. Pie XI fait préparer en 1938 une nouvelle encyclique contre le racisme et l'antisémitisme mais ne parvient pas à la mettre au point et à la publier avant sa mort.

Lorsque Pie XI meurt, le 10 février 1939, l'opinion des démocraties occidentales est consciente de perdre un défenseur de la personne humaine contre les totalitarismes.

# XXI

# Pie XII, le dernier pontife absolu (1939-1958)

## *Le secrétaire d'État devient pape*

Le Conclave du 2 mars 1939 fut très bref : au troisième scrutin, il élit un romain, le cardinal Eugenio Pacelli, probablement par quarante-huit voix sur soixante-deux. Pour la première fois depuis 1667, le secrétaire d'État devient pape. Cette élection, bien accueillie dans les pays démocratiques, est due aux votes de la grande majorité des cardinaux étrangers et d'une partie des cardinaux italiens. Le cardinal Verdier, archevêque de Paris, électeur influent, constate l'absence de culture et l'ignorance du monde de trop de cardinaux de curie et obtient que Pie XII prenne comme secrétaire d'État le cardinal Maglione, ancien nonce en France, pour y garantir la continuité avec la politique de Pie XI.

Fils d'un noble romain au service du Saint-Siège, Eugenio Pacelli, né en 1876, prêtre en 1899, a fait toute sa carrière dans la diplomatie pontificale. Licencié en théologie et en droit, il entre à la Secrétairerie d'État et participe à la codification du droit canon. Secrétaire des Affaires ecclésiastiques extraordinaires en 1914, il est mêlé aux tentatives de paix de Benoît XV qui le nomme nonce à Munich en 1917 puis à Berlin en 1920. Cardinal (1929), secrétaire d'État de 1930 à 1939, il est un collaborateur talentueux et souple de Pie XI qui le considère comme son successeur probable et qui le fait voyager en Argentine en 1934, aux États-Unis en 1936, en Hongrie en 1938 et deux fois en France, en 1935 et 1937, où il est reçu par le gouvernement du Front populaire.

Ce diplomate à l'expérience internationale est un intellectuel fort doué et cultivé, un polyglotte, un bureaucrate possédant une énorme facilité de travail, un pasteur pieux et éclairé, un ascète dont la vie est minutieusement réglée. Cependant, ce timide est un pontife solitaire, autoritaire et hiératique qui a une très haute idée de sa fonction ; le lendemain de son élection, il donnait l'impression « d'être pape depuis un demi-siècle » (Verdier). Pie XII concentre le gouvernement de l'Église entre ses mains. Après le décès du cardinal Maglione (1944), il dirige lui-même la Secrétairerie d'État, assisté jusqu'en 1953 de deux substituts, Tardini et Montini. Quelques jésuites allemands semblent avoir exercé une certaine influence sur lui, les pères Bea, Leiber, Hurth et Gundlach.

*Le « Vicaire » face à la Deuxième Guerre mondiale*

L'élection de Pie XII est accueillie comme celle du « pape de la paix » par les démocraties. Le pape tente vainement de sauver la paix en proposant une conférence des cinq puissances en mai 1939 et en suppliant les nations de négocier le 24 août : « Rien n'est perdu avec la paix. Tout est perdu avec la guerre. »

Peu après le début du conflit et le partage de la Pologne entre les Allemands et les Soviétiques, les deux premières encycliques révèlent les orientations du pontife ; la seconde *Sertium Laetitiae* (12.11.1939), prenant prétexte du cent cinquantième anniversaire de l'établissement de la hiérarchie catholique aux États-Unis, manifeste sa sympathie pour un grand pays où il a voyagé ; la première *Summi Pontificatus* (20.10.1939) dénonce la conception qui assigne à l'État une autorité illimitée, exige le respect du droit de chaque peuple à l'indépendance et déclare « qu'une nation bien aimée, la Pologne, attend l'heure d'une résurrection en accord avec les principes de la justice et de la vraie paix ». Interprétée comme un appui aux puissances occidentales, l'encyclique est parachutée par des avions français à des dizaines de milliers d'exemplaires sur des régions catholiques d'Allemagne pendant la drôle de guerre.

Le pape veut être, sinon neutre, du moins « impartial » pour ménager une possibilité ultérieure d'arbitrage. S'il facilite en secret les contacts entre la résistance allemande et le gouvernement anglais, il reste discret sur la persécution anticatholique qui sévit en Pologne, mécontentant les Polonais en exil et les ambassadeurs alliés. La critique des silences de Pie XII, lancée par Emmanuel Mounier en mai 1939 à propos de l'agression italienne contre l'Albanie, se précise dans ces milieux. Lorsque, le 13 mai 1940, l'ambassadeur du gouvernement fasciste se plaint des télégrammes de protestation, jugés trop mesurés par les Alliés et adressés aux souverains belge, luxembourgeois et néerlandais dont les territoires sont envahis par les Allemands, Pie XII lui réplique à propos de la Pologne : « Nous devrions dire des paroles de feu et la seule chose qui nous retient est le fait de savoir que, si nous parlions, nous rendrions encore plus dure la condition de ces malheureux. » Cependant, les Allemands qui envoient plus d'un millier de prêtres polonais dans les camps de concentration et en massacrent plusieurs milliers, prétendent auprès des Polonais que le Saint-Siège se désintéresse de leur sort.

En juin 1940, le pape ne parvient pas à empêcher l'Italie d'entrer en guerre et déplore le désastre sans précédent qui s'abat sur la France. Wladimir d'Ormesson, ambassadeur de France, qui s'est réfugié entre les murs du Vatican dont il ne peut quitter le territoire, observe un Pie XII obligé de ménager une Italie qui a cru rallier le camp des vainqueurs, mais plaçant son espoir dans la résistance de l'Angleterre. Mgr Tardini prédit que la victoire de « l'Attila motorisé » sera éphémère. La latitude d'action de la diplomatie du Saint-Siège reste limitée et les émissions de Radio-Vatican, qui jouissaient d'une certaine liberté au début de la guerre pour dénoncer les exactions allemandes en Pologne, sont obligées de montrer plus de discrétion. Les agents italiens pénètrent le petit personnel du Vatican qui est patriote.

La guerre germano-russe ne bouleverse pas ces données. Le pape refuse de s'engager dans une croisade contre le bolchevisme, et Mgr Tardini observe que « la croix gammée n'est pas précisément celle de la croisade ». En septembre 1941, à la demande de Myron Taylor, représentant du président Roosevelt, Pie XII lève les scrupules des catholiques américains qui s'étaient émus de l'aide apportée par leur pays à l'URSS. Au début de 1943, il fait allusion au néopaganisme qui déferle sur le peuple russe.

Pie XII est soucieux de ne pas aggraver le sort des populations occupées par le Reich en prononçant des propos trop vifs : « il pèse ses mots avec des balances d'argent » (W. d'Ormesson). Il laisse une grande liberté aux épiscopats nationaux mieux placés pour juger de l'opportunité d'une protestation. Ainsi, Mgr Stepinac, archevêque de Zagreb, dénonce courageusement les massacres des Serbes commis par les oustachis croates, ce dont la presse italienne s'indigne d'ailleurs.

En revanche, malgré les obstacles nombreux, Pie XII reprend l'œuvre d'assistance menée par Benoît XV lors de la Première Guerre mondiale auprès des victimes de la guerre, des réfugiés, des prisonniers. Pour ces derniers, il confie à Mgr Montini un bureau d'information qui s'efforce de renseigner les familles.

### *« Silence » du pape, « silence » de Dieu*

Cette prudence et ce pragmatisme rendent compte du « silence » de Pie XII face à l'extermination des juifs. Cette accusation de « silence » portée par la pièce de Rolf Hochhuth, *Le Vicaire*, en 1963, fait partie d'une campagne de désinformation déclenchée dès 1946 en Europe de l'Est. La publication de la correspondance du Saint-Siège et la critique des archives diplomatiques obligent à poser autrement le problème.

Certes, le Saint-Siège a été informé de l'extermination. Dès mars 1942, son délégué apostolique à Bratislava, Mgr Burzio, lui fait part de la déportation en Pologne de quatre-vingt mille juifs slovaques, qui vont « à une mort certaine ». Diverses informations arrivent de plusieurs sources au cours de l'année 1942. Le 9 décembre, un document fait état de ghettos et « d'immenses camps de concentration » en Pologne « où la privation de nourriture et un travail extrêmement lourd conduisent rapidement beaucoup de gens à la mort ». Or, Pie XII, dans son radio-message de Noël très largement diffusé, évoque les « centaines de milliers de personnes qui sans aucune faute de leur part, quelquefois seulement en raison de leur nationalité ou de leur race, sont vouées à la mort ou à une élimination progressive ».

En mai 1943, la Secrétairerie d'État reçoit des informations sur les chambres à gaz du camp de Treblinka, et le cardinal Maglione évoque dans une note « les camps spéciaux de la mort ». Or, Pie XII, le 2 juin, devant le Sacré Collège, fait allusion aux « supplications anxieuses de tous ceux qui à cause de leur nationalité ou de leur race... sont parfois même destinés à des mesures d'extermination ». Des prélats, des hommes politiques informés demandent alors que le pape parle plus nettement. Celui-ci s'y refuse en argumentant ainsi ce même 2 juin : « Toute parole de notre part à l'autorité compétente, toute allusion publique doivent être sérieusement pesées et mesurées dans l'intérêt même des victimes, afin de ne pas rendre leur situation plus grave et insupportable contrairement à nos intentions. »

En revanche, le pape demande aux nonces par l'entremise de Mgr Maglione, secrétaire d'État, d'intervenir auprès des gouvernements. Si les démarches de Mgr Orsenigo, nonce à Berlin, sont vaines, celles de Mgr Rotta, nonce à Budapest, de Mgr Burzio, chargé d'affaires à Bratislava, de Mgr Valerio Valeri, nonce à Vichy, ne sont pas sans effets. Leur action contribue à sauver des centaines de milliers de juifs. Sous leur impulsion, évêques, religieux, religieuses, prêtres et laïcs participent à ce sauvetage.

Pie XII est confronté directement au drame lors de la rafle des juifs de Rome du 16 octobre 1943 effectuée par les SS. Prévenu aussitôt, il fait convoquer l'ambassadeur von Weiszäcker par le cardinal Maglione qui menace l'Allemagne d'une protestation pontificale. Von Weiszäcker obtient l'arrêt de la rafle moyennant le silence du pape. Mille juifs déjà enlevés vont mourir à Auschwitz, mais quatre mille sont sauvés et accueillis dans les couvents, les collèges, chez les particuliers et au Vatican.

### *Pie XII, « defensor civitatis » dans la Ville éternelle*

Pie XII parvient à maintenir des relations avec les belligérants, espérant les amener à la paix selon les principes qu'il a proposés dans ses radio-messages et ses discours : organisation d'un ordre international assurant l'indépendance des États et apte à prévenir les agressions ; respect des droits des minorités. Il essaie d'obtenir que Rome soit proclamée ville ouverte pour la mettre à l'abri des bombardements. Il tente par deux fois, en 1942 et au printemps de 1943, de faire sortir l'Italie de la guerre, mais il se heurte à l'exigence de « capitulation sans condition » posée par les Alliés à Casablanca en janvier 1943. Il critique plusieurs fois cette formule qui « opère comme un stimulant qui prolonge la guerre » et nourrit « l'énergie que donne le désespoir » (2 juin 1944), constatation prophétique sept semaines avant l'échec du complot du 20 juillet 1944 qui ne peut trouver de justification politique. Cet échec entraîne la mort de résistants allemands chrétiens que le pape connaissait.

Pie XII, qui a visité les populations bombardées de la capitale italienne en juillet 1943, est extrêmement populaire à Rome lors de la libération de la ville, le 4 juin 1944, par les troupes américaines et françaises ; le conseil communal lui décernera le titre de « *defensor civitatis* » qui est gravé sur une plaque de la place Pie-XII, faisant face à la basilique Saint-Pierre. En 1945, dans le désarroi des esprits à travers la péninsule, le « monarque né » (Leiber) qu'est Pie XII devient le véritable pape-roi d'Italie.

### *Le magistère novateur des années quarante*

Pie XII est le pape le plus souvent cité dans les textes du concile de Vatican II. À sa mort, André Frossard a évoqué « les innovations multiples de ce pontificat paisiblement révolutionnaire ». La réflexion du pape pendant la guerre sur les bases d'une reconstruction du monde inspirée par le christianisme a été l'occasion d'une série d'inflexions doctrinales peu remarquées, étant donné les circonstances, mais décisives.

Le 1er juin 1941, dans un radio-message célébrant le cinquantenaire de *Rerum Novarum*, le pape annonce qu'il faut reconstruire un ordre social fondé sur le respect et le développement de la personne humaine et insiste sur « un droit premier et fondamental », une « imprescriptible exigence » ; il demande que « les biens créés par Dieu pour tous les hommes soient également à la disposition de tous ». Ainsi, dans le sillage de la doctrine thomiste, la destination universelle des biens de la terre passe avant le droit de propriété privée qui est rappelé. Ce texte sera utilisé pour justifier les nationalisations de l'après-guerre dans plusieurs pays.

Le 30 septembre 1943, Pie XII publie l'encyclique *Divino Afflante Spiritu* préparée par le père Voste, élève du père Lagrange et secrétaire de la Commission biblique que préside le cardinal Tisserant. Marquée par les découvertes de l'école des formes ou des genres littéraires, les apports de l'archéologie, les nouvelles conceptions de l'histoire, que propageront Raymond Aron et Henri-Irénée Marrou, l'encyclique rappelle la valeur des récits historiques du peuple d'Israël et admet les genres littéraires : « le langage divin s'exprime au profit des hommes en langage humain » ; « dans l'Écriture, les choses divines nous sont transmises selon le mode dont les hommes ont coutume d'user » (Thomas d'Aquin). Il y a des « approximations » dans le domaine historique. Certains récits (Jonas, Tobie) sont des contes à message religieux. Une lecture fondamentaliste arguant d'une inerrance littérale de la Bible n'est plus possible : la querelle moderniste se trouve dépassée. Cette encyclique « libératrice » encourage la recherche sur l'Écriture Sainte et la diffusion de la Bible.

Le 29 juin 1943, l'encyclique *Mystici corporis* s'inspire de la théologie du jésuite belge Émile Mersch qui rappelle l'identification paulinienne entre l'Église des baptisés et le Corps mystique du Christ. Ce texte, qui met l'accent sur la communauté des chrétiens, fortifie le sens de l'Église dans la jeune génération des années quarante. Quatre ans plus tard, l'encyclique *Mediator Dei* du 20 novembre 1947 reconnaît un mouvement liturgique en plein essor et encourage la participation des fidèles à la prière de l'Église. Des décrets romains ultérieurs autorisent l'usage de la langue locale pour l'administration des sacrements, assouplissent les règles du jeûne eucharistique à l'occasion des messes du soir, restaurent la veillée pascale et modifient la liturgie de la Semaine Sainte.

Les allocutions du pape prononcées de 1942 à 1945 annoncent certes le ralliement de l'Église catholique à la démocratie dans le monde entier, mais elles restent surtout inséparables de l'éducation démocratique de l'Italie à la sortie du fascisme. En effet, « l'Église fut présente auprès des populations » de ce pays « alors que la Nation était abandonnée à elle-même dans un profond désarroi » (J.-D. Durand). Le radio-message de Noël 1942 insiste sur « la restauration de l'état de droit au service de la société respectant la loi morale » et demande que l'on rende à « la personne humaine la dignité que Dieu lui a conférée en favorisant dans tous les domaines la responsabilité personnelle et en respectant ses droits fondamentaux ». Le radio-message de Noël 1944, plus explicite, oppose le peuple composé de citoyens conscients à la masse, multitude amorphe manipulée par les démagogues, et définit les conditions « d'une vraie et saine démocratie » qui est le contraire de l'absolutisme d'état. Le discours devant le tribunal de la Rote (2.10.1945) rappelle que le pouvoir procède du peuple qui en est le dépositaire primordial : « le sujet originaire du pouvoir civil dérivé de Dieu est le peuple mais non la masse ». Enfin, le discours au Sacré Collège (24.12.1945) souligne les liens qui existent entre les totalitarismes et la guerre.

Cependant Pie XII, qui voit poindre en Europe une démocratie d'inspiration chrétienne, admet mal les contraintes imposées par le pluralisme des partis et la liberté d'expression de la presse. Ceci explique les tensions avec le fondateur d'un parti non confessionnel et non clérical, le démocrate chrétien italien Alcide de Gasperi, grande figure de la rénovation de la démocratie en Europe.

*Le docteur universel*

Après la guerre, Pie XII exerce un véritable magistère d'opinion. « Il a parlé de tout. Il a voulu donner par sa bouche l'avis autorisé de l'Église sur tous les sujets que l'actualité et les circonstances lui présentaient. Anniversaires, audiences, rencontres, toutes les occasions lui fournissent matière à enseigner » (Chelini). Intellectuels, savants, médecins, sages-femmes, économistes, artistes, sportifs, agriculteurs, ouvriers, membres des classes moyennes, nobles, pèlerins et touristes les plus divers, hommes et femmes de tout âge et de toute condition sont accueillis et enseignés directement par le pape. Celui-ci, pour qui l'Église est éducatrice des hommes et des peuples, soigne son enseignement, prépare minutieusement ses discours qui remplissent vingt et un volumes. Il est le premier pape à utiliser la télévision et a fait l'objet de plusieurs films.

En matière internationale, Pie XII reprend la théologie classique, très sévère sur les conditions de licéité d'une guerre, et condamne catégoriquement « la guerre d'agression comme solution légitime pour les controverses internationales et comme moyen de réalisation pour les aspirations nationales ». Il souligne, en 1954, « l'absurdité de la doctrine qui a régné dans les écoles politiques de ces dernières décades, à savoir que la guerre est une des nombreuses formes admises de l'action politique, l'issue naturelle et quasi inévitable des incurables dissensions entre deux pays… Il ne doit plus y avoir d'ennemi héréditaire, car la haine des peuples est toujours une injustice cruelle, absurde et indigne de l'homme ».

Après Hiroshima et au temps de la guerre froide, s'il rejette catégoriquement en 1954 la guerre ABC (Atomique, Bactériologique, Chimique), il ne peut condamner la nécessité d'une défense nationale et même la possession d'un armement atomique strictement défensif.

En 1953, devant le VI$^{e}$ Congrès international de droit pénal, il souhaite l'élaboration d'un droit pénal international qui proscrive la guerre injuste, les crimes de guerre, et la torture.

*Une Europe vaticane ?*

Pour conjurer les conflits fratricides et endiguer le péril du communisme, Pie XII souhaite une union des États européens inspirée par le catholicisme. Le succès des partis démocrates chrétiens qu'il encourage en Italie, en Allemagne et en France favorise ce dessein. Le pape approuve la construction de l'Europe, la Communauté économique du charbon et de l'acier d'abord, la Communauté économique européenne ensuite. Certains regrettent les limites de cette construction à six et critiquent « l'Europe vaticane », voire « l'Europe noire » (V. Auriol). En réalité, Adenauer, Gasperi et Robert Schuman sont des hommes d'État « hors série ou éminents » (W. d'Ormesson), ce qui explique leur autorité et leur réussite sans que le Vatican ait à intervenir.

*Un anticommunisme prophétique ?*

Le conflit avec le communisme, très vif à partir de 1949, année de la condamnation du cardinal Mindszenty par un tribunal hongrois aux ordres de Staline, a terni l'image de Pie XII auprès de certains média, mais l'anticommunisme spirituel et moral du pape n'est-il pas prophétique ? Les Églises uniates d'Ukraine et de Roumanie sont alors incorporées de force dans l'orthodoxie ; Mgr Stepinac, archevêque de Zagreb est en prison, Mgr Béran, archevêque de Prague, est empêché d'exercer son ministère. En 1950, en Europe de l'Est et en Chine, trente évêques au moins sont en prison, en déportation, en exil ou dans l'impossibilité d'exercer leurs fonctions ; en 1953, ils seront plus d'une centaine ; des membres du clergé sont martyrisés. En juillet 1949, l'excommunication lancée par le Saint-Office contre les catholiques qui soutiennent les partis communistes tente d'alerter les consciences sur la gravité du péril. En 1956, l'encyclique *Luctuosissimi eventus* condamne les massacres commis par les soviétiques en Hongrie, un drame qui émeut une partie de l'intelligentsia occidentale fascinée jusque-là par le communisme.

### *Un Sacré Collège universel – Une curie très italienne*

Les progrès du catholicisme hors d'Europe avaient retenu l'attention du cardinal Pacelli qui avait voyagé en Amérique. Pie XII, en 1945, internationalise le Sacré Collège en nommant trente-deux nouveaux cardinaux, dont quatre Italiens et vingt-huit étrangers parmi lesquels dix Américains du Nord et du Sud ; son ami Spellman, archevêque de New York, fait partie de cette promotion. En 1953, Pie XII désigne vingt-quatre nouveaux cardinaux, dont dix Italiens et quatorze étrangers. En 1954, il reconnaît l'existence des conférences épiscopales : il y en aura quarante-trois à la fin du pontificat, dont plusieurs régionales en Afrique.

Cet effort pour donner plus de responsabilité et de dignité aux principaux évêques étrangers, qui portera ses fruits plus tard, est contrarié sous Pie XII par une concentration accrue du pouvoir dans la curie romaine dominée par les cardinaux italiens. W. d'Ormesson, ambassadeur de France auprès du Saint-Siège, constate que la curie cardinalice, composée à 85 % d'Italiens en 1940, n'a plus en 1950 que sept cardinaux valides qui ont tous dépassé soixante-quatorze ans. En 1958, les treize cardinaux de curie ont une moyenne d'âge de soixante-seize ans. « L'administration suprême de l'Église est à la fois vétuste dans son organisation et déficiente dans son haut personnel » (W. d'Ormesson, février 1951).

### *L'Année Sainte 1950, apogée du pontificat*

L'Année Sainte 1950 voit affluer à Rome trois millions de personnes. Elle est marquée par seize béatifications et canonisations et par la définition dogmatique de l'Assomption de Marie quasi unanimement acceptée par les évêques consultés. C'est la seule application du dogme de l'infaillibilité pontificale depuis sa définition en 1870. L'accueil des protestants au nouveau dogme est défavorable, et celui des orthodoxes mitigé, mais six cents prélats et des dizaines de milliers de fidèles catholiques assistent à sa proclamation le 1er novembre à Saint-Pierre. En 1954, Pie XII proclame la fête de la Royauté de Marie. Il procède à trente-deux canonisations et quarante-quatre béatifications pendant son pontificat. Il fait canoniser, en 1954, Pie X qu'il a servi, béatifier Innocent XI en 1956 et étudier les dossiers de béatification de trois autres papes Benoît XI, Pie VII et Pie IX ; il exalte ainsi la sainteté de la mission pontificale.

L'Année Sainte permet de dresser un bilan du dynamisme catholique dans le monde. L'Action catholique sous toutes ses formes est alors à son apogée avec une forte présence des mouvements de jeunesse à Rome. Cependant Pie XII, soucieux d'une rechristianisation en profondeur de la société, évite de privilégier une formule et promeut un apostolat des laïcs au sens large qui inclut des mouvements très divers : Légion de Marie d'origine irlandaise (un million de membres) ; Opus Dei, né en Espagne, institut séculier en 1947 ; Mouvement pour un monde meilleur du père Lombardi créé en 1952 ; Jeunesse étudiante de Luigi Guissani fondée en 1954 ; Mission de France réorganisée en 1954.

### *La reconversion des missions face à la décolonisation*

Pie XII consacre deux encycliques à l'indispensable transformation des missions. *Evangelii praecones* (1951) insiste sur la constitution d'églises autochtones respectant les cultures locales ; *Fidei Donum* (1957) suggère de nouvelles formes de coopération missionnaire pour les prêtres et les laïcs. Plusieurs épiscopats d'outre-mer revendiquent des libertés politiques, voire le droit à l'indépendance pour leur peuple. Il y avait quarante-huit évêques autochtones en 1939, ils sont cent trente-neuf en 1958. À Rome, le 3 février 1957, le sacre du nouvel évêque noir de Cotonou, Bernardin Gantin, âgé de trente-deux ans, fait sensation.

### *Les limites d'une philosophie officielle*

L'année 1950 marque une césure dans l'histoire du pontificat. W. d'Ormesson relève un vieillissement du pontife et de son entourage et précise : « Le mal vient de ce que Pie XII ne possède pas auprès de lui un "brain trust" d'une valeur suffisante pour dominer les problèmes qui se posent aujourd'hui à l'Église. » Pie XII, isolé, autoritaire, craint de déléguer ses pouvoirs. Son entourage, qui érige un néothomisme étroit en philosophie officielle de l'Église, redoute une « nouvelle théologie » qui se ressource dans une meilleure connaissance de la Bible et de la patristique et qui puise son inspiration chez de grands théologiens et philosophes catholiques, Möhler, Newman, Rosmini, Blondel, mal compris à

Rome parce qu'étrangers au thomisme. Pie XII, plus juriste qu'historien, condamne « un état d'esprit aventureux » dans l'encyclique *Humani Generis* (1950) qui rejette par ailleurs le polygénisme aux origines de l'humanité, visant ainsi le père Teilhard de Chardin. Le père de Lubac est interdit d'enseignement. Des mesures disciplinaires sont prises en 1954 contre quatre dominicains français, les pères Chenu, Boisselot, Féret et Congar. Or, les Pères de Lubac et Congar, promoteurs d'un catholicisme communautaire et de l'œcuménisme, seront faits cardinaux par Jean-Paul II.

### *La fin douloureuse d'un grand pontificat*

En janvier 1954, Pie XII tombe gravement malade. Mal soigné, il se trouve hors d'état de diriger l'Église pendant plusieurs mois. Personne n'a autorité pour gérer la crise des prêtres-ouvriers français que Pie XII a provoquée parce qu'il craint une dénaturation du sacerdoce exposé à la séduction communiste. Ces quelque quatre-vingt-dix prêtres ouvriers français ont fait plus de bruit sur le globe que les quatre cent cinquante mille autres prêtres qui y sont répandus, note W. d'Ormesson.

En décembre 1954, les crises de hoquet reprennent et Pie XII, à nouveau malade, a une vision du Christ. Surmené, trop affaibli, il ne peut être opéré, mais on parvient à l'alimenter. Le pape se rétablit partiellement mais reste diminué physiquement. Si Pierre Mendès France est impressionné par la grandeur du personnage, le président Coty le trouve, en 1957, « fatigué », « pétrifié dans sa gloire ». Ayant laissé partir Montini nommé archevêque de Milan en 1954, Pie XII est plus seul que jamais, distrait seulement par les bons mots de Tardini. Il séjourne longuement à Castel Gandolfo où il meurt le 9 octobre 1958. « Disparaît avec Pie XII une époque, s'achève une histoire » (Mgr Montini, 20.10.1958).

# XXII

# Les papes réformateurs d'une Église universelle : Jean XXIII et Paul VI (1958-1978)

## *L'aggiornamento vient de Lombardie : les conclaves de 1958 et de 1963*

La monarchie absolue pontificale s'était constamment renforcée depuis le concile de Vatican I et avait dérivé sous Pie XII vers un exercice de plus en plus solitaire du pouvoir. Or, les deux papes lombards qui succèdent à Pie XII vont réformer profondément l'Église catholique. Le premier, Angelo Roncalli, issu d'une famille de paysans bergamasques, initié précocement au catholicisme social, a fait une carrière diplomatique à Sofia, à Ankara et à Paris ; le deuxième Jean-Baptiste Montini, issu d'une famille de bourgeois démocrates chrétiens de Brescia, adversaires du fascisme, a fait une carrière curialiste à la Secrétairerie d'État. L'expérience pastorale des deux papes s'enracine dans une Italie du Nord en plein essor industriel, celle du « miracle italien » : au moment de leur élection, le premier est patriarche de Venise, le second archevêque de Milan.

L'héritage laissé par Pie XII pèse sur les deux conclaves. Le premier, celui de 1958, doit élire un pape qui apporte un changement sans rupture par rapport au pontificat précédent ; le second, celui de 1963, après la première session d'un concile destiné à rénover l'Église, doit trouver un pape qui assure l'heureux achèvement de ce concile sans renier l'œuvre des pontifes précédents. Les fortes personnalités, rares en 1958 à cause du mode de gouvernement de Pie XII, sont plus nombreuses en 1963 parce que Jean XXIII a largement renouvelé le Sacré Collège.

En 1958, face au « parti romain » mené par les cardinaux Ottaviani et Ruffini qui souhaitent continuer le Pie XII de la dernière décade, un étranger, le patriarche arménien Agagianian, représente une ouverture sur l'Orient ; finalement, le compromis s'effectue au onzième scrutin sur le nom d'Angelo Roncalli, diplomate et pasteur, dont l'âge avancé – soixant-dix-sept ans – fait penser qu'il sera un « pape de transition ». En 1963, tandis que la ligne Pie XII est représentée par les cardinaux Siri et Antoniutti, les électeurs les plus radicaux sont séduits par les personnalités des cardinaux Lercaro et Suenens, mais Jean-Baptiste Montini, absent du conclave de 1958 parce qu'il n'est pas encore cardinal à cette date, s'impose cette fois, probablement au sixième scrutin, en proposant de suivre une voie moyenne : achever le concile qui ouvrira des perspectives nouvelles dans la fidélité à l'œuvre de Pie XII et à celle de Jean XXIII.

## L'ÉVÊQUE DE ROME JEAN XXIII CONVOQUE LE CONCILE DE VATICAN II

L'élection de Roncalli surprend : « un brave homme après un homme éminent » dit-on. Or, Jean XXIII déjoue les pronostics. Le choix du nom, Jean, qui n'avait pas été utilisé depuis 1415, reflète un changement de style de gouvernement. Le nouveau pape prie le comte Della Torre, directeur de l'*Osservatore romano*, de supprimer les superlatifs pour le désigner. Il refuse de prendre ses repas dans l'isolement. Il assouplit l'organisation des audiences. Il rétablit les séances de travail avec les différents dicastères de la curie. Il nomme secrétaire d'État un prélat expérimenté, Domenico Tardini.

Jean XXIII rappelle que le pape est d'abord l'évêque de Rome en prenant possession de la basilique du Latran, l'église cathédrale, et il réévalue la fonction épiscopale en l'exerçant personnellement lors de visites des paroisses, des hôpitaux, des prisons. L'église de Rome, bien administrée par son cardinal vicaire, doit redevenir un modèle pour la catholicité. À cet effet, le pape, observant les problèmes posés par la grande extension de la ville au cours des dernières décades, convoque un synode diocésain pour 1960.

Jean XXIII, conscient que l'internationalisation du Sacré Collège ne doit pas se faire au détriment de la bonne administration de l'Église, innove en dépassant le chiffre de soixante-dix cardinaux fixé par Sixte Quint. Lors des trois consistoires qu'il tient, le nombre des cardinaux s'élève à soixante-quinze en 1958, soixante-dix-neuf en 1959, quatre-vingt-sept en 1962. Il peut ainsi récompenser les loyaux services de la méritocratie vaticane et continuer à assurer une meilleure représentation de l'universalité de l'Église. Soucieux d'améliorer les relations intra-ecclésiales après l'abondante législation des papes précédents, il fait entreprendre une refonte du Code de droit canonique de 1917 qui aboutira en 1983.

Moins de trois mois après son élection le 25 janvier 1959, Jean XXIII annonce une décision sensationnelle et inattendue : la convocation d'un concile qui apparaît nécessaire pour le bien spirituel du peuple de Dieu et pour la recherche de l'unité avec les communautés séparées. Pour rendre crédible ce deuxième objectif, le pape crée, en 1960, un secrétariat pour l'unité des chrétiens et reçoit à Rome le docteur Fisher, archevêque de Canterbury, le docteur Lichtenberger de l'Église épiscopale américaine, le pasteur Jackson, président de l'Église baptiste et le pasteur Roger Schutz, prieur de Taizé. Il accueille également Jules Isaac qui demande à l'Église de renoncer à « l'enseignement du mépris » vis-à-vis d'Israël.

### *Un enseignement magistériel rénové et bien reçu*

Jean XXIII est l'auteur de deux grandes encycliques : *Mater et Magistra* et *Pacem in terris*.

*Mater et Magistra*, datée du 15 mai 1961, célèbre le soixante-dixième anniversaire de *Rerum Novarum*. L'encyclique observe les progrès de la socialisation et confirme l'enseignement de Pie XII sur le caractère prioritaire de la destination commune des biens tout en maintenant le principe de la propriété privée, y compris des biens de production. Attentive aux faits, elle évoque les transformations de l'agriculture et insiste sur « le problème le plus important de notre temps », la misère des pays sous-développés, avec les drames de la faim et de l'analphabétisme, et la nécessité de les aider sans les coloniser économiquement.

Le 11 avril 1963, six mois après la crise des fusées à Cuba, Jean XXIII, malade d'un cancer de l'estomac, publie *Pacem in terris*, son testament intellectuel. Il a reçu le 5 mars précédent la fille de Krouchtchev et son mari Adjoubei, signe d'un changement d'attitude du Saint-Siège à l'égard des pays de l'Est et d'un début d'Ostpolitik du Vatican. Dans *Pacem in terris*, le pape rappelle d'abord que la Révélation et la loi naturelle justifient son invitation à la paix.

Puis il énumère longuement les droits de l'homme en insistant sur les grandes libertés de religion, d'éducation, d'association, d'information objective dans la recherche de la vérité. Il distingue l'erreur philosophique répréhensible et le mouvement historique et politique produit par l'erreur mais susceptible d'évolution. Il fait l'apologie de la démocratie caractérisée par le service du bien commun par l'État, le primat de la constitution, la distinction des pouvoirs, la participation des citoyens. L'État totalitaire est incompatible avec cette démocratie personnaliste. Enfin, le pape déclare qu'à l'ère atomique la guerre ne peut plus être utilisée comme instrument de justice et demande que les rapports entre les États soient réglés selon la loi morale, ce qui implique le rejet du racisme, le respect de la justice, la solidarité, la liberté et la garantie de l'indépendance réciproque entre États.

*Jean XXIII arbitre entre la curie et le concile*

À la demande de Jean XXIII, le 18 juin 1959, le cardinal Tardini avait lancé une vaste consultation auprès de tous les évêques et supérieurs d'ordre pour solliciter leurs vœux sur le contenu du concile. Pendant cette phase antépréparatoire qui s'est achevée en 1960, presque tous ont répondu et certains ont souhaité que le concile inachevé de Vatican I soit complété à propos de la mission et de la fonction des évêques. Jean XXIII inaugure alors la phase préparatoire en confiant à onze commissions et à trois secrétariats dominés par la curie romaine le soin de préparer les schémas proposés au futur concile.

Le pape souhaite que ce concile soit réellement universel, qu'il reflète « l'Église de tous et particulièrement l'Église des pauvres », et qu'il soit œcuménique, avec la présence d'observateurs des autres confessions qui ne manqueront pas d'être consultés. Il manifeste son optimisme dans la réussite de « l'aggiornamento » de l'Église et fustige « les prophètes de malheur qui ne voient dans notre époque que prévarication et ruine ».

À Vatican I, le siège des deux tiers des évêques se trouvait en Europe. Vatican II est le premier concile vraiment universel avec 38 % des deux mille cinq cents évêques représentant l'Europe, 35 % l'Amérique, 13,5 % l'Afrique et le monde arabe, 12,5 % l'Asie et l'Océanie.

Au début du concile, ouvert le 11 octobre 1962, la curie avait préparé des listes de candidats aux commissions conciliaires. Les cardinaux Liénart (Lille) et Frings (Cologne) interviennent et obtiennent du pape que les élections aux commissions soient reportées de trois jours pour que les pères aient le temps de se concerter. Évêques et théologiens de l'Europe du nord-ouest revendiquent leur place par rapport à une curie restée très italienne. Lors du vote, une liste « européenne » arrive en tête. Jean XXIII complète ensuite les commissions à l'avantage de l'Italie, de l'Espagne et du Tiers-Monde.

Lors de la première session, à l'exception du schéma sur la liturgie qui progresse après un sérieux remaniement, les débats s'enlisent. Le schéma à forte connotation œcuménique sur la Révélation et ses sources « Écriture et Tradition » est renvoyé par le pape à une commission mixte incluant des membres de la commission de la doctrine et du secrétariat pour l'unité.

À la fin de la première session, aucun texte n'est promulgué. Étant donné l'évolution rapide du cancer de Jean XXIII, la continuation du concile reste problématique. Le « bon pape Jean » meurt le 3 juin 1963. L'émotion est intense dans le monde. Jamais pape ne fut plus regretté.

### Paul VI, un pape admiré puis contesté

L'image du pape Paul VI s'est modifiée au cours du pontificat « le plus complexe du XX^e^ siècle » (Ph. Levillain). Successeur d'un pape très populaire, il hérite d'un concile à l'orientation incertaine et le fait aboutir. Par ses gestes et ses propos, il acquiert une réelle popularité jusqu'en 1968, date où il est confronté à une grave crise de civilisation. La vague de contestation atteint alors ses décisions, son pouvoir, voire son magistère, récusés au nom de « l'esprit du concile ». Frappé par un certain discrédit dans les média européens, cet homme inquiet, angoissé, que Jean XXIII avait comparé à Hamlet, donne alors l'image d'un pape déchiré, lucide mais hésitant. Cependant, les apparences sont trompeuses ; chargé d'appliquer les décisions du concile, Paul VI réforme profondément la curie et modernise le gouvernement pontifical. « L'homme le moins fait pour affronter la tourmente est celui grâce à qui une transition difficile a été possible » (É. Poulat).

En effet, une certaine adéquation transparaît entre l'homme et l'œuvre. Le jeune Giovanni-Battista Montini a vu ses études perturbées par la fragilité de sa santé. Grâce à son humilité, sa volonté et ses dons intellectuels, il a surmonté ce handicap. Diplomate polyglotte, à la sortie de l'Académie des nobles ecclésiastiques, il a fait carrière à la curie. Aumônier des étudiants de la FUCI, cet intellectuel fort cultivé et très fervent exerce un grand ascendant sur la jeunesse étudiante italienne et forme les futurs dirigeants de la démocratie chrétienne. Substitut à la Secrétairerie d'État, puis pro-secrétaire d'État, ce grand serviteur de Pie XII est réputé pour son affabilité, son ouverture d'esprit, sa faculté d'assimilation et de compréhension. Archevêque de Milan en 1954, il visite son vaste diocèse, établit un plan urbanistico-religieux pour construire églises nouvelles et locaux d'œuvres et fait donner une grande mission, en 1957, dans la métropole lombarde. Il invite des intellectuels, veille à l'accueil des immigrants, et veut être « l'archevêque des ouvriers ». Cardinal en décembre 1958, il participe à la préparation du concile. Élu pape en juin 1963, il choisit le nom de Paul, l'apôtre des nations, vénéré des Réformateurs.

### *Le pape et le concile*

« Un concile est à la fois une assemblée délibérante obéissant à une logique parlementaire qui oppose majorité et minorité » (Ph. Levillain) et une représentation de l'unité et de l'universalité de l'Église de Jésus-Christ. Au-delà de la résurgence d'une tentation conciliariste succédant à une phase d'accroissement du pouvoir pontifical, la Papauté est impliquée par la nécessité d'une certaine continuité de son enseignement, par le débat ecclésiologique portant sur la réévaluation de la fonction des évêques et par la présence des observateurs des autres confessions chrétiennes.

Dès la première session du concile, le cardinal Montini était intervenu, le 5 décembre 1962, pour proposer un plan de travail centré sur l'Église étudiée d'abord en elle-même, puis dans ses rapports avec le monde. Devenu pape, il tente de donner une impulsion nouvelle au concile en nommant quatre modérateurs chargés de coordonner mieux le travail d'une assemblée nombreuse, mais il reste discret pendant la deuxième session dont le bilan est maigre : deux schémas promulgués le 4 décembre 1963, jour où Paul VI reprend l'initiative en annonçant son pèlerinage en Terre Sainte. Puis, après avoir consulté, entre autres, les philosophes Maritain et Guitton, Paul VI publie le 6 août 1964 sa première encyclique *Ecclesiam Suam* (Son Église) sur le renouvellement nécessaire de l'Église pour accomplir sa mission et sur le dialogue qu'elle doit engager avec le monde. Afin de concrétiser ce dialogue, des secrétariats pour les non-chrétiens et les non-croyants sont créés en 1964 et en 1965.

Ce document constitue un prélude à une troisième session marquée par une forte tension entre une minorité conservatrice et une majorité réformatrice. Voulant obtenir un large consensus autour de la constitution sur l'Église (*Lumen Gentium* : Lumière des nations), le pape arbitre les conflits. Il rassure la minorité en adjoignant à cette constitution une note préalable qui précise les rapports de la primauté pontificale et de la collégialité épiscopale, en proclamant la Vierge Marie mère de l'Église, et en reportant à la session suivante le vote du texte sur la liberté religieuse. La majorité connaît une « semaine noire », mais les textes contestés sont améliorés.

Au cours des deux dernières sessions, le pape annonce une réforme de la curie et l'institution d'un synode épiscopal, mais il dessaisit le concile des questions controversées ayant trait au remariage des divorcés, à la régulation des naissances et au célibat des prêtres.

Lors de la quatrième session, Paul VI contribue à faire aboutir la constitution sur la Révélation (*Verbum Dei* : Parole de Dieu), de grande portée œcuménique, en suggérant trois amendements. Le succès de sa visite à l'ONU à New York, où il se présente comme un expert en humanité le 4 octobre 1965, facilite le vote du décret sur la liberté religieuse, retravaillé par le jésuite américain Murray. Le pape obtient également un très large consensus autour de la constitution sur l'Église et le monde (*Gaudium et Spes* : Joie et Espérance) et à propos des autres textes.

Après la levée de l'excommunication entre Rome et Constantinople le 7 décembre, Paul VI préside à la clôture du concile le 8 décembre 1965 en présence d'une foule immense, de cinquante et une délégations gouvernementales et de neuf organismes internationaux. Ainsi, grâce au prestige de Jean XXIII et à la diplomatie de Paul VI, le ministère de Pierre reste intact et la Papauté semble sortir grandie de ce concile.

### *La disparition de la cour pontificale*

L'accent mis sur la fonction spirituelle du pape, la reconnaissance internationale toujours plus étendue de l'État du Vatican permettent d'abandonner certains symboles monarchiques du pouvoir temporel et de réduire le train de vie de la maison pontificale. Le 13 novembre 1964, Paul VI annonce qu'il fait don de sa tiare aux pauvres. Le 14 janvier 1967, il reçoit pour la dernière fois la noblesse romaine qui le servait. Le cérémonial est simplifié ; ainsi les *flabelli*, gigantesques et pompeux éventails de plumes de paon et d'autruche, sont relégués au musée.

En septembre 1970, à l'occasion du centenaire de la prise de Rome par les soldats italiens, les corps d'armée pontificaux sont supprimés, à l'exception de la garde suisse ; garde noble, garde palatine, gendarmerie pontificale disparaissent. Cependant, les gentilshommes d'honneur de Sa Sainteté accueillent dorénavant les invités de marque et une police d'une centaine de *vigilanti* (surveillants) succède à la gendarmerie.

### *Du « prisonnier du Vatican » au pèlerin œcuménique*

Paul VI, successeur de Pierre, qui a reçu du Christ la charge d'affermir ses frères, refuse de rester enfermé dans le Vatican et constate que l'avion lui permet de remplir sa mission universelle au moyen de déplacements et de gestes symboliques à travers le monde : il parcourt cent quatorze mille kilomètres en sept ans. Son premier pèlerinage le conduit en janvier 1964 à Jérusalem, à la source du christianisme, où il rencontre le patriarche de Constantinople Athénagoras. Il effectue ensuite d'autres pèlerinages œcuméniques en 1967 à Istanbul où il revoit Athénagoras, et en 1969 au Conseil œcuménique des Églises à Genève où il visite également l'Office international du travail. À l'ONU, en 1965, il avait tenté d'exorciser la guerre : « jamais plus la guerre ».

En dehors d'un pèlerinage en 1967 à Fatima où l'accueille une foule immense, ses voyages missionnaires le conduisent dans le Tiers-Monde : en Inde, à Bombay où il côtoie la misère en 1964 ; en Amérique latine, en 1968, à Bogota et à Medellin, où il prêche contre les inégalités et la violence et parle de sa préférence envers les pauvres ; en Afrique, en 1969, à Kampala (Ouganda) où il annonce la promotion du christianisme africain ; enfin en 1970 en Asie orientale et en Australie, où il met en garde contre la conception matérialiste du monde. Entre-temps est parue, en 1967, l'encyclique *Populorum Progressio* (Le progrès des peuples) qui prône le développement intégral de tout l'homme et de tous les hommes et qui conclut : « le développement est le nouveau nom de la paix. »

*Tempête autour de la pilule : la contestation de l'autorité pontificale*

La crise de civilisation qui éclate en mai 1968 met en cause toutes les autorités. Celle du pape est attaquée bruyamment par les média lors de la parution, le 25 juillet, de l'encyclique *Humanae Vitae* (De la vie humaine) sur la régulation des naissances. Contrairement à l'attente de l'opinion, mais en continuité avec l'enseignement de ses prédécesseurs, Paul VI n'autorise pas l'utilisation de la pilule anticonceptionnelle. Le beau texte de l'encyclique sur l'amour humain est rejeté avant d'avoir été lu. La nouveauté provient de la virulence de la contestation interne qui met en question un magistère pontifical jugé non « collégial ». Si les pays du Tiers-Monde accueillent favorablement un texte hostile à la propagande antinataliste faite par les pays riches, la « tempête » secoue l'Europe occidentale et l'Amérique du Nord : « grand trouble » des catholiques, contestation des théologiens, pétitions de prêtres et de laïcs. En Allemagne, l'écrivain Heinrich Böll déclare qu'on passera outre à l'encyclique, et le théologien Hans Küng conteste l'infaillibilité pontificale. En France, l'hebdomadaire *Témoignage chrétien* diffuse une lettre ouverte, signée de quatre mille personnes, intitulée « Si le Christ voyait, ça », adressée à Paul, pape, et dissociant fortement le Christ et l'Église. Celle-ci est accusée de vouloir trancher de tout, de conserver un pouvoir temporel, d'aimer trop l'argent et de fonctionner comme une bureaucratie. En réponse, une adresse de fidélité au pape rédigée par des personnalités laïques – Gilson, Mauriac, Fumet, Marcel – recueille cent soixante mille signatures.

Tandis que l'exercice du magistère pontifical est vivement critiqué par le cardinal Suenens, archevêque de Malines-Bruxelles, lors d'une interview de mai 1969, le concile pastoral des Pays-Bas, où dominent des laïcs influencés par des journalistes et des théologiens, vote en 1970 la suppression de l'obligation du célibat sacerdotal. Or, Paul VI ne peut accepter la décision d'une assemblée dont la composition ôte aux évêques leur responsabilité. Le magistère épiscopal est lui aussi menacé.

Paul VI, qui a maintenu la règle du célibat pour le clergé latin, voit avec tristesse trop de prêtres quitter leur ministère : « c'est notre couronne d'épines ». Observant avec lucidité la « décomposition du catholicisme » (L. Bouyer), le pape déplore « cet esprit de critique corrosive » qui se manifeste, cette « autodémolition » ; il constate que la primauté du courant humanitaire court le risque de transformer la théologie en sociologie et regrette, en 1972, que « Satan soit venu gâter et dessécher les fruits du concile ».

Cependant, si les média s'intéressent moins à un pape qu'ils jugent discrédité, celui-ci continue à réformer l'Église.

### *Paul VI, réformateur de la Papauté*

*Rome s'est-elle convertie ?* titrait H. Fesquet en 1966. La réforme de la curie commence en 1967 avec la nomination de Mgr Benelli comme substitut de la Secrétairerie d'État ; deux ans plus tard, un Français, le cardinal Jean Villot, devient secrétaire d'État, et Mgr Agostino Casaroli reste secrétaire du Conseil pour les affaires publiques de l'Église, chargé des relations avec les États. En fait, Paul VI opère une réforme centralisatrice de la curie au profit d'une Secrétairerie d'État qui contrôle l'ensemble du gouvernement du Saint-Siège.

La constitution *Regimini Ecclesiae Universae* du 15 août 1967 supprime plusieurs dicastères, en crée de nouveaux et modifie un certain nombre d'appellations. Les membres des congrégations sont nommés pour cinq ans et peuvent être des évêques diocésains, ce qui internationalise ces organismes. La limite d'âge de soixante-quinze ans, imposée aux évêques précédemment, est étendue aux chefs des dicastères dont le pape prolonge parfois les fonctions. Cette réforme sera entérinée pour l'essentiel et complétée par la constitution *Pastor bonus* (le Bon Pasteur) de Jean-Paul II du 28 juin 1988 et par le Règlement général de la curie romaine du 7 mars 1992.

Pour faire face intellectuellement à une contestation qui s'amplifie, le « complexe antiromain » (Urs von Balthasar), d'origine protestante, existant dorénavant dans une partie du catholicisme, Paul VI ne se contente pas de remplacer le cardinal Ottaviani par le cardinal Seper à la tête de la Congrégation pour la doctrine de la Foi qui a succédé au Saint-Office, symbole de l'intolérance, mais il crée en 1969 une commission théologique internationale qui comprend plusieurs grands théologiens futurs cardinaux : Ratzinger, de Lubac, Balthasar, Congar. Ceux-ci, rejetant intégrisme et progressisme, militent dans leurs ouvrages pour l'application d'un concile qui affirme la spécificité du message chrétien et s'opposent à des interprétations « paraconciliaires » de Vatican II trop attentives aux modes du jour.

*Un Sacré Collège et des synodes réellement universels*

Le pape et le concile ayant souhaité un recrutement de la curie « dans une large vision supranationale », l'internationalisation du Sacré Collège et du gouvernement de l'Église s'accélère sous Paul VI. Celui-ci crée cent vingt-deux cardinaux. Beaucoup d'entre eux viennent des jeunes églises non européennes, comme le montre le tableau suivant :

Nombre de cardinaux

| | Italiens | Autres Européens | Non-Européens |
|---|---|---|---|
| 1963 | 29 | 28 | 28 |
| 1978 | 33 | 33 | 66 |

Tandis qu'en 1963 chacune des trois catégories formait le tiers du Sacré Collège, en 1978 les deux premières en représentent chacune un quart et la dernière non européenne la moitié. D'autre part, les deux tiers des chefs de dicastères romains étaient italiens en 1967 et sont non-italiens en 1978.

Le motu proprio *Ingravescentem aetatem* de 1970 qui enlève le droit d'élire le pape aux cardinaux âgés de plus de quatre-vingts ans permettra à Paul VI et à Jean-Paul II de limiter le nombre des cardinaux électeurs à cent vingt.

Enfin, à l'issue des débats lors des synodes et après des hésitations de Paul VI, la constitution apostolique *Romano pontifici eligendo* (Pour élire le pontife romain) de 1975 confirme ces deux innovations et laisse la charge d'élire le pape évêque de Rome au collège des cardinaux, représentants du clergé romain comme membres des congrégations romaines. La participation des présidents de conférences épiscopales à l'élection pontificale a été écartée parce qu'elle aurait fait du pape non le premier parmi les égaux, mais un super-évêque.

L'application de la collégialité épiscopale nécessite la tenue régulière d'une institution nouvelle créée en 1965, le synode des évêques au pouvoir consultatif. Le premier a lieu en 1967, le deuxième en 1969, précédé de l'interview retentissante du cardinal Suenens, débat des relations entre « périphérie » et « centre » en dépassant la question des rapports de pouvoir et en préconisant une participation plus active des épiscopats aux instances romaines. Le troisième synode se tient en 1971, en pleine crise sacerdotale. Contre l'avis de nombreux Européens, une majorité comprenant beaucoup d'évêques du Tiers-Monde rejette l'ordination des hommes mariés et maintient l'exigence du célibat sacerdotal. La Papauté, qui a rappelé plusieurs fois cette règle, reçoit l'appui d'un Tiers-Monde qui affirme ainsi sa majorité dans l'Église. Entre 1971 et 1985, les Européens représentent un tiers des membres des synodes, et le Tiers-Monde plus de la moitié. Le quatrième synode, en 1974, porte sur l'évangélisation du monde contemporain : attentif aux jeunes églises, il propose une nouvelle conception de la mission définie dans l'exhortation apostolique *Evangelii nuntiandi* (Il faut annoncer l'Évangile) du 8 décembre 1975 qui rappelle la nécessité de l'annonce explicite de la Révélation et de l'utilisation de signes visibles à cet effet. Le synode de 1977, consacré à la catéchisation, insiste sur la nécessité d'un enseignement religieux : ses conclusions seront présentées par Jean-Paul II dans l'exhortation *Catechesi tradendae* en 1979.

### *La Papauté dialogue avec le monde*

Lors de sa première encyclique, Paul VI s'est défini comme l'homme du dialogue. Il améliore ses moyens de communication en donnant un enseignement régulier lors de ses audiences du mercredi qui accueillent jusqu'à vingt mille personnes dans une nouvelle salle et en procurant à Radio-Vatican des installations plus vastes. « Passionné de la culture de son temps » (Paul Poupard), très sensible à la beauté, il recherche un dialogue moderne avec Dieu à travers les expressions artistiques d'aujourd'hui : il inaugure en 1973 un musée d'art religieux moderne où sont exposées huit cents œuvres de deux cent cinquante artistes contemporains.

Il fait appliquer la réforme liturgique votée par le concile. Dans la messe de Paul VI, le prêtre, tourné vers le peuple chrétien, s'adresse à lui en un langage accessible à tous, la langue locale. Cette « messe à l'envers » oblige à un réaménagement des églises que certains ecclésiastiques opèrent sans grand discernement, choquant ainsi la piété des fidèles.

Paul VI s'est fortement engagé dans le dialogue œcuménique qu'il a inauguré lors de sa rencontre avec Athénagoras à Jérusalem : réception des archevêques de Canterbury Ramsey en 1966 et Coggan en 1977, et de diverses personnalités religieuses ; travaux des commissions mixtes de théologiens pour tenter de rapprocher les doctrines en les approfondissant ; gestes reconnaissant de fait l'ecclésialité des « églises-sœurs ». Ainsi, Paul VI passe au doigt du docteur Michael Ramsey son propre anneau pastoral et l'invite à bénir la foule avec lui. En 1975, il s'agenouille devant le métropolite orthodoxe de Chalcédoine Meliton et lui baise les pieds : « Paul VI a dépassé la Papauté » commente le patriarche Dimitrios. Néanmoins, il a affirmé sa primauté devant le conseil œcuménique des Églises à Genève (1969) : « Mon nom est Pierre. » L'évêque de Rome reste la figure visible de l'unité, le serviteur de la communion « des églises particulières dans l'Église universelle ».

Sensible au fait que d'autres religions gardent le sens du Dieu unique et Créateur, Paul VI crée le Secrétariat pour les non-chrétiens et la Commission pour les relations avec le Judaïsme et l'Islam. Il accepte la construction d'une mosquée à Rome, rencontre le roi Hussein, le grand mufti de Jérusalem, les présidents Suharto et Sadate, et se préoccupe des « légitimes aspirations du peuple palestinien ». Profondément blessé par les attaques contre Pie XII, inquiet des conséquences de la conquête de Jérusalem par les Israéliens (1967), déplorant la montée du terrorisme, il poursuit néanmoins le dialogue avec les juifs engagé par Jean XXIII ; il reçoit le premier ministre israélien Golda Meir en 1973, Moshe Dayan en 1978 ; il renouvelle, en 1975, la condamnation de toute forme d'antisémitisme comme opposée à l'esprit même du christianisme et demande qu'entre juifs et chrétiens on passe du monologue au dialogue.

Le quatre-vingtième anniversaire de *Rerum Novarum* est l'occasion d'une mise à jour de l'enseignement social chrétien. Dans sa lettre au cardinal Roy, *Octogesima Adveniens* (1971), Paul VI constate la force d'attraction des courants socialistes et admet la nécessité de distinguer différentes formes d'expression historiques et idéologiques du socialisme. Quoiqu'il soit personnellement proche des démocrates chrétiens italiens, il reconnaît la légitimité du pluralisme, y compris dans le domaine politique.

La mission pacificatrice de la Papauté prend beaucoup d'ampleur avec Paul VI qui a su utiliser la tribune de l'ONU et accueille un grand nombre de personnalités politiques : parmi eux, les présidents des États-Unis Kennedy et Johnson, le général de Gaulle, le président Giscard d'Estaing, les leaders indépendantistes des colonies portugaises, le général Thieu, président du Sud-Vietnam, les responsables européens. Paul VI encourage la construction de l'Europe qui passe de six à neuf membres pendant son pontificat. Il nomme en 1970 un nonce apostolique auprès des communautés européennes. Cependant, il rêve d'une Europe élargie sans rideau de fer, d'un espace de paix au-dessus des blocs. Sous son inspiration, Mgr Casaroli reprend à Linz, en 1977, la formule gaullienne : « l'Europe de l'Atlantique à l'Oural. »

En effet, Paul VI a développé une « Ostpolitik » ébauchée par Jean XXIII. Passant de l'anathème au dialogue, il a fait découvrir aux dirigeants de l'Europe de l'Est le chemin du Vatican où se rendent le chef de l'État soviétique Podgorny en 1967, le ministre russe des Affaires étrangères Gromyko à trois reprises, le maréchal Tito en 1971, le hongrois Kadar et le polonais Gierek en 1977.

Mgr Casaroli, l'un des adjoints du secrétaire d'État, pratique la politique des petits pas et voyage en Europe de l'Est depuis 1963 pour tenter d'améliorer la situation faite aux Églises de Hongrie et de Tchécoslovaquie, dont les archevêques Mindszenty et Béran sont captifs, et pour défendre le droit du Saint-Siège à nommer les évêques. Il participe en 1975 à la Conférence d'Helsinki sur la sécurité et la coopération en Europe dans l'espoir d'obtenir « le respect des droits fondamentaux de l'homme, entre autres la liberté religieuse ». Or, l'Acte final, « l'un des instruments les plus significatifs du dialogue international » (Jean-Paul II), reconnaît ces principes qui favoriseront le dégel en Europe de l'Est. La diplomatie pontificale est dorénavant accueillie, et souvent appréciée, dans les conférences internationales.

*« Une Église ébranlée ». Vers « une ère postchrétienne » (É. Poulat)*

En Europe et en Amérique du Nord, la crise de civilisation affecte Paul VI : référendum introduisant le divorce en Italie (1974) – « une brèche plus béante que celle de la Porta Pia » qui avait mis fin aux États pontificaux –, lois autorisant l'avortement en France (1975) et en Italie (1977) précédées par un arrêt de la Cour Suprême des États-Unis reconnaissant un droit à l'avortement (1973).

Cependant, la crise interne de l'Église éprouve encore plus le pape : nombreux « départs » de prêtres et de religieux, forte diminution de la pratique religieuse, « remise en question des fondements de la morale, désarroi de la réflexion théologique » (R. Aubert) face à une « modernité » apparemment triomphante.

Paul VI souffre de constater qu'un décret de la 32e congrégation de la Compagnie de Jésus (1974-1975) tend à vider de sa signification le quatrième vœu d'obéissance au pape. Il rappelle aux jésuites que la promotion de la justice ne doit pas empêcher l'annonce de la foi de rester prioritaire. Jean-Paul Ier, dans un texte publié par Jean-Paul II, souhaitera que « des enseignements et des publications de jésuites ne soient pas une source de confusion et de désorientation » et demandera aux prêtres de la Compagnie d'évangéliser activement.

Observant le déclin de la formation sacerdotale aux Pays-Bas, le pape passe outre à l'opposition des chapitres pour nommer en 1970 et en 1972 deux évêques favorables à Rome et susceptibles de rouvrir de vrais séminaires. Cette question des séminaires procure une audience à la dissidence de Mgr Marcel Lefebvre, fondateur de la Fraternité sacerdotale Saint Pie X en 1970. À Écône en Suisse où il forme des prêtres comme autrefois, il attire les vocations qui sont souvent découragées ailleurs. En 1974, il fait le procès du concile de Vatican II critiquant la collégialité, la liberté religieuse et l'œcuménisme, et rejette la nouvelle messe de Paul VI. Le conflit avec Rome éclate en 1976 lorsqu'il passe outre aux interdictions en ordonnant des prêtres. Suspendu *a divinis*, il n'en est pas moins reçu par Paul VI en septembre 1976 et par Jean-Paul II en novembre 1978 sans que ces audiences aient des effets durables.

*L'Année Sainte 1975 et l'accueil du réveil religieux*

Malgré les réserves d'une partie de son entourage, Paul VI invite les fidèles à venir en pèlerinage à Rome en 1975 à l'occasion de l'Année Sainte. Plus de dix millions de personnes venues du monde entier répondent à son appel. Alphonse Dupront a saisi la triple signification de l'événement : « temps de sanctification », « de renouvellement, de réconciliation et de méditation des enseignements du concile » ; « prise de conscience du sacral » : on s'arrête à genoux devant la porte sainte et on visite les quatre basiliques romaines qui gardent la mémoire des apôtres Pierre, Paul et Jean et de Marie ; « besoin anthropologique d'une sacralisation du temps » : « l'Année Sainte est la mémoire solennelle du drame existentiel de l'espèce et la porte ouverte sur le combat eschatologique entre temps et éternité ». Paul VI qui a proclamé en 1970 les deux premiers docteurs de l'Église féminins, Catherine de Sienne et Thérèse d'Avila, procède à treize béatifications et à six canonisations lors de l'Année Sainte. La Pentecôte de cette année tournante est marquée par « l'épiphanie de l'Esprit ». Le pape accueille quinze mille charismatiques à Saint-Pierre et déclare : « le renouveau est une grande chance pour notre temps ; il doit rajeunir le monde par la joie, par les hymnes et par le témoignage. »

Tandis que la diffusion de *L'Archipel du Goulag* de Soljenitsyne contribue au déclin des idéologies scientistes et totalitaires, les signes d'un réveil religieux se multiplient. La religion populaire est restée vivace en maints pays. Dieu revient à la mode dans l'édition. Maurice Clavel et ses amis les « nouveaux philosophes » insistent sur l'importance de la révélation judéo-chrétienne dans la construction des droits de la personne humaine. La revue internationale *Communio* créée en 1975-1976 par les théologiens de Lubac, von Balthasar et Ratzinger et par de jeunes philosophes proclame qu'il existe un devoir d'intelligence de la foi qui se fonde sur sa confession.

Malgré les épreuves, notamment l'enlèvement et l'assassinat par les brigades rouges de son ami Aldo Moro au printemps de 1978, Paul VI termine son existence dans la sérénité : il meurt le 6 août 1978 en la fête de la Transfiguration.

# XXIII

# Jean-Paul II : un pontificat hors du commun

## 1978, ANNÉE DES TROIS PAPES ET DE LA SORTIE D'ITALIE

### *Le conclave d'août choisit un pasteur souriant*

Les cent onze cardinaux qui participent au conclave du 26 août 1978 veulent élire un pasteur, un homme de terrain qui continue à appliquer le concile de Vatican II, mais avec un style plus pastoral, plus collégial que Paul VI, influencé par Mgr Benelli. Non-Italiens pour plus des trois quarts, les cardinaux partagent néanmoins leurs votes entre des Italiens. Plusieurs grands électeurs dont les cardinaux Felici et Villot préconisent le choix du patriarche de Venise, le cardinal Luciani, qui est élu dès le quatrième scrutin.

### *Jean-Paul Ier (26 août-29 septembre 1978), un vrai pape de transition*

Albino Luciani, d'origine modeste, professeur de théologie, écrivain cultivé et humoriste, évêque à quarante-six ans, patriarche de Venise en 1969, vice-président de la conférence épiscopale italienne, s'est montré sévère pour les thèses de la théologie de la Libération. Élu pape, il choisit un double prénom, Jean-Paul, en hommage à ses deux prédécesseurs, pour marquer sa volonté de poursuivre leur œuvre, l'application du concile de Vatican II.

Le pape souriant, qui a pour devise « Humilitas » et qui déclare « se mettre à la totale disposition de l'Église et de la société civile » est bien accueilli. Lors des audiences du mercredi, le 6 septembre, il évoque l'actualité du Décalogue et se félicite de la rencontre de Camp David entre Carter, Sadate et Begin ; le 20 septembre, pour la première fois, un pape condamne le léninisme alors à l'apogée de son extension : « il est faux d'affirmer que la libération politique, économique et sociale coïncide avec le salut en Jésus-Christ », que le Royaume de Dieu s'identifie au Royaume de l'Homme, que « *Ubi Lenin, ibi Jerusalem* » (« Là où est Lénine, là est Jérusalem »).

Cependant, son entourage découvre que Jean-Paul Ier est peu versé dans la diplomatie, qu'il connaît mal la curie, et que les dossiers s'accumulent sur son bureau. Le 29 septembre, son secrétaire particulier le trouve mort dans son lit. Ce décès, dû à un infarctus, a fait jaser, mais s'explique par la mauvaise santé du pape que le conclave avait ignorée. « L'élu a été glorifié, mais le conclave a été puni » (Cardinal Palazzini). Le choix d'un pasteur trop éloigné des milieux romains s'avère être un échec qui trouble l'opinion et incite les cardinaux à rechercher un candidat ayant une forte personnalité susceptible de donner une nouvelle impulsion à l'Église.

### *Le conclave d'octobre élit un homme venu de l'Est*

Lors de l'ouverture du conclave le 15 octobre, deux Italiens se partagent les voix des cardinaux, l'archevêque de Gênes, Siri, réservé sur la collégialité et sur l'institution synodale, et l'archevêque de Florence, Benelli, qui avait réorganisé la curie avec une énergie jugée excessive par certains. Aussi ni Benelli ni Siri ne peuvent obtenir la majorité des deux tiers. Les cardinaux du Tiers-Monde qui souhaitent un pape non italien, soutenus par divers cardinaux européens – parmi eux les Allemands –, votent le 16 octobre pour le cardinal Wojtyla, archevêque de Cracovie, qui rallie la très grande majorité des suffrages et est élu vraisemblablement au huitième tour. Le premier pape polonais de l'histoire est aussi le premier pape non italien depuis 1523.

### *Jean-Paul II, un pape médiatique*

Ce pape venu d'ailleurs gagne la confiance des Romains, ses nouveaux diocésains, et se trouve placé sous les feux de l'opinion publique. Homme qui a connu la terreur nazie et l'oppression communiste, il étonne et rassure : « N'ayez pas peur » déclare-t-il le 22 octobre 1978. Ce sportif qui a été acteur dans sa jeunesse, aime rire et n'a rien d'un pontife hiératique, mais ce spirituel impressionne par la spontanéité et la ferveur de sa prière. Ce polyglotte, doué d'une grande capacité d'écoute, reçoit les personnalités les plus diverses mais ne se laisse pas influencer par les idéologies à la mode, et possède un « esprit de décision caché derrière un sourire charmeur » (Wenger). Cet intellectuel, formé à Cracovie et à Rome, auteur d'une thèse sur Max Scheler, a enseigné à l'Université Catholique de Lublin la théologie morale et l'éthique sociale, a publié un ouvrage, *Amour et responsabilité*, en 1960, et reste un grand lecteur. Ce pasteur, qui a participé activement au concile de Vatican II, veut l'appliquer véritablement comme il l'a montré lors du synode de Cracovie, et insiste sur la continuité avec l'œuvre de ses prédécesseurs : « Il met ses pas dans ceux de Paul VI au sens propre comme pape pèlerin ; il reprend avec son charisme personnel la suite de Paul VI dans la grande œuvre de réconciliation des Églises ; il ne laisse échapper aucune occasion d'apparaître comme un héritier de Vatican II » (René Rémond).

Sa forte personnalité attire le regard des média qui négligent trop son entourage compétent et actif. Si Jean-Paul II reste l'Antéchrist pour quelques extrémistes comme le pasteur de l'Ulster, Ian Paisley, ou des moines du Mont Athos, les critiques visant « l'exercice solitaire du pouvoir » correspondent mal à la réalité, car le pape doit tenir compte des attentes multiples et parfois contradictoires d'une Église universelle et ne peut y répondre seul.

La chronologie d'un pontificat inachevé reste encore incertaine. L'historien peut suggérer une coupure en 1989-1990 avec la chute du communisme en Europe de l'Est et le changement de secrétaire d'État.

### *Un pape pèlerin et missionnaire : soixante-huit voyages en dix-sept ans*

Dans la ligne tracée par Paul VI, mais avec une autre ampleur, l'évêque de Rome a une conception missionnaire de son épiscopat : il va à la rencontre des hommes des cinq continents. Il visite personnellement son diocèse qui est confié à un cardinal vicaire et qui doit être un modèle d'évangélisation comme au temps de la Réforme catholique. En 1992-1993, les trois cent vingt-trois paroisses de Rome ont participé à un synode diocésain dont le livre blanc approuvé par mille deux cents délégués a été remis par le cardinal vicaire Ruini au pape.

Premier des évêques, il affermit les autres Églises, selon la parole de Jésus à Pierre « affermis tes frères », en les visitant. Respectant les particularités de chaque Église, authentifiant souvent les coutumes locales, il exerce collégialement avec l'évêque du lieu les fonctions de l'épiscopat : célébrant, docteur, prédicateur de la parole, pasteur. Par une catéchèse itinérante, il rappelle et actualise le contenu de la foi chrétienne réexprimée à Vatican II. Le christianisme est une « religion de la présence » (A. Frossard) dans l'Histoire, qu'il s'agisse de la Révélation, de l'Incarnation ou de l'Eucharistie. Occasionnellement, le pape préside des synodes régionaux, des conférences d'évêques ou des congrès eucharistiques internationaux. Dans les grands États, il visite plus particulièrement les métropoles religieuses et les hauts lieux de pèlerinage. Cette démarche spirituelle vers les lieux sacrés – Guadalupe, Compostelle, Czestochowa ; Lisieux, Lourdes, Taizé, Paray-le-Monial, Ars, Annecy – accentue le caractère religieux des voyages qui gardent forcément un aspect officiel.

Le pape visite les lieux de mémoire témoins des drames du XX^e siècle : Hiroshima, Mathausen, Auschwitz. Il évoque à plusieurs occasions les martyrs chrétiens de l'ère contemporaine en Afrique, en Asie, en Amérique latine, en Europe de l'Est. Il rappelle aussi les tragédies du passé, exprimant le repentir des chrétiens pour les massacres d'Indiens d'Amérique et pour la traite des Noirs (Gorée, 1992). Il n'hésite pas à se rendre en Argentine et en Angleterre pendant le conflit des Malouines (1982). Cependant, il évite les déplacements qui peuvent être interprétés comme une provocation et entraîner la mort d'innocents : il ne va ni en Ulster en 1979, ni au Liban, ni à Sarajevo en 1994, et il attend la fin de l'apartheid pour se rendre en Afrique du Sud en 1995.

Ces voyages ont une dimension œcuménique avec la réception des responsables des autres confessions. Ainsi, au Maroc, à Casablanca en 1985, le pape s'adresse à tous les croyants en leur faisant prendre conscience des valeurs qui leur sont communes. Prenant la défense des droits de l'homme là où ils sont bafoués, il invite tous les hommes à s'unir pour les faire respecter.

### *Collégialité épiscopale et universalité du Sacré Collège*

Au cours de ses voyages, Jean-Paul II observe les besoins des Églises qu'il visite, ce qui favorise un exercice concret de la collégialité. Si les conférences épiscopales nationales n'ont pas réalisé tous les espoirs qu'elles avaient suscités, la collégialité entre pape et évêques se manifeste à travers les visites *ad limina* des évêques à Rome tous les cinq ans, la tenue des synodes romains rassemblant les délégués des conférences épiscopales (1980, 1983, 1985, 1987, 1990, 1991, 1994) et la consultation périodique du collège cardinalice plénier que Jean-Paul II a rétablie. De nombreux avis sont sollicités pour la préparation des encycliques ou au cours de la rédaction du catéchisme universel de 1992.

L'internationalisation du collège des cardinaux développée par Paul VI s'est poursuivie sous Jean-Paul II. Au début de 1996, les cent quinze électeurs éventuels d'un pape se répartissent ainsi : cinquante-trois Européens dont dix-huit Italiens, et soixante-deux non-Européens dont vingt Américains latins, douze Américains du Nord, treize Africains, treize Asiatiques et quatre Océaniens.

*Une Curie plus efficace*

Jean-Paul II sait choisir ses collaborateurs. Après avoir maintenu en place ceux de ses prédécesseurs jusqu'à leur décès ou leur retraite, il nomme à des postes essentiels trois personnalités talentueuses : il confie la Secrétairerie d'État de 1979-1990 au négociateur italien de l'Ostpolitik, le cardinal Agostino Casaroli, et tente ainsi de rassurer les gouvernements de l'Est inquiets de l'élection d'un pape slave ; il appelle en 1981 à la direction de la Congrégation de la doctrine de la Foi un théologien ancien expert du concile, l'archevêque de Munich Joseph Ratzinger, et en 1984 à la direction de la Congrégation des évêques l'ancien archevêque de Cotonou, le béninois Bernardin Gantin, qui a précédemment présidé le Conseil pontifical pour la Justice et la Paix.

Tout en évitant de consacrer trop de temps aux tâches administratives, Jean-Paul II tient à améliorer le fonctionnement d'une curie déjà réformée par Paul VI et Mgr Benelli. Achevant l'œuvre commencée sous ses prédécesseurs, il publie en 1983 le Code de droit canonique qui fait une place notable aux Églises particulières et au principe de subsidiarité. Cependant, il crée des instances nouvelles dans des domaines qui le préoccupent : après le synode épiscopal sur la famille de 1980, il crée en 1981 le Conseil pontifical pour la famille ; constatant que « la rupture entre Évangile et culture est sans doute le drame de notre époque », il inaugure en 1982 un Conseil pontifical pour la culture qu'il confie au futur cardinal Poupard. Très sensible aux souffrances des malades après l'expérience douloureuse qu'il a connue, il fonde en 1985 un Conseil pontifical pour le monde de la Santé présidé par le cardinal Angelini. Enfin, il dote en 1989 le personnel du Saint-Siège d'un Office du travail compétent pour améliorer sa situation. La constitution *Pastor bonus* de 1988, qui rappelle que le pouvoir ecclésiastique est un service, et le Règlement général de 1992 couronnent l'œuvre administrative de Paul VI et de Jean-Paul II.

*Vers la transparence financière*

Devant répondre à des besoins accrus et financer de nombreux déplacements, l'administration du Saint-Siège coûte cher. Or, l'Institut pour les œuvres de religion qui gérait les œuvres et le denier de Saint-Pierre est atteint, en 1984, par la faillite du Banco Ambrosiano de Milan. Son président, Mgr Paul Marcinkus, doit s'éloigner de Rome. Une réorganisation s'impose : depuis mars 1989, une commission cardinalice de cinq membres et une commission de surintendance de cinq experts laïcs gèrent les finances pontificales. Jean-Paul II exige une politique de transparence : il fait publier chaque année le budget du Saint-Siège qui parvient à trouver des sources supplémentaires de financement pour bien remplir sa mission.

*Un œcuménisme planétaire*

Jean-Paul II poursuit la démarche œcuménique de ses prédécesseurs en insistant sur le dialogue avec l'orthodoxie sur lequel nous reviendrons. Des gestes concrétisent et confirment des rapprochements réalisés par des accords entre théologiens qui ont travaillé dans des commissions mixtes.

Dès 1979, Jean-Paul II rencontre à Istanbul le patriarche Dimitrios Ier. En 1982, à Canterbury, il échange son anneau avec celui du docteur Runcie, primat de l'Église d'Angleterre, reconnaissant ainsi l'ecclésialité de cette confession. Sept ans après, Runcie déclare : « L'exemple de Grégoire le Grand, à savoir une primauté de l'unité et de la mission qui se matérialise également pour nous dans le ministère de son successeur Jean-Paul II, commence à trouver une place dans la pensée anglicane. » Tandis que le dialogue se poursuit avec les autres confessions protestantes, Jean-Paul II a prêché dans l'Église luthérienne de Rome en 1983 pour le 450e anniversaire de la confession d'Augsbourg, et l'Église catholique a reconnu la validité de ce texte.

La Papauté développe le dialogue avec les confessions non-chrétiennes. C'est en 1985 la rencontre avec le roi du Maroc, protecteur de l'Islam ; en avril 1986 la visite du pape à la synagogue de Rome : « Vous êtes nos frères préférés, en un sens nos aînés », déclare Jean-Paul II. C'est surtout, en octobre 1986, la rencontre d'Assise où le pape accueille pour prier avec eux les représentants des religions chrétiennes et non chrétiennes. Pour la première fois, des représentants des religions asiatiques prient officiellement avec le pape.

Cette manifestation scandalise Mgr Lefebvre qui, après quelques tergiversations, provoque la rupture avec Rome en 1988 en sacrant quatre évêques schismatiques. Certains de ses disciples ne l'approuvent pas et rejoignent l'unité catholique.

*La Papauté a-t-elle vaincu le communisme ?*

Si l'écroulement du bloc communiste s'explique par divers facteurs, dont l'inefficacité du système économique, il a été hâté par l'action de la Papauté. Contrairement à ses contemporains occidentaux, Jean-Paul II connaissait de l'intérieur le régime communiste et pensait qu'il devait représenter une « parenthèse historique ». Le nouveau pape infléchit l'Ostpolitik de Paul VI en privilégiant la pastorale par rapport à la diplomatie. S'il laisse le cardinal Casaroli continuer les négociations pour tenter à petits pas d'élargir les espaces de liberté à l'Est, il multiplie les messages qui appellent au respect des droits de l'homme et de l'identité de chaque peuple. Il rencontre un écho auprès des non-catholiques défenseurs des droits de l'homme tels Andrei Sakharov ou Vaclav Havel. Il utilise tous les anniversaires des saints fondateurs de traditions nationales – une dizaine en dix ans – pour aider les différents peuples à se remémorer leur histoire marquée par leur conversion au christianisme. Il refuse l'amnésie et le mensonge, car « nul ne peut exclure le Christ de l'histoire de l'Homme ». La mémoire des saints Cyrille et Méthode, évangélisateurs des Slaves, est honorée par l'encyclique du 2 juillet 1985. Jean-Paul II dénonce à plusieurs reprises la division de l'Europe et insiste sur l'unité spirituelle d'un continent qui a besoin pour respirer de ses deux poumons, celui de l'Ouest et celui de l'Est.

Le premier voyage du pape en Pologne en juin 1979 fait comprendre à la société qu'elle est une force qui a droit à la vérité et à la liberté. En août 1980, les grévistes de Gdansk, qui affichent des portraits de Jean-Paul II, défient le pouvoir communiste. Dès lors, le mouvement ouvrier Solidarnosc, dirigé par un électricien catholique, Lech Walesa, et unissant croyants et incroyants, mine de l'intérieur la dictature du prolétariat. Le pape survit à l'attentat du 13 mai 1981, place Saint-Pierre, et soutient Solidarnosc pendant l'état de guerre et à l'occasion de ses deux voyages en Pologne, en 1983 et 1987. Le 23 août 1989, la perestroïka aidant, un catholique de Solidarnosc, Tadeusz Mazowiecki, forme le premier gouvernement non communiste de l'Europe de l'Est. Le mur de Berlin tombe en novembre, et le 11 décembre Jean-Paul II reçoit Gorbatchev au Vatican. Les deux Slaves évoquent l'importance des valeurs morales et de la liberté religieuse et songent à la construction de « la maison commune européenne ».

Le rôle des chrétiens dans la libération des autres pays de l'Est est loin d'être négligeable et, dès 1990-1991, ces derniers reprennent des relations diplomatiques avec le Saint-Siège.

*L'après communisme : la diplomatie pontificale affrontée aux nationalismes*

« Qu'y a-t-il de pire que le communisme ? »

« L'après-communisme », répond-on à Varsovie. En effet, l'éclosion d'un libéralisme non régulé, la montée des nationalismes trop longtemps réprimés provoquent instabilité et guerres : ancienne Yougoslavie, Moldavie, Arménie, Tchétchénie…

Au Vatican, une nouvelle équipe diplomatique fait face à cet état du monde renouvelé. Le cardinal Casaroli ayant pris sa retraite en 1990, le cardinal italien Angelo Sodano, secrétaire d'État, la dirige, assisté d'un Français, Mgr Jean-Louis Tauran et d'un Italien, Mgr Giovanni Battista Re.

Cent soixante et un États entretiennent en 1995 des relations diplomatiques avec le Saint-Siège. L'Académie pontificale ecclésiastique forme la plupart des futurs nonces qui doivent remplir une double mission diplomatique et pastorale. Le nonce informe le Vatican sur la vie de l'Église locale, aide les évêques « par son action et ses conseils », développe des relations avec les autres Églises et religions et propose à Rome des listes de trois noms pour les postes épiscopaux à pourvoir après consultation des évêques locaux. Le corps des nonces, encore en majorité italien, s'internationalise progressivement.

La diplomatie pontificale est présente auprès des grandes organisations internationales ONU, UNESCO, OIT, OMS, FAO, Conseil de l'Europe, communautés européennes, et dans de nombreux autres organismes internationaux. Le Saint-Siège est invité à participer à environ deux cents sessions ou colloques par an. Il défend les droits de l'homme, à commencer par la liberté de conscience et de religion, il met l'accent sur le respect de la vie humaine dans les conférences médicales ou démographiques et sur l'écologie devenue un « impératif moral ».

Une diplomatie officieuse s'est développée autour du Conseil pontifical de la justice et de la paix, présidé depuis 1984 par le cardinal Etchegaray qui a conduit avec bonheur des missions d'exploration auprès de plusieurs pays. D'autre part, la communauté Sant'Egidio, visitée par le pape en octobre 1994, et présidée par un laïc, Andrea Riccardi, professeur à l'Université de Rome, a abrité au Trastevere les négociations de paix qui ont mis fin à la guerre civile au Mozambique, et a organisé des rencontres de Libanais, de Kurdes, d'Éthiopiens, de Namibiens, et d'Algériens (novembre 1994) pour tenter de rétablir la paix dans ces pays.

La médiation pontificale a permis aux Argentins et aux Chiliens de régler leur différend concernant les îles du canal de Beagle en 1984. La Papauté résoud l'affaire du carmel d'Auschwitz qui opposait les organisations juives aux catholiques polonais. Si le Saint-Siège échoue dans ses tentatives pour ramener la paix au Liban, son hostilité à la guerre du Golfe accroît son prestige auprès d'une partie de l'opinion arabe et il contribue au rapprochement entre les Israéliens et les Palestiniens. La perspective d'un règlement du problème palestinien amène le Saint-Siège à établir des relations diplomatiques avec l'État d'Israël (1993).

En revanche, dans l'ancienne Yougoslavie, où les nationalismes exploitent des cultures religieuses différentes, la reconnaissance de la Croatie par l'Allemagne et le Vatican a été jugée prématurée par certains. Le Saint-Siège s'est efforcé de rapprocher les diverses confessions, et Jean-Paul II, qui défend le droit de toute nation à la reconnaissance politique, a multiplié les avertissements contre les excès du nationalisme en Europe ou en Afrique. Dans son discours aux ambassadeurs du 15.1.1994, il reprend la condamnation de ses prédécesseurs contre les « nationalismes exacerbés » et rappelle l'encyclique *Mit brennender Sorge* : « Il ne s'agit pas là d'amour légitime de la patrie ou d'estime pour son identité, mais d'un rejet de l'autre dans sa différence pour mieux s'imposer à lui »... « Nous nous trouvons face à un nouveau paganisme : la divinisation de la nation »... Or, « l'histoire a démontré que du nationalisme, on passe bien vite au totalitarisme »... « Chaque fois que le christianisme – qu'il soit de tradition occidentale ou orientale – devient l'instrument d'un nationalisme, il est comme blessé en son cœur même et rendu stérile. » Devant l'ONU le 5 octobre 1995, Jean-Paul II, se situant dans le sillage de Paul VI trente ans plus tôt, condamne la guerre et distingue nettement le patriotisme qu'il encourage et le nationalisme qu'il réprouve.

*La nouvelle évangélisation*

Face à la sécularisation croissante de la société occidentale et au déclin de la culture religieuse, Jean-Paul II lance dans la ville de Nova Huta, près de Cracovie, en 1979, son projet de nouvelle évangélisation de l'Europe et du monde. Il trouve trois appuis : certains évêques, les nouveaux mouvements, les jeunes.

Jean-Paul II tente de renouveler les épiscopats, comme l'avait fait Pie XI, en nommant aux postes importants des personnalités de grande envergure intellectuelle et spirituelle : séculiers, tels Daneels à Malines-Bruxelles (1977) et Lustiger à Paris (1981) ou réguliers, tels le jésuite Martini à Milan (1980) et les dominicains Moreira Neves à Sao Salvador de Bahia (1987) et Schönborn à Vienne (1991). Toutes les nominations ne sont pas aussi heureuses, les droits des chapitres, là où ils survivent, se trouvant parfois bousculés, mais plusieurs de ces nouveaux évêques rouvrent ou réorganisent des séminaires et encouragent les vocations sacerdotales. Le recrutement ecclésiastique reprend là où il paraissait compromis en Amérique latine et en Europe à l'exception de quelques pays.

La nouvelle évangélisation est accueillie et répandue par des mouvements nés le plus souvent depuis la Seconde Guerre mondiale et caractérisés par l'esprit communautaire, la ferveur spirituelle et le sens de l'apostolat de leurs membres : originaires d'Italie comme les Focolari ou Communione e Liberatione au grand rayonnement culturel, d'Espagne comme l'Opus Dei, qui forme à travers le monde des élites chrétiennes, ou le mouvement néocatéchuménal, d'Allemagne comme le mouvement de Schönstatt, de France comme les Équipes Notre-Dame, mais aussi d'Amérique du Nord avec les charismatiques ou la Légion du Christ, ces mouvements atteignent la jeunesse qui reste également attirée par un scoutisme chrétien qui a repris essor.

Comme le firent jadis Pie XI et Pie XII pour l'Action catholique à ses débuts, aujourd'hui le pape encourage ces nouvelles organisations qui forment des militants et suscitent des vocations ; il s'adresse directement aux jeunes ; il les rencontre lors de ses voyages et il les convoque périodiquement à de vastes rassemblements. L'Année Sainte 1983-1984 attire à Rome deux cent mille jeunes chrétiens, l'année internationale de la jeunesse en fait venir deux cent cinquante mille en 1985. Des centaines de milliers de jeunes répondent à la convocation du pape à Buenos Aires en 1987, à Compostelle en 1989, à Czestochowa en 1991, à Denver en 1993, à Manille en 1995. Le « rêve de Compostelle », qui a été critiqué, consiste non à poursuivre une chimérique restauration de la chrétienté, mais, comme Maritain l'avait annoncé, à multiplier les foyers chrétiens d'évangélisation dans un monde désenchanté.

### *Des saints et des martyrs dans le monde entier*

L'évangélisation est une affaire de sainteté et éventuellement de martyre. Le cardinal slovaque Tomko, préfet de la congrégation de l'évangélisation des peuples, constate qu'environ chaque mois, entre 1980 et 1985, un prêtre missionnaire meurt martyr. La Papauté sous Paul VI et Jean-Paul II a simplifié les procédures de béatification et de canonisation. Jean-Paul II souhaite que les croyants de chaque pays puissent prier leurs saints locaux, afin de mieux inculturer le christianisme, et qu'ils trouvent des modèles proches d'eux dans le temps. D'où une augmentation spectaculaire du nombre des béatifications et des canonisations qui concernent beaucoup de martyrs et de personnalités du XX$^{e}$ siècle. Tandis que Paul VI avait procédé à soixante-deux béatifications et à quatre-vingt-quatre canonisations, en treize ans de 1978 à 1991, Jean-Paul II a proclamé cinq cent trois nouveaux bienheureux et deux cent soixante-et-onze nouveaux saints. Parmi eux, les martyrs, exécutés pendant les conflits religieux en Grande-Bretagne ou durant la Révolution française, les guerres civiles d'Espagne et du Mexique, la Seconde Guerre mondiale, ou mis à mort lors de l'introduction du christianisme en Corée, au Japon et au Vietnam. Les béatifiés récents comprennent d'humbles religieux comme le frère André de Montréal, et le père Chevrier de Lyon, des résistants au nazisme comme les pères Maximilien Kolbe et Rupert Mayer, des grandes mystiques comme Élisabeth de la Trinité et Édith Stein, des militants de la jeunesse catholique comme P.G. Frassati et Marcel Callo. La proclamation officielle s'effectue souvent lors d'un voyage du pape dans le pays concerné.

*Des synodes épiscopaux au catéchisme romain de 1992*

Le concile de Trente avait produit dès 1566 son catéchisme qui faisait référence. Le concile de Vatican II avait d'abord laissé la liberté aux évêques et aux conférences épiscopales dans ce domaine. Cependant, face à la crise postconciliaire, le synode des évêques de 1977 sur la catéchisation s'interroge à ce propos, et celui de 1985, réuni pour vérifier l'application du concile vingt ans après, décide de composer un catéchisme de l'Église catholique. Celui-ci, rédigé sous la direction du cardinal Ratzinger assisté du dominicain Christoph Schönborn, est soumis aux évêques du monde entier qui proposent vingt-quatre mille amendements. Publié en 1992, il connaît une large diffusion.

*À la rencontre du thomisme et de la philosophie moderne*

Selon le cardinal Baum, Jean-Paul II est « un leader intellectuel de niveau mondial avec une connaissance approfondie des grands classiques, de la philosophie scolastique et de ses liens avec la philosophie contemporaine ». Étienne Borne évoque un « pape baroque » chez qui se rejoignent thomisme, phénoménologie, personnalisme et souffle mystique. L'œuvre de Jean-Paul II, penseur et théologien, est considérable et ne peut être résumée ici. S'il n'hésite pas à sanctionner certains théologiens, il limite les sanctions aux cas les plus extrêmes (affaires Pohier et Küng en 1979-1980) et il est capable d'améliorer un premier texte critiquant la théologie de la Libération après un débat avec les évêques d'Amérique latine (1985-1986).

La première encyclique consacrée au Christ *Redemptor hominis* (1979) inaugure une démarche anthropologique et doctrinale à la fois : « Le Christ rédempteur révèle pleinement l'homme à lui-même » ; « L'homme est la route de l'Église. » « La paix se réduit au problème des droits de l'homme » avec ses dimensions matérielle et spirituelle. Trois autres encycliques portant sur le Père (1980), le Saint-Esprit (1986) et Marie (1987) complètent cette catéchèse fondamentale qui sera reprise en 1993 dans la *Splendeur de la Vérité* : après une approche existentielle à travers l'histoire du jeune homme riche, Jean-Paul II critique les divers relativismes moraux et rappelle que la liberté humaine est faite pour rechercher la vérité et que la loi naturelle inscrite par Dieu au cœur de tout homme a un caractère universel.

### *Le bilan de cent ans d'enseignement social*

Trois encycliques portent sur la question sociale : *Laborem exercens* (1981), réflexion sur le travail humain, *Sollicitudo rei socialis* (1987), sévère pour les inégalités sociales excessives, aux accents tiers-mondistes, et surtout *Centesimus Annus* (1991) qui tire le bilan de cent ans d'enseignement social depuis *Rerum Novarum*. Ce document évoque l'année 1989 marquée par l'effondrement pacifique du système communiste, qui violait les droits du travail, rappelle la destination universelle des biens face aux nouvelles formes de propriété (connaissance, technique, savoir), décrit l'entreprise comme une communauté de personnes et insiste sur les avantages du système démocratique et des principes de subsidiarité et de solidarité : l'état de droit caractérisé par la souveraineté de la loi et la séparation des pouvoirs exclut le totalitarisme. Enfin, devant les dangers du fanatisme et du fondamentalisme, Jean-Paul II insiste sur les droits de la personne humaine.

Tandis que l'enseignement social du pape est largement reçu, excepté par les ultra-libéraux, son enseignement éthique subit en Europe et en Amérique du Nord les critiques d'une fraction des croyants et des média qui se situent dans une ère post-chrétienne.

*Le débat éthique*

La Papauté maintient son exigence éthique dans la ligne tracée par Paul VI : de l'instruction *Donum vitae* de 1987 qui rejette la procréation assistée (fivete) à l'encyclique *Evangelium vitae* de 1995, Jean-Paul II manifeste son inquiétude face aux dérives possibles de la bioéthique. Dans son dernier texte, après une longue méditation sur le meurtre initial d'Abel par son frère Caïn dans la Bible, il demande que la culture de vie l'emporte sur la culture de mort qui se répand avec la banalisation de l'avortement et la propagande pour l'euthanasie.

Le courant de contestation formé dans les années soixante en Europe et en Amérique du Nord défend une approche pragmatique des problèmes sexuels et récuse souvent tout discours normatif dans ce domaine. En France, où il est influent dans les média, de l'appel de Montpellier (1985) à l'affaire Gaillot (1995), il tend à disqualifier la Papauté en l'accusant d'autoritarisme et de centralisme. À propos de la publicité pour le préservatif, certains média cultivent le malentendu avec la Papauté qui défend une conception exigeante de l'Amour humain. Tentant de clarifier le débat, le pape se laisse interviewer par le journaliste Vittorio Messori dont le livre *Entrez dans l'espérance* est un best-seller.

*L'avancée œcuménique*

En vue du troisième millénaire dont l'arrivée prochaine est saluée dans la lettre *Tertio millenio adveniente* (novembre 1994), annonçant le grand jubilé de l'an 2000, la Papauté cherche à hâter l'union des Églises. Une deuxième rencontre interreligieuse a eu lieu à Assise en janvier 1993 et la conférence de « Foi et Constitution » à Compostelle, en août 1993, a été fructueuse. Si l'ordination des femmes acceptée par les anglicans (1992-1994), souhaitée par une fraction des catholiques, mais écartée par la Papauté, entrave quelque peu les progrès de l'œcuménisme avec l'Église anglicane, ceux-ci semblent substantiels avec les orthodoxes malgré la montée des nationalismes en Europe orientale. L'accord de Balamand au Liban (1993) observe que l'union ne se fera pas par la voie de l'uniatisme. Après la Lettre sur l'Orient, *Orientale lumen* du 2 mai 1995, l'encyclique *Qu'ils soient un* (25 mai 1995) qui propose de redéfinir la mission du pape et de clarifier certains points de doctrine comme le *Filioque* est bien accueillie par les orthodoxes, les anglicans et les luthériens. Le 29 juin 1995, le pape Jean-Paul II et le patriarche de Constantinople Bartholomeos Ier bénissent ensemble la foule du haut de la loggia centrale de Saint-Pierre de Rome.

# Conclusion

Une enquête sur la Papauté pendant vingt siècles renvoie d'abord aux origines. Le siège de Pierre, situé dans la capitale de l'empire romain et du monde « civilisé », est très tôt le centre d'une importante correspondance avec les autres sièges épiscopaux. Une primauté lui est reconnue. Saint Cyprien, évêque de Carthage au milieu du IIIe siècle, accepte la prééminence de la « chaire de Pierre », mais constate que « personne ne se constitue en évêque des évêques ».

Au Ve siècle, Saint Augustin fait une distinction, inspirée de l'Évangile et diversement interprétée, entre la Cité de Dieu et la Cité terrestre. Le pape Gélase Ier, dans une lettre adressée en 494 à l'empereur Anastase Ier, exploite le vocabulaire politique romain et distingue « l'auctoritas sacrée des pontifes » et la « potestas » (pouvoir) des rois et empereurs. Pour signifier que la fonction pontificale n'est pas de même nature que le pouvoir impérial, un mot essentiel est utilisé : auctoritas. Au sens latin, il a un contenu à la fois sacral et juridique. « C'est un pouvoir d'authentifier et d'accroître la portée d'un témoignage » (Charles Pietri), avec ici une référence au témoignage des Apôtres.

Au milieu des décombres de l'empire romain d'Occident, Léon le Grand (440-461) déclare que Pierre et Paul, nouveaux Romulus et Rémus, ont refondé Rome et la romanité, et Grégoire le Grand (590-604) prolonge l'action civilisatrice de la Ville éternelle délaissée par l'empereur en insistant sur la mission universelle de l'Église de Rome qui se concrétise alors par l'évangélisation des royaumes barbares. Au cours de l'Antiquité tardive, profitant de la paix de l'Église et de l'affaissement progressif de l'Empire romain d'Occident, la Papauté est née. Elle possède déjà ses deux caractères essentiels : primauté du siège de Rome ; impulsion de la mission universelle.

Tandis que la mission construit la chrétienté médiévale, la protection du siège de Pierre entraîne la création de l'État pontifical qui devient un enjeu de pouvoir entre les féodaux italiens et les empereurs. Successivement, les empereurs byzantins, carolingiens, ottoniens, saxons, souabes cherchent à contrôler la Papauté. Paradoxalement, les papes reconnus par les peuples comme les pères de l'Europe se trouvent assaillis tour à tour par les trois grandes tentations : le sexe, le pouvoir et l'argent. Après la pornocratie du Xe siècle, ce sera la théocratie du XIIIe siècle, puis la ploutocratie des XIVe et XVe siècles.

Cependant, le pire n'est pas toujours sûr et chaque crise est suivie d'une renaissance qui transparaît dans la vie spirituelle, la pensée et l'art, l'Église devant toujours se réformer comme le proclament papes et conciles au Moyen Âge. Contre la corruption et la débauche, se dressent la réforme grégorienne et la judicieuse élaboration du droit canonique. En opposition aux prétentions théocratiques de la Papauté, ce sont la formation des nations chrétiennes et la lente gestation des États laïcs qui obligent à mieux distinguer le pouvoir spirituel et le pouvoir temporel : par rapport au pape médiéval Innocent III, quatre siècles plus tard, le cardinal Bellarmin est un moderne. Face à la ploutocratie, que la fiscalité pontificale génère, les ordres mendiants puis la Réforme catholique rappellent les exigences de la pauvreté chrétienne. Face à l'absolutisme confessionnel des États encouragé par la Réforme protestante puis par les Lumières, la Papauté semble inutile et manque de périr en 1799 lorsque le pape Pie VI meurt prisonnier de la France révolutionnaire. Or, elle est sauvée par le courage et la ferveur d'innombrables prêtres et fidèles.

Au XIXe siècle, le paradoxe se renouvelle. Tandis que J. de Maistre pense que la Papauté est « le seul contre-pouvoir véritable face à l'absolutisme des souverains », la crispation des papes sur leur pouvoir temporel – ce qui n'empêche pas sa perte – s'accompagne d'un regain de prestige spirituel et d'un nouvel élan de la mission universelle.

Plus que jamais au XXe siècle, la Papauté est un signe de contradiction : tous les papes qui ont régné plus de cinq ans ont été très contestés à un moment ou à un autre. La contestation est particulièrement virulente chez les libres penseurs, chez les protestants les plus radicaux, et chez certains catholiques, dans l'entre-deux-guerres ou après 1968. Pour le libre penseur André Lorulot, la Papauté est le « véritable cancer de l'humanité », responsable de multiples exactions, crimes et guerres. Le poète Jacques Prévert voit dans le pape

« un affreux vieillard ». Pour certains protestants, Rome est toujours la Babylone des temps modernes, où l'on honore plus Mammon que Dieu et où l'on cherche à faire carrière et à étendre son pouvoir.

Certes, l'enseignement des papes n'a pas arrêté les guerres mondiales, mais il a condamné nettement les nationalismes, et servi efficacement à la construction d'une Europe occidentale où la paix règne depuis cinquante ans ; il correspond aux principes qui inspirent aujourd'hui de nombreux diplomates désireux de pacifier les relations internationales.

Certes, la pusillanimité apparente de la doctrine sociale de la Papauté a été longtemps dénoncée, mais, depuis l'écroulement du communisme, les propositions qu'elle a faites ont aujourd'hui une large audience : liberté des personnes et des corps intermédiaires face aux États, principe de subsidiarité, importance de la vie associative, décentralisation, responsabilité sociale des États.

Certes, la Papauté, dans son conflit avec l'État moderne sécularisé au XIX^e siècle, a paru s'enliser dans le rejet des droits de l'homme, mais, face aux totalitarismes du XX^e siècle, elle a pris leur défense et revendiqué toutes les grandes libertés, y compris la liberté de conscience très souvent bafouée.

D'autre part, la question romaine ayant été réglée en 1929, les relations diplomatiques du Saint-Siège n'ont cessé de s'étendre au cours du XX^e siècle. Ayant renoncé à toute ambition territoriale, le Saint-Siège conserve « le modeste État du Vatican, support minimum nécessaire à l'exercice d'une autorité spirituelle indépendante et internationalement reconnue. Le Saint-Siège entend être la voix qu'attend la conscience humaine. Parce qu'il y a une moralité au service de la cité, le Saint-Siège considère qu'il est au service de cet éveil de la conscience » (Jean-Paul II, 9.1.1995).

La conscience morale est aujourd'hui confrontée au développement rapide de la biologie. Dans ce domaine, où l'enseignement des derniers papes a été le plus contesté, mais où apparaissent en plusieurs pays des comités d'éthique, « le progrès moral n'a pas suivi le progrès scientifique », comme l'observait récemment Jean Delumeau. Les avancées de la génétique permettent maintenant de modifier les conditions de la procréation humaine, de pratiquer l'eugénisme sans se référer à un critère moral. Ayant gardé mémoire des sinistres expériences effectuées par les nazis, l'humanité est obligée de se ressaisir et de faire appel à ses instances morales.

Le mouvement œcuménique, qui prend de l'ampleur en milieu catholique depuis le concile de Vatican II, incite la Papauté à redéfinir sa mission. L'encyclique *Qu'ils soient un* (1995) veut avancer dans cette voie. Or, le pape est d'abord évêque de Rome et il est élu par des cardinaux membres d'une curie à la fois romaine et très internationalisée. En effet, héritier d'une histoire de deux mille ans, le pape reste le pasteur universel, le premier responsable de la mission et de l'évangélisation du monde.

À la fin de la Révolution française, Chateaubriand avait déjà observé : « Une nouvelle carrière attend les souverains pontifes. Le monde dégénéré appelle une nouvelle prédication de l'Évangile. » Après l'essor missionnaire du XIX<sup>e</sup> siècle, Georges Goyau voit dans la Papauté « l'universel incarné » et Soloviev perçoit l'Église romaine comme « l'icône miraculeuse du christianisme universel ». Le XX<sup>e</sup> siècle a réalisé le vœu de Lavigerie, qui critiquait une Papauté trop italienne, en restaurant la « catholicité », c'est-à-dire l'universalité du Saint-Siège. Face aux nationalismes porteurs de guerres et aux particularismes sectaires, le catholicisme tend à promouvoir l'unité dans la diversité en encourageant l'inculturation « d'églises particulières dans l'Église universelle » (H. de Lubac).

La Papauté est l'héritière d'une longue histoire, d'une tradition, c'est-à-dire d'un « principe de continuité et d'identité d'un esprit à travers la succession des générations » (Y.-M. Congar). À ce titre, elle est appelée à un nouveau rôle dans le cadre d'une ecclésiologie de communion, de « koinonia », avec les églises sœurs, portée par le mouvement œcuménique. Or, comme l'a remarqué l'un des grands pionniers de l'œcuménisme, le pasteur Roger Schutz, « comment opérer une communion entre les chrétiens à travers la terre sans un pasteur universel placé au cœur du cœur ? », c'est-à-dire sur le siège de Pierre, à Rome.

*Yves-Marie Hilaire*

*Annexe I*

# La curie romaine

D'après J.B. d'Onorio, *Le Pape et le gouvernement de l'Église*, Paris, 1992, p. 312-313.

**LE SOUVERAIN PONTIFE**

**COLLÈGE DES CARDINAUX**

**SYNODE DES ÉVÊQUES**

Aumônerie apostolique

**SECRÉTAIRERIE D'ÉTAT**

- Ire Section des Affaires générales
- IIe Section des Relations avec les États
  + Commission pour la Russie.

**9 CONGRÉGATIONS**

- Doctrine de la Foi
  - + Commission biblique
  - + Commission théologique internationale
- Églises orientales
- Culte divin et Discipline des Sacrements
- Causes des Saints
- Évêques
  - + Commission pour l'Amérique latine
- Évangélisation des peuples
- Clergé
- Instituts de vie consacrée et Sociétés de vie apostolique
- Éducation catholique

**11 CONSEILS PONTIFICAUX**

- Laïcs
- Promotion de l'unité des chrétiens
  - + Commission pour les rapports religieux avec le Judaïsme
- Famille
- Justice et Paix
- « Cor unum »
  - + Comité d'Aide aux victimes de la guerre du Moyen-Orient
- Pastorale des migrants
- Apostolat des personnels de santé
- Interprétation des textes législatifs
- Dialogue inter-religieux
  - + Commission pour les rapports religieux avec les Musulmans
- Culture
  - + Commission des biens culturels de l'Église
- Communications sociales

**3 OFFICES**

- Chambre apostolique
- Administration du Patrimoine du Siège apostolique
- Préfecture des Affaires économiques du Saint-Siège

**3 TRIBUNAUX**

- Pénitencerie apostolique
- Tribunal suprême de la Signature apostolique
- Tribunal de la Rote romaine

**DIVERS**

- Préfecture de la Maison pontificale
- Office des Célébrations liturgiques du Souverain Pontife

- Conseil des Cardinaux pour les problèmes organiques et économiques du Saint-Siège
- Office du Travail du Siège apostolique

- 4 Commissions pontificales autonomes :
  - « Ecclesia Dei »
  - Révision de la Vulgate
  - Archéologie sacrée
  - État de la Cité du Vatican
- 2 Comités pontificaux :
  - Sciences historiques
  - Congrès eucharistiques internationaux

**9 INSTITUTIONS RATTACHÉES AU SAINT-SIÈGE**

- Archives secrètes
- Bibliothèque apostolique
- Académie pontificale des Sciences

- Typographie polyglotte
- Librairie Vaticane
- L'Osservatore Romano
- Radio Vatican
- Centre de télévision

- Fabrique de Saint-Pierre

*Annexe II*

# Liste des papes

| Papes | | Antipapes | |
|---|---|---|---|
| Pierre | (?)-64(?) | | |
| Lin | 64(?)-76(?) | | |
| Anaclet | 76(?)-88(?) | | |
| Clément Ier | 88(?)-97(?) | | |
| Évariste | 97(?)-105(?) | | |
| Alexandre Ier | 105(?)-115(?) | | |
| Sixte Ier | 115(?)-125(?) | | |
| Télesphore | 125(?)-136(?) | | |
| Hygin | 136(?)-140(?) | | |
| Pie Ier | 140(?)155(?) | | |
| Anicet | 155(?)-166(?) | | |
| Sôter | 166(?)-175(?) | | |
| Éleuthère | 175(?)-189(?) | | |
| Victor Ier | 189(?)-199(?) | | |
| Zéphyrin | 199(?)-217(?) | | |
| Calixte Ier | 217(?)-222(?) | Hippolyte | 217-235 |
| Urbain Ier | 222(?)-230(?) | | |
| Pontien | 230-235 | | |
| Anteros | 235-236 | | |
| Fabien | 236-250 | | |
| Corneille | 251-253 | Novatien | 251 |
| Lucius Ier | 253-254 | | |
| Étienne Ier | 254-257 | | |
| Sixte II | 257-258 | | |
| Denys | 259-268 | | |
| Félix Ier | 269-274 | | |
| Eutychien | 275-283 | | |
| Caïus | 283-296 | | |
| Marcellin | 296-304 | | |
| | | | |
| Marcel Ier | 308-309 | | |
| Eusèbe | 309-310 | | |
| Miltiade | 311-314 | | |
| Sylvestre Ier | 314-335 | | |

| Papes | | Antipapes | |
|---|---|---|---|
| Marc | 336 | | |
| Jules Ier | 337-352 | | |
| Libère | 352-366 | Félix II | 355-365 |
| Damase Ier | 366-384 | Ursien | 366-367 |
| Sirice | 384-399 | | |
| Anastase Ier | 399-401 | | |
| Innocent Ier | 401-417 | | |
| Zosime | 417-418 | | |
| Boniface Ier | 418-422 | Eulalien | 418-419 |
| Célestin Ier | 422-432 | | |
| Sixte III | 432-440 | | |
| Léon Ier le Grand | 440-461 | | |
| Hilaire | 461-468 | | |
| Simplice | 468-483 | | |
| Félix III | 483-492 | | |
| Gélase Ier | 492-496 | | |
| Anastase II | 496-498 | | |
| Symmaque | 498-514 | Laurent | 498-501 |
| Hormisdas | 514-523 | | |
| Jean Ier | 523-526 | | |
| Félix IV | 526-530 | | |
| Boniface II | 530-532 | Dioscore | 530 |
| Jean II | 533-535 | | |
| Agapet | 535-536 | | |
| Silvère | 536-537 | | |
| Vigile | 537-555 | | |
| Pélage Ier | 556-561 | | |
| Jean III | 561-574 | | |
| Benoît Ier | 575-579 | | |
| Pélage II | 579-590 | | |
| Grégoire Ier le Grand | 590-604 | | |
| Sabinien | 604-606 | | |
| Boniface III | 607 | | |
| Boniface IV | 608-615 | | |
| Adéodat Ier | 615-618 | | |
| Boniface V | 619-625 | | |
| Honorius Ier | 625-638 | | |
| Séverin | 640 | | |
| Jean IV | 640-642 | | |

| Papes | | Antipapes | |
|---|---|---|---|
| Théodore Ier | 642-649 | | |
| Martin Ier | 649-655 | | |
| Eugène Ier | 654-657 | | |
| Vitalien | 657-672 | | |
| Adéodat II | 672-676 | | |
| Donus | 676-678 | | |
| Agathon | 678-681 | | |
| Léon II | 682-683 | | |
| Benoît II | 684-685 | | |
| Jean V | 685-686 | | |
| Conon | 686-687 | Théodore | 687 |
| Serge Ier | 687-701 | Pascal | 687 |
| Jean VI | 701-705 | | |
| Jean VII | 705-707 | | |
| Sisinnius | 708 | | |
| Constantin | 708-715 | | |
| Grégoire II | 715-731 | | |
| Grégoire III | 731-741 | | |
| Zacharie | 741-752 | | |
| Étienne II | 752-757 | | |
| Paul Ier | 757-767 | Constantin | 767 |
| Étienne III | 768-772 | Philippe | 767 |
| Adrien Ier | 772-795 | | |
| Léon III | 795-816 | | |
| Étienne IV | 816-817 | | |
| Pascal Ier | 817-824 | | |
| Eugène II | 824-827 | | |
| Valentin | 827 | | |
| Grégoire IV | 827-844 | Jean | 844 |
| Serge II | 844-847 | | |
| Léon IV | 847-855 | Anastase | |
| Benoît III | 855-858 | Le Biblio- | |
| Nicolas Ier | 858-867 | thécaire | 855 |
| Adrien II | 867-872 | | |
| Jean VIII | 872-882 | | |
| Marin Ier | 882-884 | | |
| Adrien III | 884-885 | | |
| Étienne V | 885-891 | | |
| Formose | 891-896 | | |
| Boniface VI | 896 | | |
| Étienne VI | 896-897 | | |

| Papes | | Antipapes | |
|---|---|---|---|
| Romain | 897 | | |
| Théodore II | 897 | | |
| Jean IX | 898-900 | | |
| Benoît IV | 900-903 | Christophe | 903-904 |
| Léon V | 903 | | |
| Serge III | 904-911 | | |
| Anastase III | 911-913 | | |
| Landon | 913-914 | | |
| Jean X | 914-928 | | |
| Léon VI | 928 | | |
| Étienne VII | 928-931 | | |
| Jean XI | 931-935 | | |
| Léon VII | 936-939 | | |
| Étienne VIII | 939-942 | | |
| Marin II | 942-946 | | |
| Agapet II | 946-955 | | |
| Jean XII | 955-964 | Benoît V | 964-966 |
| Léon VIII | 964-965 | | |
| Jean XIII | 965-972 | | |
| Benoît VI | 973-974 | Boniface VII | 974 et |
| Benoît VII | 974-983 | | 984-985 |
| Jean XIV | 983-984 | | |
| Jean XV | 985-996 | | |
| Grégoire V | 996-999 | Jean XVI | 997-998 |
| Sylvestre II | 999-1003 | | |
| Jean XVII | 1003 | | |
| Jean XVIII | 1003-1009 | | |
| Serge IV | 1009-1012 | | |
| Benoît VIII | 1012-1024 | Grégoire VI | 1012 |
| Jean XIX | 1024-1032 | | |
| Benoît IX | 1032-1044 | | |
| Sylvestre III | 1044-1045 | | |
| Grégoire VI | 1045-1046 | | |
| Clément II | 1046-1047 | | |
| Benoît IX | 1047-1048 | | |
| Damase II | 1048 | | |
| Léon IX | 1049-1054 | | |
| Victor II | 1055-1057 | | |
| Étienne IX | 1057-1058 | | |
| Nicolas II | 1058-1061 | Benoît X | 1058-1059 |
| Alexandre II | 1061-1073 | Honorius II | 1061-1072 |

| Papes | | Antipapes | |
|---|---|---|---|
| Grégoire VII | 1073-1086 | Clément III | 1080-1100 |
| Victor III | 1086-1087 | | |
| Urbain II | 1088-1099 | | |
| Pascal II | 1099-1118 | Thierry | 1100-1101 |
| Gélase II | 1118-1119 | Albert | 1101 |
| Calixte II | 1119-1124 | Sylvestre IV | 1106-1111 |
| Honorius II | 1124-1130 | Grégoire VIII | 1118-1121 |
| Innocent II | 1130-1143 | Célestin II | 1124 |
| Célestin II | 1143-1144 | Anaclet II | 1130-1138 |
| Lucius II | 1144-1145 | Victor IV | 1138 |
| Eugène III | 1145-1153 | | |
| Anastase IV | 1153-1154 | | |
| Adrien IV | 1154-1159 | | |
| Alexandre III | 1159-1181 | Victor IV | 1159-1164 |
| (Bandinelli) | | Pascal III | 1164-1168 |
| Lucius III | 1181-1185 | Calixte III | 1168-1178 |
| (Allucingoli) | | Innocent III | 1179-1180 |
| Urbain III | 1185-1187 | | |
| (Crivelli) | | | |
| Grégoire VIII | 1187 (De Morra) | | |
| Clément III | 1187-1191 (Scolari) | | |
| Célestin III | 1191-1198 (Bobone) | | |
| Innocent III | 1198-1216 (Conti de Segni) | | |
| Honorius III | 1216-1227 (Savelli) | | |
| Grégoire IX | 1227-1241 (Conti de Segni) | | |
| Célestin IV | 1241 (Castiglioni) | | |
| Innocent IV | 1243-1254 (Fieschi) | | |
| Alexandre IV | 1254-1261 (da Jenne) | | |
| Urbain IV | 1261-1264 (de Troyes) | | |
| Clément IV | 1265-1268 (Foucois) | | |
| Grégoire X | 1271-1276 (Visconti) | | |
| Innocent V | 1276 (de Tarentaise) | | |
| Adrien V | 1276 (Fieschi) | | |
| Jean XXI | 1276-1277 (Juliao) | | |
| Nicolas III | 1277-1280 (Orsini) | | |
| Martin IV | 1281-1285 (de Brie) | | |
| Honorius IV | 1285-1287 (Savelli) | | |
| Nicolas IV | 1288-1292 (Masci da Ascoli) | | |
| Célestin V | 1294 (Pierre de Morrone) | | |
| Boniface VIII | 1294-1303 (Caetani) | | |
| Benoît XI | 1303-1304 (Boccasini) | | |

| Papes | | Antipapes |
|---|---|---|
| Clément V | 1305-1314 (de Got) | |
| Jean XXII | 1316-1334 (Duèze) | |
| Benoît XII | 1335-1342 (Fournier) | |
| Clément VI | 1342-1352 (Roger de Beaufort) | |
| Innocent VI | 1352-1362 (Aubert) | |
| Urbain V | 1362-1370 (de Grimoard) | |
| Grégoire XI | 1371-1378 (Roger Rosiers de Beaufort) | |
| **Papes de Rome** | | |
| Urbain VI | 1378-1389 (Prignano) | |
| Boniface IX | 1389-1404 (Tomacelli) | |
| Innocent VII | 1404-1406 (Migliorati) | |
| Grégoire XII | 1406-1415 (Correr) | |
| Martin V | 1417-1431 (Colonna) | |
| Eugène IV | 1431-1447 (Condulmer) | |
| **Papes d'Avignon** (schisme de 1378) | | |
| Clément VII | 1378-1394 (Robert de Genève) | |
| Benoît XIII | 1394-1423 (Pedro de Luna) | |
| Clément VIII | 1423-1429 | |
| **Papes de Pise** | | |
| Alexandre V | 1409-1410 (Pierre Philargès de Candie) | |
| Jean XXIII | 1410-1415 (Baldassare Cossa) | |
| **Pape de Bâle** | | |
| Félix V | 1439-1449 (Amédée VIII de Savoie) | |
| Nicolas V | 1447-1455 (Parentucelli) | |
| Calixte III | 1455-1458 (Borgia) | |
| Pie II | 1458-1464 (Piccolomini) | |
| Paul II | 1464-1471 (Barbo) | |
| Sixte IV | 1471-1484 (della Rovere) | |
| Innocent VIII | 1484-1492 (Cibo) | |
| Alexandre VI | 1492-1503 (Borgia) | |
| Pie III | 1503 (Piccolomini) | |
| Jules II | 1503-1513 (della Rovere) | |
| Léon X | 1513-1521 (Médicis) | |
| Adrien VI | 1522-1523 (Florensz) | |
| Clément VII | 1523-1534 (Médicis) | |
| Paul III | 1534-1549 (Farnèse) | |
| Jules III | 1550-1555 (Ciocchi del Monte) | |
| Marcel II | 1555 (Cervini) | |
| Paul IV | 1555-1559 (Carafa) | |

| Papes | | | Antipapes |
|---|---|---|---|
| Pie IV | 1559-1565 | (Médicis) | |
| Pie V | 1566-1572 | (Ghislieri) | |
| Grégoire XIII | 1572-1585 | (Boncompagni) | |
| Sixte V | 1585-1590 | (Peretti) | |
| Urbain VII | 1590 | (Castagna) | |
| Grégoire XIV | 1590-1591 | (Sfondrato) | |
| Innocent IX | 1591 | (Facchinetti) | |
| Clément VIII | 1592-1605 | (Aldobrandini) | |
| Léon XI | 1605 | (Médicis) | |
| Paul V | 1605-1621 | (Borghèse) | |
| Grégoire XV | 1621-1623 | (Ludovisi) | |
| Urbain VIII | 1623-1644 | (Barberini) | |
| Innocent X | 1644-1655 | (Pamfili) | |
| Alexandre VII | 1655-1667 | (Chigi) | |
| Clément IX | 1667-1669 | (Rospigliosi) | |
| Clément X | 1670-1676 | (Altieri) | |
| Innocent XI | 1676-1689 | (Odescalchi) | |
| Alexandre VIII | 1689-1691 | (Ottoboni) | |
| Innocent XII | 1691-1700 | (Pignatelli) | |
| Clément XI | 1700-1721 | (Albani) | |
| Innocent XIII | 1721-1724 | (Conti) | |
| Benoît XIII | 1724-1730 | (Orsini) | |
| Clément XII | 1730-1740 | (Corsini) | |
| Benoît XIV | 1740-1758 | (Lambertini) | |
| Clément XIII | 1758-1769 | (Rezzonico) | |
| Clément XIV | 1769-1774 | (Ganganelli) | |
| Pie VI | 1775-1799 | (Braschi) | |
| Pie VII | 1800-1823 | (Chiaramonti) | |
| Léon XII | 1823-1829 | (della Genga) | |
| Pie VIII | 1829-1830 | (Castiglioni) | |
| Grégoire XVI | 1831-1846 | (Capellari) | |
| Pie IX | 1846-1878 | (Mastai) | |
| Léon XIII | 1878-1903 | (Pecci) | |
| Pie X | 1903-1914 | (Sarto) | |
| Benoît XV | 1914-1922 | (della Chiesa) | |
| Pie XI | 1922-1939 | (Ratti) | |
| Pie XII | 1939-1958 | (Pacelli) | |
| Jean XXIII | 1958-1963 | (Roncalli) | |
| Paul VI | 1963-1978 | (Montini) | |
| Jean-Paul Ier | 1978 | (Luciani) | |
| Jean-Paul II | 1978 | (Wojtyla) | |

*Annexe III*

# Les conciles de l'Église catholique

| | | |
|---|---|---|
| **Les conciles œcuméniques (Orient-Occident)** | | |
| 1) | Nicée I | 325 |
| 2) | Constantinople I | 381 |
| 3) | Éphèse | 431 |
| 4) | Chalcédoine | 451 |
| 5) | Constantinople II | 553 |
| 6) | Constantinople III | 681 |
| 7) | Nicée II | 787 |
| 8) | Constantinople IV | 869-870 |
| **Les conciles médiévaux de l'Église romaine (Occident)** | | |
| 9 | Latran I | 1123 |
| 10) | Latran II | 1139 |
| 11) | Latran III | 1179 |
| 12) | Latran IV | 1215 |
| 13) | Lyon I | 1245 |
| 14) | Lyon II | 1274 |
| 15) | Vienne s/le Rhône | 1311 |
| 16) | Constance | 1414-1417 |
| 17) | Bâle | 1431 |
| | Ferrare | 1438 |
| | Florence | 1439-1442 |
| 18) | Latran V | 1512-1517 |
| **Les conciles de l'Église catholique romaine des temps modernes et contemporains** | | |
| 19 | Trente | 1545-1547, 1551 et 1562-1563 |
| 20) | Vatican I | 1869-1870 |
| 21) | Vatican II | 1962-1965 |

*Annexe IV*

# Les Années Saintes ou jubilés

Célébrés tous les vingt-cinq ans depuis le milieu du XVe siècle, pour que chaque génération puisse être délivrée de ses fautes et de sa peine dans l'autre monde, les jubilés attirent autour du tombeau des apôtres des foules de chrétiens. Au XXe siècle, les papes ont décrété des Années Saintes extraordinaires, pour commémorer l'anniversaire de la mort du Christ.

Voici la liste des jubilés ou Années Saintes avec les noms des papes qui les ont décrétés et présidés.

1) 1300 – Boniface VIII (1294-1303)
2) 1350 – Clément VI (1342-1352)
3) 1390 – Urbain VI († 1389) – Boniface IX
4) 1400 – Boniface IX (1389-1404)
5) 1425 – Martin V (1417-1431)
6) 1450 – Nicolas V (1447-1455)
7) 1475 – Paul II († 1471) – Sixte IV (1471-1484)
8) 1500 – Alexandre VI (1492-1503)
9) 1525 – Clément VII (1523-1534)
10) 1550 – Paul III († 1549) – Jules III (1550-1555)
11) 1575 – Grégoire XIII (1572-1585)
12) 1600 – Clément VIII (1592-1605)
13) 1625 – Urbain VIII (1623-1644)
14) 1650 – Innocent X (1644-1655)
15) 1675 – Clément X (1670-1676)
16) 1700 – Innocent XII (1691-1700) – Clément XI (1700-1721)
17) 1725 – Benoît XIII (1724-1730)
18) 1750 – Benoît XIV (1740-1758)
19) 1775 – Clément XIV (1769-1774) – Pie VI (1775-1799)
1800 – non célébré
20) 1825 – Léon XII (1823-1829)
1850 – non célébré
21) 1875 – célébré sans grande solennité – Pie IX (1846-1878)

22) 1900 – Léon XIII (1878-1903)
23) 1925 – Pie XI (1922-1939)
1933 – Année Sainte extraordinaire (Pie XI)
24) 1950 – Pie XII (1939-1958)
25) 1975 – Paul VI (1963-1978)
1983 – Année Sainte extraordinaire (Jean-Paul II)

*Annexe V*

# Glossaire

| | |
|---|---|
| *Anathème.* | Qualifie celui qui se met en marge de l'Église et l'acte juridique qui sanctionne cet état. L'anathème est proche de l'excommunication. |
| *Antipape.* | Personne qui a pris le nom de pape et en a exercé ou prétendu exercer les fonctions sans fondement canonique, non régulièrement élu. Pape non reconnu par l'Église catholique. |
| *Arianisme.* | Doctrine prêchée par le prêtre Arius selon laquelle le Christ est une créature subordonnée au Père ; le Credo du concile de Nicée I (325) porte condamnation de cette doctrine. |
| *Apocrisiaire.* | Ambassadeur d'une Église auprès de l'empereur ou d'une autre Église. |
| *Autocéphalie.* | (Étymologiquement : « ayant leur propre tête »). Se dit d'une Église qui élit son propre primat et qui est, de ce fait, totalement autonome. |
| *Basileus.* | Roi. Titre porté par l'empereur romain d'Orient ou byzantin à partir d'Héraclius (VII^e^ siècle). |
| *Béatification.* | Décision du pape autorisant qu'un culte soit rendu à une personne décédée dont la sainteté mérite d'être proposée en exemple au peuple chrétien (à partir du XIV^e^ siècle). |
| *Bénéfice.* | Charge ecclésiastique procurant des revenus de biens appartenant à l'Église. |
| *Bibliothécaire.* | À partir du IX^e^ siècle, personnage, le plus souvent évêque ou exceptionnellement moine (Anastase le « Bibliothécaire »), placé à la tête de la chancellerie pontificale. |
| *Bref.* | Lettre pontificale scellée d'objet moindre que la bulle. |

*Bulle.* Document pontifical solennel authentifié par un sceau de plomb (« bulla »).

*Canon.* 1) Règle, puis loi ecclésiastique.
2) Décret d'un concile.

*Canonisation.* Décision du pape faisant suite, dans un délai parfois long, à la béatification, quand de nouveaux miracles ont été constatés.

*Capitulaire.* Sous les Carolingiens, dispositions législatives mises par écrit chapitre par chapitre (capitula).

*Cardinal.* Actuellement, dignitaire de l'Église, nommé par le pape, titulaire d'une paroisse de Rome, conseiller du pape ; il est soit chargé d'un dicastère à la curie romaine, soit évêque d'un diocèse, soit parfois un simple prêtre ; électeur du pape, sans limite d'âge avant 1970 et, depuis cette date, s'il n'a pas dépassé l'âge de quatre-vingts ans.

*Césaropapisme.* Système politique dans lequel l'empereur prétend exercer un pouvoir absolu dans le domaine spirituel comme dans le domaine temporel.

*Charismatique.* Mouvement communautaire qui met l'accent sur la prière, l'accueil des dons de l'Esprit, le partage des biens (XX^e^ siècle).

*Collégialité.* Rapport de communion existant, au sein du collège des évêques, entre les évêques eux-mêmes, et avec leur chef, le pape. Définie au concile de Vatican II.

*Commende.* Usufruit d'un bénéfice ecclésiastique, accordé parfois à un laïc, sans obligation de résidence, ni exercice de responsabilités.

*Conclave.* Après 1274, assemblée close (« sous clef ») des cardinaux pour élire un nouveau pape.

*Concordat.* Traité conclu entre le Saint-Siège et un État, réglant leurs rapports réciproques.

*Curie.* Ensemble des organes du gouvernement pontifical.

*Décrétales.* Lettres pontificales qui prennent des décisions (« décrètent ») en matière de discipline, de théologie… Les décrétales constituent une des sources du Droit Canon.

*Diacre.* Ministre d'une communauté chrétienne qui assiste l'évêque dans ses fonctions liturgiques, son service caritatif et sa charge administrative.

*Dicastère.* Organisme qui compose la curie romaine : Secrétairerie d'État ; congrégation romaine ; tribunal ; conseil pontifical ; office.

*Diocèse.* Circonscription administrative de l'Église. Il peut être géographique (un territoire) ou personnel (une catégorie de personnes).

*Écolâtre.* Maître qui dirige une école cathédrale.

*Encyclique.* Lettre adressée par le pape au clergé et aux fidèles du monde entier ou d'une nation déterminée, ou plus récemment aux « hommes de bonne volonté », et désignée par les premiers mots latins de son texte.

*Exarque.* Représentant de l'empereur d'Orient en Afrique et en Italie après les reconquêtes justiniennes et ayant comme particularité de cumuler le pouvoir politique et le pouvoir militaire.

*Excommunication.* Mesure disciplinaire retranchant un clerc ou un laïc de la communion ecclésiale.

*Filioque.* Adjonction au Credo de Nicée-Constantinople effectué par les Occidentaux sous les Carolingiens et rejeté par les Orientaux qui valorisent mieux la personne de l'Esprit Saint. Le débat porte sur « et du Fils » dans la phrase : « Je crois en l'Esprit Saint… qui procède du Père *et du Fils.* »

*Gallicanisme.* Théorie selon laquelle la Papauté doit reconnaître à l'Église de France une large indépendance. Le joséphisme (de Joseph II) est pour l'Autriche une théorie analogue.

*Gnose.* Éclectisme philosophique prétendant expliquer le sens profond des religions par une connaissance initiatique des choses divines.

*Grégorien.* 1) Chant liturgique attribué à Grégoire I$^{er}$ le Grand (590-604), en fait d'époque carolingienne.
2) Réforme de l'Église : de Grégoire VII (1073-1085).

3) Calendrier : de Grégoire XIII (1572-1585) ; notre calendrier actuel.

*Guelfes.* Au Moyen Âge, partisans de la Papauté ; s'opposent aux Gibelins partisans du Saint Empire romain germanique.

*Hérésie.* Du grec « choix ». Doctrine qui a un fait un choix différent de celui de l'Église sur des questions concernant l'énoncé de la foi ou l'interprétation des croyances.

*Iconoclasme.* Doctrine condamnant le culte des images saintes et entraînant souvent la destruction d'œuvres d'art.

*Indulgence.* Rémission par l'Église de la peine de Purgatoire pour des péchés pardonnés.

*Interdit.* Sentence ecclésiastique par laquelle les cérémonies religieuses sont interrompues et la collation des sacrements suspendue sur un territoire donné.

*Kérygme.* (Du grec « héraut ».) Annonce de la Bonne Nouvelle proclamant la mort et la résurrection de Jésus.

*Lapsi.* Chrétiens qui ont apostasié lors des persécutions et demandent ensuite à être réintégrés dans l'Église.

*Légat.* Clerc, représentant du pape chargé d'une mission hors de Rome, avec ou sans délégation de pouvoir.

*Liber pontificalis.* Notices biographiques pontificales couvrant la période de saint Pierre à la fin du IXe siècle. La première partie fut rédigée essentiellement sous Hormisdas (VIe siècle) et est donc très postérieure aux événements décrits tout en intégrant d'anciennes listes pontificales et des documents d'archives. La deuxième partie, rédigée par des contemporains des pontifes successifs, représente une source plus fiable pour l'historien.

*Magistère.* Enseignement authentique de la doctrine catholique par le pape et les évêques en pleine communion avec lui.

*Métropolitain.* Évêque à la tête de la métropole d'une province ecclésiastique.

*Missus.* Terme latin signifiant « envoyé ».

*Monoénergisme.* Forme atténuée du monophysisme selon laquelle il n'existerait qu'une seule énergie (divine) dans le Christ.

*Monophysisme.* Doctrine enseignant que dans le Christ incarné la nature divine absorbe la nature humaine. Hérésie condamnée au concile de Chalcédoine (451).

*Monothélisme.* Autre forme atténuée du monophysisme : il n'existe qu'une forme de volonté, la volonté divine (et non humaine) dans le Christ.

*Motu proprio.* « De son propre mouvement. » Lettre apostolique due à la seule initiative du pape.

*Nestorianisme.* Doctrine qui affirme que les deux natures du Christ, divine et humaine, possèdent leur individualité propre, ce qui compromet l'unité de sa personne. L'hérésie de Nestorius est condamnée au concile d'Éphèse (431) qui proclame Marie mère de Dieu (*theotokos*).

*Nicolaïsme.* Selon une étymologie discutée, du diacre Nicolas qui, dans l'Antiquité, préconisait le mariage des prêtres. Terme employé par les réformateurs grégoriens (XI^e^-XII^e^ siècles) pour stigmatiser les infractions à la loi du célibat ecclésiastique.

*Nonce.* Ambassadeur du Saint-Siège près d'un chef d'État.

*Œcuménisme.* Mouvement chez des chrétiens de toutes confessions tendant à promouvoir un rapprochement entre les Églises.

*Paix de Dieu.* Paix instituée par l'Église aux XI^e^ et XII^e^ siècles pour interdire les actes de guerre contre certaines catégories de personnes ou de biens.

*Pallium.* Bande de laine blanche ornée de petites croix noires, insigne de la juridiction des patriarches et des archevêques.

*Pape.* Titulature officielle : « Évêque de Rome, vicaire de Jésus-Christ sur la terre, successeur de saint Pierre, Souverain Pontife de l'Église universelle, patriarche d'Occident, primat d'Italie, archevêque et métropolitain de la province romaine, souverain de l'État de la Cité du Vatican, serviteur des serviteurs de Dieu. »

*Patriarche.* Titre donné, dès le ve siècle, aux évêques de Constantinople, Antioche, Jérusalem, Alexandrie et plus tard aux titulaires d'autres sièges (Venise, Lisbonne...)

*Pentapole.* Territoire comprenant cinq villes principales. La Pentapole d'Italie comprenait les villes de Rimini, Pesaro, Fano, Senigallia et Ancona ; elle figura dès 756-757 (donation de Pépin) dans le Patrimoine de Saint-Pierre.

*Primicier des notaires.* Titre (à l'origine byzantin) du personnage qui était au haut Moyen Âge à la tête du bureau (schola) des notaires chargés de la rédaction des actes pontificaux.

*Proskynèse.* Rituel d'adoration des empereurs byzantins, d'origine orientale, et consistant à se prosterner devant ceux-ci.

*Sacre.* Cérémonie religieuse marquée essentiellement par l'onction qui fait du roi un personnage quasi sacerdotal et qui démontre son élection divine.

*Sacré Collège.* Ensemble des cardinaux.

*Schisme.* Scission à l'intérieur de l'Église portant sur une question de discipline ou d'organisation ecclésiastique et concernant parfois l'autorité du pape.

*Simonie.* Péché attribué à Simon le Magicien qui voulait corrompre l'apôtre Pierre. Désigne l'achat ou la vente d'un bien spirituel (sacrements, charges ecclésiastiques...)

*Sixtine.* Chapelle construite sous Sixte IV (1471-1484), décorée plus tard par Michel Ange.

*Subsidiarité.* Principe de l'enseignement social de l'Église selon lequel tout ce qui peut être fait par un échelon inférieur ne doit pas être réalisé par l'échelon supérieur.

*Suburbicaires.* Se dit des sept sièges épiscopaux situés autour de Rome. Les titulaires de ces sièges ou « cardinaux-évêques » joueront un rôle essentiel dans l'élection pontificale à partir de la réforme grégorienne.

*Synode.* Assemblée diocésaine auprès de l'évêque ; assemblée des évêques réunie autour du pape.

*Thème.* À partir du VIIe siècle, circonscription territoriale correspondant à un commandement militaire de l'empire byzantin confié à un stratège qui cumule les pouvoirs civil et militaire.

*Théocratie.* Pouvoir suprême exercé sur le plan temporel au nom de Dieu, par des membres du clergé, et revendiqué au Moyen Âge par plusieurs papes.

*Titres.* Paroisses principales de Rome correspondant pour la plupart aux anciennes maisons privées (tituli) où s'exerçait le culte avant la paix constantinienne.

*Trêve de Dieu.* Trêve instituée par l'Église aux XIe et XIIe siècles pour prohiber les actes de guerre certains jours de la semaine ou pendant certaines périodes de l'année.

*Ultramontanisme.* (De l'autre côté des monts, c'est-à-dire des Alpes.) Doctrine des partisans d'une forte influence romaine dans les affaires de l'Église catholique.

*Uniates.* Fidèles des Églises de rites orientaux en communion avec Rome.

*Visite ad limina.* Visite que chaque évêque diocésain doit effectuer à Rome tous les cinq ans pour vénérer les tombeaux des apôtres Pierre et Paul (*ad limina apostolorum*), y rencontrer le pape et lui présenter un rapport sur l'état de son diocèse.

# Bibliographie

## OUVRAGES GÉNÉRAUX

Il n'y a guère d'ouvrages satisfaisants et récents d'histoire de la Papauté. Ludwig von Pastor n'a pas été traduit en français.

PASTOR, *Geschichte der Päpste seit dem Ausgang des Mittelalters*, 16 vol., Freiburg am Brisgau, 1923-1933.

En revanche, il existe un excellent et indispensable dictionnaire :

Ph. LEVILLAIN, *Dictionnaire historique de la Papauté*, Paris, Fayard, 1994, 1 760 pages.

On consultera aussi un dictionnaire plus sommaire :

J. KELLY, *Dictionnaire des papes*, Turnhout, Brepols, 1995.

Un livre pertinent sur un sujet essentiel :

K. SCHATZ, *La Primauté du Pape*, son histoire des origines à nos jours, Paris, Cerf, 1992.

Il existe plusieurs histoires de l'Église catholique :

FLICHE et MARTIN, *Histoire de l'Église*, Paris, 21 vol., inachevée. Édition complète en italien, Elio Guerriero, *Storia della Chiesa*, Milan, Edizioni Paoline, 24 vol.

R. AUBERT, M. O. KNOWLES, L. J. ROGIER, *Nouvelle histoire de l'Église*, Paris, 5 vol., 1975.

Hubert JEDIN, *Storia della Chiesa*, traduction italienne, 10 tomes, Milan, Jaca Book, 1980.

Deux récentes histoires du christianisme :

*Deux mille ans de christianisme*, Paris, 1976, Société d'histoire chrétienne, 10 vol.

Ch. et L. PIÉTRI, A. VAUCHEZ, M. VENARD, J.-M. MAYEUR, *Histoire du christianisme*, Paris, Desclée, 14 vol. prévus, 8 vol. parus depuis 1990, collection d'ouvrages fondamentaux pour notre sujet.

Un petit livre très suggestif sur la romanité :

R. BRAGUE, *Europe, la voie romaine*, Paris, Criterion, 1992.

On ne négligera pas de consulter les dictionnaires, notamment ceux d'Histoire et de Géographie ecclésiastiques, de Théologie catholique, de Spiritualité, ainsi que l'Encyclopédie Catholicisme.

## La Papauté héritière de saint Pierre et de la romanité (30-604 ap. J.-C.)

*Instruments de travail :*

Aux dictionnaires et encyclopédies de référence classiquement utilisés par les spécialistes de l'histoire ancienne du christianisme *(Dictionnaire d'archéologie chrétienne et de liturgie, Dictionnaire d'histoire et de géographie ecclésiastiques, Dictionnaire de droit canonique, Dictionnaire de théologie catholique, Dictionnaire de spiritualité, Lexikon für Theologie und Kirche, Theologische Realenzyklopädie, Lexikon des Mittelalters),* on ajoutera :

J. N. D. Kelly, *Dictionnaire des papes,* trad. fr., Brepols, Paris, 1995.

Ph. Levillain (dir.), *Dictionnaire historique de la Papauté,* Fayard, Paris, 1994.

A. di Berardino (dir.), *Dictionnaire encyclopédique du christianisme ancien,* trad. fr., Le Cerf, Paris, 1990. [Le lecteur angliciste préférera la version britannique, qui conserve les planches et cartes de l'édition originale, et présente une bibliographie en partie mise à jour par les soins de W. H. C. Frend : *Encyclopedia of the Early Church,* James Clarke and Co., Cambridge, 1992].

À ces usuels, on adjoindra la revue *Archivum Historiae Pontificiae,* publiée à Rome par les Jésuites de la Grégorienne qui contient, depuis 1963, une bibliographie annuelle des travaux parus sur l'histoire de la Papauté.

*Ouvrages de référence :*

Domine la bibliographie récente, la thèse de Charles Piétri, *Roma Christiana. Recherches sur l'Église de Rome, son organisation, sa politique, son idéologie, de Miltiade à Sixte III (311-440), (Bibliothèque des Écoles françaises d'Athènes et de Rome,* 224), Rome, 1976 (rééd. 1994). Au-delà de ses bornes chronologiques, cet ouvrage monumental, qu'il n'a pas été donné à son auteur, prématurément disparu le 7 août 1991, de poursuivre jusqu'à la mort de Grégoire le Grand en 604, a profondément renouvelé l'approche de l'histoire de la Papauté des premiers siècles, et offre, outre un trésor d'érudition, une méthode d'analyse, une élaboration conceptuelle et un ensemble de réflexions, dont on s'est efforcé ici de suivre les enseignements. La publication prochaine, par les soins de l'École française de Rome, d'un recueil d'articles du même savant, permettra de disposer commodément des travaux qui ont accompagné et prolongé cette recherche magistrale.

Elle n'aurait pas été possible sans l'œuvre de Mgr Louis Duchesne (1843-1922), qui donna en 1886-1892, dans la *BEFAR,* une édition commentée d'une source fondamentale, le *Liber pontificalis,* que l'on consultera dans la réimpression anastatique augmentée d'un volume de notes complémentaires procuré par Cyrille

VOGEL en 1955. On pourra lire aussi du même savant, *Autonomies ecclésiastiques, Églises séparées,* Paris, 1896.

On n'aura garde d'oublier les livres et articles de Yves CONGAR, particulièrement, *Sainte Église. Études et approches ecclésiologiques,* Paris, 1963, *L'Ecclésiologie du haut Moyen Âge. De Saint-Grégoire-le-Grand à la désunion entre Byzance et Rome,* Paris, 1968, et *Église et Papauté. Regards historiques,* Le Cerf, Paris, 1994.

Enfin demeure fondamentale l'œuvre de Erich CASPAR, *Geschichte des Papsttums von den Anfängen bis zur Höhe der Weltherrschaft,* 2 vol., Tübingen, 1930-1933, qui retrace l'histoire de la Papauté des origines au VIIIe siècle.

Autres ouvrages utiles :

J. RICHARDS, *The Popes and the Papacy in the Early Middle Ages* (476- 752), Londres, 1979.

M. GRESHAT (dir.), *Das Papsttum I. Von den Anfängen bis zu den Päpsten in Avignon, (Gestalten der Kirchengeschichte,* 11), Verlag W. Kohlhammer, Stuttgart, 1985.

R. B. ENO, *The Rise of the Papacy, (Theology and Life Series, 32),* Michael Glazier, Inc, Wilmington (Delaware), 1990.

M. MACCARRONE (éd.), *Il primato del vescovo di Roma nel primo millennio. Ricerche e testimonianze. Atti del symposium storicoteologico, Roma, 9-13 ott. 1989,* Cité du Vatican, 1991. On lira avec profit l'important compte rendu donné par P. A. GRAMAGLIA à la *Rivista di storia e letteratura religiosa*, XXXI, 1995, p. 73-99.

Sur les évêques de Rome et le personnel ecclésiastique de l'Italie chrétienne, on consultera les notices de la *Prosopographie de l'Italie chrétienne (312-604),* sous la direction de Charles (†) et Luce PIÉTRI, à paraître dans la *Collection de l'École française de Rome.*

Histoires du christianisme :

J. DANIÉLOU – H. I. MARROU, *Nouvelle histoire de l'Église, I, Des origines à Grégoire le Grand,* Seuil, Paris, 1963 (Rééd., Points Histoire, H 80-81, Paris, 1985).

J. MEYENDORFF, *Unité de l'Empire et divisions des Chrétiens. L'Église de 450 à 680,* trad. fr., Le Cerf, Paris, 1993.

J.-M. MAYEUR-Ch. (†) et L. PIÉTRI-A. VAUCHEZ-M. VENARD (dir.), *Histoire du christianisme,* t. I-III, Desclée, Paris, 1995. [Seul le tome II, *Naissance d'une chrétienté (250-430),* est paru à ce jour].

J.-R. ARMOGATHE (dir.), *Histoire générale du christianisme,* t. I, *Les origines,* Presses Universitaires de France (à paraître).

*Sources romaines :*

Outre le *Liber pontificalis,* la correspondance des évêques de Rome constitue une source fondamentale. Depuis la tentative avortée du bénédictin Pierre COUSTANT qui en 1721,1'année de sa mort, publia le premier tome des *Epistulae romanorum pontificum, et quae ad eos scriptae sunt, a S. Clemente I. usque ad Innocentium III* (reprint Farnsborough, 1967), aucune entreprise de ce type n'a vu le jour. Un jeune philologue américain, Glen L. THOMPSON, se propose de reprendre ce travail, qu'il a inauguré, en 1990, sous la forme d'un PhD de la Columbia University, New York, par l'étude de la correspondance du IVe. Pour lors, on ne dispose que de regroupements partiels de lettres, tel le travail de A. THIEL, *Epistulae romanorum pontificum genuinae... a S. Hilaro usque ad Pelagium II,* t. I, Braunsberg, 1868 (reprint 1974), qui couvre la période 461-523. Pour le détail des publications, on se reportera aux indications données dans la *Clavis patrum graecorum* pour les lettres en grec, et, pour la correspondance latine, dans la *Clavis patrum latinorum,* dont une nouvelle édition est annoncée. Le volume récemment réédité de J. T. SHOTWELL et L. R. LOOMIS, *The See of Peter* [Columbia University Press, New York, 1927 (1991)], présente, traduits en anglais, un riche choix de textes relatifs à la Papauté des origines à Damase. On trouvera dans l'ouvrage ancien de J. TURMEL, *Histoire du dogme de la Papauté des origines à la fin du quatrième siècle* (Paris, 1908), beaucoup de textes traduits. Les collections *Sources Chrétiennes* et *Les Pères dans la foi* présentent des traductions d'autres sources importantes (Clément de Rome, Irénée de Lyon, Cyprien, Léon le Grand, Grégoire le Grand, etc.).

## LE HAUT MOYEN ÂGE
## LA PAPAUTÉ ENTRE LES EMPIRES 604-1003

*Deux ouvrages essentiels* :

G. DAGRON, P. RICHÉ, A. VAUCHEZ, *Évêques, moines et empereurs (610-1054)*, dans *Histoire du christianisme*, tome IV, Paris, Desclée, 1993, 1 050 p.

Ph. LEVILLAIN, *Dictionnaire historique de la Papauté*, Paris, Fayard, 1994, 1 760 p.

*Autres travaux* :

A. BOUREAU, *La Papesse Jeanne*, Paris, Aubier, 1988.

Y.-M. CONGAR, *L'Ecclésiologie du haut Moyen Âge*, Paris, 1968.

J. DELUMEAU et Y. LEQUIN, *Les Malheurs des temps*, Paris, Larousse, 1987.

G. DUBY, *L'An mil*, Paris, Gallimard, 1970.

L. DUCHESNE, *Les Premiers Temps de l'État pontifical*, Paris, 1898.

R. FOLZ, *Le Couronnement impérial de Charlemagne*, Paris, Gallimard, 1964.

R. FOSSIER, *Le Moyen Âge*, Paris, A. Colin, 1982.
G. MATHIAE, *Mosaici medioevali delle Chiese di Roma*, Rome, 1967.
H. RAHNER, *L'Église et l'État dans le christianisme primitif*, Paris, 1964.
P. RICHÉ, *Gerbert d'Aurillac, le pape de l'an mil*, Paris, 1987.

LA PAPAUTÉ À L'APOGÉE DE LA CHRÉTIENTÉ MÉDIÉVALE (1003-1295)

*Histoire du christianisme,* dir. J.M. MAYEUR, Ch. et L. PIÉTRI, A. VAUCHEZ, M. VENARD, T. IV, V et VI.
U.R. BLUMENTHAL, *Der Investiturstreit,* Stuttgart, 1982.
R. FOREVILLE, *Latran I, II, III et IV (Histoire des conciles œcuméniques VI)*, Paris, 1965.
R. GROSSE *(dir.), L'Église de France et la Papauté (Études et documents pour servir à une Gallia Pontificia 1),* Bonn, 1993.
G. LADNER, *Die Papstbildnisse des Altertums und des Mittelalters,* Cité du Vatican, 1970.
C. MORRIS, *The Papal Monarchy : the Western Church from 1050 to 1250 (Oxford History of the Christian Church),* Oxford, 1989
M. PACAUT, *Alexandre III. Étude sur la conception du pouvoir pontifical dans sa pensée et dans son œuvre,* Paris, 1956.
– *La Théocratie. L'Église et le pouvoir au Moyen Âge, Paris, 1989.*
A. PARAVICINI-BAGLIANI, La *Cour des papes au XIII^e^ siècle,* Paris, 1995.
*La Riforma Gregoriana e l'Europa* (congrès de Salerne 1985), Rome, 1989-91, 2 vol.
I. S. ROBINSON, *The Papacy. 1073-1198 : Continuity and Innovation (Cambridge Medieval Textbooks),* Cambridge, 1990.
B. RUSCH, *Die Behörden und Hofbeamten der päpstlichen Kurie des 13. Jahrhunderts,* Konigsberg, 1936.
C. RYAN (dir.), *The Religious Role of the Papacy : ideals and realities, 1150-1300,* Toronto, 1989.
B. SZABO-BECHSTEIN, *Libertas Ecclesiae. Ein Schlüsselbegriff des Investiturstreits und seine Vorgeschichte, 4-11 Jahrhundert,* Rome, 1985.
B. TIERNEY, *Origins of Papal Infaillibility, 1150-1350,* Leyde, 1988.
W. ULLMANN : *Medieval Papalism. The Political Theories of Medieval Canonists,* Londres, 1940.
– *The Growth of Papal Government in the Middle Ages,* Londres, 1955.

## La Papauté face aux nations (1245-1534)

G. Alberigo, *Chiesa conciliare. Identita e significato del conciliarismo*, Brescia, 1981.

G. Barraclough, *Papal provisions. Aspects of Church History constitutional, legal and administrative in the later Middle Ages*, Oxford, 1935.

L. Caillet, *La Papauté et l'Église de France. La politique bénéficiale du pape Jean XXII*, Paris, 1975.

L. Celier, *L'Idée de réforme à la cour pontificale du concile de Bâle au concile du Latran*, Revue des questions historiques, 1909.

I. Cloulas, *Les Borgia*, Paris, 1987.

J. Delumeau, *Vie économique et sociale de Rome dans la seconde moitié du* XVIe *siècle*, Paris, 1957-1959 ; id., *L'Alun de Rome*, Paris, 1962.

J. Favier, *Les Finances pontificales à l'époque du Grand Schisme d'Occident*, Paris, 1966.

Th. Frenz, *Die Kanzlei der Päpste der Hochrenaissance (1471-1527)*, Tübingen, 1986.

J. Gill, Constance et Bâle. Florence *(Hist. des conciles œcuméniques IX)*, Paris, 1965.

B. Guillemain, *La Cour pontificale d'Avignon (1309-1376). Étude d'une société*, Paris, 1962 ; id., *La Politique bénéficiale du pape Benoît XII (1334-1342)*, Paris, 1952.

M. Hayez (éd.), *Genèse et débuts du Grand Schisme d'Occident (1362-1394)*, Paris, 1980.

N. Housley, *The Later Crusades from Lyon to Alcazar 1274-1580*, Oxford, 1992.

H. Jedin, *Histoire du concile de Trente, t. I, La lutte pour le concile*, Paris-Tournai, 1965.

O. de La Brosse, *Le Pape et le concile. La comparaison de leur pouvoir à la veille de la Réforme*, Paris, 1965.

O. de la Brosse, J. Lecler, J. Holstein, Ch. Lefebvre, *Latran V et Trente*, Paris, 1975.

J. Leclerc, Vienne *(Hist. des conciles œcuméniques VIII)*, Paris, 1964.

W.E. Lunt, *Financial relations of the Papacy with England 1327-1354*, Cambridge (Mass.), 1962.

V. Martin, *Les Origines du gallicanisme*, 2 vol., 1939.

G. Mollat, *Les Papes d'Avignon*, Paris, 1965.

P. Partner, *The Papal State under Martin*, Londres, 1958 ; id., *The Lands of St. Peter. The Papal State in the Middle Ages and the Early Renaissance*, Londres, 1972 ; id., *Renaissance Rome 1500-1559. A portrait of a Society*, Berkeley-Los Angeles, 1976.

L. von Pastor, *Histoire des papes depuis la fin du Moyen Âge*, Paris, 1911, t. II.

Y. RENOUARD, *Les Relations des papes d'Avignon et des compagnies commerciales et bancaires de 1316 à 1378*, Paris, 1941 ; id., *La Papauté à Avignon*, Paris, 1962.

J. RICHARD, *La Papauté et les missions au Moyen Âge*, École française de Rome, 1977.

E. RODOCANACHI, *Une cour princière au Vatican pendant la Renaissance*, Paris, 1925 ; id., *Le Pontificat de Jules II*, Paris, 1928, id., *Le Pontificat de Léon X*, Paris, 1931.

J. M. SETTON, *The Papacy and the Levant 1204-1571*, 4 vol., Philadelphia, 1976-1984.

B. TIERNEY, *Foundations of Conciliar Theory. The Contribution of the Medieval Canonists*, Cambridge, 1955 ; id., *Origins of Papal Infaillibility 1150-1350*, Leyde, 1972.

W. ULLMANN, *The Origins of Great Schism : a study in XIVe century ecclesial History*, Londres, 2e ed., 1967.

N. VALOIS, *La France et le Grand Schisme d'Occident*, 4 vol., Paris, 1910 ; id., *Le Pape et le concile*, Paris, 1909.

## LA PAPAUTÉ DE LA RÉFORME CATHOLIQUE AUX LUMIÈRES (1534-1799)

Là encore, il faut se reporter aux volumes correspondants de Pastor, *Geschichte der Päpste seit dem Ausgang des Mittelalters,* Freiburg, 1891-1933 et à Ph. Levillain (dir.), *Dictionnaire de la Papauté,* Paris, 1994.

Y. M. BERCÉ et alii, *L'Italie au XVIIe siècle*, Paris, 1989.

P. BLET, *Histoire de la représentation diplomatique pontificale, des origines à l'aube du XIXe siècle,* Citta del Vaticano, 1982.

– *Le Clergé de France, Louis XIV et le Saint-Siège,* Citta del Vaticano, 1989.

A. BLUNT, *Guide de la Rome baroque,* trad. fr., Paris, 1992.

M. BOITEUX, « Espace urbain, pratiques rituelles, parcours symboliques. Rome dans la seconde moitié du XVIe siècle », F. HINARD et M. ROYO (dir.), *Rome, l'espace urbain et ses représentations,* Paris, 1991, pp. 111-145.

A. CARACCIOLO et M. CARAVALE, *Lo Stato pontificio da Martino V a Pio IX,* Torino, 1978.

O. CHADWICK, *The Popes and European Revolution,* Oxford, 1981.

Y.-M CONGAR, *Église et Papauté. Regards historiques,* Paris, 1994.

J. DELUMEAU, *Rome au XVIe siècle,* Paris, 1975.

R. ELZE et alii, *Rom in der Neuzeit. Politische, kirchliche und kulturelle Aspekte,* Wien-Rom, 1976.

M. FUMAROLI, « ''Cicero pontifex romanus''. La tradition rhétorique du Collège romain et les principes inspirateurs du mécénat des Barberini », *Mélanges de l'Ecole Française de Rome, Moyen Age-Temps modernes,* t. 90, 1978, 2, pp. 797-835.

H. GAMRATH, *Roma sancta renovata,* Roma, 1987.

H. GROSS, *Rome in the Age of Enlightment. The post-tridentine syndrome and the Ancien Regime,* Cambridge, 1990.

F. HASKELL, *Mécènes et peintres. L'art et la société au temps du baroque italien,* trad. fr., Paris, 1991.

H. JEDIN, *Geschichte des Konzils von Trent,* Freiburg, 1957-1977, 5 vol.

G. LABROT, *L'Image de Rome. Une arme pour la Contre-Réforme, 1534-1677,* Seyssel, 1987.

M. LAURAIN-PORTEMER, « Absolutisme et népotisme. La surintendance de l'État ecclésiastique », *Bibliothèque de l'École des Chartes,* t. CXXXI, 1973, pp. 487-568.

N. LEMAÎTRE, *Saint Pie V,* Paris, 1994.

M. L. MADONNA, *Roma di Sisto V. Le arti e la cultura,* Roma, 1993.

E. MÂLE, *L'Art religieux après le Concile de Trente,* Paris, 1932.

C. MOZZARELLI (dir.), *« Familia » del Principe e famiglia aristocratica,* Roma, 1988.

B. NEVEU, « Juge suprême et docteur infaillible : le pontificat romain de la Bulle In Eminenti (1643) à la Bulle Auctorem fidei (1794) », *Mélanges de l'École Française de Rome, Moyen Age-Temps modernes,* t. 93, 1981, 1, pp. 215-275.

– *L'Erreur et son juge. Remarques sur les censures doctrinales à l'époque moderne,* Naples, 1993.

P. PARTNER, « Papal financial policy in the Renaissance and Counter-Reformation », *Past & Present,* 1980, pp. 17-62.

P. PRODI, *Il sovrano pontefice. Un corpo e due anime : la monarchia papale nella prima età moderna,* Bologna, 1982.

N. DEL RE, *La Curia romana. Lineamenti storici-giuridici,* Roma, 1970.

W. REINHARD, *Papstfinanz und Nepotismus unter Paul V (1605-1621). Studien und Quellen zur Struktur und zu quantitativen Aspekten des päpstlichen Herrschaftssystems,* Stuttgart, 1974.

M. ROSA (dir.), *Cattolicesimo e lumi nel Settecento italiano,* Roma, 1981.

G. SIMONCINI, *« Roma restaurata », rinnovamento urbano al tempo di Sisto V,* Firenze, 1990.

E. STUMPO, *Il capitale finanziario a Roma fra Cinque e Seicento. Contributo alla storia della fiscalita pontificia in eta moderna (1570-1660),* Roma, 1967.

### DES ÉTATS PONTIFICAUX AUX EXTRÉMITÉS DE L'UNIVERS (XIX$^{e}$-XX$^{e}$ SIÈCLES)

Plusieurs ouvrages importants existent sur les papes de l'époque contemporaine :

J. LEFLON, *Le Pontificat de Pie VII dans l'Histoire de l'Église* de Fliche et Martin, tome XX, Paris,1949.

R. AUBERT, *Le Pontificat de Pie IX*, tome XXI de Fliche et Martin, Paris, 1951,

ont ouvert les voies d'une recherche impartiale.

Ph. BOUTRY, *La Restauration de Rome (1814-1846)*, thèse, Paris IV Sorbonne, 3 vol., dactyl., a renouvelé l'approche de la Papauté pendant la première moitié du XIXe siècle.

G. MARTINA, *Pio IX*, 3 vol., Rome, 1974, 1986, 1990, une somme.

M. AGOSTINO, *Le Pape Pie XI et l'opinion* (1922-1939), Rome, 1991.

A. RICCARDI, *Pio XII*, Rome-Bari, 1984.

– *Il potere del papa da Pio XII a Giovanni-Paolo II*, Rome, 1992.

J. CHELINI, *L'Église sous Pie XII*, 2 vol., Paris, 1983, 1989.

J. CHELINI et J.B. d'ONORIO, *Pie XII et la Cité*, Paris, 1988.

P. HEBBLETHWAITE, *Jean XXIII, le pape du concile*, Paris, 1988.

G. ALBERIGO, *Jean XXIII devant l'Histoire*, Paris, 1989.

Ph. LEVILLAIN, *Paul VI et la modernité*, Actes du colloque de Rome (1983), Rome, 1986.

Sur Jean XXIII et Paul VI, se référer aux importants volumes d'actes des colloques de l'École française de Rome (*Le Deuxième concile du Vatican*, Rome, 1989), de l'Istituto Paolo VI de Brescia (5 vol.) et de l'Institut des sciences religieuses de Bologne dirigé par G. ALBERIGO.

Quelques ouvrages d'ensemble rendent des services :

J. GROOTAERS, *Le Grand Tournant de l'Église catholique, de Vatican II à Jean-Paul II*, Paris, 1981.

J. CHELINI, *Les Nouveaux Papes*, Paris, 1979.

Y. MARCHASSON, *Les Papes du XXe siècle*, Paris, 1990.

Périodiquement, de beaux ouvrages illustrés sont publiés sur le Vatican :

G. GOYAU, A. PERATÉ, P. FABRE, *Le Vatican*, Paris, 1895.

J. BERNHART, *Il Vaticano potenza mondiale*, Rome, 1936.

M. CALVESI, *Les Trésors du Vatican*, Paris, Skira, 1962.

J. NEUVECELLE, *Vatican*, Lausanne, 1965.

G.M. GARONNE, *Le Vatican et la Rome chrétienne*, Cité du Vatican, 1975.

J. MERCIER, *Vingt siècles d'histoire du Vatican*, Paris-Limoges, 1976.

Les informations essentielles sur le Vatican contemporain sont présentées par le cardinal POUPARD et par Ph. LEVILLAIN :

P. Poupard, *Connaissance du Vatican*, Paris, 1974 ; *Un pape, pour quoi faire ?*, Paris, 1980 ; *Le Pape*, Paris, 1985 ; *Le Vatican*, Paris, 1994.

Ph. Levillain et F.C. Uginet, *Le Vatican ou les frontières de la grâce*, Paris, 1984.

La documentation juridique sur la curie placée dans une perspective historique et théologique se trouve dans le gros livre de :

J.B. d'Onorio, *Le Pape et le gouvernement de l'Église*, Paris, 616 p., 1992.

Les relations internationales du Saint-Siège sont étudiées dans :

Mgr I. Cardinale, *Le Saint-Siège et la diplomatie*, 1962.

Mgr A. Dupuy, *La Diplomatie du Saint-Siège après le deuxième concile du Vatican*, 1980.

M. Merle et Ch. de Montclos, *L'Église catholique et les relations internationales depuis la Seconde Guerre mondiale*, Paris, 1988.

J.-B. d'Onorio, *Le Saint-Siège dans les relations internationales*, Actes du colloque d'Aix de 1988, Paris, 1989.

Sur les missions, une thèse récente et neuve :

Cl. Prudhomme, *Stratégie missionnaire du Saint-Siège sous Léon XIII*, Rome, École française, 1994.

Sur les relations entre la Papauté et les nations, se reporter aux histoires religieuses nationales :

G. Cholvy et Y.-M. Hilaire, *Histoire religieuse de la France contemporaine*, Toulouse, 1985-1986-1988, 3 vol.

– J.D. Durand, *L'Église catholique dans la crise de l'Italie (1943-1948)*, Rome, 1991, qui éclaire un aspect de l'adaptation de la Papauté.

Les débats contemporains sur la fonction du pape sont évoqués dans :

R. Minnerath, *Le Pape évêque universel ou premier des évêques ?*, Paris, 1978.

J.M. Tillard, *L'Évêque de Rome*, Paris, 1982.

H. Urs von Balthasar, *Le Complexe antiromain*, Paris, 1976.

Le témoignage des vaticanistes et vaticanologues :

J.-J. Thierry, *Le Vatican secret*, Paris, 1962.

Ch. Pichon, *Le Vatican hier et aujourd'hui*, Paris, 1968.

Benny Lai, *Les Secrets du Vatican*, Paris, 1983.

J. Chelini, *La Vie quotidienne au Vatican sous Jean-Paul II*, Paris, 1987, réédition 1995.

Mgr MARTIN, *Le Vatican inconnu*, Paris, 1988.
J.-J. THIERRY, *Les Finances du Vatican*, Paris, 1978.

L'apport des écrivains :
CHATEAUBRIAND, *Mémoires d'outre-tombe*, Paris, 1849 ; Livre de poche, 3 vol., 1973.
STENDHAL, *Promenades dans Rome*, Paris,1829.
O. GERBET, *Esquisse de la Rome chrétienne*, Paris, 1844-1850, 2 vol.
H. TAINE, *Voyage en Italie*, Tome 1, Paris,1866.
L. VEUILLOT, *Le Parfum de Rome*, Paris,1862.
J. GUITTON, *Dialogues avec Paul VI*, Paris, 1967.
A. FROSSARD, *N'ayez pas peur, dialogue avec Jean-Paul II*, Paris, 1982.

# Index



* Les noms des papes sont en caractères gras, les noms propres sont en caractères romains, les textes pontificaux, les écrits importants cités et quelques grands événements sont en italique.

**B**

## E

## I



## J

K



L

M

## P

## Q

**R**

W



X



Y



Z

# ERRATUM — Première partie

*(Michel-Yves Perrin)*

**I. Au texte.**

P. 24, l.43, supprimer : « 41 ou ».

P. 44, lire en note : « L'ouvrage de P. LAMPE, *Die stadtrömischen Christen in den ersten beiden Jahrhunderten. Untersuchungen zur Sozialgeschichte, (Wissenschafliche Untersuchungen zum N. T., 2. Reihe,* 18), 2e éd., Tübingen, 1989, appelle les plus grandes réserves. Ce travail d'exégète procède selon une méthode régressive qui multiplie les anachronismes et balaie toute prudence en matière d'histoire sociale de l'Antiquité. La présentation de la communauté romaine au début du IIIe s., inspirée des thèses de P. Lampe, qu'a récemment donnée A. BRENT dans son imposant ouvrage, *Hippolytus and the Roman Church in the Third Century. Communities in Tension before the Emergence of a Monarch-Bishop, (Supplements to Vigiliae Christianae,* XXXI), Leyde, 1995, ne nous semble pas recevable ».

P. 66, l. 32, lire : « Damase en a dédié deux ».

P. 68, l. 9, lire : « pour la première fois ou presque ».

P. 89, l. 2, lire : « Le 13 juin 449, il confia ».

P. 94, l. 26, lire : « ils furent excommuniés ».

P. 95, lire en note : « Nous n'avons pu tenir compte de l'important ouvrage tout récemment paru de G. DAGRON, *Empereur et prêtre. Étude sur le "césaropapisme" byzantin,* Paris, 1996 ».

**II. Addendum à la bibliographie.**


AA. VV., *Actes du XIe Congrès International d'Archéologie Chrétienne, (Collection de l'École française de Rome,* 123), t. II, Rome, 1989, p. 861-1067.

AA. VV., *Damase et les martyrs romains,* Cité du Vatican, 1986. (Traduction commentée de quelques poèmes de Damase).

AA. VV., *Grégoire le Grand. Chantilly, 15-19 septembre 1982, (Colloques int. du CNRS),* Paris, 1986.

AA. VV., *Gregorio Magno e il suo tempo. XIX Incontro di studiosi dell'antichità cristiana, (Studia Ephemeridis « Augustinianum »,* 33), Rome, 1991.

AA. VV., *Martyrium in Multidisciplinary Perspective. Memorial Louis Reekmans, (Bibliotheca Ephemeridum Theologicarum Lovaniensium,* CXVII), Louvain, 1995.

AA. VV., *Saecularia Damasiana. Atti del convegno internazionale per il XVI centenario della morte di papa Damaso I, (Studi di antichità cristiana,* 39), Cité du Vatican, 1986.

AA. VV., *Saecularia Petri et Pauli, (Studi di antichità cristiana,* 27), Cité du Vatican, 1969.

AA. VV., *Studi Paolini,* Rome, 1969.

AA. VV., *Studi Petriani,* Rome, 1968.

ARNALDI G., *Le origini del Patrimonio di S. Pietro,* dans *Storia d'Italia,* dir. G. Galasso, t. VII/2, Turin, 1987, p. 3-53.

BROWN P., *Dalla « plebs romana » alla « plebs Dei » : aspetti della cristianizzazione di Roma,* dans *Governanti e intellettuali. Popolo di Roma e popolo di Dio* (I-VI secc.), (*Passatopresente,* 2), Turin, 1982, p. 123-145.

BROWN P., *Power and Persuasion in Late Antiquity. Towards a Christian Empire,* Madison, 1992.

BROWN R. B.- MEIER J., *Antioche et Rome, berceaux du christianisme,* (*Lectio divina,* 131), trad. fr., Paris, 1988.

CHADWICK H., *Bishops and Monks,* dans *Studia Patristica,* XXIV, Louvain, 1993, p. 45-61.

CHADWICK H., *The Circle and the Ellipse. Rival Concepts of Authority in the Early Church,* Oxford, 1959.

CHADWICK H., *The Role of the Christian Bishop in Ancient Society, (The Center for hermeneutical studies. Protocol of the 35th colloquy),* Berkeley, 1979.

CLARK Fr., *The Pseudo-Gregorian Dialogues, (Studies in the History of Christian Thought,* 37-38), Leyde, 1987.

CLARKE G. W., *The Letters of St. Cyprian of Carthage, (Ancient Christian*

*Writers,* 43-44-46-47), New York, 1984-1989.
COTTRELL A., *Auctoritas and Potestas : a Reevaluation of the Correspondence of Gelasius I on Papal-imperial Relations,* dans *Mediaeval Studies,* 55, 1993, p. 95-109.
CULLMANN O., *Saint Pierre, disciple, apôtre et martyr,* Neuchâtel, 1952.
DAGENS Cl., *Grégoire le Grand. Culture et expérience chrétienne,* (*Collection des Études Augustiniennes. Série « Antiquité »,* 71), Paris, 1977.
DASSMANN E., *Paulus in frühchristlicher Frömmigkeit und Kunst,* Opladen, 1982.
DUCHESNE L., *L'Église au VIe siècle,* Paris, 1925.
DVORNIK Fr., *Byzance et la primauté romaine,* (*Unam Sanctam,* 49), Paris, 1946.
FAIVRE A., *Naissance d'une hiérarchie,* (*Théologie historique,* 40), Paris, 1977.
FASOLA U. M., *Orme sulla roccia. Pietro e Paolo a Roma,* Rome, 1980.
FOX R. L., *Pagans and Christians in the Mediterranean World from the Second Century AD to the Conversion of Constantine,* Londres, 1986, chap. 10.
GODDING R., *Bibliografia di Gregorio Magno /1890-1989/,* (*Opere di Gregorio Magno. Complementi,* 1), Rome, 1990.
GRAPPE Chr., *Images de Pierre aux deux premiers siècles,* Paris, 1995.
GRILLMEIER A., *Le Christ dans la tradition chrétienne,* trad. fr., t. I, Paris, 1973 ; t. II/1, Paris, 1990 ; t. II/2, Paris, 1993. (La traduction de cette somme fondamentale est malheureusement des plus fautives).
GRYSON R., *Les élections ecclésiastiques au IIIe siècle,* dans *Revue d'histoire ecclésiastique,* 48, 1973, p. 353-404.
GUSSONE N., *Thron und Inthronisation des Paptes von den Anfängen bis zum 12. Jhdt,* (*Bonner Historische Forschungen,* 41), Bonn, 1978.
GUYON J., *Le cimetière aux deux lauriers. Recherches sur les catacombes romaines,* (*BEFAR,* 264), Rome, 1987.
JALLAND T. G., *The Life and Time of St Leo the Great,* Londres, 1941.
JENAL G., *Italia ascetica atque monastica. Das Asketen- und Mönchtum in Italien von den Anfängen bis zur Zeit der Langobarden (ca. 150/250-604),* (*Monographien zur Geschichte des Mittelalters,* 39/I-II), Stuttgart, 1995.
KRAUTHEIMER R., *Rome. Profile of a City* (312-1308), Princeton, 1980.
LE BOULLUEC A., *La notion d'hérésie dans la littérature grecque IIe-IIIe siècles,* (*Collection des Études Augustiniennes. Série « Antiquité »,* 110-111), Paris, 1985.
LEGASSE S., *Paul apôtre. Essai de biographie critique,* Paris, 1991.
LEPELLEY Cl., *Saint Léon le Grand et la cité romaine,* dans *Revue des sciences religieuses,* 35, 1961, p. 130-150.
MACCARRONE M., *Apostolicità, episcopato e primato di Pietro. Ricerche e testimonianze dal II al V secolo,* (*Lateranum, n. s.* XLII/2), Rome, 1976.
MACCARRONE M., *Romana Ecclesia Cathedra Petri,* t. I, (*Italia Sacra,* 47), Rome, 1991.
MAGI L., *La sede romana nella corrispondenza degli imperatori e patriarchi bizantini (VI-VII secc.),* (*Bibliothèque de la Revue d'histoire ecclésiastique,* 57), Louvain, 1972.
MARKUS R. A., *From Augustine to Gregory the Great. History and Christianity in Late Antiquity,* Londres, 1983.
MARKUS R. A., *Saeculum. History and Society in the Theology of St Augustine,* 2e éd., Cambridge, 1988.
MARKUS R. A., *The End of Ancient Christianity,* Cambridge, 1990.
MARROU H. I., *s. v. Vatican (fouilles du),* dans *DACL,* XV, Paris, 1952, col. 3291-3346.
McSHANE Ph. A., *La Romanitas et le pape Léon le Grand. L'apport culturel des institutions impériales à la formation des structures ecclésiastiques,* (*Recherches,* 24), Montréal, 1979.
NAUTIN P., *L'évolution des ministères au IIe et IIIe siècle,* dans *Revue de droit canonique,* 23, 1973, p. 47-58.
NAUTIN P., *La lettre de Félix III à André de Thessalonique et sa doctrine sur l'Église et l'Empire,* dans *Revue d'histoire ecclésiastique,* 78, 1982, p. 5-34.
PERROT Ch., *Des premières communautés aux Églises constituées,* dans *Recherches de science religieuse,* 79, 1991, p. 223-252.

PERROT Ch., *L'Épître aux Romains*, (*Cahiers Évangile*, 65), Paris, 1988.
PIETRI Ch., *Aristocratie et société cléricale dans l'Italie chrétienne au temps d'Odoacre et de Théodoric*, dans *Mélanges de l'École française de Rome*, 93, 1981, p. 417-467.
PIETRI Ch., *Charles Pietri historien et chrétien*, Paris, 1992. (Recueil d'articles).
PIETRI Ch., *Évergétisme et richesses ecclésiastiques dans l'Italie du IV^e s. à la fin du V^e s. : l'exemple romain*, dans *Ktema*, 3, 1978, p. 317-337.
PIETRI Ch., *Le Sénat, le peuple chrétien et les partis du cirque à Rome sous le pape Symmaque (498-514)*, dans *Mélanges de l'École française de Rome*, 78, 1966, p. 123-139.
RICHARDS J., *Consul of God. The Life and Time of Gregory the Great*, Londres-Boston, 1980.
SIEBEN H. J., *Die Konzilsidee der Alten Kirche*, Paderborn, 1979.
SIEBEN H. J., *Die partikular Synode. Studien zur Geschichte der Konzilsidee*, (*Frankfurter Theologische Studien*, 37), Francfort, 1990.
SIMONETTI M., *Roma Christiana tra II e III secolo*, dans *Vetera Christianorum*, 26, 1989, p. 115-136.
SOLIN H., *Heidnisch und christlich Überlegungen zur Frühgeschichte des Personennamens Petrus*, dans *Boreas*, 17, 1994, p. 223-229.
VAN DEN EYNDE D., *Les normes de l'enseignement chrétien dans la littérature patristique des trois premiers siècles*, Paris, 1933.
WIRBELAUER E., *Zwei Päpste in Rom. Der Konflikt zwischen Laurentius und Symmachus (498-514). Studien und Texte*, (*Quellen und Forschungen zur antiken Welt*, 16), Munich, 1993.
WISCHMEYER W., *Von Golgatha zum Ponte Molle. Studien zur Sozialgeschichte der Kirche im dritten Jahrhundert*, (*Forschungen zur Kirchen-und Dogmengeschichte*, 49), Göttingen, 1992.

Achevé d'imprimer en juillet 1997
LES PRESSES LITTÉRAIRES
66240 Saint-Estève

Composition :
Express-Compo
27110 Le Neubourg

Dépôt légal : juillet 1997.
N° d'éditeur : 2790 - N° d'imprimeur : 16767